SCHÄFFER
POESCHEL

Vorwort

Entrepreneurship ist unternehmerisches Denken, Entscheiden und Handeln, das Innovationen mit neuen Technologien, Produkten und Prozessen hervorbringt. Derart innovative und technologieorientierte Unternehmungen stehen im Fokus dieses Lehrbuchs. Unsere Autorengemeinschaft von der Universität St. Gallen und der Rheinisch-Westfälischen Technischen Hochschule Aachen teilt einen gemeinsamen Ansatz, Entrepreneurship wissenschaftlich und zugleich praxisrelevant zu erklären. Ausgehend von aktuellen Erkenntnissen der internationalen Entrepreneurshipforschung vermitteln wir praxisorientierte Konzepte und Problemlösungen zum unternehmerischen Prozess von der Entdeckung und Schaffung über die Bewertung bis zur Ausschöpfung der unternehmerischen Gelegenheit. Dabei bringen wir unsere Kenntnisse aus der internationalen Forschung wie auch aus der unternehmerischen Praxis ein, die sich als allgemeingültig für die Entrepreneurshiptheorie und als bewährt für die unternehmerische Best Practice zeigen.

Als übergeordnetes Lernziel soll die Befähigung zur Entwicklung neuer Geschäftsmodelle von der Geschäftsidee über die Frühphase und Markteinführung bis zur Etablierung vermittelt werden. Dazu werden die verschiedenen funktionalen Aspekte der Entdeckung und Schaffung, der Bewertung und erfolgreichen Ausschöpfung unternehmerischer Gelegenheiten (Opportunities) in einer Opportunity Map prozessual dargestellt. Nach diesem Raster werden die Ursachen und Existenzformen neuer unternehmerischer Gelegenheiten durchleuchtet und neben der Entdeckung und Schaffung auch die Bewertung und Ausschöpfung von Opportunities nach dem aktuellen Forschungsstand erklärt und handlungsleitend vermittelt. Neben der Opportunity Discovery und Creation, dem Business-Modell-Design und der Businessplanung finden die Forschungsgebiete der Entrepreneurial Finance, des Entrepreneurial Human Resource Management, des Intellectual Capital Management und des Netzwerkmanagement, des Entrepreneurial Marketing und allgemein des Entrepreneurial Decision-Making (Effectuation versus Causation) Berücksichtigung. Sie werden als Bezugsrahmen für unternehmerisches Handeln und Entscheiden bei der Gründung von Unternehmen vermittelt, können aber auch in jungen, wachsenden Unternehmen zur Erhaltung unternehmerischen Denkens und Handelns eingesetzt werden. Zudem helfen sie dem Management in etablierten mittelständischen und großen Unternehmen genauso wie in Unternehmensnetzwerken bei der unternehmerischen Organisationsgestaltung.

Das Buch ist in fünf Bereiche aufgeteilt. Im ersten Teil wird unternehmerisches Handeln als Prozess beschrieben, der den Kern von Entrepreneurship ausmacht. Im ersten Kapitel lernen Sie, welche Formen unternehmerischen Handelns existieren und welche Elemente Entrepreneurship als wissenschaftliche Disziplin beschreiben. Unternehmerisches Handeln ist zudem ein zentraler Wachstumsfaktor für unternehmerische Volkswirtschaften. Das zweite Kapitel beschreibt dazu, welche Faktoren unternehmerisches Handeln bestimmen und welche Bedeutung Entrepreneurship für die volkswirtschaftliche Entwicklung eines Landes hat.

Der zweite Teil des Buches beschreibt den zentralen Ansatz dieses Lehrbuchs, unternehmerische Gelegenheiten und Denkweisen als Ausgangspunkt jeder unternehmerischen Aktivität zu erfassen und zu begreifen. Dazu wird in Kapitel 3 die Opportunity Map des unternehmerischen Entscheidungsprozesses vorgestellt. Kapitel 4 beschäftigt sich vertiefend mit der Frage des Entstehens unternehmerischer Gelegenheiten und diskutiert verschiedene Ansätze und Theorien zur Existenz und zu möglichen Ursachen unternehmerischer Gelegenheiten. Ist eine Opportunity existent, gilt es, sie zu bewerten. Kapitel 5 stellt dazu quantitative und qualitative Methoden vor, die für eine Bewertung unternehmerischer Gelegenheiten herangezogen werden können. Die Opportunity konkretisiert sich sodann im Geschäftsmodell der neuen Unternehmung, das in Kapitel 6 beschrieben und analysiert wird. Da das Geschäftsmodell entscheidenden Einfluss auf den Erfolg eines Unternehmens hat, sollte der Gründer gerade diesem Aspekt besondere Aufmerksamkeit widmen. Das betrifft sowohl die Gestaltung der Beziehung zu den Faktor- und den Absatzmärkten als auch die Frage, welche Ressourcen und Fähigkeiten benötigt werden, um den Austausch der neuen Produkte und Dienstleistungen zu ermöglichen. Nach dieser Analyse wird eine Best-Practice-Methode zum Design eines innovativen Geschäftsmodells eingeführt. Abgebildet wird das Geschäftsmodell im Geschäftsplan, der Gegenstand von Kapitel 7 ist. In diesem Kapitel werden die Elemente der Geschäftsplanung vorgestellt. Zudem wird auf die Autoren des Geschäftsplans, den Prozess der Geschäftsplanung sowie die unterschiedlichen Funktionen und Adressaten eines Geschäftsplans eingegangen.

Dies leitet über zum dritten Teil des Lehrbuchs, der Ressourcenbeschaffung zur Nutzung unternehmerischer Gelegenheiten. Dieser Teil befasst sich mit den verschiedenen Arten von Ressourcen als Kapitalkategorien, die es zur Realisierung der unternehmerischen Gelegenheit zu beschaffen und einzusetzen gilt. Es wird im Folgenden differenziert zwischen der intangiblen Komponente des intellektuellen Kapitals, das in Organisationskapital (Kapitel 8), Humankapital (Kapitel 9) und Sozialkapital (Kapitel 10) unterschieden wird, und der wichtigen tangiblen Komponente, dem Finanzkapital (Kapitel 11), das das physische Kapital dominiert.

Der vierte Teil beschreibt sodann den Markteintritt, das Wachstumsmanagement und den Unternehmensaustritt als Grundformen unternehmerischen Handelns. Kapitel 12 stellt dazu den Markeintritt prozessual vor und geht auf die strategische Positionierung im Marktwettbewerb und die Möglichkeiten der Marketing-Mix-Elemente ein. Nach der Gründung eines Unternehmens und ersten erfolgreichen Schritten am Markt sieht sich der Entrepreneur mit der Frage des Unternehmenswachstums konfrontiert. In Kapitel 13 stehen hierzu neben der Präsentation theoretischer Erklärungsmodelle vor allem die wesentlichen Einflussfaktoren auf das Wachstum eines Unternehmens im Vordergrund. Zudem will das Kapitel Verfahren zur Analyse von Wachstumspotenzialen und mögliche Wachstumsstrategien aufzeigen. Kapitel 14 erfasst mit dem Austritt des Entrepreneur aus seinem Unternehmen die letzte Phase des unternehmerischen Handlungsprozesses. In diesem Kapitel werden die möglichen Ausprägungsformen eines Unternehmensaustritts diskutiert und die entscheidungsbeeinflussenden Faktoren für den Entrepreneur bei der Realisierung seiner im Unternehmen gebundenen Werte durch die Veräußerung seiner Unternehmensanteile (»Ernte«) aufgezeigt.

Im fünften Teil des Lehrbuchs werden wichtige Sonderformen unternehmerischen Handelns vorgestellt. Dazu bietet Kapitel 15 eine Einführung zu den Ideen des Corporate Entrepreneurship, erläutert die Maßnahmen, die das Management etablierter Unternehmen ergreifen kann, um seine Marktposition durch unternehmerisches Denken und Handeln langfristig im dynamischen Wettbewerb innovativer Branchen zu sichern. In Kapitel 16 wird das Phänomen des akademischen Unternehmertums – mit Wissenschaftlern als Unternehmern, die aus Forschungseinrichtungen und Hochschulen gründen – mit seinen speziellen Anspruchsgruppen und Prozessen charakterisiert. Kapitel 17 beschließt das Lehrbuch mit dem neuen Phänomen des Social Entrepreneurship, das die Lösung sozialer Missstände durch unternehmerisches Denken und Handeln innovativ unterstützt und einen sozialen und ökologischen Verbesserungsprozess zum Wohl der Gesellschaft anstößt.

Diesen Bogen durch die spannende internationale Forschungslandschaft zum Entrepreneurship mit aktuellen Fallbeispielen und Fallstudien zum Phänomen des unternehmerischen Handelns zu schlagen, war für sich genommen ein unternehmerisches Unterfangen unserer Autorengemeinschaft, bei der wir wertvolle Unterstützung erfahren haben. Unser Dank gilt den Mitarbeitern an den beteiligten Lehrstühlen der Universität St. Gallen, der RWTH Aachen und der WHU – Otto Beisheim School of Management, an denen dieses Buch jeweils in Teilen entstanden ist. Die Herren Dipl. oec. Ronny Baierl und Dipl.-Kfm. Florian Forster von der Universität St. Gallen, Herr Dipl.-Kfm. Patrick Huber, Frau Ulrike Cappel und Frau Marta Trochimowicz von der WHU haben wichtigen inhaltlichen und technischen Input, insbesondere in der Endphase der Manuskripterstellung geliefert. Zudem danken wir den Studierenden und Unternehmern von der RWTH und der WHU, die uns durch die Interviews zu den Fallstudien maßgeblich unterstützt haben. Die Diskussionen und gemeinsamen Ausarbeitungen in den Seminaren waren eine wesentliche Grundlage für die Erstellung der Fallstudien. Für die sehr angenehme Zusammenarbeit mit dem Schäffer-Poeschel Verlag sagen wir ein herzliches Dankeschön an Frau Marita Rollnik-Mollenhauer und Frau Claudia Knapp.

Unseren Lesern wünschen wir viel Freude und Erkenntnisgewinn bei der Lektüre dieses Buches. Dozenten mögen den Zusatzservice www.sp-dozenten.de des Verlages mit weiteren Materialien nutzen, um das Lehrbuch mit seinen 90-Minuten-Kapiteleinheiten in den Kurseinheiten auch interaktiv mit den Fallstudien einsetzen zu können. Studierende finden zusätzliche Informationsmaterialien zum Buch auf der lehrbucheigenen Webseite

www.entrepreneurship-buch.org

Über Anregungen und Fehlerhinweise freuen wir uns unter der E-Mail-Adresse

feedback@entrepreneurship-buch.org

Zu guter Letzt dürfen wir Ihnen zurufen »Be different – be entrepreneurial!«

Dietmar Grichnik, ITEM, Universität St. Gallen
Malte Brettel, WIN, RWTH Aachen
Christian Koropp, ITEM, Universität St. Gallen
René Mauer, WIN, RWTH Aachen

Inhaltsverzeichnis

Teil C Ressourcenbeschaffung zur Nutzung unternehmerischer Gelegenheiten

Teil E Sonderformen unternehmerischen Handelns

Teil A
Formen und Bedeutung unternehmerischen Handelns

1 Erscheinungsformen unternehmerischen Handelns

Lernziele

Unternehmerisches Handeln ist das Ergebnis eines Prozesses, der den Kern von Entrepreneurship ausmacht. In diesem Kapitel lernen Sie, welche Formen unternehmerischen Handelns existieren und welche Elemente Entrepreneurship als wissenschaftliche Disziplin beschreiben.

Nachdem Sie dieses Kapitel durchgearbeitet haben, werden Sie insbesondere:

- Ausprägungsformen von Entrepreneurship in der Realität beschreiben können,
- das Erfahrungsobjekt von Entrepreneurship kennen und damit Entrepreneurship vom reinen Management kleiner und neuer Unternehmen unterscheiden können,
- Definitionen von Entrepreneurship diskutieren und das Erkenntnisobjekt im Entrepreneurship identifizieren können,
- Entrepreneurship von anderen wissenschaftlichen Disziplinen mit dem Individual-Opportunity-Nexus abgrenzen können.

1.1 Unternehmertum und unternehmerisches Handeln

Entrepreneurship-Formen in der Praxis

Im Alltag wird unternehmerisches Handeln oft mit erfolgreichen Persönlichkeiten assoziiert, die als Gründer und Unternehmenslenker das Bild der Wirtschaft prägen. Prominente Beispiele sind Steve Jobs (Apple-Gründer) als Vorbild für innovatives Handeln und Bill Gates und Paul Allen (Microsoft-Gründer) als Unternehmer mit Weitblick für das Marktpotenzial. Diese US-amerikanischen Protagonisten für das »hero entrepreneurship« sind gleichwohl wenig repräsentativ für das Phänomen und die Bedeutung unternehmerischen Handelns in einer Volkswirtschaft. Schon das »solo entrepreneurship« der Britin Anita Roddick ist weniger bekannt, wenngleich die von ihr gegründete Kosmetikkette »The Body Shop« mit ihrer ökologisch nachhaltigen Produktionsweise große öffentliche Wahrnehmung genießt. Auch das »serial entrepreneurship«, das die Gründung gleich mehrerer Unternehmen durch Entrepreneure als »Serientäter« kennzeichnet, wird durch Persönlichkeiten wie den Briten Richard Branson (Virgin Group) noch publik, aber könnten wir ad hoc hier ein deutsches Beispiel nennen? – Die Aldi-Brüder oder Otto Beisheim, der Metro-Gründer, scheuen die Öffentlichkeit und sind als Rollenmodelle wenig präsent. Gegenüber den angloamerikanischen Unternehmerpersönlichkeiten tritt im deutschsprachigen Raum das »family business entrepreneurship« in den Vordergrund, bei dem Unternehmerfamilien über mehrere Generationen erfolgreich unternehmerisch handeln. Die Personen treten jedoch oft nach der Gründung und dem schnellen Wachstum hinter das Unternehmen zurück, wie das Beispiel der Quandt-Familie und BMW zeigen.

Im Kontext großer etablierter Unternehmen (Corporates) gewinnt die Form des Corporate Entrepreneurship zunehmend an Bedeutung. Unternehmen wie Google, Hewlett Packard oder 3 M versuchen, ihren unternehmerischen Ansatz zu bewahren, indem sie unternehmerische Rahmenbedingungen für innovative Teams schaffen, die wie im Fall 3 M zu innovativen Produktideen wie den »Post-Its« oder zu Ausgründungen innovativer und technologieorientierter Unternehmungen (Ventures) führen, wie im Fall von Steve Jobs und Steve Wozniak, beide Apple Computers Inc. und ehemalige Mitarbeiter von Hewlett-Packard Corporation. Technologiegründungen kennzeichnen das besonders potenzialreiche »technology entrepreneurship« mit technischen Entwicklungen, die zu einem marktfähigen Produkt geführt werden. Neben Corporates sind vor allem Universitäten (Academic Entrepreneurship), technische Hochschulen und Forschungseinrichtungen (Scientific Entrepreneurship) Quellen für Technologiegründungen. Im Umkreis dieser Forschungseinrichtungen bilden sich ganze Forschungscluster wie das IT-Cluster Silicon Valley oder das Münchner Biotech-Cluster, die in ihrer Netzwerkstruktur (Interpreneurship) ideale Bedingungen für die Entwicklung neuer Start-ups bieten.

Erfahrungsobjekt: Innovative und technologieorientierte Unternehmungen

Innovative und technologieorientierte Unternehmungen bilden das reale Erfahrungsobjekt dieses Lehrbuchs. Entrepreneurship – so wie wir es verstehen mit dem Fokus auf Innovationen – darf damit nicht mit dem Handeln in vielen kleinen und mittleren Unternehmen (KMU) oder vielen neuen Unternehmen gleichgesetzt werden.

Entrepreneurship in der Wissenschaft

Diese Vielfalt der Formen unternehmerischen Handelns in der Realität hat in der Wissenschaft zu einer Diskussion geführt, welche Definition das Phänomen Entrepreneurship am besten erfasst. Sie mündete in einer Erhebung bei der Entrepreneurship-Division der Academy of Management (AOM), der größten Vereinigung von Managementforschern weltweit, im Jahre 2005. Den Mitgliedern wurden die folgenden Definitionen zur Auswahl gestellt, um über die Domain für das Statement der Entrepreneurship-Division abzustimmen:

- Die erste Domain rückt den Unternehmer und den Gründungsprozess bis zu kleinen und mittleren Unternehmen und Familienunternehmen in den Betrachtungsfokus: »Specific Domain: the creation and management of new businesses, small businesses and family businesses, and the characteristics and special problems of entrepreneurs. Major topics include: new venture ideas and strategies; ecological influences on venture creation and demise; the acquisition and management of venture capital and venture teams; self-employment; the owner-manager; management succession; corporate venturing and the relationship between entrepreneurship and economic development.«
- Die zweite Domain zielt auf die Organisation statt auf die Person des Unternehmers und stellt die Entstehung und den Wandel einer Organisation in den Vordergrund: »Specific Domain: the study of issues pertaining to organizational emergence, newness and transformation. Organizational emergence involves those events and activities before an organization becomes an organization,

that is, organizational emergence involves those factors that lead to, and influence the creation and development of the organization. The study of new organizations involves the process of facing the pressures of selecting and developing established routines. Organizational transformations are profound changes in an organization's established routines with revitalizing potential that may or may not be realized.«

- Die dritte Domain fokussiert mit der Person des Unternehmers die Individualebene und den Prozess der Entdeckung, Bewertung und Ausschöpfung unternehmerischer Gelegenheiten auf der Mikro- und auf der Makroebene: »Specific Domain: the scholarly examination of how, by whom, and with what effects opportunites to create future goods and services are discovered, evaluated, and exploited. The field involves the study of sources of opportunities; the processes of discovery, evaluation, and exploitation of opportunities; and the set of individuals who discover, evaluate, and exploit them. Consequently, the major research questions are 1) why, when and how opportunities for the creation of goods and services come into existence; 2) why, when and how some people and not others discover and exploit these opportunities; and 3) why, when and how different modes of action are used to exploit entrepreneurial opportunities, and 4) what outcomes attempts to discover and exploit opportunities have on different levels, from the individual to the economy at large.«
- Die vierte Domain untersucht primär den Prozess der Entstehung neuer Unternehmungen (Ventures) unter Unsicherheit auf verschiedenen organisatorischen Kontextebenen: »Specific domain: Starting form assumptions of uncertainty and heterogeneity entrepreneurship research studies processes of (real or induced, and completed as well as terminated) emergence of new business ventures, across organizational contexts. This entails the study of the origin and characteristics of venture ideas as well as their contextual fit; or behaviors in the interrelated processes of discovery and exploitation of such ideas, and of how the ideas and behaviors link to different types of direct and indirect antecedents and outcomes on different levels of analysis.«
- Die fünfte Domain kombiniert die Individual-, Organisations- und Prozessebene der zuvor definierten Domains in einem umfassenden Ansatz bis zur ökonomischen Entwicklung: »Specific domain: the Entrepreneurship Division recognizes two distinct but partially overlapping views on entrepreneurship. According to the first view entrepreneurship is the creation or emergence of new businesses; how characteristics of the individual(s), the venture idea and the environment influence entrepreneurial processes and outcomes; the acquisition of venture capital and other critical resources, and corporate venturing. According to the second view entrepreneurship is understood as starting and running an independent business. This adds as major topics: the characteristics and special problems of small, independent, and/or family-owned businesses and business owner-managers, as well as the environment's influences on such businesses. Both perspectives include an interest in the relationship between entrepreneurship and economic development.«

Da Definitionen weder wahr noch falsch sein können, vielmehr immer zweckorientiert sind und daran gemessen werden müssen, wie sie einen gewünschten Zweck am besten erfüllen, lassen sich auch die diskutierten Entrepreneurship Domains nicht pauschal ablehnen oder befürworten. Die Mehrheit der AOM-Mitglieder votierte primär für die erste Definition, die damit Eingang in das Domain Statement der Entrepreneurship-Division bei der Academy of Management fand. Sie ist Ausdruck eines möglichst breiten Konsenses und nicht zwingend die theoretisch treffendste Definition für das Phänomen des unternehmerischen Handelns und Unternehmertums. Allen Definitionen ist gemein, dass sie einen klassisch ökonomischen Input-Output-Prozess auf unterschiedlichen Untersuchungsebenen von der Individual- über die Organisations- bis hin zur makroökonomischen Ebene der gesamtwirtschaftlichen Entwicklung betrachten. Entsprechend lassen sich auch die prominenten Definitionen in der Entrepreneurship-Theorie in input-bezogene und output-bezogene Definitionen einordnen:

Input-bezogene Definitionen

Input-bezogen definiert z. B. Stevenson (1999) Entrepreneurship als das Verfolgen einer unternehmerischen Gelegenheit ohne Rücksicht auf fehlende verfügbare eigene Ressourcen und Mittel. Dagegen formulieren Morris et al. (2008) – in Rückgriff auf Schumpeters Vorstellung von Innovation als die Rekombination existierender Ressourcen – Entrepreneurship als Prozess der Wertschöpfung durch die Kombination einzigartiger Ressourcen, um eine unternehmerische Gelegenheit auszuschöpfen. Sarasvathy (2008) gibt einen Hinweis darauf, dass diese Definition nicht im Widerspruch zu Stevensons »Mittellosigkeit« des Unternehmers beim Verfolgen der unternehmerischen Gelegenheit steht, indem sie die Mittel und Ressourcen eines jeden Entrepreneurs mit den Fragen adressiert »Wer bin ich?«, »Was habe ich?« und »Wen kenne ich?«: Damit sind die Input-Faktoren beschrieben, die jedem (potenziellen) Gründer und Unternehmer ganz individuell zur Verfügung stehen, von persönlichem Wissen und Fähigkeiten, der eigenen Identität, über das eigene Sach- und Geldkapital bis hin zum Sozialkapital, über das ich weitere Ressourcen aus meinem Umfeld erschließen und sie im Sinne Morris et al. in einer einzigartigen Kombination zusammenbringen kann.

Output-bezogene Definitionen

Output-bezogen definieren Hisrich et al. (2009) Entrepreneurship als Prozess der Kreation von etwas Neuem mit Wert unter Annahme der damit verbundenen Risiken und Entlohnungen. Das Risiko und die Entlohnung sind zwei Seiten einer Medaille, die sich in monetären, psychischen oder sozialen Ausprägungen wie Rendite, Selbstwertgefühl und sozialem Status äußern können. Wenngleich Baron und Shane (2008) das Fehlen einer allgemeingültigen Definition für Entrepreneurship feststellen – nicht überraschend in diesem frühen Stadium der Disziplin –, kann die Definition von Shane und Venkataraman (2000) als die in der Literatur am weitesten verbreitete angenommen werden: Entrepreneurship als Bereich der Ökonomie versucht zu verstehen, wie unternehmerische Gelegenheiten zur Schaffung von etwas Neuem (neue Produkte oder Dienstleistungen, neue Märkte, neue Produktionsprozesse oder Rohstoffe, neue Wege der Organisation existierender Technologien) entstehen und entdeckt oder geschaffen werden durch bestimmte Individuen, die dann verschiedene Mittel und Ressourcen einsetzen, um diese unternehmerischen Gelegenheiten auszuschöpfen, und damit eine breite Spanne von Effekten erzielen

(Baron und Shane, 2008). Sarasvathy (2008) kontrastiert zu Shanes Entrepreneur den Effectual Entrepreneur, der unternehmerische Gelegenheiten nicht entdeckt, sondern auf Basis seiner individuellen Ressourcen und Wertesysteme kreiert.

Erkenntnisobjekt: Unternehmerisches Denken, Entscheiden und Handeln

Zentral für beide Sichtweisen und die zugrunde liegenden Schulen der »Discovery Theory« und der »Creation Theory« ist der sog. Individual-Opportunity-Nexus (Alvarez, 2005), der mit der Verbindung aus Individuum und unternehmerischer Gelegenheit den Kern des Entrepreneurship definiert. Dieses Verständnis von Entrepreneurship definiert neben dem Erfahrungsobjekt »innovative und technologieorientierte Unternehmungen«, die wir in der Realität in vielfältiger Form beobachten und die Untersuchungsgegenstand mehrerer Disziplinen wie im Innovationsmanagement und im Technologiemanagement sind, auch das Erkenntnisobjekt für Entrepreneurship und damit für dieses Lehrbuch. Analog zu (Wöhe, 2002), dem Klassiker der Betriebswirtschaftslehre, kann als Erkenntnisobjekt die Summe der unternehmerischen Entscheidungen rund um die unternehmerische Gelegenheit bzw. in innovativen und technologieorientierten Unternehmungen definiert werden. Dies schließt das der Entscheidung vorgelagerte Denken (Entrepreneurial Mindset) und nachgelagerte Handeln des Unternehmers mit ein. Das unternehmerische Denken, Entscheiden und Handeln ist somit ein kognitiv und emotional geprägter Prozess des Entdeckens oder Kreierens, des Bewertens und Ausschöpfens einer unternehmerischen Gelegenheit, die in einer innovativen und technologieorientierten Unternehmung münden kann.

1.2 Entrepreneurship als eigenständige Disziplin

Wie aber lässt sich geleitet von diesem Erkenntnisinteresse eine Annäherung an den Kern des Entrepreneurship als eigenständige wissenschaftliche Disziplin begründen? Zunächst einmal ist dazu die Feststellung wichtig, dass es sich beim Entrepreneurship um eine eigenständige Disziplin handelt. Als wissenschaftliche Disziplin muss sie lehrbar und erforschbar sein.

Entrepreneurship Education

Auch wenn die eingangs genannten Hero Entrepreneurs den Eindruck erwecken, sie seien als solche geboren, räumt die Forschung mit dem Mythos des geborenen Unternehmers eindeutig auf. Schon Drucker (1985) stellte zur »entrepreneurial mystique« fest: Es ist nicht magisch, es ist nicht geheimnisvoll und es hat nichts zu tun mit den Genen. Es ist eine Disziplin. Und, wie jede Disziplin, kann sie gelehrt werden (Kuratko und Hodgetts, 2008). Weitere Studien (Gorman, Hanlon und King, 1997) untermauern diesen Standpunkt wie auch die Untersuchung des Zentrums für europäische Wirtschaftsforschung (ZEW) (Metzger et al., 2010), die den Mythos des jungen High-Tech-Gründers statistisch entlarvt. Das Zerrbild eines typischen High-Tech-Gründers zeigt demnach junge Unternehmerinnen und Unternehmer – wie den amerikanischen Facebook-Gründer Mark Zuckerberg –, die direkt vom Hörsaal aus ein eigenes, dynamisch wachsendes Unternehmen gründen. Dagegen belegt die ZEW-Studie, dass High-Tech-Gründerinnen und -Gründer immer älter werden und dass entgegen dem Stereotyp die deutschen High-Tech-Gründer im Vergleich zu den USA im Schnitt jünger sind. Mithin ist der Mythos eindeutig widerlegt, und auch andere Studienergebnisse zeigen, dass die Erfahrung und das Lernen eine große Rolle im Entrepreneurship spielen. Entrepreneure sind wie auch große Sportler und virtuose Künstler nicht als solche geboren, sondern gemacht – they are made, not born. Auch ein Roger Federer oder eine Ann-Sophie Mutter werden nicht als Weltranglistenerster im Tennis oder beste Geigenspielerin der Neuzeit geboren. Vielmehr bedarf es jahrelangen Trainings, bevor sie diesen Erfolg erzielen. Ronstadt (1987) fragte konsequent zur Entrepreneurship Education demnach nicht mehr, ob unternehmerisches Handeln lehrbar sei, sondern was man lehren sollte und wie man es lehren sollte.

Entrepreneurship Research

Zu einer wissenschaftlichen Disziplin bedarf es des Weiteren, dass sie eine zu erforschende Einheit darstellt, die klare Konturen und Grenzlinien zu anderen Disziplinen aufweist. Die Theoriebildung zum Entrepreneurship zeigt den Bedarf, das ökonomische Denken, Entscheiden und Handeln mit ökonomischen, psychologischen und soziologischen Ansätzen nicht losgelöst voneinander – multidisziplinär – anzuwenden, sondern mit dem gemeinsamen Fokus auf den Individual-Opportunity-Nexus – interdisziplinär – zu verzahnen, damit sowohl Variationen zwischen den beteiligten Personen und den zugrunde liegenden unternehmerischen Gelegenheiten als auch die jeweiligen Kontextbedingungen Berücksichtigung finden (Grichnik, 2006 a). Die mit dem Erkenntnisobjekt eingeführte entscheidungsorientierte Perspektive bietet für das Integrationserfordernis der ökonomischen, psychologischen und soziologischen Perspektiven den geeigneten Ansatz, da sich die Entdeckung, Kreation, Bewertung und Ausnutzung unternehmerischer Gelegenheiten in ihrem Fassettenreichtum auf das Entscheidungsverhalten der Beteiligten zurückführen lässt. Um das Potenzial, aber auch die Grenzen der Disziplin auszuloten, analysiert Grichnik (2006 b) aus dieser Perspektive, was den Kern des »Entrepreneurship« als eigenes Paradigma – als wissenschaftliche Denkschule (s. Exkurs) – ausmacht. Die Wissenschaftstheorie liefert hierfür das notwendige Instrumentarium.

Exkurs

Paradigma – Wissenschaftliches Forschungsprogramm nach Lakatos

Lakatos (1974) nennt als Bestandteile eines wissenschaftlichen Forschungsprogramms:

- den »harten Kern«, der die Grundannahmen des Paradigmas beschreibt,
- den »Schutzgürtel«, der mit Hilfshypothesen den Kern umschließt und
- methodologische Regeln, d. h. Forschungswege, denen man folgen soll (positive Heuristik), sowie Richtungen, die man nicht einschlagen soll (negative Heuristik).

Die Charakterisierung eines Forschungsprogramms nach Lakatos ist dabei nicht statisch. Vielmehr handelt es sich um ein sich entwickelndes Gebilde, das sich durch den Wettbewerb verschiedener Forscher innerhalb des Forschungsprogramms oder konkurrierender Forschungsprogramme zunehmend konturiert. Dabei kann sich die Entwicklung eines Forschungsprogramms nach Lakatos auf konträre Weisen vollziehen. Einerseits kann sich der Erklärungsgehalt auf theoretischer und empirischer Ebene erweitern, was als progressive Problemverschiebung beschrieben wird. Andererseits kann der Versuch unternommen werden, Phänomene, die das Paradigma nicht erklären kann, mit weiteren Annahmen und Hilfshypothesen als Probleme wegzudefinieren und so den Schutzgürtel enger zu ziehen. Dadurch wird das Programm gegen Kritik immunisiert und der empirische und theoretische Erklärungsgehalt reduziert, was als degenerative Problemverschiebung bezeichnet wird (Erlei, Leschke und Sauerland, 1999).

Die Disziplin des Entrepreneurship befindet sich demnach in einem frühen Stadium der Entwicklung eines eigenständigen Forschungsprogramms. Jüngste Veröffentlichungen weisen auf den Status der Theoriebildung hin: So formuliert Phan (2004, S. 617): »For those who monitor the progress of entrepreneurship research, the search for a distinctive theory of entrepreneurship continues.« Auch der Aspekt der Problemverschiebung wird deutlich: »The questions we ask and the questions we care about: reformulating some problems in entrepreneurship research.« (Sarasvathy, 2004) Das Handbook of Entrepreneurship Research von Acs und Audretsch (2003) wird von Reynolds mit den Worten kommentiert: »Research and theory on entrepreneurial phenomena is advancing rapidly in scope and quality." Dieses Statement impliziert Tendenzen zu einer progressiven Problemverschiebung. Parallel zeigen sich aber auch Versuche der degenerativen Problemverschiebung, um Entrepreneurship als eigenständiges Forschungsfeld abzuschirmen (Shane und Venkataraman, 2000).

Entrepreneurship lässt sich als eigenständiges Forschungsprogramm nach dem Schema von Lakatos (1974) wie folgt einordnen:

Der harte Kern von Entrepreneurship

Der harte Kern (HK) von Entrepreneurship enthält die wichtigsten Basisprinzipien dieses ökonomischen Ansatzes.

HK1: Individuelles Handlungs- und Entscheidungsprinzip: Entrepreneurship und analog die Gründung zielen auf die Ausschöpfung unternehmerischer Gelegenheiten zur Schaffung neuer Güter und Dienstleistungen, nachdem diese Gelegenheiten zuvor durch den Entscheider als unternehmerische Handlungsfelder entdeckt, geschaffen und bewertet wurden (Fallgatter, 2004). Unternehmerische Handlungs- und Entscheidungsfelder werden damit zum zentralen Ausgangspunkt des Entrepreneurship-Paradigmas, das die individuellen Ziele, Präferenzen bzw. den Nutzen der Opportunity-Ausschöpfung wertfrei hinnimmt und nicht weiter hinterfragt.

HK2: Rationalitätsprinzip: Individuen werden weder nur als perfekt rational noch als nur begrenzt rational handelnd angenommen, wie dies in den neoklassischen bzw. neo-institutionenökonomischen Paradigmen der Ökonomie der Fall ist. Vielmehr wird – dem Ansatz der deskriptiven bzw. präskriptiven Entscheidungstheorie folgend – die Existenz von Anomalien im Entscheidungsverhalten nicht negiert. Im Extrem zwischen vollkommen rationalem und vollkommen irrationalem Verhalten wird vielmehr vom intendiert rationalem Verhalten ausgegangen, d. h., das Individuum versucht, ein Kosten-Nutzen-Kalkül bei der Bewertung seiner Entscheidungsalternativen anzuwenden und sich entsprechend der relativen Vorteilhaftigkeit zu entscheiden. Anders als der Homo Oeconomicus wird dem Entscheider dies aber durch die Bedingungen der Entscheidungssituation und der Person nicht durchweg gelingen. Das Ziel, sich im Sinne des Rationalitätsprinzips zu verhalten, behält der Entscheider gleichwohl bei (Grichnik und Immerthal, 2005).

HK3: Prinzip des methodologischen Individualismus: Wenngleich die sozialen Faktoren und kulturellen Aspekte in die hier eingenommene entscheidungsorientierte Perspektive zum Entrepreneurship einfließen, soll der wirtschaftstheoretische Ansatz des methodologischen Individualismus nicht verlassen werden, der versucht, ökonomische Phänomene auf individuelle Entscheidungen zurückzuführen (Martiensen, 2000). Alle Charakteristika bestimmter Gruppen oder Gesellschaften müssen auf die individuellen Merkmale und das individuelle Verhalten der Beteiligten oder Betroffenen zurückzuführen sein. Die Entscheidungs- und Handlungsorientierung bietet hierzu die Möglichkeit, da kulturelle oder soziale Aspekte sich in den Dispositionen der Person und in deren Verhalten bzw. Entscheidungen widerspiegeln.

HK4: Prinzip der Nicht-Einzelfall-Betrachtung: Entrepreneurship als Interdisziplin zwischen ökonomischen, soziologischen und psychologischen Ansätzen trifft auch Aussagen über das individuelle Verhalten einzelner Personen. Insbesondere die eingenommene entscheidungsorientierte Perspektive versucht, Handlungsempfehlungen für die Unternehmer im Einzelfall zu generieren. Gleichwohl bleibt das Ziel der Opportunity School als ökonomisches Paradigma, generalisierbare Aussagen für ein repräsentatives Verhalten zu gewinnen. Wenngleich Irrationalitäten auch im Einzelfall identifiziert werden, soll der Akteur zu einem rationalen Verhalten angeleitet werden.

Mit der Ableitung des harten Kerns wird eindeutig eine ökonomische Grundposition eingenommen, da die Elemente des harten Kerns – abgesehen von den materiellen Aussagen zum Opportunity Entrepreneurship – auch für andere ökonomische Forschungsprogramme gelten könnten.

Der Schutzgürtel von Entrepreneurship

Mit welchen Hilfshypothesen (HH) umschließt der Schutzgürtel nunmehr den spezifischen harten Kern des Opportunity-Paradigmas in der Entrepreneurshipforschung (Shane, 2004 a)?

HH1: Entrepreneurship bedarf der Existenz unternehmerischer Handlungsfelder bzw. Gelegenheiten, die ein objektives Element besitzen, d. h. nicht ausschließlich im Kopf eines Individuums existieren.

HH2: Entrepreneurship setzt Unterschiede zwischen Individuen und damit ein subjektives Element voraus, das mindestens in Form eines bevorzugten Zugangs zu Informationen über die unternehmerische Gelegenheit besteht und/oder auf unterschiedlichen Fähigkeiten, diese Informationen zu entdecken, beruht. Darüber hinaus besteht das subjektive Element darin, in Bezug auf eine Opportunity zu handeln bzw. zu entscheiden.

HH3: Die unternehmerische Gelegenheit muss aber nicht durch die Bemühungen eines einzelnen Akteurs wahrgenommen werden. Mehrere Personen können im Team ein unternehmerisches Handlungsfeld parallel besetzen oder sequentiell eine unternehmerische Gelegenheit nacheinander ausschöpfen.

HH4: Die Risikoübernahme ist ein notwendiger Bestandteil von Entrepreneurship, das per Definition unsicher ist.

HH5: Unternehmerisches Handeln im Sinne von Entrepreneurship durch Wahrnehmung einer Gelegenheit bedarf der Organisation durch eine ökonomische Koordinationsform.

HH6: Entrepreneurship ist aber nicht auf die Gründung eines neuen Unternehmens festgelegt. Auch in etablierten Unternehmen (Hierarchie) oder durch Kooperationen (Netzwerke) und direkt am Markt (Lizenzierung, Patentierung) können unternehmerische Gelegenheiten genutzt werden.

HH7: Entrepreneurship beinhaltet per definitionem einen bestimmten Grad an Neuartigem bzw. Innovativem. Die Nutzung einer unternehmerischen Gelegenheit kann nicht in einer perfekten Imitation münden.

HH8: Ein erfolgreiches Ergebnis ist kein notwendiger Bestandteil von Entrepreneurship. Vielmehr münden unternehmerische Bemühungen eher selten in – im rein ökonomischen Sinne – erfolgreichen Ergebnissen. Definiert man gleichwohl Erfolg personen- und nicht unternehmensbezogen, erweitert sich der Kanon unternehmerischer Erfolgsgrößen.

HH9: Der Erfolgsfaktor eines Entrepreneurs muss – mangels perfekter Imitation – nicht den Erfolg eines anderen Entrepreneurs erklären.

Die positive Heuristik von Entrepreneurship: Methodische »To-Dos«

Damit ist der Schutzgürtel ausgehend von der entscheidungsorientierten Perspektive gezogen und das spezifische Forschungsprogramm umrissen. Was aber sind die methodischen Regeln, die der Entrepreneurshipforscher – nach gegenwärtigem Stand – nach der positiven Heuristik (PH) beschreiten sollte bzw. nach der negativen Heuristik (NH) nicht beschreiten sollte? Die folgenden Leitlinien lassen sich aus der Literatur ableiten:

PH1: Bilde den Zusammenhang zwischen dem Entscheider und der Opportunity ab, um diesen empirisch zu testen!

PH2: Berücksichtige, wie Kontextfaktoren – wie kulturelle, soziale und institutionelle Normen – das Verhalten (Entscheiden und Handeln) der Individuen beeinflussen!

PH3: Wende empirische Verfahren mit informatorischem und entscheidungsorientiertem Fokus – wie das Experiment – als Diagnoseinstrument derart an, dass die Inferenz in Form des induktiv gewonnenen Wissens für die untersuchte Population Gültigkeit besitzt und individuelle Handlungsempfehlungen für die jeweils getestete Person erlaubt!

PH4: Ziehe Rückschlüsse aus dem empirischen Test für die Theoriebildung in der Entrepreneurship-Forschung! Beachte dabei, dass beispielsweise mit dem Experiment sowohl die Charakteristika der getesteten Person als auch der zugrunde liegenden Opportunity und der Umfeldbedingungen kontrolliert werden können und so eine hohe interne Validität erzeugt wird, dass zugleich aber die externe Validität der Ergebnisse eingeschränkt sein kann (Cook und Campbell, 1979; Shadish, Cook und Campbell, 2002)!

Die positive Heuristik beschreibt den möglichen Kanon der internationalen Entrepreneurship-Forschung, sie stellt jedoch keine allumfassende Agenda dar, die von jedem Projekt der Gründungsforschung abgearbeitet werden muss. Je nach Forschungsfrage wird ein Projekt nur auf einzelne dieser Aspekte eingehen.

Die negative Heuristik von Entrepreneurship: methodische »Not-To-Dos«

Während die positive Heuristik klar die Richtung für die Entrepreneurship-Forschung aufzeigt und sie damit von anderen Forschungsprogrammen abgrenzt, gelten die Punkte der negativen Heuristik wiederum auch für andere – zumindest für interdisziplinär ausgerichtete – ökonomische Forschungsprogramme (Erlei et al., 1999).

NH1: Vermeide den Einfluss von Theorien, die einer individualistischen Basis vollständig entbehren!

NH2: Vermeide den Einfluss von Theorien, die eines sozialen Kontextes vollständig entbehren!

NH3: Vermeide degenerative Problemverschiebungen!

NH4: Vermeide Änderungen des harten Kerns!

Damit ist das Forschungsprogramm des Entrepreneurship als progressive Problemverschiebung gegenüber den spezifischen Untersuchungsgegenständen der beteiligten Einzeldisziplinen abgegrenzt.

Einer wissenschaftstheoretischen Zuspitzung dieser Art haftet häufig ein normativer Charakter an. Wissenschaftstheorie leistet so nach Frank (2003) nicht mehr und nicht weniger als die selbstverständliche Betrachtung dessen, was Wissenschaft ist und sein könnte, und reflektiert damit immer auch die subjektiven Präferenzen des Betrachters. Dies wirft die Frage auf, was die Disziplin Entrepreneurship von der klassischen Gründungslehre in der deutschen Betriebswirtschaft unterscheidet und ob unternehmerisches Handeln mit der Unternehmensgründung gleichzusetzen ist oder sich auch in jungen und etablierten Unternehmen vollziehen kann.

1.3 Entrepreneurship versus Gründungslehre

Gründungslehre in der klassischen Betriebswirtschaftslehre

Die klassische Betriebswirtschaftslehre betrachtet die Gründung als einen Zeitpunkt, der unterschiedlichste betriebswirtschaftliche Problemfelder anhand formal-juristischer und technisch-organisatorischer Aspekte voneinander abgrenzt (Wöhe, 2002). Diese sind einerseits Überlegungen, die dem Rechtsvorgang der Gründung vorausgehen, wie die Faktorkombinationen, die Rechtsform- und die Standortwahl, und in konstitutiven Entscheidungen münden und andererseits betriebswirtschaftliche Entscheidungen, die sich aus dem laufenden Geschäftsbetrieb ergeben. Szyperski und Nathusius sehen hierin einerseits die Abgrenzbarkeit als nicht gegeben und kritisieren weiterhin das Fehlen der Zielfindung, der Planung und der Durchführung (Szyperski und Nathusius, 2002). In Konsequenz definieren sie, in Anlehnung an Schumpeter, der unternehmerische Gelegenheiten durch nicht perfekt verteilte Informationen begründet (Schumpeter, 1942), die Unternehmensgründung als Prozess der Schaffung einer gegenüber seiner Umwelt qualitativ abgegrenzten und vorher in gleicher Struktur nicht existenten Wirtschaftseinheit, die der Fremdbedarfsdeckung dient und das wirtschaftliche Risiko zu tragen hat. Analog zu dieser Erfassung des Gründungsphänomens in einem bestimmten Zeitraum wurden in der betriebswirtschaftlichen Literatur verschiedene Phasenmodelle zum Gründungsvorgang entwickelt. Ihnen liegt die Annahme zugrunde, dass sich die Gründung in einem mehrstufigen Entwicklungsprozess vollzieht und aus mehreren konsekutiven Handlungen besteht (Dietz, 1989). Sowohl der auf die formal-juristische und die technisch-organisatorische Errichtung des Unternehmens bezogene Gründungsbegriff als auch die prozessuale Erweiterung um die konsekutiven Gründungshandlungen sind jedoch zu eng, da sie keine Anknüpfungspunkte für die interdisziplinäre Analyse unternehmerischen Denkens, Entscheidens und Handelns bieten.

Internationale Entrepreneurship-Forschung als Interdisziplin

Die internationale, angloamerikanisch geprägte Entrepreneurship-Forschung integriert hingegen ein breiteres Spektrum an Denkschulen, über die neben ökonomischen auch psychologische und soziologische Ansätze einfließen. In ihrer Betrachtung zielt die Gründung auf die Ausschöpfung unternehmerischer Gelegenheiten zur Schaffung neuer Güter und Dienstleistungen, nachdem diese zuvor durch den Gründer als unternehmerisches Handlungsfeld entdeckt und bewertet wurden (Shane und Venkataraman, 2000). Hierdurch werden sowohl Neugründungen als auch unternehmerische Prozesse in existierenden Unternehmen (Corporate Entrepreneurship) erfasst und Entrepreneurship als fortlaufender Prozess im Wirtschaftsleben betrachtet. Entgegen dieser Input-orientierten Definition des Entrepreneurship kann auch das Resultat unternehmerischen Handelns in den Fokus der Betrachtung gerückt werden. So lässt sich in der Output-orientierten Wahrnehmung Entrepreneurship als Prozess auffassen, der darauf abzielt, etwas Neues von Wert zu schaffen, indem Ressourcen und Zeit unter Berücksichtigung der finanziellen, psychischen und sozialen Risiken eingesetzt werden, um die resultierende monetäre Entlohnung und die persönliche Genugtuung und Unabhängigkeit zu erreichen (Hisrich et al., 2009).

Während im allgemeinen Sprachgebrauch die Begriffe des Entrepreneurs und des Entrepreneurship mit einem kreativen und risikofreudigen Unternehmer gleichgesetzt werden, gibt es in der Wissenschaft keine interdisziplinäre Eingrenzung der Begrifflichkeiten, obwohl sich eine Vielzahl an Forschungsdisziplinen mit dem Entrepreneurship auseinandersetzt (Phan, 2004). Insbesondere sind dies die Psychologie, die Soziologie und die Ökonomik (Schumpeter, 1934; Knight, 1964). Doch auch die Entrepreneurship-Forschung selbst trägt unlängst dazu bei, ihr eigenes Selbstverständnis als Interdisziplin darzulegen und um geeignete Perspektiven zu erweitern (Grichnik und Immerthal, 2005). Während der Begriff des Entrepreneurship, wie einführend erläutert, als Sammelbegriff für verschiedene Handlungsfelder aufgefasst werden kann, ist der Begriff der Gründung deutlich spezifischer einzugrenzen. Nach Grichnik (2006 a) ist eine Gründung das Etablieren oder Entdecken eines subjektiv als kalkulierbar wahrgenommenen Handlungsraumes, der durch eine neue Organisation(seinheit) kapitalisiert wird.

2 Gesamtwirtschaftliche Bedeutung unternehmerischen Handelns

Lernziele

Unternehmerisches Handeln ist ein zentraler Wachstumsfaktor für unternehmerische Volkswirtschaften. In diesem Kapitel lernen Sie, welche Faktoren unternehmerisches Handeln bestimmen und welche Bedeutung unternehmerisches Handeln für die volkswirtschaftliche Entwicklung eines Landes hat.

Nachdem Sie dieses Kapitel durchgearbeitet haben, werden Sie insbesondere:

- die gesamtwirtschaftliche Bedeutung unternehmerischen Handelns verstehen,
- die spezifischen Einflussparameter unterschiedlich entwickelter Volkswirtschaften kennen,
- Necessity Entrepreneurship von Opportunity Entrepreneurship abgrenzen können,
- die Entrepreneurship-Indikatoren nach dem OECD-Modell beschreiben können,
- die Rahmenbedingungen für das Entrepreneurship im GEM-Modell erklären können.

2.1 Unternehmertum und ökonomische Entwicklung

Entrepreneurial Economy

Unternehmertum und unternehmerisches Handeln (Entrepreneurship) sind zentral für die Entwicklung einer Volkswirtschaft. Entsprechend untersucht die Ökonomie die effiziente Allokation knapper Ressourcen als Antwort auf unsere unbegrenzten Bedürfnisse. Wir, das sind Konsumenten, die nach maximaler Bedürfnisbefriedigung streben, Unternehmen mit maximalem Gewinnstreben und Staatsregierungen, die eine maximale soziale Wohlfahrt anstreben. Den ökonomischen Akteuren auf der Anbieter- und Nachfragerseite stehen dazu verschiedene Ressourcen zur Verfügung, die einen bestimmten Preis haben, der die bestmögliche Allokation der Ressourcen steuert. Neben den klassischen volkswirtschaftlichen Produktionsfaktoren Arbeit, Boden und Kapital nach Adam Smith und David Ricardo kommen in unternehmerischen Ökonomien (»Entrepreneurial Economy«) auch die Ressourcen Technologie und Entrepreneur(-ship) hinzu. Während der Preis für Boden mit einem Miet- oder Pachtzins, für Arbeit mit dem Lohn oder Arbeitsentgelt, für Sachkapital mit dem Güterpreis, für Geldkapital mit dem Zins angesetzt wird, manifestiert sich der Preis für Technologie in den Investitionskosten für Forschung und Entwicklung (»R&D«) oder dem damit verbundenen Patent und für das unternehmerische Handeln in einem Unternehmerlohn oder auch einer Prämie für das übernommene Risiko beziehungsweise die eingegangene Unsicherheit. Baumol et al. (2007) formulieren entsprechend als die zwei Hauptquellen für das ökonomische Wachstum einer Volkswirtschaft: (1) Die Erhöhung des Inputs für die klassischen Produktionsfaktoren Arbeit und Kapital und (2) Innovationen und technologischer Wandel als Kennzeichen für eine »Entrepreneurial Economy«.

Entrepreneurial Economy
Baumol, W. et al. (2007): »Our four elements of a well-oiled economic growth machine, the successful entrepreneurial economy, are the following:
1. First, and perhaps quite obviously, in the successful entrepreneurial economy, it must be relatively easy to form a business, without expensive and time-consuming bureaucratic red tape. As a corollary, abandoning a failed business (that is, declaring bankruptcy) must also not be too difficult because, otherwise, some would-be entrepreneurs may be deterred from starting in the first place. A reasonably well-functioning financial system must also exist, one that channels the funds of savers to the users of funds, entrepreneurs in particular. And the importance of flexible labor markets cannot be overstated: if entrepreneurs cannot attract new labor, they cannot grow if labor rules are overly restrictive (especially if rules limit the ability of firms to fire nonperforming workers or shed workers they no longer need).
2. Second, institutions must reward socially useful entrepreneurial activity once started; otherwise individuals cannot be expected to take the risks of losing their money and their time in ill-fated ventures. Here, the rule of law – property and contract rights in particular – is especially important.
3. Third, government institutions must discourage activity that aims to divide up the economic pie rather than increase its size. Such socially unproductive (though, in a sense, entrepreneurial) activities include criminal behavior (selling of illegal drugs, for example) as well lawful »rent-seeking« behavior (i. e. political lobbying or the filing of frivolous lawsuits designed to transfer wealth from one pocket to another).
4. Finally, in the successful entrepreneurial economy, government institutions must ensure that the winning entrepreneurs and the larger established companies (which were launched at some earlier time by entrepreneurs) continue to have incentives to innovate and grow, or else economies will sink into stagnation. The ostensible importance of effective antitrust laws her comes to mind, but we place greater emphasis on openness to trade (which works automatically and without the long lead times inherent in legal antitrust enforcement).«

Ökonomische Entwicklung

Unternehmerisches Handeln wird entsprechend als Triebfeder für die ökonomische Entwicklung bezeichnet, da es Innovation beschleunigt, wirtschaftliches Wachstum, Produktivitätssteigerung und Beschäftigung positiv beeinflusst (Acs und Armington, 2006) und strukturelle Veränderungen fördert. Nicht zuletzt die Entwicklung der Volkswirtschaft selbst wird durch Unternehmensgründungen positiv beeinflusst. So ist unternehmerisches Handeln ein grundlegendes Element der Entwicklung von einer faktorbasierten Volkswirtschaft über eine effizienzbasierte bis hin zu einer innovationsbasierten Volkswirtschaft, wie sie in Deutschland existiert. Umgekehrt wird das Fehlen ausreichenden unternehmerischen Handelns oft zur Erklärung für ein sinkendes Wirtschaftswachstum herangezogen (Mettler, Landau und Rosenberg, 1986). Doch welche gesamtwirtschaftliche Bedeutung hat unternehmerisches Handeln wirklich?

Spezielle Bedeutung des Entrepreneurship

Für das Entrepreneurship kann ein positiver Zusammenhang mit der ökonomischen Entwicklung, Beschäftigung, Innovation und Wohlfahrtseffekten unterstellt werden (Wennekers und Thurik, 1999; Baumol, 2002). Dies wird zudem durch das kontinuierlich zunehmende Angebot an Gründungslehrstühlen und akademischen Kursen flankiert, welches einen Ausblick auf den Stellenwert unternehmerischen Handelns in der Bildung vermittelt (Hisrich et al., 2009). Dieser Trend wird international auch von Regierungen, internationalen Organisationen, wie z. B. der Organisation für wirtschaftliche Zusammenarbeit und Entwicklung (OECD), und regionalen Interessengruppen in Form von Entwicklungsprogrammen und Stipendien gefördert. Auf staatlicher Ebene sind in Deutschland z. B. das EXIST-Programm der Bundesregierung zur Förderung von technologieorientierten und wissensintensiven Existenzgründungen aus der Hochschule oder die Aktivitäten des High-Tech-Gründerfonds zu nennen.

Bedeutung unternehmerischen Handelns in der Krise

Insbesondere in Zeiten ökonomischer Krisen wird die Bedeutung unternehmerischen Handelns als Schlüsselfaktor für die Dynamik der Ökonomie deutlich. Seit Schumpeters Aussagen zu volkswirtschaftlichen Wachstumszyklen ist bekannt, dass Innovationen, die während einer Wachstumsphase entwickelt wurden, erst in der folgenden Phase des wirtschaftlichen Abschwungs den Markt durchdringen können. Der Markteintritt und das Wachstum junger, innovativer Unternehmen offenbaren hierbei die Schwächen etablierter, weniger flexibler Unternehmen. So wird die Entwicklung neuer Geschäftsmodelle und Technologien durch Krisen begünstigt. Innovative Produkte und Prozesse sowie neue Organisationsstrukturen können sich verstärkt durchsetzen. Die Einschränkung der Finanzierungsmöglichkeiten begünstigt dabei insbesondere Prozesse, welche in eine verstärkte Kostenführerschaft münden.

Exkurs

Stufen der ökonomischen Entwicklung (Bosma et al., 2009)

Faktorbasierte Ökonomien
Volkswirtschaften mit geringer Wirtschaftskraft. Die Entwicklung ist geprägt von Veränderungen der Produktionsfaktoren und einer Produktivitätssteigerung. Mit einem zunehmenden Wachstum der Wirtschaftsleistung finden starke Verschiebungen zwischen ländlichen und urbanen Gebieten statt.

Effizienzbasierte Ökonomien
Volkswirtschaften, in denen sich die Industrie entwickelt und durch Skaleneffekte eine Produktivitätssteigerung erreicht wird. In der Regel wird die Bildung großer nationaler Unternehmen aktiv gefördert. Ausländische Direktinvestitionen und eine resultierende Steigerung der Produktivität prägen die Entwicklung, Nischen in den Wertschöpfungsketten werden besetzt. In Kombination mit vom Bankensektor unabhängigen Kapitalgebern verbessern sich die Bedingungen für kleine und mittlere produzierende Betriebe.

Innovationsbasierte Ökonomien
Mit zunehmender Reife einer Volkswirtschaft und steigendem Wohlstand nimmt die Anzahl innovativer unternehmerischer Tätigkeiten zu (Opportunity Entrepreneurship), und der Anteil an Personen, die in Ermangelung an Alternativen zur Einkommensgenerierung gründen (Necessity Entrepreneurship), nimmt ab. Der Schumpeter'sche Prozess der kreativen Zerstörung kann sich entfalten und innovative Unternehmensgründungen können ihren Beitrag zum Wirtschaftswachstum leisten. Grenzen dieses Wachstums werden durch die verfügbaren Kapitalressourcen des Finanzsektors mar-

Um den Stellenwert unternehmerischen Handelns international zu erfassen, ist es notwendig, international vergleichbare und aussagekräftige Faktoren zu verwenden. Ein Entrepreneurship-Modell, welches diesen Anforderungen gerecht werden soll, muss die unregelmäßige Verfügbarkeit empirischer Daten berücksichtigen. Um die gesamtwirtschaftliche Bedeutung unternehmerischen Handelns zu verstehen, ist es weiterhin unerlässlich, vergleichbare Daten zugrunde zu legen. Dies gestaltet sich in der praktischen Umsetzung jedoch schwierig, da kaum ein Land explizit Statistiken zum Entrepreneurship erhebt. Gleichwohl werden seit 2006 im OECD-Eurostat Entrepreneurship Indicators Programme (OECD, 2009) die von der Politik direkt wie indirekt beeinflussbaren Faktoren zusammengefasst. Hierauf aufbauend wird über die Entrepreneurial Performance, die Gründungseffizienz, der Einfluss unternehmerischen Handelns im gesamtwirtschaftlichen Kontext gemessen. Das empirische Modell trägt dazu bei, die Vergleichbarkeit und auch das Verständnis für das globale unternehmerische Handeln kontinuierlich zu verbessern.

Entrepreneurship-Indikatoren

Die erste Stufe des OECD-Modells beinhaltet verschiedene gründungsbezogene Determinanten, die weitestgehend von der Politik beeinflussbar sind und die wiederum die zweite Stufe, die Gründungseffizienz, beeinflussen. Letztere misst über Indikatoren unternehmerische Handlungen, die dazu beitragen können, gewünschte Ziele zu erreichen. Da die Interessen der beteiligten OECD-Länder jedoch heterogen sind, messen diese teilweise unterschiedliche Indikatoren und somit Ziele in Abhängigkeit ihrer nationalen politischen Bestrebungen. Die dritte Stufe stellt den Einfluss des Entrepreneurship auf übergeordnete, makroökonomische Ziele dar. Innerhalb dieses dreistufigen Modells werden verschiedene Unterkategorien identifiziert, die das übergeordnete Modell stützen und die Auswahl der Indikatoren beeinflussen. Zur Vereinfachung der komplexen Zusammenhänge wird in der Abbildung 2-1 für die Darstellung der verschiedenen Bausteine eine lineare Darstellung gewählt.

Die Determinanten des OECD-Modells enthalten eine Vielzahl zugrunde gelegter Umwelteinflüsse und sozialer Faktoren und kombinieren diese mit individuellen Charaktereigenschaften des Gründers. Hieraus ergeben sich sechs Subkategorien, die im Folgenden näher beschrieben werden.

Der Zugang zu Finanzierungsquellen beeinflusst unternehmerisches Handeln maßgeblich in allen Unternehmensphasen. In der Vorgründungs- und Unternehmensgründungsphase steht der Zugang zu Eigenkapital in Form von Business-Angel-Finanzierung und Venture Capital im Vordergrund. Mit zunehmender Entwicklung gewinnt in späteren Phasen der Zugang zu Fremdkapital und zu einer größeren Bandbreite an Eigenkapitalquellen z. B. über den Kapitalmarkt an Bedeutung. Forschung, Entwicklung und Technologie beeinflussen alle Erfindungen, die der Gründer in neue Produkte und Prozesse umwandeln kann. Von besonderer Bedeutung sind hierbei spezifische Investitionen und Kooperationen mit Forschungseinrichtungen und anderen Marktteilnehmern. Jedoch spielen auch grundlegendere Faktoren eine wichtige Rolle, wie Technologiestandards oder Infrastrukturen wie Breitbandzugänge. Die gründungsspezifischen Fähigkeiten bauen auf gründungsspezifischer Bildung und Erfahrung sowie der Bildungsinfrastruktur auf. Die Marktlage umfasst Wettbewerb, Marktzugang, Beschaffung, kartellrechtliche Bestimmungen und die

Abb. 2-1

Kategorisierung von Entrepreneurship-Indikatoren (OECD, 2009)

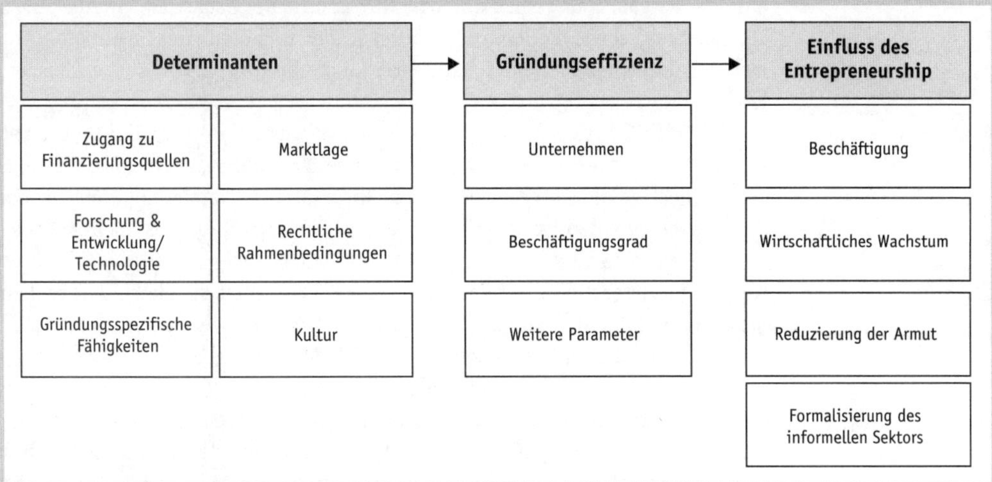

Regulierung der öffentlichen Einflussnahme auf die Geschäftstätigkeit. Die rechtlichen Rahmenbedingungen adressieren eine große Bandbreite an Faktoren. Exemplarisch sind hier der Verwaltungsaufwand für Gründung und Wachstum zu nennen, Sicherheits-, Arbeits- und Umweltbestimmungen, das Rechtssystem und die Rechtssicherheit, Sozialleistungen und die Steuerlast. Die Kultur umfasst die Einstellung der Gesellschaft zum Risiko und zu Unternehmensgründungen sowie die Bereitschaft, unternehmerisch tätig zu werden.

Die Gründungseffizienz, welche die zweite Stufe des OECD-Modells darstellt, ist ebenfalls nicht über einen separaten Parameter zu bestimmen. Um die relevanten Faktoren besser einordnen zu können, bietet es sich an, diese zu segmentieren. Im Detail sind dies Parameter, welche die Unternehmen selbst betreffen, Parameter, die in Zusammenhang mit dem Grad der Beschäftigung stehen, und weitere Parameter der Gründungseffizienz, wie die generierte Wertschöpfung. Diese drei übergeordneten Kategorien fassen jeweils ein Spektrum an Faktoren zusammen. Im ersten Fall Faktoren, welche den Unternehmen selbst zuzuordnen sind, insbesondere die Anzahl neuer Unternehmen und der Auflösung von Unternehmen. Der zweite Parameter, der Grad der Beschäftigung, umfasst den Zuwachs oder die Reduzierung der Beschäftigung im Unternehmen. Dies setzt die Annahme voraus, dass auch bestehende Unternehmen im Sinne des Entrepreneurship aktiv werden können (Corporate Entrepreneurship). Der dritte Parameter umfasst ein erweiterbares Spektrum an Faktoren, wie die Wertschöpfung in Unternehmen. In der Gesamtbetrachtung leisten diese Parameter einen essenziellen Beitrag, um die Gründungsperformance einer Volkswirtschaft international vergleichen zu können und im Modell den Einfluss des Entrepreneurship abzuleiten.

Die dritte Stufe des OECD-Modells befasst sich mit dem Einfluss unternehmerischen Handelns und von Gründern auf die Wertschöpfung in der Volkswirtschaft. Dieser kann über vier Kategorien gemessen werden: die nachweisliche Auswirkung auf die Beschäftigung und auf das wirtschaftliche Wachstum (Wennekers und Thurik, 1999) sowie die Reduzierung der Armut und die Formalisierung des informellen Sektors der Volkswirtschaft, wie z. B. die Intention, steuerliche Abgaben zu leisten.

Global Entrepreneurship Monitor

Als derzeit einzige internationale Longitudinalstudie erfasst der Global Entrepreneurship Monitor (GEM) unternehmerische Aktivitäten im Jahresvergleich. Seit 1999 erhebt er die unternehmerischen Aktivitäten in Verbindung zum ökonomischen Wachstum und ist damit konsistent zu den Annahmen des OECD-Modells. Im Rahmen eines umfassenden und kontinuierlich weiterentwickelten Modells wird hierbei unterstellt, dass auf der nationalen Ebene unterschiedliche Rahmenbedingungen für etablierte und neue Geschäftsaktivitäten gelten. Zugleich können diese seit 2008 durch eine Modifizierung des Modells in Relation zum Stadium der ökonomischen Entwicklung betrachtet werden.
Im Modell wird unterstellt, dass das ökonomische Wachstum sowohl durch etablierte Unternehmen (Corporate Entrepreneurship) als auch durch den unternehmerischen Prozess junger Unternehmen (Entrepreneurship) hervorgerufen wird. Während etablierte Unternehmen ihren Beitrag zum ökonomischen Wachstum durch Unternehmenswachstum und die kontinuierliche Weiterentwicklung ihrer Geschäftsmodells leisten, gelten für junge Unternehmen jedoch umfangreichere Voraussetzungen, um ihren Beitrag leisten zu können. Der Einfachheit halber werden zuerst die Anforderungen für etablierte Unternehmen betrachtet. Diese lassen sich logisch in Basisanforderungen und Effizienzverstärker aufteilen. Die Basisanforderungen umfassen Institutionen, die für die Finanzierung und die Rechtssicherheit maßgeblich sind, wie Banken und Patentgerichte. Weiterhin spielt die Infrastruktur innerhalb des Landes sowie für den Export der Güter eine maßgebliche Rolle. Die makroökonomische Stabilität und die resultierende Planungssicherheit erweitern diese Basisanforderungen grundlegend. Weiterhin gelten das Bildungsniveau der Mitarbeiter und Nachwuchskräfte sowie deren gesundheitliche Versorgung als grundlegend. Für die nachhaltige Existenzsicherung der etablierten Unternehmen gilt es jedoch, eine Bandbreite an Effizienzverstärkern zu etablieren. Diese ermöglichen den Unternehmen z. B., auf Arbeitskräfte mit höherem Bildungsabschluss zugreifen zu können, um selbst keine Ressourcen für Schulungen aufwenden zu müssen. Weiterhin gilt neben einem ausgereiften Kapitalmarkt ein effizienter Arbeits- und Gütermarkt als förderlich. Ebenso ist die reine Größe des Absatzmarktes entscheidend für die langfristige Ansiedelung der Unternehmen. Die Bereitschaft der Kunden und Marktteilnehmer, kontinuierliche technologische Innovationen zu akzeptieren, rundet die Effizienzverstärker ab.

Für die Ansiedelung und Entwicklung junger Unternehmen im Markt müssen hingegen zusätzliche, gründungsspezifische Anforderungen erfüllt werden. Neben einer gründungsbezogenen Ausbildung zukünftiger wie neuer Unternehmer ist das Angebot an Finanzierungsmöglichkeiten für junge Unternehmen eine wichtige Voraussetzung. Eine staatliche Gründungsförderung kann dies teilweise abdecken,

Abb. 2-2

Modifiziertes GEM-Modell (Bosma et al., 2009)

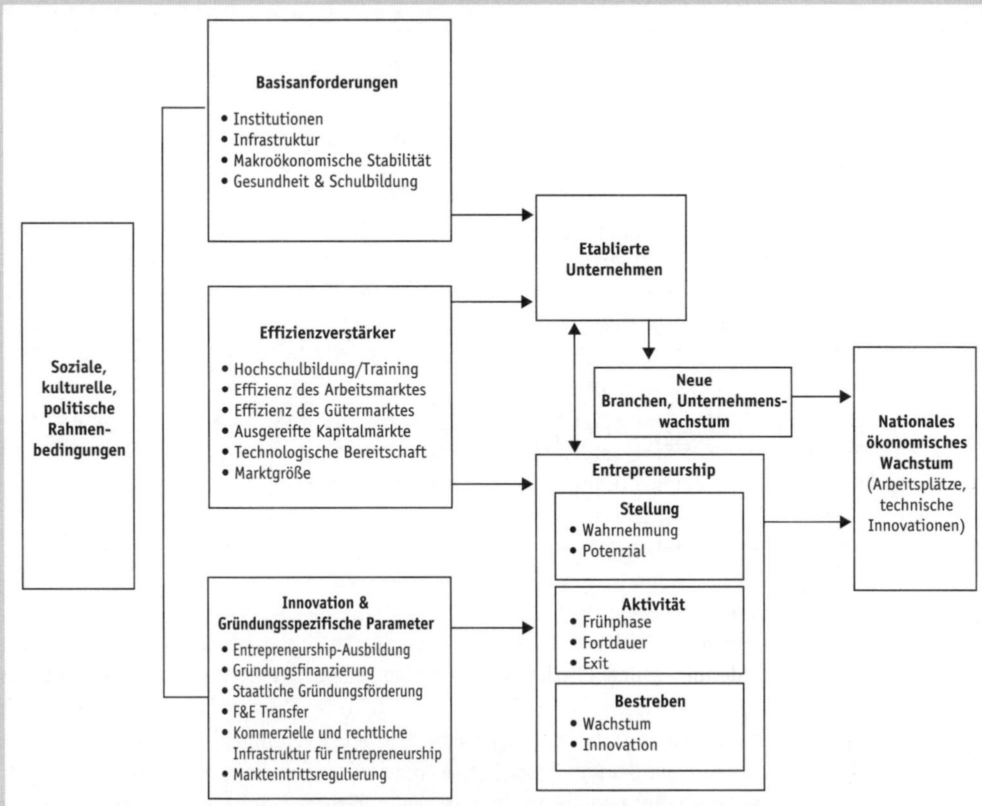

schaffen, z. B. durch Beratungsleistungen, Clusterbildung oder steuerliche Begünstigungen. Der Transfer von Know-how, z. B. aus der Hochschule, aus Forschungsinstituten oder auch aus etablierten Unternehmen heraus, muss vor dem Hintergrund häufig geringer Kapitalausstattung möglich sein. Hierzu bedarf es unter anderem einer geeigneten kommerziellen und rechtlichen Infrastruktur, welche die Anforderungen junger Unternehmen berücksichtigt. Für komplexe Technologien, wie im Maschinenbau oder im Pharmabereich, muss darüber hinaus die Markteintrittsregulierung den Eintritt neuer Marktteilnehmer ermöglichen.

Das gesamte Spektrum an Anforderungen für die Unternehmen beruht sowohl auf sozialen, kulturellen als auch politischen Rahmenbedingungen, welche für einzelne Länder recht heterogen sein können und die genannten Anforderungen teilweise stark beeinflussen. Hierdurch wird der gesamtwirtschaftliche Output unternehmerischen Handelns, das nationale ökonomische Wachstum, nachhaltig beeinflusst.

Abb. 2-3

Early-stage Entrepreneurial Activity (TEA) im Ländervergleich (Bosma et al., 2009)

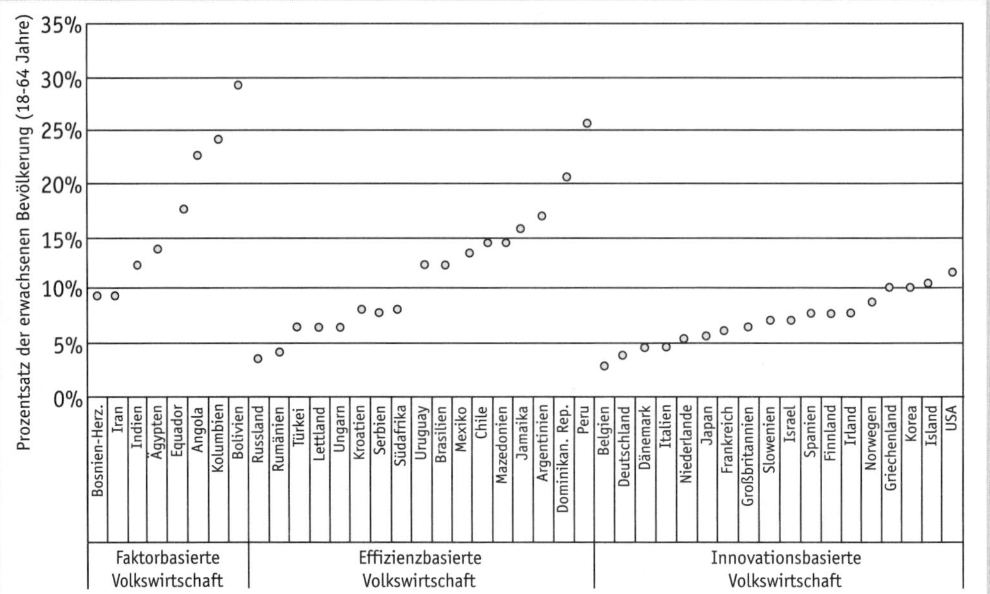

Zwar kann der relative Zuwachs an Arbeitsplätzen durch unternehmerisches Handeln und der Grad der technischen Innovation relativ gut gemessen werden, jedoch stellt der Entwicklungsstatus der Volkswirtschaft im Rahmen des Modells eine Grenze für den absoluten Nutzen dar. Während in schwächer entwickelten Ökonomien Necessity Entrepreneurship eine größere Rolle spielt und somit Kleinstunternehmen einen maßgeblichen Anteil der Neugründungen ausmachen, sind in entwickelten Volkswirtschaften komplexere Gründungen wahrscheinlicher.

2.2 Fallbeispiel: Entrepreneurship in Deutschland

Deutschland kann zu den innovationsbasierten Volkswirtschaften gezählt werden. Als solche zeichnet sich Deutschland durch öffentliche wie private Investitionen in Bildung, Forschung und Entwicklung aus. Die Entwicklung innovativer Cluster, welche durch soziale Lernprozesse begünstigt werden, ist ebenso ein Merkmal wie flache Hierarchien innerhalb der bestehenden Unternehmen. Zur Wahrung des Lebensstandards ist eine innovationsbasierte Volkswirtschaft jedoch auf ständige Innovationen und deren Kommerzialisierung angewiesen. Unternehmerisches Handeln, insbesondere die kontinuierliche Gründung neuer Unternehmen, nimmt hierbei eine wichtige Rolle ein.

Das Beispiel Deutschland im Vergleich

Im Jahre 2008 (Brixy et al., 2009) zählten in Deutschland ca. 3,8 % (1,95 Mio.) der Menschen zwischen 18 und 64 Jahren zu den Gründern. Hiervon befanden sich jedoch 1,4 % noch in der Gründung. Wie die Abbildung 2-3 verdeutlicht, weist Deutschland damit international ein vergleichsweise sehr niedriges Gründungsniveau auf. Zudem ist dieses rückläufig. So ist eine Reduzierung um 1,6 Prozentpunkte seit dem Jahr 2005 zu verzeichnen. Basierend auf den zugrunde gelegten Umfragen des Global Entrepreneurship Monitors lässt sich weiterhin erkennen, dass die Befragten mit einer Gründung ein hohes Risiko und die Angst, mit dem eigenen Vorhaben zu scheitern, verbinden. Ursächlich hierfür ist maßgeblich die negative Einschätzung der eigenen gründungsspezifischen Fähigkeiten durch rund zwei Drittel der Probanden und die geringe Teilnahme an gründungsspezifischen Programmen (20 %), z. B. im Rahmen von universitären Lehrveranstaltungen und spezifischen Fortbildungen, die ihnen das notwendige Wissen vermitteln würden. Insbesondere ist eine höhere Risikoabneigung bei weiblichen Befragten festzustellen, wenngleich Deutschland im Ländervergleich mit ca. 45 % weiblicher Gründer 2008 (Brixy et al., 2009) das ausgewogenste Verhältnis aufweist.

Der Rückgang der Gründungsneigung zwischen 2005 und 2008 fällt in eine Phase des wirtschaftlichen Aufschwungs. In diesen Phasen neigen Opportunity Entrepreneurs, also Personen, die gründen, um ihren persönlichen Nutzen gegenüber einem bestehenden Anstellungsverhältnis zu erhöhen, dazu, ihr Arbeitsverhältnis nicht aufzugeben. Umgekehrt ist die Zahl von Necessity Entrepreneurs, also Personen, die in Ermangelung an Alternativen zur Einkommensgenerierung unternehmerisch tätig werden, in Zeiten des wirtschaftlichen Abschwungs jedoch überdurchschnittlich hoch. Doch auch traditionell weist Deutschland einen hohen Anteil von Necessity Entrepreneurs auf. In 2008 kam ein Gründer auf 2,7 Opportunity Entrepreneurs (vgl. Abbildung 2.4). Somit ist der Anteil an Necessity Entrepreneurs unter allen Vergleichsländern einer der höchsten. Das Verhältnis liegt international im Mittel bei 1 zu 7,1.

Gründung in der Krise

Der Anteil an Necessity Entrepreneurs steigt in der Krise traditionell an. Diese erzwungene Bereitschaft unterliegt jedoch Restriktionen. Da gerade Personen, die kein unselbstständiges Arbeitsverhältnis aufnehmen können und in einigen Fällen auch direkt aus der Arbeitslosigkeit heraus gründen, häufig nur geringe persönliche Sicherheiten aufweisen, reagieren Banken sehr restriktiv auf Kreditanfragen. Eine mögliche Kompensation bieten öffentliche Förderprogramme, welche die stärkste Beschränkung für unternehmerisches Handeln abmildern können und in Deutschland sehr gut entwickelt sind.

Wenngleich die Gründungsquote in Deutschland im internationalen Vergleich eher gering ist, gibt es vier Bereiche, in denen Deutschland vergleichsweise Stärken als Gründungsstandort aufweist. Diese sind konkret die physische Infrastruktur, die öffentliche Förderinfrastruktur, der Schutz geistigen Eigentums und unternehmensbezogene Dienstleistungen, wie qualitativ hochwertige Beratungsleistungen und Zulieferer. Obwohl diese vereinzelten Stärken häufig herausgestellt werden, veran-

Abb. 2-4

Verhältnis von Opportunity Entrepreneurs zu Necessity Entrepreneurs (Brixy et al., 2009)

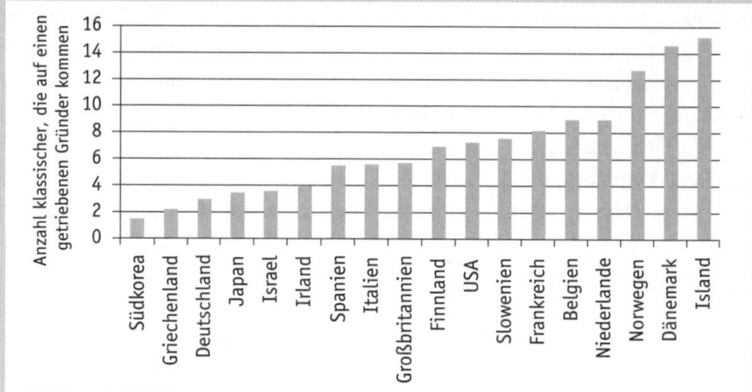

schaulicht Tabelle 2-1 über den Zeitraum 2004 bis 2008, dass diese bislang positiven Faktoren an Qualität verlieren.

Die spezifische Konstellation der oben aufgeführten positiven Rahmenbedingungen ist eine mögliche Erklärung für die herausragende Positionierung Deutschlands hinsichtlich des Anteils von Gründungen in technologieorientierten Branchen, also dem Hightech-Bereich. Dieser zeichnet sich durch einen besonders hohen Forschungs- und Entwicklungsaufwand aus, welcher insbesondere einen zuverlässigen Schutz des geistigen Eigentums, eine gute Bildungsinfrastruktur und eine hoch entwickelte Struktur an Zulieferern zur Einbettung in die Wertschöpfungskette erfordert. Mit einem Mittelwert von 12 % von Gründungen in technologieorientierten Branchen zwischen 2002 und 2008 liegt Deutschland somit in der Spitzengruppe. Zum Vergleich liegt Großbritannien nur bei 7 %, die USA nur bei 6 %. Positive Konsequenzen des hohen Anteils technologieorientierter Gründungen sind die Entstehung qualifizierter Arbeitsplätze und die Fokussierung der Unternehmen auf ein nachhaltiges Wachstum entgegen einem kurzfristigen Gewinnstreben, bedingt durch die Komplexität und Dauer der notwendigen Forschung und Entwicklung in technologieorientierten Unternehmen.

Dennoch wird durch die schlechte Gesamtnote klar, dass vor dem Hintergrund des positiven Einflusses von Gründungen auf die gesamtwirtschaftliche Entwicklung die Rahmenbedingungen neben der grundlegenden Gründungsbereitschaft und -fähigkeit weiter verbessert werden müssen.

Tab. 2-1

Entwicklung der Rahmenbedingungen in Deutschland 2004 bis 2008 (Brixy et al., 2009)

Rahmenbedingungen	2004	2006	2008	Δ 04-08
Physische Infrastruktur	4,28	4,06	3,99	-0,29
Öffentliche Förderinfrastruktur	3,47	3,41	3,53	0,06
Schutz des geistigen Eigentums (Patente etc.)	3,65	3,58	3,39	-0,26
Berater und Zulieferer für neue Unternehmen	3,15	3,38	3,26	0,11
Priorität und Engagement (Politik 1)	2,95	2,97	3,14	0,19
Marktveränderung (Marktoffenheit 1)	2,74	2,77	3,10	0,36
Finanzierung	2,59	2,77	2,96	0,37
Markteintrittsbarrieren (Marktoffenheit 2)	2,76	2,70	2,80	0,04
Wissens- und Technologietransfer	2,81	2,60	2,78	-0,03
Unterstützung für Gründungen von Frauen	2,84	2,60	2,75	-0,09
Außerschulisch gründungsbezogene Ausbildung (Ausbildung 2)	2,64	2,50	2,75	0,11
Regulierung, Steuern (Politik 2)	2,15	2,36	2,75	0,60
Gesellschaftliche Werte und Normen (Kultur)	2,66	2,38	2,51	-0,15
Gründungsbezogene Ausbildung in der Schule (Ausbildung 1)	1,86	1,84	1,85	-0,01

Weiterführende Literatur

Baron, R. und Shane, S. (2008). Entrepreneurship. A Process Perspective. 2. Aufl. Mason, OH.

Baumol, W., Litan, R. und Schramm, C. (2007). Good Capitalism, Bad Capitalism, and the Economics of Growth and Prosperity. New Haven.

Grichnik, D. (2006 b). International Entrepreneurship. Entscheidungs- und Risikoverhalten von Unternehmensgründern und Venture-Finanziers in kulturellen Kontexten. Theoriebildung und empirische Analysen. Berlin.

Hisrich, R. D., Peters, M. P. und Shepherd, D. A. (2009). Entrepreneurship. 8. Aufl. New York, NY.

Kuratko, D. F. und Hodgetts, R. M. (2008). Entrepreneurship. Theory, Process, Practice. 8. Aufl. Mason, OH.

Read, S., Sarasvathy, S., Wiltbank, R., Dew, N. und Ohlsson, A.-V. (2010). Effectual Entrepreneurship. London.

Timmons, J. A. und Spinelli, S. (2008). New Venture Creation. Entrepreneurship for the 21st Century. 8. Aufl. New York, NY.

Internetquellen

Ewing Marion Kauffman Foundation of Entrepreneurship: www.kauffman.org
FGF – Förderkreis Gründungs-Forschung e. V.: www.fgf-ev.de
Global Entrepreneurship Monitor (GEM): www.gemconsortium.org
OECD – Entrepreneurship Indicators Project (EIP): www.oecd.org

Teil B
Unternehmerische Gelegenheiten und Denkweisen

3 Opportunity Map des unternehmerischen Entscheidungsprozesses

Lernziele

Unternehmerische Gelegenheiten und Denkweisen bilden den Ausgangspunkt jeder unternehmerischen Aktivität. In diesem Kapitel werden Sie lernen,

- den Entscheidungsprozess des Unternehmers rund um die unternehmerische Gelegenheit nach verschiedenen Dimensionen zu unterscheiden,
- welche Entstehungsursachen und Grundtypen unternehmerischer Gelegenheiten existieren,
- mit welchen Denkweisen Individuen unternehmerische Gelegenheiten entdecken und schaffen,
- wie Unternehmer dazu unternehmerische Gelegenheiten wahrnehmen und bewerten,
- welche Formen zur Ausschöpfung der unternehmerischen Gelegenheiten dem Unternehmer zur Verfügung stehen,
- welche Ergebnisse des unternehmerischen Entscheidungsprozesses den Endpunkt und den Startpunkt im Kreislauf der Opportunity Map bilden.

3.1 Die Opportunity Map als Bezugsrahmen

Das Phänomen Entrepreneurship beschreibt den ökonomischen Prozess des Erkennens, Bewertens und Verwertens unternehmerischer Gelegenheiten, der im Ergebnis zu neuen Gütern und Dienstleistungen, neuen Organisationsformen, neuen Märkten oder Prozessen führt. Motor dieses Prozesses ist das Denk- und Handlungsmuster einzelner oder mehrerer Unternehmer, die unternehmerische Gelegenheiten (Opportunities) nutzbar machen. Dieser Zusammenhang steht als sogenannter Individual-Opportunity-Nexus im Zentrum der Entrepreneurship-Disziplin und verleiht ihr eine eigene Identität (Shane und Venkataraman, 2000; Shane, 2004 a). Aus diesem Nexus lassen sich spezifische Funktionen der Opportunity Recognition, Opportunity Evaluation und Opportunity Exploitation durch die Beschaffung notwendiger Ressourcen und den Einsatz verschiedener Organisationsformen der Opportunity-Verwertung – z. B. direkt am Markt, durch Gründung von Unternehmen oder in etablierten Unternehmen – ableiten. Mit diesen Funktionen und dem Schaffen von etwas Neuem lässt sich die Entrepreneurship-Disziplin von der allgemeinen Managementdisziplin abgrenzen, die durch die Funktionen Planung, Organisation, Personaleinsatz, Führung und Kontrolle beschrieben wird und auf die Steuerung bereits existierender Systeme, Strukturen und Prozesse zielt (Frank und Mitterer, 2009). Grichnik (2006 a) systematisiert die Elemente des Individual-Opportunity-Nexus in einer

Opportunity Map des unternehmerischen Entscheidungsprozesses. Sie soll im Folgenden als Bezugsrahmen dienen, um das Phänomen Entrepreneurship aus einer entscheidungsorientierten Perspektive zu beschreiben, die in der Lage ist, die verschiedenen Denkschulen der Entrepreneurship-Disziplin zu integrieren und so einen Überblick zum aktuellen Stand der Entrepreneurship-Disziplin zu bieten.

Die Opportunity als marktliche Gelegenheit im unternehmerischen Handlungsfeld

Im Zentrum des Analyserasters für die Literaturübersicht steht mithin die Opportunity (Eckhard und Shane, 2003) – die marktliche Gelegenheit als unternehmerisches Handlungsfeld (Fallgatter, 2004) –, die es zu entdecken, zu schaffen, zu bewerten und durch eine Entscheidung des Gründers beziehungsweise Unternehmers auszuschöpfen gilt. Die Opportunity bedarf der individuellen Wahrnehmung, um ihre Wirkung in Form eines bestimmten Ergebnisses – eines Outcome wie einen Gewinn, eine Wertsteigerung oder Wohlstandsmehrung oder durch die Schaffung neuer Märkte oder Branchen – entfalten zu können. Was aber charakterisiert eine unternehmerische Gelegenheit – eine Opportunity?

1. In der Theorie (Venkataraman, 1997; Shane und Venkataraman, 2000) wird mit ihr die Chance verbunden, durch Rekombination von Ressourcen einen individuell wahrgenommenen, d. h. subjektiven Wert zu schaffen, der eventuell auch einen entsprechenden objektiven Wert darstellt (Shane, 2004 b). Dabei hängt es in der Theorie von den Annahmen über das Verhalten der Individuen ab, ob der subjektive Wert und der objektive Wert als identisch angesehen werden können (Knight, 1964; Casson, 1995), oder ob sich bei bestimmten Verhaltenseinschränkungen (z. B. der Rationalität) Divergenzen ergeben (Busenitz und Barney, 1997; Sarasvathy, Simon und Lave, 1998).

2. Der Opportunity haftet etwas Neuartiges an, wobei der Grad des Neuen ein relatives Maß darstellt (Schumpeter, 1934; Kirzner, 1997). Entsprechend der Innovation, die verschiedene Dimensionen des Neuen (objektiv, subjektiv, regional) aufweist (Hauschildt, 2004), kann auch die unternehmerische Gelegenheit auf einem Kontinuum gesehen werden, das entsprechend einer Normalverteilungskurve im Maximum des mittleren Bereiches weniger innovative Unternehmer abbildet, die ggf. mit einem bekannten Produkt nur einen neuen Markt bedienen, und an den zur Abszisse konvergierenden Enden hochinnovative Technologiefirmen (z. B. Bio- oder Nanotechnologie) oder Dienstleistungskonzepte (z. B. seinerzeit die Einführung von Franchisesystemen) erfasst.

3. Eng mit dem Neuartigkeitscharakter verknüpft ist das Risikomerkmal der unternehmerischen Gelegenheit (Shane, 2004 a). So ist weder eine Opportunity denkbar, die nicht irgendwo oder für irgendwen etwas Neues beinhaltet, noch dass mit ihrer Umsetzung nicht ein bestimmtes Risiko einhergeht (Cantillon, 1931; Knight, 1964). Dies bedeutet, kreiert der Entrepreneur durch die Wahrnehmung einer unternehmerischen Gelegenheit etwas Neues, übernimmt er damit zugleich auch Risiken (Venkataraman, 1997).

4. Daran anknüpfend stellt sich die Frage, in welcher Form die unternehmerische Gelegenheit ausgeschöpft wird. Umfasst Entrepreneurship allein die Ausschöpfung (Exploitation) der Opportunity durch eine Unternehmensgründung, oder kann man auch im Rahmen existierender Organisationen (etwa im Sinne von Schumpeter 1942) als Entrepreneur agieren? Bedarf es überhaupt eines Unternehmens als Organisationsform zur Ausschöpfung der Gelegenheit (Knight, 1964), oder kann dies auch ohne Hierarchie unmittelbar am Markt (Lizenzierung, Franchising) erfolgen (Coase, 1937; Arrow, 1974)? Ist eine zwingende Voraussetzung für Entrepreneurship, dass der Entrepreneur selbst finanzielle Mittel einbringt (Knight, 1964), oder ist dies kein substantielles Merkmal von Entrepreneurship (Schumpeter, 1934)?

5. Zudem wirft die Theorie die Frage auf, warum unternehmerische Gelegenheiten existieren und welchen Ursprung sie haben. Abstrakt kann man den Ursprung der Opportunity auf Veränderungen im Umfeld des Individuums oder in der persönlichen Disposition des Individuums selbst verorten, d. h., die Existenz der unternehmerischen Gelegenheit lässt sich in dynamischer Betrachtung auf die eine oder andere Form des Wandels zurückführen: Entweder die Existenz der Opportunity resultiert aus Veränderungen im Umfeld des Entrepreneurs oder durch Veränderung des Individuums selbst (Schumpeter, 1934; Knight, 1964; Drucker, 1985; Casson, 1995; Kirzner, 1997), was ihm ermöglicht, eine objektiv schon immer vorhandene Gelegenheit zu entdecken oder diese zu kreieren.

Die Opportunity Map mit fünf Dimensionen des unternehmerischen Handlungsfeldes

Wenngleich sich die zahlreichen Definitionen in der Literatur im Kern auf diese Determinanten des Entrepreneurship zurückführen lassen, besteht eine der zentralen Herausforderungen für die Entrepreneurship-Disziplin darin, unternehmerische Gelegenheiten und ihre Entstehungsgründe theoretisch und empirisch zu erfassen, um die Theoriebildung zu fundieren (Shane, 2004 a). Zunächst soll daher die theoretische Literatur im Hinblick auf das Phänomen der Opportunity untersucht werden. Dabei dienen die in der Literatur identifizierten fünf Dimensionen der unternehmerischen Handlungsfelder als Analysekriterien, um die verschiedenen Ansätze zu charakterisieren (vgl. Abbildung 3-1).

Dabei soll ein besonderes Augenmerk darauf liegen, inwieweit eine Entscheidungsorientierung in diesen Themenbereichen und Theorieansätzen behandelt und erklärt wird. Diese Perspektive postuliert eine Verlagerung – von der Person des Entrepreneurs und seinen Eigenschaften – hin zu seinem Entscheidungsverhalten, das einen besseren empirischen Zugang zum Entrepreneurship als unternehmerischem Phänomen (Grichnik und Immerthal, 2005) verspricht. Damit sollen die unternehmerischen Eigenschaften nicht ausgeblendet werden, sie sind nur nicht mehr – wie in der empirisch schwer testbaren Traits School (Pinkwart, 2002) – der Ausgangspunkt der Analyse. Ziel ist der sukzessive Entwurf einer entscheidungsorientierten Opportunity Map, die die Dimensionen des unternehmerischen Entscheidungsprozesses rund um die unternehmerische Gelegenheit erfasst. Mit der entscheidungsorientierten »Brille« eines deutschen Betriebswirtschaftlers kann die unternehmerische Gelegenheit als (Entscheidungs-)Situation zur Schaffung eines neuen Mittel-Zweck-Rahmens für die Neukombination von Ressourcen mit positivem

Abb. 3-1

Die Opportunity Map (Grichnik (2006a)

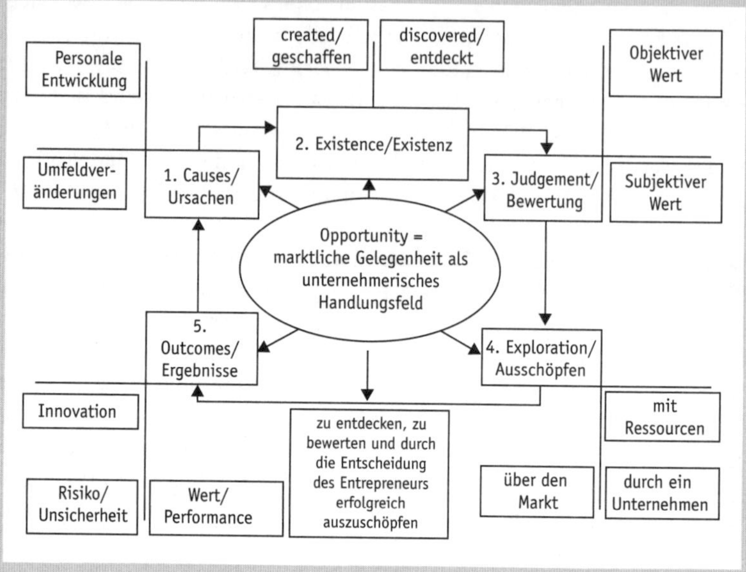

Erwartungswert definiert werden. Die Entscheidungssituation zur unternehmerischen Gelegenheit – wie in der entscheidungsorientierten Opportunity Map abgebildet – zeichnet sich mithin dadurch aus, dass der Entscheider – als potenzieller Entrepreneur (Would-be Entrepreneur) – mangels eines eingeschränkten Informationsstandes über Marktpreise und -reaktionen als Entscheidungsgrundlage keine existierenden Mittel-Zweck-Rahmen zur Optimierung seiner Entscheidungen heranziehen kann. Vielmehr muss er diese Mittel-Zweck-Beziehungen selbst schaffen für die Neukombination der vorhandenen Ressourcen. Entsprechend bewegt er sich im Ungewissen über die Konsequenzen seiner unternehmerischen Entscheidung zur Wahrnehmung der Opportunity, die profitabel sein kann, es aber nicht sein muss. Er wird die Gelegenheit wahrnehmen, wenn diese einen positiven Erwartungswert besitzt, d. h., die Kosten zur Neukombination der Ressourcen mit einer bestimmten Wahrscheinlichkeit unter dem geschätzten Marktwert liegen.

3.2 Entstehungsursachen für unternehmerische Gelegenheiten

Mit dem eingeführten Entscheidungskalkül des Entrepreneurs sind zugleich die Ursachen für die Opportunity (vgl. Abbildung 3-2) schon angesprochen. Ungleichgewichts- und Veränderungsprozesse sind zentral für die Entstehung einer marktlichen Gelegenheit. Dabei finden sich in der Literatur unterschiedliche Standpunkte dazu, wo diese Veränderungen zu verorten sind – im Umfeld oder in der Person des Entscheiders selbst. In beiden Fällen spielen Informationen gleichwohl die entscheidende Rolle. Bei den Umfeldfaktoren sind neue Informationen durch Veränderungen im Umfeld des Entscheiders der Quell für die neue Opportunity, und bei den personalen Faktoren stehen Veränderungen in der Person des Entscheiders im Mittelpunkt, die den Zugang zu den relevanten Informationen für die neue Opportunity vermitteln. Schumpeter (1912) nennt drei Bereiche relevanter Umfeldfaktoren: den technologischen Wandel, den politischen und regulatorischen Wandel sowie den sozialen und demographischen Wandel. Schumpeter (1934) entwickelt eine Typologie für die Erscheinungsformen, die eine Opportunity aufgrund der unterschiedlichen Entstehungsursachen annehmen kann: neue Produkte oder Dienstleistungen, neue Rohstoffe, neue geographische Märkte, neue Produktionsmethoden und neue Organisationsmethoden.

1. Dimension der Opportunity Map: Ursachen für unternehmerische Gelegenheiten

Auch Drucker (1985) sieht im sozialen und demographischen Wandel einen Umfeldtreiber als Ursache für eine neue Opportunity. Genauso wie Schumpeter identifiziert er parallel aber auch personale Faktoren als Quelle für die Entstehung unternehmerischer Gelegenheiten und komplettiert damit den Individual-Opportunity-Nexus des Entrepreneurship, wie ihn Shane und Venkataraman (2000) definieren. Während Schumpeter (1934) das personale Element bei der pro-aktiven Schaffung der Opportunity hervorhebt und es vornehmlich auf die menschliche Psyche, die besondere Motivation des dynamischen Unternehmers zur schöpferischen Zerstörung, bezieht, betont Drucker (1985) die menschliche Wahrnehmung als Quelle für die unternehmerische Gelegenheit. Er sieht in Wahrnehmungsveränderungen eine Möglichkeit, die Existenz unternehmerischer Gelegenheiten zu entdecken. Damit ist sein Ansatz nicht so pro-aktiv wie der Schumpeters und entspricht so eher der Kirzner'schen Perspektive (Kirzner, 1997), der ebenfalls das personenbezogene Element der Opportunity-Entdeckung hervorhebt: Ursache für die Entstehung der Gelegenheit sind in seiner Theorie die Entscheidungsfehler der anderen Akteure, die der werdende Unternehmer durch seine persönliche Eigenschaft der besonderen Findigkeit, die sog. Alertness, wahrnimmt.

Einen guten Überblick zu den konkreten Quellen von Opportunities bieten Frank und Mitterer (2009). Demnach liegt der Ursprung unternehmerischer Gelegenheiten in den folgenden Auslösern:

- Exogene Schocks (Schumpeter, 1934): Technologische Veränderungen, politische oder regulative Veränderungen, soziale oder demographische Veränderungen,
- Angebotsänderungen (Schumpeter, 1934): neue Produkte oder Dienstleistungen, neue Rohmaterialien, neue Produktionsmethoden, neue Organisationsmethoden,

Abb. 3-2

Ursachen für unternehmerische Gelegenheiten (Grichnik 2006a)

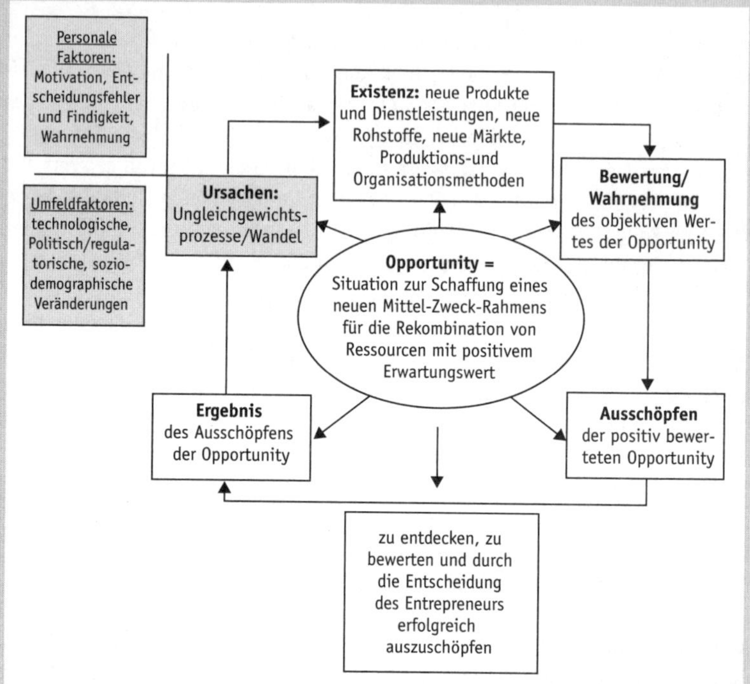

- Nachfrageänderungen (Schumpeter, 1934; Kirzner, 1997): Änderung des Kaufverhaltens durch geänderte Wahrnehmung (Findigkeit), Kultur, Vorlieben, Stimmungen etc.,
- Informationsasymmetrien (Kirzner, 1973): Fehler oder Unterlassungen anderer Markteilnehmer bei der Wahrnehmung unternehmerischer Gelegenheiten,
- Vorausgehende unternehmerische Handlungen von Entrepreneuren: Innovationen ziehen weitere Innovationsmöglichkeiten nach sich (Bygrave und Minniti, 2000),
- Inkongruenzen (Drucker, 1985): Unterschiede zwischen Soll- und Istzuständen, die von Brancheninsidern nur bedingt wahrgenommen werden (z. B. Bemühungen einer Branche vs. Erwartungen der Kunden).

3.3 Grundtypen unternehmerischer Gelegenheiten

Welche Kriterien verursachen nun aber derartige Entscheidungssituationen zur Schaffung neuer Mittel-Zweck-Beziehungen für die Neukombination von Ressourcen? Hierzu unterscheidet die Theorie die Schumpeter'sche Opportunity und die Kirzner'sche Opportunity. Beiden ist gemein, dass sie anders als in der neoklassichen Ökonomie von Ungleichgewichtssituationen ausgehen und die Existenz der Opportunity auf dynamische Veränderungsprozesse zurückführen (vgl. Abbildung 3-3). Während die Schumpeter'sche (1934) Opportunity durch ihren sehr innovativen Charakter und das pro-aktive Element der Schaffung einer neuen Opportunity aber gleichgewichtszerstörend (»Schöpferische Zerstörung«) wirkt, führt die (aktive) Entdeckung der weniger innovativen Opportunity bei Kirzner (1997) in die Richtung eines neuen Marktgleichgewichts. Der Entdeckungsprozess bei Kirzner (1997) bedarf eines aktiven Akteurs, dieser benötigt aber keine vollkommen neuen Informationen zur Entdeckung der Opportunity, vielmehr stützt er sich auf seine besondere Findigkeit (Alertness) beim Aufspüren früherer Entscheidungsfehler anderer Akteure. Der kreative Schöpfungsprozess bei Schumpeter basiert dagegen auf neuen Informationen aus dem Umfeld des Entscheiders, um die aufgrund ihres hohen Innovationsgrades gegenüber der Kirzner'schen Opportunity vergleichsweise seltene Opportunity zu identifizieren.

2. Dimension der Opportunity Map: Grundtypen unternehmerischer Gelegenheiten

Frank und Mitterer (2009) grenzen weiter entrepreneuriale Opportunities von nicht-entrepreneurialen Opportunities ab (McMullen, Plummer und Acs, 2007). Demnach unterliegen unternehmerische Opportunities der Knight'schen Uncertainty (Knight, 1964), d. h., die Verfolgung dieser unternehmerischen Gelegenheit geschieht in vollkommener Unkenntnis der Handlungsfolgen und entzieht sich einem Optimie-

Tab. 3-1

Kirzner'sche versus Schumpeter'sche Opportunity

	Kirzner'sche Opportunity	Schumpeter'sche Opportunity
Ursprung	Veränderungsprozesse, Ungleichgewichte	Veränderungsprozesse, Ungleichgewichte
Handlung	reaktiv	proaktiv
Zweck-Mittel-Beziehung	Entdeckung (»Findigkeit«, »Alertness«) einer neuen Zweck-Mittel-Beziehung	Schaffung (»Schöpferische Zerstörung«) einer neuen Zweck-Mittel-Beziehung
Prozess	Aufspüren der Entscheidungsfehler anderer Marktakteure	Neukombination von Ressourcen
Marktgleichgewicht	gleichgewichtsfördernd	gleichgewichtszerstörend
Informationen	keine neuen Informationen	neue Informationen
Innovationsgrad	weniger innovativ	radikal innovativ
Vorkommen	häufig	selten

rungskalkül (Baumol, 1993). Dagegen kennzeichnen nicht-entrepreneuriale Opportunities eine Handlungssituation, die eine Maximierung im Rahmen gegebener Zweck-Mittel-Beziehungen zulässt. Die Kirzner'sche wie auch die Schumpeter'sche Opportunity sind mithin entrepreneuriale Opportunites, da Kirzner die Entdeckung einer Zweck-Mittel-Beziehung durch Zugang zu neuen Informationen beschreibt und Schumpeter den kreativen Akt zur Schaffung einer neuen Zweck-Mittel-Beziehung durch vollkommen neue Informationen für notwendig hält. Die Konzepte lassen sich also nach dem Innovationsgrad zusammenführen: Schumpeters Entrepreneure kennen nur vage das Ergebnis ihres radikalen Innovationsprozesses, wenn sie die technologischen, politisch-regulativen und sozio-demographischen Umfeldveränderungen ausnutzen und in neuartige Zweck-Mittelkombinationen umsetzen, indem sie die Opportunity, für die noch kein Markt existiert, kreieren. Nach Frank und Mitterer (2009) bleiben die Bezugspunkte der Innovation dabei offen: Neu für wen? – Individuum, Unternehmen, Branche etc., Wie neu? Neues Mittel? Neuer Zweck? Neue Kombination? Kirners Entrepreneure fokussieren ebenfalls eine entrepreneurial Opportunity, die aber weniger innovativ ist, indem sie Arbitragemöglichkeiten durch Informationsvorsprünge in bestehenden Märkten entdecken und nutzen. Entrepreneuriale versus nicht-entrepreneuriale Opportunities unterliegen dabei zwei unterschiedlichen Entscheidungslogiken. Bei der nicht-entrepreneurialen Opportunity kann ein Entscheidungskalkül existierende Zweck-Mittel-Beziehungen nutzen, indem z. B. der bekannte Marktpreis für ein Produkt (= Zweck) unter effizienter Kombination der Ressourcen (= Mittel) kalkuliert und optimiert wird. Dies kommt einer Entscheidung unter Risiko gleich, ob unter einer bestimmten Wahrscheinlichkeit ein bekanntes zukünftiges Ereignis, hier der für das Produkt zu erzielende Marktpreis, realisiert werden kann. Als Entscheidungslogik kann die kausale Methode zum Einsatz kommen, ein bestimmtes Ziel mit dem effizientesten Mitteleinsatz zu erreichen (= Causation, vgl. Sarasvathy, 2008). Stattdessen bietet die entrepreneuriale Opportunity für dieses Entscheidungskalkül keine Grundlage, da die Zweck-Mittel-Kombination nicht bekannt ist und noch unter Unsicherheit geschaffen werden muss. Es kommt die »effectual logic« zum Einsatz, die von den gegebenen Ressourcen (= sichere und bekannte Mittel) des Entrepreneurs ausgeht, mit denen er verschiedene Ziele (= Zwecke) erreichen kann. Er schafft mithin neue Mittel-Zweck-Kombinationen unter unternehmerischer Unsicherheit (= Effectuation, vgl. Sarasvathy, 2008). Dies markiert auch den Übergang von einer rein statischen Betrachtung des kausalen Entscheidungskalküls unter berechenbarem Risiko zur dynamischen Betrachtung des Effectuation-Prozesses, d. h. der pro-aktiven Schaffung von Opportunities durch den Entrepreneur unter Unsicherheit über das Handlungsergebnis.

Abb. 3-3

Typen von Opportunities (Grichnik 2006a)

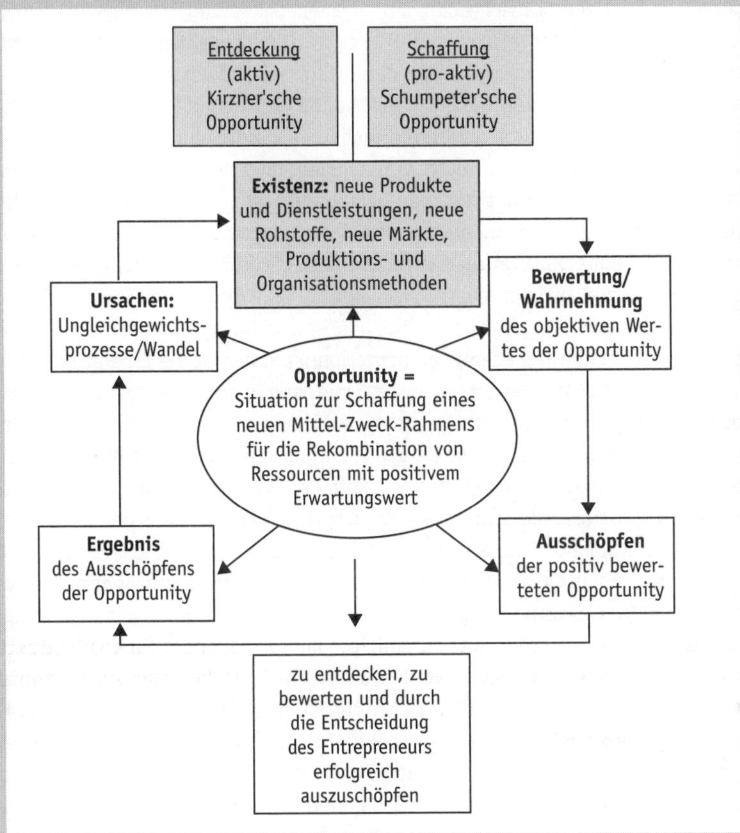

3.4 Wahrnehmung und Bewertung der unternehmerischen Gelegenheit

Damit ist sogleich die Brücke geschlagen zur Wahrnehmung und Bewertung der Opportunity (vgl. Abbildung 3-4). Hier ist die zentrale Erkenntnis aus der Theorie, dass die Entdeckung der Opportunity auf Unterschiede zwischen den Individuen zurückzuführen ist. Nach Knight (1964) kann die unterschiedliche Wahrnehmung bzw. Bewertung der objektiven Erfolgswahrscheinlichkeit einer Opportunity dazu führen, dass diese in eine unternehmerische Handlung mündet oder nicht. In der Situation der Unsicherheit, in der nicht alle zukünftigen Umweltzustände definiert sind, führt die Bewertung bzw. Wahrnehmung der Gelegenheit dazu, dass eine Gruppe von Individuen sich dazu bereitfindet, Unsicherheiten als Entrepreneure zu tragen, während die andere Gruppe der abhängig Beschäftigten sich nicht dazu bereitfindet. Diese Differenzierung führt Knight auf die unterschiedlichen intellektuellen Fähigkeiten der Individuen zurück, den objektiven Wert der Opportunity zu schätzen und mit der Unsicherheit der eigenen Schätzung umzugehen. Dies ist wiederum zentral für das Opportunity-Paradigma. Knight geht nicht von rationalen Akteuren aus, denn wäre dies gegeben, d. h., wären die Informationen gleich verteilt und würden alle Individuen diese Informationen gleichermaßen rational verarbeiten, würde die Opportunity am Markt nicht mehr existieren. Erst asymmetrisch verteilte Informationen oder nicht vollkommen rational entscheidende Akteure machen die Existenz einer marktlichen Gelegenheit möglich. Je nachdem, ob diese Marktunvollkommenheiten in der Informationsverteilung oder in der Person des handelnden Akteurs verortet werden, kann man die informationsbasierte und die personenbezogene Perspektive zur Entscheidung, eine Opportunity auszuschöpfen, unterscheiden.

3. Dimension der Opportunity Map: Bewertung unternehmerischer Gelegenheiten

In der informationsbasierten Argumentation ist zunächst die Erkenntnis Arrows (1974) wichtig, dass die Bewertung einer unternehmerischen Gelegenheit notwendigerweise auf Vermutungen beruhen muss, weil die Ressourcen gewonnen und neu kombiniert werden müssen, bevor die Profitabilität der Rekombination bekannt ist. Mangels bestehender Märkte existieren mithin keine verwertbaren Preisinformationen, die durch die mechanische Anwendung mathematischer Entscheidungslogiken zur optimalen Allokation der Ressourcen führen würden. Der Entscheidungsprozess der Causation, wie ihn Sarasvathy (2001) als zielgerichtete Auswahl zwischen verschiedenen Mitteln beschreibt, um einen bestimmten Effekt zu erzielen, ist anhand des Erwartungswertes mithin zwar möglich, aber zum Zeitpunkt der Opportunity-Bewertung mit großen Unsicherheiten behaftet, weil valide Informationen besonders rar sind. Dies zeigt nicht zuletzt auch der Kirzner'sche Ansatz (Kirzner, 1997), der zwar von Entscheidungsfehlern ausgeht, aber die Informationen darüber in den Mittelpunkt zur Entdeckung der Opportunity stellt. Anders als Arrow (1974) geht er aber von den Steuerungsimpulsen der Markpreise aus, die die Informationen zu den Fehlallokationen von Ressourcen durch die Entscheidungsfehler in der Vergangenheit widerspiegeln. Besonders findige Marktakteure erkennen diese Preisdifferenzen und nutzen sie durch Arbitrage aus. Der Widerspruch zwischen Arrow und Kirzner lässt sich dadurch auflösen, dass Kirzner von seinem Verständnis der weniger innovativen, ggf. imitierten Opportunity ausgeht, über die bereits Marktinformationen vorliegen, während Arrow seiner Argumentation die Einzigartigkeit der Schumpeter'schen Opportunity zugrunde legt.

Bei Shane (2002; 2004 b) kulminieren diese verschiedenen Standpunkte zur informationsbasierten Perspektive, indem er den von Hayek (1945) kreierten Begriff der Informationskorridore aufgreift und in seinem Konzept des Prior Knowledge genauer untersucht. Durch die ungleiche Informationsverteilung zwischen den Individuen wird einer die Opportunity entdecken, während andere keinen Zugang zu ihr haben. Dies kann psychologische und informatorische Gründe haben. Letztere basieren auf Vorwissen, die das Individuum durch eine bestimmte Lebenserfahrung im beruflichen oder privaten Bereich gewonnen hat. Hierzu zählt berufliche genauso wie private Mobilität (Casson, 1982). So steigert insbesondere der Wechsel zwischen verschiedenen Berufen und Karrierepfaden die Wahrscheinlichkeit der Wahrnehmung einer Opportunity und den damit verbundenen Schritt in die Selbstständigkeit, wie die Studie von Evans und Leighton (1989) empirisch belegt.

Die psychologischen Gründe, bei gegebenen Informationen durch kognitive Unterschiede eine unternehmerische Gelegenheit zu entdecken oder nicht, fokussiert dagegen die personenbezogene Perspektive zur Opportunity-Bewertung (Baron, 2004). Auf die Bedeutung der Intelligenz bei der Entdeckung der Opportunity weist bereits Knight (1964) hin, indem er die Entscheidungsfindung als Trial-and-Error-Prozess beschreibt und die Trennung zwischen Unternehmern und Nicht-Unternehmern auf unterschiedliche persönliche Fähigkeiten bei der Abschätzung des objektiven Wertes einer Opportunity zurückführt. An die Stelle rationaler Entscheidungslogik tritt die Judgemental Decision (Casson, 1982): Um die Opportunity zu entdecken, muss der Entrepreneur deren Wert – als Differenz zwischen dem zu erzielenden Marktpreis und den Kosten der Ressourcenbeschaffung und -neukombination – höher einschätzen als andere Akteure. Nur dann wird er zur Schaffung eines neuen Mittel-Zweck-Rahmens für die Neukombination der Ressourcen ansetzen. Inwieweit ihm dies gelingt, hängt maßgeblich auch von den angewandten Entscheidungsheuristiken ab, wie sie Busenitz und Barney (1997) als indirektes Maß für die bei Knight (1964) thematisierte Intelligenz bzw. Fähigkeit eines Unternehmers im Vergleich zu Managern testen und nachweisen. In der komplexen Bewertungssituation einer Schumpeter'schen Opportunity sind der Gebrauch von Heuristiken zur Vereinfachung der Entscheidungssituation und das Vorkommen entsprechender Entscheidungsfehler (Bias) als wahrscheinlicher anzunehmen als bei der Kirzner'schen Opportunity. Warum bestimmte Personen aber dennoch das Risiko eingehen, dass ihre Bewertung der Opportunity nicht dem objektiven Wert entspricht, zeigen Sarasvathy et al. (1998), die in einem Experiment nachweisen, dass Entrepreneure gegenüber Bankern in derselben risikobehafteten Entscheidungssituation mehr wertvolle Gelegenheiten und weniger Risiken wahrnehmen. Ein Grund hierfür kann in der Selbstwahrnehmung der eigenen Fähigkeiten zur Neukombination der Ressourcen gesehen werden, die höher eingeschätzt werden als die anderer Personen (Shane, 2004 a).

Neben der unternehmerischen Intelligenz, der Anwendung von Heuristiken und der besonderen Wahrnehmungsfähigkeit spielt aber auch die Kreativität eine entscheidende Rolle bei der Entdeckung der Opportunity. Schon Schumpeter (1934) wies auf die besondere »ingenuity«, die Genialität und den Erfindungsgeist hin, die seinen dynamischen Unternehmer von anderen Akteuren unterscheiden. Zur Formulierung neuer Mittel-Zweck-Beziehungen bedarf es eines besonderen Vorstellungsvermögens und kreativen Vorgehens, da dies die Etablierung neuer Lösungen zu noch offenen Problemstellungen erfordert (Shane, 2004 a). Dies entspricht dem Entscheidungsprozess, wie ihn Sarasvathy (2001) mit der Effectuation beschreibt: Bei gegebenen spezifischen Mitteln wird die Wahl der Mittel bestimmt durch die Merkmale des Akteurs und seine Fähigkeit, Kontingenzen zu entdecken und zu nutzen. Hier ist die Grenze zum Individual-Opportunity-Nexus von Shane und Venkataraman (2000) definiert. Während sie die Opportunity als (umfeld-)gegeben voraussetzen und nur noch auf die Entdeckung derselben durch besondere Infor-

Abb. 3-4

Wahrnehmung und Bewertung von Opportunities (Grichnik 2006a)

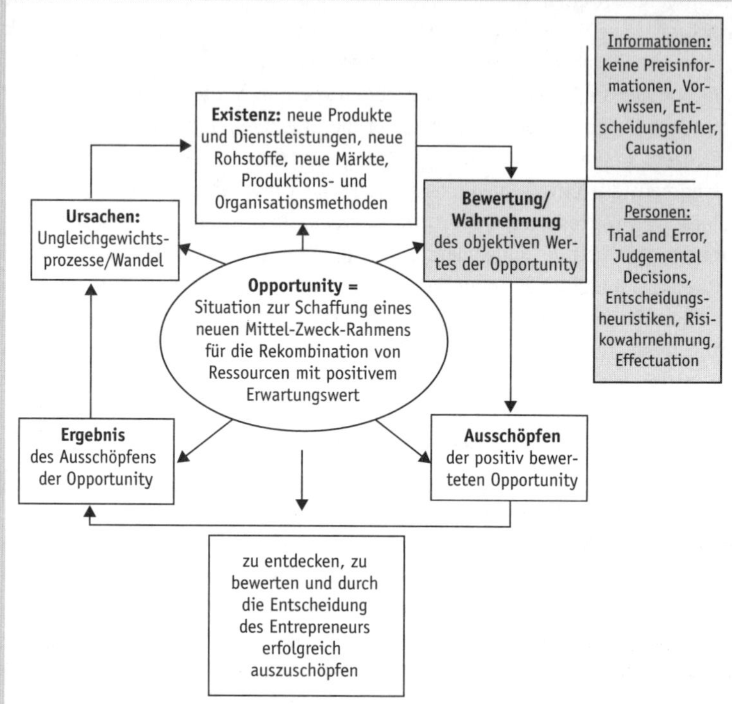

mationen oder persönliche Fähigkeiten rekurrieren, sehen Schumpeter und Sarasvathy auch die Schaffung neuer Opportunities durch schöpferische Prozesse besonders kreativer Personen als möglich an.

3.5 Entscheidung zur Ausschöpfung

Eng mit der Wahrnehmung und Bewertung ist die Entscheidung zur Ausschöpfung der Opportunity durch eine Unternehmensgründung bzw. den Schritt in die Selbstständigkeit verknüpft (vgl. Abbildung 3-5). Um sich dafür zu entscheiden, eine unsichere Opportunity auszuschöpfen, muss der vom Entscheider angesetzte Erwartungswert der Opportunity Exploitation die Opportunitätskosten einer alternativen Zeitverwendung übersteigen und zusätzlich eine Prämie für die Übernahme von Risiko und Liquiditätseinbußen, die mit dem Schritt in die Selbstständigkeit verbunden ist, gewähren, sofern die bisherige Tätigkeit eine sichere abhängige Beschäftigung darstellt (Venkataraman, 1997). Je höher der Erwartungswert der Opportunity, desto höher die Wahrscheinlichkeit, sich für die Ausschöpfung zu entscheiden. Die Höhe des Erwartungswertes wird nach (Shane, 2004 a) vom (objektiven) Wert der Opportunity, dem institutionellen Umfeld und den psychologischen sowie von nicht-psychologischen Faktoren des Entrepreneurs selbst bestimmt. Während auf die Bewertung der Opportunity und damit den objektiven Wert und die psychologischen Wesenszüge des Entscheiders bereits eingegangen wurde und die institutionellen Umfeldfaktoren im Folgenden beim Gründungsprozess thematisiert werden sollen, dreht sich die hier fokussierte Entscheidung zur Exploitation um die personen(typ)- und erfahrungsbezogenen Charakteristika des Entscheiders, die seine Opportunitätskosten und seine Risiko- und Liquiditätsprämie beim Schritt in die Selbstständigkeit aus einer abhängigen Beschäftigung beeinflussen.

4. Dimension der Opportunity Map: Ausschöpfung unternehmerischer Gelegenheiten

In der personen(typ)bezogenen Perspektive wird das Persönlichkeitsmerkmal der Risikoneigung als Bereitschaft einer Person erfasst, sich in einer risikobehafteten Aktivität zu engagieren. Diese als Eigenschaft relativ stabile Prädisposition einer Person hat bereits Knight (1964) mit seinen theoretischen Überlegungen zu den unsicheren Rückflüssen ökonomischer Aktivität damit verbunden, dass nur risikotolerante Akteure das Risiko gegen eine variable Ergebnisbeteiligung akzeptieren. Khilstrom und Laffont (1979) zeigen nunmehr in ihrem formalen, neoklassischen Modell, dass risikotolerante Individuen zu Entrepreneuren werden, wohingegen risikoaverse Akteure zu Lohnarbeitern – bei annahmegemäß risikolosem Arbeitslohn – werden und bestätigen damit formal die Theorie Knights. Wenngleich damit die Voraussetzung der Falsifizierbarkeit dieser Theorie im Sinne Poppers geschaffen ist, zeigt die empirische Verifikation für die Entrepreneurship-Forschung bis dato jedoch kein einheitliches Bild. Hamilton (2000) falsifiziert zwar scheinbar die Schlussfolgerungen in der Knightschen Theorie, gleichwohl untersucht er mit seinem Sample zur Selbstständigkeit nicht wirklich die risikotheoretischen Überlegungen Knights zum Unternehmertum. Seine Idee ist vielmehr, dass im Opportunitätskalkül neben monetären Rückflüssen auch nicht-monetäre Motive – wie das Streben nach Unabhängigkeit – die Entscheidung zur Ausschöpfung einer Opportunity fördern. Wenn auch nicht empirisch belegt, so kann aber theoretisch die Aussage getroffen werden, dass risikotolerantere Individuen eine geringere Risikoprämie im Opportunitätskalkül verlangen werden (Shane, 2004 a) und somit die Wahrscheinlichkeit zur Ausschöpfung der Opportunity hier größer ist.

Die Liquiditätsprämie wird von Evans und Jovanovic (1989) ebenfalls theoretisch als entscheidungsrelevant im Opportunitätskalkül abgeleitet. Eine empirische Bedeutung wird bei Evans und Leighton (1989) im Zusammenhang mit dem Alter und Einkommen einer Person vermutet, aber nicht belegt. Letztere zeigen vielmehr auf, dass das Charakteristikum des Locus of Control, also der Glaube, das eigene Umfeld beeinflussen zu können, den Schritt in die Selbstständigkeit signifikant befördert. Mit dem Alter, dem Einkommen und der Arbeitslosigkeit ermitteln sie Faktoren, die zudem die Opportunitätskosten beim Schritt in die Selbstständigkeit beeinflussen. Gleichwohl können sie für diese Faktoren – zusammen mit Komponenten, die der erfahrungsbezogenen Perspektive zuzuordnen sind (Mobilität, Erfahrung mit eigener Selbstständigkeit und in der Familie) – nur schwache Korrelationen zur Ausschöpfung der Opportunity durch den Schritt zur Selbstständigkeit nachweisen. In der erfahrungsbezogenen Perspektive ermitteln dagegen Carrol und Mosakowski (1987) den Einfluss der Unternehmererfahrung als Prädiktor für den Schritt in die Selbstständigkeit, die sie zudem nicht als beruflichen Dauerzustand, sondern als Karriereepisode identifizieren. Zum selben Ergebnis kommt Fairlie (2002), der bereits in früheren Episoden gewonnene unternehmerische Fähigkeiten, begleitet von einer positiven Risikoeinstellung und der Präferenz für Unabhängigkeit, als zentrale Treiber für die Entscheidung zwischen selbstständiger und abhängiger Tätigkeit belegt. Die Episode der Selbstständigkeit im Anschluss an eine abhängige Beschäftigung erfassen schließlich auch Amit et al. (1995), indem sie gemessen am aktuellen Einkommen den positiven Effekt niedriger Opportunitätskosten auf die Wahrscheinlichkeit unternehmerischer Aktivität nachweisen.

Trotz aller Kritik an der Traits School in der Entrepreneurship-Forschung ist es mithin auch in der Opportunity School von großem Interesse, individuelle Charakteristika im Zusammenhang mit dem Ausschöpfen der Opportunity empirisch zu prüfen. Je größer die Differenz zwischen dem Erwartungswert der Opportunity-Ausschöpfung und dem Erwartungswert einer alternativen Zeitverwendung, desto niedriger die Opportunitätskosten beim Schritt in die Selbstständigkeit. Bestimmte Charakteristika des potenziellen Entrepreneurs – wie Arbeitslosigkeit oder niedriges Einkommen in der abhängigen Beschäftigung – führen daher über das Opportunitätskostenkalkül zu einer höheren Wahrscheinlichkeit, die unternehmerische Gelegenheit auszuschöpfen. Bringt der Entrepreneur spezifische Informationen respektive Erfahrungen ein, steigert dies die Wahrscheinlichkeit eines höheren Rückflusses und damit ceteris paribus eines höheren Erwartungswertes aus der Opportunity Exploitation.

Organisationsform und Prozess zur Ausschöpfung

Ist die Entscheidung zur Ausschöpfung der Opportunity im Opportunitätskalkül getroffen, stellt sich die Frage, in welcher (Organisations-)Form die Ausschöpfung erfolgt (vgl. Abbildung 3-5). Während Knight (1964) sich hier eindeutig auf das Unternehmen und damit eine hierarchische Koordinationsform festlegt, sieht Coase (1937) unter dem Transaktionskostenargument auch im Markt eine effiziente Möglichkeit zur Nutzung der besonderen unternehmerischen Fähigkeiten eines Entrepreneurs (Casson, 1982), die bei Knight einzig und allein in der Hierarchie eines Unternehmens zum Tragen kommen. Mit seiner Studie zur Lizenzierung bei effektiven Patenten weist Shane (2002) eine entsprechende Möglichkeit im Sinne der Coase'schen Transaktionskostentheorie für die Ausschöpfung hochinnovativer Opportunities nach. Anknüpfend an die ökonomische Vertragstheorie zu bestimmten Governance-Strukturen im Sinne Williamsons (1985) weisen Azoulay und Shane (2001) mit dem expliziten Vertragsdesign beim Franchising eine weitere Möglichkeit zur marktlichen Koordination zwecks Ausschöpfung einer Opportunity empirisch nach. Die hierarchische Koordination im Sinne Knights fokussiert dagegen Schumpeter, der diese Möglichkeit in früheren Überlegungen (1934) allein neuen Unternehmen am Markt – mithin Unternehmensgründungen – zuschrieb, in seinen späteren Ausführungen (1942) dann aber auch in bereits etablierten Unternehmen als

Abb. 3-5

Formen der Ausschöpfung von Opportunities (Grichnik 2006a)

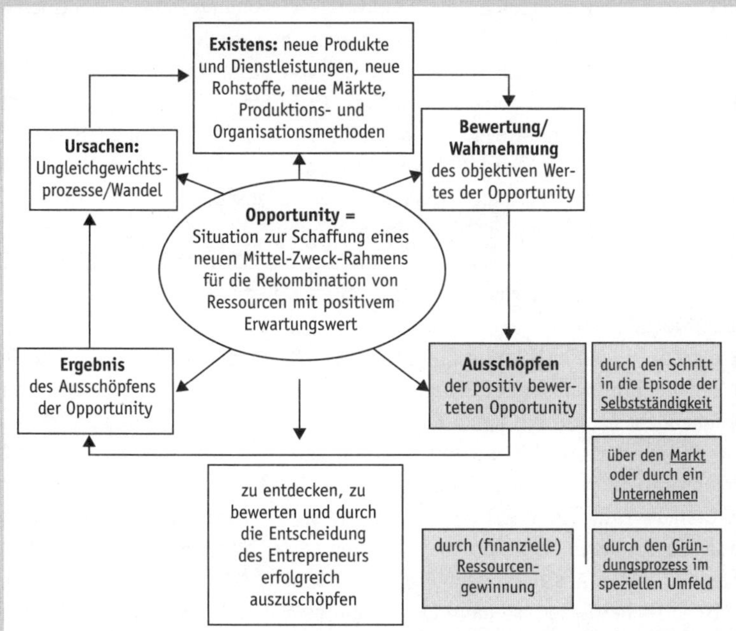

gegeben ansah. Hier finden sich frühe Bezüge zur heute üblichen Unterscheidung zwischen Entrepreneurship und Intrapreneurship. Die Schwierigkeit für das Intrapreneurship, definiert als Entrepreneurship in etablierten Unternehmen, zeigen aber Christiansen und Bower (1996) sowie Caves (1998) auf, die empirisch Nachteile für etablierte Unternehmen bei der Ausschöpfung Schumpeter'scher Opportunities gegenüber neuen Unternehmen ausmachen. Entsprechende Analyseergebnisse zu Innovationen in kleinen versus in großen Unternehmen bei Acs und Audretsch (1988) sind dagegen weniger evident.

Der Gründungsprozess beschreibt nunmehr – aus der Mikro- und Makroperspektive betrachtet –, welche Kriterien zur Entstehung eines neuen Unternehmens führen und wie das Organisationsdesign innerhalb der neu geschaffenen Hierarchie zur Ausschöpfung der Opportunity gestaltet wird (vgl. Abbildung 3-5). Zur Abgrenzung der Vorgründungsphase sowie neuer und etablierter Unternehmen definiert Aldrich (2000) einen Katalog unternehmerischer Aktivitäten, die den Weg vom Nascent Entrepreneur über die Infancy des »erwachsen werdenden« Unternehmens bis zur Adoleszenz des etablierten Unternehmens weist. Einen vergleichbaren Ansatz wählen Katz und Gartner (1988) und bereiten so – trotz einiger logischer Inkonsistenzen – zusammen mit Aldrich (2000) das Feld für einen explorativen

Test zur Entstehung von Organisationen. Die Gründungsentscheidung selbst als Anstoß zum Gründungsprozess modellieren Evans und Jovanovic (1989), indem sie das Liquiditätsproblem bzw. den Kapitalzugang – wie bereits im Opportunitätskalkül thematisiert – als konditionierend für den Gründungsprozess identifizieren. Die bei der Zielsetzung und bei den Teilplänen im Gründungsprozess erzielbaren Rationalisierungseffekte durch die Erstellung von Businessplänen erfassen Shane und Delmar (2004), wenngleich sie den direkten Zusammenhang zu einer rationaleren Entscheidungsfindung nicht belegen können. Ruef, Aldrich und Carter (2003) stellen dagegen die verbreitete Meinung in Zweifel, dass sich Gründerteams aus Personen mit komplementären Fähigkeiten zusammensetzen. In ihrer Studie zeigt sich vielmehr, dass Homophily, d. h. gleiches Geschlecht und Ethnizität, und Netzwerkeinflüsse einen weitaus stärkeren Einfluss auf die Teambildung im Gründungsprozess haben als komplementäre Fähigkeiten, Einstellungen und Herkunft der Teammitglieder.

Ergänzend zu dieser Mikroperspektive gibt die Makroperspektive Aufschluss über den Umfeldeinfluss auf den Gründungsprozess. So zeigen die relevanten Studien mit zunehmendem Abstraktionsgrad, dass Markteintrittsbarrieren als Umfeldfaktor für den Gründungsprozess nur eine untergeordnete Rolle spielen (Caves, 1998). Unternehmensgründungen werden aber von der Struktur einer bestehenden Industrie bzw. Branche (Aldrich, 1990) beeinflusst und sind – wenn sie zu neuen Branchen führen – besonderen Legitimationsproblemen (Aldrich und Fiol, 1994) ausgesetzt. Auf dem höchsten Abstraktionsniveau erfasst Baumol (1990) die prägende Wirkung gesellschaftlicher Regelsysteme und Normen auf das unternehmerische Verhalten, indem er die Unterscheidung zwischen produktivem und unproduktivem bzw. destruktivem Entrepreneurship mit positivem respektive negativem – aggregierten – »sozialen Nutzen« für die Gesellschaft einführt. Wichtig sind die daraus ableitbaren Implikationen für das institutionelle – ökonomische, politische und soziale – Umfeld unternehmerischer Tätigkeit (Shane, 2004 a): Empirisch nachweisbar ist ein positiver Einfluss des sozialen Wohlstandes, der ökonomischen Stabilität, der Kapitalverfügbarkeit und niedriger Steuersätze im ökonomischen Umfeld. Die politischen Rahmenbedingungen wirken über die politische Freiheit, die Verteilung von Verfügungsrechten und von Dezentralität im politischen und wirtschaftlichen System förderlich auf das Entrepreneurship. Die soziale und kulturelle Infrastruktur beeinflusst – empirisch nachgewiesen – über drei Mechanismen das Ausmaß unternehmerischer Aktivitäten in einer Gesellschaft:

1. Der Grad, zu dem Unternehmertum gesellschaftlich als wünschenswert angesehen wird (Aldrich, 1990; Aldrich und Fiol, 1994),
2. der Effekt sozialer Normen auf die Anzahl und Verbreitung unternehmerischer Rollenmodelle, die es »novice entrepreneurs« erleichtern, die bereits etablierten Karrierepfade einzuschlagen (Casson, 1995) und
3. kulturelle Überzeugungen, die unternehmerische Einstellungen prägen, weil das unternehmerische Verhalten dadurch beeinflusst wird, was andere im Umfeld des Entrepreneurs darüber denken (Minniti, 1999).

Gleichwohl schließt sich hier wieder der Kreis zur mikroökonomischen Perspektive, da institutionenökonomische und auch verhaltenstheoretische Ansätze den konditionierenden Einfluss von Normen und Institutionen in Form von Regelsystemen als zentrale Elemente in ihre Argumentation einbeziehen.

Finanzielle Ressourcengewinnung zur Ausschöpfung

Diese Mikrosicht nehmen auch die informationsökonomischen Ansätze zur Gewinnung finanzieller Ressourcen ein (vgl. Abbildung 3-5). Während Knight (1964) im Kapitalzugang eine hohe Hürde für die Wahrnehmung der unternehmerischen Gelegenheit sieht und im Wesentlichen auf die Eigenfinanzierung als Alternative verweist, geht Schumpeter (1934) davon aus, dass bei einer entsprechend werthaltigen Opportunity andere die Ressourcen zur Ausschöpfung zur Verfügung stellen. Die zur Ressourcengewinnung notwendige Überwindung der Unsicherheit und bestehende Informationsasymmetrien sehen die informationsökonomischen Ansätze aus einer formal-theoretischen Perspektive. Die Bedeutung der Liquiditätsbarriere für potenzielle Entrepreneure weisen – wie bereits an mehreren Stellen genannt – Evans und Jovanovic (1989) theoretisch nach, die formal die These der Liquiditätsbarriere von Knight stützen und Schumpeters Position ablehnen. Daran knüpfen die agencytheoretischen Überlegungen aus der Financial Entrepreneurship School von Amit et al. (1995) zum vorvertraglichen Adverse-Selection-Problem bei der Venture-Finanzierung und von Gompers (1995) zum Moral-Hazard-Problem nach Abschluss des Finanzierungsvertrages an. Amit et al. weisen auf bekannte Pre-Investment Tools – wie Signaling, Due Diligence, Spezialisierung und Syndizierung – hin, ohne aber das modellinhärente Marktversagen ausschließen zu können. Wenngleich Gompers (1995) mit dem Monitoring und Staging als Post-Investment Tools bei der Venture-Finanzierung modelltheoretische Lösungsansätze aufzeigt, die auch in der Empirie bei der Gestaltung von Venture-Capital-Verträgen (Contracting) zum Einsatz kommen, kann erst die erweiterte soziopsychologische Perspektive hinreichende Erklärungsmuster für die reale Venture-Finanzierung liefern, da sie nicht so restriktiven Verhaltensannahmen unterliegen wie die agencytheoretischen Modelle.

Aus abstrakter soziologischer Perspektive bieten zunächst Sorenson und Stuart (2001) einen Erklärungsansatz zum Abbau von Informationsasymmetrien in der geographischen und branchenmäßigen Verteilung von Venture-Capital-Investitionen. Demnach führt die extensive Nutzung syndizierter Investments in der Venture-Capital-Branche zur Informationsverbreitung durch soziale Netzwerke, in denen sich die Beziehungen zwischen den beteiligten Akteuren intensivieren können. Dieses Lösungspotenzial sozialer Beziehungen zur Überwindung von Unsicherheiten bei der Ausschöpfung der unternehmerischen Gelegenheit und zum Ausgleich von Informationsungleichgewichten zwischen den Marktteilnehmern, um finanzielle Ressourcen zu mobilisieren, greifen Shane und Cable (2002) auf. Sie belegen die Bedeutung sozialer Bindungen (Social Ties) und der Reputation als Investitionskriterien. Demnach befördern direkte und indirekte soziale Bindungen durch den Transfer privater Informationen und/oder durch soziale Verpflichtungen die Gewinnung externer Ressourcen bei der Frühphasenfinanzierung. Hinzu kommt insofern der Effekt der Reputation, die Wahrscheinlichkeit zur Finanzierung der Opportunity durch die öffentlich verfügbare Information über die Beteiligten zu erhöhen. Die Effekte direkter Bindungen, indirekter Bindungen und der Reputation sind gleichwohl teilweise substitutiv, so dass mit der Reputation als Mediator die genauen Wirkungsmechanismen der Social Ties – Informationstransfer und soziale Verpflichtungen – ermittelt werden können.

Zentral für die Theoriebildung zum Entrepreneurship ist die Erweiterung informationsökonomischer Erklärungsansätze um ein soziales Element, die die Annahme Schumpeters eines vorhandenen Kapitalzugangs für den potenziellen Entrepreneur und damit eine Trennung von Kapitalgeberrolle und Unternehmerrolle anders als bei Evans und Jovanovic (1989) nicht verwirft und die Existenz von Venture-Capital-Gesellschaften und Business Angels zu erklären hilft. Eine um ein psychologisches Element erweiterte Perspektive zur Venture-Finanzierung bieten Landier und Thesmar (2003), die die Wirkung des unternehmerischen Optimismus auf die Vertragsgestaltung zwischen Entrepreneur und Finanzier untersuchen. Mit ihrer Erkenntnis, dass der nachweisbar häufig übersteigerte Optimismus bei den Entrepreneuren – und nicht opportunistisches Verhalten wie in den agencytheoretischen Ansätzen – die Venture-Finanzierung prägt, legt eine Neuinterpretation der Theorie zur Informationsasymmetrie im Entrepreneurship-Kontext nahe. Die Analyse der Auswirkungen von Optimismus auf das Ergebnis der Opportunity-Ausschöpfung und damit den unternehmerischen Erfolg fällt dagegen in der Studie von Landier und Thesmar (2003) nicht eindeutig aus.

3.6 Ergebnis des Ausschöpfens der unternehmerischen Gelegenheit

Dies verweist auf die Frage nach dem Ergebnis des Ausschöpfens der Opportunity, die zum einem in einer bestimmten Performance besteht, die ex ante mit einem Risiko oder Unsicherheit behaftet ist, und zum anderen in etwas Neuartigem mündet, das durch das unternehmerische Handeln geschaffen wird (vgl. Abbildung 3-6). Das Ergebnis der unternehmerischen Tätigkeit wird im Schrifttum zur Theoriebildung in der Entrepreneurship-Forschung mit verschiedenen Performancemaßen gemessen. An erster Stelle steht das Überleben, das (Shane, 2004 a) als die Fortsetzung unternehmerischer Bemühungen definiert. Es ist ein wichtiges Performancekriterium unternehmerischen Handelns, da mehr als die Hälfte der unternehmerischen Bemühungen vorzeitig scheitern (Aldrich, 1990) und die Steigerung der Überlebenswahrscheinlichkeit ein wichtiges Ziel beim Ausschöpfen der Opportunity ist (Azoulay und Shane, 2001). Wachstum als Zunahme der Beschäftigtenzahl und/oder Umsatzzahl ist ein weiterer Indikator für die Performance neuer Ventures, da diese in der Mehrzahl klein starten und so ein entsprechend großes Wachstumspotenzial aufweisen, gleichwohl aber nur wenige Unternehmen nach dem Überleben bedeutsam wachsen (Shane, 2004 a). Zudem ist das Wachstum der Beschäftigten- bzw. Umsatzzahl ein aussagefähiges Performancemaß, da es die Bedingungen der

Abb. 3-6

Ergebnis des Ausschöpfens von Opportunities (Grichnik 2006a)

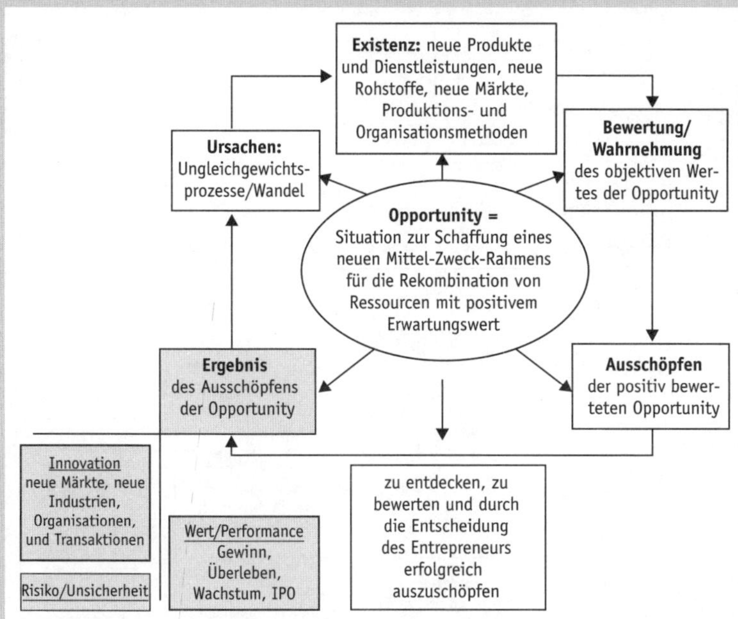

unternehmerischen Bemühungen bei der Ausschöpfung der Opportunity berücksichtigt. Gewinn beim neuen Unternehmen oder Einkommen bei der Selbstständigkeit beschreibt eine weitere Ausprägung der unternehmerischen Performance, die sowohl in der theoretischen Literatur – wie etwa im Opportunitätskostenkalkül – als auch in empirischen Studien – als wünschenswertes Ziel des Ausschöpfens der Opportunity – ein geeignetes Operationalisierungskriterium darstellt. Shane (2004 a) führt darüber hinaus noch das Initial Public Offering (IPO), den Verkauf von Aktien eines Unternehmens an die Öffentlichkeit, als Performancemaß ein. Wenngleich sich hierfür weder im theoretischen noch im empirischen Schrifttum viele Entsprechungen finden, sieht Shane im IPO zur Messung der außerordentlichen Bemühungen des dynamischen Unternehmers Schumpeter'scher Prägung ein passendes Maß für die hierfür notwendige außerordentliche Performance. Sarasvathy (2001) fügt dem noch ein weiteres Performancemaß hinzu, indem sie mit ihrem pro-aktiven Entscheidungsmuster der Effectuation auch die Schaffung weiterer Gelegenheiten als Erfolg definiert. Umgekehrt zieht sie das Überleben als Maßstab heran, um den Erfolg der Effectuation als Entscheidungsmuster in neuen Unternehmen zu postulieren.

5. Dimension der Opportunity Map: Ergebnis des Ausschöpfens unternehmerischer Gelegenheiten

Dass der Erfolg bzw. die Performance unternehmerischen Bemühens in jeder Ausprägungsform mit einem besonderen Risiko behaftet ist, haben vor Sarasvathy

Abb. 3-7

Die Opportunity Map zum unternehmerischen Entscheidungsprozess

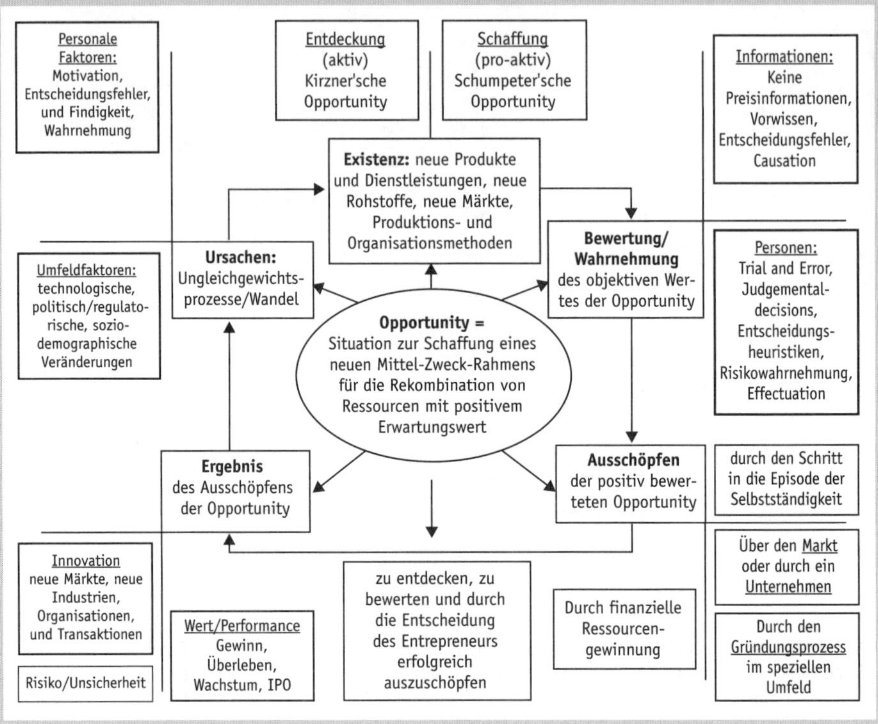

(Sarasvathy, 2001) schon die Klassiker Arrow (1974), Kirzner (1973), Knight (1964) und Cantillon (1931) aufgezeigt, wohingegen Schumpeter (1934) Risiko getrennt von der unternehmerischen Aktivität definiert und die Risikoträgerschaft über die Kapitalgeberfunktion als von der Unternehmerfunktion unabhängige Rolle abgrenzt. Bei erfolgreicher Ausschöpfung der Opportunity mündet die unternehmerische Aktivität in einer neuen Transaktion bzw. in einem neuen Produkt (Arrow, 1974). Sarasvathy (2001) beschreibt mit der Effectuation einen kreativen Entscheidungsprozess, der zu vollkommen neuen Organisationen und neuen Industrien, wie sie auch Aldrich und Fiol (1994) beschreiben, und zu neuen geographischen Märkten, wie sie Arrow (1974) erfasst, führen kann. Damit sind die Dimensionen des Neuartigen benannt, die aus der Ausschöpfung der unternehmerischen Gelegenheit resultieren können. Sie können sehr innovativ im Schumpeter'schen Sinne oder weniger innovativ im Kirzner'schen Sinne sein. In jedem Fall schließen sie den Kreis in der entscheidungsorientierten Opportunity Map (vgl. Abbildung 3-7) zu den Ursachen für neue Opportunities, da aus der Ausschöpfung unternehmerischer Gelegenheiten die Voraussetzung für umfeldinduzierte oder personale Veränderungen geschaffen wird, die wiederum die Existenz neuer Opportunities begründen können.

3.7 Zusammenfassung

Die Opportunity Map dient als Analyseraster zur Konturierung der Entrepreneurship-Disziplin und als Bezugsrahmen für die weiteren Buchkapitel. Entlang der Opportunity Map wird der Kenntnisstand aus Theorie und Empirie von den Ursachen unternehmerischer Gelegenheiten über deren Wahrnehmung und Bewertung bis zum Ausschöpfen der positiv bewerteten Opportunity und dem Ergebnis dieses Ausschöpfens dargestellt. Deutlich wird der Kern des integrativen Ansatzes, das Individuum, die Opportunity und den Kontext zu berücksichtigen, um das Phänomen des Unternehmertums und des unternehmerischen Denken, Handelns und Entscheidens erfassen zu können. Die entscheidungsorientierte Perspektive erfüllt diesen integrativen Anspruch. Aus der entscheidungsorientierten Sicht der Betriebswirtschaftslehre ist die unternehmerische Gelegenheit eine Situation zur Entdeckung oder Schaffung eines neuen Mittel-Zweck-Rahmens für die Rekombination von Ressourcen mit positivem Erwartungswert. Welche Ursachen zur Existenz dieser Entrepreneurial Opportunity führen, wie Individuen sie bewerten und in welcher Form sie sie mit welchem Ergebnis ausschöpfen können, wird mit den fünf Dimensionen der Opportunity Map abgebildet (vgl. die Übersicht in Tabelle 3-2).

Tab. 3-2

Dimensionen und Merkmale der Opportunity Map (Grichnik 2006a)

Dimension	Merkmal(e)	Ausprägung 1	Ausprägung 2
1. Existenz der Opportunity	(Entscheidungs-) Situation zur Schaffung eines neuen Mittel-Zweck-Rahmens für die Ressourcenneukombination mit pos. Erwartungswert (Shane, 2004 a)	Opportunity n. Schumpeter (1934): (1.) gleichgewichtszerstörend (2.) bedarf neuer Information (3.) sehr innovativ (4.) selten (5.) pro-aktiv (Schaffung)	Opportunity nach Kirzner (1997): (1.) gleichgewichtsfördernd (2.) bedarf nicht neuer Information (3.) weniger innovativ (4.) verbreitet (5.) aktiv (Entdeckung)
2. Ursachen für die Opportunity	Ungleichgewichtsprozesse, neue Informationen durch Veränderungen im Umfeld, Veränderungen in der Person des Entscheiders, die den Zugang zu relevanten Informationen vermitteln	Umfeldfaktoren: (1.) technologischer Wandel (Schumpeter, 1934; Casson, 1995) (2.) politischer und regulatorischer Wandel (Schumpeter, 1934) (3.) sozialer und demographischer Wandel (Drucker, 1985)	Personale Faktoren: (1.) Motivation zur Schöpfung (Schumpeter, 1934) (2.) Entscheidungsfehler und Findigkeit (Kirzner, 1997) (3.) Wahrnehmungsveränderungen (Drucker, 1985)
3. Bewertung/ Wahrnehmung der Opportunity	Die unterschiedliche Wahrnehmung bzw. Bewertung der objektiven Erfolgswahrscheinlichkeit der Opportunity kann zur unternehmerischen Handlung führen (Knight, 1964).	Informationsbasierte Perspektive: (1.) Informationen über Entscheidungsfehler (Kirzner, 1997) (2.) Informationskorridore (Hayek, 1945) und Vorwissen (Shane, 2002) (3.) Grenzen mangels existierender Preisinformation (Arrow, 1974) (4.) Causation (Sarasvathy, 2001)	Personenbezogene Perspektive: (1.) Trial and error (Knight, 1964) (2.) Entscheidungsheuristiken (Busenitz und Barney, 1997) (3.) Risikowahrnehmung (Sarasvathy et al., 1998) (4.) Judgemental Decisions (Casson, 1982) (5.) Effectuation (Sarasvathy, 2001)

Tab. 3-2

Dimensionen und Merkmale der Opportunity Map (Grichnik 2006a) (Fortsetzung)

Dimension	Merkmal(e)	Ausprägung 1	Ausprägung 2
4. Ausschöpfen der Opportunity 4.1 Entscheidung	Entscheidung zur Ausschöpfung der Opportunity durch Unternehmensgründung bzw. durch den Schritt in die Selbstständigkeit	Personen(typ)bezogene Perspektive: (1.) Risikotoleranz der Entrepreneure (Khilstrom und Laffont, 1979) (2.) Einflussfaktoren beim Schritt in die Selbstständigkeit (Evans und Leighton, 1989) (3.) Nicht-monetärer Nutzen der Selbstständigkeit (Hamilton, 2000)	Erfahrungsbezogene Perspektive: (1.) Unternehmererfahrung beim Schritt in die Selbstständigkeit (Carroll und Mosakowski, 1987) (2.) Risikoübernahme als Proxy für die Selbstständigkeit (Fairlie, 2002) (3.) Opportunity Entrepreneurs (Amit et al., 1995)
4.2 Organisationsform	Wahl des »locus of exploitation«: Markt (Coase, 1937) versus Hierarchie (Knight, 1964) als Organisationsform zur Ausschöpfung der Opportunity	Hierarchie: (1.) Hierarchische Nutzung der besonderen unternehmerischen Fähigkeiten (Knight, 1964) (2.) durch etablierte (Schumpeter, 1934) versus neue Unternehmen (Schumpeter, 1942; Christiansen und Bower, 1996; Caves, 1998) (3.) durch kleine versus große Unternehmen (Acs und Audretsch, 1988)	Markt: (1.) Marktmäßige Nutzung der besonderen unternehmerischen Fähigkeiten (Coase, 1937) (2.) durch Lizenzierung und Patente (Shane, 2002) (3.) durch Franchising (Azoulay und Shane, 2001)
4.3 Gründungsprozess	Makro- versus Mikroperspektive zu den Entstehungskriterien eines neuen Unternehmens zwecks Ausschöpfung der Opportunity	Makroperspektive: (1.) Gesellschaftliche Regelsysteme (Normen) prägen unternehmerisches Verhalten (Baumol, 1990) (2.) Populationseinfluss auf Unternehmensgründungen (Aldrich, 1990) (3.) Legitimationsprobleme neuer Industrien (Aldrich und Fiol, 1994) (4.) Markteintrittsbarrieren für neue Unternehmen (Caves, 1998)	Mikroperspektive: (1.) Gründungsentscheidung durch den Kapitalzugang konditioniert (Evans und Jovanovic, 1989) (2.) Aktivitäten der Unternehmensgründung (Katz und Gartner, 1988; Aldrich, 2000) (3.) Homophole Gründungsteams (Ruef et al., 2003) (4.) Businesspläne zur Rationalisierung (Shane und Delmar, 2004)
4.4 (Finanzielle) Ressourcengewinnung	Überwindung von Unsicherheiten und Informationsasymmetrien zwischen Entrepreneur und externen Interessengruppen zur Gewinnung (finanzieller) Ressourcen (Schumpeter, 1934 versus Knight, 1964)	Informationsökonomische Perspektive: (1.) Liquiditätsbarrieren für potenzielle Entrepreneure (Evans und Jovanovic, 1989) (2. Adverse-Selection-Problem bei der Venture-Finanzierung (Amit, Glosten und Muller, 1990) (3.) Monitoring und Staging als Lösungsansätze für das Moral-Hazard-Problem (Gompers, 1995)	Soziopsychologisch erweiterte Perspektive: (1.) Localization zum Abbau von Informationsasymmetrien (Sorenson und Stuart, 2001) (2.) Soziale Beziehungen und Reputation als Investitionskriterien (Shane und Cable, 2002) (3.) Unternehmerischer Optimismus in der Venture-Finanzierung (Landier und Thesmar, 2003)
5. Ergebnis des Ausschöpfens der Opportunity	Ergebnis der Ausschöpfung einer Opportunity ist etwas Neuartiges (Shane 2003) und eine Performance, die ex ante mit einem Risiko behaftet ist.	Performance und Risiko: (1.) Performance (Azoulay und Shane, 2001; Shane, 2004 a) und Erfolg (Sarasvathy, 2001) (2.) Risiko (Cantillon, 1931; Schumpeter, 1934; Knight, 1964; Kirzner, 1973; Arrow, 1974; Sarasvathy, 2001)	Entstehung einer Innovation: (1.) neue Transaktion (Arrow, 1974) (2.) neue Organisationen (Schumpeter, 1934) (3.) neue Industrien (Aldrich und Fiol, 1994; Sarasvathy, 2001) (4.) neue Märkte (Arrow, 1974; Sarasvathy, 2001)

Weiterführende Literatur

Alvarez, S. A. (2005). Theories of Entrepreneurship: Alternative Assumptions and the Study of Entrepreneurial Action. Boston, MA.

Grichnik, D. (2006 a). Die Opportunity Map der internationalen Entrepreneurship-forschung: Zum Kern des interdisziplinären Forschungsprogramms. In: Zeitschrift für Betriebswirtschaft (ZfB), 76 (12), S. 1303–1333.

Grichnik, D. (2006 b). International Entrepreneurship. Entscheidungs- und Risikoverhalten von Unternehmensgründern und Venture-Finanziers in kulturellen Kontexten. Theoriebildung und empirische Analysen. Berlin.

Sarasvathy, S. D. (2008). Elements of Entrepreneurial Expertise. Cheltenham.

Shane, S. A. (2004 a). A General Theory of Entrepreneurship. The Individual-Opportunity Nexus. Northampton, MA.

4 Entdeckung und Schaffung unternehmerischer Gelegenheiten

Lernziele

Unternehmerische Gelegenheiten, sogenannte »Opportunities«, sind im Entrepreneurship von zentraler Bedeutung, da unternehmerischen Handlungen ohne sie nicht denkbar sind. Dieses Kapitel beschäftigt sich daher mit der Frage des Entstehens unternehmerischer Gelegenheiten im Rahmen des unternehmerischen Handlungsprozesses. Ein besonderes Augenmerk wird dabei auf die Rolle des Entrepreneurs und der ihn umgebenden Interessengruppen gelegt. Mithin ist es auch ein Ziel des Kapitels, verschiedene Ansätze und Theorien zur Existenz unternehmerischer Gelegenheiten zu diskutieren sowie mögliche Ursachen dieser Gelegenheiten und die daraus resultierenden Implikationen für das unternehmerische Handeln aufzuzeigen.

Nachdem Sie dieses Kapitel durchgearbeitet haben, werden Sie insbesondere:

- zwischen dem Erkennen, Entdecken und Schaffen unternehmerischer Gelegenheiten unterscheiden,
- mit Causation und Effectuation zwei Ansätze des unternehmerischen Handelns kennen,
- den Entrepreneur als Entdecker und Schöpfer unternehmerischer Gelegenheiten charakterisieren sowie
- mögliche Quellen unternehmerischer Gelegenheiten benennen können.

4.1 Unternehmerische Gelegenheiten: erkennen, entdecken oder erschaffen?

Der Ursprung unternehmerischer Gelegenheit als Zentrum des Entrepreneurship

Die unternehmerische Gelegenheit steht im Mittelpunkt jedweder unternehmerischer Handlung: Sie ist die Triebfeder für die Gründung eines Unternehmens, führt zu Innovationen und technischer Weiterentwicklung von Produkten und ihre Qualität entscheidet maßgeblich über den Erfolg des Entrepreneurs. Es ist daher wenig verwunderlich, dass es für den potenziellen Entrepreneur wie auch für den Forscher im Entrepreneurship-Bereich von zentraler Bedeutung ist, den Ursprung unternehmerischer Gelegenheiten – also wieso, wann und wie unternehmerische Gelegenheiten entstehen – besser zu verstehen. Ein erster Hinweis zur Beantwortung dieser Fragen findet sich in den epistemologischen Definitionen des Entrepreneurs und der von ihm identifizierten unternehmerischen Gelegenheit.

Der Entrepreneur nach Schumpeter und Kirzner

Die in der Entrepreneurship-Literatur grundlegenden Ansichten zur Rolle des Entrepreneurs beim Entstehen unternehmerischer Gelegenheiten gehen auf die Arbeiten von Schumpeter (1934) und Kirzner (1979) zurück (Dutta und Crossan, 2005). Nach Auffassung Schumpeters (1934) entwickelt sich eine unternehmerische Gelegenheit zu allererst durch die prinzipielle Motivation eines Entrepreneurs,

Veränderungen in einer Volkswirtschaft oder an einem Markt herbeizuführen. Der Entrepreneur wird als Innovator gesehen, der mit seinem Handeln das bestehende gesamtwirtschaftliche Gleichgewicht durcheinanderbringt: Unternehmerische Gelegenheiten entstehen in einem radikalen Prozess der kreativen Zerstörung bisheriger Produktionsstrukturen und Marktgleichgewichte. Der Entrepreneur entdeckt die unternehmerische Gelegenheit nicht, sondern *erschafft* diese, indem er soziale, demografische und technologische Umbrüche für sich nutzt. Von besonderer Bedeutung sind daher die Charakteristika des Entrepreneurs, die sich in dessen Intuition, Kreativität und Beharrlichkeit widerspiegeln – Eigenschaften, die letztlich die unternehmerische Orientierung (Entrepreneurial Orientation) einer Person begründen (Lumpkin und Dess, 1996).

Demgegenüber vertritt Kirzner (1979) die Ansicht, dass die Existenz unternehmerischer Gelegenheiten durch am Markt asymmetrisch verteilte Informationen begründet wird. Der Entrepreneur verfügt aufgrund eines gegenüber anderen Marktteilnehmern bestehenden Wissens- und Informationsvorsprungs über eine besondere unternehmerische Aufmerksamkeit, die auch als »Entrepreneurial Alertness« bezeichnet wird (Ardichvili, Cardozo und Ray, 2003). Durch diese besondere Aufmerksamkeit erkennt der Entrepreneur die in einem Markt bisher nicht befriedigten Bedürfnisse und die dafür bestehenden Zahlungsbereitschaften der Konsumenten. Ursache für die Existenz der unbefriedigten Konsumentenbedürfnisse sind in der Theorie Kirzners vorangegangene Entscheidungsfehler anderer Marktakteure (Grichnik, 2006 a). Der Entrepreneur agiert als Arbitrageur, da er vorhandene Ressourcen zu neuen Produkten rekombiniert, um für diese am Markt einen höheren Preis (und somit Arbitragegewinne) zu erzielen. In diesem Fall wird die unternehmerische Gelegenheit durch den Entrepreneur nicht erschaffen, sondern *entdeckt*.

Diese schon früh entwickelten komplementären Ansichten zur Entstehung unternehmerischer Gelegenheiten finden auch in der aktuellen Entrepreneurship-Forschung ihre Fortsetzung: Beispielsweise werden nach Shane (2000) oder Baron (2000) unternehmerische Gelegenheiten vom Entrepreneur entdeckt (discovered) oder erkannt (recognized), während diese nach Gartner et al. (2003) oder Sarason et al. (2006) durch den Entrepreneur selber in Gang gesetzt (enacted) beziehungsweise erschaffen (created) werden.

Begriffsdifferenzierung nach Sarasvathy

Über die Dichotomisierung der Entstehungsweisen unternehmerischer Gelegenheiten gehen Sarasvathy et al. (2003) hinaus und differenzieren zwischen drei Arten unternehmerischer Gelegenheiten. Ihre Begriffsdifferenzierung baut dabei auf der Definition von Shane und Venkataraman (2000) auf, nach der eine unternehmerische Gelegenheit durch die Entwicklung neuer Einsatzmittel (means), neuer Verwendungszwecke (ends) oder neuer Zweck-Mittel-Kombinationen entsteht. Die Einsatzmittel umfassen dabei sowohl Ressourcen wie auch bereits erstellte Produkte (Waren und Dienstleistungen), die der Entrepreneur für das Angebot seiner Leistung am Markt benötigt. Der Verwendungszweck definiert hierbei die Ziele beziehungsweise Ergebnisse der unternehmerischen Tätigkeit, die auf der Nachfrageseite des Markts erzielt werden sollen. In Abhängigkeit davon, ob die Angebotsseite – das Produkt – oder die Nachfrageseite – der Verwendungszweck – einer unternehmerischen Gelegenheit bereits im Vorhinein vorhanden ist, unterscheiden Sarasvathy et al. (2003) zwischen:

- *Erkannte unternehmerische Gelegenheiten*: Hierbei handelt sich um unternehmerische Gelegenheiten, bei denen der Entrepreneur bereits existierende Produkte oder Produktionsverfahren mit einem bereits vorhandenen Markt zusammenbringt. Der Entrepreneur erkennt daher die unternehmerische Gelegenheit, die im Prinzip darin besteht, Angebot und Nachfrage zusammenzubringen. Ein Beispiel hierfür ist das Franchising.
- *Entdeckte unternehmerische Gelegenheiten*: Sofern nur das Produktangebot oder die Nachfrageseite des Markts bereits existiert, muss der Entrepreneur zunächst die nicht existierende Marktseite erkunden, bevor Angebot und Nachfrage zusammengebracht werden können. Der Entrepreneur entdeckt folglich die unternehmerische Gelegenheit. Beispiele hierfür sind Heilmittel für Krankheiten (Nachfrage besteht, Angebot muss erforscht werden) oder Anwendungen für neue Technologien (Angebot besteht, Verwendungszweck muss entdeckt werden).
- *Erschaffene unternehmerische Gelegenheiten*: Sofern weder das Produktangebot noch der Absatzmarkt im Vorfeld vorhanden sind, muss mindestens eine der beiden Seiten vom Entrepreneur zunächst, z. B. durch eine Innovation, geschaffen werden, um unternehmerisch tätig werden zu können. Der Entrepreneur tritt daher als Schöpfer der unternehmerischen Gelegenheit auf. Dieses Vorgehen ist insbesondere mit dem Erschaffen neuer Märkte verbunden, wie es bei Amazon, Ebay, Starbucks oder Netscape der Fall gewesen war.

Trotz der theoretisch richtigerweise vorzunehmenden Differenzierung zwischen dem Erkennen, Entdecken und Erschaffen unternehmerischer Gelegenheiten wird im Folgenden der herrschenden Meinung in der Entrepreneurship-Forschung gefolgt (Alvarez und Barney, 2007) und lediglich zwischen dem Entdecken (Opportunity Discovery), welches das Erkennen (Opportunity Recognition) miteinschließt, und dem Erschaffen unternehmerischer Gelegenheiten (Opportunity Creation) differenziert. Dies geschieht auch deshalb, da – wie Abbildung 4-1 schematisch zeigt – erkennbare unternehmerische Gelegenheiten, also solche mit geringem Grad an Neuartigkeit, typischerweise einen kleinen Anteil an der Gesamtheit aller unternehmerischen Gelegenheiten ausmachen. *

*Intuitiv wird man vermuten, dass gerade unternehmerische Gelegenheiten mit geringem Neuartigkeitsgrad häufig vorkommen werden. Dies ist für Geschäftsideen sicherlich richtig. Es sei an dieser Stelle allerdings darauf hingewiesen, dass eine Geschäftsidee nur bei ausreichendem Gewinnerzielungspotenzial auch eine unternehmerische Gelegenheit darstellt.

Abb. 4-1

Anzahl unternehmerischer Gelegenheiten in Relation zum Neuartigkeitsgrad

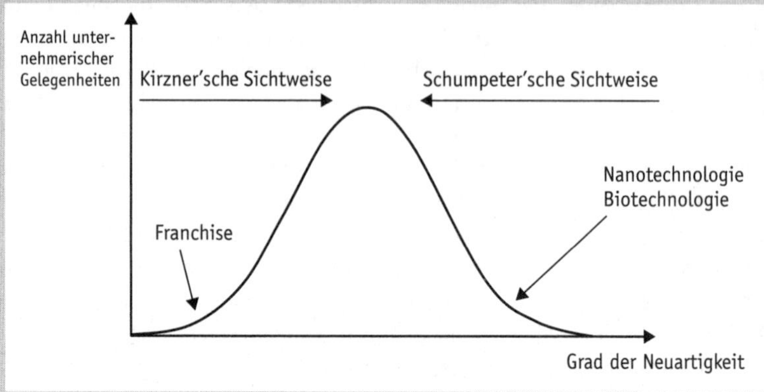

4.2 Unternehmerisches Handeln: Causation und Effectuation

Im engen Zusammenhang mit der Existenz beziehungsweise dem Entstehen unternehmerischer Gelegenheiten steht das unternehmerische Handeln eines Entrepreneurs. In der Entrepreneurship-Literatur werden mit Causation und Effectuation zwei wesentliche Erklärungsansätze unternehmerischen Handelns differenziert (Sarasvathy, 2001). Grundsätzlich unterscheiden sich die beiden Ansätze durch ihre implizite Sicht auf die Zukunft.

Die beiden Ansätze unternehmerischen Handelns eines Entrepreneurs können anhand ihrer Sicht auf die Zukunft in die in Abbildung 4-2 gezeigte Matrix eingeordnet werden. Der Causation-Ansatz fasst die Zukunft als eine Fortschreibung der Vergangenheit auf, die daher durch ein hinreichendes Maß an Informationssuche, Informationsanalyse und strategischer Planung vorhersagbar ist. Die hierbei implizit verfolgte Logik ist, dass der Entrepreneur die zukünftige Entwicklung in dem Maße kontrollieren kann, wie sie auch vorhersagbar ist. Im Unterschied dazu geht der Effectuation-Ansatz davon aus, dass die Zukunft – zumindest in Teilen – durch das aktive Handeln des Entrepreneurs beeinflussbar ist. Dieses Prinzip wird auch als »Pilot in the Plane«-Prinzip bezeichnet. Die dahinterstehende Logik besagt, dass der Entrepreneur die zukünftige Entwicklung in dem Maße nicht vorhersehen können muss, wie er sie beeinflussen kann. Effectuation-Prozesse konzentrieren sich daher auf die beeinflussbaren Aspekte einer unsicheren (und daher nicht vorhersagbaren) Zukunftsentwicklung (Sarasvathy, 2008).

Abzugrenzen von Effectuation und Causation sind die adaptive und visionäre Entscheidungslogik (Wiltbank et al., 2006). Bei der adaptiven Logik steht der Istzustand und nicht die Beeinflussung der zukünftigen Entwicklung im Mittelpunkt

Abb. 4-2

Zukunftssichtweisen von Causation und Effectuation

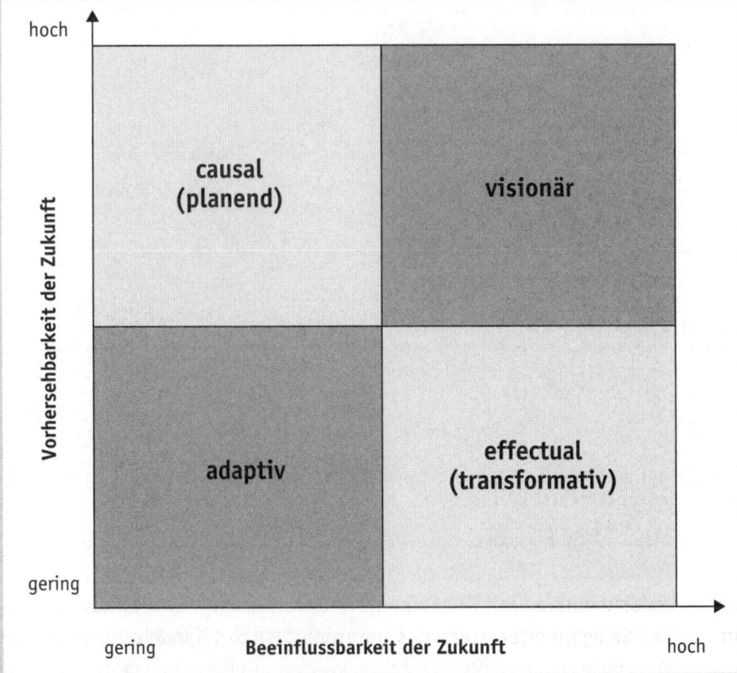

der Betrachtung. Auf eine deterministische Planung (und damit Vorhersage) der Zukunft wird kein gesteigerter Wert gelegt, da dieses eine flexible und schnelle Anpassung an Marktveränderungen behindern würde. Ändert sich das Marktumfeld, passt sich der Entrepreneur hieran bestmöglich an. Er handelt daher reaktiv, wodurch der Unterschied zur transformativen Entscheidungslogik des Effectuation deutlich wird, bei der der Entrepreneur proaktiv die Zukunft zu gestalten sucht. Die visionäre Logik legt ihr Augenmerk hingegen auf eine strategische Ausrichtung des Unternehmens, mit deren Hilfe neue, bisher nicht bearbeitete Märkte geschaffen werden sollen, die genau auf die Stärken des Unternehmens zugeschnitten werden. Solch visionäre Strategien bedürfen sowohl einer fundierten Vorhersage der zukünftigen Entwicklung (z. B. Wettbewerber- und Kundenverhalten) wie auch einer aktiven Einflussnahme auf die Zukunft, um geplante neue Märkte erschaffen zu können. So war Jeff Bezos seinerseits visionär, als er Amazon.com als den weltweit größten Online-Retailer ankündigte.

Die Tabelle 4-1 gibt – in Anlehnung an Dew et al. (2009) – einen Überblick über die wesentlichen Unterschiede zwischen dem Effectuation- und Causation-Ansatz. Neben dem grundsätzlichen Prinzip, der oben beschriebenen Sicht auf die Zukunft,

Tab. 4-1

Unterschiede zwischen Effectuation und Causation

Prinzipien	Causation	Effectuation
Grundprinzip: Sicht auf die Zukunft	vorhersagbar	beeinflussbar
Kernprinzipien:		
1. Handlungsgrundlage	zielorientiert	mittelorientiert
2. Risikoorientierung	erwarteter Gewinn	tragbarer Verlust
3. Einstellung gegenüber Außenstehenden	kompetitiv	kooperativ
4. Einstellung gegenüber unerwarteten Situationen (Kontingenzen)	vermeiden	nutzen

sind insbesondere folgende vier Kernprinzipien für eine Differenzierung der beiden Ansätze relevant.

Handlungsgrundlage

Beim Causation-Ansatz werden unternehmerische Handlungen als zielorientierter Prozess aufgefasst. Der Fokus des Ansatzes liegt daher auf der Auswahl derjenigen Ressourcen (Mittel), die der Entrepreneur zum Erreichen des geplanten und im Vorhinein festgelegten Prozessergebnisses (Ziel) benötigt (Sarasvathy, 2001). Die theoretische Grundlage dieses teleologischen Ansatzes bildet die Entscheidungsperspektive der begrenzten Rationalität. Die Entscheidungen des Entrepreneurs sind rational, da sie im Rahmen des Causation-Prozesses auf einem höchstmöglichen Stand an entscheidungsrelevanten Informationen – z. B. über Wettbewerb oder Kundenverhalten – aufbauen und nach dem Erwartungswertprinzip getroffen werden. Im Unterschied dazu betrachtet der Effectuation-Ansatz die aufseiten des Entrepreneurs für die unternehmerische Tätigkeit vorhandenen Ressourcen als gegeben und richtet sein Augenmerk auf die mit den gegebenen Mitteln erreichbaren Prozessergebnisse, zwischen denen sich der Entrepreneur nach seinen Präferenzen entscheiden muss (Sarasvathy, 2001). Die theoretischen Grundlagen dieses Ansatzes liegen in den Arbeiten der Kognitionswissenschaften, die sich mit den kognitiven Fähigkeiten des Entrepreneurs auseinandersetzen, d. h. insbesondere mit den Fragestellungen, wie diese mit Ressourcen und Ressourcenbeschränkungen umgehen, Schlussfolgerungen aus ihren Handlungen ziehen oder unternehmerische Handlungsalternativen wahrnehmen. Der Effectuator handelt dabei nicht minder begrenzt rational als der Causator, wählt aber mit seinen verfügbaren Mitteln einen anderen Ausgangspunkt für sein unternehmerisches Handeln.

Beispiel **Entrepreneurship is like cooking**

▸▸▸ Um den Unterschied zwischen dem Effectuation- und Causation-Ansatz zu verdeutlichen, eignet sich folgendes einfaches Beispiel über die Vorgehensweise eines Kochs bei der Zubereitung eines Dinners (Sarasvathy, 2001). Im Prinzip existieren zwei Möglichkeiten, wie diese Aufgabe ausgeführt werden kann:

- Einerseits kann der Gast im Vorhinein ein bestimmtes Menü festlegen. Der Koch muss in diesem Fall lediglich eine Liste der Zutaten für dieses Menü erstellen, die nicht in der Küche vorhandenen Zutaten einkaufen und dann das Menü zubereiten. Diese Ausführungsform beschreibt den Causation-Prozess. Er beginnt mit einem vorgegebenen Menü (= Prozessergebnis) und besteht im Wesentlichen daraus, die richtigen Zutaten (= Mittel) und den effizientesten Weg der Zubereitung festzulegen.
- Alternativ kann der Gast den Koch auch darum bitten in die Küchen- und Kühlschränke zu schauen, welche Zutaten und Kochutensilien vorhanden sind, um damit dann ein Menü zu erstellen. Der Koch muss sich dementsprechend zunächst mögliche Menüzusammenstellungen ausdenken, die mit den gegebenen Zutaten und Kochutensilien herstellbar wären, dann ein Menü auswählen und dieses zu guter Letzt kochen. Diese Vorgehensweise beschreibt den Effectuation-Prozess. Er beginnt mit den zur Verfügung stehenden Zutaten und Kochutensilien (= Mittel) und besteht im Kern darin, eines aus vielen möglichen Menüs (= Prozessergebnis) zuzubereiten. ◂◂◂

Risikoorientierung

Im Rahmen des Causation-Ansatzes beschäftigt sich der Entrepreneur vor allem mit den Chancen seiner unternehmerischen Tätigkeit, dem »Upside«-Potenzial, und wird deshalb diejenige unternehmerische Gelegenheit weiterverfolgen, durch die der erwartete Gewinn maximiert werden kann. Er plant im Vorhinein den hierfür notwendigen Ressourcenbedarf und investiert seine Zeit, Kraft und Energie vornehmlich in die Beschaffung der benötigten Ressourcen. Im Gegensatz dazu legt der Entrepreneur beim Effectuation-Ansatz zunächst fest, wie viel er maximal im Rahmen einer möglichen unternehmerischen Tätigkeit verlieren kann oder möchte. Er beschäftigt sich daher vor allem mit dem für ihn bestehenden Verlustrisiko, welches als »Downside«-Potenzial bezeichnet wird. Dieses Prinzip wird auch als »Affordable Loss« bezeichnet. Der Entrepreneur nutzt dann seine Zeit, Energie und Kreativität weitestgehend dazu, die höchstmögliche Effizienz beim Einsatz und Kombination der ihm zur Verfügung stehenden Ressourcen zu erzielen (Sarasvathy, 2008).

Einstellung gegenüber Außenstehenden

Im Hinblick auf den Umgang mit außenstehenden Interessengruppen – den Stakeholdern – unterstellt der Causation-Ansatz eine kompetitive Sichtweise des Entrepreneurs. Diese Perspektive wird damit begründet, dass der Entrepreneur seine Außenwelt beinahe ausschließlich im Rahmen von Wettbewerbsanalysen betrachtet. Zudem beschränkt sich die Kontaktfrequenz des Entrepreneurs zu Kunden und Lieferanten auf das notwendige Minimum, da das Gros der zur Verfügung stehenden Zeit für die Planung und Beschaffung von Ressourcen eingesetzt werden muss. Dagegen betont der Effectuation-Ansatz die Wichtigkeit strategischer Allianzen und der (vertraglichen) Bindung zentraler Interessengruppen an das Unternehmen. Der Entrepreneur hat eine kooperative Einstellung gegenüber den Akteuren in seiner

Abb. 4-3

Der dynamische Effectuation-Prozess

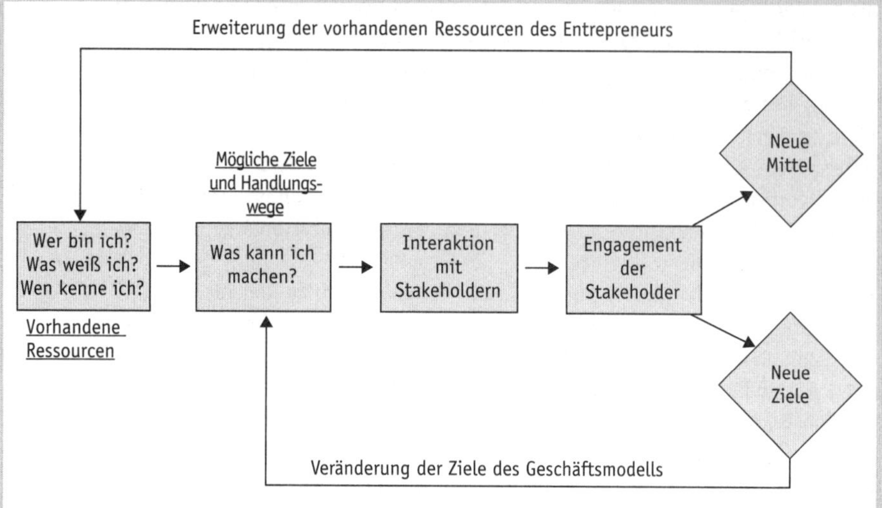

Außenwelt. Er geht aktiv Partnerschaften ein, da sich hierdurch die für ihn bestehenden Unsicherheiten unternehmerischen Handelns reduzieren lassen und wichtige Markteintrittsbarrieren entstehen können (Sarasvathy, 2001). Dieses Prinzip wird auch als »Patchwork Quilt« bezeichnet.

Das Eingehen von Partnerschaften hat nachgewiesenermaßen einen positiven Einfluss auf den Erfolg eines Gründungsunternehmens (Read, Song und Smit, 2009). Im Rahmen des in Abbildung 4-3 dargestellten Effectuation-Prozesses kommt den Stakeholdern eines Entrepreneurs eine zentrale Bedeutung zu, da diese nicht nur die vorhandenen Mittel (Ressourcen) des Entrepreneurs erweitern, sondern auch die Ziele des Geschäftsmodells aktiv mitgestalten. Allerdings deuten die Ergebnisse von Chandler et al. (2009) darauf hin, dass strategische Partnerschaften nicht nur im Effectuation-, sondern auch im Causation-Prozess von hoher Bedeutung sind, wenngleich auch aus anderen Beweggründen. Der dem Causation-Ansatz folgende Entrepreneur wird strategische Partnerschaften beispielweise nicht zur Reduktion von Marktunsicherheiten eingehen, sondern um Zugang zu von ihm benötigten Ressourcen zu erhalten.

Einstellung gegenüber unerwarteten Situationen

Der Causation-Ansatz ist durch möglichst präzise Prognosen, eine sorgfältige Planung und eine konsequente Zielorientierung gekennzeichnet. Folglich sind unerwartete Situationen in diesem Denkmuster nicht erwünscht und werden vom Entrepreneur als Störung oder sogar als Bedrohung für die Zielerreichung betrachtet. Diese gilt es durch eine umfassende, alle Eventualfälle berücksichtigende Planung – von best case bis worst case – zu vermeiden. Im Gegensatz dazu wird der Effectuation-Ansatz durch das Vermeiden deterministischer Prognosen, einen fantasievollen Umgang mit unternehmerischen Möglichkeiten und den beständigen Wandel der Ziele eines Entrepreneurs, also folglich durch ein hohes Maß an Flexibilität charakterisiert. Das Auftreten unerwarteter Situationen sieht der Entrepreneur als Chance, seine Handlungen in eine neue Richtung zu ändern, die es zu nutzen und nicht zu vermeiden gilt (Chandler et al., 2009). Diese Sichtweise, unerwartete Situationen nicht als Bedrohung, sondern als Chance für sich selbst zu betrachten, wird auch als »Lemonade«-Prinzip bezeichnet.

Implikationen für das Entstehen unternehmerischer Gelegenheiten

Die Annahmen und Prinzipien von Causation und Effectuation haben jeweils unterschiedliche Implikationen für das unternehmerische Handeln, den daraus resultierenden Gründungsprozess und die Entwicklung der zugrunde liegenden unternehmerischen Gelegenheiten. Sofern der Entrepreneur sein Handeln an den Prinzipien des Causation-Ansatzes ausrichtet, wird er zunächst immer das Ziel definieren, welches er im Rahmen einer unternehmerischen Tätigkeit erreichen will und dann vor allen Dingen in bestehenden Märkten nach unternehmerischen Gelegenheiten suchen, die seinen Zielvorstellungen entsprechen. Der Entrepreneur *entdeckt* daher eine unternehmerische Gelegenheit. Im Rahmen seiner unternehmerischen Tätigkeit beschäftigt sich der Entrepreneur vornehmlich mit einer umfassenden Informationssuche, Markt-, Wettbewerbs- und Kundenanalysen sowie einer deterministischen Unternehmensplanung, um die Chancen der entdeckten unternehmerischen Gelegenheiten hinreichend bewerten zu können. Der Entrepreneur wird diejenige unternehmerische Gelegenheit verfolgen, die einen maximalen Gewinn erwarten lässt. Die dafür benötigten Ressourcen werden über den Markt beschafft (Sarasvathy, 2001). Im Prinzip werden das zu gründende Unternehmen und seine Entwicklung vom Entrepreneur am Schreibtisch durchdacht und geplant. Alle nachfolgenden unternehmerischen Handlungen werden darauf ausgerichtet, den einst geplanten Sollzustand zu erreichen. Ein charakteristisches Element des Causation-Prozesses ist die Erstellung eines Businessplans. Ob sich die Erstellung eines Businessplans für ein Gründungsunternehmen in der Retrospektive auszahlt, hängt von den Bedingungen wie dem Innovationsgrad und der damit verbundenen Unsicherheit des Gründungsvorhabens ab (Brinckmann, Grichnik und Kapsa, 2010).

Handelt der Entrepreneur hingegen nach den Effectuation-Prinzipien, wird er den unternehmerischen Handlungsprozess nicht mit der Festlegung seiner Ziele beginnen, sondern von den ihm zur Verfügung stehenden Ressourcen ausgehen und analysieren, welche unternehmerischen Handlungen er damit durchführen kann. Zu den grundlegenden Ressourcen gehören die Eigenschaften, Geschmäcker und Fähigkeiten (*Wer bin ich?*), das vorhandene Wissen (*Was weiß ich?*) sowie das soziale Netzwerk des Entrepreneurs (*Wen kenne ich?*). Statt viel Zeit in die Planung und Informationssuche zu investieren, beginnt der Entrepreneur relativ zügig mit ersten unternehmerischen Handlungen am Markt – auch dann, wenn er eine unternehmerische Gelegenheit nur vage formulieren kann. Er verfolgt dabei nur solche unternehmerische Möglichkeiten, deren Fehlschlag er auch finanziell verkraften kann. Der Entrepreneur sucht nicht nach einer umfassenden Informationsbasis, sondern nutzt die Informationen, die er durch seine unternehmerischen Handlungen, z. B. aus den Reaktionen erster Kunden, Lieferanten oder Kapitalgebern, gewinnt. Durch diese neuen Informationen nimmt die zuvor vage unternehmerische Gelegenheit immer konkretere Züge an. Im Rahmen des Effectuation-Prozesses wird die unternehmerische Gelegenheit daher im Sinne eines »Creating-by-Doing« im Zeitablauf durch den Entrepreneur und seiner Interaktion mit anderen Interessengruppen *erschaffen* und nicht als Ausgangspunkt des unternehmerischen Handlungsprozesses entdeckt. Insbesondere erfahrene Entrepreneure (Expert Entrepreneurs), die beispielsweise mehrere Unternehmen gegründet haben oder über eine mehrjährige unternehmerische Erfahrung verfügen, handeln bei ihren unternehmerischen Entscheidungen zumeist nach den Effectuation-Prinzipien, während Entrepreneure, die erstmalig unternehmerisch tätig werden (Novice Entrepreneurs), eher den Causation-Prinzipien folgen und sich an dem in Gründungsleitfäden aufgezeigten Handlungsschemata orientieren (Dew et al., 2009).

Anwendbarkeit von Effectuation und Causation

Der Causation- und Effectuation-Ansatz sind trotz der hier vorgenommenen kontrastierenden Darstellung nicht als konkurrierende Handlungsmuster zu verstehen. Effectuation-Prozesse sind nicht »besser« oder »effizienter« als Causation-Prozesse; vielmehr sind beide Ansätze integraler Bestandteil menschlicher Denkprozesse und können gleichzeitig, überlappend oder abwechselnd zur Anwendung kommen (Sarasvathy, 2001). Allerdings lassen sich spezifische Rahmenbedingungen formulieren, die für eine Anwendbarkeit des jeweiligen Ansatzes konstituierend sind (Chandler et al., 2009): Der Causation-Ansatz basiert weitestgehend auf Planungs- und Analyseprozessen, die insbesondere dann durchführbar sind, wenn die Wahrscheinlichkeitsverteilung der möglichen zukünftigen Handlungsergebnisse mittels mathematischer Berechnungen und statistischer Schlussfolgerungen vorhersagbar ist. Dies wird immer dann der Fall sein, wenn zumindest die Nachfrageseite eines Marktes (Absatzmarkt) hinreichend bekannt ist. Im Unterschied dazu stützt sich der Effectuation-Ansatz auf einen inkrementellen und flexiblen Prozess des Lernens und Experimentierens durch den Entrepreneur, welcher diesem den Weg seines unternehmerischen Handelns weist. Der Entrepreneur ist daher für sein unternehmerisches Handeln nicht zwingend auf statistische Berechnungen angewiesen, welches diesen Ansatz insbesondere bei Unsicherheit und fehlenden Informationen als effizientere Vorgehensweise erscheinen lässt. Solche Rahmenbedingungen herrschen insbesondere dann, wenn die gesamte Produkt-Markt-Kombination, also sowohl der Absatzmarkt als auch das Produkt vom Entrepreneur neu geschaffen wird.

4.3 Entrepreneure als Entdecker

Discovery Theory

Der Entrepreneur als Entdecker unternehmerischer Gelegenheiten ist Gegenstand der Discovery Theory, welche auch unter dem Begriff Individual-Opportunity-Nexus bekannt ist. Nach der grundlegenden Logik dieser Theorie existieren unternehmerische Gelegenheiten als objektive Phänomene, die prinzipiell für jedermann zugänglich sind (Shane und Venkataraman, 2000). Aufgrund individueller Unterschiede zwischen den Entrepreneuren, z. B. in Form von unterschiedlichen Wissens-

oder Informationsständen, sind die objektiv vorhandenen unternehmerischen Gelegenheiten allerdings nicht für jeden Entrepreneur gleichermaßen »entdeckbar«. Die Discovery Theory – mit ihren Bezügen zum beschriebenen Causation-Ansatz – lässt sich von anderen teleologischen Theorien unternehmerischen Handelns anhand folgender Annahmen abgrenzen (Alvarez, 2005):

Annahme 1: Unternehmerische Gelegenheiten existieren unabhängig vom Entrepreneur. Nach Auffassung der Discovery Theory wird die Existenz unternehmerischer Gelegenheiten durch Unvollkommenheiten in bestehenden Märkten beziehungsweise Industrien begründet. Diese Unvollkommenheiten resultieren aus der Veränderung exogener Einflussgrößen, insbesondere durch technologische, politische, regulatorische, soziale oder demografische Veränderungen (Shane, 2004 a), die beispielsweise zu veränderten Konsumentenpräferenzen führen. Unternehmerische Gelegenheiten existieren daher als reale und objektive Phänomene, die darauf warten, von einem Individuum, dem potenziellen Entrepreneur, entdeckt und ausgeschöpft zu werden.

Annahme 2: Entrepreneure sind besonders. Sofern unternehmerische Gelegenheiten als objektiv gegeben angesehen werden, wird es nur dann zu unternehmerischen Handlungen kommen, falls nicht jedes Individuum jede unternehmerische Gelegenheit gleichermaßen entdecken kann: Würde jeder potenzielle Entrepreneur sich einer unternehmerischen Gelegenheit bewusst sein und diese ausnutzen, wären ausreichende Gewinne nicht mehr zu erzielen und die Attraktivität der unternehmerischen Gelegenheiten würde minimiert werden (Schumpeter, 1939). Die Discovery Theory geht daher davon aus, dass Entrepreneure – also Individuen, die eine unternehmerische Gelegenheit entdecken und ausschöpfen – besonders sind und sich von Nicht-Entrepreneuren durch ihre Persönlichkeitsmerkmale, einen besseren Zugang zu Märkten und Industrien, einen höheren Informations- und Wissensstand und/oder einen höheren Level an unternehmerischer Aufmerksamkeit unterscheiden (Ardichvili et al., 2003).

Annahme 3: Entscheidungen werden unter Risiko getroffen. Da unternehmerische Gelegenheiten als objektives Phänomen angenommen werden, wird der Entrepreneur die möglichen Ergebnisse einer Ausschöpfung der unternehmerischen Gelegenheit und deren Eintrittswahrscheinlichkeiten durch eine umfassende Informationssuche und -analyse bereits im Vorhinein hinreichend bestimmen können. Die Anwendung des Erwartungswertprinzips ist folglich möglich. Die Entscheidung des Entrepreneurs für oder wider die Ausschöpfung einer unternehmerischen Gelegenheit wird daher im Rahmen der Discovery Theory unter Risiko getroffen (Alvarez und Barney, 2007).

Modell von Ardichvili, Cardozo und Ray

Die Discovery Theory bildet mit ihren Annahmen die Grundlage für viele Forschungsarbeiten im Entrepreneurship, die sich mit der Frage auseinandersetzen, wie und warum unternehmerische Gelegenheiten entstehen (Alvarez und Barney, 2007). Exemplarisch für die Gesamtheit aller vorhandenen, sich auf die Discovery Theory stützenden Erklärungsmodelle wird hier das in Abbildung 4-4 dargestellte Modell

Exkurs

Risiko, Ungewissheit und Unsicherheit

Das Ergebnis einer Entscheidung ist von einer Vielzahl von Einflussfaktoren, z. B. dem Eintreten bestimmter, zumeist zufälliger Umweltzustände abhängig und daher nicht sicher. Dieser Zustand wird in der Literatur mit den – häufig synonym verwendeten – Begriffen Risiko, Ungewissheit oder Unsicherheit umschrieben (Shane, 2004 a). In Anlehnung an Knight (1964) sollte im Entrepreneurship die folgende Differenzierung vorgenommen werden.

- Risiko: Als Entscheidung unter Risiko wird eine Situation bezeichnet, in der alle denkbaren Folgen beziehungsweise Ergebnisse einer Entscheidung und ihre Eintrittswahrscheinlichkeiten zum Zeitpunkt der Entscheidungsfindung bekannt sind.
- Ungewissheit: Beim Vorliegen von Ungewissheit sind alle möglicherweise eintretenden Ergebnisse einer Entscheidung, aber nicht deren Eintrittswahrscheinlichkeiten bekannt.
- Unsicherheit: Von einer Entscheidung unter Unsicherheit ist dann die Rede, wenn sowohl alle denkbaren Folgen der Entscheidung wie auch deren Eintrittswahrscheinlichkeiten zum Zeitpunkt der Entscheidung nicht bekannt sind.

Letztere wird auch als Knightsche Unsicherheit bezeichnet, die die Entscheidungssituation vieler innovativer Gründer und Unternehmer kennzeichnet.

von Ardichvili et al. (2003) vorgestellt. Dieses zeichnet sich dadurch aus, dass es die wesentlichen in der Literatur diskutierten Einflussfaktoren des Entdeckungsprozesses einer unternehmerischen Gelegenheit aufzeigt und miteinander in Beziehung setzt.

Unternehmerische Aufmerksamkeit als Ausgangspunkt

Kernkonstrukt des Modells ist – wie Abbildung 4-4 zeigt – die unternehmerische Aufmerksamkeit, die auch als »Entrepreneurial Alertness« oder »Entrepreneurial Awareness« bezeichnet wird (Ardichvili et al., 2003). Dabei handelt es sich um die Fähigkeit einer Person, in ihrer Umwelt aufkommende Informationen über neue Ereignisse, Objekte oder Verhaltensmuster wahrzunehmen und die dadurch begründeten neuen unternehmerischen Gelegenheiten zu erkennen. Besonders bedeutsam ist dabei eine erhöhte Sensitivität gegenüber neuen Informationen über Hersteller-

Abb. 4-4

Einflussfaktoren auf das Entdecken unternehmerischer Gelegenheiten

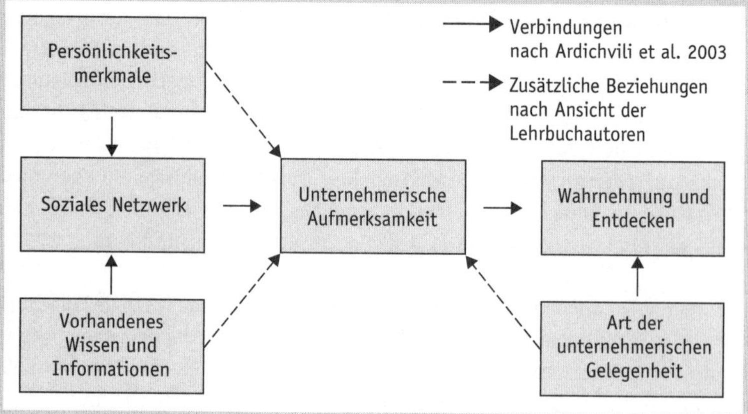

und Konsumentenprobleme, unbefriedigte Kundenbedürfnisse und -interessen sowie neue Ressourcenkombinationen. Das Ausmaß an unternehmerischer Aufmerksamkeit aufseiten des Entrepreneurs resultiert aus der Interaktion der individuellen Persönlichkeitsmerkmale mit den bestehenden Rahmenbedingungen unternehmerischen Handelns. Die Wahrscheinlichkeit, dass der potenzielle Entrepreneur eine unternehmerische Gelegenheit entdeckt, ist umso höher, je stärker seine unternehmerische Aufmerksamkeit ist (Gaglio und Katz, 2001).

Einflussfaktoren auf die unternehmerische Aufmerksamkeit

Das Ausmaß der unternehmerischen Aufmerksamkeit eines Entrepreneurs wird maßgeblich von drei Faktoren determiniert:

Wissen und Informationen. Nach Shane (2000) entdecken und nutzen Entrepreneure unternehmerische Gelegenheiten nur dann aus, wenn ihr Wissensstand es ihnen ermöglicht, den Wert einer unternehmerischen Gelegenheit wahrzunehmen. Der Entrepreneur entdeckt daher nur diejenigen unternehmerischen Gelegenheiten, die einen Zusammenhang mit dem ihm zur Verfügung stehenden Wissen und Informationen, dem sogenannten Wissenskorridor (Hayek, 1945), aufweisen. Der Wissenskorridor wird durch das in privaten (Domain 1, z. B. einem Hobby) und beruflichen Bereichen (Domain 2, z. B. Wissen über Kundenprobleme) bestehende Wissen gebildet. Für den Prozess des Entdeckens unternehmerischer Gelegenheiten sind insbesondere drei Wissenskategorien relevant (Shane, 2000): das vorhandene Wissen (1) über Märkte und ihre Funktionsweisen, (2) darüber, wie man einen Markt bearbeitet, und (3) über bestehende Kundenprobleme auf einem Markt.

Soziales Netzwerk. Entrepreneure, die über ein großes soziales Netzwerk verfügen, entdecken signifikant mehr unternehmerische Gelegenheiten (Hills, Lumpkin und Singh, 1997). Dies wird vor allem damit begründet, dass sich durch ein soziales Netzwerk die einem Entrepreneur zur Verfügung stehende Informationenbasis vergrößert beziehungsweise er Zugang zu sonst nicht erreichbaren Informationen erhält. Dabei sind insbesondere die losen Verbindungen in einem Netzwerk, die »weak ties« wie z. B. informelle Bekanntschaften auf einer Gartenparty, relevant, da diese eher Informationen mit hohem Neuartigkeitswert für den Entrepreneur bereithalten als bereits etablierte und lange bestehende Kontakte.

Persönlichkeitsmerkmale. Die Trait-School der Entrepreneurship-Forschung hat mittlerweile eine Liste von über 100 Charakteristika hervorgebracht, die einen erfolgreichen Entrepreneur ausmachen (Pinkwart, 2002). Wenngleich bislang keine eindeutigen Unterschiede in den Persönlichkeitsmerkmalen von Entrepreneuren und Nicht-Entrepreneuren festgestellt werden konnten, weisen empirische Studien doch darauf hin, dass mit dem Optimismus und der Kreativität zwei dieser Merkmale als äußerst relevant für ein erfolgreiches Entdecken unternehmerischer Gelegenheiten anzusehen sind (Ardichvili et al., 2003). Zudem prägen die individuellen Prädispositionen eines Entrepreneurs – z. B. seine Einstellung zum Risiko – seine Wahrnehmung und damit seine unternehmerische Aufmerksamkeit. So werden die Persönlichkeitsmerkmale in jedem Fall auf der Verhaltensebene indirekt für das unternehmerische Handeln relevant.

Implikationen für das unternehmerische Handeln

Die Annahmen der Discovery Theory haben nicht nur Implikationen für die Art und Weise des Entstehens unternehmerischer Gelegenheiten, sondern auch konkrete Implikationen für das unternehmerische Handeln eines Entrepreneurs. Tabelle 4-2 zeigt überblicksartig die Auswirkungen der Annahmen der Discovery Theory auf wichtige unternehmerische Handlungsbereiche und zieht dabei einen Vergleich zu der im folgenden Unterkapitel dargestellten Creation Theory (Alvarez und Barney, 2007):

- *Führungsanspruch*: Da entdeckte unternehmerische Gelegenheiten ihren Ursprung in bereits bestehenden Industrien oder Märkten haben, ist es für ihre Ausschöpfung in der Regel notwendig, dass der Entrepreneur über ein hinreichendes Fachwissen in Bezug auf den Markt, die Produkte und die Technologien verfügt (Shane, 2000). Sein Führungsanspruch bei der Umsetzung der unternehmerischen Gelegenheit begründet sich deshalb vor allem auf seinem Wissens- und Informationsvorsprung.
- *Entscheidungsfindung*: Im Rahmen der Discovery Theory entscheidet der Entrepreneur unter Risiko; ausreichende Informationen über die möglichen zukünftigen Ergebnisse seines Handelns stehen daher zur Verfügung. Beispielsweise können Marktstudien oder Kundenbefragungen durchgeführt oder Informationen von Handelskammern und staatlichen Stellen ausgewertet werden. Mithilfe dieser Informationen kann der Entrepreneur die ökonomischen Auswirkungen seines unternehmerischen Handelns bereits im Vorhinein mittels traditioneller Berechnungsverfahren wie dem Discounted-Cashflow-Verfahren oder der Szenario-Analyse ermitteln.
- *Strategie*: Da bereits vor der Ausschöpfung einer unternehmerischen Gelegenheit hinreichende Informationen zur Verfügung stehen, kann der Entrepreneur seine Strategie detailliert festlegen und Ziele und Zeitrahmen seines unternehmerischen Handelns ausformulieren. Die grundlegenden Annahmen der Strategieformulierung können aufgrund der vorhandenen Informationen hinreichend plausibilisiert werden, weshalb eine spätere Anpassung der Strategie zumeist nicht vorgesehen ist (Delmar und Shane, 2004).
- *Personalbeschaffung*: Im Denkmuster der Discovery Theory ist die unternehmerische Gelegenheit hinreichend konkret, sodass der Entrepreneur zumeist in der Lage sein wird, die für eine Umsetzung der Gelegenheit notwendigen Fähigkeiten und Fertigkeiten genau zu bestimmen. Der Entrepreneur wird daher eine gezielte Personalbeschaffung betreiben und vor allem Mitarbeiter mit stark spezialisierten Kompetenzen und Know-how einstellen.
- *Finanzierung*: Da dem Entrepreneur für die entdeckte unternehmerische Gelegenheit umfassende Planungsrechnungen und Erfolgsrechnungen, z. B. im Rahmen eines von ihm verfassten Businessplans, zur Verfügung stehen, wird es für ihn einfacher sein, bestehende Informationsasymmetrien für externe Kapitalgeber zu reduzieren. Die externen Kapitalgeber können daher ihr Finanzierungsrisiko besser einschätzen, wodurch sich einerseits die Risikoaufschläge der Kapitalgeber – und damit die Kapitalkosten für den Entrepreneur – verringern und andererseits die generelle Verfügbarkeit von externem Kapitel, auch von Banken und Venture Capital-Gebern, verbessern sollte.

Tab. 4-2

Discovery Theory und Creation Theory: Implikationen für den Entrepreneur

	DiscoveryTheory	CreationTheory
Führungsanspruch	basiert auf Fachwissen	basiert auf Charisma
Entscheidungsfindung	planerisch mittels Informationssuche und -analyse	iterativ und induktiv, Anwendung von Heuristiken
Strategie	vollständig formuliert, wenige Anpassungen	Entwicklung und Anpassung über die Zeit
Personalbeschaffung	gezielt, Mitarbeiter mit Spezialwissen	flexibel, unter Nutzung des sozialen Netzwerks
Finanzierung	externe Finanzierungsquellen	Bootstrapping und 3F
Marketing	traditionelle Marketinginstrumente	Marketingmix als Ausgangspunkt neuer Gelegenheiten
Erhalt des Wettbewerbsvorteil	schneller Markteintritt und Aufbau von Markteintrittsbarrieren	durch Schöpfungsprozess der unternehmerischen Gelegenheit

- *Marketing*: Im Kontext der Discovery Theory kann der Entrepreneur auf Instrumente des klassischen Marketings setzen, da er infolge des bereits bestehenden Markts und der ihm zur Verfügung stehenden Informationen Produktpreise, Absatzkanäle, Werbestrategien oder Kundenbindungsmaßnahmen im Vorfeld des Markteintritts festlegen kann.
- *Wettbewerbsverhalten*: Das Entdecken einer unternehmerischen Gelegenheit geht mit dem Nachteil einher, dass andere Marktteilnehmer mit zunehmender Zeitdauer der Umsetzung der Gelegenheit über ihre Existenz informiert und daher die bestehenden Informationsasymmetrien überwunden werden. Als Resultat kommt es typischerweise relativ schnell zu Imitationen und damit zu einem erhöhten Wettbewerbsdruck am Markt (Barney, 1991): Das »Window of Opportunity« ist nur recht kurz vorhanden. Folglich sollte der Entrepreneur die unternehmerische Gelegenheit möglichst zeitnah nach ihrer Entdeckung ausschöpfen und frühzeitig mit dem Aufbau von Markteintrittsbarrieren beginnen.

4.4 Entrepreneure als Schöpfer

Creation Theory

Die logische Alternative zu der von der Discovery Theory vertretenen Sichtweise des Entrepreneurs als Entdecker ist die bereits bei Schumpeter (1934) angedeutete Ansicht, dass der Entrepreneur durch seine Entscheidungen und sein Handeln Schöpfer der unternehmerischen Gelegenheit wird. Diese auch als konstruktivistisch bezeichnete Perspektive auf den Entrepreneur wird in der Entrepreneurship-Forschung der Creation Theory zugeordnet (Alvarez und Barney, 2007), deren Ideen und Annahmen teilweise enge Verbindungen zum oben beschriebenen Effectuation-Ansatz (Sarasvathy, 2001) aufweisen. Ähnlich wie bei der Discovery Theory wird die Creation Theory durch drei zentrale Annahmen hinsichtlich der Eigenschaften der unternehmerischen Gelegenheit, der Charakteristika des Entrepreneurs und der Art des Entscheidungskontextes konstituiert (Alvarez, 2005):

Annahme 1: Unternehmerische Gelegenheiten sind subjektive Phänomene. Im Gegensatz zu der Discovery Theory geht die Creation Theory nicht davon aus, dass unternehmerische Gelegenheiten durch das Auftreten exogener Entwicklungen oder Schocks entstehen. Vielmehr wird dem Entrepreneur eine aktive Rolle zugewiesen (Baker und Nelson, 2005): Unternehmerische Gelegenheiten werden durch die Handlungen des Entrepreneurs und seiner Interaktion mit anderen Marktteilnehmern geschaffen und entstehen daher endogen. Der Entrepreneur sucht nicht nach einer passenden unternehmerischen Gelegenheit, sondern beginnt sofort mit der Umsetzung seiner vagen Vorstellungen über eine mögliche unternehmerische Gelegenheit – von vielen Entrepreneuren auch als unternehmerische Idee bezeichnet – und beobachtet, wie die ersten Konsumenten und andere Marktteilnehmer auf sein Handeln reagieren. Auf Basis dieser Reaktionen konkretisiert sich für den Entrepreneur die unternehmerische Gelegenheit weiter. Unternehmerische Gelegenheiten sind folglich subjektive, da von der Person des Entrepreneurs ausgehende Phänomene, die zunächst ungerichtet beziehungsweise ziellos entstehen und sich erst durch einen iterativen Prozess zu ihrer endgültigen Form entwickeln (Sarasvathy, 2001). Unternehmerische Gelegenheiten lassen sich – aus dieser Sichtweise heraus – immer erst ex post als solche identifizieren.

Annahme 2: Entrepreneure sind zunächst nicht unbedingt besonders. Im Rahmen der Creation Theory ist es für den Beginn des unternehmerischen Handlungsprozesses zunächst nicht notwendig, dass der Entrepreneur im Vergleich zu Nicht-Entrepreneuren über signifikant andere Fähigkeiten, mehr Informationen oder eine besondere Aufmerksamkeit verfügt. Vielmehr entwickeln Entrepreneure während des iterativen Handlungsprozesses aufgrund der inhärenten Unsicherheit typischerweise besondere Entscheidungslogiken, die vornehmlich durch eine häufige Anwendung von Heuristiken und ein überausgeprägtes Selbstvertrauen in das eigene Handlungsvermögen (Self-Efficacy) geprägt sind. Zudem werden die konkreten Fähigkeiten, die der Entrepreneur benötigt, erst im Verlauf seines Handlungspfads ersichtlich. Signifikante Unterschiede zwischen Entrepreneuren und Nicht-Entrepreneuren entstehen daher erst im Rahmen des Prozesses unternehmerischen Handelns und sind nicht die Ursache dafür, dass Entrepreneurship überhaupt entsteht (Hayward, Shepherd und Griffin, 2006).

Annahme 3: Entscheidungen werden unter Unsicherheit getroffen. Im Kontext der Creation Theory existieren unternehmerische Gelegenheiten erst ex post, d. h. wenn sie geschaffen wurden. Vollständige Informationen oder Prognosen über die möglichen Ergebnisse einer unternehmerischen Gelegenheit und deren Eintrittswahr-

Abb. 4-5

Die Schöpfung unternehmerischer Gelegenheiten

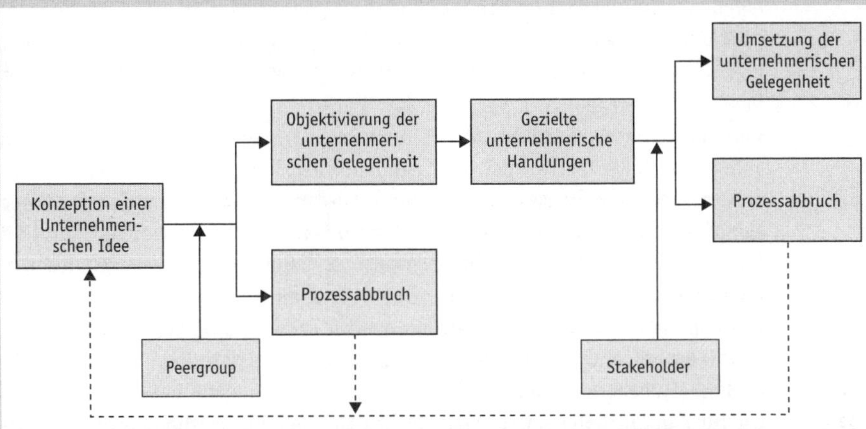

scheinlichkeiten sind zum Beginn des unternehmerischen Handlungsprozesses nicht vorhanden oder nicht möglich. Folglich trifft der Entrepreneur alle unternehmerischen Entscheidungen unter Unsicherheit. Auch eine mit großem Aufwand betriebene Informationssuche und -analyse oder besondere analytische Fähigkeiten des Entrepreneurs werden nicht dazu beitragen können, den unsicheren Entscheidungskontext in einen Zustand des Risikos zu überführen, da die hierfür notwendigen Informationen erst am Ende des unternehmerischen Handlungsprozesses vollständig zur Verfügung stehen werden (Miller, 2007).

Modell von Wood und McKinley

Im Unterschied zur Discovery Theory wird der Creation Theory mit ihren Annahmen erst in der neueren Entrepreneurship-Forschung eine gesteigerte Beachtung geschenkt. Einen wesentlichen Beitrag zur Weiterentwicklung der Creation Theory leisten Wood und McKinley (2010) durch ihre Abbildung des iterativen Prozesses der Schöpfung unternehmerischer Gelegenheiten. Das in Abbildung 4-5 dargestellte Modell fußt auf der für die konstruktivistische Creation Theory wesentlichen Erkenntnis, dass für die effektive Schöpfung unternehmerischer Gelegenheiten (1) ein gewisses Maß an Konsens in der sozialen Umwelt des Entrepreneurs über die Umsetzbarkeit der unternehmerischen Idee sowie (2) Koalitionen und Allianzen zwischen dem Entrepreneur und anderen Interessengruppen notwendig sind (Sarasvathy, 2008). Das Modell besteht dabei aus zwei aufeinander aufbauenden Subprozessen.

Teilprozess 1: Objektivierung unternehmerischer Gelegenheiten

Startpunkt des ersten Teilprozesses im Modell von Wood und McKinley (2010) ist die Wahrnehmung einer möglicherweise bestehenden unternehmerischen Gelegenheit durch den Entrepreneur, die ihm in Form einer unternehmerischen Idee in den Sinn kommt (Dimov, 2007). Diese Ideen entstehen oft zufällig durch Erlebnisse und Erfahrungen, die der Entrepreneur im Zuge der Interaktion mit seiner privaten und beruflichen Umwelt macht, und können – müssen aber nicht – das Resultat technologischen, demografischen oder sozialen Wandels sein. In diesem Anfangsstadium ist die unternehmerische Gelegenheit eine rein imaginäre Erscheinung, die in den Gedanken des Entrepreneurs – und daher subjektiv – besteht.

Bevor es allerdings zu irgendeiner Form von unternehmerischer Handlung kommt, wird der Entrepreneur versuchen festzustellen, ob seine unternehmerische Idee das Potenzial dazu hat, eine profitable unternehmerische Gelegenheit zu werden. Dieser Prozessschritt wird auch als »Sensemaking« bezeichnet (Weick, 1995). Die Umsetzbarkeit der unternehmerischen Idee soll dabei durch Interaktionen mit Mitgliedern seiner Peergroup, also mit Freunden, Familienmitgliedern, Mentoren und anderen Personen, auf deren Urteil der Entrepreneur vertraut, hinterfragt werden. Dies kann sowohl informell, z. B. bei einer kurzen Unterhaltung beim Abendessen, oder formell in Form eines offiziellen Meetings geschehen, in dessen Rahmen die Idee ausführlich präsentiert wird. Besonders wertvoll sind dabei Unterredungen mit Mitgliedern der Peergroup, die über Erfahrungen im unternehmerischen Handeln verfügen (Dubini und Aldrich, 1991). Ziel dieser Gespräche ist es, die für den Entrepreneur bestehende Unsicherheit hinsichtlich der Umsetzbarkeit seiner unternehmerischen Idee zu reduzieren.

Sofern eine hinreichende Anzahl an Peergroup-Mitgliedern die präsentierte Idee als eine realistische unternehmerische Gelegenheit einschätzt, es also einen Konsens diesbezüglich gibt, beginnt beim Entrepreneur der Prozessschritt der Objektivierung: Das externe Feedback führt dazu, dass der Entrepreneur seine unternehmerische Idee mehr und mehr als eine objektive Realität betrachtet, die auch außerhalb seiner Vorstellung Bestand haben könnte. Die subjektive Idee wird somit durch soziale Interaktion in eine für den Entrepreneur »objektive« unternehmerische Gelegenheit transformiert. Die Objektivierung ist der erste wesentliche Schritt dahin, dass der Entrepreneur konkrete unternehmerische Handlungen unternimmt, durch die die unternehmerische Gelegenheit weiter konkretisiert und damit geschaffen wird (Shepherd, McMullen und Jennings, 2007).

Fehlt es allerdings an Konsens über die Werthaltigkeit der präsentierten unternehmerischen Idee, wird es für den Entrepreneur schwierig sein, diese als reale unternehmerische Gelegenheit wahrzunehmen. Obschon der Entrepreneur vielfach als Person beschrieben wird, die beharrlich an einer Idee – auch gegen massive Widerstände von außen – festhält (Nicholson und Anderson, 2005), ist davon auszugehen, dass bei nur geringem Konsens in der Peergroup über die Umsetzbarkeit einer unternehmerischen Idee der Entrepreneur aufgrund der für ihn weiterhin bestehenden Unsicherheit sehr wahrscheinlich seine Aufmerksamkeit und Bemühungen auf andere Aktivitäten, beispielsweise eine andere unternehmerische Idee, verlagert. Dies bedeutet, dass der Entrepreneur von einer Weiterverfolgung der Idee absieht und den Prozess an dieser Stelle abbricht. Im Unterschied zur Discovery Theory sind es also nicht nur die Eigenschaften des Entrepreneurs, sondern vielmehr der Wissens- und Informationsstand der sozialen Umwelt (Peergroup) eines Entrepreneurs, der maßgeblich zur Entwicklung einer unternehmerischen Gelegenheit beiträgt (Wood und McKinley, 2010).

Teilprozess 2: Umsetzung der objektivierten unternehmerischen Gelegenheit

Durch die objektivierte unternehmerische Gelegenheit wird das weitere Handeln des Entrepreneurs nun kanalisiert. Aufgrund der begrenzten eigenen Ressourcen wird der Entrepreneur im Folgenden mit der um ihn herum bestehenden sozialen Umwelt in Kontakt treten müssen, um die notwendige Unterstützung für die weiteren Umsetzungsschritte hin zu einem funktionsfähigen Unternehmen durch externe Interessengruppen - seine Stakeholder - zu erhalten. Hauptaufgabe des Entrepreneurs ist folglich, eine Koalition von Interessengruppen zu bilden, die die notwendigen Ressourcen bereitstellt, damit seine ursprüngliche unternehmerische Idee zur Realität werden kann (Sarasvathy et al., 2003).

Um eine solche Koalition bilden zu können, wird der Entrepreneur die für ihn relevanten Interessengruppen von seiner - nur für ihn objektiven - unternehmerischen Gelegenheit überzeugen müssen. Dies bedingt einen iterativen Prozess, der insbesondere Gespräche mit potenziellen Kapitalgebern, die Kontaktaufnahme zu möglichen Mitarbeitern, die Befragung möglicher Kunden und die Suche nach Lieferanten für Technologien und Inputfaktoren, die zur Umsetzung der unternehmerischen Gelegenheit notwendig sind, umfasst (Alvarez und Barney, 2007). Durch die Interaktion mit diesen Interessengruppen erhält der Entrepreneur weiteres Feedback zur Umsetzbarkeit seiner unternehmerischen Idee, verändert seine unternehmerischen Handlungen und versucht erneut, die Interessengruppen für seine Vision einer unternehmerischen Gelegenheit zu begeistern. Dieser Prozess führt zu einer fortlaufenden Konkretisierung der unternehmerischen Gelegenheit, die allerdings in ihrer Ausgestaltung von der ursprünglichen Vorstellung des Entrepreneurs, mit der er in den Prozess gestartet ist, abweichen kann. Kann der Entrepreneur andere Interessengruppen für seine unternehmerische Gelegenheit begeistern, so verstärkt dies die Objektivierung der unternehmerischen Gelegenheit und reduziert die bestehenden Unsicherheiten – für den Entrepreneur wie auch für die Interessengruppen. Die Chancen für eine Umsetzung der unternehmerischen Gelegenheit steigen (Wood und McKinley, 2010). Kann der Entrepreneur allerdings nicht genügend Interessengruppen von seiner unternehmerischen Idee überzeugen, wird er diese in Ermangelung notwendiger Ressourcen nicht weiterverfolgen können und den Prozess an dieser Stelle abbrechen müssen.

Die Möglichkeiten eines Entrepreneurs, andere Interessengruppen von der Umsetzbarkeit seiner unternehmerischen Idee zu überzeugen, werden maßgeblich von seiner Reputation und seinem sozialen Netzwerk beeinflusst (Sarasvathy et al., 2008). Eine (hohe) Reputation eines Entrepreneurs reduziert die Unsicherheit für die anderen Interessengruppen darüber, ob dieser die objektivierte unternehmerische Gelegenheit auch erfolgreich umsetzen können wird (Burt, 1992). Sie fungiert daher als Signal über die Fähigkeiten des Entrepreneurs und erleichtert diesem den Zugang zu Gesprächen mit den Interessengruppen. Der Hauptnutzen des sozialen Netzwerks eines Entrepreneurs besteht im Rahmen der Creation Theory darin, dass die Mitglieder dieses Netzwerks sich dafür einspannen lassen, vom Entrepreneur nicht erreichbare externe Interessengruppen von der Realisierbarkeit der unternehmerischen Idee zu überzeugen. Gleichzeitig stärkt dieser Zuspruch aus dem sozialen Netzwerk auch das Vertrauen des Entrepreneurs in seine unternehmerische Idee (Dimov, 2009).

Zusammenfassend lässt sich festhalten, dass unternehmerische Gelegenheiten im Denkmuster der Creation Theory durch das Handeln des Enterpreneurs und die Interaktionen mit seiner sozialen Umwelt (Peergroup und Stakeholder) geschaffen wird. Zwar betont auch die Discovery Theory die Bedeutung externer Personengruppen, allerdings werden diese in erster Linie als Lieferanten neuer Informationen gesehen, die der Enrepreneur zur Bewertung der objektiven Realität heranziehen kann (Shane, 2004 a). Die Interaktion mit der sozialen Umwelt verändert daher vor allem die Wahrnehmung und Meinung eines Entrepreneurs. Im Rahmen der Creation Theory ist dies eher umgekehrt, da der Entrepreneur darauf angewiesen ist, zumindest die Wahrnehmung der Stakeholder zu beeinflussen, damit diese die zur Schöpfung der unternehmerischen Gelegenheit notwendigen Ressourcen bereitstellen.

Implikationen der Creation Theory

Obwohl die Creation Theory im Vergleich zur traditionellen Discovery Theory von diametral gegensätzlichen Annahmen ausgeht und auch – wie Tabelle 4-2 und die nachfolgenden Ausführungen zeigen – zu unterschiedlichen Implikationen für das unternehmerische Handeln führt, ist sie nicht als reines Gegenstück, sondern als Ergänzung des Individual-Opportunity-Nexus zu sehen: In der Realität existieren sowohl unternehmerische Gelegenheiten, die entdeckt wurden, als auch solche, die durch das Handeln des Entrepreneurs und seiner sozialen Umwelt erst erschaffen wurden. Sofern der Entrepreneur sich im Rahmen der Annahmen der Creation Theory bewegt, so hat dies folgende Implikationen für seine unternehmerischen Handlungsbereiche (Alvarez und Barney, 2007):

- *Führungsanspruch*: Da unternehmerische Gelegenheiten zunächst nur als subjektive Vorstellungen des Entrepreneurs bestehen, muss dieser vor allem Kreativität und Einsatzbereitschaft in einer für ihn unsicheren Umwelt zeigen, um andere Interessengruppen von seiner unternehmerischen Idee zu überzeugen. Daher bedarf es eher Charisma denn Fachwissen, um einen Führungsanspruch des Entrepreneurs bei der Umsetzung der unternehmerischen Gelegenheit zu rechtfertigen (Alvarez und Barney, 2005).
- *Entscheidungsfindung*: Der Entrepreneur bewegt sich in einer unsicheren Umwelt: Die unternehmerische Gelegenheit entwickelt sich erst im Laufe des unternehmerischen Handlungsprozesses, weshalb lediglich unvollständige Informationen über die Ergebnisse der unternehmerischen Handlungen zur Verfügung stehen. Statt traditioneller Informationsanalysen wird der Entrepreneur bei seinen Entscheidungen auf Heuristiken aufbauen (Shepherd et al., 2007) oder einen induktiven und inkrementellen Ansatz wie den Effectuation-Ansatz (Sarasvathy, 2001) anwenden müssen.
- *Strategie*: In einer unsicheren Umwelt führt eine starre und rigorose strategische Planung häufig zu einem vorzeitigen Ende der Umsetzung einer objektivierten unternehmerischen Gelegenheit, da es an der notwendigen Handlungsflexibilität fehlt. Statt sich auf eine zu deterministische Strategiebildung zu konzentrieren, sollte der Entrepreneur die richtigen Fragen stellen, mit seiner unternehmerischen Idee experimentieren, flexibel bleiben und aus den Reaktionen anderer Interessengruppen lernen (Mintzberg, 1994).

- *Personalbeschaffung*: Da der Entrepreneur zu Beginn aber auch während seines unternehmerischen Handelns nie vollends abschätzen kann, welche fachlichen Qualifikationen für die Umsetzung der unternehmerischen Idee notwendig sind, wird es effektiver sein, zunächst Mitarbeiter mit einem breiteren Repertoire an Qualifikationen und einem hohen Maß an Flexibilität einzustellen. Für die Personalbeschaffung sollte der Entrepreneur vor allen Dingen sein soziales Netzwerk nutzen; andere externe Wege werden aufgrund des hohen Unsicherheitsgrads im Hinblick auf die unternehmerische Gelegenheit eher schwierig und zeitaufwändig sein.
- *Finanzierung*: Aufgrund der hohen Unsicherheit wird es für den Entrepreneur schwer sein, externe Kapitelgeber - Banken und Venture-Capital-Geber - für seine zunächst nur subjektiv bestehende unternehmerische Gelegenheit zu gewinnen. Insbesondere zu Anfang, z. B. für die Erstellung eines Prototyps, wird der Entrepreneur daher auf andere, mitunter kreative Finanzierungswege wie das Bootstrapping oder auf Finanzmittel aus seinem sozialen Netzwerk - z. B. Freunde und Familie - zurückgreifen müssen.
- *Marketing*: Im Kontext der Creation Theory werden die Elemente des Marketings - also Produktpolitik, Preispolitik, Kommunikationspolitik und Distributionspolitik - selbst Teil des Erschaffens der unternehmerischen Gelegenheit. Beispielsweise kann der Entrepreneur mit verschiedenen Absatzwegen experimentieren oder seine unternehmerische Idee an die durch Kommunikationspolitik ermittelten oder sogar aktiv beeinflussten Präferenzen der Konsumenten anpassen.
- *Wettbewerbsverhalten*: Aufgrund der bestehenden Unsicherheit und der subjektiven Natur der unternehmerischen Gelegenheit ist es sehr unwahrscheinlich, dass ein anderer Entrepreneur mehr Informationen über diese besitzt als der Entrepreneur, der sie konzeptioniert. Zudem ist die unternehmerische Gelegenheit als Ergebnis eines pfadabhängigen Prozesses mit einem für Außenstehende nur schwer imitierbaren Lernprozess verbunden (Dimov, 2007). Das Errichten von kostenintensiven Markteintrittsbarrieren wird daher weniger wichtig sein. Statt die objektivierte unternehmerische Gelegenheit möglichst schnell auszuschöpfen, sollte der Entrepreneur sich genügend Zeit für das Experimentieren und die Bildung von Koalitionen mit strategischen Partnern lassen.

Exkurs

Quellen unternehmerischer Gelegenheiten

Trotz aller Gegensätzlichkeit weisen die Creation und Discovery Theory zumindest ein einendes Momentum auf: die Notwendigkeit der Informationsverarbeitung durch den Entrepreneur (Vaghely und Julien, 2010). Unabhängig davon, ob unternehmerische Gelegenheiten erschaffen oder entdeckt werden, sind Informationen jedweder Art und ihre Wahrnehmung durch den Entrepreneur wesentlich für den Anstoß des unternehmerischen Handlungsprozesses. Oftmals ist es reiner Zufall, dass der Entrepreneur eine den Handlungsprozess stimulierende Information erhält: Er ist einfach die richtige Person zur rechten Zeit am richtigen Platz. Neue Informationen, die zu unternehmerischen Gelegenheiten führen können, resultieren nach Schumpeter (1934) häufig aus:

- *exogenen Schocks*: technologische, politische, regulative, soziale oder demografische Veränderungen,
- *Angebotsveränderungen*: neue Produkte oder Dienstleistungen, neue Rohstoffe, neue Produktionsmethoden oder neue Organisationsmethoden,
- *Nachfrageänderung*: Änderung des Kaufverhaltens durch veränderte Wahrnehmung, Kultur, Vorlieben oder Stimmung.

Um Kenntnis über solche Informationen zu erhalten, kann der potenzielle Entrepreneur auf eine Vielzahl an Informationsquellen zurückgreifen, die für die Generierung unternehmerischer Ideen nützlich sein können. Hierzu zählen insbesondere (Timmons und Spinelli, 2008):

- Patent- und Lizensierungsdatenbanken,
- F&E-Berichte großer Unternehmen,
- F&E-Berichte von Forschungsinstituten und Universitäten,
- Erfindermessen und -kongresse,
- Industrieausstellungen,
- Kontakte in sozialen Netzwerken,
- Statistiken von staatlichen Stellen und Marktstudien,
- Kundenbefragungen,
- Wettbewerbsanalysen.

Für das Suchen nach unternehmerisch verwertbaren Erfindungen und Ideen finden sich im Internet vielfältige Webseiten und Datenbanken zu Innovationen und Patenten. Die nachfolgende Aufzählung soll für die eigene Suche lediglich eine erste Anregung darstellen, wo solche Informationen zu finden sind.

- SIGNO Erfinderclubs: www.signo-deutschland.de
- Schweizer Plattform für Ideen und Erfindungen: www.idee.ch
- Portal für Innovationen, Lifestyle und Zeitgeist: www.worldmeister.de
- Erfinder- und Neuheitenportal: www.ideen-die-gehen.serverhome.de/main.php
- ErfinderProfi – Das Erfindernetzwerk: www.erfinderprofi.de
- Deutsches Patentamt: www.dpma.de
- Europäisches Patentamt: www.epo.org
- Österreichisches Patentamt: www.patentamt.at
- Patentamt der USA: www.uspto.gov
- Patentserver des deutschen Bundesministeriums für Bildung und Forschung (BMBF): www.patentserver.de
- Marktplatz zur Verwertung neuer Technologien: www.yet2.com
- World Intellectual Property Organization (WIPO): www.wipo.org

4.5 Zusammenfassung

Während in der frühen Entrepreneurship-Forschung unternehmerische Gelegenheit vor allem als objektiv existierende Phänomene galten, die der Entrepreneur aufgrund seiner besonderen unternehmerischen Aufmerksamkeit, seines Wissens und sozialen Netzwerk entdeckt (Discovery Theory), wird in der modernen Entrepreneurship-Theorie vermehrt begründet und durch Empirie belegt, dass es die Handlungen und Entscheidungen des Entrepreneurs sind, durch die eine unternehmerische Gelegenheit erschaffen wird (Creation Theory). Die Discovery Theory und der ihr zuzuordnende Causation-Ansatz wie auch die Creation Theory und der ihr zuzurechnende Effectuation-Ansatz sind dabei per se nicht als besser oder effizienter für die Ableitung von unternehmerischen Handlungsempfehlungen zu qualifizieren.

Zur Beantwortung dieser Frage kommt es vielmehr auf die Berücksichtigung der konkreten Rahmenbedingungen des unternehmerischen Handelns an, mit denen sich der potenzielle Entrepreneur konfrontiert sieht. Besteht die unternehmerische Idee eines Entrepreneurs aus einer gänzlich neuen Produkt-Markt-Kombination, sollte er aufgrund der bestehenden Unsicherheit weniger Zeit in Planung, Informationssuche und -analyse investieren, sondern im Sinne eines Effectuation-Prozesses durch Nutzung der vorhandenen Ressourcen und seiner sozialen Umwelt die unternehmerische Idee in inkrementellen und induktiven Schritten weiter konkretisieren. Hingegen sollte der Entrepreneur, der auf einem bestehenden Markt einen unbefriedigtes Konsumentenbedürfnis entdeckt hat, sich an den Handlungsvorschlägen des Causation-Ansatzes orientieren und die Umsetzbarkeit der unternehmerischen Gelegenheit in seiner risikobehafteten Handlungswelt durch hinreichende Informationssuchen, -analysen, Prognoserechnungen und Planungen verifizieren.

4.6 Fallstudie: StudiTemps

Nach all den Anstrengungen des ersten Gründungsjahres saßen die beiden Jungunternehmer Andreas Wels und Benjamin Roos im Februar 2009 zusammen in einem ihrer Besprechungszimmer und hatten zum allerersten Mal ausreichend Zeit, sich über die Entstehungsgeschichte ihres Unternehmens, der StudiTemps GmbH, genauer Gedanken zu machen. Die StudiTemps GmbH mit Sitz in Köln wurde von den beiden Wirtschaftswissenschaftlern bereits im Juli 2008 gegründet, um mit der Onlineplattform Jobmensa.de eine ihre Gründungsideen in die Tat umsetzen zu können. Heute ist Jobmensa.de das mit 120.000 aktiven Nutzern führende Online-Portal für die Vermittlung von Studentenjobs.

Die Begeisterung der beiden Freunde für die Selbstständigkeit und das Umsetzen von Gründungsideen entwickelte sich bereits während ihres Bachelorstudiums an der WHU – Otto Beisheim School of Management im beschaulichen Vallendar. Neben der theoretischen Ausbildung ist es hier wichtig, durch praktische Tätigkeiten in den Semesterferien Einblicke in die tägliche Unternehmensarbeit zu erlangen. Beide hatten dabei eine Präferenz für die Arbeit bei Online-Unternehmen, mussten aber schnell feststellen, dass es für Studenten relativ aufwendig ist, einen ihren Interessen entsprechenden Studentenjob zu finden. Unter Zuhilfenahme des WHU-Netzwerks fanden beide eine adäquate Beschäftigung: In den Semesterferien arbeitete Andreas bei einem sozialen Online-Netzwerk für World-of-Warcraft-Spieler; Benjamin wurde vom Internet-Unternehmen gamegoods engagiert, welches mit virtuellen Gütern für Rollenspiele wie eben World-of-Warcraft handelt. Ihr Aufgabenfeld konzentrierte sich auf den Bereich des Online-Marketings. Beide waren insbesondere mit der Optimierung von Suchmaschinen beschäftigt, der sogenannten Search Engine Optimization, wodurch die Platzierung einer Website in Suchmaschinenrankings und damit deren Auffindbarkeit im Internet verbessert werden soll.

Die reine Mitarbeit stellt sie aber bald nicht mehr zufrieden, und so verbringen sie einen großen Teil ihrer Freizeit damit, zusammen mit zwei Kommilitonen an einer eigenen Geschäftsidee zu tüfteln. Heraus kam eine Idee für ein Online-Portal, welches seinen Nutzern auf Basis eines standardisierten Fragebogens personalisierte Buchvorschläge macht. Dies sollte auf Basis eines Algorithmus geschehen, der ein Matching zwischen den erfragten Persönlichkeitsmerkmalen einer Person und den für jedes Buch in einer Datenbank hinterlegten Eigenschaften vornimmt. Um die Umsetzung ihrer Geschäftsidee weiter voranzutreiben, nehmen die vier potenziellen Gründer an einer Lehrveranstaltung ihrer Hochschule teil, die sich mit der Entwicklung von Businessplänen beschäftigt. Parallel zur Entwicklung des Businessplans konkretisieren sie ihre Idee und programmieren den notwendigen Algorithmus für die Website. Mit dem in der Hochschule erstellten Businessplan, ihrem großen Drang nach Eigenständigkeit und – nicht minder wichtig – einem funktionsfähigen Prototyp in der Hinterhand beginnen die vier Gründungsaspiranten damit, an verschiedenen Businessplan-Wettbewerben teilzunehmen. Trotz der vielen positiven Feedbacks und der Erfolge, die sie bei den Businessplan-Wettbewerben erzielen, und vieler Gespräche mit potenziellen Investoren können die vier Studenten bis Anfang 2008 keinen Investor für ihre Idee gewinnen. Offensichtlich bestand eine Diskrepanz in der Wahrnehmung der Geschäftsidee als unternehmerische Gelegenheit zwischen den angesprochenen Business Angels und Venture Capitalists und den vier potenziellen Entrepreneuren.

Das Team der vier Mitstreiter zerbrach an diesem Umstand; aber Andreas und Benjamin wollen weiterhin zusammen selbstständig tätig sein und begeben sich auf die Suche nach einer neuen Geschäftsidee. Dabei wollen beide allerdings nicht wieder gänzlich von vorn anfangen, sondern auf die bereits gemachten Erfahrungen zurückgreifen. Sie beginnen daher zunächst damit, die Schwächen und Probleme ihrer ersten, gescheiterten Geschäftsidee zu analysieren. Ein wesentliches Problem ihrer vorherigen Geschäftsidee war das aus Investorensicht zu geringe Marktpotenzial. Ihre eigene Aufgabe sehen die beiden Gründungsaspiranten nun darin, den bereits erstellten Matching-Algorithmus einer anderen Verwendung zuzuführen. Um nicht wieder an einer fehlenden Finanzierung zu scheitern, beschließen sie, bereits frühzeitig mit Personen aus ihrer Umgebung über ihre Ideen zu diskutieren und deren Reaktionen für die Entwicklung einer zu verfolgenden Geschäftsidee zu nutzen. Neben Familienmitgliedern sind dies vor allen Dingen andere Studierende aus ihrem Freundeskreis. Darüber hinaus nutzen sie das an der WHU vorhandene Netzwerk und führen mehrere Wochen lang Gespräche mit potenziellen Kapitalgebern, um ihre Geschäftsideen weiter zu konkretisieren und deren Attraktivität aus externer Sicht bewerten zu lassen. Zu den vielfältigen Gesprächspartnern gehörten auch Investmentmanager von Holtzbrinck Ventures, die Kapitalbeteiligungsgesellschaft der Verlagsgruppe Georg von Holtzbrinck, die ein besonderes Interesse an der Idee eines Matching von persönlichen Konsumentenpräferenzen mit einem spezifischen Angebot zeigten. Andreas und Benjamin überzeugten als Gründerteam und man einigte sich schnell auf eine erste Finanzierungsrunde, ohne dass dabei der genaue Geschäftszweck – also der Gegenstand des Matching mit den persönlichen Präferenzen – feststand.

Nach der Gründung der StudiTemps GmbH befassen sich die beiden Entrepreneure nun intensiv mit der Suche nach einem möglichen Matchingzweck. Da solche Suchen sehr informations- und zeitaufwendig sind, wollen die Gründer bereits nach kurzer Zeit studentische Praktikanten als Unterstützung einstellen; eine übliche Vorgehensweise in Start-ups, um kostensparend Arbeitskraft zu akquirieren. Allerdings war es für die StudiTemps GmbH nicht einfach, geeignete oder überhaupt interessierte Praktikanten zu finden. Bei der Personalakquise schienen unüberwindbare Informationsasymmetrien zwischen der Anbieter- und Nachfrageseite zu bestehen. Aus Gesprächen mit anderen Entrepreneuren erfahren sie, dass sie nicht die Einzigen mit solchen Problemen bei der Nachfrage nach Personalressourcen sind. Zudem erinnern sie sich, dass sie und ihre Freunde zu Studienzeiten bei der Suche nach Studentenjobs und Praktika ebenfalls vor ähnlichen Problemen auf der Anbieterseite standen. Per Zufall war der Matchingzweck nun offensichtlich: Studenten mit ihren Präferenzen und Merkmalen und Unternehmen, die für ihre Studentenjobs und Praktikastellen bestimmte Anforderungen stellen, sollen auf einem Internetmarktplatz passgenau zusammengebracht werden.

Mit der hinreichend konkretisierten Geschäftsidee beginnen die beiden Gründer damit, das Marktpotenzial genauer zu untersuchen. Über 60 % der Studenten in Deutschland, dies sind rund 1.400.000, arbeiten in den Semesterferien oder neben ihrem Studium. Diese Arbeitsverhältnisse sind zudem meistens zeitlich befristet, sodass sich Studenten fortlaufend nach neuen Arbeitsmöglichkeiten umschauen. Trotz dieses Marktpotenzials zeigt sich die Anbieterseite, nach den Recherchen von Andreas und Benjamin, stark fragmentiert: Nur wenige ernsthafte Wettbewerber agieren am Markt, die zudem, wie Monster.de oder die Bundesagentur für Arbeit, den Markt nur als Nebenprodukt bedienen und eine standardisierte Suche ohne präferenzbasiertem Matching anbieten. Das Marktpotenzial überzeugte den Investor und Jobmensa.de präsentierte sein Angebot im Oktober 2008, drei Monate nach der Gründung, zum ersten Mal auf dem Markt. Kern des Geschäftsmodells ist weiterhin der einst entwickelte Matching-Algorithmus, der nun aber die Merkmale einer Jobofferte eines Unternehmens mit den persönlichen Fähigkeiten und Präferenzen der registrierten Studierenden abgleicht, um die bestmögliche Besetzung eines offenen Jobangebots zu erzielen. Für die Studierenden ist die Teilnahme an Jobmensa.de kostenlos. Sie beantworten jeweils nur eine bestimmte Anzahl von persönlichen Fragen und bekommen dann passende Jobangebote präsentiert, auf die sich der Student mit einem Klick bewerben kann. Die Unternehmen bezahlen je nach gewähltem Angebotspaket einem bestimmten Betrag, der, wie Tabelle 4-3 zeigt, vom Grad der Nutzung des Matching-Algorithmus, der Angebotsdauer und dem Verbreitungsgrad abhängt.

Während Jobmensa.de im Oktober 2008 noch als lokaler Anbieter auf dem Testmarkt in Köln, einer der größten Universitätsstädte Deutschlands mit rund 100.000 Studenten, seine unternehmerische Tätigkeit begann, werden heute Studenten- und Ferienjobs in weit mehr als 50 Städten vermittelt. Insgesamt offerieren 4.500 deutsche Unternehmen ihre Jobangebote für Studenten über Jobmensa.de. Aus dem Zwei-Mann-Start-up ist in kurzer Zeit ein Unternehmen mit 22 Mitarbeitern geworden. Der schnelle Erfolg wäre allerdings ohne die tatkräftige Unterstützung

Tab. 4-3

Preismodelle von Jobmensa.de

Angebotspaket	Angebotsdauer	Matching-Garantie*	Preis (ohne MwSt.)
Klassische Jobofferte (lokaler Markt)	2 Wochen	Nein	€ 49
Klassische Jobofferte (deutschlandweit)	4 Wochen	Nein	€ 119
Erfolgsabhängige Jobofferte	2 Wochen	Ja	€ 99
Flatrate	Verhandlungs-sache	Nein	Verhandlungs-sache

* Der Kunde bezahlt nur, wenn ein passender Student vermittelt werden konnte.

des Investors nicht möglich gewesen, da dieser neben dem initialen Kapital auch vergünstigt Werbeflächen auf seinem Portal Studivz.de, dem größten sozialen Netzwerk für Studierende in Deutschland, bereitgestellt und damit zielgruppengenaue Werbung ermöglicht hat.

Aufgaben

1. *Welche Elemente der Effectual- und Causal-Logik lassen sich in dieser Fallstudie identifizieren?*

2. *Wurde die unternehmerische Gelegenheit entdeckt oder erschaffen? Oder anders gefragt: Schafften die Opportunities die Entrepreure oder schafften die Entrepreneure die Opportunities?*

3. *Skizzieren Sie die Quellen der dargestellten unternehmerischen Gelegenheit.*

4. *Gehen Sie auf die Rolle von Zielen, Präferenzen und Mitteln der Gründer im Entstehungsprozess der unternehmerischen Gelegenheit ein.*

Weiterführende Literatur

Alvarez, S. A. und Barney, J. B. (2007). Discovery and creation: alternative theories of entrepreneurial action. In: Strategic Entrepreneurship Journal 1 (1–2), S. 11–26.

Ardichvili, A., Cardozo, R. und Ray, S. (2003). A theory of entrepreneurial opportunity identification and development. In: Journal of Business Venturing 18 (1), S. 105–123.

Dew, N., Read, S., Sarasvathy, S. D. und Wiltbank, R. (2009). Effectual versus predictive logics in entrepreneurial decision-making: Differences between experts and novices. In: Journal of Business Venturing 24 (4), S. 287-309.
Sarasvathy, S. D. (2008). Effectuation: Elements of Entrepreneurial Expertise. Cheltham.
Shane, S. (2004 a). A General Theory of Entrepreneurship: The Individual-Opportunity Nexus. Northampton, MA.

5 Bewertung und Wahrnehmung unternehmerischer Gelegenheiten

Lernziele

Ausgangspunkt unternehmerischen Handelns ist die unternehmerische Gelegenheit, die an einem Markt, in einem bestehenden Unternehmen oder durch Unternehmensgründung ausgeschöpft werden kann. Hierfür muss sie allerdings zuvor von einem Individuum, dem potenziellen Entrepreneur, entdeckt oder geschaffen und bewertet werden. Zu einer Verwertung wird es im Allgemeinen nur dann kommen, wenn der wahrgenommene Wert einer unternehmerischen Gelegenheit dem potenziellen Entrepreneur als ausreichend erscheint, um das mit der Opportunity verbundene unternehmerische Risiko zu tragen. In diesem Kapitel stehen quantitative und qualitative Methoden im Vordergrund, die für eine Bewertung unternehmerischer Gelegenheiten herangezogen werden können. Dabei ist es auch eine Zielsetzung des Kapitels, durch Aufzeigen personenbezogener Einflussfaktoren auf den Bewertungsprozess für die Limitationen der Bewertungsverfahren zu sensibilisieren.

Nachdem Sie dieses Kapitel durchgearbeitet haben, werden Sie insbesondere:

- zwischen subjektivem und objektivem Wert einer unternehmerischen Gelegenheit unterscheiden können,
- die Gründe für Wahrnehmungsunterschiede zwischen Individuen nachvollziehen können,
- die grundsätzlichen Einflussfaktoren auf die Bewertung unternehmerischer Gelegenheiten kennen,
- quantitative und qualitative Bewertungsverfahren kennen, unterscheiden und im Hinblick auf ihre Limitationen bewerten und anwenden können.

5.1 Der Wert einer unternehmerischen Gelegenheit

Bewertungen im unternehmerischen Handlungsprozess

In einer marktwirtschaftlich orientierten Volkswirtschaft ist die Existenz einer unternehmerischen Gelegenheit, die in Anlehnung an den englischen Sprachgebrauch auch als Opportunity bezeichnet wird, der Ausgangspunkt dafür, dass Individuen unternehmerisch tätig werden. Die unternehmerische Gelegenheit bezeichnet dabei eine Situation, in der durch Neukombination bereits vorhandener Ressourcen neue Waren oder Dienstleistungen - sogenannte Mittel-Zweck-Kombinationen - geschaffen werden. Im Unterschied zu einer Geschäftsidee spricht man von einer unternehmerischen Gelegenheit nur dann, wenn die neuen Produkte oder Dienstleistungen mit einer bestimmten Wahrscheinlichkeit zu einem über ihren Herstellungskosten liegenden Preis verkauft werden können und daher einen ökonomischen Wert implizieren (Casson, 1982). Im Sinne des Individual-Opportunity-Nexus (Shane, 2004 a) ist die reine Existenz einer solchen Gelegenheit zwar notwendig, aber nicht hinreichend, um unternehmerisches Handeln zu begründen.

Abb. 5-1

Der unternehmerische Handlungsprozess

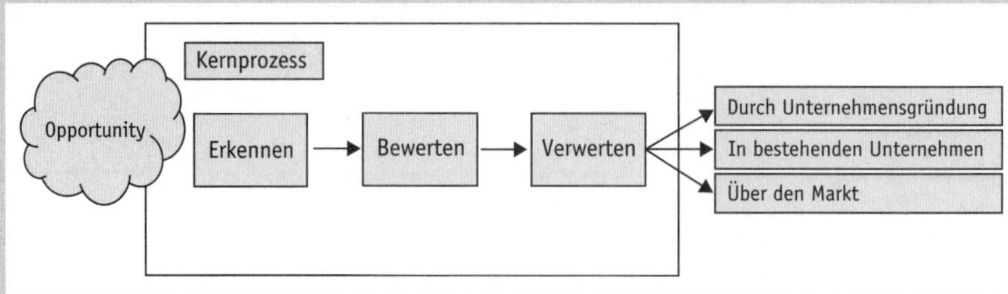

Vielmehr ist mindestens ein Individuum - der potenzielle Entrepreneur -notwendig, welches die Existenz der unternehmerischen Gelegenheit und ihren Wert wahrnimmt (Shane und Venkataraman, 2000). Wie Abbildung 5-1 verdeutlicht, ist der unternehmerische Handlungsprozess daher ein sequentieller Prozess bestehend aus den Kernelementen »Erkennen«, »Bewerten« und »Verwerten«.

Der unternehmerische Handlungsprozess verläuft dabei nicht - wie Abbildung 5-1 suggeriert - zwingend linear sondern wird in der Regel im Sinne eines iterativen Prozesses mit entsprechenden Rückkopplungsschleifen zwischen den einzelnen Teilprozessen ablaufen. Gerade zwischen den beiden primär kognitiven Prozessen »Erkennen« und »Bewerten« besteht ein engerer, teils reziproker Zusammenhang. Einerseits liegen dem Erkennen bereits wertende Elemente zugrunde. Das Ziel dieses Teilprozesses ist es, eine *wert*volle unternehmerische Gelegenheit zu identifizieren, da das unternehmerische Verwerten einer weder seltenen, noch wertvollen Idee im besten Falle zu einem durchschnittlichen Erfolg führen wird (Kirzner, 1997). Andererseits kann der Bewertungsprozess dazu führen, dass zusätzliche unternehmerische Gelegenheiten erkannt werden, denen gegebenenfalls sogar ein höherer Wert als der ursprünglichen Opportunity beigemessen wird (Ardichvili, Cardozo und Ray, 2003).

Charakteristika des Bewertungsprozesses

Der Prozess des Bewertens, welcher gleichbedeutend mit der Wahrnehmung des Werts der unternehmerischen Gelegenheit durch den potenziellen Entrepreneur ist, stellt im unternehmerischen Handlungsprozess das zentrale Bindeglied zwischen dem Erkennen und dem Verwerten einer unternehmerischen Gelegenheit dar. Die Entscheidung, eine unternehmerische Gelegenheit zu nutzen, wird nur dann getroffen werden, wenn der potenzielle Entrepreneur die zuvor erkannte Gelegenheit als attraktiv für sich bewertet. Andernfalls wir er von einer Ausschöpfung absehen. Dem Bewertungsprozess werden daher folgende Charakteristika zugeschrieben (Haynie, Shepherd und McMullen, 2009):

- *Die Bewertung zielt auf die Attraktivität einer unternehmerischen Gelegenheit*: Mit Attraktivität ist hierbei das Potenzial einer unternehmerischen Gelegenheit gemeint, einen Wettbewerbsvorteil und einen unternehmerischen Gewinn zu erzielen.

- *Die Bewertung erfolgt zukunftsorientiert*: Der potenzielle Entrepreneur bewertet die unternehmerische Gelegenheit im Hinblick auf die Gewinne, die wahrscheinlich erzielt werden, wenn die Opportunity verwertet wird.
- *Die Bewertung ist subjektiv*: Das Ergebnis der Bewertung hängt vor allem davon ab, ob die unternehmerische Gelegenheit attraktiv für den potenziellen Entrepreneur ist und nicht von der Attraktivität der unternehmerischen Gelegenheit für andere Personen. Die Bewertung wird daher aus der Unternehmerperspektive erfolgen.

Rationalität und Bewertung unternehmerischer Gelegenheiten

Ökonomische Entscheidungsprozesse und die dahinter stehenden Bewertungen werden vielfach unter Annahme eines Homo oeconomicus betrachtet. Vereinfacht wird der Entscheider dadurch als strikt rational handelndes Individuum charakterisiert, das über vollkommene Informationen verfügt. Überträgt man diese Annahmen auf den unternehmerischen Handlungsprozess, ergeben sich daraus zwei Effekte:

1. In einer Welt, in der alle Marktakteure den gleichen Informationsstand haben und gleichermaßen rational handeln, wird jeder Marktakteur die gleichen Vermutungen über den Wert einer unternehmerischen Gelegenheit haben und daher versuchen, die gleichen unternehmerischen Gelegenheiten auszuschöpfen. Hierdurch verteilt sich der mögliche Gewinn auf immer mehr Entrepreneure, wodurch der Anreiz, eine unternehmerische Gelegenheit zu verfolgen, eliminiert wird (Schumpeter, 1934).
2. Da in einer solchen Welt auch die Inhaber der für die Rekombination benötigten Ressourcen die gleichen Zukunftserwartungen wie die potenziellen Entrepreneure haben, werden sie versuchen, den erwarteten unternehmerischen Gewinn für sich abzuschöpfen und daher die Preise für die Ressourcen solange erhöhen, bis der unternehmerische Gewinn auf null gesunken ist (Shane und Venkataraman, 2000).

Folglich würde eine Situation gleich verteilter Informationen und gleichermaßen rational handelnder Marktakteure dazu führen, dass unternehmerische Gelegenheiten am Markt nicht mehr existieren. Erst asymmetrisch verteilte Informationen oder nicht vollkommen rational handelnde Individuen ermöglichen, dass es zu Bewertungsunterschieden und damit zu unterschiedlichen Entscheidungen über die Verwertung einer unternehmerischen Gelegenheit kommt (Grichnik, 2006a).

Objektiver und subjektiver Wert unternehmerischer Gelegenheiten

Der ökonomische Wert eines Objekts ergibt sich aus zwei Grundtatbeständen des Wirtschaftens: der Unbegrenztheit menschlicher Bedürfnisse und der Knappheit der Güter. Für gewöhnlich wird dieser Wert in Geldeinheiten ausgedrückt. In der Theorie wird zwischen einem objektiven und einem subjektiven Wert unterschieden (Peemöller, 2002). Nach der objektiven Werttheorie reflektiert der Wert die Eigenschaften eines Gegenstands, zum Beispiel die zukünftigen Erfolgspotenziale eines Unternehmens. Dieser Wert ist objektiv, da er losgelöst von den Interessen einer Person

Exkurs

Das Menschenbild des Homo oeconomicus

Das Menschenbild des Homo oeconomicus entstammt der Modellwelt der Klassik und Neoklassik. Im englischen Sprachgebrauch wird er auch als »economic man« oder »rational man« bezeichnet. Der Homo oeconomicus ist ein Eigennutzmaximierer und beachtet bei seinen Entscheidungen das ökonomische Prinzip. Er verfügt über vollkommene Informationen hinsichtlich seiner Handlungsalternativen, über deren Folgen, über alle Märkte und sämtliche verfügbaren Güter (Marshall, 1920). Darüber hinaus handelt (und bewertet) der Homo oeconomicus bei seinen Entscheidungen strikt rational. Rationalität ist dabei nicht mit dem späteren Erfolg oder Misserfolg einer Entscheidung gleichzusetzen. Vielmehr ist Rationalität dann gegeben, wenn der Entscheidungsprozess (1) eindeutigen methodischen, intersubjektiv nachvollziehbaren Entscheidungsregeln folgt, (2) durchgängig zielgerichtet erfolgt und (3) auf möglichst objektiven und vollständigen Informationen beruht (Eisenführ und Weber, 2003).

existiert und von jedermann realisiert werden kann. Der Wert, der diesen Anforderungen annähernd entspricht, ist der Marktpreis eines Guts oder der Substanzwert eines Unternehmens. Problematisch ist allerdings, dass der objektive Wert in den meisten Fällen nicht zu ermitteln sein wird, da sich der Wert aus einer Objekt-Subjekt-Beziehung ergibt.

Die Bedeutung des Entrepreneurs (Subjekt) bei der Bewertung wird in der subjektiven Werttheorie aufgegriffen. Der Wert eines Gegenstands leitet sich danach aus dem Nutzen ab, den eine Person mit den Eigenschaften eines Guts verbindet. Somit werden die Ziele, Möglichkeiten, Vorstellungen und Erwartungen des Einzelnen bei der Bewertung berücksichtigt. Ein solcher Wert ist z. B. der zukunftsbezogene Ertragswert der Zahlungsreihe eines Unternehmens, da diese vom Entrepreneur geschätzt werden muss. Im Rahmen der Bewertung unternehmerischer Gelegenheiten befindet sich der potenzielle Entrepreneur in einer Situation, in der zwar die Kosten der einzusetzenden Ressourcen bekannt sind, die Profitabilität der Opportunity aber unbekannt ist (Arrow, 1974). Informationen über zukünftige Umweltzustände, z. B. Absatzpreise und -mengen, und deren Eintrittswahrscheinlichkeiten sind mit Unsicherheit behaftet. Zudem stehen die Entscheidungen des potenziellen Entrepreneurs unter Zeitrestriktionen, da die latente Gefahr besteht, dass andere Entrepreneure die unternehmerischen Gelegenheiten entdecken und verwerten (Shane und Venkataraman, 2000). Zeitintensive Informationssuchprozesse sind somit nicht möglich, wodurch der Gebrauch von Heuristiken und daher das Vorkommen von Entscheidungsfehlern wahrscheinlicher wird.

Die Bewertung einer unternehmerischen Gelegenheit wird notwendigerweise auf Vermutungen beruhen, weshalb der objektive Wert durch den potenziellen Entrepreneur allenfalls geschätzt werden kann und somit von dessen individueller Wahrnehmung abhängig ist. Das Ergebnis des Bewertungsprozesses gleicht dann einem subjektiven Erwartungswert. Dies macht zugleich deutlich, dass die spätere Entscheidung zur Verwertung einer unternehmerischen Gelegenheit nicht allein vom Ergebnis der Bewertung abhängen wird, sondern auch von der Fähigkeit des potenziellen Entrepreneur, mit der der Bewertung inhärenten Unsicherheit umzugehen beziehungsweise diese zu akzeptieren (Knight, 1964).

5.2 Einflussfaktoren auf den Bewertungsprozess

Das Ergebnis der Bewertung einer unternehmerischen Gelegenheit ist der von einem potenziellen Entrepreneur subjektiv erwartete beziehungsweise wahrgenommene Wert. Nach rational-ökonomischen Gesichtspunkten wird eine entdeckte unternehmerische Gelegenheit nur dann von einem potenziellen Entrepreneur genutzt werden, wenn der von ihm erwartete Wert seine Opportunitätskosten einer alternativen Zeitverwendung, z. B. der Lohn für eine abhängige Beschäftigung, übersteigt und zusätzlich noch eine Prämie für das übernommene unternehmerische Risiko gewährleistet (Venkataraman, 1997). Je höher dieser Erwartungswert sein wird, desto höher ist daher die Wahrscheinlichkeit, dass eine unternehmerische Gelegenheit verwertet wird. Divergierende Bewertungen zwischen verschiedenen Individuen resultieren einerseits aus bestehenden Informationsunterschieden (Hayek, 1945) oder sind die Folge kognitiver Unterschiede (Baron, 2004). Lässt man den Einfluss institutioneller Rahmenbedingungen auf unternehmerisches Handeln außen vor, so bestimmt sich die Höhe des erwarteten Werts einer unternehmerischen Gelegenheit vor allem aus dem wahren (objektiven), einer solchen Gelegenheit inhärenten Wert und personenbezogenen Faktoren des Entrepreneurs (Shane, 2004 a). Als personenbezogene Faktoren werden in der gegenwärtigen Entrepreneurship-Forschung vor allen Dingen der Einfluss der Risikowahrnehmung, von Emotionen, des Informationsstands und der Informationsverarbeitungskapazität sowie der Verwendung von Heuristiken diskutiert (Grichnik, 2006a). Als Opportunity-bezogene Faktoren kommen der Kapitalbedarf, der (erwartete) Gewinn sowie der Zeitbedarf bis zum Erreichen der Gewinnzone (Break-even) in Betracht.

5.2.1 Personenbezogene Faktoren

Risiko und Risikowahrnehmung

Im Unterschied zu anderen ökonomischen Gelegenheiten, die durch Optimierung vorhandener Produkte entstehen, ist die Verwertung einer unternehmerischen Gelegenheit risikobehaftet (Shane und Venkataraman, 2000). Das Risiko besteht für den potenziellen Entrepreneur darin, dass die seiner Bewertung notwendigerweise zugrundeliegenden Vermutungen sich als falsch oder unzureichend erweisen, der ex ante bestimmte subjektive Erwartungswert der unternehmerischen Gelegenheit also vom erst ex post festellbaren objektiven Wert abweicht. Das Risiko einer Wertabweichung ist dabei umso größer, je innovativer die unternehmerische Gelegenheit ist, da mit zunehmendem Innovationsgrad die Validität von Informationen über zukünftige Märkte und Preise abnimmt. Im Extremfall wird eine Fehlbewertung zum Scheitern eines Entrepreneurs führen, wodurch er seine Einkommensquelle, das von ihm investierte Kapital und die aufgewendete Lebenszeit verliert. Dass dieses Risiko nicht nur theoretisch existiert, zeigen die Überlebenszahlen der neugegründeten Unternehmen in Deutschland: Innerhalb der ersten drei Jahre nach ihrer Gründung scheitern etwa 23 % der deutschen Unternehmen (Statistisches Bundesamt, 2009).

Im Unterschied zu anderen Personen sind Entrepreneure allerdings nicht zwingend risikofreudiger. Vielmehr zeigt sich ein Unterschied in der Risikowahrnehmung (Busenitz, 1999): Entrepreneure nehmen das objektive Risiko unternehmerischer Gelegenheiten weniger wahr und sehen hingegen vor allen Dingen die mit ihnen verbundenen Chancen. Je weniger Risiko ein potenzieller Entrepreneur wahrnimmt, desto geringer wird die von ihm angesetzte Risikoprämie bei der Bewertung ausfallen und die Verwertung wahrscheinlicher.

Emotionen

Emotionen sind positive oder negative Empfindungen einer Person, z. B. Freude, Hoffnung, Wut oder Angst. Sie entstehen dadurch, dass ein Zustand oder Ereignis danach beurteilt wird, wie es die Ziele und das Wohlbefinden einer Person beeinflussen wird (Lazarus, 1991). Gerade in Situationen hoher Unsicherheit, wie sie für das unternehmerische Handlungsfeld charakteristisch sind, werden Emotionen von Individuen in Entscheidungsprozessen als zusätzliche »Information« wahrgenommen, die mitunter auch ausschlaggebend für die Entscheidung eines Entrepreneurs sein können (Baron, 2008). Der Einfluss von Emotionen auf unternehmerische Entscheidungs- und Bewertungsprozesse kann durch zwei Effekte erklärt werden:

- *Stimmungskongruenz*: Bei einer Entscheidung fördern positive Emotionen positive Gedanken und Erinnerungen zutage, während negative Emotionen das Gegenteil bewirken (Forgas und George, 2001). Ein potenzieller Entrepreneur, der bei der Bewertung einer unternehmerischen Gelegenheit positive Emotionen empfindet, wird dann vor allen Dingen die positiven Aspekte der unternehmerischen Gelegenheit wahrnehmen, während ein potenzieller Entrepreneur, der in der gleichen Situation negative Emotionen erfährt, negative Faktoren betonen wird.
- *Emotionen als Information*: In einem Entscheidungsprozess »vermitteln« Emotionen unbewusst Informationen über die direkte Umwelt einer Person (Schwarz und Clore, 2003). Positive Emotionen signalisieren dabei, dass die Welt um den Entscheider positiv und sicher sei. Unter diesen Gegebenheiten werden Individuen verstärkt ungewöhnliche und neuartige Dinge ausprobieren und über das mit ihnen verbundene Risiko hinwegsehen. Dagegen signalisieren negative Emotionen eine ungünstige und unsichere Welt, wodurch Individuen vorhandene Informationen genauer prüfen werden, bevor sie sich für oder gegen eine Handlungsalternative entscheiden.

Positive Emotionen werden daher dazu führen, dass der potenzielle Entrepreneur eine entdeckte unternehmerische Gelegenheit insgesamt positiver bewertet und eher die Chancen denn das mit ihr verbundene Risiko wahrnimmt.

Informationsstand und Informationsverarbeitungskapazität

Jede Person verfügt zu jedem Zeitpunkt über einen individuell unterschiedlichen Informationsstand. Die Summe der bei einer Aus- und Weiterbildung und durch Erfahrungen im beruflichen oder privaten Bereich (z. B. bei der Ausübung eines Hobbys) gesammelten Informationen bildet den individuellen Informationskorridor einer Person. Ein potenzieller Entrepreneur wird vornehmlich solche unternehmerischen Gelegenheiten erkennen und verwerten, die in Bezug zu seinem Informationskorridor stehen (Hayek, 1945). Insbesondere Informationen über verwandte Märkte, bestehende Kundenprobleme auf einem Markt oder die Möglichkeiten der Marktbearbeitung sind dabei wertvoll (Shane, 2000), da sie herangezogen werden können, um fundierter und schneller das zukünftige Kunden- und Wettbewerberverhalten abzuschätzen. Zudem führen fundierte Kenntnisse über quantitative und qualitative Bewertungsverfahren dazu, dass die Schätzung des Werts einer unternehmerischen Gelegenheit strukturierter erfolgt. Ein höherer methodischer und faktischer Informationsstand wird dazu beitragen, dass sich die vom potenziellen Entrepreneur subjektiv empfundene Unsicherheit der eigenen Vermutungen reduziert, wodurch die unternehmerische Gelegenheit mitunter als attraktiver wahrgenommen wird (Haynie et al., 2009).

Der potenzielle Entrepreneur muss allerdings auch über hinreichende kognitive Fähigkeiten beziehungsweise Intelligenz verfügen, um die vorhandenen Informationen zu verarbeiten und im sich dynamisch verändernden Umfeld begrenzter Informationen Bewertungen vorzunehmen. Insbesondere bedarf es der Fähigkeit, die vorhandenen Informationen zielgerichtet für die Schätzung des objektiven Werts einer unternehmerischen Gelegenheit auszuwerten und mit der Unsicherheit der eigenen Schätzung umzugehen (Knight, 1964). Diese Fähigkeit äußert sich vor allem darin, dass Entrepreneure ein tiefes Vertrauen in die eigenen Wahrnehmungen und Überzeugungen haben, in Szenarien denken und häufiger Entscheidungsheuristiken anwenden als andere Personen (Alvarez und Busenitz, 2001).

Heuristiken und Entscheidungsfehler

Sind Entscheidungen unter Informationsunsicherheit und unter Zeitdruck zu treffen, so werden häufig unbewusst oder aber auch bewusst Heuristiken zur Bewertung der zur Verfügung stehenden Informationen und letztendlich zur Entscheidungsfindung angewendet. Als Heuristiken werden kognitive Vereinfachungsstrategien bezeichnet, die den Informationsbedarf im Entscheidungsprozess reduzieren. Ein Resultat der Anwendung von Heuristiken ist das Auftreten von Entscheidungsfehlern, sogenannter Biases, denen der (potenzielle) Entrepreneur unterliegt. Die Verwendung von Heuristiken führt häufig zu akzeptablen Problemlösungen, insbesondere im Hinblick auf die Effizienz und Effektivität der Entscheidungsfindung (Tversky und Kahneman, 1974). Entscheidungsfehler wirken sich sowohl direkt als auch mittelbar über die Risikowahrnehmung eines potenziellen Entrepreneurs auf die Bewertung unternehmerischer Gelegenheiten aus. Gemeinhin werden folgende Entscheidungsfehler als relevant für unternehmerische Entscheidungssituationen erachtet (Simon, Houghton und Aquino, 2000):

Overconfidence. Overconfidence bezeichnet das übermäßige Selbstvertrauen einer Person in das eigene Urteilsvermögen. Es kommt dadurch zu einer Überschätzung der Wahrscheinlichkeit, dass eigene Prognosen oder Schätzungen sich als richtig erweisen. Ursächlich hierfür ist einerseits die Verankerungs- und Anpassungsheuristik (Tversky und Kahneman, 1974): Auch beim Vorliegen neuer Informationen passen Entscheider ihre anfängliche Bewertung nur zögerlich an. Bewertungsfehler werden daher nicht festgestellt. Zweite Ursache ist die Verfügbarkeitsheuristik (Russo und Schoemaker, 1992): Entscheider stützen ihre Bewertungen auf solche Informationen, die sie sich schnell und einfach ins Gedächtnis rufen können. Potenzielle Entrepreneure werden dabei ihre Vermutungen über die zukünftige Entwicklung als Fakten betrachten und das Risiko unternehmerischer Gelegenheiten als niedriger wahrnehmen, was tendenziell zu einer Überbewertung führt.

Kontrollillusion. Kontrollillusion liegt vor, wenn Individuen den Einfluss ihrer individuellen Fähigkeiten auf zukünftige Ereignisse überschätzen (Langer, 1975). Infolgedessen überschätzt der Entscheider seine Fähigkeit, zukünftige Ereignisse zu meistern und deren Eintrittswahrscheinlichkeit vorherzusagen (Simon et al., 2000). Die potenziellen Unternehmer werden beim Vorliegen von Kontrollillusion ihre Vorhersagen über die Zukunft als sicher einstufen, wodurch sie das Risiko einer unternehmerischen Gelegenheit tendenziell unterschätzen. Zudem werden sie davon ausgehen, dass sie mit ihren Fähigkeiten jedes zukünftige Ereignis, z. B. den Markteintritt von Wettbewerbern, bewältigen können, weshalb die mit einer unternehmerischen Gelegenheit verbundenen Gewinne regelmäßig überschätzt werden.

Gesetz der kleinen Zahl. Als Gesetz der kleinen Zahl wird der Umstand bezeichnet, dass Individuen verallgemeinernde Schlüsse auf Basis einer sehr begrenzten Anzahl an Informationen ziehen (Tversky und Kahneman, 1974). Ursache hierfür ist die Repräsentativitätsheuristik: Entscheider glauben regelmäßig, dass schon kleine Stichproben repräsentativ für ihre Grundgesamtheit sind. Beispielsweise könnte sich ein potenzieller Entrepreneur in seiner Geschäftsidee aufgrund von nur zwei Kundenfeedbacks bestätigt sehen. Kleine Stichproben sind allerdings mit hoher Wahrscheinlichkeit statistisch nicht valide, um Vorhersagen über die Grundgesamtheit zu treffen. Dies liegt vor allen Dingen darin begründet, dass zumeist unverhältnismäßig viele positive Informationen verarbeitet werden: Positive Informationen werden häufiger publiziert als negative Nachrichten. Beispielsweise berichten Wirtschaftsfachblätter regelmäßig über erfolgreiche Gründer, Berichte über gescheiterte Gründer oder Zahlen hierzu werden allerdings nur in Randnotizen erwähnt. Hierdurch wird der potenzielle Entrepreneur das inhärente Risiko der unternehmerischen Gelegenheit sehr wahrscheinlich unterschätzen.

5.2.2 Opportunity-bezogene Faktoren

Kapitalbedarf

Die Verwertung einer unternehmerischen Gelegenheit wird im Allgemeinen mit einem Kapitalbedarf verbunden sein. Bevor der potenzielle Entrepreneur unternehmerisch tätig werden kann, wird er die notwendigen Ressourcen und Produktionsanlagen erwerben müssen. Ebenso werden Kosten für Gründung, Marketing und Personal anfallen, bevor ein einziges Produkt verkauft werden kann. Realistischerweise werden diese Kosten in Abhängigkeit von Branche, Innovationsgrad und

Wachstumspotenzial einer unternehmerischen Gelegenheit unterschiedlich ausfallen (Timmons, 1997). Die Umsetzung einer unternehmerischen Gelegenheit im Service- oder Web 2.0-Bereich wird normalerweise einen geringen Kapitalbedarf verursachen, während in produktionsorientierten High-tech-Bereichen wie der Bio- oder Nanotechnologie vielfach mehrere Mio. Euro an Kapital für Forschung und Entwicklung notwendig sind, bis ein Produkt die Marktreife erlangt. Ein hoher Kapitalbedarf erhöht für den potenziellen Entrepreneur das persönliche Verlustrisiko, welches er mit der unternehmerischen Gelegenheit verbindet. Übersteigt der Kapitalbedarf seine eigenen finanziellen Mittel, so ist die Aufnahme von externem Kapital (bei Familie und Freunden, Business Angels, Venture Capitalists oder staatlichen Investoren) notwendig, wodurch sich der Gründungsaufwand erhöht. Schätzt der potenzielle Entrepreneur die Aufnahme externer Mittel als schwer oder unmöglich ein, wird die unternehmerische Gelegenheit unattraktiv, weshalb Gelegenheiten mit einem niedrigen bis moderaten Kapitalbedarf regelmäßig positiver bewertet werden (Timmons, 1997).

Gewinnpotenzial

Der potenzielle Entrepreneur wird nur dann das mit der Nutzung einer unternehmerischen Gelegenheit verbundene Risiko auf sich nehmen, wenn er die Erwartung hegt, einen Unternehmergewinn zu erzielen. Der Unternehmergewinn ergibt sich aus der Differenz zwischen dem ex post feststellbaren Ertrag der Waren oder Dienstleistungen und den ex ante feststellbaren Kosten der Ressourcen und des Rekombinationsprozesses (Shane, 2004 a). Aufgrund der Zukunftsbezogenheit unternehmerischen Handelns und der damit verbundenen Informationsunsicherheiten muss der Entrepreneur die erzielbaren Ertrags- und Kostenentwicklungen auf Basis von Schätzungen über das Markt- und Wettbewerbsverhalten prognostizieren. Je höher der geschätzte Gewinn einer unternehmerischen Gelegenheit mit einer bestimmten Wahrscheinlichkeit ist, desto attraktiver wird diese für den potenziellen Entrepreneur (Timmons, 1997).

Eine positive Gewinnerwartung wird allerdings nicht ausreichen, um eine Opportunity attraktiv erscheinen zu lassen. Entscheidet sich der potenzielle Entrepreneur dazu, eine unternehmerische Gelegenheit auszuschöpfen, wird ihm dadurch die Zeit für andere Handlungsalternativen, wie einer nichtselbstständigen Tätigkeit oder einer Freizeitaktivität, fehlen. Die dadurch entstehenden, zumeist finanziellen Einbußen werden als Opportunitätskosten der unternehmerischen Gelegenheit bezeichnet, die der potenzielle Entrepreneur in sein Entscheidungskalkül mit einbeziehen wird. Die erwarteten Gewinne müssen daher nicht nur positiv sein, sondern darüber hinaus die individuellen Opportunitätskosten übersteigen, damit eine unternehmerische Gelegenheit als attraktiv wahrgenommen und verwertet wird (Shane, 2004 a).

Zeitraum bis zum Break-even-Punkt

Für die Bewertung der Attraktivität einer unternehmerischen Gelegenheit ist neben der Höhe des potenziellen Unternehmergewinns allerdings auch relevant, nach welchem Zeitraum dieser wahrscheinlich eintreten wird. Je größer dieser Zeitraum ist, desto höher ist das mit der unternehmerischen Gelegenheit verbundene Risiko für den potenziellen Entrepreneur. Der Zeitpunkt, ab dem ein Unternehmen profitabel ist, wird auch als Break-even-Punkt oder Gewinnschwelle bezeichnet. Ein längerfristiges oder gar fortdauerndes Verweilen eines Unternehmens in der Verlustzone erhöht nicht nur den Kapitalbedarf, sondern auch die Wahrscheinlichkeit des endgültigen Scheiterns. Eine unternehmerische Gelegenheit ist daher umso attraktiver, je eher der Break-even-Punkt erreicht werden kann (Timmons, 1997).

5.3 Verfahren zur Bewertung unternehmerischer Gelegenheiten

5.3.1 Quantitative Methoden

Unternehmerische Gelegenheiten als Investitionsprojekt

Wie im vorangegangenen Kapitel diskutiert, wird der Prozess der Bewertung einer unternehmerischen Gelegenheit von einer Vielzahl von Faktoren beeinflusst. Letztlich wird die Entscheidung für oder gegen die Nutzung einer entdeckten unternehmerischen Gelegenheit vor allen Dingen davon abhängen, ob der prognostizierte ökonomische Wert einer Opportunity ausreichend sein wird, um das vom potenziellen Entrepreneur empfundene Risiko auszugleichen. Aus betriebswirtschaftlicher Sicht ist eine unternehmerische Gelegenheit mit einem klassischen Investitionsprojekt vergleichbar, welches durch anfängliche Auszahlungsüberschüsse und zukünftige Einzahlungsüberschüsse charakterisiert ist (Perridon und Steiner, 2007). Der potenzielle Entrepreneur muss zur Nutzung einer unternehmerischen Gelegenheit zunächst Zeit und Kapital aufbringen, um in absehbarer Zukunft Gewinne zu erwirtschaften. Auf Basis investitionstheoretischer Überlegungen wurden mit dem Ertragswert- und Discounted-Cashflow-Verfahren zwei Bewertungsmethoden entwickelt, die heute vor allem zur Unternehmensbewertung herangezogen werden. Zudem haben sich aus der Bewertungspraxis mit der Venture-Capital-Methode, der First-Chicago-Methode und den Multiplikatorverfahren weitere Bewertungsmethoden entwickelt, die sich entsprechen der Abbildung 5-2 systematisieren lassen.

Grundproblem Datenverfügbarkeit

Die Bewertung einer unternehmerischen Gelegenheit erfolgt aus Sicht des potenziellen Entrepreneurs zukunftsorientiert unter der Hypothese, dass die unternehmerische Gelegenheit verwertet wird (Haynie et al., 2009). Vergangenheitsorientierte Einzelbewertungsverfahren (Sieben und Maltry, 2002), die den Wert eines Unternehmens beziehungsweise der unternehmerischen Gelegenheit durch Bewertung der vorhandenen Vermögensgegenstände anhand von Liquidations-, Markt- oder Wiederbschaffungswerten ermitteln, sind für die Bewertung einer unternehmerischen Gelegenheit folglich nicht geeignet und werden hier nicht weiter betrachtet. Der Entrepreneur muss bei Anwendung quantitativer Bewertungsverfahren die zukünftigen Zahlungsströme möglichst plausibilisiert prognostizieren. Anders als bei der Bewertung eines existierenden Unternehmens kann hierbei zumeist nicht auf Erfahrungswerte zurückgegriffen werden; Bilanzwerte oder bewertbare Vermögensgegenstände stehen ebenfalls nicht zur Verfügung. Aufgrund

Abb. 5-2

Systematisierte Darstellung der Verfahren zur Unternehmensbewertung

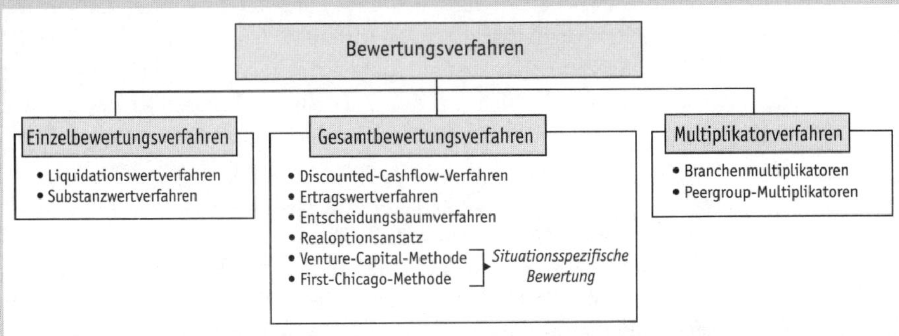

der inhärenten Unsicherheit wird der objektive Wert der unternehmerischen Gelegenheit allerdings immer nur näherungsweise zu bestimmen sein.

Ertragswertverfahren

Ertragswert als Barwert zukünftiger finanzieller Überschüsse

Das Ertragswertverfahren ist ein traditionell in Deutschland weitverbreitetes Bewertungsverfahren, das lange Zeit als das einzig richtige Verfahren angesehen wurde. Grundlage des Verfahrens bildet das aus der Investitionstheorie bekannte Kapitalwertkonzept. Der Wert einer unternehmerischen Gelegenheit ergibt sich daher durch Diskontierung der in Zukunft aus dem Unternehmen erwarteten »Erträge«. In Anlehnung an die Zahlungsstromorientierung der Investitionstheorie werden die erwarteten Erträge entweder als Netto-Einnahmen der Unternehmenseigentümer, als Netto-Ausschüttungen des Unternehmens oder als pagatorische Größe in Form von Einzahlungs- oder Einnahmeüberschüssen definiert (Peemöller und Konowski, 2002). Zur Berechnung des Barwerts werden die für die Zukunft erwarteten Erträge mit einem Kalkulationszinssatz diskontiert, sodass sich der Wert wie folgt bestimmen lässt:

$$V_0 = \sum_{t=1}^{\infty} \frac{E_t}{(1+r)^t}$$

mit

V_0 = Gegenwartswert der unternehmerischen Gelegenheit

E_t = erwartete Erträge in Periode t

r = Kalkulationszinssatz (auch Diskontierungssatz genannt)

Der Kalkulationszinssatz als Unsicherheitspuffer

Die Anwendung der obigen Ertragswertformel bedeutet für den potenziellen Entrepreneur, dass er die Wert- und Kostentreiber der entdeckten unternehmerischen Gelegenheit identifizieren und entsprechende Daten, z. B. über erwartete Absatzmengen und -preise, bis in alle Ewigkeit prognostizieren muss, um für jede Periode t die Erträge zu schätzen. Die Prognose ist aufgrund der notwendigen Antizipation mikro- und makroökonomischer Einflussfaktoren schwierig und unterliegt mit weiterem Vorausschauen in die Zukunft einer immer größer werdenden Unsicherheit. Die zunehmende Unsicherheit wird allerdings durch die Diskontierung berücksichtigt: Der Wertbeitrag zukünftiger Erträge wird umso geringer, je weiter diese in der Zukunft liegen. Als Diskontierungssatz sollte ein risikoadjustierter Kapitalmarktzins herangezogen werden, der sich aus dem Zins einer risikolosen Anlagemöglichkeit und einem an das mit der Nutzung der unternehmerischen Gelegenheit verbundene Risiko angepassten Risikoaufschlag zusammensetzt (Rudolf und Witt, 2002).

Ertragswert als Rentenbarwert

Zur Umgehung der Prognoseproblematik wird teilweise vereinfachend unterstellt, dass die erwarteten Erträge über alle Perioden konstant sind. Der Wert einer Opportunity ermittelt sich dann nach der Formel für den Barwert einer ewigen Rente. Zudem besteht die Möglichkeit, zukünftiges Wachstum zu berücksichtigen, indem der Diskontierungssatz um einen Wachstumsfaktor korrigiert wird. Somit ergibt sich der Ertragswert aus:

$$V_0 = \frac{E}{r - g}$$

mit

V_0 = Gegenwartswert des unternehmerischen Gelegenheit
E = konstanter Periodenertrag
r = Kalkulationszinssatz (auch Diskontierungssatz genannt)
g = Wachstumsrate

Für die Berechnung des Werts einer unternehmerischen Gelegenheit ist die vereinfachte Erwartungswert-Formel allerdings mit Vorsicht zu verwenden. Gerade in den ersten Jahren der Verwertung einer unternehmerischen Gelegenheit werden keine oder nur geringe Erträge für die Eigenkapitalgeber erwirtschaftet werden, da entweder Verluste realisiert oder die wenigen Gewinne zur Finanzierung des weiteren Wachstums komplett thesauriert werden. Des Weiteren kann ein mathematisches Problem auftreten: Wenn die Wachstumsrate g größer als der Kalkulationszinssatz ist, wird der Nenner negativ und eine Wertberechnung nach der Ertragswertmethode wenig sinnvoll sein. Wachstumsraten von über 100 % sind bei innovativen unternehmerischen Gelegenheiten in den ersten Jahren nach der Markteinführung nicht unüblich.

Zwei-Phasen-Modell der Ertragswertmethode

Um die Prognoseproblematik zu adressieren, sollte die Bewertung mithilfe eines Phasenmodells erfolgen, das die Zerlegung des Prognosezeitraums in zwei Phasen unterschiedlicher Schätzgenauigkeit vorsieht. In einer anfänglichen Detailphase sollen die finanziellen Überschüsse mittels detaillierter Planungsrechnungen prognostiziert werden. In der zweiten Phase, der Grobplanungsphase, werden die Ergebnisse der Detailplanungen in die Zukunft fortgeschrieben und der Wert mittels Rentenbarwertformel ermittelt (Peemöller und Konowski, 2002). Unter Berücksichtigung eines Wachstumsfaktors ergibt sich der Ertragswert dann wie folgt:

$$V_0 = \sum_{t=1}^{T} \frac{E_t}{(1+r)^t} + \frac{\left(\frac{E_{T+1}}{r-g}\right)}{(1+r)^T}$$

mit

V_0 = Gegenwartswert der unternehmerischen Gelegenheit

E_t = konstanter Periodenertrag

E_{T+1} = konstanter Periodenertrag ab Periode T+ 1 (Grobplanungsphase)

r = Kalkulationszinssatz

g = Wachstumsrate

Wenngleich das Zwei-Phasen-Modell die Modellierung der typischen Entwicklung der Zahlungsströme beziehungsweise der Gewinnausschüttungen junger, mitunter schnell wachsender Unternehmen erlaubt, bleibt die Problematik der Prognose notwendiger Inputparameter für den potenziellen Entrepreneur bestehen. Zudem ist für das Ertragswertverfahren insgesamt zu konstatieren, dass die aufgezeigte Vorgehensweise die Festlegung der Prognose auf ein einziges Entwicklungsszenario erfordert.

Discounted-Cashflow-Verfahren

Das im angelsächsischen Raum entwickelte Discounted-Cashflow-Verfahren ist das weltweit am häufigsten angewandte Bewertungsverfahren. Es ist dem Ertragswertverfahren von der Konzeption her sehr ähnlich, da es ebenfalls das investitionstheoretische Kapitalwertkalkül zur Grundlage hat. Im Unterschied zum Ertragswertverfahren weist das Discounted-Cashflow-Verfahren allerdings stärkere Bezüge zur wertorientierten Unternehmensführung (Shareholder-Value Ansatz) und zur Kapitalmarkttheorie auf (Rudolf und Witt, 2002). Der Wert einer unternehmerischen Gelegenheit wird bei dem Discounted-Cashflow-Verfahren als Shareholder Value durch Diskontierung zukünftiger Cashflows bestimmt. Für eine positive Opportunity-Bewertung ist es daher entscheidend, dass aus dem unternehmerischen Handeln in der Zukunft ein positiver Cashflow erzielt werden kann.

Begriff und Ermittlung der Cashflows

Als Cashflow bezeichnet man im Allgemeinen den über einen gewissen Zeitraum erfolgenden Zahlungsstrom zwischen einem Unternehmen und seiner Umwelt, z. B. mit Kunden oder Lieferanten (Copeland, Koller und Murrin, 2002). Die Cashflows eines Unternehmens lassen sich auf Basis der in einer Periode anfallenden Einzahlungen und Auszahlungen im Sinne von Geldmittelzuflüssen und -abflüssen errechnen, indem die Auszahlungen von den Einzahlungen subtrahiert werden. Liegen diese Daten nicht vor, so kann behelfsweise eine indirekte Ermittlung des Cashflows auf Basis des Jahresüberschusses erfolgen. Dabei werden vom Jahresüberschuss solche Erträge abgezogen, die keine Einzahlungen zur Folge hatten, und solche Aufwendungen dem Jahresüberschuss hinzugerechnet, die zu keiner Auszahlung geführt haben. Beispiele hierfür sind Zu- und Abschreibungen, Auflösung und Erhöhung von Rückstellungen oder von Rechnungsabgrenzungsposten. In der Bewertungstheorie und -praxis werden verschiedene Cashflow-Arten unterschieden, deren Zusammenhang in Abbildung 5-3 dargestellt wird.

Abb. 5-3

Zusammenhänge zwischen verschiedenen Cashflow-Begriffen (in Anlehnung an Achleitner und Nathusius, 2004)

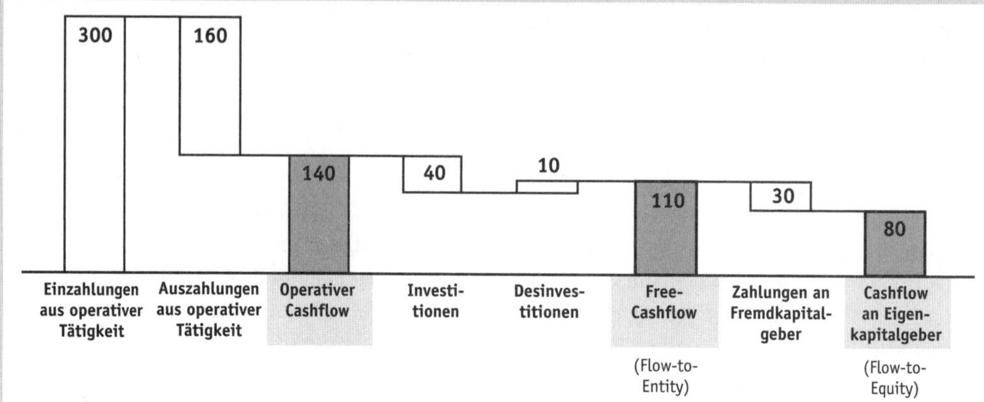

Cashflow-Arten

Werden lediglich die mit der operativen Tätigkeit eines Unternehmens einhergehenden Einzahlungen und Auszahlungen (inklusive Steuerzahlungen) betrachtet, ergibt sich hierdurch der operative Cashflow. Bereinigt man diesen um den Saldo aus Investitionen und Desinvestitionen für Sachanlagen und sonstige Aktiva, erhält man den Free-Cashflow eines Unternehmens, der den Eigen- und Fremdkapitalgebern eines Unternehmens zur Verfügung steht (Flow-to-Entity). Werden in einem letzten Schritt noch Zins- und Tilgungszahlungen an Fremdkapitalgeber abgezogen, errechnet sich der Free-Cashflow der Eigenkapitalgeber (Flow-to-Equity), über den ausschließlich die Gesellschafter verfügen können. Bewertungsgrundlage des Discounted-Cashflow-Verfahrens sind die Free-Cashflows: Während beim Nettoverfahren (Equity Approach) die Free-Cashflows an die Eigenkapitalgeber herangezogen werden, bezieht sich das Bruttoverfahren (Entity Approach) auf den Free-Cashflow an alle Kapitalgeber als Berechnungsgrundlage (Achleitner und Nathusius, 2004).

Netto-Ansatz

Der Netto-Ansatz des Discounted-Cashflow-Verfahrens bestimmt den Wert einer Opportunity unmittelbar über den Marktwert des Eigenkapitals, der auch als Shareholder Value bekannt ist. Hierzu werden die Free-Cashflows an die Eigenkapitalgeber mit der von den Gesellschaftern geforderten Eigenkapitalrendite diskontiert. Die Höhe der Eigenkapitalrendite wird mithilfe kapitalmarkttheoretischer Modelle, üblicherweise unter Anwendung des Capital Asset Pricing Model (CAPM), bestimmt. Der Kalkulationszinsfuß ergibt sich dann aus der Rendite einer risikolosen Anlage und einem Risikozuschlag, der sich aus der Multiplikation der Marktrisikoprämie mit einem unternehmensspezifischen β-Faktor zusammensetzt (Sharpe, 1964). Unter Verwendung des Zwei-Phasenmodells berechnet sich der Wert einer unternehmerischen Gelegenheit beim Netto-Ansatz daher wie folgt:

$$V_0 = \sum_{t=1}^{T} \frac{FCF_t^{EK}}{(1 + r^{EK})^t} + \frac{FCF_{T+1}^{EK}}{(1 + r^{EK})^T \times (r^{EK} - g)}$$

mit
V_0 = Gegenwartswert der unternehmerischen Gelegenheit
FCF_t^{EK} = Free-Cashflow an die Eigenkapitalgeber in der Periode t
r^{EK} = geforderte Eigenkapitalrendite
g = Wachstumsrate

Der Netto-Ansatz des Discounted-Cashflow-Verfahrens weist starke Parallelen zum Ertragswertverfahren auf und wird zur selben Bewertung kommen, sofern die Unternehmenserträge als Einzahlungsüberschüsse definiert werden (Ballwieser, 2002).

Brutto-Ansatz

Im Gegensatz zum Netto-Ansatz wird der Wert einer Opportunity beim Brutto-Ansatz des Discounted-Cashflow-Verfahrens indirekt über die Differenz zwischen dem Marktwert des Gesamtkapitals und dem Wert des Fremdkapitals eines Unternehmens berechnet. Zur Berechnung des Marktwerts des Gesamtkapitals werden die erwarteten Free-Cashflows an die Eigen- und Fremdkapitalgeber diskontiert. Als Diskontierungssatz wird ein gewichteter Gesamtkapitalkostensatz, im Englischen als Weighted Average Cost of Capital (WACC) bezeichnet, verwendet. Dieser Kalkulationszinssatz ergibt sich aus:

$$r^{WACC} = r^{EK} \times \frac{EK}{GK} + r^{FK} \times (1 - s) \times \frac{FK}{GK}$$

mit
r^{EK} = Renditeforderung der Eigenkapitalgeber
r^{FK} = Fremdkapitalzinssatz
s = Steuersatz des Unternehmens
EK = Eigenkapital des Unternehmens
FK = Fremdkapital des Unternehmens
GK = Gesamtkapital des Unternehmens

Der Marktwert des Fremdkapitals wird aus Vereinfachungsgründen üblicherweise mit dem Buchwert des Fremdkapitals aus der Unternehmensbilanz gleichgesetzt, weshalb sich unter Anwendung der Zwei-Phasen-Modellierung folgende Berechnungsformel für den Brutto-Ansatz ergibt:

$$V_0 = \sum_{t=1}^{T} \frac{FCF_t}{(1 + r^{WACC})^t} + \frac{FCF_{T+1}}{(1 + r^{WACC})^T \times (r^{WACC} - g)} - FK$$

mit
V_0 = Gegenwartswert der unternehmerischen Gelegenheit
FCF^t = Free-Cashflow der Periode t
r^{WACC} = gewichteter Gesamtkapitalkostensatz
g = Wachstumsrate
FK = Fremdkapital

Anwendungsprobleme für die Bewertung unternehmerischer Gelegenheiten

Auf die Probleme hinsichtlich der prinzipiellen Datenverfügbarkeit wurde bereits zu Anfang dieses Kapitels hingewiesen. Daneben sind bei der Anwendung der Discounted-Cashflow-Verfahren für die Bewertung unternehmerischer Gelegenheiten zusätzlich folgende Aspekte zu beachten (Achleitner und Nathusius, 2004):

- *Berücksichtigung der Unsicherheit:* Der inhärenten Bewertungsunsicherheit soll beim Discounted-Cashflow-Verfahren durch einen höheren unternehmensspezifischen β-Faktor innerhalb der Eigenkapitalrendite Rechnung getragen werden. Diese Vorgehensweise führt allerdings zu einer Überbetonung der Risiken in Vergleich zu den Wachstumschancen, die insbesondere eine innovative unternehmerische Gelegenheit bietet.
- *Vergleichsunternehmen:* Zur Ermittlung der angemessenen Eigenkapitalrendite werden die Daten von (börsennotierten) Vergleichsunternehmen benötigt, die aber nur selten zur Verfügung stehen.
- *Kapitalstruktur:* Zur Berechnung des Gesamtkapitalkostensatzes (WACC) beim Brutto-Ansatz ist zusätzlich eine Prognose über die Kapitalstruktur (Verhältnis von Eigen- und Fremdkapital) des Unternehmens notwendig, da streng genommen jede Änderung der Kapitalstruktur zu einer Veränderung des Kapitalkostensatzes führt. Behelfsweise sollte der potenzielle Entrepreneur hier von einer über die Zeit konstanten Kapitalstruktur ausgehen.
- *Flexibilität:* Durch die Annahme eines statischen Investitionspfads berücksichtigt dieses Bewertungsverfahren nicht die besondere Flexibilität, die der potenzielle Entrepreneur hinsichtlich der Art und Weise der Verwertung der entdeckten unternehmerischen Gelegenheit in der Zukunft hat.

Beispiel **Berechnung des Werts einer unternehmerischen Gelegenheit mit dem Discounted-Cashflow-Verfahren**

▸▸▸ Nach langjähriger Forschung im Bereich erneuerbarer Energien entdeckt der Biologe Tom Vogel ein Verfahren, wie man die Photosynthese bei Pflanzen dazu nutzen kann, um Strom zu produzieren. Bevor er sich nun für oder gegen die Ausschöpfung der unternehmerischen Gelegenheit entscheidet, möchte er deren ökonomischen Wert bestimmen. Hierzu will er den im Rahmen seines MBA-Studiums erlernten Netto-Ansatz des Discounted-Cashflow-Verfahrens verwenden. Nach Analyse der Wert- und Kostentreiber ermittelt Tom folgende, für junge Unternehmen aus High-tech-Industrien typische Cashflow-Reihe:

Periode t	**1**	**2**	**3**	**4**	**5**
Free-Cashflow in €	-1.200.000	-750.000	-100.000	800.000	2.000.000

Tom geht davon aus, dass der Cashflow nach Ende der Detailprognosephase konstant um 10 % pro Jahr anwachsen wird. Aufgrund der inhärenten Unsicherheit seines unternehmerischen Vorhabens setzt er den Kalkulationszinssatz mit $r^{EK} = 22\,\%$ an. Als Wert für die unternehmerische Gelegenheit erhält man daher:

$$\text{Opportunity-Wert} = \sum_{t=1}^{5} \frac{CF_t}{(1+0{,}22)^t} + \frac{CF_6}{(1+0{,}22)^5 \times (0{,}22-0{,}1)}$$

$$= \frac{-1.200.000}{1{,}22^1} + \frac{-750.000}{1{,}22^2} + \frac{-100.000}{1{,}22^3} + \frac{800.000}{1{,}22^4} + \frac{2.000.000}{1{,}22^5} + \frac{2.000.000 \times 1{,}1}{1{,}22^6 \times 0{,}12}$$

Wertbeitrag der Detailplanungsphase (Perioden 1 bis 5):	€ −441.456
Wertbeitrag der Grobplanungsphase (ab Periode 6):	€ 5.560.098
Gesamtwert der unternehmerischen Gelegenheit:	€ 5.118.641

Das einfache Beispiel zeigt bereits die große Bedeutung der Grobplanungsphase für das Bewertungsergebnis. Gerade im High-tech-Bereich ist der Wertbeitrag der Detailplanungsphase in der Regel negativ, weshalb der Wert einer unternehmerischen Gelegenheit maßgeblich von den in der Grobplanungsphase prognostizierten Zahlungen abhängig ist. ◀◀◀

Entscheidungsbaumverfahren und Realoptionsansatz

Die bisher dargestellten Bewertungsverfahren ermitteln den Wert einer unternehmerischen Gelegenheit unter der impliziten Annahme eines festgelegten Erwartungsszenarios und vernachlässigen damit einen wichtigen Aspekt unternehmerischen Handelns: die Entscheidungsflexibilität. Der Entrepreneur zeichnet sich mitunter dadurch aus, dass er schnell auf sich ändernde Umweltzustände und Ereignisse, z. B. eine nachlassende Nachfrage, reagiert und entsprechende Handlungsoptionen verfolgt. Dabei steht ihm eine Vielzahl von Handlungsoptionen, sogenannte Realoptionen, zur Verfügung (Brealey, Myers und Allen, 2007). Der Entrepreneur kann in Abhängigkeit zukünftiger Umweltzustände

Handlungsoptionen eines Entrepreneurs

- die unternehmerische Gelegenheit auf neue Märkte übertragen (*Expansionsoption*),
- die unternehmerische Gelegenheit frühzeitig, und nicht erst bei Ablauf der Planungsperiode aufgeben (*Aufgabeoption*),
- für die Weiterverfolgung der unternehmerischen Gelegenheit notwendige Investitionen aufschieben (*Aufschuboption*), oder
- seine Aktivitäten von einer unternehmerischen Gelegenheit auf eine andere verlagern (*Wechseloption*).

Der Wert einer unternehmerischen Gelegenheit setzt sich daher aus ihrem eigenen Wert und dem Wert der durch sie ermöglichten Flexibilität im Sinne von zukünftigen Handlungs- beziehungsweise Realoptionen zusammen. Bewertungsverfahren, die diese unternehmerische Flexibilität berücksichtigen, sind das Entscheidungsbaumverfahren und der Realoptionsansatz (Rudolf und Witt, 2002). Bei beiden Verfahren handelt es sich nicht um eigenständige Bewertungsverfahren, sondern um Anwendungen des zuvor dargestellten Discounted-Cashflow-Verfahrens.

Entscheidungsbaumverfahren

Durch Anwendung des Entscheidungsbaumverfahrens wird eine unternehmerische Gelegenheit nicht als Ja- oder Nein-Entscheidung bewertet, sondern es werden mögliche zukünftige Entscheidungen und Umweltzustände im Rahmen einer sequentiellen Bewertung berücksichtigt. Dabei sind die drei folgenden Schritte auszuführen (Magee, 1964):

- *Grafische Ausarbeitung:* Ausgangspunkt des Entscheidungsbaumverfahrens ist die grafische Skizzierung des Entscheidungsbaums. Hierzu sind die in den einzelnen Perioden innerhalb des Planungszeitraums möglicherweise auftretenden Umweltzustände, z. B. der Markteintritt von Wettbewerbern, deren Eintrittswahrscheinlichkeiten sowie die sich aus den Umweltzuständen ergebenden Folgeentscheidungen, also die Handlungsoptionen des potenziellen Entrepreneurs, festzulegen.
- *Cashflow-Prognose:* In einem zweiten Schritt werden die mit den Entscheidungsalternativen und Umweltzuständen verbundenen Cashflows prognostiziert.
- *Roll-Back-Verfahren:* In Anlehnung an das Roll-back-Verfahren wird in einem letzten Schritt dann der Wert der Handlungsalternativen bestimmt, indem ausgehend von dem Ergebnis der letzten betrachteten Periode die Erwartungswerte der einzelnen Handlungsoptionen berechnet werden. Die Handlungsalternativen mit den größten erwarteten Cashflows sollten bei einer Entscheidung weiterverfolgt werden, alle übrigen Alternativen werden aus der abschließenden Bewertung ausgeschlossen. Als Nebeneffekt wird hierdurch ein optimaler Entscheidungspfad identifiziert.

Durch die Anwendung des Entscheidungsbaumverfahrens wird bei der Bewertung einer unternehmerischen Gelegenheit zwar die Flexibilität unternehmerischen Handelns berücksichtigt, allerdings erhöhen sich hierdurch die Komplexität und der Aufwand der Bewertung. Der potenzielle Entrepreneur muss die Zahlungsströme nun nicht nur für mehrere Szenarien prognostizieren, sondern auch die Eintrittswahrscheinlichkeiten der Umweltzustände abschätzen. Das Vorgehen des Entscheidungsbaumverfahrens soll durch das folgende Beispiel verdeutlicht werden.

Beispiel Opportunity-Bewertung mittels Entscheidungsbaumverfahren

▸▸▸ Eine genauere Analyse seiner Schätzungen hat Tom Vogel dazu veranlasst, sein Entscheidungsproblem, ob die sich ihm bietende unternehmerische Gelegenheit ausgeschöpft werden soll oder nicht, mithilfe des Entscheidungsbaumverfahrens zu bewerten.

Für den Fall, dass er die unternehmerische Gelegenheit nutzt, fallen Investitionen in Höhe von € 250.000 an. Er prognostiziert für die kommenden zwei Perioden das Nachfrageverhalten der Konsumenten, die damit verbundenen Cashflows und die Eintrittswahrscheinlichkeiten. Eine hohe Nachfrage während der ersten Periode verschafft Tom eine zusätzliche Handlungsoption, die unternehmerische Gelegenheit auszuweiten. Hierdurch würden zusätzliche Auszahlungen in $t = 1$ in Höhe von € 150.000 entstehen. Sofern Tom die unternehmerische Gelegenheit nicht ausnutzt, geht er davon aus, dass er durch eine abhängige Beschäftigung im ersten Jahr € 55.000 und im zweiten Jahr € 60.500 verdienen kann. Die grafische Ausarbeitung von Toms Entscheidungsbaum sieht daher wie folgt aus (s. Abbildung 5-4):

Anhand des Roll-Back-Verfahrens will Tom nun ermitteln, welche Alternative er auswählen sollte. Hierzu wird der Entscheidungsbaum vom Ende aus »zurückge-

Abb. 5-4

Beispielhafter Entscheidungsbaum

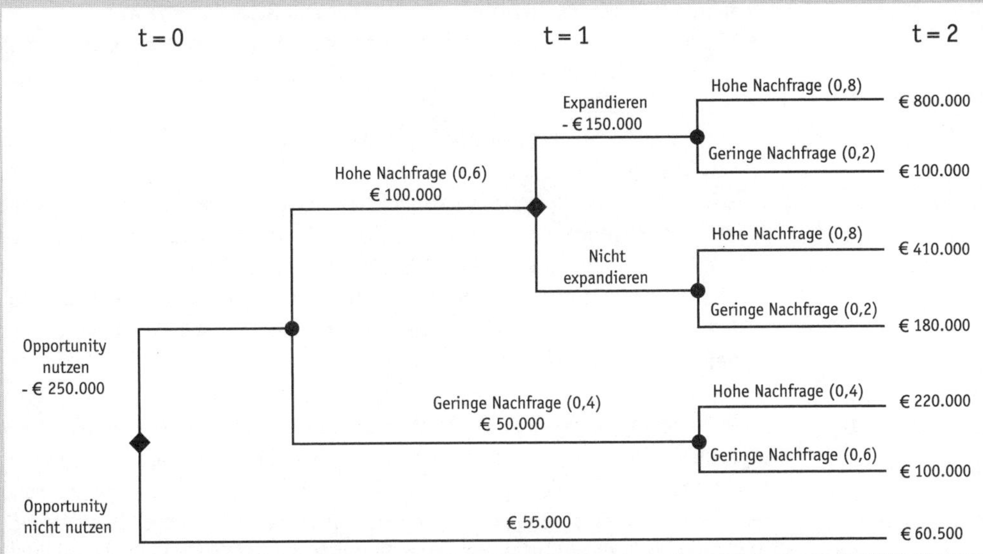

rechnet«. Als Kalkulationszinssatz nimmt er 10 % an. Den Wert der Entscheidung, in t = 1 zu expandieren, ermittelt er mithilfe des Discounted-Cashflow-Verfahren als

$$V_1^{Exp} = -€\,150.000 + \frac{(0{,}8 \times €\,800.000) + (0{,}2 \times €\,100.000)}{1{,}1} = €\,450.000$$

Der Wert der Option, nicht zu expandieren, errechnet sich nach demselben Schema als € 331.000. Daher sollte er im Fall einer hohen Nachfrage in t= 1 die Handlungsoption »Expandieren«, ausüben, da hierdurch ein höherer Cashflow zu erwarten ist. Die Handlungsoption »Nicht Expandieren«, wird aus der weiteren Berechnung ausgeschlossen. Der Wert der unternehmerischen Gelegenheit ermittelt sich dann wie folgt:

$$V_0 = -€\,250.000 + 0{,}6 \times \frac{€\,100.000 + €\,450.000}{1{,}1} + 0{,}4 \times \frac{€\,50.000 + (\frac{€\,148.000}{1{,}1})}{1{,}1}$$
$$= €\,117.000$$

Die Opportunitätskosten, die Tom entstehen, belaufen sich, diskontiert auf den Bewertungszeitraum, auf € 100.000. Tom sollte daher die unternehmerische Gelegenheit nutzen und im Falle einer hohen Nachfrage während der ersten Periode weiter expandieren. ◂◂◂

Realoptionsansatz

Ähnlich wie beim Entscheidungsbaumverfahren werden auch beim Realoptionsansatz zukünftige Handlungsoptionen des potenziellen Entrepreneurs identifiziert und bewertet. Der Wert einer unternehmerischen Gelegenheit ergibt sich bei diesem Verfahren aus zwei Komponenten (Achleitner und Nathusius, 2004).

- Die *passive Wertkomponente* bildet den optionsfreien Wert einer unternehmerischen Gelegenheit und berechnet sich mithilfe des dargestellten Discounted-Cashflow-Verfahrens.
- Die *aktive Wertkomponente* bildet den Wert der zukünftigen Handlungsalternativen (Realoptionen) des potenziellen Entrepreneurs ab. Die Realoptionsbewertung erfolgt mithilfe von Optionspreismodellen, die zur Bewertung von Finanzoptionen entwickelt wurden. Hierzu wird für gewöhnlich entweder das Binomialmodell von Cox, Ross und Rubinstein (1979), welches sich als numerisches Verfahren auf eine approximative Bewertungslösung beschränkt, oder das Black und Scholes-Modell (1973), das als analytisches Verfahren den Optionswert anhand konkreter Berechnungsformeln bestimmt, verwendet.

Die Anwendung des Realoptionsansatzes auf die Bewertung unternehmerischer Gelegenheiten ist aus theoretischen wie auch praktischen Überlegungen heraus problematisch. Aufgrund der Spezifika von Realoptionen ist die Analogie zu Finanzoptionen stark eingeschränkt, welches die grundsätzliche Anwendbarkeit von finanzwirtschaftlichen Optionspreismodellen infrage stellt. Für den potenziellen Entrepreneur besteht zudem das Problem, dass für eine sinnvolle Anwendung des Realoptionsansatzes spezielle Kenntnisse der Optionspreistheorie und Marktinformationen notwendig sind. Andernfalls kommt es zu einer Verzerrung der Bewertung. Die für die Optionspreismodelle notwendigen Parameter sind für Realoptionen zumeist schlecht prognostizierbar. Aufgrund der hohen Komplexität wird der Realoptionsansatz im Vergleich zu den anderen hier dargestellten Bewertungsverfahren in der Praxis nur selten eingesetzt (Achleitner und Nathusius, 2004).

Multiplikatorverfahren

Multiplikatorverfahren gehören zu den marktorientierten Bewertungsverfahren, da sie den Wert einer unternehmerischen Gelegenheit in erster Linie aus standardisierten Marktpreisen vergleichbarer Unternehmen herleiten. Fundamentale Unternehmensdaten spielen bei der Bewertung nur eine untergeordnete Rolle. Grundgedanke dieses Ansatzes ist das »Law of One Price« (Esty, 2000), demzufolge ähnliche Unternehmen ähnliche Preise haben sollten. Von zentraler Bedeutung für die Multiplikatorbewertung ist daher die Identifikation vergleichbarer Unternehmen. Sind solche vergleichbaren Unternehmen bestimmt worden, so werden deren beobachtbare Marktpreise auf eine Bezugsgröße, z. B. den Umsatz oder Gewinngrößen, standardisiert. Dieser standardisierte Ausdruck wird als Multiplikator bezeichnet (Damodaran, 2001). Die Multiplikatorverfahren unterstellen dann, dass der Multiplikator der Referenzunternehmen auf das zu bewertende Unternehmen übertragen werden kann.

Branchen- versus Peergroup-Multiplikatoren

Grundsätzlich unterscheidet man bei den Multiplikatorverfahren zwischen Verfahren, die ein Unternehmen auf Basis von Branchenmultiplikatoren oder auf Basis von Peergroup-Multiplikatoren bewerten (Achleitner und Nathusius, 2004). *Branchenmultiplikatoren* werden als Durchschnittswert aller Unternehmen einer spezifischen Branche auf Basis von Börsenwerten oder Expertenschätzungen ermittelt. Solche Multiplikatoren sind zwar auch für branchenfremde Personen leicht zugänglich, dafür sind sie aber gegebenenfalls zu allgemein, um die Spezifika eines Unternehmens, wie z. B. den spezifischen Verschuldungsgrad oder F&E-Aktivitäten, hinreichend zu berücksichtigen. Tabelle 5-1 zeigt beispielhaft die EBIT- und Umsatz-Multiplikatoren für kleine und mittlere Unternehmen verschiedener Branchen.

Bei der Nutzung von *Peergroup-Multiplikatoren* wird eine Gruppe zum zu bewertenden Unternehmen vergleichbarer Unternehmen identifiziert, für die Marktpreise

Tab. 5-1

Branchen-Multiplikatoren auf Basis von Expertenschätzungen für kleinere und mittlere Unternehmen (Quelle: Finance-Magazin, 2010)

Branche	Small-Cap (Umsatz < 50 Mio. Euro)				Mid-Cap (Umsatz 50-250 Mio. Euro)			
	EBIT-Multiple		Umsatz-Multiple		EBIT-Multiple		Umsatz-Multiple	
	von	Bis	von	bis	von	bis	von	bis
Beratende Dienstleistungen	5,4	7,1	0,54	1,00	5,9	8,5	0,59	1,05
Software	5,6	7,8	0,66	1,07	6,0	8,0	0,68	1,14
Telekommunikation	5,5	7,4	0,57	0,98	5,5	7,7	0,65	1,09
Medien	5,7	7,1	0,64	1,02	6,2	8,0	0,75	1,20
Handel & E-Commerce	4,3	5,8	0,41	0,77	5,2	7,8	0,47	0,98
Transport, Logistik & Touristik	4,5	6,1	0,44	0,79	5,2	6,9	0,54	0,86
Elektrotechnik & Elektronik	4,6	6,6	0,44	0,80	5,3	7,2	0,54	0,89
Fahrzeugbau & -zubehör	4,3	6,1	0,36	0,64	4,8	6,7	0,44	0,76
Maschinen- & Anlagenbau	4,6	6,3	0,44	0,62	5,0	6,7	0,48	0,75
Chemie & Kosmetik	5,3	7,5	0,49	0,80	5,8	8,7	0,60	0,98
Pharma	5,6	8,1	0,63	1,29	6,5	8,9	0,73	1,60
Textil & Bekleidung	4,2	6,0	0,40	0,64	4,9	6,7	0,50	0,74
Nahrungs- & Genussmittel	5,2	7,0	0,43	0,78	5,8	7,6	0,51	0,86
Gas, Strom, Wasser	5,5	7,9	0,60	0,95	6,1	8,3	0,76	1,08
Umwelttechnologien	5,3	7,6	0,59	0,94	5,9	8,3	0,70	1,09
Bau & Handwerk	3,5	4,9	0,31	0,52	4,1	5,5	0,38	0,67

bekannt sind. Als Marktpreise werden entweder die Börsenkurse von entsprechend gelisteten Unternehmen zur Erhebung der Multiplikatoren analysiert (Comparable-Traded-Companies) oder es wird auf Verkaufspreise abgestellt, die bei M&A-Aktivitäten erzielt worden sind (Comparable-Transaction).

Equity-Value- versus Enterprise-Value-Multiplikatoren

Für gewöhnlich wird die Opportunity-Bewertung im Rahmen der Multiplikatorverfahren anhand eines auf Finanzdaten basierenden Multiplikators durchgeführt. Die Multiplikatoren werden üblicherweise in Equity-Value- und Enterprise-Value-Multiplikatoren unterteilt (Löhnert und Böckmann, 2002). Durch die Anwendung von Equity-Value-Multiplikatoren wird der Marktwert des Eigenkapitals eines Unternehmens direkt berechnet. Typischerweise wird dabei der Jahresüberschuss als Bezugsgröße für den Multiplikator verwendet, wobei sich der Wert der unternehmerischen Gelegenheit wie folgt ergibt:

$$V = RV \times M$$

mit

V = Wert der unternehmerischen Gelegenheit
RV = Bezugsgröße des Unternehmens, z. B. Jahresüberschuss
M = entsprechender Multiplikator, z. B. Kurs-Gewinn-Verhältnis

Im Gegensatz dazu ermitteln die Enterprise-Value-Multiplikatoren den Wert des Gesamtkapitals eines Unternehmens. Entsprechende Bezugsgrößen für die Multiplikatoren entstammen daher aus dem operativen Bereich des Unternehmens. Häufig angewendete Multiplikatoren nehmen dabei Bezug auf den Umsatz, den Gewinn vor Zinsen und Steuern (EBIT) oder den Gewinn vor Zinsen, Steuern und Abschreibungen (EBITDA) als Referenzgrößen. Um bei dieser Art von Multiplikatoren den Marktwert des Eigenkapitals zu ermitteln, müssen die Nettofinanzverbindlichkeiten des zu bewertenden Unternehmens abgezogen werden, sodass sich für diesen Fall folgende Berechnungsformel ergibt:

$$V = RV \times M - ND$$

mit

V = der unternehmerischen Gelegenheit
RV = Bezugsgröße des Unternehmens, z. B. Umsatz
M = entsprechender Multiplikator, z. B. Umsatzmultiplikator
ND = Nettofinanzverbindlichkeiten (Finanzverbindlichkeiten abzüglich liquider Mittel)

Nicht-finanzwirtschaftliche Multiplikatoren

Bei der Bewertung von Firmen aus dem Internet- und Biotechnologie-Bereich werden in der Bewertungspraxis regelmäßig ergänzend Multiplikatoren mit nicht-finanzwirtschaftlichen Bezugsgrößen eingesetzt (Rudolf und Witt, 2002). Bei Unternehmen aus der Internet-Branche sind dies beispielsweise die *Anzahl der Seitenaufrufe* (Page Impressions), die *Verweildauer eines Nutzers* (Stickiness) oder der *Verbreitungsgrad der Seite* (Reach). Ferner werden bei Biotechnologieunternehmen verschiedene weitere Informationen für die Bewertung herangezogen, um die technologische Unsicherheit zu reduzieren. Hierzu zählen z. B. die *Anzahl erteilter Patente* oder die *Anzahl an Kooperationen*.

Probleme bei der Anwendung der Multiplikatorverfahren

Grundsätzlich handelt es sich bei den Multiplikatorverfahren um einfach anzuwendende Bewertungsverfahren. Aufgrund der Verwendung unternehmensunspezifischer Daten wird dieses Verfahren in der Regel nur einen groben Anhaltspunkt für den Wert einer unternehmerischen Gelegenheit liefern. Zudem besteht die Problematik, dass entsprechende Bezugsgrößen zum Zeitpunkt der Bewertung nicht vorhanden beziehungsweise in den ersten Jahren der Verwertung einer unternehmerischen Gelegenheit nicht aussagekräftig sind, da diese entweder negativ (z. B. Jahresüberschuss) oder sehr gering (z. B. Umsatz) ausfallen. Der potenzielle Entrepreneur muss daher die jeweilige Bezugsgröße für die Zukunft prognostizieren. Der Einfachheit halber wird der Multiplikator dabei vielfach als konstant angenommen. Der hierdurch errechnete zukünftige Wert der unternehmerischen Gelegenheit ist dann allerdings mit einem geeigneten Kalkulationszinssatz auf den Bewertungszeitpunkt zu diskontieren.

Venture-Capital- und First-Chicago-Methode

Sowohl die Venture-Capital- als auch die First-Chicago-Methode werden den situationsspezifischen Bewertungsverfahren zugeordnet, da sie zur Bewertung von Venture-Capital-Finanzierung konzipiert worden sind (Sahlman, 1989). Die Methoden stellen allerdings ebenfalls keine eigenständigen Bewertungsverfahren im eigentlichen Sinne dar, da sie auf das Discounted-Cashflow- beziehungsweise das Multiplikatorverfahren zurückgreifen. Auch wenn die Bewertung im Fall der situationsspezifischen Verfahren aus dem Blickwinkel eines Venture Capitalist erfolgt, kann es für den potenziellen Entrepreneur durchaus von Vorteil sein, die unternehmerische Gelegenheit unter diesen Annahmen zu bewerten, da sie ihm als Markteinschätzung und Verhandlungsbasis dient.

Venture-Capital-Methode

Die Venture-Capital-Methode verfolgt zwei Zielsetzungen: Neben dem Wert der unternehmerischen Gelegenheit soll insbesondere auch der für eine Investition des Venture Capitalist angemessene Unternehmensanteil errechnet werden. Unter der Annahme, dass nur eine Finanzierungsrunde durch den Venture Capitalist erfolgt, werden in der Grundform der Venture-Capital-Methode folgende drei Schritte durchlaufen (Sahlman, 1989):

1. Abschätzen des Werts einer unternehmerischen Gelegenheit. Da ein Venture Capitalist in der Regel keine laufenden Zahlungen aus seinem Investment erhält, realisiert er seine Kapitalgewinne nur bei einem zukünftigen Verkauf der Unternehmensbeteiligung. Die Kapitalgewinne sind folglich abhängig vom Beteiligungswert zum Zeitpunkt des geplanten Exits, der nach einer mittelfristigen Beteiligungsdauer von fünf bis sieben Jahren angestrebt wird. Als ersten Schritt der Venture-Capital-Methode gilt es daher, den zukünftigen Wert (Terminal Value) der Unternehmens und damit der dahinter stehenden unternehmerischen Gelegenheit zum Zeitpunkt des Exits festzulegen, welches unter Anwendung des Multiplikatorverfahrens wie folgt geschieht:

$$V_T = RV_T \times M_0$$

mit

V_T = Zukünftiger Wert (Terminal Value) zum Exitzeitpunkt T
RV_T = Bezugsgröße, z. B. Umsatzhöhe, zum Exitzeitpunkt T
M_0 = Multiplikator zum Bewertungszeitpunkt t=0

2. Bestimmung des Gegenwartswerts. In einem zweiten Schritt wird der gegenwärtige Wert der unternehmerischen Gelegenheit als Barwert des unter Schritt 1 geschätzten Terminal Value anhand folgender Gleichung bestimmt:

$$V_0 = \frac{V_T}{(1+r)^T}$$

mit

V_0 = Gegenwartswert zum Bewertungszeitpunkt t=0
V_T = Zukünftiger Wert (Terminal Value) zum Exitzeitpunkt T
r = erwartete Rendite des Venture Capitalist

Die erwartete Rendite r ist dabei von mehreren Faktoren abhängig, wie z. B. einer Risikoprämie oder einer Illiquiditätsprämie. Grundsätzlich wird die geforderte Rendite umso höher sein, je früher der Venture Capitalist in ein Unternehmen investiert und kann in Deutschland für Frühphasen-Investments auch über 50 % liegen (Achleitner und Nathusius, 2004). Der ermittelte Gegenwartswert ist ein sogenannter Post-Money-Wert, da dieser den Wert der Opportunity inklusive des Engagements des Venture Capitalist ausdrückt. Die Pre-Money-Bewertung, also den Gegenwartswert ohne Venture Capital Investment, erhält man sodann, indem von der Post-Money-Bewertung die Investitionssumme des Venture Capitalist abgezogen wird.

3. Berechnung des zu fordernden Unternehmensanteils. Um in einem letzten Schritt den Unternehmensanteil zu berechnen, den der Venture Capitalist für die geplante Investition fordern sollte, wird die Investitionssumme durch den errechneten Gegenwartswert dividiert:

$$P_0 = \frac{I}{V_0}$$

mit

P_0 = zu fordernder Unternehmensanteil
I = (geplante) Investitionssumme des Venture Capitalist
V_0 = Gegenwartswert zum Bewertungszeitpunkt t=0

First-Chicago-Methode

Die First-Chicago-Methode unterscheidet sich von der Venture-Capital-Methode vor allem dadurch, dass das Risiko eines Unternehmens nicht über die erwartete Rendite, sondern durch die Berücksichtigung verschiedener Entwicklungsszenarien in die Bewertung mit einfließt. Grundlage der Bewertung ist der vom Venture Capitalist erwartete Cashflow, der sich aus den mit ihren subjektiven Eintrittswahrscheinlichkeiten gewichteten prognostizierten Cashflows ergibt. Dabei werden drei mögliche Entwicklungsszenarien betrachtet (Sahlman, 1989):

- *Best-Case-Szenario:* Das Unternehmen ist sehr erfolgreich, weshalb ein Börsengang als Exit nach der Beteiligungsdauer möglich ist. Der Cashflow für den Venture Capitalist setzt sich daher aus eventuell anfallenden jährlichen Dividenden und einem Anteil an dem Wert der unternehmerischen Gelegenheit zum Exitzeitpunkt T zusammen.
- *Base-Case-Szenario:* Das Unternehmen entwickelt sich durchschnittlich. Ein Börsengang nach der Beteiligungsdauer ist nicht möglich. Der Cashflow für den Venture Capitalist besteht daher lediglich aus eventuell anfallenden jährlichen Dividendenzahlungen.
- *Worst-Case-Szenario:* Das Unternehmen entwickelt sich schlecht, weshalb eine vorzeitige Liquidation notwendig wird. Der Cashflow für den Venture Capitalist setzt sich dann aus eventuell anfallenden Dividendenzahlungen und einem unter Umständen zu erzielenden Liquidationserlös zusammen, der dem Venture Capitalist vollständig zufällt.

Der Gegenwartswert einer Opportunity ergibt sich dann durch folgende Formel:

$$V_0 = p^{\uparrow} \times \left[\sum_{t=1}^{T} \frac{CF_{t,\uparrow}^{VC}}{(1+r)^t} + \frac{P_0 \times V_T}{(1+r)^T}\right] + p^{\rightarrow} \times \left[\sum_{t=1}^{T} \frac{CF_{t,\rightarrow}^{VC}}{(1+r)^t}\right] + p^{\downarrow} \times \left[\sum_{t=1}^{T} \frac{CF_{t,\downarrow}^{VC}}{(1+r)^t}\right]$$

mit

$CF_{t,\uparrow}^{VC}$ = Cashflows aus Dividenden an den Venture Capitalist im Best-Case-Szenario
$CF_{t,\rightarrow}^{VC}$ = Cashflows aus Dividenden an den Venture Capitalist im Base-Case-Szenario
$CF_{t,\downarrow}^{VC}$ = Cashflows aus Dividenden und Liquidationserlös an den Venture Capitalist im Worst-Case-Szenario
P_0 = (geforderter) Unternehmensanteil des Venture Capitalist
V_T = zukünftiger Wert der Opportunity (Terminal Value) zum Exitzeitpunkt T
V_0 = Gegenwartswert der Opportunity (PresentValue) zum Bewertungszeitpunkt
$P^{\uparrow}$ = Eintrittswahrscheinlichkeit des Best-Case-Szenario
$P^{\rightarrow}$ = Eintrittswahrscheinlichkeit des Base-Case-Szenario
$P^{\downarrow}$ = Eintrittswahrscheinlichkeit des Worst-Case-Szenario
r = erwartete Rendite des Venture Capitalist

Sofern der vom Venture Capitalist geforderte Unternehmensanteil nicht festgelegt ist, sondern zunächst bestimmt werden muss, ergibt sich dieser unter Berücksichtigung der geplanten Investitionssumme I aus folgender Formel:

$$P_0 = \frac{I \times (1+r)^T - \left[p^{\uparrow} \times \sum_{t=1}^{T} CF_{t,\uparrow}^{VC} + p^{\rightarrow} \times \sum_{t=1}^{T} CF_{t,\rightarrow}^{VC} + p^{\downarrow} \times \sum_{t=1}^{T} CF_{t,\downarrow}^{VC}\right]}{p^{\uparrow} \times V_T}$$

Vorteile situativer Bewertungsverfahren

Die Anwendung situativer Bewertungsverfahren bietet dem potenziellen Entrepreneur die Möglichkeit, den Wert der unternehmerischen Gelegenheit aus dem Blickwinkel eines Investors zu beurteilen. Er erhält zusätzlich eine Einschätzung darüber, wie viele Eigentumsanteile für eine bestimmte Investitionssumme an einen Venture Capitalist abgegeben werden müssten. Die Venture-Capital-Methode, welche in der

Praxis als Grundlage für die Verhandlungen zwischen Venture Capitalist und Entrepreneur dient, zeichnet sich zudem durch einen geringeren Komplexitätsgrad als die traditionellen Bewertungsverfahren wie dem Discounted-Cashflow-Verfahren aus, da nur wenige Parameter geschätzt werden müssen.

5.3.2 Qualitative Methoden

Die quantitative Bewertung unternehmerischer Gelegenheiten verlangt von dem potenziellen Entrepreneur, dass dieser konkrete Annahmen über zukünftige Umweltzustände, z. B. über den Absatzpreis, das Kunden- oder Wettbewerbsverhalten, und die daraus resultierenden ökonomischen Strom- und Bestandsgrößen trifft. Damit die quantitativen Bewertungsverfahren zu sinnvoll interpretierbaren Ergebnissen kommen, müssen die getroffenen Annahmen möglichst plausibel getroffen werden. Hierfür stehen dem potenziellen Entrepreneur qualitative Bewertungsverfahren zur Verfügung. Aufgrund ihrer Praxisrelevanz werden an dieser Stelle die SWOT-Analyse und der Opportunity Assessment Plan als qualitative Analyseraster kurz vorgestellt.

SWOT-Analyse

Bei der SWOT-Analyse handelt es sich um eine Methode aus dem strategischen Management, die auf eine ganzheitliche Analyse eines Unternehmens oder eines Projekts abzielt. Kern dieser Methodik ist eine systematische, möglichst objektiv durchgeführte Analyse der Stärken (*S*trengths) und Schwächen (*W*eaknesses) eines Unternehmens sowie eine Analyse der gegenwärtigen und zukünftigen Chancen (*O*pportunities) und Risiken (*T*hreaths), die sich aus dem Unternehmensumfeld ergeben (Welge und Al-Laham, 2008). Die beiden Analysebereiche werden dann gegenübergestellt, um den Fit zwischen diesen zu ermitteln. Die SWOT-Analyse bietet für die qualitative Bewertung einer unternehmerischen Gelegenheit ein fundiertes Analyseraster, welches entsprechend aus zwei Teilbereichen bestehen sollte:

- *Opportunity-Analyse:* Im Rahmen dieses Analysebereichs werden die Eigenschaften einer unternehmerischen Gelegenheit im Vergleich zum Wettbewerb untersucht und nach Stärken und Schwächen gegliedert. Zu diesen Eigenschaften zählen unter anderem die Technologie, der Kundennutzen, die Alleinstellungsmerkmale, Umsatzpotenzial oder Finanzierungsbedarf. Zusätzlich sind die Stärken und Schwächen des potenziellen Entrepreneurs und seines Managementteams zu evaluieren.
- *Umweltanalyse:* Ziel der Umweltanalyse ist es, diejenigen Faktoren zu identifizieren, die maßgeblich eine Veränderung des Umfelds der unternehmerischen Gelegenheit bedingen. Entsprechend ihren Auswirkungen auf die Ausschöpfung der unternehmerischen Gelegenheit werden diese Faktoren in Chancen und Risiken gruppiert. Zur Analyse von Umweltfaktoren kann die PEST-Analyse herangezogen werden. Das Verfahren listet eine Reihe sozio-kultureller (Sociological), technologischer (Technological), ökonomischer (Economical) und politischer (Political) Einflussfaktoren auf. Hierzu zählen z. B. demographische Ein-

flüsse, Bildung, Forschungs- und Entwicklungstendenzen, das Wirtschaftswachstum, Inflation, Arbeitslosigkeit, Gesetzgebungsverfahren oder Handelshemmnisse.

Opportunity Assessment Plan

Der Opportunity Assessment Plan soll den potenziellen Entrepreneur dabei unterstützen, die der unternehmerischen Gelegenheit zugrunde liegende Idee, den zukünftigen Markt und seine eigene Person beziehungsweise das Entrepreneurial Team zu reflektieren. Es handelt sich hierbei um eine kostengünstige Vorstufe des umfangreicheren und detaillierteren Businessplans, mit dem dieser nicht zu verwechseln ist und auch nicht als Substitut gesehen werden sollte. Im Wesentlichen enthält ein Opportunity Assessment Plan Angaben zu den folgenden vier Aspekten einer unternehmerischen Gelegenheit (Hisrich, Peters und Shepherd, 2009):

- *Idee- und Wettbewerbsanalyse*: In diesem Abschnitt sollen zunächst das Produkt oder die Dienstleistung, die der potenzielle Entrepreneur umsetzen möchte, so detailliert wie möglich beschrieben und in einem weiteren Schritt die möglichen Wettbewerber und deren Produkte identifiziert werden. Ziel ist es, die Wettbewerbsfähigkeit des eigenen Produkts beziehungsweise der Dienstleistung im Vergleich zur Konkurrenz zu analysieren. Als Ergebnis sollten mindestens drei bis fünf Alleinstellungsmerkmale, die USPs, festgestellt werden.
- *Marktanalyse*: In diesem Abschnitt sollen insbesondere die Marktgröße und die spezifischen Marktcharakteristika analysiert werden. Die Marktgröße wird idealerweise durch Sekundärdaten über potenzielle Kunden und die relevanten Branchen beziehungsweise Marktsegmente aus den letzten drei Jahren geschätzt, um einen Wachstumstrend bestimmen zu können. Des Weiteren gilt es, spezifische Marktcharakteristika, wie Markteintrittsbarrieren, Marktdynamik oder Markterweiterungspotenziale, zu ermitteln. Ziel dieses Abschnittes ist es festzustellen, ob der Markt als hinreichend attraktiv für eine Umsetzung der Idee erscheint.
- *Personale Analyse*: Dieser Abschnitt beinhaltet die Analyse des Entrepreneurs und des gegebenenfalls vorhandenen Teams. Ziel dieser Selbstevaluation ist es festzustellen, ob die Kompetenzen des potenziellen Entrepreneurs und seines Teams hinreichend sind, um die Opportunity auch ausschöpfen zu können.
- *Meilensteine*: Im letzten Abschnitt des Opportunity Assessment Plan gilt es, die kritischen Meilensteine (die notwendigen nächsten Schritte), für die Umsetzung der entdeckten unternehmerischen Gelegenheit festzulegen. Hierzu sind insbesondere der Zeitbedarf und der Finanzierungsbedarf für das Erreichen eines Meilensteins aufzuzeigen.

5.4 Zusammenfassung

Ausgangspunkt unternehmerischen Handelns ist die unternehmerische Gelegenheit. Damit diese an einem Markt, in einem bestehenden Unternehmen oder durch Unternehmensgründung genutzt wird, muss sie zuvor von dem potenziellen Entrepreneur entdeckt und bewertet werden. Zu einer Verwertung wird es allerdings nur dann kommen, wenn der subjektiv empfundene Wert einer unternehmerischen Gelegenheit dem potenziellen Entrepreneur als ausreichend erscheint, um das mit der Opportunity verbundene unternehmerische Risiko zu tragen. Der Bewertungsprozess wird dabei von einer Vielzahl unterschiedlicher Faktoren beeinflusst, die sowohl in der Person des Bewertenden als auch in der Opportunity selbst zu verorten sind. Der objektive ökonomische Wert einer unternehmerischen Gelegenheit kann aufgrund der inhärenten Informationsunsicherheit zum Zeitpunkt der Bewertung lediglich geschätzt werden. Um den Erwartungswert zu quantifizieren, lassen sich aus der Unternehmensbewertung bekannte Verfahren anwenden. Während die Verwendung von Multiplikatorverfahren mit wenig Aufwand zu einem dafür allerdings ungenauen Ergebnis führt, sind die auf dem Discounted-Cashflow-Verfahren beruhenden Methoden besonders informationsintensiv. Fehlende valide Daten führen dazu, dass der potenzielle Entrepreneur eine Vielzahl von Annahmen über zukünftige Umweltzustände und Verhaltensweisen von Nachfragern und Wettbewerbern treffen muss. Der potenzielle Entrepreneur muss sich daher darüber im Klaren sein, dass er einen subjektivierten Wert für die unternehmerische Gelegenheit ermittelt, der von dem nur ex post ermittelbaren objektiven Wert positiv wie negativ abweichen kann. Um die notwendigen Annahmen plausibilisiert zu treffen, sollten die potenziellen Entrepreneure die unternehmerische Gelegenheit vorab einer qualitativen Analyse unterziehen. Hierfür bieten sich aufgrund ihres ganzheitlichen Ansatzes insbesondere die SWOT-Analyse und der Opportunity Assessment Plan an.

5.5 Fallstudie: BEKO Käuferportal

Mitte 2008 saß Mario Kohle in einem Café in der Innenstadt von Berlin und wartete auf seinen Freund Robin Behlau, den er bereits seit 15 Jahren kannte. Während er an seinem Getränk nippte, dachte er über seine Zukunft nach. Er hatte gerade sein Bachelorstudium an der WHU – Otto Beisheim School of Management abgeschlossen und stand nun vor der Entscheidung, was er als Nächstes tun will. *Soll er wie viele seiner Kommilitonen seinen Berufsweg in einer Bank oder in einem Beratungsunternehmen starten?* Irgendwie bereitete ihm dieser Gedanke Unbehagen. Er wollte schon immer etwas machen, das ihn wirklich erfüllte. Im Verlauf des vergangenen Jahres hatte Mario seine Leidenschaft für die Selbstständigkeit entdeckt, als er und drei seiner Kommilitonen eine Idee für ein Online-Start-up entwickelten und ihren Businessplan einigen Business Angels vorstellten. Obwohl die Idee nie umgesetzt wurde, hielt seine Begeisterung für das Unternehmertum unvermindert an. Als Business Angels ihm und Robin vorschlugen, eine Geschäftsidee umzusetzen und

Abb. 5-5

Geschäftsmodell von Käuferportal.de

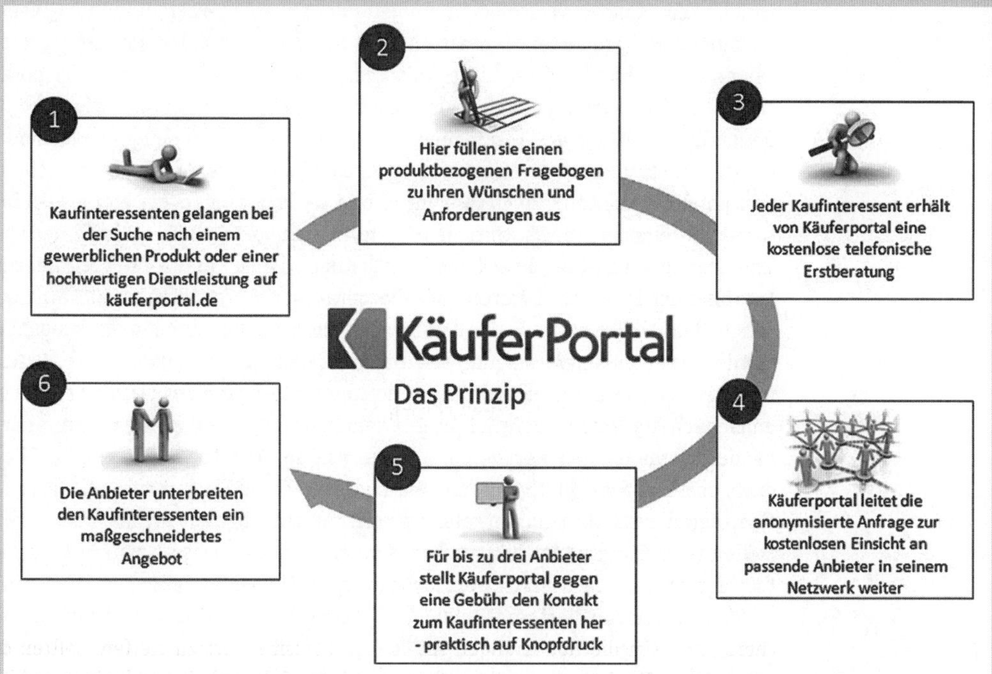

ihnen die dafür erforderlichen Mittel zur Verfügung zu stellen, war das Feuer entfacht. Die Geschäftsidee begeisterte ihn, warf aber einige zentrale Fragen und Zweifel auf: *Welche grundlegenden Risiken sind mit dieser Geschäftsidee verbunden und kann man damit Geld verdienen? Wenn ja, welches Potenzial steckt in der Idee?* Und als ob diese Unsicherheit nicht ausreichen würde, waren sie auch noch unter Zeitdruck, denn Mario und Robin standen nur zwei Wochen zur Verfügung, um sich zu entscheiden. Plötzlich wurde Mario durch einen Klaps auf den Rücken aus seinen Gedanken gerissen. Robin – der gerade sein Bachelorstudium der Immobilienverwaltung abgeschlossen hatte – war eingetroffen, um zu erörtern, wie sie mit den ihnen vorliegenden Informationen die richtige Entscheidung treffen können.

Die Geschäftsidee, die an Robin und Mario herangetragen wurde, heißt Käuferportal.de. Sie umfasst die Entwicklung eines Online-Marktplatzes für kleine und mittlere Unternehmen (KMUs) in Deutschland. Im Wesentlichen würde das Unternehmen als Vermittler tätig werden, indem es gegen eine Gebühr den Kontakt zwischen potenziellen Käufern und einem Netzwerk an Lieferanten für Produkte und Dienstleistungen herstellt. Eine vereinfachte Darstellung des Geschäftsmodells findet sich in Abbildung 5-5 (Quelle: www.kaeuferportal.de).

Käufer, die Interesse am Kauf von Produkten oder Dienstleistungen aus bestimmten Kategorien haben, übermitteln ihre Anfragen an Käuferportal, indem sie einen kurzen Fragebogen auf der Website ausfüllen. Die Anfragen werden anschließend anonymisiert und an verschiedene Anbieter der angefragten Produkte und Dienstleistungen weitergeleitet. Die ersten drei Anbieter, die Interesse signalisieren, zahlen eine Gebühr dafür, um die vollständigen Kontaktinformationen der potenziellen Käufer zu erhalten. Robin merkte jedoch rasch, dass das Geschäftsmodell der reinen Weiterleitung von Anträgen an potenzielle Lieferanten einiger Verbesserung bedarf, um im konservativen deutschen Markt Erfolg zu haben. Er stellte sich vor, den potenziellen Anbietern etwas zu offerieren, das er als »aufbereitetes Blindmaterial« bezeichnete. Zur Optimierung des Blindmaterials sollen die Käufer nach der Übermittlung ihres Fragebogens angerufen werden und eine gebührenfreie Beratung durch einen Experten für die gewünschte Produktkategorie erhalten. Dieser Anruf soll dazu dienen, unter den potenziellen Kunden diejenigen zu identifizieren, die ein reales Interesse an dem angefragten Produkt oder der Dienstleistung haben. Mario ergänzt, dass ein solcher Prozess natürlich teurer wäre als die einfache Weiterleitung von Anfragen. Während die Kosten für den Anruf selber vermutlich unerheblich sein dürften, nehmen sie an, dass der Aufbau und die Pflege eines qualifizierten Mitarbeiterstamms sowohl für sie als Jungunternehmer als auch finanziell für das Start-up eine Herausforderung sein werden. Dennoch betrachten beide die Einführung des beschriebenen Aufbereitungsprozesses als kritischen Erfolgsfaktor für ihr Geschäftsmodell, hochwertige Kundenkontakte zu generieren.

Die Generierung hochwertiger Kundenkontakte ist eine immer wichtiger werdende Marketing-Aktivität, die auch seit Kurzem sehr erfolgreich im Online-Geschäft umgesetzt wird. Vor allem in den USA sind bereits ähnlich Konzepte wie das von Käuferportal entstanden und bereits erfolgreich implementiert worden. Die Wachstumsraten von Websites mit vergleichbaren Services, wie BuyerZone.com in den USA oder Approvedindex.co.uk in Großbritannien schienen einen Nachweis zu liefern, dass das angedachte Konzept vielversprechend ist. Trotzdem sind Mario und Robin immer noch unsicher, ob das Geschäftsmodell profitabel umgesetzt werden kann: *Wie viel würde die Umsetzung des Modells einer telefonischen Beratung kosten? Welcher Preis müsste pro Kontakt angesetzt werden? Würden die potenziellen Zulieferer bereit sein, diesen Preis für einen Kontakt zu bezahlen?*

Mario und Robin sind der Ansicht, dass sie für die Bewertung der Geschäftsidee auch das Marktpotenzial berücksichtigen müssen. Hierbei standen sie zunächst vor dem Problem, dass der avisierte Markt für Käuferportal.de in Deutschland nicht existiert, geschweige denn Zahlen über direkte Wettbewerber zu finden sind. Allerdings lassen sich zahlreiche andere On-und Offline-Kanäle mit ähnlichen Dienstleistungen finden, beispielsweise die Website gelbeseiten.de, die gebührenfrei Inserate für lokale Unternehmen anbietet. Außerdem bieten zahlreiche Produkt-Makler vergleichbare Dienstleistungen an. Was den beiden Freunden jedoch Zuversicht gibt, ist, dass die Idee in den USA und Großbritannien bereits profitabel umgesetzt wurde. *Aber kann man diesen Erfolg einfach auf den deutschen Markt übertragen?* Mario kommt zu dem Schluss, dass sich die Markteinschätzung auf wenige konkrete Fragen reduzieren lässt: *Würde der von Käuferportal angebotene Service gut genug sein, um einen signifikanten Marktanteil zu gewinnen? Und wie nachhaltig sind die Alleinstellungsmerkmale?* Letztlich sind Mario und Robin unsicher, wie sie das Risiko des Markteintritts von Wettbewerbern bewerten sollen. *Gibt es angesichts der relativ niedrigen Eintrittsbarrieren einen First-Mover-Advantage und wird dieser bei der Aufrechterhaltung ihrer Positionierung im Markt helfen?*

Die Auseinandersetzung mit den verschiedenen Fragestellungen steigerte die Begeisterung der beiden Jungunternehmer noch weiter. Sie entscheiden sich daher, eine Stufe weiter zu gehen und versuchen, die Geschäftsidee für sich und die Business Angels im Rahmen eines Businessplans zu bewerten. Zwar wissen beide, dass sie für ihre Kunden einen Mehrwert schaffen werden, aber werden sie auch in der Lage sein, einen Teil dieses Werts für sich zu realisieren? Bei seinem Studium hat Mario gelernt, dass das Schreiben eines Businessplans zwei positive Effekte hat: Einerseits dient er als Entscheidungsgrundlage für Investoren und hilft ferner den Gründern dabei, die eigene Geschäftsidee kritisch zu hinterfragen. Mario ist sich da aber nicht so sicher: Er hatte im Verlauf des vergangenen Jahres sehr viel Mühe in die Erstellung eines Businessplans gesteckt, ohne dass seine Mühe letztendlich belohnt wurde. Dennoch sind beide Gründer überzeugt, dass sie irgendeine Form von Businessplan benötigen werden, um eine Entscheidung – für oder gegen die Ausschöpfung der unternehmerischen Gelegenheit – treffen zu können.

Statt zunächst einen vollständigen Businessplan zu verfassen, beginnen die beiden Freunde damit, die aus ihrer Sicht sinnvollen Bausteine eines typischen Businessplans zu erarbeiten. Als Einleitung verfassen sie eine qualitative Beschreibung des in Abbildung 5-5 dargestellten Geschäftsmodells, die insbesondere die geplanten Meilensteine und die essentiellen Risiken enthält. Um die Risiken der Geschäftsidee einigermaßen abschätzen zu können, analysieren sie mögliche Stärken und Schwächen sowie die relevanten Wettbewerb beeinflussenden Faktoren ihres Geschäftsmodells. »Doch was ist mit der quantitativen Bewertung?«, fragt Robin. Mario erinnert sich grob an die Vorlesungen zur Unternehmensbewertung. Aber er ist nicht sicher, ob sie damit Investoren überzeugen können. Eine zuverlässige diskontierte Einnahmeüberschussrechnung (DCF-Methode) scheint fast unmöglich, da sie noch keinen einzigen Cent verdient haben und keine Geschäftsdaten von vergleichbaren Unternehmen zur Verfügung stehen. Aber vielleicht wird diese Übung trotz all der Unsicherheit helfen, die Treiber für den Unternehmenswert zu identifizieren und wichtige Facetten des Vorhabens zu erfassen. Außerdem kann es sich hier als hilfreich erweisen, vereinfachte Worst-, Base- und Best-Case-Szenarien zu konstruieren. Die potenziellen Investoren hatten ihnen geraten, aufgrund des nicht vorhandenen Marktes das Marktpotenzial und den erzielbaren Umsatz nach der Botton-up-Methode, d. h., ausgehend vom erzielbaren Preis, wie folgt zu bestimmen:

1. Annahme darüber treffen, wie viel ein Kunde für eine Einheit der Dienstleistung bereit ist zu bezahlen,
2. Annahme dazu treffen, wie viele Einheiten pro Monat verkauft werden können,
3. Annahme zur Wachstumsrate für Kundenanfragen und Annahmen darüber, wie viele Anfragen in Inanspruchnahmen der Dienstleistung münden,
4. Aus 1, 2 und 3 ergibt sich dann der erzielbare Umsatz.

Basierend auf dieser Vorgehensweise erstellen sie ihren Ein- und Fünfjahresplan. Sie einigen sich darauf, plausible Annahmen über die unbekannten Parameter zu treffen, die sie auch vor den potenziellen Investoren rechtfertigen können. Aufgrund des Zeitdrucks überlegen sie, dass es wichtiger sei, ein Gefühl für die Profitabilität und die Stellschrauben des Geschäfts zu bekommen, als den wahren Unternehmenswert zu schätzen. Trotz all der Unsicherheit in ihren Analysen sind sie am Ende vollends davon überzeugt, dass sie das Angebot der Business Angels annehmen sollten. Heute, fast zwei Jahre nach dieser Entscheidung, hat das Unternehmen 30 Mitarbeiter, über 2.500 registrierte Produktanbieter und weit mehr als 10.000 gestellte Anfragen.

Aufgaben

1. *Bewerten Sie die Entscheidung von Mario und Robin. Ist diese zum Entscheidungszeitpunkt rational begründet?*

2. *Worin liegt die Schwierigkeit für Mario und Robin, eine quantitative Bewertung vorzunehmen?*

3. *Welche Faktoren müssen geschätzt werden, damit eine (unsichere) Berechnung des Wertes der unternehmerischen Gelegenheit möglich ist?*

Weiterführende Literatur

Achleitner, A.-K. und Nathusius, E. (2004). Venture Valuation – Bewertung von Wachstumsunternehmen. Stuttgart.

Peemöller, V. H. (2002). Praxishandbuch der Unternehmensbewertung. 2. Aufl. Berlin.

Eisenführ, F. und Weber, M. (2003). Rationales Entscheiden. 4. Aufl. Berlin.

Rudolf, M. und Witt, P. (2002). Bewertung von Wachstumsunternehmen – traditionelle und innovative Methoden im Vergleich. Wiesbaden.

Shane, S. (2004 a). A General Theory of Entrepreneurship: The Individual-Opportunity Nexus. Northampton, MA.

6 Geschäftsmodell

Lernziele

Das Geschäftsmodell hat entscheidenden Einfluss auf den Erfolg eines Unternehmens. Deshalb sollten Gründer gerade diesem Aspekt besondere Aufmerksamkeit widmen. Grundsätzlich beschreibt das Geschäftsmodell den Inhalt, die Struktur und das Management der Transaktion in der Weise, die Geschäftsidee möglichst in optimaler Weise wertschaffend umzusetzen. Das betrifft sowohl die Gestaltung der Beziehung zu den Faktor- und Absatzmärkten als auch den Austausch der Produkte und Dienstleistungen verbunden mit der Frage, welche Ressourcen und Fähigkeiten benötigt werden, um den Austausch zu ermöglichen. Dabei haben sich vier Gestaltungsthemen für den Unternehmenserfolg als wesentlich erwiesen: Effizienz, Innovation, Lock-in und Komplementarität.

Nachdem Sie dieses Kapitel durchgearbeitet haben, werden Sie insbesondere:

- die Bedeutung des Geschäftsmodells für den Erfolg eines Unternehmens verstehen,
- zwischen Geschäftsmodell, Erlösmodell und Strategie unterscheiden können,
- die verschiedenen Themen zur Gestaltung des Geschäftsmodells abgrenzen können,
- erkennen, dass mehrere Gestaltungsthemen in einem spezifischen Geschäftsmodell miteinander kombiniert werden können,
- die Zusammenhänge zwischen dem Geschäftsmodell und der internen Organisationsstruktur des Gründungsunternehmens erkennen,
- das Geschäftsmodell analysieren und entwickeln können.

6.1 Zur Bedeutung des Geschäftsmodells für den Gründungserfolg

Die Gestaltung des Geschäftsmodells kann den Erfolg eines jungen Unternehmens entscheidend beeinflussen, sodass die Überlegungen zum richtigen Geschäftsmodell zu den zentralen Aufgaben eines Entrepreneurs gehören (Morris, Schindehutte und Allen, 2005). So betonen Amit und Zott (2001), dass das Geschäftsmodell eine der wesentlichen Quellen für die Wertschaffung in einem E-Business-Unternehmen ist. Sie ergänzen für sogenannte »Entrepreneurial Firms«, dass vor allem innovationsorientierte Geschäftsmodelle den Erfolg dieser Unternehmen herbeiführen können. Um die Gestaltung des Geschäftsmodells in optimaler Weise durchführen zu können, muss man sich zuerst darüber klar werden, was ein Geschäftsmodell ist, um darauf aufbauend die einzelnen Ebenen des Modells zu erfassen.

Der Begriff »Geschäftsmodell«

In der Praxis ist der Begriff Geschäftsmodell insbesondere seit dem E-Business-Boom weitverbreitet. Allerdings existiert kein einheitliches Verständnis darüber, wie das Geschäftsmodell zu definieren ist. Auch in der Wissenschaft, in der sich das Geschäftsmodell als eigenständiges Konstrukt bzw. eigenständiger Analysegegenstand erst in den vergangenen Jahren etabliert hat, existiert keine einheitliche und klare Definition des Begriffs Geschäftsmodell. So formulieren Morris et al. (2005): »No generally accepted definition of the term ›business model‹ has emerged«, und Porter ergänzt 2001: »The definition of a business model is murky at best.« Dabei wird das Geschäftsmodell oft mit dem »Erlösmodell« verwechselt. Das Erlösmodell eines Unternehmens beschreibt jedoch lediglich die spezifische Art und Weise, in welcher die Generierung von Umsätzen erfolgt. In der Tat messen zahlreiche Definitionen des Geschäftsmodells der Generierung von Umsatz eine besonders hohe Bedeutung bei; die überwiegende Zahl der Autoren ist jedoch der Ansicht, dass es sich bei dem Erlösmodell nur um einen von mehreren Bestandteilen des Geschäftsmodells handelt (Mahadevan, 2000). Auch mit »Strategie« wird der Begriff »Geschäftsmodell« oft verwechselt, obwohl die Aufgabe der Strategie ist, die Positionierung eines Gründungsunternehmens im Markt gegenüber dem Wettbewerb zu bestimmen (Zott und Amit, 2008). Zott und Amit (2008) weisen ferner empirisch nach, dass sich Strategie und Geschäftsmodell unterscheiden, aber sich gegenseitig ergänzen.

Folgende verschiedene Definitionen zeigen die Bandbreite dessen, was unter dem Begriff »Geschäftsmodell« in der Theorie verstanden wird. Ferner sollen die verschiedenen Sichtweisen helfen, ein besseres Verständnis darüber zu erlangen, welche Dimensionen für den Entrepreneur bei der Betrachtung seines Geschäftsmodells relevant sein können:

- »A business model comprises the combined elements of ›who‹, ›what‹, ›when‹, ›why‹, ›where‹, ›how‹ and ›how much‹ involved in providing customers and end users with products and services.« (Mitchell und Coles, 2003, S. 16)
- »A business model explains how a venture is expected to create a profit« (Fiet und Patel, 2008, S. 751)
- »A business model describes the rationale of how an organization creates, delivers, and captures value« (Osterwalder und Pigneur, 2009, S. 14)
- »A business model is a concise representation of how an interrelated set of decision variables in the areas of venture strategy, architecture, and economics are addressed to create sustainable competitive advantage in defined markets« (Morris et al., 2005, 727).

Die umfangreichsten Gedanken um die Gestaltung des Geschäftsmodells haben sich Amit und Zott, beginnend mit ihrem Artikel von 2001 gemacht. Da sie in der Folge auch die wesentlichen Beiträge für die erfolgsorientierte Gestaltung von Geschäftsmodellen geäußert haben, gilt ihre Definition auch als wegweisend: »A business model depicts the content, structure, and governance of transactions designed so as to create value through the exploitation of business opportunities.« (Amit und Zott, 2001, S. 511).

Diese Definition trägt auch der Tatsache Rechnung, dass Unternehmen heutzutage nicht unabhängig von anderen Unternehmen Wertschöpfung betreiben. Zu einer solchen »Vernetzung« von Unternehmen hat insbesondere das Internet geführt, das es Unternehmen ermöglicht, Transaktionen mit Geschäftspartnern auf verschiedenen Wertschöpfungsstufen effizient zu betreiben. Daher reicht es nicht aus, nur Lieferanten bei der Gestaltung des Geschäftsmodells des Gründungsunternehmens mit einzubeziehen, sondern auch Kunden und andere Geschäftspartner spielen eine größere Rolle (Prahalad und Ramaswamy, 2000).

Die Gestaltung des Geschäftsmodells

Basierend auf der Definition von Amit und Zott (2001), bezeichnet man als Geschäftsmodell die Art und Weise, wie ein Unternehmen die Transaktionen mit seinen Geschäftspartnern (z. B. Kunden, Lieferanten, Kooperationspartner, etc.) gestaltet, um Wertschöpfung zu generieren. Das Geschäftsmodell ist also als Abbild der Struktur zu verstehen, mit der ein Unternehmen seine Transaktionen in Faktor- und Produktmärkten gestaltet. Im Zentrum eines Geschäftsmodells steht zwar immer ein bestimmtes Unternehmen, allerdings geht das Geschäftsmodell als Analysegegenstand in dieser Sichtweise über das betreffende Unternehmen hinaus. Ein Geschäftsmodell muss daher über die eigenen Grenzen des Gründungsunternehmens hinweg betrachtet werden.

Dabei werden die wesentlichen Gedanken um Geschäftsmodelle aus einer Theorie abgeleitet, die darauf beruht, dass es bestimmte situative Konfigurationen gibt, die Erfolg versprechen. Dazu gehören im Rahmen der Geschäftsmodellgestaltung strukturelle Faktoren, Umweltvariablen und strategische Gegebenheiten. Diese müssen in eine Art von Übereinstimmung gebracht werden, die letztlich die Konfiguration bilden: »Such configurations as a variable can create or destroy competitive advantage« (Miller, 1996, S. 506). Darüber hinaus zeigen empirische Studien, dass ein guter Fit und die darauf aufbauende richtige Konfiguration der organisationalen Variablen ein wichtige Prediktoren für den Erfolg von Unternehmen sein können. In diesem Sinne bilden Geschäftsmodelle eine wichtige Quelle für die Wertschaffung.

Dabei ist zu beachten, dass basierend auf Zott und Amit (2007), der Wert, der durch das Geschäftsmodell eines Unternehmens generiert wird, allen Parteien des Geschäftsmodells zukommt, also auch Kunden oder Lieferanten. Um zu verstehen, ob der durch das Geschäftsmodell zusätzlich geschaffene Wert auch auf den Erfolg des betreffenden Unternehmens wirkt, muss nun noch betrachtet werden, wie sich eine bestimmte Geschäftsmodellgestaltung auf die Fähigkeit der Unternehmung auswirkt, den durch das Geschäftsmodell zusätzlich geschaffenen Wert auch zu vereinnahmen. Diese Fähigkeit bzw. Verhandlungsposition des Unternehmens basiert auf mehreren Faktoren. Dies sind zum einen die Kosten, die den anderen Geschäftsmodell-Beteiligten entstehen würden, wenn sie ihre Beziehungen zum Unternehmen beenden würden. Zum anderen sind es der Zugang zu Informationen, die Möglichkeiten zur gemeinsamen Absprache und Handlung gegen das Unternehmen sowie die Kosten, die entstehen würden, wenn das Unternehmen durch einen Wettbewerber ersetzt werden müsste. Je höher beispielsweise die Wechselkosten der anderen Geschäftsmodell-Beteiligten sind, desto größer wird die Verhandlungsmacht des Unternehmens sein, den zusätzlich geschaffenen Wert auch für sich zu vereinnahmen.

Damit steht nicht mehr nur die interne Organisation eines einzelnen Unternehmens im Fokus der Geschäftsmodellgestaltung, sondern auch die Art und Weise, wie die Transaktionen nicht nur mit Kunden und Lieferanten, sondern auch mit

Partnern gestaltet werden. Bei der Gestaltung seines Geschäftsmodells stellen sich dem Entrepreneur daher verschiedene Kernfragen (Zott und Amit, 2008):

- Wie soll das Unternehmen die Verbindung zu Faktor- und Absatzmärkten gestalten?
- Welche Parteien können zusammengebracht werden, um eine Geschäftsmöglichkeit auszuschöpfen, und wie können diese mit dem Unternehmen verknüpft werden, um Transaktionen zu ermöglichen?
- Welche Informationen oder Produkte/Dienstleistungen werden zwischen den Parteien ausgetauscht und welche Ressourcen und Fähigkeiten werden benötigt, um diesen Austausch zu ermöglichen?
- Wie werden die Transaktionen zwischen den Parteien gesteuert und kontrolliert und welche Anreize existieren für die Parteien?

6.2 Charakteristika der verschiedenen Gestaltungsthemen eines Geschäftsmodells

In der auf Amit und Zott (2001) basierenden Definition des Geschäftsmodells werden Inhalt, Struktur und Steuerung von Transaktionen zur Wertschöpfung als die Elemente gesehen, die das Geschäftsmodell ausmachen. Das Geschäftsmodell stellt damit eine Konzeptualisierung der Architektur der Transaktionsbeziehungen des Unternehmens mit seinen Transaktionspartnern dar. Es bedarf nun einer Möglichkeit zu erfassen, wie diese Bestandteile des Geschäftsmodells von Unternehmen zum Zweck der Wertschöpfung gestaltet werden können. Amit und Zott (2001) nutzen vier sogenannte »Gestaltungsthemen«, um unterschiedliche Geschäftsmodelle zu beschreiben: Innovation, Effizienz, Lock-in und Komplementarität (vgl. Abbildung 6-1).

Innovations-zentriertes Geschäftsmodell

Innovations-zentrierte Geschäftsmodelle bringen neue Transaktionspartner zusammen oder verbinden existierende Transaktionspartner auf neue Art und Weise und schaffen so neuartige Transaktionsmöglichkeiten. Im Fokus dieses Gestaltungsthemas liegt daher auch die Innovation des Geschäftsmodells selbst.

Dabei wurde das Wertschöpfungspotenzial von Innovationen und neuen Kombinationen schon frühzeitig von Schumpeter dargestellt. Insofern steht die Bedeutung technologischer Innovationen für Unternehmensgründungen, Wachstum und Erfolg von Unternehmen grundsätzlich außer Frage. Innovationen müssen allerdings nicht zwangsläufig Erfindungen technischer Art sein, auch innovative Prozesse oder neuartige Dienstleistungen können von großer Bedeutung sein. In diesem Sinne sind die Ideen zur Geschäftsmodellgestaltung zu verstehen.

Solche Innovationen im Zusammenhang mit dem Geschäftsmodell beziehen sich auf die Schaffung und Nutzung neuartiger Möglichkeiten, Transaktionen mit Geschäftspartnern oder Kunden durchzuführen (Amit und Zott, 2001). Ein wesentliches Ziel innovativer Geschäftsmodelle ist es, bestehende Kundenbedürfnisse besser zu befriedigen. Geschäftsmodellinnovation ist dabei unabhängig von anderen

Abb. 6-1

Die vier Gestaltungsthemen eines Geschäftsmodells (in Anlehnung an Amit und Zott, 2001)

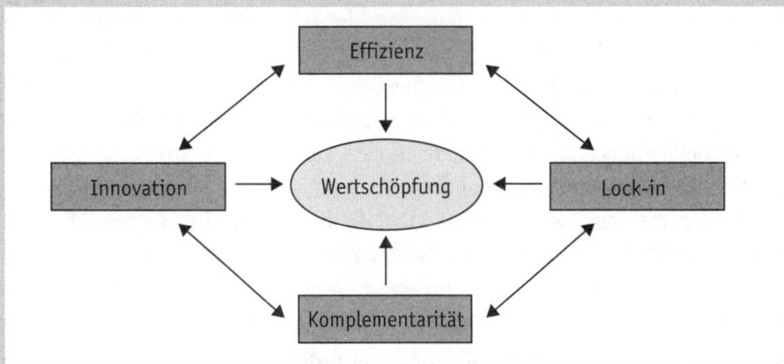

Innovationen wie Produkten oder Dienstleistungen zu sehen, schließt diese aber nicht aus, sondern kann vielmehr komplementär dazu betrachtet werden.

Innovationszentrierte Geschäftsmodelle können zu First-Mover-Vorteilen führen. Letztere können laut Lieberman und Montgomery (1988) aus drei primären Quellen stammen: »(1) technological leadership, (2) preemption of assets, and (3) buyer switching costs«. Die beiden letzteren Quellen können für ein innovationszentriertes Geschäftsmodell relevant sein. Als erstes Unternehmen ein neuartiges Geschäftsmodell am Markt einzuführen, erlaubt es, durch frühzeitige Adressierung vorher nicht in Betracht gezogener Kunden diese für das Unternehmen zu gewinnen und eine Reputation aufzubauen. Zudem kann ein Unternehmen durch frühzeitiges Einführen eines innovativen Geschäftsmodells ggf. von Lerneffekten profitieren und begrenzte Ressourcen vereinnahmen. Schafft es das Unternehmen durch sein innovatives Geschäftsmodell Wechselkosten aufzubauen, so müssten potenzielle Wettbewerber zusätzliche Investitionen in Kauf nehmen, um Kunden oder Geschäftspartner streitig zu machen und die First-Mover-Vorteile des Gründungsunternehmens aufzuholen (Lieberman und Montgomery, 1988). Wichtig ist allerdings, dass es dem Unternehmen gelingt, die Vorteile der Innovation den betroffenen Partnern und adressierten Kunden zu verdeutlichen. Deren Verständnis der Innovation und ihrer Bedeutung ist eine wesentliche Voraussetzung dafür, dass die Innovation auch genutzt wird und Wert schaffen kann: »innovations must find the balance between novelty and familiarity, between impact and acceptance.« (Hargadon und Douglas, 2001).

Grundsätzlich wird innovationszentrierten Geschäftsmodellen zugesprochen, dass sie den Erfolg eines Unternehmens wesentlich beeinflussen können. Als Beispiel dafür kann die Auktionsplattform Madbid.com angesehen werden. Auf dieser Auktionsplattform werden Produkte zur Auktion angeboten. Bieter können Gebotspakete mit einer bestimmten Anzahl »Bids« (engl. für Gebot) kaufen. Ein »Bid«

kostet einen Bieter ca. 1,00 Euro. Wird nun ein Produkt durch Madbid.com zur Auktion freigegeben, so hat es immer einen Startpreis in Höhe von 0,00 Euro. Jeder Bieter kann nun für das Produkt bieten, wobei sich pro Gebot der Auktionspreis des Produkts nur um 1 Cent erhöht. Jede Auktion hat dabei einen Countdown zwischen 30 Sekunden und zwei Minuten. Derjenige, der nach Ablauf des Countdowns der Höchstbietende ist, gewinnt die Auktion zu dem dann bestehenden Auktionspreis. Wenn ein anderer Bieter jedoch ein neues Gebot innerhalb des Countdowns tätigt, beginnt der Countdown von Neuem. Hat ein Bieter nun innerhalb eines Countdowns das letzte Gebot getätigt, so erhält er das Produkt für den Auktionspreis. Dieser beträgt bei insgesamt z. B. 230 Geboten mit jeweils 1 Cent lediglich 2,30 Euro. Da jedes dieser 230 Gebote jedoch für ca. 1,00 Euro von den Bietern gekauft werden musste, generiert Madbid.com zusätzlich zu dem Auktionspreis in Höhe von 2,30 Euro auch einen Umsatz in Höhe von ca. 230,00 Euro. Dadurch ermöglicht Madbid.com seinen Kunden einen zum Teil sehr günstigen Auktionspreis (zuzüglich der gekauften und eingesetzten Gebote) und dem Unternehmen selbst einen deutlich höheren Umsatz, der meist über dem tatsächlichen Wert des versteigerten Produkts liegt. Diese innovative Transaktion zwischen Madbid.com als Auktionator und seinen Bietern stellt eine neuartige Art und Weise einer Internetauktion dar und beinhaltet daher Elemente des innovationszentrierten Gestaltungsthemas für Geschäftsmodelle.

Effizienzzentriertes Geschäftsmodell

Effizienzzentrierte Geschäftsmodelle zielen darauf ab, die Transaktionen zwischen den beteiligten Parteien (Geschäftspartnern) möglichst effizient zu gestalten und dadurch die Transaktionskosten der Geschäftsbeziehungen soweit möglich zu reduzieren (Amit und Zott, 2001). Die Transaktionskostentheorie, die sich mit der Gestaltung von wirtschaftlichen Transaktionen beschäftigt, liefert die theoretische Basis für die Betrachtung effizienzzentrierter Geschäftsmodelle (Williamson, 1975; Williamson, 1981). Transaktionskosten umfassen eine große Bandbreite an Kosten, die sich in verschiedene Kategorien einteilen lassen. Hierzu zählen unter anderem (1) Suchkosten, (2) Vertragskosten, (3) Überwachungskosten und (4) Durchsetzungskosten. Unter Suchkosten (Search Costs) versteht man das Sammeln von Informationen zur Identifikation und Beurteilung von potenziellen Transaktionspartnern. Zu Vertragskosten (Contracting Costs) gehören Verhandlungs- und Vertragsgestaltungskosten. Unter Überwachungskosten (Monitoring Costs) versteht man Kosten, die zur Überwachung der Einhaltung der Vertragsvereinbarung zwischen Transaktionspartnern anfallen. Zu Durchsetzungskosten (Enforcement Costs) gehören schließlich Kosten, die aus Nachverhandlungen und Vertragsstrafen bei der Durchführung der Transaktion entstehen (Dyer, 1997). Generell können im Rahmen eines effizienzzentrierten Geschäftsmodells die mit einer Transaktion verbundenen Kosten auf verschiedene Weisen reduziert werden und sich somit verschiedene Ausprägungen eines solchen Geschäftsmodells zeigen. Wesentliche Mittel zur Senkung oder Vermeidung von Transaktionskosten sind die Verminderung von Unsicherheit, Komplexität und Informationsasymmetrie sowie die Reduktion von Koordinationsaufwand und Transaktionsrisiko (Zott und Amit, 2007). Dabei ist anzumerken, dass das Konzept eines effizienzzentrierten Geschäftsmodells auf die Maßnahmen Bezug nimmt, mit denen ein Unternehmen durch sein Geschäftsmodell, d. h. durch die Gestaltung von Transaktionen, Effizienz zu gewährleisten versucht. Andere Maßnahmen zur Erreichung von Effizienz beispielsweise durch Kostenreduktion in den Produktionsprozessen, sind nicht Bestandteil des Geschäftsmodells im Sinne der angewandten Definition.

Als praktisches Beispiel für ein effizienzzentriertes Element eines Geschäftsmodells, das die Transparenz einer Transaktion erhöht, ist die Sendungsnachverfolgung, die z. B. von Logistikdienstleistern wie DHL oder UPS, aber auch vom Online-Versandhaus Amazon angeboten wird, zu nennen. Dabei konnte auch für diese Form von Geschäftsmodellen ein positiver Beitrag zum Unternehmenserfolg festgestellt werden.

Lock-in-zentriertes Geschäftsmodell

Eine weitere Möglichkeit der Wertschöpfungssteigerung liegt darin, durch das Geschäftsmodell die Bindung von Kunden und Partnern zu erhöhen. Kunden sollten zur Steigerung des gesamten Transaktionsvolumens dazu angehalten werden, wiederholt Transaktionen mit dem Unternehmen zu tätigen und nicht zu Wettbewerbern zu wechseln. Partnern müssen Anreize gegeben werden, die Beziehungen zur Unternehmung beizubehalten und auszubauen.

Beides kann durch die Schaffung eines so genannten Lock-in-Effekts erreicht werden. Der Grad des Lock-in ist ein Maß dafür, wie sehr der Kunde bzw. Partner an das Unternehmen gebunden ist. Amit und Zott (2001) argumentieren, dass zwei Konzepte ausschlaggebend für das Vorhandensein und die Stärke eines solchen Lock-in-Effekts seien: Umstellungskosten und Netzwerkexternalitäten. Auch die Umstellungskosten sind in der Transaktionskostentheorie fundiert und umfassen im Prinzip die Kosten, die mit dem Wechsel des Transaktionspartners verbunden sind. Netzwerkexternalitäten sind dagegen in der Netzwerktheorie begründet. Sie liegen dann vor, wenn der Nutzen eines Produkts für einen Kunden steigt, sobald es von einer höheren Zahl weiterer Kunden genutzt wird. Es gibt mehrere mögliche Ursachen für das Vorliegen solcher positiven Netzwerkexternalitäten, die sich in direkte und indirekte Effekte unterteilen lassen (Katz und Shapiro, 1985). Ein Beispiel für ein Produkt, das einen direkten Effekt basierend auf der Anzahl der Nutzer aufweist, ist das Telefon. Je mehr andere Telefone existieren, desto größer der Nutzen für den einzelnen Telefonbesitzer (Katz und Shapiro, 1985). Auch moderne Peer-to-Peer-Netzwerke zum Datenaustausch zwischen Computernutzern weisen diese direkten Effekte auf. Ein indirekter Effekt liegt beispielsweise dann vor, wenn Qualität und Verfügbarkeit von Serviceleistungen von der Größe des Service-Netzwerks abhängen und Letzteres wiederum von der Anzahl verkaufter Produkte.

Ein sogenannter Lock-in-Effekt kann auf verschiedenen Ebenen existieren. Shapiro und Varian (1999) identifizieren sieben Arten von Lock-in:

1. Vertragliche Verpflichtungen,
2. Langlebige Gebrauchsgüter,
3. Marken-spezifisches Training,
4. Informationen und Datenbanken,
5. Spezialisierte Lieferanten,
6. Suchkosten und
7. Loyalitätsprogramme.

Unternehmen können jedoch nur dann langfristig von gegebenen Netzwerkexternalitäten profitieren, wenn gleichzeitig auch Umstellungskosten vorhanden sind oder geschaffen werden, die sicherstellen, dass die Kundenbasis nicht abrupt wegbrechen kann und die Netzwerkeffekte für das Unternehmen ein dauerhaftes Alleinstellungsmerkmal darstellen.

Für die Schaffung derartiger Umstellungskosten existieren verschiedene Möglichkeiten. Ein Beispiel kann die Einrichtung einer Austauschplattform – Community – für Kunden sein, die diesen nur bei der Nutzung des eigenen Angebots zur Verfügung steht und somit Wechselkosten verursacht. Communities können dem Unternehmen außerdem Zugang zu Wissen verschaffen, das außerhalb seiner eigentlichen Grenzen liegt. So können durch die »kollektive Kreativität« der Nutzer solcher Communities innovative Ideen entstehen, die das Unternehmen ggf. kommerziell verwerten kann.

Ein Lock-in-zentriertes Geschäftsmodell erhöht zunächst unabhängig von der Art des Produkts oder der Dienstleistung allein durch die Gestaltung der Transaktionen die Bindung von Kunden und Geschäftspartnern an das Unternehmen. Die höhere Kundenbindung fördert die Anzahl von Transaktionen, was in der Regel das Gesamttransaktionsvolumen je Kunde steigert. Die Bindung von Partnern an das Unternehmen sorgt für ein besseres Angebot, was wiederum die Zahlungsbereitschaft der Kunden erhöhen kann. Dadurch wirkt es sich positiv auf die Wertschöpfung des Unternehmens und der Geschäftsmodell-Stakeholder aus. Es ist damit als Möglichkeit zu sehen, aktiv die Bindung von Kunden und Partnern zu erhöhen und so von Netzwerkeffekten zu profitieren (Amit und Zott, 2001).

Komplementaritätszentriertes Geschäftsmodell

Komplementaritätszentrierte Geschäftsmodelle basieren auf der Steigerung der Attraktivität eigener Produkte oder Dienstleistungen durch geschickte Verknüpfung mit anderen Produkten, Dienstleistungen oder Prozessen aus dem eigenen Portfolio oder dem anderer Unternehmen – Cross-Selling (Amit und Zott, 2001). Die theoretische Basis für diese Geschäftsmodellgestaltung bilden unterschiedliche etablierte Theorien, der ressourcenbasierte Ansatz (Wernerfelt, 1984; Barney, 1991), die Komplementaritätstheorie (Milgrom und Roberts, 1995) und die Netzwerktheorie (Gulati, 1999):

- Im Rahmen des ressourcenbasierten Ansatzes wird die Komplementarität zwischen den Ressourcen und Fähigkeiten eines Unternehmens als eine mögliche Wertschöpfungsquelle gesehen (Amit und Schoemaker, 1993). Diese Komplementarität der Ressourcen und Fähigkeiten von Unternehmen zahlt sich insbesondere in Netzwerken aus, wenn Firmen Partnerschaften eingehen, die diese Komplementaritäten ausnutzen können. Daher werden Unternehmen für ihre Allianzen oder Netzwerke üblicherweise Partner suchen, die über komplementäre Fähigkeiten oder Ressourcen verfügen (Hitt et al., 2001). Die Nutzung von Komplementaritäten kann beispielsweise notwendig sein, um neue Produkte oder Dienstleistungen anbieten zu können.
- In der Sichtweise der Komplementaritätstheorie bestehen dann komplementäre Effekte, wenn sich der Nutzen aus einer Aktivität dadurch erhöht, dass mehr von einer anderen Aktivität durchgeführt wird (Milgrom und Roberts, 1995). Diese Definition bezieht sich im Wesentlichen auf Komplementarität von Inputfaktoren innerhalb eines Unternehmens. Darüber hinaus können aber auch Outputs, also

Produkte und Dienstleistungen, zueinander komplementär sein, sowohl innerhalb einer Firma als auch über Firmengrenzen hinweg (Jacobides, Knudsen und Augier, 2006). Eine solche Komplementarität bei Produkten oder Dienstleistungen liegt dann vor, wenn der Nutzen eines Produkts oder einer Dienstleistung bei Besitz eines weiteren Produkts oder einer Dienstleistung steigt. Ein Produkt, das den Nutzen eines anderen Produkts für dessen Besitzer erhöht, ist zu diesem komplementär. Je mehr komplementäre Produkte oder Dienstleistungen zum eigenen Angebot existieren und je verfügbarer diese für den Kunden sind, desto höher ist dann der Wert des eigenen Angebots (Brandenburger und Nalebuff, 1996).

- Die Netzwerktheorie erweitert den ressourcenbasierten Ansatz um sogenannte Netzwerk-Ressourcen, die nicht unabhängig innerhalb eines einzelnen am Netzwerk beteiligten Unternehmens existieren, sondern aus dessen Mitgliedschaft in einem Netzwerk resultieren. Sie entstehen beispielsweise aus den Vorteilen in der Informationsgewinnung, die sich aus der Teilnahme am Netzwerk ergeben kann. Die Nutzung solcher Netzwerk-Ressourcen kann einen dauerhaften Wettbewerbsvorteil darstellen, da sie aufgrund ihrer netzwerkspezifischen Art sehr schwer für Wettbewerber zu imitieren sind (Gulati, 1999).

Komplementäre Produkte oder Dienstleistungen können in vertikale und horizontale Komplementaritäten unterteilt werden (Amit und Zott, 2001). Vertikale Komplementaritäten stellen beispielsweise Servicedienstleistungen für ein Produkt nach dessen Kauf dar, während horizontale Komplementaritäten z. B. beim Angebot passender Software zur entsprechenden Hardware vorliegen. Darüber hinaus besteht aber auch die Möglichkeit, Online- und Offline-Kanäle zu kombinieren und die Komplementarität der entsprechenden Ressourcen zu nutzen (Kollmann und Häsel, 2006).

Gerade bei Unternehmensgründungen stellt Komplementarität einen Faktor dar, der den Markteintritt erleichtern kann. Dies kann der Fall sein, wenn der Unternehmer Partnerschaften eingeht und so von einer existierenden Basis komplementärer Produkte profitieren kann. Etablierte Unternehmen sind jedoch möglicherweise schwer zu überzeugen, eine solche Partnerschaft einzugehen (Katz und Shapiro, 1985). Dennoch wird in der Literatur argumentiert, dass die Geschäftsideen neuer Firmen oftmals auf der Ausnutzung bisher ungenutzter oder nicht entdeckter komplementärer Effekte basieren. Dadurch können existierende Wettbewerbsvorteile etablierter Anbieter reduziert werden (Stieglitz und Heine, 2007).

Hinsichtlich der Vereinnahmung des durch komplementäre Effekte geschaffenen Werts ist allerdings zu beachten, dass dieser nicht vollständig dem Unternehmen, dessen Geschäftsmodell Komplementarität in den Mittelpunkt stellt, zufallen wird. Insbesondere wenn es sich um komplementäre Effekte handelt, die aus der Kooperation mit anderen Unternehmen entstehen. Letztere müssen ebenfalls Anreize haben, komplementäre Effekte zu schaffen. Diese Anreize sind umso höher, je größer der Anteil an dem geschaffenen Nutzen sein wird, den das Unternehmen für sich beanspruchen kann (Stieglitz und Heine, 2007). Die jeweiligen Verhandlungspositionen hängen dabei von der Einsetzbarkeit der jeweils vom Partner eingebrachten komplementären Produkte, Dienstleistungen oder Aktivitäten außerhalb der Anwendung im Geschäftsmodell ab. Sind diese eher immobil und bringen außerhalb des betrachteten Geschäftsmodells nur geringen zusätzlichen Wert durch komplementäre Effekte, besteht eine größere Abhängigkeit vom Partner (Jacobides et al., 2006).

Das iPhone von Apple bildet ein anschauliches Beispiel, wie ein komplementaritätszentriertes Geschäftsmodell umgesetzt werden kann. Das iPhone, das als Produkt von Apple direkt und über Netzbetreiber vertrieben wird, schafft für Apple alleinstehend Wert. Ein erheblicher zusätzlicher Wert wird jedoch dadurch generiert, dass in einem Online-Shop mehrere Tausend zusätzliche Anwendungen, sogenannte Applications oder Apps, angeboten werden. Diese Anwendungen stellen externe komplementäre Produkte dar, da sie nicht von Apple selbst stammen, sondern von anderen Unternehmen und Software-Entwicklern angeboten werden. Entscheidet sich ein Nutzer des iPhones zum Kauf dieser Anwendungen, generiert nun nicht nur der externe Anbieter dieser Anwendung einen Verkaufserlös, sondern auch Apple selbst erhält einen Anteil am Verkaufserlös. Durch dieses Angebot komplementärer Anwendungen für das iPhone generiert Apple zusätzlichen Wert für sich, aber auch für die Kunden und externen Anbieter der Anwendungen.

6.3 Kombination von Gestaltungsthemen in einem Geschäftsmodell

Interaktionen zwischen den Gestaltungsthemen

Die vier in dem vorangegangenen Abschnitt vorgestellten Gestaltungsthemen des Geschäftsmodells sind nicht als sich gegenseitig ausschließende Alternativen zu verstehen. Vielmehr kann der Unternehmer mehrere Themen bei der Gestaltung des Geschäftsmodells seines Gründungsunternehmens miteinander kombinieren. Dabei können die Gestaltungsthemen sich in ihrer Wirkung auf den Unternehmenserfolg gegenseitig beeinflussen.

Als Beispiel für positive Interaktionen, die aus einer Kombination zweier Aspekte entstehen können, sei im Folgenden ein Geschäftsmodell betrachtet, das sowohl effizienz- als auch innovationszentrierte Elemente enthält: Ein Zusammenhang zwischen effizienz- und innovationszentrierten Geschäftsmodellen ist beispielsweise in der Form denkbar, dass gewisse Merkmale oder Elemente eines Geschäftsmodells, die dieses effizient machen, auf neuartigen Transaktionsmöglichkeiten basieren. Amit und Zott (2001) nennen als Beispiel die Bereitstellung von neuartigen Informationsdiensten, welche die Transaktionsmöglichkeiten erweitern und gleichzeitig durch die verbesserte Informationslage die Effizienz der Transaktionen erhöhen. Die kostenreduzierenden Eigenschaften der effizienzzentrierten Elemente des Geschäftsmodells können zudem ein innovatives Geschäftsmodell für eine breitere Kundenbasis interessant werden lassen, da hierdurch nicht nur Kunden aufgrund der innovativen Transaktion sondern auch aufgrund der geringeren Transaktionskosten gewonnen werden können (Zott und Amit, 2007).

Abb. 6-2

Exemplarische Ausprägungen der vier Gestaltungsthemen bei Unternehmen

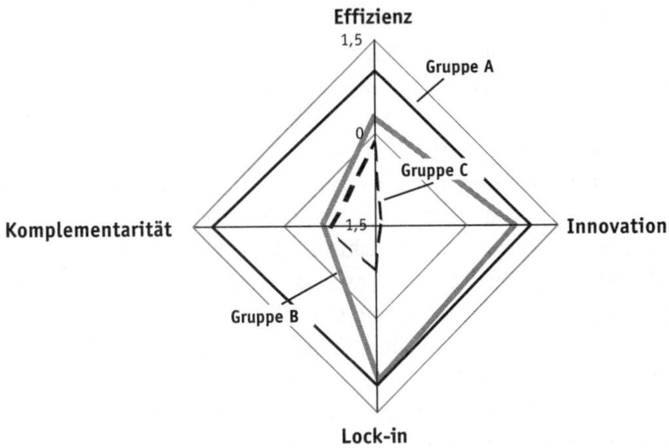

Erfolgreiche Kombinationen von Gestaltungsthemen

Empirisch zeigt sich, dass bestimmte Kombinationen von Gestaltungsthemen sich positiv auf den Erfolg einer Unternehmensgründung auswirken. Dabei gelingt es vielen Unternehmen, parallel mehrere Ausprägungen des Geschäftsmodells überdurchschnittlich stark zu verfolgen. Diese Unternehmen sind tendenziell erfolgreicher als Unternehmen, die sich ausschließlich auf eine einzelne Ausprägung festlegen. Abbildung 6-2 gibt drei Beispiele wieder, wie Unternehmen verschiedene Gestaltungsthemen in ihrem Geschäftsmodell berücksichtigen und dabei unterschiedlich erfolgreich sind:

Gruppe A enthält Unternehmen, die einen sehr diversifizierten Ansatz verfolgen. Bei diesen Unternehmen sind alle vier Gestaltungsthemen gleichzeitig überdurchschnittlich stark in ihrem Geschäftsmodell ausgeprägt. Damit sind sie auch überdurchschnittlich erfolgreich. Dies bedeutet, dass die Unternehmen der Gruppe A es geschafft haben, die relevanten Elemente jedes der vier Gestaltungsthemen so miteinander zu kombinieren, dass sie sich positiv ergänzen. Dies bestätigt die oben erwähnten positiven Interaktionen, die bei der Kombination mehrerer Gestaltungsthemen auftreten können (Amit und Zott, 2001).

Allerdings bedeutet dies nicht, dass es für jedes Unternehmen am sinnvollsten ist, alle vier Gestaltungsthemen miteinander zu kombinieren. Gerade Gründungsunternehmen haben beschränkte Ressourcen (Aldrich und Auster, 1986) und können daher erfolgreicher sein, wenn sie sich lediglich auf einzelne, sorgfältig ausgewählte Gestaltungsthemen konzentrieren und diese überdurchschnittlich stark in ihrem Geschäftsmodell umsetzen. Dazu zählen die Unternehmen der Gruppe B. Diese legen einen besonderen Fokus auf innovationszentrierte und Lock-in-zentrierte Elemente in ihrem Geschäftsmodell. Die anderen beiden Gestaltungsthemen sind lediglich durchschnittlich (Effizienz) bzw. unterdurchschnittlich (Komplentarität) ausgeprägt. Dennoch sind die Unternehmen dieser Gruppe auch überdurchschnittlich erfolgreich.

Die Unternehmen der Gruppe C haben keinen deutlich erkennbaren Fokus auf ein bestimmtes Geschäftsmodellgestaltungsthema gelegt – keines der Themen ist überdurchschnittlich stark ausgeprägt. Auch wenn die Unternehmen der Gruppe C das effizienzzentrierte Gestaltungsthema stärker in ihrem Geschäftsmodell ausgeprägt haben als die drei übrigen Themen, so bleiben sie mit diesem Fokus doch unter der durchschnittlichen Ausprägung im Vergleich zu anderen Unternehmen zurück. Damit sind diese Unternehmen weniger erfolgreich als die Unternehmen der Gruppen A und B. Dies verdeutlicht, dass Geschäftspartner, z. B. Kunden, die spezifischen Stärken des effizienzzentrierten Geschäftsmodells nicht wahrnehmen können, wenn diese im Geschäftsmodell nicht deutlich ausgeprägt erkennbar sind. Daher ist es die Aufgabe des Unternehmers, das Geschäftsmodell so zu gestalten, dass die Kunden die Stärken des Geschäftsmodells wahrnehmen und honorieren können. Dies ist besonders in der Gründungsphase von Bedeutung (Zott und Amit, 2007).

6.4 Geschäftsmodell und interne Organisation

Geschäftsmodelle sind nur dann Erfolg versprechend, wenn der Unternehmer auch seine interne Organisationsstruktur entsprechend gestaltet. Hierzu werden im Folgenden exemplarisch innovationszentrierte und effizienzzentrierte Gestaltungsthemen des Geschäftsmodells auf Ihren »Fit« mit der internen Organisationsstruktur betrachtet. Hier zeigt sich wieder grundsätzlich, dass Unternehmen Strukturen benötigen, um effektiv und effizient Arbeitsabläufe zu organisieren. Die bisherige Forschung hat gezeigt, dass es zwischen kleineren und größeren Unternehmen zum Teil deutliche Unterschiede in den Organisationsstrukturen gibt. Daher wird im weiteren Verlauf dieses Abschnitts zwischen kleinen (d. h. 1-100 Mitarbeiter) und größeren Unternehmen (d. h. mehr als 100 Mitarbeiter) unterschieden.

Die Bedeutung des »Fits«

Die Bedeutung des »Fits« zwischen interner Organisationsstruktur und strategischen Aspekten ist seit langem bekannt (Porter, 1996): Dieser »Fit« wird seit mehr als vier Jahrzehnten in der Strategie- und Managementliteratur untersucht. Seit der bahnbrechenden Arbeit von Chandler (1962), in der der Zusammenhang zwischen der Strategie, der Organisationsstruktur und dem Erfolg von Unternehmen betrachtet wurde, haben sich zahlreiche Arbeiten mit dem internen »Fit« zwischen Strategie und Organisationsstruktur zum einen (z. B. Miles und Snow, 1978; Amburgey und Dacin, 1994) und dem externen »Fit« zwischen Organisationsstruktur und Unternehmensumfeld zum andern (z. B. Mintzberg, 1979) beschäftigt. Darüber hinaus wurde auch die zentrale Rolle der Unternehmensgröße in diesem Zusammenhang erkannt (Grinyer und Yasai-Ardekani, 1981). Obwohl das Geschäftsmodell, wie oben erwähnt, von der Strategie eines Unternehmens zu unterscheiden ist, so ist es dennoch ein Konstrukt von strategischer Bedeutung für ein Unternehmen (Zott und Amit, 2008). Daher ist anzunehmen, dass ein Geschäftsmodell im Zusammenhang mit der Organisationsstruktur und der Unternehmensgröße betrachtet werden sollte.

Folgende drei Dimensionen können bei der Betrachtung der internen Organisationsstruktur von Unternehmen grundsätzlich unterschieden werden:

- *Formalisierungsgrad:* Der Grad der Formalisierung in einem Unternehmen gibt Auskunft darüber, wie stark in einem Unternehmen Regeln und Richtlinien für Arbeitsabläufe bzw. Prozesse des Unternehmens festgelegt und befolgt werden.
- *Zentralisierungsgrad:* Der Grad der Zentralisierung gibt Auskunft darüber, wie stark die Entscheidungsgewalt im Unternehmen zentralisiert ist. In Unternehmen mit einem hohen Zentralisierungsgrad müssen Entscheidungen durch die obere Führungsebene genehmigt werden.
- *Spezialisierungsgrad:* Der Grad der Spezialisierung gibt Auskunft über das Ausmaß der Arbeitsteilung in einer Organisation. Unternehmen mit einem hohen Spezialisierungsgrad beschäftigen zahlreiche Spezialisten, die Experten in bestimmten, eng definierten Aufgabenbereichen sind.

Der »Fit« des Geschäftsmodells mit der internen Organisationsstruktur

Bei innovationszentrierten Geschäftsmodellen wirkt sich sowohl ein höherer Formalisierungsgrad als auch ein höherer Zentralisierungsgrad positiv auf den Unternehmenserfolg aus. Dies trifft sowohl für kleine Unternehmen (d. h. 1-100 Mitarbeiter) als auch für größere Unternehmen (d. h. mehr als 100 Mitarbeiter) zu.

- Standardisierte Richtlinien und formalisierte Arbeitsabläufe unterstützen demnach gerade dann Unternehmen sehr gut, wenn sie auf innovative Art und Weise Transaktionen mit Geschäftspartnern betreiben. Formalisierte Richtlinien können dazu beitragen, mehr Routine in den Arbeitsabläufen zu erzielen, wodurch das Risiko des Scheiterns bei innovativen Transaktion reduziert werden kann (Walker und Ruekert, 1987).
- Auch stark zentralisierte Entscheidungswege können den Erfolg eines innovationszentrierten Geschäftsmodells steigern. Klare Führung durch den Geschäftsführer, der die Entscheidung zentral steuert, scheint hier sowohl in kleinen als auch in größeren Unternehmen von entscheidender Bedeutung für die erfolgreiche Umsetzung dieses Gestaltungsthemas zu sein. Dies ist im Einklang mit der Sichtweise von Jaworski und Kohli (1993), dass innovative Ideen in zentralisierten Organisationsstrukturen effektiver umgesetzt werden als in dezentralisierten Organisationen.
- In Bezug auf die Effekte des Spezialisierungsgrads von innovationszentrierten Geschäftsmodellen auf den Unternehmenserfolg ergibt sich ein differenzierteres Bild. Je größer Unternehmen werden, desto notwendiger ist eine zunehmende Spezialisierung der Arbeitsabläufe und Unterteilung der Aufgaben in einer Organisation (Miller und Dröge, 1986). So führt lediglich im Fall von größeren Unternehmen ein hoher Spezialisierungsgrad in der Organisation des Unternehmens zu einem signifikant positiven Einfluss auf den Unternehmenserfolg bei einem innovationszentrierten Geschäftsmodell. Im Falle von kleinen Unternehmen konnten keine signifikanten Zusammenhänge festgestellt werden.

Bei effizienzzentrierten Geschäftsmodellen zeigt sich noch deutlicher, dass eine differenzierte Betrachtung der Erfolgswirkungen zwischen kleinen und größeren Unternehmen notwendig ist.

Größere Unternehmen können die positiven Effekte ihres effizienzzentrierten Geschäftsmodells steigern, wenn sie eine Organisationsstruktur implementieren, die einen geringen Zentralisierungsgrad und Spezialisierungsgrad aufweist. Entscheidungen werden in diesem Fall effizienter getroffen, wenn sie auch schon auf unteren Führungsebenen oder direkt von Mitarbeitern selbst getroffen werden können und nicht jede Entscheidung von höheren Hierarchieebenen genehmigt werden muss. Dies basiert auf grundlegenden Erkenntnissen der Organisationstheorie, wonach Unternehmen den Zentralisierungsgrad verringern sollten, je größer sie werden (Miller und Dröge, 1986). Ein geringer Zentralisierungsgrad in einem größeren Unternehmen erhöht die Flexibilität der Organisation, um Prozesse effizient durchführen zu können. Außerdem verstärkt ein geringer Spezialisierungsgrad in der Organisation den positiven Effekt dieses Geschäftsmodellgestaltungsthemas auf den Unternehmenserfolg, da breite, generalistische Fähigkeiten der Mitarbeiter die Komplexität verringern und damit Transaktionen effizienter machen.

Bei kleineren Unternehmen ist eine starke Zentralisierung auf den Unternehmensleiter von Vorteil für ein effizienzzentriertes Geschäftsmodell. Dies ermöglicht dem Entrepreneur, eine starke Führung der Mitarbeiter zu realisieren, wodurch die hohe Effizienz der durchzuführenden Transaktionen sichergestellt werden kann. Gleichzeitig haben hierdurch externe Geschäftspartner wie z. B. Kunden und Lieferanten einen zentralen Ansprechpartner, was die Stärken eines effizienzzentrierten Geschäftsmodells noch besser zur Geltung bringt. Dies geht mit der in der Wissenschaft bestehenden Meinung einher, dass dem Entrepreneur bei einer Unternehmensgründung eine zentrale und gewichtige Rolle zukommt (Greiner, 1972). Für den Spezialisierungsgrad konnten jedoch keine signifikanten Effekte identifiziert werden, d. h., es ist weder mit positiven noch mit negativen Effekten auf die Gestaltung des Geschäftsmodells bei Gründungsunternehmen zu rechnen.

Gleiches gilt für den Formalisierungsgrad. Dieser spielte weder bei kleinen noch bei größeren Unternehmen eine signifikante Rolle, wenn ihr Geschäftsmodell auf der Durchführung von effizienten Transaktionen basiert.

Da der Spezialisierungsgrad bei kleinen Unternehmen weder beim innovationszentrierten noch beim effizienzzentrierten Geschäftsmodellgestaltungsthema einen signifikanten Einfluss haben, liegt der Schluss nahe, dass Gründungsunternehmen mit diesen beiden Gestaltungsthemen ihre interne Organisationsstruktur unabhängig von einem bestimmten Spezialisierungsgrad gestalten können. Zusammenfassend lassen sich für Unternehmensgründer daher festhalten:

- Bei kleinen Unternehmen sollte der Entrepreneur die Entscheidungsprozesse zentral auf sich konzentrieren, egal ob er das Geschäftsmodell seines Unternehmens nach dem effizienzzentrierten oder innovationszentrierten Thema gestaltet. Außerdem helfen formalisierte Prozesse mit standardisierten Richtlinien und Arbeitsanweisungen einem kleinen Unternehmen, ein innovationszentriertes Geschäftsmodell erfolgreicher zu betreiben.

- Wenn das Unternehmen jedoch wächst und allmählich zu einem mittelständischen Unternehmen zu zählen ist, sollte der Entrepreneur je nach Ausrichtung seines Geschäftsmodells eine entsprechende Organisationsstruktur wählen, um erfolgreicher die positiven Effekte seines Geschäftsmodells ausnutzen zu können: Ein innovationszentriertes Geschäftsmodell profitiert von formalisierten Richtlinien, einer zentralisierten Entscheidungsstruktur und einem hohen Spezialisierungsgrad; bei einem effizienzzentrierten Geschäftsmodell hingegen sollte der Entrepreneur eher eine dezentralisierte Entscheidungsstruktur und einen geringen Spezialisierungsgrad in seiner Organisation umsetzen.

6.5 Design von Geschäftsmodellen

In der unsicheren Handlungssituation des Entrepreneurs, mit seiner neuen Geschäftsidee und Technologie ein innovatives Produkt und damit unter Umständen eine neue Branche oder einen vollständig neuen Markt zu schaffen, hilft ihm die Designmethode. Mit dem Design des Geschäftsmodells entwickelt der Unternehmer detailliert die Kernelemente zur Generierung eines ökonomischen Wertes aus einer innovativen Geschäftsidee. Dabei erschließt er parallel die ökonomische Logik des Venture über eine erste Diagnose des Geschäftsmodells, die dann bei der Erstellung des Geschäftsplans in eine tiefergehende Analyse übergeht.

Design des Geschäftsmodells als Baukasten

Osterwalder und Pigneur (2010) beschreiben die schrittweise Entwicklung eines innovativen Geschäftsmodells mit neun zentralen Bausteinen zur Generierung eines ökonomischen Wertes aus der Geschäftsidee. Die einzelnen Bausteine resultieren aus den vier Bereichen Kunden, Angebot, Infrastruktur und finanzielle Realisierbarkeit. Das Geschäftsmodell dient als Bauplan für die Umsetzung der unternehmerischen Strategie durch organisatorische Strukturen, Prozesse und Systeme. Die Methode wurde in der Praxis als Best Practice in verschiedenen Branchen z. B. von Ericsson, Capgemini, 3M, IBM und Deloitte erfolgreich für innovative Geschäftsmodelle eingesetzt. Der Bauplan setzt sich aus den in Tabelle 6-1 skizzierten neun Bausteinen zusammen.

Baustein 1: Kundensegmente

Kunden bilden den Ausgangspunkt und das Herzstück jeder Geschäftsmodellentwicklung, da kein Unternehmen ohne profitable Kunden langfristig überleben kann. Um Kundenbedürfnisse besser befriedigen zu können, empfiehlt sich die Gruppierung der Kunden in Kundensegmente zur Beantwortung der zentralen Fragen: Für wen generieren wir einen Wert? Wer sind die wichtigsten Kunden? Beispiele für Kundensegmente lassen sich auf einem Spektrum anordnen. Ein Extrem ohne Segmentierung stellen Geschäftsmodelle dar, die den Massenmarkt als eine Kundensegmentierung bedienen, wie oft im Bereich Consumer Electronics zu beobachten. Andere Geschäftsmodelle fokussieren Nischenmärkte mit spezialisierten Kundensegmenten, für die die Value Proposition, der Vertriebskanal und die Kundenbeziehung auf die spezifischen Anforderungen zugeschnitten werden. Diese Geschäftsmodelle existieren z. B. in der Autozulieferer-Autohersteller-Beziehung mit entsprechend großen Abhängigkeiten. Andere Geschäftsmodelle wie die von Geschäfts-

Tab. 6-1

Die Geschäftsmodell-Leinwand nach Osterwalde und Pigneur (2010)

<table>
<tr>
<td rowspan="2">Schlüssel-partner (Key Partners KP):

Einige der KA werden ausgegliedert und einige Ressourcen werden außerhalb des Unternehmens akquiriert.</td>
<td>Schlüssel-ressourcen (Key Resources KR)

Schlüsselressourcen sind die notwendigen Assets für das Angebot und die Bereitstellung der anderen Bausteine …</td>
<td rowspan="2">Wertbeitrag (Value Proposition VP)

Die Organisation versucht, Kunden-probleme zu lösen und Kundenbedürfnisse mit Nutzenversprechen und entsprechenden Wertbeiträgen zu befriedigen.</td>
<td>Kunden-beziehungen (Customer Relationships CR)

Kundenbeziehungen werden für jedes CS aufgebaut und gepflegt.</td>
<td rowspan="2">Kundensegmente (Customer Segments CS)

Eine Organisation bedient ein oder mehrere Kunden-segmente.</td>
</tr>
<tr>
<td>Schlüssel-aktivitäten (Key Activities KA)

… durch Ausführung einer Reihe von Schlüsselaktivitäten.</td>
<td>Kanäle (Channels CH)

VPs werden dem Kunden über Kommunikations- und Vertriebskanäle angeboten.</td>
</tr>
<tr>
<td colspan="3">Kostenstruktur (Cost Structure C$)

Die Kostenstruktur resultiert aus den Kostenbeiträgen der einzelnen Bausteine des Geschäftsmodells.</td>
<td colspan="2">Erlösströme (Revenue Streams R$)

Erlösströme resultieren aus dem erfolgreichen Angebot der VPs für den Kunden.</td>
</tr>
</table>

banken segmentieren ihr Geschäftsmodell nach einzelnen Kundengruppen z. B. nach Einkommens- und Vermögensklassen, die sie über unterschiedliche Value Propositions, Distributionskanäle mit verschiedenen resultierenden Erlösströmen, bedienen. Diversifizierte Geschäftsmodelle, wie das von Amazon.com, adressieren vollkommen unterschiedliche Kundensegmente. So richten sich die Cloud-Computing-Services an Internetunternehmen im B2B-Bereich, während das klassische Retailgeschäft Konsumenten im B2C-Bereich mit einer vollkommen anderen Value Proposition adressiert. Einige Geschäftsmodelle müssen mehrere Kundensegmente integrieren (multi-sided platforms), um zu funktionieren. Ein Kreditkartenunternehmen benötigt Kreditkartenhalter und Unternehmen, die die Kreditkarten akzeptieren, als Kunden.

Baustein 2:
Value Proposition

Die Value Proposition beschreibt ein Bündel an Produkten und Dienstleistungen, die für ein spezifisches Kundensegment Wert schaffen. Dieser Wertbeitrag gibt über die Lösung des Kundenproblems den Ausschlag dafür, ob ein Kunde die Unternehmung zur Befriedigung seines Kundenbedürfnisses gegenüber konkurrierenden Anbietern auswählt. Um das Nutzenversprechen für den Kunden zu formulieren, müssen sich die Unternehmer die folgenden Leitfragen stellen: Welchen Wertbeitrag leisten wir für den Kunden? Welches Kundenproblem helfen wir zu lösen? Welches Kundenbedürfnis befriedigen wir? Welches Bündel an Produkten und Dienstleistungen bieten wir jedem Kundensegment an? Der Wertbeitrag mag quantitativ (z. B. der Preis oder die Geschwindigkeit der Dienstleistung) oder qualitativ (z. B. das Design oder die Kundenerfahrung) sein. Zur Wertschöpfung kann die Neuheit der Value Proposition beitragen, die häufig technologischer Natur ist, wie beim Mobilfunkmarkt zu beobachten, wo durch das Angebot von Handys eine vollkommen neue Branche rund um die mobile Telekommunikation entstanden ist. Eine weitere Quelle der Wertschöpfung ist eine bessere Leistung eines Produkts oder Dienstleistung, wie sich am PC-Markt oder Markt für Speichermedien regelmäßig zeigt. Auch die Mass-Customization- oder Customer-Co-Creation-Ansätze kreieren einen spezifischen Wert für den Kunden, ohne auf die Produktionsvorteile der Economies of Scale verzichten zu müssen. Weitere Wertschöpfungsquellen sind das Design, der mit der Marke transportierte Statuseffekt, der Preis, Kosten- oder Risikoreduktion beim Kunden, der Zugang zu neuen Produktkategorien für den Kunden wie der Einsatz von Privatjets und die verbesserte Nutzbarkeit z. B. von digitaler Musik durch die Apple-iTunes-Plattform in Verbindung mit dem iPod, die eine ganze Branche revolutioniert.

Baustein 3: Kanäle

Kommunikations-, Absatz- und Vertriebswege beschreiben die Kundenschnittstelle, die entscheidend für den Kundenkontakt und die Kundenerfahrung ist. Für das Geschäftsmodelldesign sind die folgenden Fragen zu beantworten: Über welche Kanäle wollen unsere Kundensegmente erreicht werden? Wie erreichen wir sie zurzeit? Wie sind unsere Kanäle integriert? Welche Kanäle funktionieren am besten? Welche Kanäle sind am kosteneffizientesten? Wie integrieren wir sie in unsere Routinen im Umgang mit dem Kunden? Der richtige Mix an Kanälen ist entscheidend, um das Nutzenversprechen an den Markt zu bringen. Als direkter, eigener Vertriebsweg stehen den Unternehmern der eigene Außendienst und der Internetvertrieb zur Verfügung. Indirekt können sie die Produkte über eigene Geschäfts- oder über andere Einzel- oder Großhändler sowie Internethändler anbieten. Für jeden Kanal können fünf Phasen in Betracht kommen. Zunächst gilt es, die Aufmerksamkeit des Kunden für die Value Proposition zu gewinnen. Dann muss dem Kunden geholfen werden, das Nutzenversprechen für sich zu bewerten. Der reine Verkauf beschreibt die dritte Phase. Die Lieferung schließt sich an und mündet in die letzte Phase des Customer Support nach Erwerb und Lieferung.

Baustein 4: Kundenbeziehungen

Die Art der Kundenbeziehung gilt es im Geschäftsmodell für jedes Kundensegment zu definieren. Je nach Motivation, ob Kunden gewonnen oder gehalten werden sollen oder der Umsatz massiv zu steigern ist, werden unterschiedliche Kundenbeziehungen gepflegt. So wurden in der Frühphase des Mobilfunkmarktes Handys zur Kundengewinnung subventioniert, oft gratis bei Abschluss eines Mobilfunkvertrages vergeben, nach der Marktsättigung dann aber auf den Kundenerhalt geachtet und der durchschnittliche Erlös pro Kunde gesteigert. Die Kundenbeziehungen können in Formen persönlicher Beratung in den Geschäften, in den Callcentern, via elektronische Medien oder als individuelle Kundenberatung durch einen persönlich zugeteilten Berater wie im Private Banking vorkommen. Selbstbedienung und automatisierter Service sind ein Gegenmodell, das hilft, Kosten im Massengeschäft zu reduzieren. Online oder Social Communities stellen eine neue, zunehmend bedeutende Form der Pflege von Kundenbeziehung dar. So richtete GlaxoSmithKline zum Vertrieb von alli, einem rezeptfreien Medikament zur Gewichtsabnahme, eigens eine eigene Kundenplattform ein, um über permanente Feedbacks die Kundenerwartungen besser erfüllen zu können. Co-Creation ist das neue Zauberwort für Geschäftsmodelle, die den Kunden in die Wertschöpfung einbeziehen, wie bei YouTube.com, wo der Kunde gleichzeitig die Inhalte liefert und abruft. Die zentralen Fragen für das Geschäftsmodell lauten: Welche Art von Beziehung erwarten die Kunden von uns in dem entsprechenden Segment? Welche haben wir etabliert und wie viele Kosten verursachen sie? Wie sind sie in das Geschäftsmodell integriert?

Baustein 5: Erlösströme

Sind die Kunden das Herzstück des Geschäftsmodells, fungieren die Erlösströme als deren Arterien, durch die Liquidität aus dem jeweiligen Kundensegment fließt? Die Unternehmer müssen eine zentrale Frage beantworten: Für welchen Wertbeitrag ist jedes Kundensegment tatsächlich bereit zu zahlen? Die erfolgreiche Beantwortung dieser Frage erlaubt es dem Unternehmer, einen oder mehr Erlösströme je Kundensegment zu generieren. Zwei grundsätzliche Erlösströme gilt es zu unterscheiden: Der Transaktionserlös von einer einmaligen Kundenzahlung und wiederkehrende Erlöse von laufenden Zahlungen aus dem Wertbeitrag für den Kunden oder dem Kundenservice nach dem Verkauf des Produkts. Quellen für den Erlös können der Produktverkauf sein, eine nutzungsabhängige Gebühr, eine Abonnement- oder Mitgliedschaftsgebühr, eine Leih-, Miet- oder Leasinggebühr für die temporäre Leistungsinanspruchnahme, eine Lizenzgebühr zur Nutzung von Intellectual Property wie in der Medienbranche oder bei Technologiegründern in Form der Patentnutzung, eine Maklergebühr für Intermediäre wie Kreditkartenanbieter oder Immobilienmakler, Erlöse aus Werbung, die bei Web-2.0-Plattformen oder in der Medienbranche eine zentrale Rolle spielen. Jeder Erlösstrom kann mit einem anderen Preismechanismus versehen sein, der einen erheblichen Einfluss auf die Erlösgenerierung haben kann. Hier gilt es, die kritischen, mithin erfolgswirksamsten Erlöstreiber zu identifizieren und im Geschäftsmodell in den Mittelpunkt der Geschäftstätigkeit und Bepreisung zu rücken. Grundsätzlich ist die fixe von der dynamischen Preisgestaltung zu unterscheiden, wie sie in Tabelle 6-2 mit ihren Ausprägungsformen zusammengefasst sind:

Tab. 6-2

Preismechanismen nach Osterwaler und Pigneur (2010)

Fixe »Menü«-Preisgestaltung vordefinierte Preise basierend auf statischen Variablen		Dynamische Preisgestaltung Preisveränderungen basierend auf Marktbedingungen	
Listenpreis	Fixe Preise für individuelle Produkte, Dienstleistungen oder andere Value Propositions	Verhandlung	Preisverhandlung zwischen zwei oder mehr Partnern hängen von der Verhandlungsmacht und/oder -fähigkeiten ab.
abhängig von den Produktmerkmalen	Preis hängt von der Anzahl oder Qualität der Merkmale der Value Proposition ab.	Ertragsmanagement	Preise hängen vom Vorratsbestand und Verkaufszeitpunkt ab (z. B. bei Flugbuchungen).
abhängig vom Kundensegment	Preis hängt vom Typ und vom Charakter eines Kundensegmentes ab.	Echtzeitmarkt	Preis bildet sich dynamisch nach Angebot und Nachfrage in Echtzeit.
abhängig von der Menge	Preis als Funktion von der verkauften Menge	Auktionen	Preise als Ergebnis eines kompetitiven Bieterverfahrens

Baustein 6: Schlüsselressourcen

Abhängig vom Typ des Geschäftsmodells sind unterschiedliche Schlüsselressourcen notwendig, um die Value Proposition zu kreieren, den Kunden am Markt zu erreichen, das Kundensegment zu erhalten und die Erlöse zu realisieren. Während ein Mikrochiphersteller kostenintensive Produktionsanlagen einsetzen muss, bedarf ein Mikrochipdesigner vor allem qualifizierter Personalressourcen. Schlüsselressourcen können physischer Natur sein wie beim kapitalintensiven Geschäftsmodell von Amazon.com mit seiner großen Infrastruktur für IT, Warenlagerung und -logistik. Die Marke, proprietäres Wissen, Patente und Copyrights, Partnerschaften und Kundendatenbanken haben intellektuellen Charakter. Sie sind schwer zu entwickeln, bieten aber ein großes Potenzial, substanziellen Wert zu schaffen. Human Resources fungieren in Geschäftsmodellen wissensintensiver und kreativer Branchen als Schlüsselressource. So basiert das Geschäftsmodell von Novartis auf einer Vielzahl hochspezialisierter Forscher und Vertriebsexperten. Finanzielle Ressourcen wie Liquidität, Kreditlinien, Garantien oder Aktienoptionspools zur Akquise wichtiger Mitarbeiter sind ein Muss für bestimmte Geschäftsmodelle. Die zentrale Frage für das Geschäftsmodelldesign lautet: Welche Schlüsselressourcen verlangen unsere Value Proposition, unser Vertriebskanal, unsere Kundenbeziehungen und unsere Erlösströme? Sie können erworben, geleast oder von Schlüsselpartnern akquiriert (geliehen, getauscht etc.) werden.

Baustein 7: Schlüsselaktivitäten

Jedes Geschäftsmodell bedarf spezifischer Schlüsselaktivitäten, die die wichtigsten unternehmerischen Handlungen für den Erfolg des neuen Venture darstellen. Wie die Schlüsselressourcen dienen sie zur Schaffung und zum Angebot des Wertbeitrags, zum Marktzugang, zum Erhalt der Kundenbeziehungen und zum Erwirtschaften der Erlöse. Die handlungsleitende Frage lautet: Welche Schlüsselaktivitäten verlangen unsere Value Propositions, unsere Vertriebskanäle, unsere Kundenbeziehungen und unsere Erlösströme? Drei Kategorien sind zu differenzieren und je nach Art des Geschäftsmodells unterschiedlich relevant. Die Produktion umfasst das

Design, die Herstellung bis zum Angebot des Produkts in ausreichender Menge und Qualität. Als Schlüsselaktivität dominiert sie die Geschäftsmodelle in der verarbeitenden Industrie. Die Problemlösung ist eine Kategorie für Schlüsselaktivitäten, die neue Lösungen für individuelle Kundenprobleme zum Gegenstand haben, z. B. für das Auffinden verloren gegangener Gepäckstücke von Passagieren großer Fluggesellschaften. Die Leistungen von Beratungsunternehmen, Krankenhäusern und anderen Dienstleistern sind geprägt von Problemlösungsaktivitäten, die im Geschäftsmodell mit dem Wissensmanagement z. B. in Form bestimmter Datenbanksysteme und kontinuierlicher Mitarbeiterschulungen abgebildet werden. Geschäftsmodelle, die auf einer zentralen Plattform als Schlüsselressource basieren, verlangen nach einem Plattformmanagement, einer Service-Bereitstellung und Plattformwerbung als Schlüsselaktivitäten. Als Plattform können dabei Netzwerke, Hersteller-Lieferanten-Ketten (z. B. Dell), Matching- oder Auktionsplattformen (z. B. eBay.com), Software (z. B. Microsoft) und auch Marken fungieren.

Baustein 8: Schlüsselpartnerschaften

Unternehmer schließen Allianzen, um ihr Geschäftsmodell zu entwickeln und an den Markt zu bringen, Risiko zu reduzieren und Ressourcen zu beschaffen. Schlüsselpartnerschaften erfassen mithin das Netzwerk an Lieferanten und Partnern, die mit den Unternehmern das Geschäftsmodell funktionsfähig machen. Allgemein werden vier verschiedene Typen von Partnerschaften unterschieden: strategische Allianzen zwischen nicht konkurrierenden Marktteilnehmen und solchen zwischen Wettbewerbern, die sogenannte Coopetition, Joint Ventures zur Entwicklung neuer Geschäftsfelder, Käufer-Lieferanten-Beziehungen zur Sicherung passgenauer Lieferungen. Für den Unternehmer kommen weitere Partnerschaften hinzu, die Schlüsselressourcen bereitstellen. Dies sind die aktiven Kapitalgeber wie Business Angels und Venture-Capital-Geber, Know-how-Träger wie Forschungs- und Entwicklungseinrichtungen, zentrale Mitarbeiter für den Entwicklungs- und Herstellungsprozess des Produkts und nicht zuletzt Schlüsselkunden, die das erste Produkt am Markt schon in der Entstehungsphase mitgestalten. Zu fragen ist also: Wer sind die Schlüsselpartner? Welche Schlüsselressourcen akquirieren wir von welchen Partnern? Welche Schlüsselaktivitäten leisten die Partner? Die Motivation zu Schlüsselpartnerschaften lässt sich in zwei Kategorien zusammenfassen. Die Ressourcenakquise, Ressourcenoptimierung und Ausnutzung von Economies of Scale, z. B. durch Outsourcing bestimmter F&E-Leistungen oder Herstellungsprozesse, zielt auf die Reduzierung der Kosten im Geschäftsmodell. Ein weiteres Motiv ist die Handhabung von Unsicherheit und die Reduzierung von Risiko, die den Markteintritt mit einer neuen Technologie prägen. Wenngleich z. B. bei der Einführung der Blue-Ray-Technologie bei den optischen Disc-Formaten die weltweit führenden Hersteller für Consumer Electronics bei der Einführung eines gemeinsamen Standards zur Handhabung des Abnehmerrisikos kooperieren, schließt dies nicht den Wettbewerb mit ihren jeweiligen Blue-Ray-Produkten aus.

Baustein 9: Kostenstruktur

Die Kostenstruktur erfasst alle Kosten, die bei der Umsetzung des Geschäftsmodells anfallen. Die Kosten für die Generierung und Bereitstellung des Wertbeitrags für den Kunden, zum Erhalt der Kundenbeziehung und zur Erzielung der Erlöse können nach Definition der Schlüsselressourcen, der Schlüsselaktivitäten und Schlüsselpartnerschaften kalkuliert werden. Handlungsleitende Fragen zur Entwicklung dieses Bausteins sind: Welches sind die kritischen, mithin erfolgswirksamsten Kostentreiber in unserem Geschäftsmodell? Welche Schlüsselressourcen sind die kostenträchtigsten? Welche Schlüsselaktivitäten sind am kostenintensivsten? Einige Geschäftsmodelle wie die von Billigfliegern sind vollständig auf Basis niedriger Kostenstrukturen entwickelt worden. Von diesen kostengetriebenen Geschäftsmodellen, die Niedrigpreis-Value-Propositions, maximale Automatisierung und extensives Outsourcing anwenden, können wertgetriebene Geschäftsmodelle unterschieden werden, die wie bei Luxushotels eine Premium-Value-Proposition und personalintensive, individualisierte Services anbieten. Die meisten Geschäftsmodelle liegen zwischen diesen beiden Extrema. Wie beim Erlösstrom gilt es für den Unternehmer, das Geschäftsmodell auf die kritischen Kostentreiber mit dem stärksten Einfluss auf den Erfolg zu identifizieren und durch Ressourcenmanagement, z. B. Bootstrapping, in der Gründungsphase erfolgswirksam zu senken. Zum Beispiel finanzierte Jeff Bezos Amazon.com in der Frühphase durch Bootstrapping-Finanzierung über seine Familie, Lieferantenkredite und Kreditkartenüberziehungen. Um hier gezielt vorgehen zu können, sind Kostenvorteile bei mengenunabhängigen, fixen Kosten, bei den mengenabhängigen, variablen Kosten, bei Fixkostendegressionseffekten durch Economies of Scale und bei Synergieeffekten durch Economies of Scope zu suchen. Geschäftsmodelle der Produkthersteller sind fixkostenlastig, Dienstleister wie Musikfestivals verzeichnen hohe variable Kosten, wachsende Unternehmen realisieren durch Mengenvorteile zunehmend Economies of Scale und, wie im Fall Amazon.com, durch Vertrieb zusätzlicher Produkte über dieselbe Plattform und Marke (»cross-selling«) Economies of Scope, die kostensenkend wirken.

Muster und Dynamik von Geschäftsmodellen

Kein Geschäftsmodell ist statisch und verbleibt im Stadium des Leinwandentwurfs. Spätestens nach dem Markteintritt und ersten Reaktionen von Kunden und Wettbewerbern, dem »proof-of-concept«, ändern sich einzelne Bausteine bis hin zu kompletten Designs von Geschäftsmodellen, da der zentrale Baustein, das Kundensegment, falsch definiert sein kann und ein B2C- zu einem B2B-Geschäftsmodell wird, was Veränderungen in allen anderen Bausteinen bewirkt. Für eine dynamische Betrachtung können Geschäftsmodellmuster identifiziert werden, die in der Konfiguration und in der Entwicklung eines Geschäftsmodells kombiniert auftreten können. Osterwalder und Pigneur (2010) haben fünf standardisierte Muster mit den zentralen Merkmalen zusammengefasst (Tabelle 6-3).

Tab. 6-3

Geschäftsmodellmuster nach Osterwaler und Pigneur (2010)

Muster	Unbundling Business Models	The Long Tail	Multi-Sided Platforms	Free as a Business Model	Open Business Models
Kontext (vorher)	Als integriertes Modell kombiniert es Infrastrukturmanagement, Produktinnovation und Kundenbeziehungen.	Die Value Proposition zielt nur auf den profitabelsten Kunden.	Eine Value Proposition zielt auf ein Kundensegment.	Eine Value Propositon mit hohem Wert und hohen Kosten wird nur zahlenden Kunden angeboten.	F&E-Ressourcen und Schlüsselaktivitäten werden inhouse konzentriert: Ideen werden intern entwickelt und F&E-Ergebnisse intern ausgeschöpft.
Herausforderung	Kosten sind zu hoch; mehrere konfligierende Organisationskulturen in einer Organisationeinheit, die in unerwünschten Zielkonflikten münden.	Weniger profitables Kundensegment mit spezifischer Value Proposition zu adressieren, ist zu kostenintensiv.	Unternehmen scheitern bei der Gewinnung potenzieller neuer Kunden, die am Zugang zur bestehenden Kundenbasis interessiert sind (z. B. Spieleentwickler, die Zugang zu Konsolennutzern suchen).	Der hohe Preis schreckt Kunden ab.	F&E ist kostenintensiv und/oder die Produktivität leidet.
Lösung (nachher)	Das Geschäftsmodell ist in drei separate, aber komplementäre Modelle nach Infrastrukturmanagement, Produktinnovation und Kundenbeziehungen gegliedert.	Die neue zusätliche Value Proposition zielt auf eine große Zahl in der Vergangenheit weniger profitabler, Nischen-Kundensegmente, die im Aggregat profitabel sind.	Eine Value Proposition »giving access« wird zum existierenden Kundensegment hinzugefügt.	Mehrere Value Propositions werden verschiedenen Kundensegmenten mit unterschiedlichen Erlösströmen angeboten, einer von ihnen kostenlos (oder zu sehr niedrigen Kosten).	F&E ist kostenintensiv und Aktivitäten werden durch die Nutzung externer Partner outgesourct. Interne F&E-Ergebnisse werden in eine Value Proposition transformiert und interessanten Kundensegmenten angeboten.
Grundprinzip	Verbesserungen der IT und Managementtools erlauben die Separierung und Koordination verschiedener Geschäftsmodelle zu niedrigeren Kosten mit Beseitung der unerwünschen Zielkonflikte.	Verbesserungen der IT und Managementaktivitäten erlauben zugeschnittene Value Propositions für eine größere Zahl neuer Kunden zu niedrigen Kosten.	Ein Intermediär, der eine Plattform zwischen zwei oder mehr Kundensegmenten betreibt, fügt Erlösströme zum existierenden Geschäftsmodell hinzu.	Nicht-bezahlende Kundensegmente werden durch die zahlenden Kunden subventioniert mit dem Ziel, die maximale Anzahl an Nutzern anzuziehen.	Akquise von F&E von externen Partnern kann weniger kostenintensiv sein, was zu einem schnellerem Time-to-Market führt. Nicht ausgeschöpfte Innovationen extern zu verkaufen, hat das Potenzial zu mehr Erlösen.
Beispiele	Private Banking, Mobile Telekommunikation	Verlagswesen, LEGO	Google, Spielekonsolen von Nintendo, Sony und Microsoft, Apple iPod, iTunes, iPhone	Werbung und Zeitungen, Metro, Flickr, Open Source, Red Hat, Skype, Gillette, Rasierer und Rasierklingen	Procter & Gamble, GlaxoSmithKline, Innocentive

6.6 Fallstudie: Hitflip Media Trading

Die Hitflip Media Trading GmbH wurde im Juni 2005 von den drei Doktoranden Jan Miczaika, Gerald Schönbucher und Andre Alpar gegründet. Letzterer verließ das Unternehmen 2008 bereits wieder. Die verbleibenden zwei Gründer werden heute von einem Team von 30 Mitarbeitern bei der Programmierung, im Marketing und in der Kundenbetreuung unterstützt. Das junge Internet-Unternehmen mit Sitz in Köln betreibt zwei verschiedene Plattformen: Hitflip, eine Tauschbörse für jegliche Form von gebrauchten Medienartikeln wie DVDs, CDs oder Videospielen, und Hitmeister, einen Online-Marktplatz für den Handel mit vornehmlich neuen Produkten aller Kategorien.

Es war Ende 2004, vier Jahre nach der ersten weltweiten Dotcom-Krise, als Gerald und Jan mal wieder von ihrer Doktorarbeit abschweiften und aktuelle, aber auch ältere Internet-Geschäftsmodelle analysierten. Von diesen erweckte insbesondere die amerikanische Tauschbörse Peerflix ihre Aufmerksamkeit. Einige kurze Marktrecherchen reichten und für beide stand fest, dass es kein vergleichbares Konzept für den deutschen Markt gibt. Ohne viel Zeit zu verlieren und weiter über alternative Beschäftigungen nachzudenken, entscheiden sich Gerald und Jan, das Geschäftsmodell von Peerflix entsprechend den Gegebenheiten des deutschen Markts und den von ihnen entdeckten Schwächen anzupassen. Da beide zu der Zeit nur über bescheidene Kompetenzen im Online-Marketing verfügten, sprachen sie Andre an, einen Kommilitonen von der WHU – Otto Beisheim School of Management, den sie bisher nur flüchtig kannten, um gemeinsam Hitflip zu gründen.

Kern des Geschäftsmodells von Hitflip ist der Betrieb einer Peer-To-Peer-Tausch-Community für gebrauchte Medienprodukte. Das Ziel der Gründer bestand vor allem darin, durch ihr Angebot den Tauschprozess so einfach und kostengünstig wie möglich zu gestalten. Die Registrierung als Mitglied der Community ist kostenlos möglich. Jedes Mitglied hat eine virtuelle Bibliothek, in welche die zum Tausch angebotenen Produkte mithilfe der eindeutigen Artikelnummer (EAN) eingestellt werden. Getauscht wird allerdings nicht Ware gegen Ware, sondern, wie Abbildung 6-3 zeigt, jeweils gegen eine Community-Währung, die Flips genannt wird. Im Grunde funktioniert der Tauschprozess so, dass ein Mitglied A sich ein gewünschtes Produkt in der Bibliothek eines anderen Mitglieds B aussucht und dies seinem Warenkorb hinzufügt. Mitglied B erhält dann eine Nachricht über den »Tausch«-Wunsch. Wenn das Produkt an Mitglied A versendet wurde, erhält Mitglied B dafür eine bestimmte Anzahl an Flips auf sein Konto gutgeschrieben, mit denen es nun Produkte eines anderen Mitglieds, z. B. Mitglied C, »erwerben« kann. Bei jedem Tausch erhält Hitflip 0,99 Euro als Transaktionsgebühr. Besitzt ein Mitglied nicht genügend Flips, kann es diese für 0,99 Euro pro Stück erwerben. Heute ist Hiflip mit 15.000 »getauschten« Produkten täglich und mehr als 350.000 Mitgliedern in Deutschland, Österreich, der Schweiz und Großbritannien Europas größte Tausch-Community.

Das Unternehmen war in den Anfangsjahren 2005 und 2006 sehr erfolgreich, auch weil die Rezession in Deutschland die Menschen dazu bewog, vermehrt gebrauchte Produkte nachzufragen, statt neue Produkte zu kaufen. Zudem erhielten die Grün-

Abb. 6-3

Geschäftsmodell von Hitflip

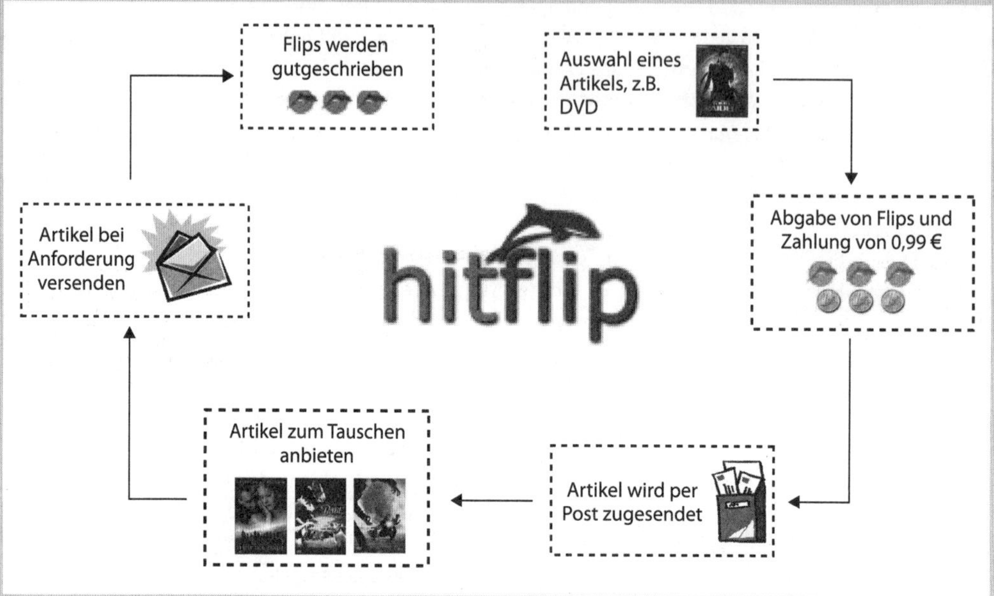

der genügend Kapitel vom European Founders Found, um das Geschäftsmodell auf andere Märkte in Europa zu expandieren. Nicht ahnend, wie sich das Unternehmen in Zukunft entwickeln würde, entscheiden Jan, Gerald und Andre 2006, ihre wissenschaftliche Karriere zunächst zu vernachlässigen und sich voll auf ihr Unternehmen zu konzentrieren. Nach exponentiellem Wachstum in den Geschäftsjahren eins und zwei erzielt das Unternehmen bereits 2007 nur noch geringe Wachstumsraten. Aufgeschreckt beginnen die Gründer damit, erstmalig das Marktpotenzial ihres Geschäftsmodells genauer zu analysieren. Die Ergebnisse ihrer Analysen deuten auf einen begrenzten und in naher Zukunft gesättigten Markt hin. Viele Produktkategorien eignen sich einfach nicht für den Tauschmarkt, weil sie beispielsweise zu groß sind oder nur als Neuprodukt gekauft werden.
So kam es, dass die Gründer im Sommer 2007 erneut existierende Online-Geschäftsmodelle auf mögliche Schwächen hin untersuchten. Angespornt von den bisherigen unternehmerischen Erfolgen, sollte die entwickelte Marktplatz-Technologie von Hitflip als Ausgangsbasis genutzt werden. Daher analysieren sie insbesondere die beiden dominanten Online-Marktplätze eBay und Amazon Marketplace. Schnell stellen sie vermeintliche Schwächen der beiden Geschäftsmodelle fest und entwickeln daraus ihre zweite Geschäftsidee Hitmeister. Um langwierige Finanzierungsverhandlungen zu umgehen, verwenden die Gründer vor allem die Cashflows von Hitflip, um die Anfangsinvestitionen für die Umsetzung ihrer neuen unternehme-

Abb. 6-4

Geschäftsmodell von Hitmeister

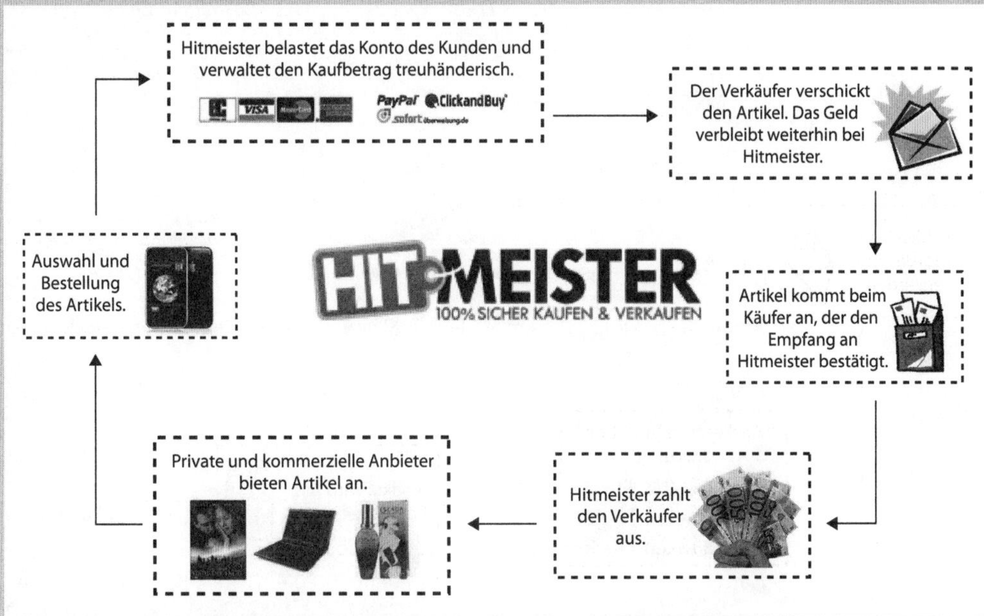

rischen Gelegenheit zu finanzieren. Das Geschäftsmodell von Hitmeister, welches in Tabelle 6-4 dargestellt ist, beinhaltet einen Online-Marktplatz, auf dem neue und gebrauchte Produkte zu einem Fixpreis gehandelt werden sollen. Auf Hitmeister.de können sowohl Privatpersonen wie auch Gewerbetreibende Produkte zum Verkauf anbieten. Während die Registrierung als auch das Anbieten von Produkten kostenlos ist, erhält Hitmeister für jeden erfolgreichen Verkauf eine Kommissionsgebühr, die zwischen 3 % und 13 % des Kaufpreises beträgt. Nachdem ein Kunde ein Produkt erworben hat, belastet Hitmeister das Konto des Kunden mit dem Kaufpreis, der allerdings nicht dem Verkäufer direkt gutgeschrieben wird, sondern auf einem Treuhandkonto verbleibt. Erst wenn der Käufer den Erhalt der Ware gegenüber Hitmeister anzeigt, wird der Kaufpreis dem Verkäufer gutgeschrieben. Trotz der starken Konkurrenz durch eBay und Amazon gehört Hitmeister.de mit 1,3 Mio. Aufrufen pro Monat und 400.000 registrierten Mitgliedern heute zu den erfolgreichsten Online-Marktplätzen in Deutschland. Insgesamt werden mehr als 20 Mio. Produkte aus den verschiedensten Kategorien angeboten.

Aufgaben

1. *Differenzieren Sie zwischen einem Geschäfts- und dem Erlösmodell eines Unternehmens. Worin besteht das Erlösmodell der Hitflip Media Trading GmbH?*

2. *Vergleichen Sie Hitmeister und Hitflip. Worin bestehen die Gemeinsamkeiten der beiden Geschäftsmodelle?*

3. *Vergleichen Sie Amazon Marketplace, eBay und Hitmeister. Was ist das Alleinstellungsmerkmal von Hitmeister?*

Weiterführende Literatur

Afuah, A. (2004). Business Models: A Strategic Management Approach. New York, NY.

Amit, R. und Zott, C. (2001). Value Creation in E-Business. In: Strategic Management Journal 22 (6/7), S. 493-520.

Bornemann, M. (2010). Die Erfolgswirkung der Geschäftsmodellgestaltung: Eine kontextabhängige Betrachtung. Wiesbaden.

Chesbrough, H. (2006). Open Business Models: How to Thrive in the New Innovation Landscape. Boston, MA.

Morris, M. H., Schindehutte, M. und Allen, J. (2005). The Entrepreneur's Business Model: Toward a Unified Perspective. In: Journal of Business Research 58 (6), 726-735.

Osterwalder, A. und Pigneur, Y. (2010). Business Model Generation. Selbstverlag.

Zott, C. und Amit, R. (2007). Business Model Design and the Performance of Entrepreneurial Firms. Organization Science 18 (2), S. 181-199.

Zott, C. und Amit, R. (2008). The Fit between Product Market Strategy and Business Model: Implications for Firm Performance. In: Strategic Management Journal 29 (1), S. 1-26.

Zott, C. und Amit, R. (2010). Business Model Design: An Activity System Perspective. In: Long Range Planning 43 (2-3), S. 216-226.

7 Geschäftsplanung

Lernziele

Ein formuliertes Geschäftsmodell muss in die Tat umgesetzt werden, um eine Unternehmen zu gründen. Eine ausführliche Planung dieser Umsetzung ist dabei eine wichtige Basis. Das Erstellen eines solchen Geschäfts- oder Businessplans ist häufig Kern von Entrepreneurship-Lehrveranstaltungen. Regionale, überregionale, bundesweite sowie branchenbezogene Wettbewerbe basieren zudem auf dem Konzept des Geschäftsplans. Als Artefakt ist der Plan dabei das Ergebnis des damit verbundenen Prozesses, der Geschäftsplanung. Häufig stellt ein vollständig entwickelter Geschäftsplan den Zeitpunkt dar, ab dem die eher konzeptionellen Prozesse rund um das Finden, Schaffen und Bewerten einer unternehmerischen Gelegenheit von operativen Unternehmensaufbauprozessen abgelöst werden. In diesem Kapitel werden die Elemente eines Geschäftsplans vorgestellt. Zudem wird auf die Autoren des Geschäftsplans, den Prozess der Geschäftsplanung sowie die unterschiedlichen Funktionen und Adressaten eines Geschäftsplans eingegangen.

Nachdem Sie dieses Kapitel durchgearbeitet haben, werden Sie insbesondere:

- die Herausforderungen des Planungsprozesses und die Anforderungen an die Autoren einschätzen können,
- unterschiedliche Adressaten und Zwecke der Geschäftsplanung sowie Ausgestaltungen eines Geschäftsplans unterscheiden können,
- die Elemente eines Geschäftsplans, deren Zusammenhänge sowie ihre unterschiedliche Bedeutung kennen,
- wichtige Fragen verstehen, die man sich bei der Erstellung des Geschäftsplans stellen sollte,
- einen Einblick in die Diskussion zur Wirkung der Geschäftsplanung im Gründungskontext erhalten haben.

7.1 Pläne und Unternehmen

Jede Tätigkeit in der Industrie, vor allem in Großunternehmen, führt dazu, dass Erfahrungen mit Plänen und Planung gesammelt werden. Großunternehmen funktionieren auf der Basis von Plänen. Sie sind wichtiges Kommunikations-, Abstimmungs- und Kontrollinstrument. Pläne existieren auf unterschiedlichen Abstraktionsebenen und reichen dabei von dem strategisch ausgerichteten Gesamtunternehmensplan bis hin zur operativen Tagesplanung in der Produktion.

Pläne für unterschiedliche Funktionen

Außerdem unterscheiden sich Pläne üblicherweise nach den unterschiedlichen betrieblichen Funktionen, in denen sie erstellt werden. Der Vertriebsplan muss eingehalten werden, um die Umsatzziele der Finanzplanung zu erreichen. Dazu ist die Erfüllung der Marketingpläne notwendig, um bei den Kunden entsprechende

Sichtbarkeit zu erreichen. Damit die Stückzahlen für den Vertrieb erreicht werden, müssen Produktionspläne aufgestellt werden. Produktionsausweitungen und neue Markterschließungsaktivitäten wiederum bedingen die Einstellung von Mitarbeitern, die in Personalplanungen festgehalten werden müssen. Diese Darstellung bildet nur einen Ausschnitt der Planungsaktivitäten im etablierten Unternehmen ab.

Technologiebasierte Gründungen zeichnen sich häufig dadurch aus, dass die Gründer in vielen Fällen einen fachlichen Hintergrund haben, der im Zusammenhang mit der Technologie steht. Darüber hinaus können Erfahrungen mit Unternehmensprozessen vorhanden sein, wenn die Gründer bereits in einem Unternehmen gearbeitet haben. Sind die Gründer Wissenschaftler, dann fehlt allerdings häufig diese Form von Erfahrung. Es ist daher grundsätzlich hilfreich, sich an dieser Stelle zunächst die Idee der Planung im Kontext etablierter Unternehmen vor Augen zu führen. Für den Zusammenhang technologiebasierter Gründungen ist festzuhalten, dass der Geschäfts- oder Businessplan nur ein erster Schritt in eine planbasierte Aktivität namens Unternehmung ist.

Eine Unternehmung als eine planbasierte Aktivität verstehen

Je größer und damit komplexer das Unternehmen wird, desto wichtiger werden Pläne, um dem Management eine fundierte Arbeits- und Entscheidungsgrundlage zu liefern. Im Gründungskontext werden sämtliche Funktionsbereiche und Abstraktionsebenen integriert, um ein umfassendes Bild des Unternehmens abzugeben.

7.2 Definitionen des Geschäftsplans

Geschäftsplan

Ein Geschäftsplan ist im weitesten Sinne eine komprimierte Niederschrift der Planung eines Unternehmens und schildert eine angestrebte beziehungsweise erwartete Unternehmensentwicklung. Er ist die verbalisierte, durch betriebswirtschaftliche Daten fundierte unternehmerische Vision (Ripsas, 1998). Für den nüchternen Betrachter kann er auch »nichts anderes als ein traditioneller strategischer Plan für ein neu zu gründendes Unternehmen« (Dowling, 2003) sein. Der Geschäftsplan gibt vollständige Auskunft über die Geschäftsidee und das Geschäftsmodell, die Unternehmensstrategie, die Rechts- und Beteiligungsstruktur, die Finanzierung, das Liefer- und Leistungsprofil sowie über die Marktchancen und Risiken. Der Geschäftsplan enthält einen beschreibenden Textteil und einen detaillierten Zahlen- beziehungsweise Tabellenkalkulationsteil.

Neudeutsch dominiert der Begriff Businessplan

Häufig wird statt des Begriffs »Geschäftsplan« die englische Bezeichnung »Businessplan« verwendet, jedoch bezeichnet man ihn auch als »Unternehmensplan« oder »strategisches Unternehmenskonzept«. Geschäftspläne können als niedergeschriebenes Strategiepapier definiert werden, welches Wege für den zukünftigen Erfolg eines Unternehmens über mehrere Jahre aufführt und beschreibt. Der Geschäftsplan ist die Übersetzung der Geschäftsidee in einen Plan zum Geschäftemachen. Eine Gefahr für eine Unternehmensgründung ist die Unterschätzung der Notwendigkeit einer detaillierten Ausarbeitung eines Geschäftsplans und hier insbesondere die strukturierte, inhaltliche und verständliche Beschreibung sowie Darstellung der abzubildenden betriebswirtschaftlichen Funktionen.

Interne und externe Zwecke des Geschäftsplans

Der Sinn und Zweck eines Geschäftsplans kann hinsichtlich seiner internen und externen Aufgaben unterschieden werden. Aus interner Sicht ist der Geschäftsplan ein Instrument, um die angestrebte Unternehmensentwicklung zu planen und Maßnahmen zur Erreichung der gesetzten Ziele in strukturierter Weise vorzubereiten. Aufbauend auf den Grundbausteinen Situationsbestimmung (Wo bin ich jetzt?) und Zielformulierung (Wo will ich hin?) beantwortet der Plan die Frage, wie das gesteckte Ziel aus der aktuellen Situation heraus erreicht werden kann. Ein Geschäftsplan kann als Leitfaden für die Entscheidungsfindung dienen und als Kontrollinstrument bei der Führung und Steuerung des laufenden Geschäfts behilflich sein. Generell wird man bei der Niederschrift und Ausarbeitung eines Geschäftsplans gezwungen, sich über alle wichtigen Bereiche des Unternehmens Gedanken zu machen. Außerdem sensibilisiert der Prozess für Stärken, Schwächen, Chancen und Risiken der Unternehmensverwirklichung.

Aus externer Sicht ist der Geschäftsplan ein Kommunikationsinstrument der Geschäftsidee, der über die reine Information zur Geschäftsidee auch dazu verwendet wird, um die Bekanntheit des Gründungsprojekts in der Frühphase zu fördern. Nach außen wirkt der Geschäftsplan als Absichtserklärung zur Realisation der Unternehmung. Ein Geschäftsplan sollte Überzeugungsarbeit leisten und bei den Adressaten Wohlwollen und schließlich Engagement hervorrufen. So ist ein Geschäftsplan meist eine grundlegende Voraussetzung, wenn es darum geht, Kapital oder Förderprogramme zu akquirieren. Neben der Bedeutung für die Akquise von Kapital dient ein ausgearbeiteter Geschäftsplan auch der Sicherung bestehender oder geplanter Geschäftsbeziehungen zwischen dem Unternehmen und Vertragspartnern, Kunden und Lieferanten.

7.3 Adressaten des Geschäftsplans

Eine Schlüsselfrage bei der Realisation der Unternehmensgründung ist die Finanzierung des Vorhabens. Da die meisten Gründerteams nicht über unbegrenzte finanzielle Ressourcen für die Realisation ihrer Idee verfügen, wird die Start-up-Phase häufig unnötig verzögert beziehungsweise kann erst gar nicht vollzogen werden. Darum ist neben Wettbewerbsteilnahmen häufig die Kapitalsuche Auslöser für einen formalisierten Geschäftsplanungsprozess. Ein Geschäftsplan kann jedoch für eine Reihe von Adressaten erstellt werden:

- Unternehmensgründer/Gründerteam,
- Business Angels,
- Wagniskapitalgeber (»Venture Capitalists«),
- Kreditinstitute,
- Partner,
- Förderinstitutionen,
- Businessplan-Wettbewerbe.

»Writing a business plan forces you into disciplined thinking if you do an intellectually honest job. An idea may sound great in your mind, but when you put down the details and numbers, if may fall apart.« (Eugene Kleiner). Der wichtigste Adressat ist zunächst der Unternehmensgründer oder das Gründerteam selbst. Entsprechend dem obigen Zitat ist der Geschäftsplan ein wichtiges Instrumentarium für die eigene, interne Planung und damit die Reflexion der eigenen Geschäftsidee. Durch einen sorgfältig ausgearbeiteten Geschäftsplan denkt man als Gründer alle relevanten Aspekte einer Geschäftsidee durch und kann so verhindern, sich lediglich mit jenen Aspekten zu befassen, die einen selbst begeistern.

Alle relevanten Aspekte durchdenken

Dies kann bei Technologiegründern das technologische Detail und bei Kaufleuten eine spezifische Marktanwendung sein. Dementsprechend ist es verständlich, dass der Geschäftsplan für die eigene Planung am ausführlichsten ist. Durch das genaue Aufzeigen und Überdenken der Ziele – Wie werden sie erreicht? Welche Entwicklung ist notwendig und welche Ressourcen sind erforderlich? – wird das Unternehmensvorhaben konkretisiert und kann so kritisch hinterfragt werden. Das strukturierte Ausarbeiten des Geschäftsplans zeigt zudem, wo noch Informationsbedarf besteht und dient schließlich dem Gründer beziehungsweise Gründerteam zur Entscheidungsfindung.

Business Angels fördern Ideen und Teams

Business Angels sind häufig ehemalige, erfahrene, meist wohlhabende Unternehmer. Sie tätigen meist Investitionen in Höhe von ca. 30.000 Euro bis 500.000 Euro (Timmons und Spinelli, 2008) und bilden eine Kapitalgebergruppe, die privates Kapital in frühen Unternehmensphasen zur Verfügung stellt. Von zentraler Bedeutung ist für die Business Angels das Management-Team, das sie meist aktiv unterstützen wollen. Daher ist es wichtig, den Geschäftsplan für den Business Angel auf das Team zu fokussieren. Zudem begeistern sich Business Angels für faszinierende »Stories«, die in der Geschäftsidee zum Ausdruck kommen und ihnen in der Regel auch ein persönliches Anliegen beziehungsweise mit ihrer bisherigen Aktivität verbunden sind. Business Angels investieren neben der Renditeerwartung tendenziell eher aus Begeisterung und Sympathie (Brettel, Jaugey und Rost, 2000).

Venture Capitalists sind an Wachstumsmöglichkeiten und einem Exit interessiert

Wagniskapitalgeber (»Venture Capitalists«) interessieren sich in erster Linie für ein ertragreiches Wachstumspotenzial mit einer hohen Rendite. Sie legen in der Darstellung des Geschäftsmodells und der Geschäftsidee besonderen Wert darauf, auf welche Weise und in welchem Zeitraum eine angemessene Rendite realisiert werden kann, sei es durch den operativen Gewinn, einen Börsengang, Verkauf des Unternehmens oder durch Anteilsrückkauf durch Alt- oder Neugesellschafter beziehungsweise das Management (Exit-Strategie).

Kreditinstitute geben in der Regel keine Kredite ohne die Bereitstellung von Sicherheiten seitens des Kreditnehmers. Allerdings reicht eine Bereitstellung von Sicherheiten auch nicht für eine Kreditvergabe aus. Ein Zweck muss verfolgt werden, und dieser kann im Geschäftsplan dargestellt werden.

Banken wollen Sicherheiten, über die Gründer häufig nicht verfügen

Für die Einrichtung eines Überziehungskredits (Kontokorrentkredits) oder kleinerer Investitionskredite kann auch die Bank zum wichtigen Adressaten werden. In der Darstellung von Businessplänen legt sie besonders Wert auf eine genaue Gesamtkapitalbedarfsplanung und die Analyse beziehungsweise Reduktion von Risiken.

Partner sind als Kunden, Sponsoren, Lieferanten und strategische Partner aus der Branche mit dem Unternehmen verbunden. Eine aktive Unterstützung und Beteiligung der Partner steht meist stärker im Vordergrund als eine Kapitalbeteiligung. In manchen Fällen verlangen Partner einen Geschäftsplan, bevor sie eine langfristige Partnerschaft oder strategische Allianz eingehen und das Unternehmen unterstützen. Sie interessieren sich für eine schlüssige Darstellung des Geschäftsmodells, in dem die Partnerschaft einen sinnvollen und zentralen Bestandteil bildet.

Für Förderinstitutionen steht die Förderung von vielversprechenden Projekten im Vordergrund. Häufig werden Steuergelder für die Förderung eingesetzt, sodass Wachstum und Arbeitsplätze von zentralem Interesse sind. Eine intensive Prüfung ist daher Grundlage für die Vergabe der Gelder. Förderinstitutionen verlangen entsprechend einen umfassenden Geschäftsplan, der alle Bereiche ausführlich diskutiert.

Fördereinrichtungen und Businessplanwettbewerbe sind erste Adressaten

Häufig erster Adressat eines Geschäftsplans sind Businessplan-Wettbewerbe. Dies sind meist regelmäßig stattfindende Veranstaltungen, die erstes unabhängiges und unvoreingenommenes Feedback für die Geschäftsidee und den Geschäftsplan liefern. Außerdem kann man bei den zugehörigen Veranstaltungen das Netzwerk erweitern und Kontakte zu Kapitalgebern aufbauen. Preisgelder sind zudem attraktive Anreize in einer finanziell noch instabilen Frühphase. Businessplan-Wettbewerbe sind häufig branchen- oder standortgebunden und verfolgen das Ziel der Wirtschaftsförderung. Da das direkte Ziel der Wirtschaftsförderung über das indirekte Ziel guter Planung erreicht werden soll, verlangen Businessplanwettbewerbe als Adressaten eine umfassende Analyse des Gründungsvorhabens. Häufig existieren klare Strukturvorgaben, die eingehalten werden sollten. Da für Businessplan-Wettbewerbe der Motivations- und Coaching-Gedanke im Vordergrund steht, werden häufig verschiedene Wettbewerbsrunden abgehalten, die aufeinander aufbauend schließlich zu einem Gesamtplan führen sollen.

Tabelle 7-1 zeigt, welche Teilabschnitte eines Geschäftsplans für welche Adressatengruppe besonders wichtig und bedeutsam sind. Die Übersicht zeigt, dass für Businessplan-Wettbewerbe – genau wie für den Gründer – alle Teile von Bedeutung sind. So ist es verständlich, dass die Teilnahme an einem solchen Wettbewerb dem Gründer beziehungsweise Gründerteam hilft, die gesamte Geschäftsplanung konkret zu überdenken, einen guten Geschäftsplan für andere Adressaten zu verfassen und einen Leitfaden für die anstehende Gründung zu formulieren.

Tab. 7-1

Adressaten des Geschäftsplans

	Gründer	Business Angel	Venture Capitalist	Förderprogramme	Banken	Wettbewerbe	Partner
Executive Summary	●	●	●	●	●	●	○
Geschäftsidee	●	●	●	○	○	●	●
Markt	●	○	○	○	○	●	○
Marketing	●	○	○	○	○	●	○
Team	○	●	●	○	○	●	○
Realisationsplanung	●	○	○	○	○	●	●
Finanzplanung	●	○	●	●	●	●	○
Chancen und Risiken	●	○	○	●	●	●	○

● sehr wichtig ○ wichtig

7.4 Prozess der Geschäftsplanung

Geschäftsplanung funktioniert als ständig wiederkehrender (iterativer) Prozess, um die Entwicklung des Unternehmens vorbereiten und kontrollieren zu können. Der Plan muss dabei regelmäßig an die sich verändernden Rahmenbedingungen angepasst werden. In der Theorie lassen sich fünf Phasen in der Geschäftsplan-Erstellung unterscheiden: Datenerfassung, Datenanalyse, Entwurf, Planerstellung, Präsentation (vgl. auch Abbildung 7-1).

Fünf Phasen der Geschäftsplanung

In der Praxis handelt es sich jedoch gerade bei der ersten Version häufig um einen iterativen Prozess, der einen entsprechenden Lernprozess für das Gründungsvorhaben darstellt.

Bei der Datenerfassung geht es darum, alle wichtigen Daten für die Erstellung des Geschäftsplans zusammenzutragen. Dies können intern vorhandene Informationen sein, die in der Kommunikation der Teammitglieder untereinander gesammelt werden müssen (v. a. für Geschäftsmodell und Team). Aber auch externe Informationen sind von hoher Bedeutung und müssen vor allem für die Themen Markt und Marketing gesammelt werden. Quellen für die Datenerfassung oder Datensammlung sind:

- Wettbewerber (Internet, Broschüren, etc.),
- Staatliche Institutionen oder Forschungseinrichtungen,
- Berater und Banken,
- Universitäten und branchenbezogene Veröffentlichungen,

Abb. 7-1

Prozess der Geschäftsplanerstellung

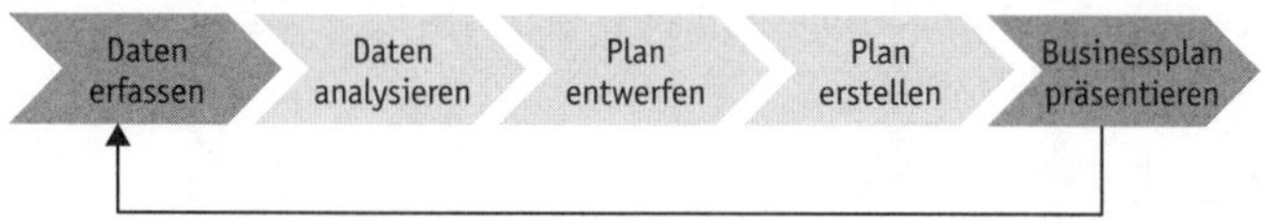

- Branchenverbände,
- Interessengemeinschaften und Vereinigungen, Industrie- und Handelskammern,
- Statistisches Bundesamt,
- Allgemeine und Fachzeitschriften,
- Persönliches Netzwerk.

Informationsquellen

In der Datenanalyse muss die Datenbasis in Bezug auf die zentralen Aussagen des Geschäftsplans untersucht werden. Gerade bei innovativen Geschäftskonzepten und technologiebasierten Gründungen gibt es manchmal nur eingeschränkt Informationen. In diesen Fällen ist es notwendig, aus dem bestehenden Datenmaterial Annahmen zu entwickeln, die die Informationsbasis aus der Recherche ergänzen.

Kostenkalkulation häufig verlässlicher planbar als Umsatzkalkulation

Häufig ist es so, dass die Kostenseite des Geschäftsplans einfacher verlässlich zu kalkulieren ist als die Umsatzseite. Dies ist in der Regel auch den Adressaten des Geschäftsplans bewusst. Allerdings ist es notwendig, beide Seiten mit relevanten und logisch nachvollziehbaren Argumentationsketten zu untermauern. Die Kostenseite lässt sich entsprechend auf vorhandenen Daten kalkulieren, für die Umsatzseite sind sinnvolle Annahmen notwendig.

Es empfiehlt sich, im Anschluss an die Datenanalyse zunächst einen stichwortartigen Planentwurf zu erstellen, der die Storyline (Roter Faden der »Geschichte«) des Geschäftsplans abbildet.

Storyline und Pitch

Häufig lässt sich in diesem Prozess auch ein so genannter Pitch vorbereiten, eine je nach Gelegenheit ein- bis fünfminütige Kurzpräsentation der Geschäftsidee. Prominenter Spezialfall eines Pitches ist der Elevator Pitch. Das Bild bezieht sich auf die Gelegenheit, einem wichtigen Adressaten des Geschäftsplans in einem Fahrstuhl zu begegnen und nur exakt die Zeit der Fahrtstuhlfahrt für die Darstellung der wesentlichen Punkte zur Verfügung zu haben. In den fertigen Entwurf lassen sich Informationen einfüllen, um so schließlich zu einer Erstversion des Geschäftsplans zu gelangen.

Da die Erstellung eines Geschäftsplans für das eigene Verständnis höchst sinnvoll ist, der Prozess allerdings auch durchaus mühselig sein kann, ist es ratsam, sich eine Frist (Deadline) für die Geschäftsplanerstellung zu setzen.

Fristsetzung hilft der Disziplin

In der Regel eignen sich dafür vor allem Businessplan-Wettbewerbe, die fixe Termine über das Jahr haben und gleichzeitig den Anreiz von Sach- und Geldgewinnen bieten. Sicherlich wirkt auch ein anstehendes Gespräch mit einem Investor ausreichend motivierend. In diesem Fall sollte aber die Gelegenheit genutzt werden, den Geschäftsplan und dessen Präsentation vor einem Publikum zu testen, das zunächst hilfreiches Feedback geben kann.

7.5 Elemente des Geschäftsplans

Viele Adressaten erwarten eine spezielle Struktur

Es gibt eine Fülle von Ratgebern, Checklisten und Büchern, in denen unterschiedliche Elemente und Strukturen für Geschäftspläne vorgeschlagen werden. An dieser Stelle soll eine von vielen möglichen Reihenfolgen diskutiert werden, die sich in der Praxis als erfolgreich herausgestellt hat. In jedem Fall gilt jedoch, dass nach Möglichkeit einer vorhandenen Vorlage des jeweiligen Adressaten gefolgt werden sollte. Dies hat zwei positive Effekte zur Folge: 1. Der Adressat erkennt, dass sich die Verfasser mit dem Adressaten auseinandergesetzt haben. 2. Der Adressat findet sich beim Lesen besser zurecht und ist dadurch dem Plan gegenüber positiver eingestellt.

Übung zur Struktur von Geschäftsplänen
Suchen Sie im Internet verschiedene Businessplan-Handbücher oder -Leitfäden. Vergleichen Sie die Strukturen der vorgeschlagenen Geschäftspläne. Wo gibt es eindeutige Übereinstimmungen? Wo gibt es Unterschiede? Welche Begriffe werden übereinstimmend und konsistent verwendet? Welche Begriffe werden unterschiedlich verwendet?

Der Geschäftsplan umfasst als Hauptkomponenten die Kapitel zu der Geschäftsidee, zu dem zu adressierenden Markt, zu den anzuwendenden Marketingmaßnahmen und zum ausführenden Gründerteam. Aus diesen vier Hauptkapiteln fließen Informationen in die als Übersicht dienenden Elemente Realisations- und Finanzplanung sowie die Chancen- und Risikenanalyse.

Die Inhalte der Elemente sind stark interdependent

Der Plan wird durch eine Executive Summary eingeleitet, die auf einer Seite alle zentralen Informationen des Geschäftsplans zusammenfasst. Zudem ist es ratsam, eine übersichtliche Gliederung voranzustellen und ein ansprechendes Deckblatt zu gestalten (s. Abbildung 7-2). Im Folgenden werden die einzelnen Abschnitte in der oben dargestellten Reihenfolge angerissen und relevante Inhalte beleuchtet.

Abb. 7-2

Elemente und Struktur des Geschäftsplans

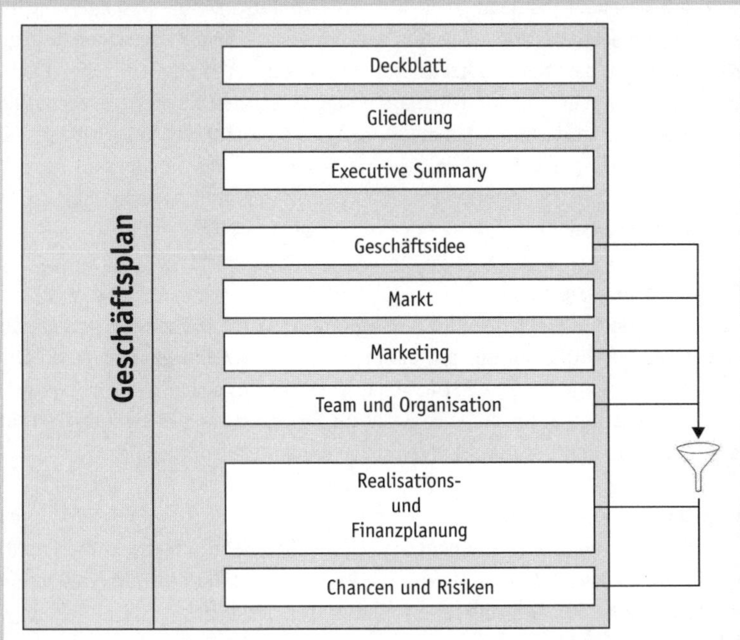

7.5.1 Geschäftsidee

Der Abschnitt zur Geschäftsidee beantwortet die Frage »Was wird angeboten?« Bei technologiebasierten Gründungsprojekten steht dabei die Technologie im Vordergrund. Allerdings muss hier darauf geachtet werden, dass es sich bei dem Geschäftsplan nicht um eine wissenschaftliche Publikation handelt. Es sollte gerade so viel Technologie erläutert werden, um ein grundlegendes Verständnis für die Geschäftsidee zu schaffen. Längere Ausführungen können im Anhang ihren Platz finden. Aufgrund der Fülle an Informationen kann dieser Teil einen größeren Anteil des Plans ausmachen, sollte dabei aber in einem ausgeglichenen Verhältnis zu den anderen Planabschnitten stehen. In der Grobgliederung kann sich dieser erste Abschnitt in folgende drei Komponenten gliedern:

- Problem und Motivation,
- Bisherige Lösungsansätze,
- Eigene Geschäftsidee.

Problem und Motivation

Allgemeine Problemstellung

Die Adressaten des Geschäftsplans müssen zunächst an die Materie herangeführt werden. Dazu muss geschildert werden, in welchem Bereich das Unternehmen tätig ist und mit welchem Problemfeld es sich auseinandersetzt. Die Beschreibung einer relevanten Problemsituation sollte hier durchaus einen Spannungsbogen aufbauen. Hier ist vor allem bei technologiebasierten Gründungen auf eine einfache, durchaus laienhafte, dafür aber verständliche Darstellung zu achten. Kundenaussagen, Bilder, Grafiken, Studienzitate und Tabellen können diese Darstellung unterstützen. Diese helfen dem fachfremden Leser, das Themengebiet genauer einzuordnen. Die Ausführungen zu der Problemstellung müssen dem Adressaten bewusst machen, dass Handlungsbedarf besteht.

Bisherige Lösungsansätze

Unzulänglichkeiten herausstellen

Im Anschluss an die Problemstellung werden bestehende Lösungsansätze beschrieben. Bei der Beschreibung der bisherigen Lösungen sollten explizit deren Unzulänglichkeiten zutage treten. Die Unzulänglichkeiten der bisherigen Lösungsansätze stellen eine wichtige argumentative Basis zur Beschreibung der eigenen Geschäftsidee und des eigenen Lösungsansatzes sowie dessen Mehrnutzens dar.

Innovation und Kundennutzen

Eigene Geschäftsidee

Dieser Abschnitt geht auf die eigentliche Geschäftsidee, die Technik, die Funktion sowie das Innovative des Produkts ein. Die Beschreibung der innovativen Geschäftsidee ist der Kern des Geschäftsplans. Dieser Teil lässt sich noch einmal in vier Teilabschnitte unterteilen:

- Produkt (hierunter verstehen wir im Weiteren Dienstleistungen als inbegriffen),
- Kundennutzen,
- Stand der Entwicklung,
- Realisation der Geschäftsidee.

Produkt

Zunächst erfolgt die Beschreibung des eigentlich angebotenen innovativen Produkts. Hier werden die innovative Technik des Produkts und deren Problemlösungseigenschaften, v. a. im Vergleich und in Abgrenzung zu den bisherigen Lösungen, dargestellt. Der Adressat des Geschäftsplans ist meist kein Experte auf den jeweiligen technischen Fachgebieten. Der beschreibende Textteil sollte nach Möglichkeit nur wenige Fachwörter enthalten.

Kundennutzen aufzeigen

Aufbauend auf der Funktionsweise, sollte auf den sogenannten Kundennutzen näher eingegangen werden. Kunde wie Investor interessieren sich weniger für die Brillanz technischer Details. Vielmehr steht der wahrgenommene Mehrwert aus Kundensicht im Vordergrund. Der Kunde will entweder direkt Kosten sparen, indirekt Kostenvorteile über Zeitersparnis realisieren, oder er will eine höhere Qualität erhalten. Kundennutzen entsteht ebenfalls aufgrund von Rationalisierungspotenzial, Wartungsvorteilen und Qualität der Herstellung. Zudem kann der Kundennutzen auch durch Freizeitwert oder Prestigewert generiert werden (Kotler und Bliemel, 1992).

Abb. 7-3

Die eigene Lösung im Vergleich zu anderen

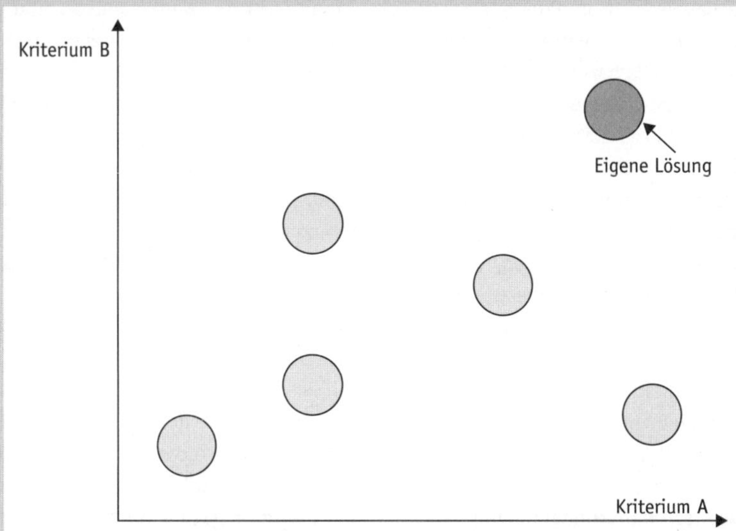

Unique Selling Proposition

Der »USP« (unique selling proposition) bezeichnet das Alleinstellungsmerkmal der eigenen Geschäftsidee und kann als Konkretisierung des Kundennutzens verstanden werden. Das Alleinstellungsmerkmal muss sichtbar, relevant und nachhaltig sein. Der Kunde muss den Vorteil begreifen und nachvollziehen können; dieser muss einen wichtigen Unterschied ausmachen für den Kunden auf Dauer erhalten bleiben. Wie Abbildung 7-3 zeigt, kann das Alleinstellungsmerkmal in einer Portfolio-Darstellung veranschaulicht werden. In einer solchen Abbildung kann die Innovation der eigenen Lösung, die Differenzierung gegenüber den bisherigen Lösungsansätzen und Unternehmen grafisch hervorgehoben werden. Diese Form der Abbildungen transportiert zentrale Aussagen des Geschäftsplans und erleichtert sowohl die Präzisierung des eigenen Verständnisses als auch die Verständlichkeit gegenüber den anderen Adressaten.

Stand der Entwicklung

In der Darstellung des Geschäftsplans sollte an dieser Stelle ein Überblick darüber gegeben werden, wie weit die Realisierung der Geschäftsidee vorangeschritten ist. Die Beschreibung kann grafisch anhand eines Zeitstrahls beziehungsweise durch eine tabellarische Darstellung erfolgen.

Zeitstrahl oder tabellarische Darstellung

Informationen können erfolgreiche Patentierungen, Lizenzierungen, Zertifizierungen oder Tests, Bau oder Fertigstellung eines Prototyps oder die Akquise eines Referenzkunden umfassen. Die Darstellung weiterer Schritte kann eine Überleitung zur Darstellung der Realisation der Geschäftsidee bilden.

Realisation der Geschäftsidee
Das Geschäftsmodell (vgl. Kapitel 6) beschreibt die Realisation der Geschäftsidee in drei Komponenten (Stähler, 2001): Basis des Geschäftsmodells ist der Kundennutzen, das Verkaufsargument (s. oben). Die Architektur der Wertschöpfung und das Ertragsmodell der Unternehmung stellen die Kosten- und Ertragsquellen des Geschäftsmodells dar. Bei der Architektur der Wertschöpfung der Unternehmung sind die Erstellung der Leistung und der Bau des Produkts zu beschreiben sowie die daraus resultierenden Kosten und deren Ursachen. So kann an dieser Stelle auch eine Beschreibung der verschiedenen Stufen des Wertschöpfungssystems, d. h., von den Einsatzmaterialien bis zum zahlungsbereiten Kunden erfolgen. Das Ertragsmodell beschreibt die Quelle der Einnahmen. Erträge können bspw. durch Produktverkäufe, Lizenzeinnahmen, Werbeeinnahmen, Einnahmen aus Beratungstätigkeiten und anderen Dienstleistungen generiert werden.

7.5.2 Markt

Im Teil Markt (vgl. Kapitel 12) soll ein Überblick über die adressierten Märkte gegeben werden. Hier wird die Frage beantwortet »Wem wird es angeboten?« Dazu bietet sich an, von einem Blick auf den Gesamtmarkt zu starten und darauf aufbauend spezifischer zu werden. Sinnvoll ist die Definition einer Branchenzugehörigkeit. Branchen bilden dabei breit angelegte Anbietergruppen ab.

Markt und Branche

Sie bezeichnen Zweige der Volkswirtschaft, die sich in der Regel durch ihre Produkte oder Produktgruppen voneinander unterscheiden. Eine Hilfe für die Findung der Branchenzugehörigkeit liefert die offizielle Klassifikation der Wirtschaftszweige. Ein Beispiel wäre die Branche für erneuerbare Energien. In der EU gilt die Statistische Systematik der Wirtschaftszweige (NACE). Für Deutschland gelten darauf aufbauende WZ-Codes. Über beide Klassifizierungen unterrichtet das Statistische Bundesamt (www.destatis.de). Märkte differenzieren sich im Gegensatz zur Branche eher durch Kundengruppen oder Anwendungen. Eine trennscharfe Abgrenzung existiert hier jedoch nicht. Ein Markt ist ein Treffpunkt aller relevanten Marktakteure in einem bestimmten Anwendungsfeld. Der relevante Markt bezeichnet das Interaktionsfeld der Marktakteure, d. h. der potenziellen Wettbewerber, Zielgruppen und Lieferanten. Ein Beispiel wäre der Markt für Photovoltaikanlagen. Eine Gesamtmarktbetrachtung zu Anfang des Abschnitts sollte auf die Marktgröße (in EUR) eingehen und erkennbare Trends (Umwelt etc.) sowie Entwicklungen (Verständnis von allgemeinen technischen Zusammenhängen, ggf. demografische Veränderungen, etc.) erwähnen.

Segmentierung des Zielmarktes
Der relevante Zielmarkt bezeichnet die Gesamtheit der potenziellen Zielkunden, die durch das Produkt angesprochen werden sollen. Voraussetzung für eine Auswahl und Analyse ist das Vorhandensein eines solchen Zielmarktes. Bei technologiebasierten Gründungen kann es jedoch je nach Innovationsgrad der Technologie sein,

Abb. 7-4

Segmentierung

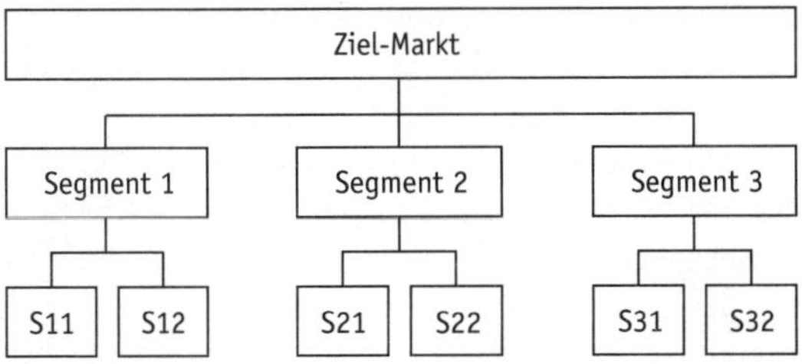

dass zunächst kein Markt identifizierbar ist. Alternativ stellt sich das Problem so dar, dass zunächst eine Vielzahl von Anwendungsbereichen möglich erscheint.

Segmentierung als Basis für Fokussetzung

Hierbei ist es wichtig, über die Erfahrung mit Erstanwendern Pilotkunden zu identifizieren und auf diese Weise einige wenige vielversprechende Zielmärkte auszuwählen. In einem weiteren Schritt müssen klare Prioritäten formuliert und Schwerpunkt gesetzt werden. Eine Studie zeigt, dass Gründer vor dem ersten Markteintritt versuchen sollten, mehrere Marktmöglichkeiten für die von ihnen entwickelte Technologie zu identifizieren und zu testen und so zu einer Zielmarktbestimmung zu gelangen (Gruber, MacMillan und Thompson, 2008). Die Zielmärkte sollten schließlich in Größe und Struktur beschrieben werden.

B2B vs. B2C

Für die Marktsegmentierung ist die Unterscheidung zwischen Industriegütern (business-to-business oder B2B) und Konsumgütern (business-to-consumer oder B2C) besonders wichtig. Aufgrund dieser Unterscheidung können verschiedene Kriterien für die Kundenfindung und Marktsegmentierung ausgemacht werden. Mögliche Kriterien für die Zielkunden beziehungsweise Zielmarktfindung und die Marktsegmentierung für Industriegüter (B2B) sind beispielsweise die Anwendungsprobleme der Branche und die Notwendigkeit des Lösungsansatzes. Ein zweites Segmentierungskriterium stellt die Region (weltweit, EU, Deutschland, Region) dar. Mögliche Kriterien für die Zielkunden beziehungsweise Zielmarktfindung und die Marktsegmentierung für Konsumgüter (B2C) sind beispielsweise sozioökonomische Merkmale (Geschlecht, Alter, Region etc.) sowie soziografische Merkmale (Kultur, soziale Schicht etc.). Neben dem Anwendungsproblem und dem zu befriedigenden Kundennutzen können auch psychografische Merkmale wie etwa Einstellung, Gewohnheiten, Selbstbewusstsein und/oder Verhaltensmerkmale (Preisverhalten, Einkaufsstättenwahlverhalten etc.) für eine Marktsegmentierung verwendet werden. Abbildung 7-4 zeigt eine mögliche Darstellung von Zielsegmenten für den Geschäftsplan.

Abschätzung der Marktgröße

Top-Down vs. Bottom-Up

Zwei Ansätze können für eine Marktgrößenschätzung herangezogen werden. Der Top-Down-Ansatz schätzt das Potenzial anhand von Vergleichsgrößen und -gruppen. Die Betrachtung beginnt auf dem allgemeinen Weltmarkt und bricht dann herunter auf den Zielmarkt. Der Bottom-Up-Ansatz betrachtet den Markt auf Basis eines demnächst zu erreichenden Pilotkunden. Ausgehend von diesem ersten Kunden wird abgeleitet, wie viele Kunden mit ähnlichen oder gleichen Bedürfnissen in einem bestimmten Zeitraum gefunden und bedient werden können. Die Abschätzung der Marktgröße erfolgt hierbei anhand des »more of the same«-Prinzips, ausgehend vom Pilotkunden.

Analyse des Zielsegments

Wenn das Zielsegment identifiziert ist, sollte eine genauere Analyse und Beschreibung des Zielsegments erfolgen. Ein anerkanntes Modell für eine Analyse sind die Five Forces nach Porter (2008). Eine entsprechende Grafik und Diskussion findet sich in Kapitel 12. Die Darstellung und Beschreibung in einem Geschäftsplan kann anhand eines Vergleichs der wichtigsten Wettbewerber – z. B. in tabellarischer Form – erfolgen. Je nach Innovationsgrad der Technologie kann eine Segmentierung Voraussetzung für die Analyse sein.

7.5.3 Marketing

Der Bereich Marketing baut insofern auf den Bereichen Geschäftsidee und Markt auf, als dass auf die Fragen »Was wird angeboten?« und »Wem wird es angeboten?« nun die Frage »Wie wird es angeboten?« beantwortet werden muss. Dazu ist im Geschäftsplan zum einen eine allgemeine Wettbewerbsstrategie beziehungsweise Markteintrittsstrategie im Sinne einer Positionierung im Markt zu beschreiben (vgl. Kapitel 12).

Festlegung von Wettbewerbsstrategie und Marketingelementen

Darauf aufbauend sind die klassischen 4 Ps (product, price, promotion, place) des Marketingmixes zu diskutieren. Für den Gründungskontext entwickelt sich aktuell die Disziplin des Entrepreneurial Marketing. Hierbei handelt es sich um Marketingaktivitäten, die insbesondere vor dem Hintergrund knapper Ressourcen, unternehmerischer Unsicherheit und geringer Reputation möglich sind (Grichnik und Mauer, 2010).

Wettbewerbsstrategie und Positionierung

Die strategischen Positionierungen Differenzierung und Kostenführerschaft beziehen sich auf eine klare Verpflichtung zu hoher Qualität oder zu günstigen Preisen. Diese Ausprägungen sind für Gründungsunternehmen aufgrund ihrer Ressourcenbeschränkung in der Regel schwierig zu erreichen. Die natürliche Positionierung für ein Gründungsunternehmen fällt daher in der Regel in den Bereich Nischenstrategie beziehungsweise Fokussierung. Diese strategische Positionierung ist gekennzeichnet durch eine Konzentration auf die Bedienung und Belieferung eines beziehungsweise weniger Segmente. Ziel dieser Strategie ist es, Produkte möglichst exakt auf segmentspezifische Anforderungen abzustimmen. Gerade für Start-ups ist die Strategie geeignet, da ein ressourcengerechter Unternehmensstart und Expansion durch »more of the same« erfolgen kann.

Marketing-Mix

Der Marketing-Mix bezeichnet die Gesamtheit aller steuerbaren taktischen Werkzeuge, die kombiniert werden können, um auf dem Zielmarkt beziehungsweise im Zielsegment und beim Zielkunden eine gewünschte Reaktion hervorzurufen. Bestandteile des Marketing-Mix sind die 4Ps: Produkt (Product), Preis (Price), Kommunikation (Promotion) und Distribution/Vertrieb (Placement), die harmonisch aufeinander abgestimmt werden müssen.

Produkt

In Abgrenzung zu den Darstellungen im Bereich Geschäftsidee sollten die Beschreibungen zum Produkt an dieser Stelle die konkrete Beschaffenheit des Produkts, seine Varianten, Erweiterungen, Zubehör, Verpackung und verbundene Dienstleistungen beinhalten. Zudem können Planungen bzgl. des Produktlebenszyklus erfolgen (wie Einführung, Neuentwicklung, Relaunch etc.). In fortgeschrittenem Stadium kann eine Produktliste diesen Teil füllen. Ein Bild oder eine CAD-Zeichnung können hier einen optischen Eindruck vermitteln.

Preis

Der Plan muss Aussagen über Preise machen. Großunternehmen verfolgen häufig Penetrationsstrategien mit niedrigen Preisen, um schnell Marktanteile zu gewinnen. Die natürliche Strategie für technologiebasierte Gründungsunternehmen ist allerdings die Abschöpfungsstrategie, mit der hohe Margen für die Innovation erzielt werden. Vor allem für Pilotkunden und aufwendigere Lösungen sind Preisnachlässe und Kaufanreize zu erwägen. Darüber hinaus kann es markt- oder branchenspezifische Rabattpraktiken geben, die es zu berücksichtigen gilt. Zur Preisbestimmung auf Basis von Herstellkosten, Wettbewerbsangebot beziehungsweise Kundenvorteil vgl. Kapitel 12. Im Idealfall lassen sich alle drei Ansätze zur Preisfindung heranziehen, um einen Preiskorridor zu ermitteln, mit dem am Markt experimentiert werden kann.

Kommunikation

Kommunikation (Werbung) sorgt für Bekanntheit sowie Wiedererkennung und fördert ein positives Image von Produkt und Unternehmen. Kommunikationsformen müssen im Plan dargestellt werden (vgl. Kapitel 12). Der Effekt von Kommunikationsmaßnahmen ist schwierig zu erfassen. Hier sollten gerade Gründungsunternehmen darauf achten, die Messbarkeit (accountability) von Kommunikationseffekten im Blick zu haben. Verkaufsförderungsmaßnahmen wie Gutscheine, Preisnachlässe und Ausstellungen können diese Messbarkeit ermöglichen.

Distribution

Im Geschäftsplan muss beschrieben werden, wie das Produkt zum Kunden gelangt. Dies umfasst einerseits eine logistische Komponente. Die logistische Planung beinhaltet Entscheidungen über Transportmittel und Lager. Häufig wird in diesem Zusammenhang jedoch vor allem der Aspekt des Vertriebs diskutiert, der auf Marketingmaßnahmen aufbaut und Verkaufsabschlüsse zum Ziel hat (vgl. Kapitel 12). Die Wahl für direkte Vertriebskanäle ist besonders für komplizierte und beratungsintensive Produkte geeignet, die für technologiebasierte Gründungsprojekte typisch sind.

7.5.4 Gründerteam, Management, Organisation

Bei Gründungsprojekten besteht das Unternehmerteam (vgl. Kapitel 9) meist aus den Gründern und stellt in jungen Unternehmen somit häufig auch das Management. Im Geschäftsplan muss geschildert werden, wie das Team aufgestellt ist und welche Fähigkeiten die Teammitglieder in die Unternehmung einbringen.

Fähigkeiten der Teammitglieder

In der Darstellung des Geschäftsplans müssen vor allem die Fähigkeiten des Gründerteams und des Managements hervorgehoben werden, die für das Gründungsvorhaben und den Erfolg des Unternehmens relevant sind. Betont und herausgestellt werden sollte, wenn das Team bereits längere Zeit zusammenarbeitet und sich die Teamarbeit bereits bewährt hat. Zu einem ausführlichen Geschäftsplan sollten zusätzlich zu den Beschreibungen in dem Geschäftsplan Lebensläufe dem Anhang beigefügt werden.

Eine Organisation muss so aufgestellt werden, dass sie in der Lage ist, Werte (verkaufbare Produkte) durch das Unternehmen zu schaffen (vgl. Kapitel 8). Zur formalen Festigung der Organisation bedarf es einer Rechtsform, die den Anforderungen der Organisationsstruktur genügt. Informationen zum Unternehmensstandort sind ebenso wichtig. Bei den Schilderungen sollte herausgestellt werden, welche Standortfaktoren zur Standortwahl geführt haben.

Organisation als Unternehmernsform und als interne Struktur

In der Beschreibung des Geschäftsplans muss zudem herausgestellt werden, welche Bereiche durch die handelnden Personen abgedeckt und welche Bereiche noch besetzt beziehungsweise extern vergeben werden müssen (beispielsweise Steuern, Recht, Versand etc.). Die Schilderungen sollten die Kompetenzen der Verantwortlichen in den verschiedenen Bereichen hervorheben. Ein Organigramm kann helfen, die Organisationsstruktur darzustellen und Verantwortungsbereiche sowie Berichtswege abzubilden (s. Abbildung 7-5).
Häufig ist es von großem Nutzen, wenn neben einem ausgewogenen Gründerteam ein Beirat vorhanden ist, der die Glaubwürdigkeit und Ernsthaftigkeit des Gründungsvorhabens beziehungsweise der Unternehmung untermauert und das Netz-

Abb. 7-5

Organigramm

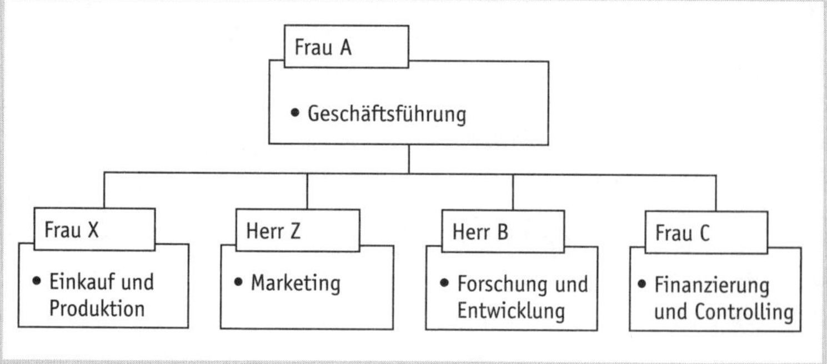

werk erweitert. Der Beirat (Advisory Board) bezeichnet ein dauerhaftes Gremium mit einer beratenden Funktion.

Beirat als Unterstützungsgremium

Beiräte haben oft wenig oder keine Entscheidungsbefugnisse, sondern lediglich eine Kontrollfunktion. Beiräte beschränken sich auf Beratung, Empfehlung und Netzwerken (Networking). Speziell für junge Unternehmen in der Gründungsphase stellt der Beirat eine bedeutende Feedback- und Reputationsquelle dar. In ähnlicher Weise ist es sinnvoll, bereits bestehende Kooperationspartner nach Rücksprache aufzuführen. Dies unterstreicht die Nähe zum Markt und die Ernsthaftigkeit der unternehmerischen Anstrengungen.

7.5.5 Realisations- und Finanzplanung

Ziele und Meilensteine

Für die Realisationsplanung müssen verschiedene Ziele und Meilensteine definiert werden. Ziele können bezüglich ihres Typs unterschieden werden. Zieltypen sind beispielsweise operative Ziele (Prototyp-Fertigstellung etc.), strategische Ziele (Markteintritt in Deutschland etc.) oder finanzielle Ziele (Abschluss einer Finanzierungsrunde, Erreichen des Break-Even-Punkts).

Operative, strategische und finanzielle Ziele

Zur Erreichung der Ziele müssen Meilensteine zeitlich abgesteckt werden. Diese sollten zwar ambitioniert, aber auch erreichbar sein. In der Beschreibung des Geschäftsplans muss herausgestellt werden, welche Ziele (Meilensteine) erreicht werden sollen. Zudem ist es sinnvoll, kritische Abhängigkeiten verschiedener Ziele aufzuzeigen. Eine Operationalisierung der Ziele in Form sinnvoller Meilensteine bildet eine solide Grundlage für Verhandlungen in nachfolgenden Finanzierungsrunden. Abbildung 7-6 zeigt eine mögliche Darstellung einer Meilensteinplanung anhand eines Zeitstrahls.

Ertrags- und Liquiditätsplanung

Während bis hierher die Abschnitte des Geschäftsplans mit Text gestaltet wurden, handelt es sich bei der Finanzplanung um den Zahlenteil.

Umsetzung der Geschäftsplanung in ein Zahlenwerk

Es werden zwei Betrachtungsweisen der Finanzplanung unterschieden. Die Ertragsplanung enthält Aufwendungen und Erträge, bildet Leistungsbezug und -erstellung im Unternehmen genau ab und gibt als Ergebnis den unternehmerischen Erfolg aus. Die Liquiditätsplanung enthält Ein- und Auszahlungen, bildet Zahlungseingänge und -ausgänge im Unternehmen ab und gibt als Ergebnis die Ausstattung liquider Mittel aus (vgl. Tabelle 7-2). Eine umfangreiche Finanzplanung wird in der Regel als Tabellenkalkulation angelegt und umfasst häufig fünf zentrale Kalkulationsblätter:

- Annahmen zur Umsatz- und Kostenplanung,
- Annahmen zur Investitionsplanung,
- Annahmen zur Zins- und Tilgungsplanung,
- Liquiditätsplanung,
- Ertragsplanung/Gewinn- und Verlust-Rechnung.

Abb. 7-6

Meilensteinplanung

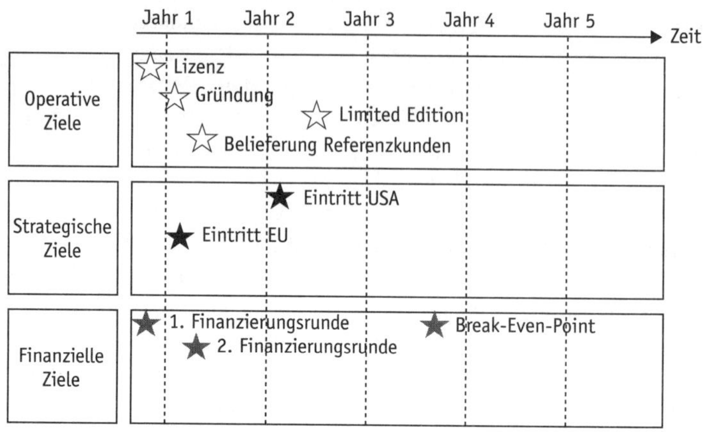

Tab. 7-2

Ertragsplanung (GuV) vs. Liquiditätsplanung (Cashflow)

Ertragsrechnung (GuV)

A) **Umsätze**
– B) Direkte Kosten
= C) **Rohertrag**
– D) Personalkosten
– E) personalabh. Kosten
– F) Betriebskosten
– G) Beratungskosten
– H) Marketing
– I) sonstiger Aufwand
= J) **EBITDA**
– L) Abschreibungen
– N) Zinsen
– O) Steuern
= P) **Jahresüberschuss**

Liquiditätsrechnung (Cashflow)

A) Umsatzeinzahlungen
– B) Auszahlungen direkter Kosten
– D) Auszahlungen für Personalkosten
– E) Auszahlungen für personalabh. Kosten
– F) Auszahlungen für Betriebskosten
– G) Auszahlungen für Beratungskosten
– H) Auszahlungen für Marketing
– I) Auszahlungen für sonstigen Aufwand
– K) Auszahlungen für Investitionen
– N) Zinszahlungen
– O) Steuerzahlungen
Q) **Cashflow**

Liquiditäts- und Ertragsplanung werden häufig zweimal ausgegeben, einmal im Detail auf Monats- beziehungsweise Quartalsbasis und in einer Jahresübersicht. Die Aufstellung kann um eine Planbilanz erweitert werden.
Bevor man eine Ertrags- und Liquiditätsplanung aufstellen kann, muss man zunächst die verschiedenen Kosten-, Umsatz-, Investitions- und Zinsgrößen des Unter-

nehmens über den Planungshorizont planen. Ein solcher Planungshorizont umfasst in der Regel fünf Jahre. Häufig werden das erste oder die ersten beiden Jahre auf Monatsbasis, die restlichen Jahre auf Quartalsbasis geplant. Die Planung erfolgt über Annahmen.

Die Basis bilden gut durchdachte Annahmen

Für die Umsätze müssen pro Produkt in der Regel die Parameter Menge, Preis und direkte Kosten (zurechenbare Material- und ggf. Personalkosten) geplant werden. Annahmen zu Preisen ergeben sich aus Überlegungen im Hauptkapitel Marketing, Mengen lassen sich aus dem Teil Markt ableiten. Direkte Kosten sind aus dem Abschnitt Geschäftsidee und Marketing (Produkt) zu entnehmen.

Die Kostenplanung umfasst zunächst die Personalkosten (Gehalt und Lohnnebenkosten) sowie personalabhängige Kosten (z. B. Kfz-Kosten, Reisekosten). Darüber hinaus fallen Betriebskosten an (Anlagen, IT-Kosten, Miete, Strom) sowie Beratungskosten (Rechtsanwalt, Notar, Steuerberater, Wirtschaftsprüfer), Marketingaufwendungen (beispielsweise Broschüren, Werbemaßnahmen) und sonstige Aufwendungen (beispielsweise Versicherungen, Beiträge). Investitionen sind in der Liquiditätsplanung zu berücksichtigen und führen zu Abschreibungen, die wiederum in die Ertragsplanung einfließen. Investitionen sind zahlungswirksam (und somit Teil der Liquiditätsrechnung), aber kein Aufwand (GuV). Investitionen sind zum Zeitpunkt der Anschaffung (Kauf) ein Zahlungsausgang. Der Aufwand wird jedoch über die Nutzungsdauer verteilt (abgeschrieben). Die Abschreibung einer Investition stellt ihren Wertverlust dar. Dieser Wertverlust ist Aufwand für das Unternehmen, jedoch nicht zahlungswirksam. Abschreibungen unterliegen gesetzlichen Regelungen. Für die Annahmen zur Zins- und Tilgungsplanung müssen Darlehen und deren Finanzierungskosten geplant werden. Zinsen gehen als Kosten in die Planung ein. Tilgungen (Rückzahlungen von Darlehen) sind zwar zahlungswirksam, verringern also den Bestand an liquiden Mitteln, gehen aber nicht als Aufwand in die GuV ein.

EBIT als Erfolgsgröße

Die Differenz aus dem Umsatz (Menge x Preis) und den direkten Kosten ergibt den Rohertrag. Das Ergebnis vor Zinsen und Steuern (Earnings before Interest and Taxes oder EBIT) folgt aus dem Rohertrag abzüglich aller übrigen Aufwandsposten. Der Jahresüberschuss/-verlust ergibt sich nach Abzug von Zinsen und Steuern. Zinsen fallen jedoch nur an, falls eine Fremdkapitalfinanzierung (Bsp.: Darlehen) existiert. Ist zudem das Ergebnis im laufenden Geschäftsjahr nach Abzug der Zinsen positiv, müssen Steuern gezahlt werden.

Szenarios für verschiedene Entwicklungspfade

In manchen Fällen wird aufbauend auf der Liquiditäts- und Ertragsplanung eine Szenarioplanung erwartet. In der Regel werden hierbei in maximal drei Szenarios unterschiedliche Entwicklungspfade des Unternehmens aufgezeigt. Generell sollte für die Schilderungen im Geschäftsplan der Normalfall die Grundlage bilden (normal case). Ungünstige Gegebenheiten und das Eintreffen schlechter Ereignisse werden im sogenannten worst case beschrieben, wohingegen der best case die günstigen Gegebenheiten und das Eintreffen einer besonders positiven Entwicklung annimmt und darstellt.

Finanzierungsplanung

Der aus der Ertrags- und Liquiditätsplanung resultierende Finanzierungsbedarf der unternehmerischen Aktivitäten kann aus eigener Liquidität oder durch Aufnahme von Fremd- beziehungsweise Eigenkapital gedeckt werden.

Deckung des Finanzierungsbedarfs

Technologiebasierte Gründungen haben häufig Geschäftsideen, die eine aufwendige Produktentwicklung sowie Vermarktung bedingen. Die Akquise der ersten zahlungsbereiten Kunden ist meist schwierig und somit zeit- beziehungsweise kostenintensiv. Zudem haben diese Gründungen meist aufgrund der Ausbildung und Kompetenz der Angestellten einen vergleichsweise hohen Personalaufwand. Somit sind häufig externe Finanzierungen mit Fremd- und Eigenkapital notwendig. Die Realisations- und Finanzplanung liefert die Höhe des Finanzierungsbedarfs. Dieser entspricht in der Liquiditätsrechnung dem betragsmäßig größten Liquiditätsdefizit, das in einem Planmonat oder Planquartal ausgewiesen wird. Falls eine Fremdkapitalfinanzierung angestrebt ist, sollte die Tilgung des Fremdkapitals beschrieben werden (einmalige vs. ratenweise Rückzahlung). Wenn eine Eigenkapitalfinanzierung angestrebt ist, sollten im Geschäftsplan die Austrittsmöglichkeiten des Gesellschafters aus dem Unternehmen beschrieben werden. Mögliche Exit-Kanäle sind bspw. ein Börsengang (IPO, initial public offering), die Übernahme durch einen strategischen Investor (Trade Sale) oder der Verkauf an das Management (MBO, management buy-out). Ebenfalls kann die Durchführung einer Unternehmensbewertung für manche Adressaten von Bedeutung sein. Dem finanziellen Kapital widmet sich Kapitel 11. Kapitel 5 befasst sich mit dem Thema Bewertung.

7.5.6 Chancen und Risiken

Aus allen Hauptteilen des Geschäftsplans lassen sich Punkte ableiten, die zunächst in die Realisations- und Finanzplanung eingehen. Dort zeigt sich die Tragfähigkeit der Planung in Bezug auf Zeitplan und Finanzierung. Aus diesem Gesamtbild lässt sich schließlich eine Chancen- und Risikenbetrachtung erstellen. Diese baut auf einer Erfassung der Stärken und Schwächen des Gründungsvorhabens auf. Die Analyse wird üblicherweise in Form einer SWOT-Analyse (strengths, weaknesses, opportunities, threats) angelegt.

SWOT-Analyse

Stärken und Schwächen beziehen sich dabei auf eine interne Betrachtung, demnach Stärken und Schwächen des eigenen Gründungsunternehmens. Chancen und Risiken spiegeln hingegen eine externe Betrachtung wider. Beide ergeben sich aus der Positionierung des Gründungsunternehmens im Markt und gegenüber dem Wettbewerb. Eine gute SWOT-Analyse zeigt bei umfassender Betrachtung eine solide Selbstreflexion des Gründerteams. Wichtig ist, dass aufgezeigt wird, wie Schwächen ausgeglichen werden und Risiken begegnet wird.

7.5.7 Executive Summary

Die Executive Summary ist eine Zusammenfassung, die vor allem für jene Adressaten gedacht ist, die sich in kurzer Zeit einen Eindruck von dem Gründungsprojekt machen müssen. Die Executive Summary gehört immer an den Anfang des Geschäftsplans, sollte aber erst zum Schluss erstellt werden. Bei der Executive Summary muss die Besonderheit des Konzepts klar erkennbar sein. Da Kapitalgeber häufig sehr viele Geschäftspläne pro Woche lesen, entscheidet dieser Baustein des Geschäftsplans meist darüber, ob weiter gelesen wird oder nicht.

Adressaten haben wenig Zeit und verschaffen sich so einen ersten Eindruck

Eine gute Executive Summary enthält auf einer Seite alle für den Adressaten wesentlichen Aussagen des Geschäftsplans. Aus den verschiedenen Kapiteln muss dazu eine Selektion auf die zentralen Aussagen erfolgen. In Bezug auf die Geschäftsidee sollte in einer Executive Summary beschrieben werden, wo im Markt ein Problem vorliegt und was der Zweck der Unternehmung ist. Zudem sollte in kurzen Worten erwähnt werden, was die Geschäftsidee, was das Produkt und die USP ist und durch welches Geschäftsmodell Umsatz generiert werden soll. In Anlehnung an die Struktur des Geschäftsplans sollte beschrieben werden, welcher Branche das Unternehmen angehört und auf welchem Markt das Unternehmen präsent sein wird. Außerdem sollte das Wachstumspotenzial der Branche und des Marktes aufgeführt werden. Marketingüberlegungen können kurz angerissen werden, würden hier aber eher kurz gehalten. Umso wichtiger ist jedoch die Information zu den Gründern des Unternehmens. In Bezug auf die Realisationsplanung sollte hier beschrieben sein, wann das Produkt marktreif ist beziehungsweise wann der Markteintritt erfolgen soll. Meilensteine, die bereits erreicht wurden, können ebenfalls erwähnt werden. Aus der Finanzplanung sind vor allem geplante Umsatz- und Liquiditätsgrößen interessant. In jedem Fall sollte kurz geschildert werden, wie das Unternehmen bis dato finanziert wurde und welcher Finanzierungsbedarf besteht. Gerade für Investoren ist zuletzt eine kurze Beschreibung möglicher Ausstiegsszenarios (Exit) sinnvoll. Ein einfaches Kopieren/Einfügen reicht in der Regel nicht für die Erstellung einer guten Executive Summary. Für dieses Kapitel sollte vielmehr ausreichend Zeit verwandt werden, um effektvolle Überzeugungsarbeit von der ersten Seite an zu leisten.

7.6 Geschäftsplanung unter Unsicherheit

In der unternehmerischen Problemsituation, die von großer Unsicherheit, Zielambiguität und Isotropie geprägt ist (Sarasvathy, 2008), existieren keine relevanten Informationen, oder aber es lassen sich in der Fülle von Informationen relevante nicht von nicht relevanten unterschieden. Vor diesem Hintergrund wurde Effectuation als nicht-vorhersagende Logik eingeführt, die eine Alternative für Situationen des unternehmerischen Problemraums bietet.

Technologiebasierte Gründungsprojekte haben oft Planungsschwierigkeiten

Technologiebasierte Gründungen, die ihren Ursprung bei einer Technologie und damit bei einer Lösung finden, sind mit deutlich mehr Unsicherheit behaftet als

Projekte, die auf einem definierten Kunden- oder Anwenderproblem fußen. Technologieorientierte Gründungen unterliegen sowohl Unsicherheiten im Detail auf technologischer Seite, aber auch der Unsicherheit in Bezug auf die Anwendung und den dahinter liegenden Markt. Es stellt sich also die Frage, ob diese Gründer überhaupt planen können, sind sie doch eigentlich auf ausreichend relevante Informationen für ihre Planungen angewiesen. Die Literatur hat unterschiedliche Ergebnisse in Bezug auf die Erfolgswirkung von Geschäftsplanung hervorgebracht.

7.7 Zusammenfassung

Businesspläne sind das am weitesten verbreitete Element des Gründungsprozesses, das Teil der meisten Lehrveranstaltungen ist, in seinem Wert hoch geschätzt wird und in der Kommunikation von Gründern eine zentrale Rolle spielt. Es kann sogar der Eindruck entstehen, dass Unternehmertum vornehmlich Geschäftsplanung bedeutet (Brinckmann, Grichnik und Kapsa, 2010). Brinckmann, Grichnik und Kapsa finden in ihrer Studie einen positiven Zusammenhang zwischen Planung und Erfolg. Allerdings ist er bei neuen Unternehmen geringer als bei etablierten kleinen Unternehmen. Dies gibt Grund zu der Annahme, dass Planung zwar sinnvoll für Neugründungen ist, aufgrund der schwierigen Informationslage sich aber auch deutlich schwieriger darstellt. Delmar und Shane (2003) untersuchen den Zusammenhang von Planung und Entwicklung neuer Unternehmen anhand von 211 Gründungen in Schweden. Sie zeigen, dass Planung sowohl mit Produktneuentwicklungen als auch mit der Unternehmensorganisation korreliert und die Überlebenswahrscheinlichkeit des Gründungsunternehmens erhöht.

Forschung streitet über Erfolgswirkung von Planung

Planung erscheint den Autoren auch gerade in unsicheren und unklaren Situationen wie der frühen Gründungsphase sinnvoll. Ein direkter Zusammenhang mit dem wirtschaftlichen Erfolg wird jedoch nicht gefunden. Gruber (2007) empfiehlt auf Basis seiner Ergebnisse für Unternehmer in dynamischen Entscheidungssituationen einen schnellen Planungsprozess einzelner, relevanter Planbestandteile. Planung ist demnach auf für den Gründer erfolgsfördernd, muss aber als Prozess betrachtet und so von anderen Planungsprozessen differenziert werden. Als Fazit lässt sich feststellen, dass die Erkenntnisse zur Erfolgswirkung von Planung noch immer uneinheitlich sind. Sicher ist jedoch, dass der Erfolg vom Grad der Unsicherheit und weiterer Kontextfaktoren im Einzelfall abhängt (Brinckmann et al., 2010).

Übung zum Stand der Forschung im Themenfeld »Geschäftsplanung«
Suchen Sie in einer Datenbank für wissenschaftliche Artikel mit den Suchbegriffen »business plan« und »entrepreneurship« nach einem aktuellen Forschungsartikel aus einer renommierten Zeitschrift, der auf Basis der Lektüre des Abstracts Ihr Interesse weckt und gleichzeitig nicht Teil der Literaturliste zu diesem Kapitel ist. Erfassen Sie den Inhalt des Artikels in wenigen Folien und diskutieren Sie den Inhalt mit Kommilitonen im Kontext dieses Kapitels.

7.8 Fallstudie: MRI tools

MRI.TOOLS ist ein Gründungsprojekt, das sich mit der Entwicklung eines Produkts zur optimierten Darstellung des bewegten Herzens in der medizinischen Bildgebung beschäftigt. Bei bewegten Organen wie dem Herzen, ist es für verwertbare Aufnahmen erforderlich, dass ein Bild genau dann aufgenommen wird, wenn das Herz in der jeweils benötigten Form und Position ist. Dieser Zeitpunkt lässt sich durch eine Synchronisation der Aufnahme des Bildes mit dem Herzschlag realisieren. Bisher wurden Aufnahmen des bewegten Herzens mithilfe von EKG-Geräten vorgenommen. Dies hat den Nachteil, dass aufgrund des elektromagnetischen Feldes, das durch den Magnet-Resonanz-Tomographen erzeugt wird, eine Störung bei der Übermittlung der EKG-Signale auftritt. Als Folge dessen ist das aufgenommene Bild oft unbrauchbar. Mithilfe des von MRI.TOOLS entwickelten Acoustic Triggering-Systems (ACT-System), das die Synchronisation der Herzbewegung mit der Aufnahme des MRTs durch Schallwellen vornimmt, ist die Bestimmung des Herzschlags unabhängig von dem elektromagnetischen Feld ohne weiteres möglich. Andere negative Folgen, wie Verbrennungen des Patienten durch fehlgeleitete EKG-Signale, können ebenfalls nicht mehr auftreten.

Prof. Dr. Thoralf Niendorf und seine Mitarbeiter sind bereits seit einiger Zeit mit der Konstruktion und Testläufen zur Erprobung des Gerätes beschäftigt. Die Ingenieure hatten entschieden, an einem Businessplan Wettbewerb teilnehmen zu wollen. Allerdings schien es ihnen als benötigten sie Unterstützung. Der erste Entwurf entsprach eher einem Anforderungskatalog und diente dem Team zur Strukturierung des Projektes und zur Aufgabenverteilung. Die Ingenieure rechneten mit benötigten Mitteln zwischen 6.000 Euro bis 7.000 Euro. Davon sollte eine Hartschale und eine Platine gekauft werden, um danach das erste Produkt zu fertigen und zu verkaufen. Themen wie Markt, Personal, Gehälter, Zertifizierung, Produkthaftung, Unternehmensgründung, etc. waren kaum oder gar nicht Bestandteil des Dokuments und nahmen im Vergleich zur Darstellung der Technologie einen winzigen Anteil ein. Um einen strukturierten Businessplan zu erstellen, suchten sie das Gründerzentrum auf, um sich dort Unterstützung bei der erstmaligen Erstellung des Businessplans zu holen. Zu dieser Zeit arbeitete Damian Zumbé, kurz vor dem Ende seines Wirtschaftsstudiums, als studentischer Mitarbeiter am Gründerzentrum. Da er während seines Studiums fast alle gründungsrelevanten Veranstaltungen an der RWTH Aachen besucht hatte, nutzte er die Gelegenheit, um im Rahmen seiner Diplomarbeit den Geschäftsplans zu erarbeiten. Da er sich eingehend mit dieser Thematik beschäftigt hatte, übernahm Damian Zumbé diese Aufgaben, während sich die Ingenieure mit der Produktbeschreibung und -weiterentwickung beschäftigten. Auf diese Weise konnte in relativ kurzer Zeit ein umfangreicher Businessplan fertiggestellt und beim Wettbewerb »StartbahnRuhr« eingereicht werden. Zusammen mit den anderen Mitgliedern von MRI.TOOLS erstellte er innerhalb weniger Tage einen Businessplan, der den Anforderungen des Businessplan Wettbewerbs »StartbahnRuhr« entsprach. Der Arbeitsaufwand wurde mit dem dritten Platz und einem Preisgeld in Höhe von 5.000 Euro belohnt. Angesichts der Tatsache, dass betriebswirtschaftliche Kompetenzen im ursprünglichen Team noch fehlten, wurde Damian Zumbé nach dem Wettbewerb kurzerhand in das Gründerteam geholt.

Es blieb nicht bei einem Geschäftsplan. MRI.TOOLS nutzte diese Möglichkeit ebenfalls und nahm nicht nur an dem Businessplan Wettbewerb »StartbahnRuhr« teil, sondern bewarb sich erfolgreich bei EXIST, einem Gründerstipendium des Bundesministeriums für Wirtschaft und Technologie. Während der Businessplan für »StartbahnRuhr« 30 Seiten umfasste, war für ein EXIST ein weitaus detaillierterer Businessplan notwendig. Eine weitere Version des Businessplans wurde für Business Angels erstellt. Dieser durfte nur zehn Seiten umfassen. Schließlich kam es erstens anders und zweitens als man dachte. Ein Gründungsmitglied verlässt das Projekt. Hier gehen Kompetenzen verloren, die durch eine personelle Neubesetzung wieder dazu gewonnen werden müssen. Zudem verlagert das Team den Firmensitz von Aachen nach Berlin. Außerdem gibt es Verzögerungen bei der Patentierung. Kundengespräche erfordern eine weitere Schleife bei der Produktentwicklung.

Damian Zumbé: »Wenn man mal den ersten relativ ordentlichen Businessplan geschrieben hat, weiß man eigentlich erst, über was man noch alles nicht nachgedacht hat.«

Aufgaben

1. *Wie hat sich das Verständnis von Geschäftsplanung bei MRI.TOOLS im Laufe der Zeit entwickelt? Diskutieren Sie unterschiedliche Entwicklungsphasen und die entsprechende Nutzung von Geschäftsplänen.*

2. *»Der Geschäftsplan ist ein Plan zur Abarbeitung einer Geschäftsidee« vs. »Der Geschäftsplan ist lediglich ein Verkaufsinstrument für eine Geschäftsidee«. Führen Sie eine Diskussion, in der die unterschiedlichen Positionen eingenommen werden.*

Weiterführende Literatur

Brinckmann, J., Grichnik, D. und Kapsa, D. (2010). Should entrepreneurs plan or just storm the castle? A meta-analysis on contextual factors impacting the business planning/performance relationship in small firms. In: Journal of Business Venturing, 25 (1), S. 24-40.

Delmar, F. und Shane, S. (2003). Does Business Planning Facilitate the Development of New Ventures? In: Strategic Management Journal, 24 (12), S. 1165–1185.

Faltin, G., Ripsas, S. und Zimmer, J. (1998). Entrepreneurship – Wie aus Ideen Unternehmen werden. München.

Gruber, M. (2007). Uncovering the value of planning in new venture creation: A process and contingency perspective. In: Journal of Business Venturing, 22 (6), S. 782-807.

Honig, B. (2004). Entrepreneurship Education: Toward a Model of Contingency-Based Business Planning. In: Academy of Management Learning & Education, 3 (3), S. 258-273.

Karlsson, T. und Honig, B. (2009). Judging a business by its cover: An institutional perspective on new ventures and the business plan. In: Journal of Business Venturing, 45 (1), S. 27-45.

Ripsas, S. (1998). Der Businessplan – Eine Einführung. In: Faltin, G. et al. (Hrsg.). Entrepreneurship – Wie aus Ideen Unternehmen werden. München, S. 141-152.

Shane, S. und Delmar, F. (2004). Planning for the market: business planning before marketing and the continuation of organizing efforts. In: Journal of Business Venturing, 19 (6), S. 767-785.

Teil C
Ressourcenbeschaffung zur Nutzung unternehmerischer Gelegenheiten

8 Organizational Capital als intangible Ressource

Lernziele

Das Organisationskapital ist neben Human- und Sozialkapital Teil des intellektuellen Kapitals eines Unternehmens. Es umfasst jene Ressourcen, die in der oder an die Organisation des Unternehmens gebunden sind. Als dritte Kraft ergänzt sie den Individual-Opportunity-Nexus und ermöglicht die Realisierung der Geschäftsidee als Rahmen gebender Katalysator unternehmerischer Aktivität. In diesem Kapitel lernen Sie das Organisationskapital mit einem besonderen Fokus auf das geistige Eigentum und dessen Verwertung kennen.

Nachdem Sie dieses Kapitel durchgearbeitet haben, werden Sie insbesondere:

- Das Organisationskapital als Teil des intellektuellen Kapitals einordnen können,
- die Unternehmenspersönlichkeit und ihre Wirkung erfassen können,
- verschiedene Rechtsformen, bürokratische Hürden und Unterstützungskräfte kennengelernt haben,
- die Ausprägungen und Merkmale geistigen Eigentums unterscheiden können,
- Institutionen und Prozesse rund um den Schutz und die Nutzung geistigen Eigentums kennen,
- eine Vorstellung von üblichen Verträgen und Versicherungen haben,
- über eine Basis verfügen, die Bedeutung von Organisationskapital in Bezug auf Gründungsaktivitäten einzuschätzen.

8.1 Intellektuelles Kapital

Für dieses und die folgenden Kapitel ist die Unterscheidung von intellektuellem Kapital, Organisationskapital und geistigem Eigentum von besonderer Bedeutung. Diese Unterscheidung soll gleich zu Anfang dieses Kapitels vorgenommen werden, weil zum einen die Abgrenzung der Begrifflichkeiten nicht überall einheitlich ist und sich zum anderen ein großer Teil dieses Kapitels mit dem Themenfeld um geistiges Eigentum befasst. Zu diesem Zweck soll zunächst der Begriff des intellektuellen Kapitals betrachtet werden. Edvinsson und Malone (1997) präsentieren eine Fülle von Synonymen für intellektuelles Kapital: Intellectual Capital = Knowledge Capital = Nonfinancial Capital = Immaterial Assets = Hidden Assets = Invisible Assets = Means to Achieve Target = Market Value – Book Value (James Tobin) (Edvinsson und Malone, 1997).

Tangible und intangible Ressourcen

Zur Eingliederung der Begriffe sei auf Abbildung 8-1 verwiesen. Die Kapitalausstattung eines Unternehmens gliedert sich grundsätzlich in tangible und intangible Ressourcen. Tangible Ressourcen umfassen physisches und finanzielles Kapital.

Abb. 8-1

Klassifizierung von Organisationskapital

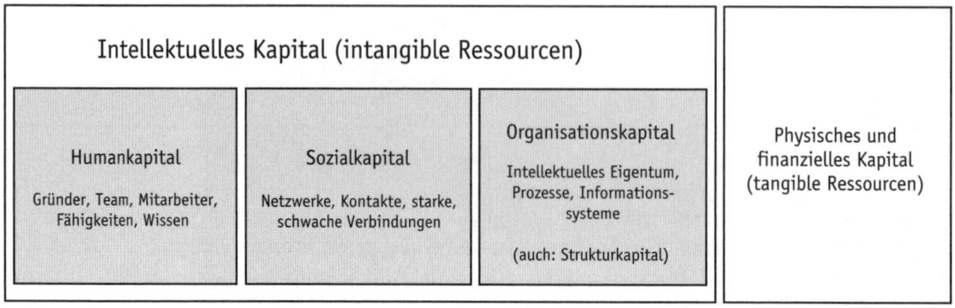

Begrifflich entspricht das dem betriebswirtschaftlichen Kapitalbegriff, der sich auf die Bilanz auswirkt und sich im Eigen- und Fremdkapital auf der Passivseite, beziehungsweise im Anlage- und Umlaufvermögen auf der Aktivseite der Bilanz niederschlägt. Die intangiblen Ressourcen stellen intellektuelles Kapital dar. Es ist nur indirekt erfass- und messbar und setzt sich aus verschiedenen Einzelkomponenten zusammen.

Humankapital umfasst in Personen gebundenes Wissen und Fähigkeiten, die ein Unternehmen für seine Zwecke nutzt. Sozialkapital erweitert die Humakapitalperspektive um den Nutzen von Kontakten und Netzwerken. Organisationskapital schließlich bezeichnet jene Komponenten, die den Charakter der Organisation selbst ausmachen und durch ihre Existenz zum Funktionieren des Unternehmens beitragen. Beispiele sind Prozesse, die festgelegt werden, um Handlungsabläufe unabhängig von Einzelpersonen zu erfassen, Informationssysteme, um die Kommunikation von Personen in Bezug auf Prozesse, Handlungen und Entscheidungen zu unterstützen, und geistiges Eigentum, um wiederum personenunabhängig und juristisch abgesichert einen Anspruch auf bestimmtes Wissen durchsetzen zu können. Obwohl dieses Kapitel nicht umhinkommt, an der einen oder anderen Stelle verstärkt mit Rechtsbegriffen zu arbeiten, wird in keinem Fall eine erschöpfende juristische Diskussion angestrebt.

Strukturkapital

Für Edvinsson und Malone gliedert sich intellektuelles Kapital in Humankapital, Strukturkapital und Kundenkapital (Edvinsson und Malone, 1997; Lukas, 2004). Humankapital findet sich in der Darstellung oben wieder. Kundenkapital kann im von Kunden auf weitere Interessensgruppen erweiterten Sinn mit Sozialkapital identifiziert werden. Für die Autoren schafft das Strukturkapital jene Infrastruktur, auf deren Basis das Humankapital erst seine Wirkung entfalten kann. Das Strukturkapital unterteilt sich nach Edvinsson und Malone (1997) wiederum in Organisationskapital, Innovationskapital und Prozesskapital. Für die Diskussion in diesem Buch werden die Begriffe Struktur- und Organisationskapital gleichgesetzt.

8.2 Die Organisation

8.2.1 Unternehmenspersönlichkeit

Die Literatur zum Unternehmertum ist noch immer stark von der Diskussion um die Unternehmerpersönlichkeit dominiert. Diese Dominanz kann dazu führen, dass der Titel dieses Abschnitts schnell falsch gelesen wird. In der Tat geht es im Folgenden um die Persönlichkeit des Unternehmens. Im Kapitel Humankapital wird es zu einem wesentlichen Anteil um die Persönlichkeit des Unternehmers oder der Gründer gehen, die als Pendant zur unternehmerischen Gelegenheit Unternehmertum erst hervorbringen. An dieser Stelle soll jedoch die Persönlichkeit des Unternehmens im Vordergrund stehen. Eine wichtige Veränderung im unternehmerischen Prozess, die gerade für technologiebasierte Gründungsprojekte gilt, ist die Wahrnehmbarkeit des Gründungsunternehmens als solches. Während weniger komplexe Geschäftsmodelle (Beispiel Franchising) mit der Gründung eines Unternehmens beginnen, geht im Kontext von Technologieverwertung häufig eine längere Vorgründungsphase (Nascent Period) der eigentlichen Organisationsgründung voraus.

Auf dem Weg der Technologieverwertung will der Unternehmer gewerbliche Aktivitäten aufnehmen; er will als Spieler im Markt erkannt und anerkannt werden. Die Entstehung einer Rechtsperson mit all ihren Folgen ist dabei ein wichtiger Faktor, den es zügig und positiv zu gestalten gilt, um als vollwertiger Geschäftspartner in einem Markt wahrgenommen zu werden. Diese Entwicklung bedingt wiederum organisatorische Prozesse, die Aufwand produzieren, der nicht unerheblich ist, mit dem eigentlichen Kerngeschäft der Technologieverwertung aber wenig zu tun hat.

Wahrnehmung und Funktion als Unternehmen

Ein Unternehmen wird erkennbar, wenn es über eine gängige Rechtsform verfügt, ein Logo mit Wiedererkennungswert, eine Umsatzsteuer-Identifikationsnummer zur Legitimierung bei Kunden und Lieferanten, eine Website als Visitenkarte im immer wichtiger werdenden Internet, Visitenkarten für die Vorstellungsrituale im Geschäftsleben sowie E-Mail-Signaturen und Briefbögen, die demonstrieren, dass es sich um ein »richtiges« Unternehmen handelt. Nicht zu unterschätzen ist auch die Bedeutung eines eigenen Standortes. So wichtig die Inkubation in Forschungseinrichtungen für Technologiegründungen anfänglich sein kann, so wichtig ist es, die Bedeutung eines eigenen Standortes für die eigene Unternehmenspersönlichkeit zu bedenken. Dies kann deutliche Wahrnehmungseffekte nach außen als auch nach innen haben. Gleichzeitig ist im Sinne des Sozialkapitals und mit Blick auf relevante Infrastruktur ein intensiver Bezug zu den eigenen Ursprüngen sicher von Vorteil. In der weiteren Entwicklung können auch externe Zertifizierungen sinnvoll sein, um die Reputation des Gründungsunternehmens zu fördern. Zudem unterstützen Software und Informationssysteme die professionelle Ausgestaltung und Organisation von Betriebsprozessen in der Start-up- und Wachstumsphase (Beispiele: Warenwirtschafts- oder Kundenmanagementsysteme).

8.2.2 Rechtsform

Mit Blick auf die Bedeutung der Unternehmenspersönlichkeit schließt sich die Frage an, in welchen Rahmen diese Unternehmenspersönlichkeit eingebettet wird. Die formale Festigung der Organisation sollte dabei mit Bedacht gewählt werden, um den durchaus verschiedenen Anforderungen gerecht werden zu können.

Personen- und Kapitalgesellschaften

Eine grundsätzliche Differenzierung ist zwischen Personengesellschaften und Kapitalgesellschaften zu machen. Personengesellschaften verfügen nicht über eine eigene Rechtspersönlichkeit. Dadurch haften die Gesellschafter in der Regel auch mit ihrem Privatvermögen (eine Ausnahme bildet hier z. B. die Kommanditgesellschaft). Kapitalgesellschaften hingegen verfügen über eine eigene Rechtspersönlichkeit – sie sind juristische Personen. Die Wahrnehmung der Entstehung einer juristischen Person durch entsprechende Gründung verleiht einem Gründungsprojekt einen weiteren Schub an Ernsthaftigkeit. Gründer können mitunter eine Veränderung der Umwelt gegenüber ihrem Projekt nach einer solchen Gründung wahrnehmen. Aufgrund der Tatsache, dass bei Technologiegründungen eine komplexere Organisation gebaut werden muss, Investoren beteiligt und die Haftung aufgrund höherer Risiken auf das Gesellschaftskapital beschränkt werden soll, sind Kapitalgesellschaften häufig die wahrscheinlichere Wahl. Es sollen hier nun für Technologiegründungen gängige Rechtsformen kurz beschrieben werden. Im konkreten Entscheidungsfall sollten aber auch immer andere Rechtsformen geprüft werden, zum Bespiel: Kommanditgesellschaft (KG), Offene Handelsgesellschaft (OHG), GmbH & Co. KG, Stiftung, Verein, Genossenschaft, und viele mehr.

Freiberufler

Der Freiberuf ist keine Rechtsform im Sinne einer Organisation, soll hier aber kurz erwähnt werden, weil der Freiberuf häufig ein erster Schritt für Hochschulabsolventen in ein selbstständiges Berufsleben sein kann. Das Einkommensteuergesetz sieht das Konstrukt des Freiberuflers vor und regelt die Zugehörigkeit (www.gesetze-im-internet.de/estg/index.html). Es steht als Spezialfall im Gegensatz zum Konstrukt des Gewerbetreibenden, der allgemein eine dauerhafte selbstständige wirtschaftliche Tätigkeit ausübt, die nicht unter die Regelung der Freiberufe fällt. Freiberufler üben wissenschaftliche, künstlerische, schriftstellerische, unterrichtende, erzieherische oder ähnliche Berufe aus. Klassische Beispiele sind der dienstleistende Ingenieur oder der beratende Kaufmann.

GbR

Die Gesellschaft bürgerlichen Rechts (GbR) gehört zu den Personengesellschaften. Trotzdem wird sie hier aufgeführt, weil jede Vereinbarung von Individuen zu einem Zusammenschluss für einen gemeinsamen Zweck bereits eine GbR darstellt. Da auch mündliche Verträge gelten und der Zweck kein Geschäftszweck sein muss, stellen z. B. auch Wohngemeinschaften eine GbR dar. Vorteil dieser Rechtsform ist die relativ einfache Gründung (keine Eintragung ins Handelsregister erforderlich etc.), und es ist (rechtlich) kein Mindestkapital vorgesehen. Der Nachteil dieser Rechtsform ist die volle Haftung jedes einzelnen Gesellschafters einschließlich seines Privatvermögens. In der Regel ist die GbR die Vorstufe zur Gründung einer Kapitalgesellschaft, sollte dies aber aufgrund der genannten Nachteile nur zeitlich begrenzt bleiben.

GmbH

Die Gesellschaft mit beschränkter Haftung (GmbH) ist die beliebteste Kapitalgesellschaft. Der Vorteil dieser Gesellschaftsform ist, dass die Gesellschafter nicht persönlich haften, sondern lediglich die Gesellschaft – dadurch ist die Haftung auf das Gesellschaftsvermögen beschränkt. Der Nachteil dieser Rechtsform sind die relativ aufwendigen Gründungsformalitäten (z. B. Eintragung ins Handelsregister, notarielle Beurkundung etc.). Außerdem ist ein Stammkapital von mindestens 25.000 EUR erforderlich, das jedoch zunächst nur zur Hälfte eingezahlt werden muss. Außerdem kann das eingezahlte Stammkapital zur Finanzierung des Geschäftsbetriebs eingesetzt werden. Auch Sacheinlagen sind möglich. Die kleinste Form besteht in einer Ein-Mann-GmbH, in der der einzige Gesellschafter gleichzeitig Geschäftsführer ist. Im Gegensatz zur AG gilt, dass bei der GmbH eine Veränderung des Gesellschafterkreises immer mit einem Gang zum Notar verbunden ist. Ein interessantes Phänomen besteht in der Tatsache, dass die GmbH zwar haftungsbeschränkt ist, trotzdem aber über eine hohe Reputation in der Wahrnehmung von außen verfügt. Im weiteren Verlauf dieses Kapitels wird bei Bezug auf eine Rechtsform in der Regel die GmbH beziehungsweise UG zugrunde gelegt, die in Deutschland noch immer die beliebteste Rechtsform ist.

UG (haftungsbeschränkt)

Die Unternehmergesellschaft (haftungsbeschränkt) existiert seit dem 1. November 2008. Die Einrichtung dieser Rechtsform begegnet der Tatsache, dass für Gründer die Hürde der 25.000 Euro Stammkapital häufig noch zu hoch ist und sie gleichzeitig nicht auf die Haftungsbeschränkung verzichte wollen. Die UG wurde eingerichtet, nachdem die englische Rechtsform der Limited (Ltd.) über Jahre viele Anhänger gefunden hatte. Allerdings kann die Einrichtung einer Limited für Laien im englischen Rechtssystem mit einer Reihe unüberschaubarer Herausforderungen in rechtlichen Konfliktsituationen verbunden sein. Für die UG gelten im Grunde die gleichen Regeln wie für eine GmbH. Jedoch kann die UG nur über ein standardisiertes Musterprotokoll (sowohl für Einpersonen- als auch Mehrpersonengesellschaften – maximal drei) beim Notar geschlossen werden. Außerdem kann das Stammkapital lediglich 1 Euro betragen, üblich sind jedoch 1.000 Euro und mehr. Musterprotokoll und geringere Stammeinlage senken so die finanzielle Hürde zur Gesellschaftsgründung. Die UG ist verpflichtet, jährlich 25 % des Jahresüberschusses in die Rücklage einzustellen, bis das GmbH-Mindeststammkapital in Höhe von 25.000 Euro erreicht ist. Die UG bleibt aber UG, solange sie keine Umfirmierung vornimmt. Die Einstellung der 25 % Jahresüberschuss kann nach einer Kapitalerhöhung auf 25.000 Euro wegfallen.

AG

Aktiengesellschaften (AG) sind ebenfalls Kapitalgesellschaften. Auch hier haftet lediglich die Gesellschaft mit ihrem Gesellschaftsvermögen. Allerdings ist hier bereits ein Mindestkapital (die Bezeichnung lautet hier Grundkapital) in Höhe von 50.000 EUR erforderlich. Vorteil der AG ist vor allem, dass Anteile sehr einfach übertragen werden können und somit problemlos Partner und Mitarbeiter über Aktienausgaben am Unternehmen beteiligt werden können. Ein Nachteil der AG sind jedoch die relativ aufwendigen Gründungsformalitäten. Über die zur GmbH ähnlichen Anmeldeanforderungen hinaus müssen z. B. die Verwaltung der Aktionäre organisiert und ein Aufsichtsrat eingerichtet werden. Mit der Europäischen Aktiengesellschaft (SE) wurde eine Gesellschaftsform geschaffen, die eine Aktiengesellschaft nach Europarecht abbildet.

Gesellschafterkreis

Im Rahmen der Entscheidung bezüglich einer Rechtsform sind auch Entscheidungen zu fällen, die (wiederum hier im Falle einer GmbH) den Gesellschafterkreis betreffen. Dazu gehören sowohl die Diskussion, wer Eigentümer der Organisation wird und zu welchen Anteilen, als auch wie die Kontrolle über die Organisation verteilt wird. Vom Grundsatz her fällt ein Gesellschafterkreis in den Gesellschafterversammlungen die Basisentscheidungen für den Fortgang des Unternehmens (z. B. zur Besetzung der Geschäftsführung). Damit liegen Eigentum und Kontrolle relativ nah beieinander. Allerdings ist es wichtig festzuhalten, dass es sich um zwei unterschiedliche Bereiche handelt, die jeweils separat und durchaus unterschiedlich vertraglich geregelt werden können. So können Gesellschafter beispielsweise Eigentümer einer Organisation sein und entsprechend an deren Erfolg partizipieren dürfen, aber gleichzeitig kein Stimmrecht in der Gesellschafterversammlung haben.

8.2.3 Bürokratie (Red Tape)

In Deutschland ist vieles geregelt. Manchmal kommt die Behauptung auf, dass allzu viel geregelt sei. Das Zusammenleben in einer Gesellschaft macht allerdings Regelungen und Konventionen notwendig. Bürokratie beschreibt in diesem Zusammenhang – eher abwertend – die Fülle an Regularien und Ordnungsprozessen. Individuen kennen bürokratische Prozesse im Zusammenhang mit An- und Ummeldungen von Wohnorten, der Beantragung von Steuernummern, dem Anfertigen von Steuererklärungen, dem Abschließen von Versicherungen, u. v. m. Für Organisationen – v. a. im Falle eigener Rechtspersönlichkeiten – gibt es eine ähnliche – wenn nicht größere – Fülle von Bürokratie. Die damit verbundenen Spielregeln muss man sich aneignen, bedienen und gleichzeitig sinnvoll managen. Es handelt sich um den Preis, den man für die Vorteile einer Organisationsform zahlen muss, innerhalb derer die unternehmerische Gelegenheit entwickelt werden kann. Berücksichtigt werden muss dabei zudem, dass Bürokratie mit Kosten verbunden sind. Die folgende Liste ist eine nicht abschließende Sammlung von Gründungsunterlagen, mit denen sich eine neu zu gründende GmbH in Deutschland in kurzer Zeit befassen muss:

Gründungsunterlagen

- Gründungserklärung der Gesellschafter,
- Gesellschaftsvertrag der GmbH,
- Geschäftsführerbestellung in Form eines Beschlusses der Gesellschafterversammlung,
- Liste der Gesellschafter,
- Beglaubigung der Namensunterschrift des Geschäftsführers durch den Notar,
- Antrag auf Eintragung der GmbH in das Handelsregister,
- Gewerbeanmeldung,
- Kontoeröffnung bei der Hausbank,
- Erhebung zur Abfallerzeugung,
- Finanzamtanmeldung/Beantragung einer Steuernummer,
- Beantragung einer Umsatzsteuer-Identifikationsnummer,

- Vertrag mit Steuerberater,
- Erstellung einer Eröffnungsbilanz,
- Pflichtmitgliedschaft bei der Industrie- und Handelskammer,
- Antrag auf Zuteilung einer Betriebsnummer bei der Bundesagentur für Arbeit,
- Antrag zur Aufnahme bei einer Berufsgenossenschaft.

8.2.4 Rechtsanwalt und Steuerberater

Häufig zählen Rechtsanwalt und Steuerberater zu den ersten Dienstleistern eines neu zu gründenden Unternehmens. Der Rechtsanwalt wird im Zuge der formaljuristischen Gründung einer Kapitalgesellschaft hinzugezogen. Er kann helfen, den Gesellschaftsvertrag aufzusetzen. Dies kann jedoch auch durch den Notar erfolgen, der die Gründungssitzung durchführt, die Eintragung ins Handelsregister beantragt und alle notwendigen Dokumente beglaubigt. Der Rechtsanwalt kann hier auch im Vorfeld bereits für die Ausgestaltung des Gesellschaftsvertrags hinzugezogen werden. Darüber hinaus kann es sinnvoll sein, Arbeitsvertragsgestaltung und Markenanmeldungen mit Anwälten durchzuführen. Die Finanzbuch- und Personalbuchhaltung kann man als Unternehmen durchaus selbst aufsetzen. Allerdings ist dies nicht unbedingt ratsam. Gesetze, Auflagen und Handhabungen verändern sich hier so stark, dass man bis zu einer gewissen Größenordnung keine eigenen Strukturen für diesen Bereich aufbauen sollte. Die Zusammenarbeit mit einem Steuerberater sorgt hier gerade auch mit Blick auf strikte, monatlich wiederkehrende Fristen in Bezug auf Steuern und Abgaben für Prozess- und Rechtssicherheit. Mit Rechtsanwälten und Steuerberatern wird man in der Regel über längere Zeit zusammenarbeiten. Beide Dienstleister sollten mit Bedacht ausgewählt werden. Hier führt man am besten verschiedene Gespräche, um ein Gefühl für die gemeinsame Kommunikation zu erhalten. Rechtsanwälte sind zudem häufig Spezialisten für ein bestimmtes Rechtsgebiet. Hier ist es wichtig, darauf zu achten, dass unterschiedliche Aspekte wie Gesellschaftsrecht, Arbeitsrecht und Patent- beziehungsweise Markenrecht von verschiedenen Spezialisten bedient werden.

8.2.5 Beirat und Coaches

Im Anschlusskapitel 9 wird im Detail auf das Humankapital des Unternehmens eingegangen. Gründer beziehungsweise Gründerteam stellen die zentrale Ressource für das Gründungsunternehmen dar. Allerdings sind gerade Gründerteams aus Hochschulen häufig relativ jung. Zudem können auch bei mehreren Gründungspartnern noch immer Lücken bezüglich verschiedener Fähigkeiten bestehen. Um sowohl mangelnde Erfahrung als auch fehlende Kompetenzen auszugleichen und im Hinblick auf das Sozialkapital auch noch das Netzwerk sinnvoll zu erweitern, ist es ratsam, als Gründungsunternehmen über die Einrichtung eines Beirats nachzudenken. Der Beirat kann bereits in frühen Phasen der Unternehmenskommunikation (z. B. im Geschäftsplan) das Signal setzen, dass Schwächen in Bezug auf Erfahrung,

Reputation und Netzwerke ausgeglichen werden (Haber und Reichel, 2007). Eine ähnliche Unterstützungsleistung können Coaches oder Unternehmensberater leisten. Dies kann jedoch mit deutlich höheren Kosten verbunden sein.

Mangelnde Erfahrung

Während ein Aufsichtsrat bei einer AG eingerichtet werden muss, sieht das Gesetz dies nur bei GmbHs mit mehr als 500 Arbeitnehmern vor. Dies beruht jedoch auf mitbestimmungsrechtlichen Zusammenhängen. Dagegen steht es einer diesen Regeln nicht unterliegenden GmbH frei, einen Beirat als Beratungs- und Kontrollorgan durch Gesellschaftsvertrag einzurichten. Laut Gesetz ist dies bei der GmbH zwar ausdrücklich nur in Form eines Aufsichtsrats möglich, es gibt aber die Möglichkeit, als freiwilliges Organ einen Beirat zu bilden. Diesem Gremium lassen sich unterschiedliche Kompetenzen und Aufgaben zuordnen. Für Gründer ist daher bei der Einrichtung eines Beirats wichtig, wie formell oder informell dieser Beirat für das Unternehmen eingebunden werden soll. Investoren bedingen sich beispielsweise häufig die Beteiligung an einem formell gebildeten Beirat aus.

8.3 Geistiges Eigentum (Intellectual Property)

Theorie der Verfügungsrechte

Im Rahmen einer Unternehmensgründung wird Organisationskapital aufgebaut, auf dessen Basis das Projekt realisiert werden soll. Produkte sollen entwickelt und vertrieben werden, um auf diese Weise Wert für sich und andere zu schaffen. Der Wert einer Sache hängt jedoch nicht nur von ihren Eigenschaften ab. Wichtig sind Verfügungsrechte, die es einem erlauben, den Wert zu generieren. Rechte können sich unter anderem auf die Entwicklung, Herstellung und die Verbreitung von Produkten beziehen. Diese Überlegung findet ihre Basis in der Theorie der Verfügungsrechte (Property Rights Theory) aus der Neuen Institutionenökonomik (Demsetz, 1967). Ein zentraler Begriff ist dabei Transaktionskosten. Diese fallen bei der Übertragung von Verfügungsrechten an (Picot, Dietl und Franck, 2008; Schreyögg, 2008). Art und Höhe der Transaktionskosten bestimmen dabei häufig die Organisationsform. Die klassische Unterscheidung von Markt (zwischen Unternehmensorganisationen) und Hierarchie (innerhalb einer Unternehmensorganisation) wurde dabei z. B. um Netzwerke (Kooperationen) erweitert. Das Unternehmen als Organisationsform bildet demnach mit einer internen Organisation (Hierarchie) und als Teil einer übergeordneten Organisation (Markt oder Netzwerk/Kooperation) die Voraussetzung, um Verfügungsrechte entwickeln, erhalten und wahrnehmen zu können.

Gewerbliche Schutzrechte

Mit geistigem Eigentum wird das Recht an einem immateriellen Gut beziehungsweise Vermögensgegenstand bezeichnet. Mit gewerblichen Schutzrechten lässt sich geistiges Eigentum schützen. Ein Erfinder kann auf diesem Wege mittels eines Patentes seine erfinderische Idee schützen, ein Autor erlangt über die Regelungen des Urheberrechts Eigentum an seinem Werk. Zitierrechte, Kopierrechte, künstlerische Freiheit und Forschungsfreiheit bilden die Grenzen der Schützbarkeit geistigen Eigentums. International unterschiedliche Handhabungen, Normen und Kulturen zu geistigem Eigentum fördern die Komplexität dieses Themas. Allerdings

Abb. 8-2

Übersicht zu gewerblichen Schutzrechten

Typ					
Typ	**Patent**	**Gebrauchsmuster**	**Marke**	**Geschmacksmuster**	**Urheberrecht**
	Anmeldung erforderlich				Anmeldung nicht möglich
Gegenstand	Technische Erfindung	Technische Erfindung Keine Verfahren	Waren, Dienstleistungen, Geschäftliche Beziehungen (Name, Firma) und Werktitel	Design Grafische Symbole	Werke der Literatur, Wissenschaft, Kunst und Software
	Prüfung	Keine Prüfung	Prüfung	Keine Prüfung	70 Jahre (nach Tod des Urhebers)
Laufzeit	20 Jahre	10 Jahre	10 Jahre (verlängerbar)	25 Jahre	
Schonfrist	Priorität 12 Monate		Priorität 6 Monate		

erlaubt erst die Verbriefung von Rechten an geistigem Eigentum dessen Verwertung, Verteidigung und Übertragbarkeit. Für technologiebasierte Gründungsunternehmen ist die Auseinandersetzung mit geistigem Eigentum von besonderer Bedeutung:

1. Häufig bildet eine erfinderische Leistung die Basis des unternehmerischen Handelns, sodass man sich grundsätzlich mit der Eigentumsfrage befassen muss.
2. Die Erfindung entsteht häufig innerhalb eines abhängigen Beschäftigungsverhältnisses, sodass es durchaus unterschiedliche Vorstellungen über die Eigentumsfrage geben kann.
3. Die Eigentumsfrage kann v. a. im Kontakt mit Investoren und Wettbewerbern eine besondere Bedeutung erhalten. Investoren legen großen Wert darauf, dass gewerbliche Schutzrechte beim Unternehmen liegen (Hsu und Ziedonis, 2008).

Abbildung 8-2 gibt einen Überblick über die wichtigsten Typen gewerblichen Schutzrechte in Deutschland.

8.3.1 Patente

Mit einem Patent erlangt dessen Inhaber für eine begrenzte Zeit von 20 Jahren das Recht, jede wirtschaftliche Verwertung der dem Patent zugrunde liegenden Erfindung ausschließlich selbst durchzuführen. Dies bedeutet vor allem, dass der Patentinhaber anderen die wirtschaftliche Verwertung seiner Erfindung untersagen darf. Ein Patent wird grundsätzlich für einen bestimmten, abgegrenzten geografischen Raum, in der

Abb. 8-3

Patent zur Erzeugung eines Hohlraums in einer Kartoffel (Quelle: DPMA)

(19) **Bundesrepublik Deutschland**
Deutsches Patent- und Markenamt

(10) **DE 10 2006 062 696 B4** 2009.04.16

(12) **Patentschrift**

(21) Aktenzeichen: **10 2006 062 696.6**
(22) Anmeldetag: **08.09.2006**
(43) Offenlegungstag: **27.03.2008**
(45) Veröffentlichungstag der Patenterteilung: **16.04.2009**

(51) Int Cl.[8]: ***A47J 17/00*** (2006.01)

Innerhalb von drei Monaten nach Veröffentlichung der Patenterteilung kann nach § 59 Patentgesetz gegen das Patent Einspruch erhoben werden. Der Einspruch ist schriftlich zu erklären und zu begründen. Innerhalb der Einspruchsfrist ist eine Einspruchsgebühr in Höhe von 200 Euro zu entrichten(§ 6 Patentkostengesetz in Verbindung mit der Anlage zu § 2 Abs. 1 Patentkostengesetz).

(73) Patentinhaber:
Ventsel, Sergey, 58135 Hagen, DE

(74) Vertreter:
Wettlaufer, F., Dipl.-Ing., Pat.-Anw., 58453 Witten

(72) Erfinder:
gleich Patentinhaber

(56) Für die Beurteilung der Patentfähigkeit in Betracht gezogene Druckschriften:
US2004/00 93 738 A1
US 51 57 836 A

(54) Bezeichnung: **Vorrichtung zum Erzeugen eines hohlen Raumes in einer Kartoffel**

(57) Hauptanspruch: Vorrichtung zur Erzeugung eines hohlen Raumes in einer Kartoffel (4), bestehend aus einem Messer (2), das in ein Rohr (3) eingesteckt ist, wobei das Messer (2) an seinen aus dem Rohr (3) herausragenden Teilen Schnitte aufweist, wobei das Rohr (3) zwei Ausnehmungen in seiner Rohrwandung aufweist.

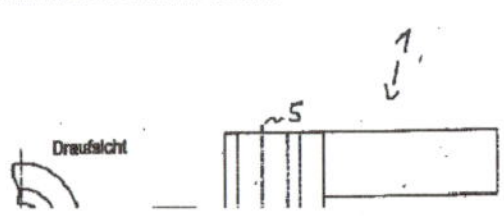

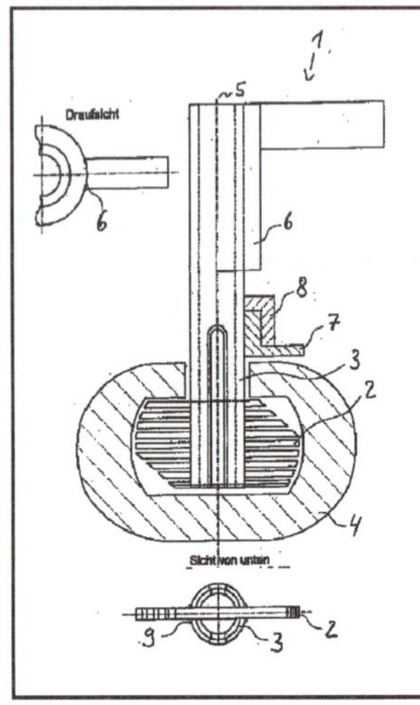

Regel einen Staat, erteilt. Dies macht das Patent zu einem zeitlich begrenzten Individual- und Territorialrecht. Staatenübergreifende Anmeldungen sind in Form einer EU-Anmeldung oder einer internationalen PCT-Anmeldung (Patent Cooperation Treaty) möglich. Abbildung 8-3 zeigt die erste Seite einer Patentschrift.

Patentierbare Erfindungen

Drei Voraussetzungen müssen erfüllt sein, damit eine Erfindung durch ein Patent geschützt werden kann:

1. Die Erfindung muss neu sein (absoluter Neuheitsbegriff). Sie darf nach dem aktuellen Stand der Technik nicht bekannt sein (§ 3 PatG).
2. Die Erfindung muss auf einer erfinderischen Tätigkeit beruhen, d. h., sie darf sich nicht in naheliegender Weise aus dem Stand der Technik ergeben und muss deutlich über diesen hinausgehen (§ 4 PatG).
3. Die Erfindung muss gewerblich anwendbar sein. Dies gilt, wenn sie auf einem gewerblichen Gebiet herstellbar und nutzbar ist (§ 5 PatG).

Eine Reihe von vermeintlichen Neuheiten stellt keine Erfindungen dar:

- Entdeckungen sowie wissenschaftliche Theorien und mathematische Methoden. Hierbei handelt es sich um grundlegende wissenschaftliche Erkenntnisse, die eher entdeckt, statt erfunden werden.
- Ästhetische Formschöpfungen. Diese eher Design-basierten Schöpfungen fallen in den Bereich des Geschmackmusterschutzes.

- Pläne, Regeln und Verfahren für gedankliche Tätigkeiten, für Spiele oder für geschäftliche Tätigkeiten sowie Programme für Datenverarbeitungsanlagen. Diese Ideen fallen in der Regel in den Bereich des Urheberrechts.
- Die reine Wiedergabe von Informationen.

Europäische und internationale Patentierung

Während für Gebrauchs- und Geschmacksmuster mittlerweile europäische Lösungen gefunden wurden (vgl. entsprechende Abschnitte in diesem Kapitel), existiert noch kein Gemeinschaftspatent für die Europäische Union. Eine Patenterteilung durch das Europäische Patentamt hat vielmehr die Wirkung von nationalen Patenten in den der Europäischen Patentorganisation angehörenden Staaten (Stand Mai 2010: Albanien unterzeichnet als 37. Staat den Vertrag). Dies schlägt sich vor allem in entsprechenden Gebühren und ggf. Übersetzungsaufwendungen pro Anmeldeland wieder. Gemäß dem Vertrag über die Internationale Zusammenarbeit auf dem Gebiet des Patentwesens (Patent Cooperation Treaty – PCT) von 1970 können im Rahmen einer PCT-Anmeldung weltweit sogar 142 Staaten (Stand September 2009: Thailand unterzeichnet als 142. Staat den Vertrag) benannt werden, in denen die Patentanmeldung gültig sein soll.

8.3.2 Gebrauchsmuster

Das »kleine« Patent

Eine Patentanmeldung kann kompliziert sein und vor allem auch misslingen. Als kleinere Variante eines Schutzrechts für Erfindungen gilt das Gebrauchsmuster. Hierdurch werden Erfindungen gegen Nachahmung geschützt. Drei Voraussetzungen müssen erfüllt sein, damit eine Erfindung durch ein Gebrauchsmuster geschützt werden kann (§§ 1-3 GebrMG):

1. Die Erfindung muss neu sein (relativer Neuheitsbegriff).
2. Die Erfindung muss auf einem erfinderischen Schritt beruhen.
3. Die Erfindung muss gewerblich anwendbar sein.

Gebrauchsmuster laufen maximal zehn Jahre und sind somit kürzer gültig als ein Patentrecht. Dafür ist der Prozess aber auch einfacher. Eine Prüfung erfolgt hier nicht. Das Patent- und Markenamt prüft bei einem Gebrauchsmuster in der Regel lediglich formelle Voraussetzungen. Liegen die formellen Kriterien vor, so wird das Gebrauchsmuster in der Regel in das Gebrauchsmusterregister eingetragen. Im Vergleich zum Patent ist es demnach eine einfachere und schnellere Variante, um an ein Schutzrecht zu gelangen. Im Streitfall kann es sich jedoch herausstellen, dass man mit dem Gebrauchsmuster gegen bestehende Rechte anderer verstößt. Gegen ein Gebrauchsmuster kann dann mit einem Löschungsverfahren vorgegangen werden, in dessen Rahmen eine Prüfung eingeleitet wird. Dieses Risiko zeigt, dass auch hier eine professionelle Zusammenarbeit mit einem Patentanwalt ratsam ist. Gebrauchsmusteranmeldungen müssen beim Deutschen Patent- und Markenamt schriftlich eingereicht werden. Rechtliche Grundlage ist das Gebrauchsmustergesetz (GebrMG). Die Aufrechterhaltung eines Gebrauchsmusters in Deutschland über die Laufzeit von zehn Jahren kostet in Summe ca. 1.000 Euro.

8.3.3 Marke

Wort-/Bildmarke

Mit einer Marke lassen sich Waren, Dienstleistungen, geschäftliche Bezeichnungen (Name, Firma) und Werktitel schützen. Es handelt sich dabei um ein rechtlich geschütztes Zeichen, das der Unterscheidbarkeit dienen soll und das zu Schützende von vergleichbaren Angeboten abgrenzen soll. Besonders häufig sind Wortmarken (Schriftzüge) und Bildmarken (Bilder). Unternehmen, die Namen und Logo auf diese Weise schützen wollen, greifen in der Regel zu einer Kombination in Form einer Wort-/Bildmarke. Schriftzug und Logo ergänzen sich hierbei zu einem Gesamteindruck, der als Marke zu schützen ist. Außergewöhnliche Markentypen umfassen Farbmarken, Hörmarken, Geruchsmarken oder auch Hologrammmarken und 3D-Marken. Marken müssen unterscheidungskräftig und dürfen nicht beschreibend sein. Seit 1996 existiert unter dem Begriff Gemeinschaftsmarke (community trade mark – CTM) auch eine europäische Variante der deutschen Marke (oami.europa.eu). Die Verlängerung einer Marke in Deutschland über die Laufzeit von zehn Jahren hinaus kostet in Summe ca. 750 Euro. Die Schutzdauer ist beliebig oft verlängerbar.

8.3.4 Geschmacksmuster

Ästhetische Gestaltungsform

Die Regelungen des Patent- und Gebrauchsmustergesetzes schließen explizit ästhetische Gestaltungsformen aus. Um jedoch auch deren Nachahmung zu verhindern, kann eine Eintragung in das Geschmacksmusterregister angestrengt werden. Ein eingetragenes Geschmacksmuster berechtigt seinen Inhaber, eine ästhetische Gestaltungsform ausschließlich zu nutzen. Die ästhetische Gestaltungsform beziehungsweise das Muster ist dem Gesetz nach »die zweidimensionale oder dreidimensionale Erscheinungsform eines ganzen Erzeugnisses oder eines Teils davon, die sich insbesondere aus den Merkmalen der Linien, Konturen, Farben, der Gestalt, Oberflächenstruktur oder der Werkstoffe des Erzeugnisses selbst oder seiner Verzierung ergibt« (GeschmMG § 1). Analog zum Gebrauchsmuster wird auch das Geschmacksmuster bei Beantragung im Hinblick auf die Erfüllung der Eintragungsvoraussetzungen nicht geprüft. Voraussetzungen sind die Neuheit – keine Offenbarung eines identischen Musters – und die Eigenart – der Gesamteindruck des Musters muss sich für informierte Benutzer von dem Gesamteindruck älterer Muster unterscheiden. Auch hier kann ein Löschungsverfahren angestrengt werden, um die Unwirksamkeit des Geschmacksmusters wegen mangelnder Erfüllung der Voraussetzungen nachzuweisen. Im Gegensatz zum Gebrauchsmuster beträgt die Laufzeit des mit der Eintragung verbundenen Schutzrechts 25 Jahre. Einen Sonderfall stellen die nicht eingetragenen Geschmacksmuster dar. Seit 2003 existiert unter dem Begriff Gemeinschaftsgeschmackmuster (GGV) auch eine europäische Variante des deutschen Geschmacksmusters (oami.europa.eu). Die Aufrechterhaltung eines Geschmacksmusters über die Laufzeit von 25 Jahren kostet in Summe ca. 500 Euro (ohne Musterhinterlegung).

8.3.5 Urheberrecht

Schöpferischer Akt

Im Gegensatz zu den bisher diskutierten Rechten lässt sich das Urheberrecht in Deutschland nicht durch Eintragung anmelden. Vielmehr entsteht das Recht bereits bei einem schöpferischen Akt der Literatur, Wissenschaft oder Kunst, bei dem kodifizierte Aufzeichnungen von eigenen neuen Ideen hervorgebracht werden. Dies können Bücher, Artikel, Bilder, Modelle, Musikstücke, aber auch Computerprogramme oder Internetseiten sein. Das Recht umfasst sowohl den Aspekt, sich als Urheber des Werks bezeichnen zu dürfen, als auch die Verwertung des Werkes zu betreiben. Da das Recht nicht eingetragen werden kann, muss der Urheber gewährleisten, im Nachhinein die Urhebung nachweisen zu können. Das Urheberrecht hat eine Laufzeit von 70 Jahren nach Tod des Urhebers. Das reine »Urheberrecht« kann nicht übertragen werden; es können nur Nutzungsrechte eingeräumt werden. Software und Websites stellen eine besondere Herausforderung dar. Software ist in den USA durchaus auch patentierbar. In Deutschland fällt sie lediglich unter das Urheberrecht. Im Impressum von Websites muss Stellung zu den eigenen Inhalten sowie den über Links verbundenen Inhalten bezogen werden.

8.3.6 Hinweise zum Umgang mit Schutzrechten

Im Umgang mit Schutzrechten sind eine Reihe von Zusammenhängen zu beachten: Die Rechtsformwahl hat auch Konsequenzen für gewerbliche Schutzrechte. Dies basiert auf der Tatsache, dass die Inhaberschaft von Schutzrechten haftungs-, steuer- und lizenzrechtliche Konsequenzen hat. Es ist demnach von zentraler Bedeutung, ein Bewusstsein für die Bedeutung und Implikationen gewerblicher Schutzrechte zu entwickeln. Das Bewusstsein sollte dabei bereits bei der Formulierung des Businessplans bestehen; der Entrepreneur sollte aus eigenem Interesse heraus fortwährend überlegen, ob Elemente seiner unternehmerischen Gelegenheit, wie ein Logo, ein Markenname oder eine Technologie von einem Schutzrecht tangiert werden.

Genauso wichtig ist es, die Situation im Vorfeld einer Schutzrechtsanmeldung zu bedenken: Eine vorzeitige Publikation – z. B. bei einer Konferenzpräsentation – verhindert die Erteilung eines später beantragten Schutzrechts. Daher ist es ratsam, den Kreis der Wissensträger über die schutzrechtsfähigen Aspekten der unternehmerische Gelegenheit möglichst klein zu halten. Hilfreich ist in diesem Zusammenhang insbesondere der Abschluss von Vertraulichkeitserklärungen (»Non Disclosure Agreement«, NDA) insbesondere mit Personen, denen man beispielsweise im Rahmen von Beteiligungsgesprächen Details der unternehmerischen Gelegenheit offenbaren muss.

Vor der Anmeldung eines Schutzrechts sollte der Entrepreneur immer eine umfangreiche Recherche – z. B. über die Seiten der Patentämter im Internet – zu bestehenden Schutzrechten durchführen, da die unerlaubte Verwendung eines Schutzrechts nicht nur dazu führt, dass der Entrepreneur seinen Markennamen oder seine Erfindung aufgeben muss, sondern darüber hinaus auch dem Schutzrechtsinhaber gegenüber schadensersatzpflichtig wird. Ein weiteres Phänomen im Zusammenhang mit Schutzrechten ist die Verwendung von abkürzenden Zeichen, die der angloamerikanischen Rechtsprechung entstammen und spätestens durch das Internet Verbreitung in Europa und Deutschland gefunden haben. Dabei sollte der Entreopreneur © (Copyright) bei urheberrechtlich schützbaren Elementen, ® (Registered Trademark) und ™ (Unregistered Trademark) bei Markennamen sowie Pat. (Patented) bei technischen Erfindungen verwenden. Die rechtlichen Implikationen einer Verwendung dieser Zeichen im europäischen Raum sind jedoch im jeweiligen Einzelfall zu hinterfragen.

Übung zum Thema »Gewerbliche Schutzrechte«
Teilen Sie sich in Gruppen auf und recherchieren Sie Argumente zu folgender Diskussion: Patentierung ist von zentraler Bedeutung vs. Patentierung wird überbewertet. Tauschen Sie in Diskussionen die jeweiligen Argumente aus und versuchen Sie, ein gemeinsames Fazit für den Kontext junger technologiebasierter Gründungsunternehmen zu entwickeln.

8.4 Institutionen und Prozesse zu gewerblichen Schutzrechten

8.4.1 Institutionen

DPMA

Das Deutsche Patent- und Markenamt (DPMA) ist die zentrale Behörde auf dem Gebiet des gewerblichen Rechtsschutzes in Deutschland und in dieser Position dem Bundesministerium der Justiz nachgeordnet. Das DPMA hat den gesetzlichen Auftrag, gewerbliche Schutzrechte zu erteilen und zu verwalten. Außerdem erfüllt es eine Informationsfunktion über bestehende gewerbliche Schutzrechte. Das Amt ist mit Dienststellen in München, Jena und Berlin vertreten, die Dienststelle München ist der Hauptsitz des DPMA (www.dpma.de, Quelle: www.patentserver.de).

EPA

Das Europäische Patentamt (EPA) ist das Exekutivorgan der Europäischen Patentorganisation (EPO). Diese wurde als Ergebnis des Europäischen Patentübereinkommens (EPÜ) gegründet und regelt als zwischenstaatliche Einrichtung die Anmeldung und Erteilung europäischer Patente für die EPÜ-Vertragsstaaten. Hauptsitz des EPA ist München. Zweigstellen existieren in Den Haag, Berlin und Wien. In der Zweigstelle in Den Haag werden die Formal- und Eingangsprüfungen sowie die Recherchen zu den eingereichten Patentanmeldungen durchgeführt. In München werden die sachliche Prüfung der Erfindung, Beschwerden, Einspruchsverfahren abgewickelt (www.epo.org).

WIPO

Die Weltorganisation für geistiges Eigentum (WIPO) ist eine Sonderorganisation der Vereinten Nationen und hat ihren Sitz in Genf. Der WIPO gehören zurzeit 179 Mitglieder an. Ihr Zweck ist es, den Schutz des geistigen Eigentums durch Zusammenarbeit der Staaten weltweit zu fördern. Dazu koordiniert sie die verwaltungsmäßige Zusammenarbeit auf Basis internationaler Verträge zum Schutz des geistigen Eigentums. Patentanmeldungen auf Basis des PCT (Patent Cooperation Treaty) können sowohl beim DPMA, beim EPA als auch bei der WIPO eingereicht werden (www.wipo.org).

Patentinformationszentren und Patentverwertungsagenturen

Über 20 Patentinformationszentren informieren an verschiedenen Standorten (darunter viele Hochschulstandorte) über gewerbliche Schutzrechte. Sie sind in einer Arbeitsgemeinschaft organisiert (www.patentinformation.de) und anerkannte Kooperationspartner des DPMA. Die Patentinformationszentren bieten thematische Informationsveranstaltungen, Erfindererstberatungen und die Möglichkeit zur Patentrecherche in entsprechenden Datenbanken beziehungsweise entsprechende Recherchedienstleistungen an. Patentverwertungsagenturen wurden mit Änderung des Arbeitnehmererfindungsgesetzes in 2002 eingerichtet, um die Hochschulen bei der Verwertung ihres geistigen Eigentums zu unterstützen. Sie sind in der TechnologieAllianz organisiert (www.technologieallianz.de).

Patentanwälte

Patentanwälte sind Technologieexperten mit einer aufwendigen juristischen Zusatzausbildung. Sie vertreten ihre Mandanten in Fragen des gewerblichen Rechtsschutzes, in den Prozessen mit Patent- und Markenämtern und vor dem Bundespatentgericht. Patentanwälte sind in Deutschland in der Patentanwaltskammer organisiert (www.patentanwalt.de).

8.4.2 Arbeitnehmererfindungen

Diensterfindung

Das Arbeitnehmererfindungsgesetz (ArbEG) regelt vor allem patent- und gebrauchsmusterfähige Diensterfindungen, die von Individuen im Rahmen ihres abhängigen Beschäftigungsverhältnisses mit dem Arbeitgeber geschaffen werden. Während Arbeitsverträge in der Regel die Ergebnisse der Arbeitskraft des Arbeitnehmers zum Eigentum des Arbeitgebers erklären, beruht das Patentgesetz auf dem Erfinderprinzip. Der daraus entstehende Konflikt wird im Arbeitnehmererfindungsgesetz geregelt. Grundsätzlich wird die Problematik so gelöst, dass der Rechteinhaber der Arbeitgeber ist, der Erfinder aber an Verwertungsergebnissen partizipiert.

Aus den Regelungen des Arbeitnehmererfindungsgesetzes ergibt sich die Pflicht für den abhängig beschäftigten Erfinder, seinem Dienstherrn jede Diensterfindung schriftlich zu melden.

Erfindungsmeldung

Die Erfindungsmeldung muss die technische Aufgabe, ihre Lösung, das Zustandekommen der Erfindung und alle Miterfinder sowie deren Anteile an der Erfindung beschreiben beziehungsweise nennen. Der Arbeitgeber muss den Eingang der Erfindungsmeldung schriftlich bestätigen. Ab Eingang der Erfindungsmeldung beginnt eine viermonatige Frist, innerhalb derer der Arbeitgeber über eine Freigabe entscheiden kann. Eine solche Freigabe muss der Arbeitgeber dem Erfinder schriftlich anzeigen, ansonsten gehen die Verwertungsrechte an der Diensterfindung auf den Arbeitgeber über (Inanspruchnahme). Bei Inanspruchnahme ist der Arbeitgeber in der Regel verpflichtet, die Erfindung zum Patent oder Gebrauchsmuster anzumelden. Eine Ausnahme besteht, wenn es sich beispielsweise um Betriebsgeheimnisse handelt, deren Veröffentlichung für das Unternehmen nachteilig wäre.

8.4.3 Schutzrechtsanmeldung

An dieser Stelle wird die Patentanmeldung als Beispiel für eine Schutzrechtsanmeldung im Detail beschrieben. Auf dem Weg zum Patent muss zunächst eine Patentanmeldung durchgeführt werden. Diese muss neben dem eigentlichen Antrag auf Erteilung eines Patents die Nennung aller Erfinder, die Beschreibung der Erfindung ggf. inkl. Zeichnungen sowie die Nennung aller Patentansprüche (claims) beinhalten. Die Anmeldung ist beim jeweils zuständigen Patentamt, in Deutschland dem DPMA, einzureichen. Zusätzlich ist bis drei Monate nach Anmeldetag die Anmeldegebühr (Größenordnung aktuell 40-60 Euro) zu zahlen. Der Tag des Eingangs der Anmeldung gilt als Anmeldetag. Das Datum erhält besondere Bedeutung, da hier verschiedene Fristen beginnen. Es wird auch als Prioritätsdatum bezeichnet. Gleiche oder auch ähnliche Erfindungen können nach diesem Zeitpunkt nicht mehr von anderen zum Patent angemeldet werden.

Recherche- und Prüfantrag

Nach Eingang der Patentanmeldung und Zahlung der Anmeldegebühr prüft das DPMA analog zu anderen Schutzrechten die formelle Richtigkeit der Anmeldung und die grundsätzliche Patentierbarkeit der Erfindung. Zudem wird die Erfindung mithilfe der Internationalen Patentklassifikation eingruppiert. Nach Ablauf von 18 Monaten ab Anmeldung führt das DPMA die Offenlegung des Patents durch und veröffentlich somit die Patentanmeldung, die bis dahin geheim war. Die Offenlegung ist unabhängig davon, ob bis dahin ein Prüfungsantrag gestellt wurde. Dieser muss separat vom Anmelder gestellt werden und leitet das eigentliche Patentprüfungsverfahren ein. Neben dem Prüfantrag muss eine Prüfungsgebühr (Größenordnung aktuell 350 Euro) gezahlt werden, um den Prozess anzustoßen. Der Prüfantrag muss spätestens sieben Jahre nach Anmeldung gestellt werden. Eine Offenlegung sowie die Fälligkeit von Jahresgebühren (ab dem dritten Jahr nach Anmeldung) setzen unabhängig von einem Prüfantrag ein. Alternativ kann als Zwischenschritt zunächst ein Rechercheantrag gestellt werden. Die Recherche liefert im Ergebnis Informationen dazu, welche Unterlagen für die Prüfung des Patents relevant werden können. Ein Patentprüfer stellt im Prüfverfahren schließlich fest, ob die Erfindung neu, auf erfinderischer Tätigkeit beruhend und gewerblich anwendbar ist. Bei positivem Ergebnis wird schließlich das Patent erteilt. Ansonsten enthält der Prüfungsbescheid eine Mängelliste, die in einer bestimmten Frist abzuarbeiten ist. Gegen die erteilte Patentschrift kann innerhalb von drei Monaten nach Veröffentlichung Einspruch erhoben werden. Nach Ablauf dieser Frist muss eine Nichtigkeitsklage vor dem Bundespatentgericht angestrengt werden. Tabelle 8-1 gibt einen Eindruck von Patentierungskosten im Rahmen der ersten fünf Jahre ab Anmeldedatum. Die KMU-Patentaktion im Rahmen der SIGNO-Förderung ermöglicht Gründungsunternehmen die Förderung von Patentierungskosten (www.signo-deutschland.de).

Internationale Anmeldung

Neben diesem nationalen Prozess besteht außerdem bis zwölf Monate nach dem Anmeldetag die Möglichkeit, ungeachtet jeglicher Anmeldeaktivitäten von anderen innerhalb dieser Zeit Nachanmeldungen zu diesem Patent durchzuführen und das Patent in anderen Ländern anzumelden. Auch für die PCT-Anmeldung gilt das Prioritätsdatum. Die zentrale Form der PCT-Anmeldung hat den Vorteil, dass erst nach 30 Monaten ab Prioritätsdatum Anmeldungen in den einzelnen nationalen

Tab. 8-1

Durchschnittliche Kosten von Patenanmeldungen und -aufrechterhaltungen in Deutschland (in Anlehnung an Cohausz, Dawidowicz, Hannig und Sozien: www.copat.de)

Kostenblöcke	Amtsgebühren	Anwaltskosten*
Ausarbeiten einer Patentanmeldung durch einen Patentanwalt		2000 EUR
Einreichen einer Patentanmeldung beim Patentamt inkl. Rechercheantrag	60 + 250 EUR	580 EUR
Prüfungsantrag nach der Recherche	150 EUR	150 EUR
Prüfungsverfahren (2 Prüfbescheide, Erklärung Art. 19 PCT-Verfahren)		800 EUR
Jahresgebühr Jahr 3	70 EUR	100 EUR
Jahresgebühr Jahr 4	70 EUR	100 EUR
Jahresgebühr Jahr 5	90 EUR	100 EUR
Alle Kosten innerhalb der ersten 5 Jahre	**690 EUR**	**3560 EUR**
Amtsgebühren für die Aufrechterhaltung Jahre 6-10 (kumuliert)	1190 EUR	
Amtsgebühren für die Aufrechterhaltung Jahre 11-15 (kumuliert)	3830 EUR	
Amtsgebühren für die Aufrechterhaltung Jahre 16-20 (kumuliert)	7930 EUR	

* Schätzung von durchschnittlichem Aufwand

Ämtern (mit der besonderen Hürde der Übersetzung in die Landessprache) durchgeführt werden müssen. Spezifikum der europäischen Anmeldung ist wiederum, dass das Anmeldeverfahren auf Deutsch, Englisch oder Französisch durchlaufen werden kann. Erteilungsreife Ansprüche müssen vor Erteilung jedoch auch in die anderen beiden Sprachen übersetzt werden. Zudem gilt lediglich eine sechsmonatige Frist für das Stellen eines Prüfungsantrags. US-Patente gehorchen durchaus einer Vielzahl unterschiedlicher Regeln, auf die hier nicht eingegangen werden kann. Wichtig ist jedoch die Unterscheidung in der Qualität des Prioritätsdatums. Dies ist in den USA nicht der Zeitpunkt der Anmeldung, sondern der Zeitpunkt der Erfindung.

8.4.4 Verwertung von Patenten

Eigenverwertung, Lizenzen und Verkauf

Die Verwertung eines Patentes kann auf unterschiedliche Weise stattfinden: Der Patentinhaber kann die patentierte Erfindung selbst in ein Produkt weiterentwickeln, produzieren, vertreiben und verkaufen. Genauso kann ein Patent aber auch strategisch eingesetzt werden. In diesem Fall ist das Ziel, anderen die Besetzung dieser Technologienische (»Window of Technology«) zu verwehren. Ist man an einer Verwertung interessiert, möchte diese aber nicht selbst durchführen, lassen sich über Lizenzvergabe Unterrechte an dem Patent vergeben. In der Regel werden diese Lizenzrechte in Form von Lizenzgebühren vergütet. Dabei gibt es wiederum unterschiedliche Modelle. Üblich sind fixe Einstiegsgelder und umsatzanteilige Regelungen. Schließlich gibt es die Möglichkeit, das Patent zu verkaufen. Hier ist üblicherweise die Preisbestimmung ein Problem. Häufig sind in frühen Phasen (vor Markteintritt) nur angefallene Kosten eine belastbare Grundlage für Preisbestimmungen. Gerade Hochschulpatente sind jedoch noch in einem frühen Entwicklungsstadium, sodass häufig unternehmerische Aktivität notwendig ist, um einen ökonomischen Wert zu entwickeln. Im Internet sind zudem vermehrt Angebote zu finden, die im Sinne von »Open Innovation« als Intermediäre für geistiges Eigentum auftreten (z. B. www.yet2.com, www.innocentive.com, www.ninesigma.com, www.ideaconnection.com).

8.5 Verträge

Der Vertrag ist in Abgrenzung zur Hierarchie als Organisationsform innerhalb eines Unternehmens die Organisationsform zwischen verschiedenen Unternehmen. Er stellt eine Institution des Privatrechts dar und bindet die Vertragspartner über entsprechende Willenserklärungen aneinander. Ein professioneller Umgang mit Verträgen ist elementarer Bestandteil einer erfolgreichen Unternehmensführung. Klassischer Fall ist ein Kaufvertrag. Bei diesem folgt auf eine spezifische Anfrage in der Regel ein Angebot. Dies wird verhandelt, bevor es schließlich zu einer Auftragserteilung oder Bestellung kommt, der wiederum eine Auftragsbestätigung folgt. Auftragserteilung beziehungsweise Auftragsbestätigung stellen in diesem Fall die beidseitigen Willensbekundungen dar. Gemäß der Vereinbarung hat der Lieferant nun zu liefern und der Kunde zu zahlen. Werden Vereinbarungen getroffen, die mehr als nur einen Geschäftsvorfall umfassen, spricht man häufig von Rahmenvereinbarungen oder Rahmenverträgen. Ein Gründungsunternehmen sollte gleich zu Beginn ein System schaffen, in dem es den Überblick über diese Form von Verträgen, inkl. Laufzeit und Kündigungsmöglichkeiten, behält.

AGBs

Generell geltende Vertragsbestandteile lassen sich in den Allgemeinen Geschäftsbedingungen (AGBs) zusammenfassen. AGBs existieren häufig als separates Dokument und werden Angeboten beziehungsweise Aufträgen als Anlage beigefügt. Obwohl es sinnvoll ist, auch als Gründungsunternehmen AGBs zu formulieren, ist es in der Vertragspraxis häufig so, dass größere Unternehmen auf das Zugrundelegen der eigenen AGBs bestehen. In diesem Fall muss eine genaue Prüfung stattfinden und ggf. auf Basis von Einzelaspekten diskutiert werden. Zu den ersten Verträgen im technologiebasierten Gründungsunternehmen gehören in der Regel Gesellschaftsverträge, Arbeitsverträge, Mietverträge, Lieferantenverträge, Dienstleistungs- und Beratungsverträge, sowie Kooperations- und Beteiligungsverträge.

8.6 Versicherungen

Die Existenz und Aktivität der Organisation verursacht Risiken. Diese Risiken können im Falle ihres Eintretens (bei Schäden) Kosten in maßgeblichem Umfang für das Unternehmen bedeuten. Gerade für Gründungsunternehmen ist daher der Abschluss von notwendigen und sinnvollen Versicherungen wichtig.

Haftpflichtversicherung

Zur Absicherung des Betriebsstättenrisikos ist eine Betriebshaftpflichtversicherung notwendig. Sie bildet im Grunde die Basisversicherung eines Unternehmens und funktioniert analog zur Privathaftpflichtversicherung bei Schäden gegenüber Dritten, die durch das Unternehmen oder seine Angehörigen verursacht wurden. Über eine Absicherung des Produktrisikos (durch Produkte verursachte Schäden) sollte man ab Einstieg in die Produktion nachdenken. Spätestens sollte der Versicherungsschutz jedoch bestehen, wenn die Produkte in Umlauf gebracht werden. Dazu sind entweder Produkthaftplichtbestandteile in die Betriebshaftpflicht mit aufzunehmen oder eine separate Produkthaftpflichtversicherung abzuschließen.

Inhaltsversicherung

Mit der Inhaltsversicherung lassen sich Betriebseinrichtung und Materialien gegen Schäden wie Feuer, Einbruchdiebstahl, Leitungswasser, Sturm und Hagel versichern. Diese Versicherung kann als betriebliche Variante der Hausratsversicherung betrachtet werden. Erweiterter Versicherungsschutz kann gegen sogenannte Elementarschäden wie Erdbeben, Erdrutsch, Überschwemmungen oder Vulkanausbruch vereinbart werden. Zur Inhaltsversicherung gibt es zudem Erweiterungen wie die Elektronik- oder die Betriebsunterbrechungsversicherung. Letztere baut auf den Effekten von Sachschäden auf. Kommt es im eigenen Betrieb zu massiven Sachschäden, kann der Betriebsablauf empfindlich gestört sein. Die Betriebsunterbrechungsversicherung versichert die dadurch entstehenden Kosten über die reinen Sachkosten hinaus, darunter laufende Kosten wie Miete und entgangene Gewinne. Weitere Versicherungen umfassen Rechtsschutzversicherung (v. a. für arbeitsrechtliche oder verkehrsrechtliche Auseinandersetzungen; patent-, marken- oder vertragsrechtliche Auseinandersetzungen z. B. mit Kunden können in der Regel nicht versichert werden), Auslandsreisekrankenversicherung, Produktrückrufversicherung, Vermögensschadenhaftplichtversicherung des Geschäftsführers (D&O-Versicherung), Unfallversicherungen, die über die Leistungen der Berufsgenossenschaften hinausgehen, u. v. m. Unterversicherung kann kostspielig werden. Überversicherung kann kostspielig sein. Es gilt: So viel wie nötig, aber so wenig wie möglich. Sinnvoll ist eine regelmäßige Überprüfung der Risikosituation der Organisation.

8.7 Zusammenfassung

Organisationskapital oder Strukturkapital ist Teil des intellektuellen Kapitals und umfasst jene Werte, die die Organisation an sich darstellt oder hervorbringt. Dabei ist zum einen das Auftreten als Marktteilnehmer in Form einer Organisation von Bedeutung. Die Wahl der Rechtsform bestimmt den Rahmen der Organisation. Die Auswahl von Partnern ermöglicht die Realisierung aller notwendigen Teilprozesse zum Funktionieren der Organisation. Der Abschluss von Verträgen ist Kern der Geschäftstätigkeit der Organisation und verschafft der Organisation Rechte, aber auch Pflichten. Der Schutz der Organisation lässt sich schließlich über Versicherungen realisieren. Zum anderen kann geistiges Eigentum über gewerbliche Schutzrechte in der Organisation verankert werden. Hier sind die unterschiedlichen Arten von Schutzrechten gegeneinander abzuwägen. Zudem ist auf Prozesse sowie deren Dauer und Kosten zu achten.

Übung zum Stand der Forschung im Themenfeld »Organisationskapital«
Suchen Sie in einer Datenbank für wissenschaftliche Artikel mit den Suchbegriffen »organizational capital« und/oder »intellectual capital« und/oder »intellectual property« und/oder »patenting« in Kombination mit »entrepreneurship« nach einem aktuellen Forschungsartikel aus einer renommierten Zeitschrift, der auf Basis der Lektüre des Abstracts Ihr Interesse weckt und gleichzeitig nicht Teil der Literaturliste zu diesem Kapitel ist. Erfassen Sie den Inhalt des Artikels in wenigen Folien und diskutieren Sie den Inhalt mit Kommilitonen im Kontext dieses Kapitels.

8.8 Fallstudie: PURON

Am 12. Januar 2004 sitzen Christoph Kullmann, Dr. Stefan Schäfer und Dr. Klaus Voßenkaul, in ihrem kleinen Büro in Aachen und verstehen die Welt nicht mehr. Die drei Verfahrenstechnik-Ingenieure der RWTH Aachen hatten 2001 die PURON GmbH gegründet, die Membranfiltrationssysteme produziert und vertreibt. Dies war mit Abstand der schwärzeste Tag ihrer Unternehmergeschichte. Gerade hatte ein großer Wettbewerber Klage wegen Verletzung von Patentrechten gegen PURON und seine Gründer erhoben. Und gleichzeitig war der CEO des klagenden Unternehmens persönlich auf einen Besuch vorbeigekommen, um den PURON-Gründern eine Übernahme ihres Unternehmens und ihrer Patente anzutragen.

»Das kann doch alles gar nicht wahr sein! Wir verletzen keine anderen Patentrechte, und das wissen die doch genau!« Stefan Schäfer ist wütend. »Das ist dann wohl das Ende. Wir finden doch mit einer Klage am Hals keinen neuen Investor, die Jahre dauern könnte«, stellt Christoph Kullmann resigniert fest. Alle drei Gründer haben begriffen, dass die Klage ein Mittel ist, um PURON aus dem Membranmarkt zu drängen. »Was machen wir denn jetzt?« fragt Klaus Voßenkaul. Für eine Weile rekapituliert jeder für sich die so viel versprechende Entwicklung der letzten vier Jahre.

Das Kerngeschäftsfeld der PURON GmbH besteht 2004 in der Produktion und im Vertrieb von innovativen Membranen und Membranfiltermodulen für die Wasseraufbereitung. Kernelement der von PURON patentierten Grundidee sind zwei Millimeter dünne und ca. zwei Meter lange Kunststoffröhrchen, die von oben wie Seegras senkrecht in das zu reinigende Wasser eingetaucht werden. Die Wände dieser Filter haben eine schwammähnliche Struktur, die es ermöglicht, durch das Anlegen eines Unterdrucks von der Innenseite gefiltertes, reines Wasser anzusaugen, während sich auf der Außenseite der Röhrchen das Schmutzwasser befindet. Zur Entfernung der abfiltrierten Stoffe wird Luft verwendet, die zwischen den Röhrchen eingeblasen wird und die Stoffe nach oben trägt. Ein Baukastensystem der Elemente ermöglicht neben einer kostengünstigen Fertigung und hoher Flexibilität eine individuelle Auslegung der Technologie nach Kundenwünschen.

Das sogenannte Prinzip der Ultrafiltration ist bis heute einzigartig im Bereich der Wasseraufbereitung. Die Technologie findet inzwischen weltweit Einsatz in Klär- und Trinkwasseraufbereitungsanlagen sowie in der industriellen Wasseraufbereitung. Darüber hinaus stellen aufgrund der beschriebenen Produktvorteile auch die chemische Industrie sowie die Textil- und Lebensmittelindustrie Zielsegmente mit bedeutendem Umsatzpotenzial dar. Zu den Zielmärkten gehören primär südeuropäische Staaten, Australien, sowie Nord- und Südamerika. Im weltweit wachsenden Markt der Wasseraufbereitung bietet die PURON-Technologie einen deutlichen Kostenvorteil, da die Wettbewerbsprodukte einen höheren Energiebedarf haben und häufiger gewartet werden müssen.

Die PURON AG wurde im November 2001 als Spin-Off des Instituts für Verfahrenstechnik (IVT) der RWTH von Dr. Klaus Vossenkaul, Christoph Kullmann und Dr. Stefan Schäfer gegründet. Grundlage der Geschäftsidee war die Konzeption des oben genannten innovativen Membranmoduls, das in Vorarbeiten bereits seit 1999 am IVT entwickelt wurde. Um die Grundidee zu schützen, wurden im Jahr 2000 erste deutschlandweite Patente angemeldet und der Schriftzug »PURON« als Bild- und Wortmarke eingetragen. Dabei vertraute PURON auf das Know-how externer Berater: »Das Wichtigste war, einen Patentanwalt zu finden, der auf unserem Gebiet versiert ist« erzählt Kullmann. Da das größte Umsatzpotenzial außerhalb Deutschlands lag, wurde parallel eine PCT-Anmeldung für ein internationales Patent durchgeführt. Finanziert wurde das Vorhaben zunächst durch Mittel des damaligen NRW-Existenzgründerprogramms PFAU (Programm zur finanziellen Absicherung von Gründern aus Hochschulen), ergänzt durch Eigenkapital und Mittel aus dem ERP-Innovationsprogramm (European Recovery Program).

Um die Entwicklung des Unternehmens und den Aufbau der Produktion zu beschleunigen, konnte im November 2002 in einer zweiten Stufe E.ON Venture Partners als Investor gewonnen werden, der sich finanziell maßgeblich am Unternehmen beteiligte. Die bereits angemeldeten Patente stellten für PURON eine wichtige Argumentationsbasis zugunsten einer Kapitalbeteiligung dar: »Patente sind wichtig, um sie einem Venture Capitalist zu zeigen, nach dem Motto ‚guck mal, wir haben schon was'. Sie führen aber nicht unbedingt zu einer Wertsteigerung« so Kullmann. »Zu dem Zeitpunkt, als wir Gespräche mit potenziellen Venture Capital Partnern geführt haben, waren die Patente mit Ausnahme eines deutschen Patentes noch in der Anmeldungsphase. Deshalb fielen die Pre-Money-Bewertungen sehr unterschiedlich aus.« Als Absicherung E.ON gegenüber wurden die erteilten Patente von den Gründern komplett als Sacheinlage in das Unternehmen eingebracht. Im Zuge der Beteiligung wurde PURON von der Rechtsform einer GmbH in eine Aktiengesellschaft umfirmiert und aus der Hochschule ausgegliedert.

Mithilfe von E.ON Venture Partners konnten die hohen Kosten zum Bau einer Pilotanlage in Simmerath sowie weitere Projektfinanzierungen von Kläranlagen im In- und Ausland finanziert und eine Serienproduktion in Aachen aufgebaut werden. Auch 2003 konnte PURON das Wachstum weiter vorantreiben. Die Firma war inzwischen auf 15 Mitarbeiter und 20 Teilzeitbeschäftigte angewachsen. Um die Expansion weiter zu forcieren war PURON 2004 in der Situation weiteres Venture Capital eintreiben zu müssen. Erste aussichtsreiche Gespräche mit Investoren wurden bereits geführt, bevor die Geschichte PURONs die abrupte Wende nahm. Die Situation stellte die Firma von jetzt auf gleich vor große Herausforderungen: Hinter der Klage verbarg sich nicht nur die Gefahr eines kostenintensiven Rechtsstreits mit ungewissem Ausgang. Hinzu kam, dass PURON in den vorangegangenen Jahren sämtliches verfügbare Kapital in die Produktion und den Ausbau des Vertriebs investiert hatte, ohne dass wirklich Geld eingenommen worden war. PURON war also auf frisches Kapital angewiesen, das bedingt durch den anstehenden Rechtsstreit jedoch in weite Ferne rückte.

... Noch immer herrscht Stille im PURON-Büro. »Jungs, lasst uns nach Hause gehen. Es ist schon nach Mitternacht. Heute kommt uns sowieso kein guter Gedanken mehr. Wir überlegen morgen weiter«, schlägt Klaus Voßenkaul vor. Keiner der drei Gründer kann in dieser Nacht schlafen, da alle von der gleichen Frage wach gehalten werden: »Was machen wir jetzt?«

Aufgaben

1. *Skizzieren Sie die Bedeutung von gewerblichen Schutzrechten für die Situation von PURON.*

2. *Welche strategischen Möglichkeiten hat PURON in dieser Situation? Diskutieren Sie verschiedene Vorgehensweisen sowie deren Vor- und Nachteile.*

3. *Welche Schlussfolgerungen ziehen Sie aus diesem Fall für den Zusammenhang von gewerblichen Schutzrechten und technologiebasierten Gründungsunternehmen?*

Weiterführende Literatur

Beck, K. (2000). Idee! Patent? Erfolg? Mantel.

Edvinsson, L. und Malone, M. S. (1997). Intellectual Capital. London.

Götting, H.-P. und Schwipps, K. (2004). Grundlagen des Patentrechts: Eine Einführung für Ingenieure, Natur- und Wirtschaftswissenschaftler. Wiesbaden.

Mathes, K. (2005). Erfindungen erfolgreich schützen: Leitfaden für kleine und mittlere Unternehmen. Saarbrücken.

Rebel, D. (2009). Gewerbliche Schutzrechte: Anmeldung – Strategie – Verwertung. Ein Praxishandbuch. Köln.

Wagner, M. und Thieler, W. (2007). Wegweiser für den Erfinder: Von der Aufgabe über die Idee zum Patent. Berlin.

Internetquellen

Arbeitsgemeinschaft Deutscher Patentinformationszentren e. V.: www.patentinformation.de
Bundesministerium der Justiz: www.gesetze-im-internet.de
Bundesministerium für Wirtschaft und Technologie: www.patentserver.de
Bundesministerium für Wirtschaft und Technologie: www.signo-deutschland.de
Deutsches Presse- und Markenamt: www.dpma.de
European Patent Organization: www.epo.org
Ideaconnectoin: www.ideaconnection.com
Innocentive: www.innocentive.com
NineSigma: www.ninesigma.com
Patentanwaltskammer: www.patentanwalt.de
TechnologieAllianz e. V.: www.technologieallianz.de
World Intellectual Property Organization: www.wipo.org
Yet2com: www.yet2.com

9 Human Capital als intangible Ressource

Lernziele

Das Humankapital eines Unternehmens ist klassischerweise ein Produktionsfaktor, den es zu analysieren, zu erhalten, zu optimieren und zu verwerten gilt. Humankapital im Zusammenhang mit Entrepreneurship ist nicht bloße Ressource, es ist vielmehr Ursprung unternehmerischer Aktivität. In diesem Kapitel lernen Sie Humankapital kennen mit einem besonderen Fokus auf der Unternehmerpersönlichkeit und dem Gründerteam. Das Humankapital – als Teil des intellektuellen Kapitals – wird dadurch neben der unternehmerischen Gelegenheit zum zweiten wesentlichen Bestandteil des Individual-Opportunity-Nexus, dem Ausgangspunkt unternehmerischer Aktivität.

Nachdem Sie dieses Kapitel durchgearbeitet haben, werden Sie insbesondere:

- die Bedeutung von Humankapital als Basis für unternehmerische Aktivität kennen,
- die Unternehmerpersönlichkeit mit ihren Facetten erfassen können,
- die Zusammensetzung und Funktionsweise von Teams verstehen,
- verschiedene Teamrollen in ihrer Wirkung kennen und Entscheidungsprozesse innerhalb eines Teams verstehen,
- über eine Basis verfügen, sich selbst und Ihr eigenes Humankapital in Bezug auf Gründungsaktivitäten einzuschätzen.

9.1 Begriff und Definitionen

Was haben Begrüßungszentren, Luftverschmutzungsrechte und Humankapital gemeinsam? Alle drei Begriffe wurden 2004 von der Gesellschaft für deutsche Sprache für den Titel »Unwort des Jahres« nominiert. Humankapital machte schließlich das Rennen. Begründung: Menschen werden auf eine rein ökonomisch interessante Größe reduziert.

Ein ökonomisches Verständnis

Die Kritik am Begriff selbst mag auf der Ökonomisierung des Menschen beruhen. In seinen Büchern über den »Wohlstand der Nationen« sprach Adam Smith bereits von verschiedenen Kapitalarten, darunter Land, Gebäude, Maschinen, und schließlich auch von einer frühen Definition des Begriffs Humankapital: »Fourthly, of the acquired and useful abilities of all the inhabitants or members of the society. The acquisition of such talents, by the maintenance of the acquirer during his education, study, or apprenticeship, always costs a real expense, which is a capital fixed and realized, as it were, in his person. Those talents, as they make a part of his fortune, so do they likewise that of the society to which he belongs. The improved dexterity of a workman may be considered in the same light as a machine or instrument of trade which facilitates and abridges labor, and which, though it costs a certain expense, repays that expense with a profit.« (Smith, 1776).

Abb. 9-1

Kategorien der allgemeinen Erfolgsfaktorenforschung (Moog, 2004, S. 7)

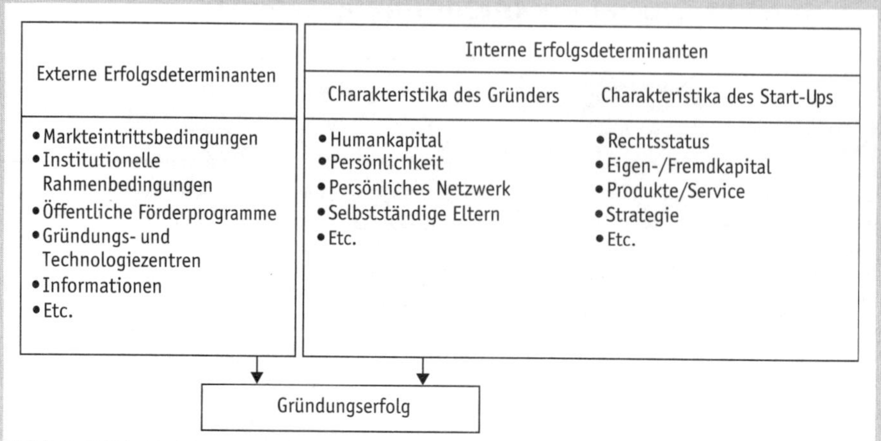

Die grundsätzliche Fragestellung in diesem Lehrbuch ist: Wie werden Unternehmer und Gründungsunternehmen eigentlich erfolgreich? Die Forschung um diese Fragestellung legt neben vielen deskriptiven Arbeiten einen starken Fokus auf Ursache-Wirkungs-Beziehungen. Die daraus entstandene Erfolgsfaktorenforschung unterteilt dabei in externe und interne Faktoren, die den Gründungserfolg beeinflussen (s. Abbildung 9-1). Während extern eine Umwelt existieren muss, die ein Gedeihen von Gründungsunternehmen befördert – zumindest aber erlaubt und nicht etwa verhindert –, müssen die internen Erfolgsfaktoren entweder bereits von Anfang an im Unternehmen vorhanden sein, oder aber zu dem Gründungsunternehmen hinzugezogen werden. Analog zu dem in Kapitel 3 diskutierten Individual-Opportunity-Nexus lassen sich die internen Erfolgsdeterminanten wiederum unterteilen in Charakteristika der Gründerin beziehungsweise des Gründerteams und Charakteristika des Gründungsunternehmens.

Humankapital als interne Erfolgsdeterminante

Das Humankapital bildet dabei ein Element unter den personenbezogenen Charakteristika. Theoretisch gesprochen, handelt es bei dem Humankapital um eine zentrale Ressource, die je nach ihrer Struktur einen unterschiedlichen Einfluss auf die Entwicklung des Gründungsunternehmens nehmen kann.
Die Begriffe Humankapital und Humanressourcen werden häufig synonym verwendet. Humankapital bezieht sich dabei auf die Gesamtheit von Humanressourcen, die Individuen in eine Organisation einbringen (Wright, Dunford und Snell, 2001). Unter Einsatz des Humankapitals löst eine Organisation – und damit sind sowohl etablierte als auch Gründungsunternehmen gemeint – ihre unterschiedlichen Aufgaben.

Die Unternehmerperson als zentrale Ressource

Im Entrepreneurship hat der Begriff einen noch zentraleren Stellenwert. Aufbauend auf Josef Schumpeters Definition des Enterpreneurs als kreativer Zerstörer, hat

Abb. 9-2

Unternehmerische Aktivität und Erfolg (Frese, 2009).

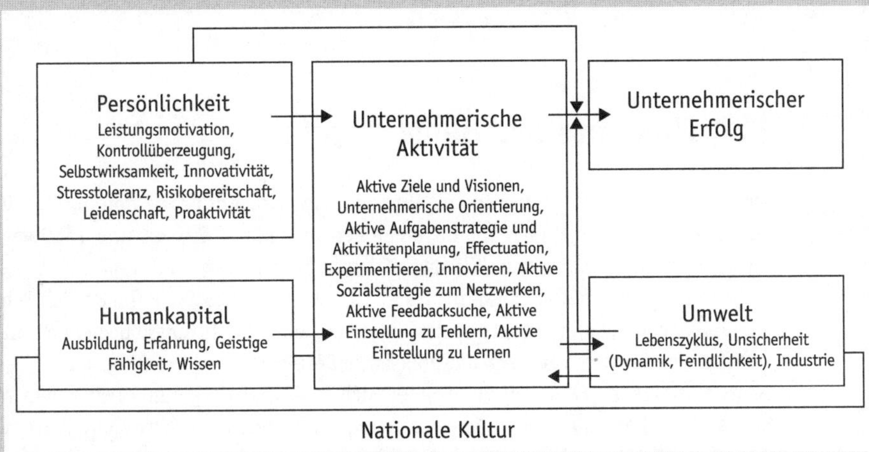

sich ein Großteil der frühen Entrepreneurshipforschung mit dem Mythos des Unternehmers als erfolgreicher Einzelperson befasst. Auch die Präsenz des Themas in den Medien wird gern von schillernden Persönlichkeiten und deren Werdegängen dominiert. Je nach Teilgebiet des Entrepreneurship – von der Frühphase des Gründungsprozesses bis hin zum Management kleiner und mittlerer Unternehmen – variiert der Umfang der Begriffsdefinition deutlich. Das Verständnis reicht von tiefenpsychologischer Betrachtung einzelner Individuen bis hin zu jenem Ressourcenbestand, den die Kleinunternehmensversion einer Personalabteilung verwaltet. Frese (2009) entwirft ein Modell des unternehmerischen Erfolgs und setzt diesen in Beziehung zu Humankapital und Persönlichkeit (s. Abbildung 9-2).

Humankapital und Persönlichkeit

Unternehmerischer Erfolg entsteht demnach auf Basis von unternehmerischer Aktivität. Diese wiederum basiert auf den individuellen Merkmalen Humankapital und Persönlichkeit.

Effectuation und Humankapital

Im Vorwort zu Sarasvathys Buch über Effectuation schreibt Venkataraman: »In the evocative phrase of Sarasvathy, entrepreneurs fabricate opportunities by starting with who they are, what they know, and whom they know – in short, all someone needs to create an entrepreneurial legacy in this world is to begin with their intellectual capital, human capital and social capital.« (Sarasvathy, 2008, S. xiii). Dieser Teil des Lehrbuches, der sich mit den unterschiedlichen Arten von Kapital befasst, ist demnach keine übertriebene Hinwendung zu einer volkswirtschaftlichen Begriffswelt, sondern eine Beschreibung derjenigen Quellen, die unternehmerische Aktivität ermöglichen. Die Schlussfolgerung aus dieser Argumentation beschreibt Venkataraman wie folgt: »[T]he question that most MBA entrepreneurship programs focus on, namely, ›How do I become a successful entrepreneur?‹ is replaced in the effectual world by ›Given who I am, what I know, and whom I know, what kind of entrepreneur could I become; what kind of entrepreneurial activities could I pursue; and what kind of enterprises could I create?‹« (Sarasvathy, 2008, S. xiv).

9.2 Elemente des Humankapitals

Wissen und Fähigkeiten bilden das Humankapital

Unterschiede in der Struktur des Humankapitals beeinflussen den Erfolg eines Unternehmens. Das Humankapital einer Person umfasst Wissen und Fähigkeiten (Becker, 1964), wobei sich Wissen in Ausbildungswissen und Erfahrungswissen unterteilen lässt. Mit Ausbildungsstand ist vor allem das im Rahmen der Schul- und Hochschulausbildung erworbene Wissen gemeint. Erfahrungen beziehen sich im beruflichen Kontext vor allem auf praktische Berufserfahrung in Unternehmen oder Selbstständigkeit. Fähigkeiten beziehen sich in Abgrenzung zum erworbenen Wissen auf die Kenntnis über und Umsetzungsfähigkeit von praktischen Prozessen. Neben fachlichen und methodischen Fähigkeiten kommt dabei sozialen Fähigkeiten (Social Skills oder Soft Skills) eine zunehmende Bedeutung zu, da die Geschwindigkeit der Unternehmensprozesse beispielsweise effiziente Kommunikation verlangt (Grichnik und Hisrich, 2005).

Ausbildungsstand, Erfahrungen und Fähigkeiten werden also von der Person in einem bestimmten Zustand in das Unternehmen eingebracht, lassen sich während der Unternehmenszugehörigkeit unterschiedlich verändern, und entwickeln so bis zum Ausscheiden aus dem Unternehmen einen bestimmten Wert. Der entstehende Wert kann für das Unternehmen sehr hoch sein. Dies ist vor allem dann der Fall, wenn die Person unternehmensspezifisches Wissen und Fähigkeiten aufgebaut hat.

Spezifizität von Humankapital

Der Wert kann aber auch generell in Bezug auf den Markt für Humankapital – den Arbeitsmarkt – steigen, indem die Person Wissen und Fähigkeiten entwickelt sowie Erfahrungen macht, die für ein breiteres Set an Unternehmen interessant sind.

Das Humankapital in Gründungsunternehmen wird zunächst mit der Gründerperson identifiziert. Dies basiert auf der zentralen Bedeutung, die diese erste Person für das Gründungsunternehmen hat. Allerdings werden gerade technologiebasierte Gründungsunternehmen häufig von Teams gegründet. Hier ist bereits eine komplexere Betrachtung von Humankapital notwendig. Häufig gilt die Annahme, dass das Gründerteam auch Eigentümer des Gründungsunternehmens ist. Dies mag zu gleichen oder zu unterschiedlichen Anteilen der Fall sein. In jedem Fall ist hier als weiterer Entwicklungsschritt der Übergang zu jener Humankapitalerweiterung interessant, die sich in der Anstellung des ersten Mitarbeiters niederschlägt, der nicht Eigentümer ist.

Vom Ideengeber zum Employee No. 1

Der sogenannte Employee No. 1 ist dabei stellvertretend für eine erste Riege Mitarbeiter, die mit ihrem Humankapital sowohl eine besondere Bedeutung für das Unternehmen darstellen, gleichzeitig aber auch die Notwendigkeit von wohldurchdachtem Humanressourcenmanagement im Unternehmen entstehen lassen.

Tab. 9-1

Humankapitaldefinitionen – als Investition und als Investitionsergebnis (in Anlehnung an Unger et al., 2010)

Investition in Humankapital	Ergebnis von Humankapitalinvestitionen
Ausbildung	Unternehmerische Fähigkeiten
Gründungserfahrung	Unternehmerische Kompetenz
Industrieerfahrung	Unternehmerisches Wissen
Managementerfahrung	
Allgemeine Berufserfahrung	

Unger et al. (2010) finden in ihrer Metaanalyse zur Beziehung zwischen Humankapital und unternehmerischem Erfolg ein unterschiedliches Begriffsverständnis in den 70 untersuchten Studien aus 30 Jahren Forschung. Humankapital wird hier überwiegend als Investition in Humankapital verstanden. Indikatoren, die diese Größe erfassen sollen, umfassen Ausbildung, Gründungserfahrung, Industrieerfahrung, Managementerfahrung und allgemeine Berufserfahrung (s. Tabelle 9-1).

Investition vs. Ergebnis von Investitionen

Seltener beziehen sich Studien auf Humankapital als Ergebnis von Humankapitalinvestitionen. Hier werden vor allem unternehmerische Fähigkeiten, unternehmerische Kompetenz und unternehmerisches Wissen abgefragt.

Extern und intern aufgebautes Humankapital

Die Betrachtung von Humankapital kann zudem unterteilt werden in dasjenige Humankapital, das ein Individuum in eine Organisation mit einbringt – sei es ein etabliertes Unternehmen oder ein Gründungsunternehmen –, und das Humankapital, das innerhalb einer Organisation entwickelt wird.

Mit Rückbezug auf die Unterscheidung von Unger et al. soll an dieser Stelle die Unterscheidung zwischen solchen Humankapitalinvestitionen gemacht werden, die ein Individuum mit Blick auf unterschiedliche Karrieremöglichkeiten – Angestelltenverhältnis oder Unternehmertum – tätigt, und solchen, die eine Organisation im Anschluss an die Einstellung von Mitarbeitern tätigt. Während die Persönlichkeit eine Art Basis des Humankapitals bildet, die sich nur wenig verändert, bilden Ausbildung und Erfahrung zwei weitere wichtige und beeinflussbare Humankapitalkomponenten (Davidsson und Honig, 2003). Tabelle 9-2 zeigt die Bestandteile von Humankapital im Gründungskontext.

Tab. 9-2

Bestandteile von Humankapital im Gründungskontext

Humankapital-infestitions-formen	Resultierende Humankapital-Ergebnisse	Beispiele für branchenbezogene Humankapitalinvestitionen ...		Beispiel für gründungsbezogene Humankapitalinvestitionen ...	
		... des Individuums	... der Organisation	... des Individuums	... der Organisation
Ausbildung	**Wissen**	• Fachliches Studium • Branchen-relevante Ausbildung	• Mitarbeiter-produkt-trainings • Technische Weiterbildungs-möglichkeiten	• Management-Studium • Entrepreneurship-Kurse • Gründertraining	Learning by doing
Erfahrung	**Fähigkeiten**	• Berufserfahrung im Branchenunter-nehmen • Mitarbeit in branchennaher Organisation	• Job-Rotation in verschiedenen Geschäfts-bereichen	• Freiberufliche Arbeit • Projektleitung im etablierten Unternehmen • Vorhergehende Gründung	• Suche erfahrener Teammitglieder • Einbringung über Beirat und Coaches • Austausch und Kooperationen

9.2.1 Ausbildung

Wichtiger Baustein für das Humankapital ist die Ausbildung. Individuen bringen zunächst ihre bisherige Ausbildung in eine Organisation ein. Üblicherweise finden die Ausbildungsphasen vor einem Berufseinstieg statt. Allerdings gibt es zunehmend innerbetriebliche Weiterbildungen, die dem Anspruch an lebenslanges Lernen als Notwendigkeit für die sich wandelnden beruflichen Anforderungen gerecht zu werden versuchen. Während Art und Qualität der Ausbildung an sich noch keinen Indikator für erfolgreiches Unternehmertum darstellen, ist eine Ausbildung im Bereich der späteren unternehmerischen Aktivität erfolgsfördernd. Generell gilt, dass Individuen dann unternehmerisch aktiv werden, wenn sie der Ansicht sind, dass sie durch ihre Ausbildung fit für eine Gründung geworden sind. Diese Überzeugung ist ein wichtiger Einflussfaktor für das Entstehen der Absicht zu unternehmerischer Aktivität. Unternehmer geben immer wieder an, wie wichtig Kenntnisse in den Bereichen Finanzen, Marketing und Vertrieb, Strategie und Management sind. Spezifische Fachausbildungen wiederum erleichtern das Erkennen von Kundenbedürfnissen und das adäquate Design von Produkten. Generell gilt, dass der Gründer entweder breit ausgebildet sein sollte oder aber frühzeitig auf eine komplementäre Besetzung von Spezialisten in seinem Team achtet.

Generalist vs. Verteilung von Fähigkeiten im Team

Gerade im Technologiegründungsbereich ist bislang nicht zu erwarten, dass Technologiegründer gleichzeitig ein spezialisiertes Entrepreneurshipstudium genossen haben. Hier existieren jedoch umfangreiche Angebote von Gründungsförderungseinrichtungen, die gründungsbezogene Inhalte vermitteln. Anbieter sind in der Regel Industrie- und Handelskammern, regionale Wirtschaftsförderungseinrichtungen, Technologiezentren sowie Gründerzentren und Technologietransfereinrichtungen von Bildungs- und Forschungseinrichtungen.

9.2.2 Erfahrung

Ausbildung, so spezifisch sie sein kann, ist immer noch abstrakter als die konkret gemachte Erfahrung. Auch Berufserfahrung kann in eine Organisation mit eingebracht werden. Häufig ist bei einer Einstellung relevant, wo man welche Berufserfahrung gesammelt hat. Einstellende Unternehmen möchten an diesem Erfahrungsschatz als Humankapitalbestandteil partizipieren. Umgekehrt finden Berufseinstiege ohne vorherige Berufserfahrung häufig über eine Ausbildung oder ein Traineeprogramm statt. Auf diese Weise sollen umfassende Ersterfahrungen mit einem Unternehmen ermöglicht werden. Ausbildungen oder Traineeprogramme für angehende Gründer gibt es in dieser Form kaum. In der Hochschullehre wird häufig versucht, unternehmerische Erfahrung durch praktische Aufgabenstellungen wie das Schreiben eines Businessplans oder die Mitarbeit in einem Gründungsprojekt zu ermöglichen. Auch über Praktika in Start-ups lässt sich sicher ein guter Eindruck gewinnen. Nichtsdestotrotz erhält man die eigentliche Gründungserfahrung erst durch den eigenen Sprung ins kalte Wasser (Plunge Decision).

Gründungserfahrung: Der Sprung ins kalte Wasser

Das damit verbundene Learning-by-doing kann natürlich zu unterschiedlichen Ergebnissen führen. Während in den USA auch eine erfolglose Gründung als wertvolle Erfahrung gilt und somit Humankapital aufwertend wirkt, ist die Akzeptanz des Scheiterns als mögliches Ergebnis eines Gründungsprozesses in Deutschland noch immer geringer.

9.2.3 Wissen und Fähigkeiten

Persönlichkeit bildet die Humankapital-»Grundausstattung« einer Person. Ausbildung und Berufserfahrung erweitern – häufig auf Basis und im optimalen Fall im Einklang mit den Persönlichkeitseigenschaften – das Humankapital und spezifizieren es für verschiedene Tätigkeitsfelder. Aus den Humankapitalinvestitionen entsteht so Humankapital (als Ergebnisgröße), das sich in Wissen und Fähigkeiten widerspiegelt. Eine Ausbildung vermittelt vor allem theoretisches Wissen, aber auch praktische Fähigkeiten.

Theorie und Praxis

Erfahrung besteht vor allem als Praxiserfahrung; durch die Praxiserfahrung entsteht aber auch spezifisches Wissen. Persönlichkeitseigenschaften wiederum fördern den Aufbau von bestimmten Wissensbereichen. Ebenso basieren einige grundlegende Fähigkeiten wie Kommunikationsfähigkeiten nicht zuletzt auf Persönlichkeitseigenschaften. Jo und Lee (1996) finden in diesem Kontext einen positiven Zusammenhang zwischen Profitabilität beziehungsweise Wachstum und Bildungsgrad beziehungsweise Branchenerfahrung des Unternehmers. Erfahrung aus Gründungs-, Management- oder Wachstumszusammenhängen allein reicht für erfolgreiche Gründungstätigkeit nicht aus.

9.3 Persönlichkeit

Grundsätzlich verfügt ein Individuum über eine bestimmte Persönlichkeit, die es in eine Organisation einbringt und die das Humankapital ergänzt. Ihren Ursprung finden die Persönlichkeitseigenschaften dabei vor allem in der Erziehung. Mit Erziehung ist an dieser Stelle die Gesamtheit jener Prägungen gemeint, die von Familie, Freunden, Mitschülern, etc. Einfluss auf ein Individuum nehmen. Nicht ausgeschlossen ist, dass sich die Persönlichkeit auch durch langjährige Zugehörigkeit zu einer Organisation noch verändert. Grundsätzlich spricht man allerdings bei Persönlichkeitseigenschaften von zeitlich stabilen Elementen, die im Rahmen der frühen Phase als erwachsener Mensch eine Festigung erfahren.

Persönlichkeitseigenschaften als stabile Merkmale

Für den Gründungskontext hat die Auseinandersetzung mit Persönlichkeitseigenschaften einen besonderen Stellenwert. Gründer müssen Eigenschaften haben, die es ihnen ermöglichen, ein Unternehmen aufzubauen und zu entwickeln. Ein Gründerteam sollte daher möglichst unterschiedliche Eigenschaften vereinen, um situationsabhängig immer adäquat reagieren zu können. Zudem ist es wahrscheinlich, dass sich ein Gründer in Bezug auf seine Persönlichkeit im Rahmen der Gründungsaktivität sehr stark zu einer Unternehmerpersönlichkeit entwickelt und damit möglicherweise nur noch schwer in ein abhängiges Arbeitsverhältnis passt.

Individuelle Konditionierung

Persönlichkeit stellt die individuellste Komponente der Konditionierung dar. Allgemein betrachtet wird ein Individuum nach Hofstede (1991) durch drei Einflüsse geformt (s. Abbildung 9-3). Basis bildet die menschliche Natur, die jedem Menschen vererbt wird. Spezifischer und differenzierender ist da bereits der Einfluss Kultur. Kultur wird dem Individuum durch seine Mitmenschen angelernt. Letztlich unterscheiden sich die Individuen in ihren Persönlichkeiten. Diese wiederum sind teilweise vererbt, teilweise allerdings auch veränder-, entwickel- und erlernbar.

Übung zum eigenen Humankapital
Erstellen Sie Ihr eigenes Humankapitalprofil. Was sind Ihre dominanten Persönlichkeitseigenschaften? Welche Ausbildung haben Sie genossen? Welche Berufserfahrungen beziehungsweise gründungsrelevanten Erfahrungen haben Sie bisher gemacht? Welches Wissen und welche Fähigkeiten haben Sie angesammelt? Diskutieren Sie Ihr Selbstbild mit dem Fremdbild, das Ihnen andere Personen spiegeln können. Welche Elemente Ihres eigenen Humankapitalprofils halten Sie für förderlich für einen Gründungserfolg?

Abb. 9-3

Die drei Ebenen mentaler Programmierung/Konditionierung (Hofstede, 1991)

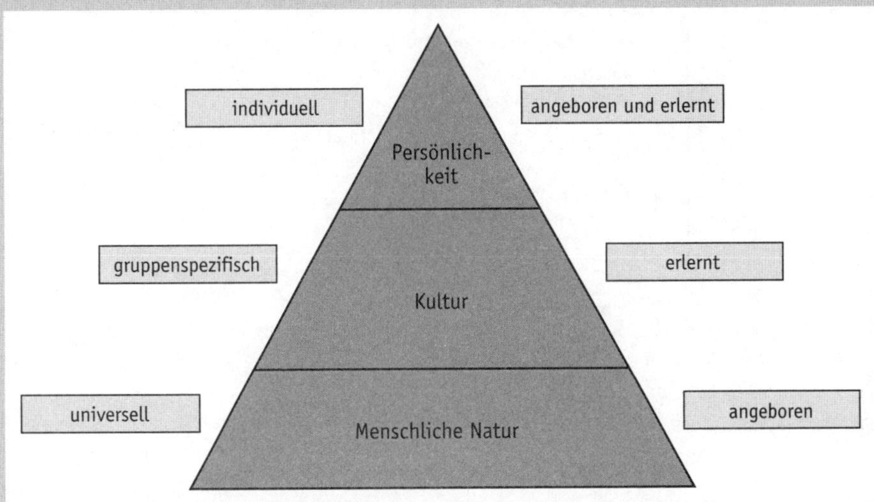

9.4 Die Gründungsentscheidung

Das Humankapital ist ohne Zweifel eine wichtige Komponente in der Diskussion über unternehmerisches Verhalten. Bevor jedoch ein Individuum unternehmerisch agiert, muss es sich zunächst dafür entscheiden. Dieser Entscheidungsprozess ist für die Gründungsforschung sehr zentral und hängt vor allem mit der Absicht zusammen, unternehmerisch aktiv zu werden. Die Forschung befasst sich mit diesem Themenfeld unter dem Stichwort »Entrepreneurial Intentions«.

9.4.1 Unternehmerische Absicht

Theorie des geplanten Verhaltens

Verschiedene Modelle auf Basis psychologischer Erwägungen versuchen, das Entstehen unternehmerischer Absichten zu erklären. Grundmodell ist dabei die Theorie des geplanten Verhaltens (Theory of Planned Behavior) nach (Ajzen, 1991). Grundannahme ist hier zunächst die stabile Beziehung einer Absicht zu einem bestimmten Verhalten und dem Verhalten selbst. Sicher kennt jeder eine Reihe von Personen, die häufig so etwas sagen wie: »Eigentlich müsste man sich selbstständig machen.« Das bedeutet noch lange nicht, dass die Person tatsächlich gründet. Die Absicht zu einem Verhalten ist also keinesfalls der einzige Einfluss und somit eine Garantie für dieses Verhalten. Gemäß der psychologischen Literatur ist sie jedoch der wichtigste

Abb. 9-4

Shaperos Modell des unternehmerischen Ereignisses (Shapero, 1982; Krueger, 1993)

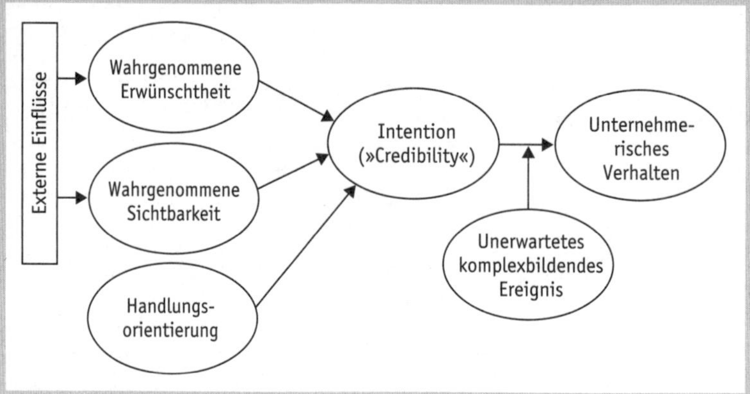

Einflussfaktor. Erst wenn die Absicht hoch ist, kann überhaupt ein Verhalten induziert werden.

Übertragen auf den Gründungskontext bedeutet dies, dass die Absicht entstehen muss, unternehmerisch aktiv zu werden. Shapero (1982) hat auf Basis der Theory of Planned Behavior ein Modell zu Erklärung unternehmerischer Ereignisse formuliert (s. Abbildung 9-4). Die Absicht, Unternehmer zu werden, hängt in diesem Modell zunächst von der wahrgenommenen Attraktivität (Perceived Desirability) des Verhaltens ab. Hinzu kommt die wahrgenommene Machbarkeit (Perceived Feasibility).

Wahrgenommene Attraktivität und Machbarkeit

Dahinter steht die Idee, dass es nicht ausschließlich eine Wollensfrage, sondern eben auch eine Könnensfrage ist, die in jedem Einzelnen die Absicht zu unternehmerischem Verhalten wachsen lässt. Nur wenn ein Individuum einen positiven Bezug zum Unternehmertum hat und gleichzeitig von der Umsetzbarkeit durch die eigene Person überzeugt ist, kommt eine starke Absicht zu unternehmerischer Aktivität zustande. Weder wird die Person Unternehmer, die zwar den Wunsch verspürt, aber nicht an die Umsetzbarkeit glaubt, noch die Person, die sich in der Lage sieht, Unternehmer zu werden, aber den Gedanken nicht attraktiv findet.

9.4.2 Selbstwirksamkeit

Selbstvertrauen und Selbstwirksamkeit

Wahrgenommene Machbarkeit ist eng verknüpft mit dem Selbstvertrauen, die unternehmerische Aufgabe meistern zu können. Selbstvertrauen ist dabei ein Begriff aus der Psychologie, der einen Teil des Selbstverständnisses abdeckt. Das Selbstverständnis setzt sich aus kognitiven, affektiven und konativen Komponenten zusammen. Die kognitive Komponente entspricht dem Selbstkonzept, dem Wissen über eigene Persönlichkeitsmerkmale, Fähigkeiten, Interessen, etc. Das Selbstkonzept ist damit eine Selbsteinschätzung in Form der Wahrnehmung des eigenen Humankapitals. Selbstvertrauen ist die affektive Komponente des Selbstverständnisses, das auf Emotionen basierte Selbstverständnis. Im Gegensatz dazu verwendet die Diskussion um die wahrgenommene Machbarkeit einer Aktivität den Begriff der wahrgenommenen Selbstwirksamkeit (Perceived Self-Efficacy) des Unternehmers. Selbstwirksamkeit ist die Überzeugung, die für eine bestimmte Zielerreichung notwendigen Handlungen erfolgreich selbst ausführen zu können.

Handlungsbezug

Damit ist die Selbstwirksamkeit im Gegensatz zum Selbstvertrauen auf Handlungen bezogen (konativ). Personen mit hoher Selbstwirksamkeit sind erfolgreicher in ihrem Tun, da sie von ihren eigenen Fähigkeiten überzeugt sind und sich dadurch weniger leicht verunsichern lassen. Unterschieden wird in der Literatur zwischen allgemeiner und aufgabenspezifischer Selbstwirksamkeit. Die allgemeine Selbstwirksamkeit spiegelt eine generelle Grundhaltung zur Wirksamkeit der eigenen Fähigkeiten wider. Aufgabenspezifische Selbstwirksamkeit ist immer auf ein bestimmtes Aufgabenfeld gerichtet. So zeigt die Entrepreneurshipforschung verstärkt die Rolle der unternehmerischen Selbstwirksamkeit (Entrepreneurial Self-Efficacy). Hierbei handelt es sich um jene Selbstwirksamkeitserwartung, die ein Individuum in Bezug auf erfolgreiche unternehmerische Aktivität hat. Ein hohes Maß an unternehmerischer Selbstwirksamkeit führt schließlich zu einer hohen wahrgenommenen Machbarkeit. Dies wiederum fördert die Bildung der Absicht zu unternehmerischer Aktivität und tendenziell größerem Gründungserfolg.

Vier Quellen von Selbstwirksamkeit

Fragt man nach den Quellen von Selbstwirksamkeit im Allgemeinen und unternehmerischer Selbstwirksamkeit im Besonderen, taucht man mit der Antwort in die Tiefen der Psychologie ein. Albert Bandura hat dazu ein Modell entwickelt und unterscheidet vier Einflussgrößen auf die Selbstwirksamkeit (Bandura, 1977):

- Bewältigungserfahrung (Mastery Experience),
- Vorbilder (Role Models),
- Soziale Unterstützung (Social Persuasion) und
- Kontrolle über physiologische Reaktionen (Judgment about Physiological State).

Bewältigt man eine schwierige Situation im relevanten Aufgabenbereich, erhöht dies die Selbstwirksamkeitserwartung in Bezug auf diesen Aufgabenbereich. Was man einmal geschafft hat, traut man sich auch ein weiteres Mal zu. Umgekehrt können frühe Misserfolgserlebnisse zu einer geringen Selbstwirksamkeit führen. Ein Blick zurück in die eigene Kindheit ermöglicht sicher die Erinnerung an Erfahrungen, die die aufgabenspezifische Selbstwirksamkeit erhöht oder verringert haben, sei es in sportlichem, musikalischem oder akademischem Zusammenhang. Wenn es nicht die eigenen Erfahrungen sind, können auch Erfahrungen von Personen, die man für vergleichbar mit sich selbst hält, die Selbstwirksamkeit erhöhen. Der Mechanismus funktioniert über eine Identifikation mit dem Rollenvorbild. Eine bekannte Reaktion im Rahmen dieses Mechanismus würde wohl mit den Worten begleitet werden: »Wenn der/die das kann, dann kann ich das auch.«

Rollenvorbilder

Auch soziale Unterstützung gilt als wichtige Quelle für Selbstwirksamkeitserwartung. Selbst wenn weder eigene Bewältigungserfahrung noch solche durch Rollenvorbilder vorliegt, kann das Umfeld positiv Einfluss nehmen, indem es die Person in

Abb. 9-5

Ein Modell zur erfolgreichen Steigerung von Selbstwirksamkeit (Mauer, Neergaard und Kirketerp, 2009)

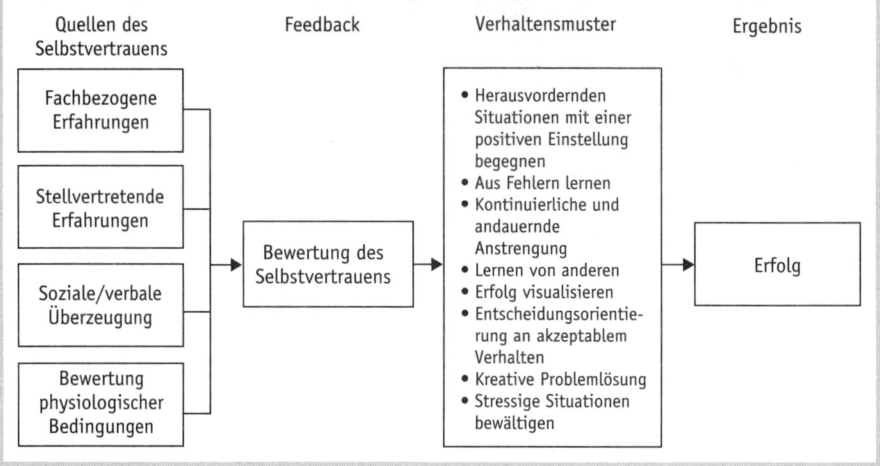

dem Vertrauen bestärkt, eine Situation erfolgreich meistern zu können. Die positive Einschätzung anderer bezüglich der eigenen Fähigkeiten stärkt schließlich den Glauben an die eigenen Fähigkeiten. Zuletzt können physiologische Reaktionen einen Einfluss auf die Selbstwirksamkeit nehmen. Wer an sich Anzeichen für Nervosität, Selbstzweifel und Versagensangst spürt, hat Schwierigkeiten, positiv gegenüber der Aufgabe eingestellt zu bleiben. Derjenige, der diese physiologischen Reaktionen jedoch unter Kontrolle hat, verringert so negative Einflüsse auf seine Selbstwirksamkeitserwartung. Abbildung 9-5 zeigt den Zusammenhang für das unternehmerische Denken bis zum Gründungserfolg auf.

9.4.3 Die Person des Unternehmers

Eine viel diskutierte Frage ist: Muss man zum Unternehmer geboren sein? Wäre dies der Fall, dann würden viele Bereiche der Gründungslehre und Gründungsförderung ins Leere laufen. Die Entrepreneurshipforschung hat bis in die 80er-Jahre hinein viel Energie darauf verwendet, die »eine« Unternehmerpersönlichkeit zu finden und zu beschreiben. Diese Anstrengungen führten nicht zu dem erhofften Erfolg. Soziodemografische Merkmale und situationsunabhängige Charaktereigenschaften führten allenfalls zu gemischten Ergebnissen. Fazit dieser Forschungsarbeit war: Es gibt nicht den einen Unternehmertyp.

Gründer unterscheiden sich nicht durch oberflächliche Persönlichkeitseigenschaften

So fand Brockhaus z. B. heraus, dass Risikoneigung kein Unterscheidungskriterium zwischen Managern und Unternehmern ist (Brockhaus, 1980). Daher verlegte man den Fokus. Die Frage war nicht mehr, wer ein Unternehmer ist, sondern vielmehr, was ein Unternehmer tut. Wenngleich jedoch die Literatur sich hin zu unternehmerischem Verhalten entwickelt hat, blieb es eine ungelöste Frage, ob eine unternehmerische Person sich nicht doch von weniger unternehmerischen Personen unterscheidet. Eindeutig zu konstatieren ist aber, »that entrepreneurs are not born, they are made«. Unternehmerisches Entscheiden und Verhalten kann gelernt werden, auch wenn bestimmte Persönlichkeitsdispositionen förderlich sind. Eine Analogie aus der Kunst mag dies illustrieren. Eine Ann-Sophie Mutter hätte es ohne tägliches, jahrelanges Üben und Lernen nicht zur Geigenvirtuosin gebracht. Ähnliches gilt sicher für das Training eines Roger Federer, das ihn zu einem der weltbesten Spieler machte.

Traits Approach

Der Mythos Unternehmer wird häufig durch das Bild des Tausendsassas beziehungsweise seines angloamerikanischen Pendants, des Jack-of-all-trades, befördert.

Der Unternehmer als Tausendsassa

Dies basiert auf der Vorstellung, dass der Unternehmer zunächst allein aktiv wird und sämtliche Aufgabenbereiche des Gründungsunternehmens erfüllen muss. Gleichzeitig muss er jene Nachteile (Liabilities) ausgleichen, die ein Gründungsunternehmen mit sich bringt, nämlich dass es neu ist, klein, im Aufbau begriffen. Strategische und operative Arbeit, Führungsaufgaben und Linienaufgaben müssen gleichzeitig erfüllt werden: »In this approach the entrepreneur is the basic unit of analysis and the entrepreneur's traits and characteristics are the key to explaining entrepreneurship as a phenomenon, since the entrepreneur ‚causes' entrepreneurship« (Gartner, 1989 a; Gartner, 1989 b).

Eine unternehmerische Persönlichkeitsstruktur?

Um diese Aufgaben zu erfüllen, benötigt er ein Set von fachlichen Fähigkeiten (Abilities), aber auch eine bestimmte Persönlichkeitsstruktur (Traits). In der Literatur dominieren folgende Charaktereigenschaften (Shaver und Scott, 1991):

- Leistungsmotivation (Need for Achievement),
- Internale Kontrollüberzeugung (Internal Locus of Control),
- Risikoneigung (Risk-Taking Propensity),
- Streben nach Unabhängigkeit (Need for Independence).

Leistungsmotivation bezeichnet die Antriebskraft eines Individuums, das die Bewältigung von Herausforderungen besonders positiv wahrnimmt. Internale Kontrollüberzeugung besagt, dass der Unternehmer der Ansicht ist, durch eigene Aktivität etwas bewirken zu können. Bei externaler Kontrollüberzeugung hält sich die Person für eher fremdbestimmt. Die Risikoneigung unterscheidet sich in risikoneutral, risikoavers und risikoaffin. Während der Unternehmer landläufig als risikoaffin angesehen wird, ist es wahrscheinlicher, dass er risikobewusst ist und sein Risiko aktiv beeinflusst. Streben nach Unabhängigkeit drückt eine Präferenz für selbstständige Tätigkeit gegenüber der Einbindung in eine Hierarchie aus.

Darüber hinaus werden viele weitere Eigenschaften mit der Unternehmerpersönlichkeit in Verbindung gebracht: Macht- oder Anerkennungsstreben, klare Zielverfolgung, Optimismus, Selbstsicherheit, Kreativität, Problemlösungsverhalten. Die Argumentation lautet dabei grundsätzlich: Je mehr dieser Eigenschaften in einer Person vorliegen, desto höher würde im Gründungsfall der Erfolg ausfallen. Neben vielen positiven Einflüssen hat jedoch gerade die prominente Eigenschaft Leistungsmotivation auch negative Erfolgsbeziehungen gezeigt (Picot, Laub und Schneider, 1989).

Uneinheitliche Befunde

Nicht zuletzt aufgrund der Vermischung von sozio-demografischen und psychologischen Eigenschaften blieb dieser Forschungsstrang letztlich den Nachweis schuldig, welche Eigenschaften die erfolgreichen Unternehmer von den weniger erfolgreichen unterscheiden. Dabei wiederholte sich vor allem der Befund, dass Unterschiede zu Managern in etablierten Unternehmen nicht verlässlich belegt werden konnten (Gartner, 1989 a).

Behavioral und Environmental Approach

Zwei Ansätze führten dazu, dass in den 80er-Jahren zunächst eine Tendenz einsetzte, die die Forschung von der Gründerpersönlichkeit weg lenkte. Unklare Ergebnisse des sogenannten Trait-Ansatzes führten zu einer neuen Auseinandersetzung mit dem Phänomen des Entrepreneurship. Diese Auseinandersetzung mündete in der Überzeugung, dass Unternehmer sich in ihrem (unternehmerischen) Verhalten von anderen Personen unterscheiden. Gartner (1985) gilt als einer der Hauptvertreter dieses Ansatzes und wechselt mit seiner Entrepreneuershipdefinition die Betrachtungsebene.

Unternehmerisches Verhalten in Organisationen

Im Mittelpunkt steht nicht mehr so sehr der Unternehmer, sondern vielmehr die Organisation, in der unternehmerisches Verhalten und Prozesse auftreten: »This approach to the study of entrepreneurship treats the organization as the primary level of analysis and the individual is viewed in terms of activities undertaken to enable the organization to come into existence.« (Gartner, 1985). Das Verhalten nimmt damit im Interesse der Forscher den Platz der Traits ein. Ein weiterer Ansatz wurde unter dem Begriff »environmental approach« bekannt. Hier ging die Betrachtung von Entrepreneurship sogar weg von der Organisation hin zum Umfeld der Organisation. Erfolgsfaktoren für erfolgreiche unternehmerischer Aktivität wurden in der Umwelt gesucht. Die Umwelt kann mehr oder weniger gründungsfördernd ausgestaltet sein, sodass in ihrer Anpassung ein Hebel für die Förderung unternehmerischer Aktivität zu finden ist.

Unternehmerfreundliches Umfeld

Beide Ansätze fokussierten auf das Entstehen neuer Organisationen als den Kern von Entrepreneurship. Diese Sichtweise schien jedoch stark reduziert und so weit von der Quelle unternehmerischer Aktivität (dem Unternehmer) entfernt, dass aus der Analyse unternehmerischen Verhaltens schließlich wieder eine Hinwendung zu unternehmerischen Entscheidungsprozessen in Verbindung mit dem Erkennen von unternehmerischen Gelegenheiten und damit verbundenem Denken resultierte.

9.4.4 Zurück zur Persönlichkeit

Entrepreneurial Cognition

Unternehmerisches Denken

Auch wenn die initiale Forschung zur Unternehmerperson widersprüchliche Ergebnisse lieferte, haben die Studien zu unternehmerischem Verhalten und Prozessen den Verdacht eher wieder befördert, dass es Unterschiede in der Person des Unternehmers im Gegensatz zur breiten Masse der Bevölkerung gibt. So entstand seit Ende der 90er-Jahre ein neuer Trend, der sich aufbauend auf der Frage: Wie verhält sich eine unternehmerische Person? mit der Frage beschäftigte: Wie denkt eine unternehmerische Person? Robert Baron sagt dazu: »The cognitive perspective emphasizes the fact that everything we think, say, or do is influenced by mental processes – the cognitive mechanisms through which we acquire store, transform, and use information.« (Baron, 2004). Der Denkprozess geht dem Verhalten voraus und schlägt die Brücke zu den Persönlichkeitseigenschaften. Ein prominenter Forschungsstrang aus dem Bereich Entrepreneurial Cognition ist Effectuation, eine nicht vorhersagende und somit aktionsorientierte Logik, die das Denken von erfahrenen Unternehmern bestimmt (vgl. Kapitel 4). In den Vordergrund gerät so die Diskussion um einen speziellen unternehmerischen Umgang mit Unsicherheit, der auf unternehmerischen Denkmustern und daraus folgendem unternehmerischen Verhalten basiert (McMullen und Shepherd, 2006). Busenitz und Barney (1997) diskutieren in diesem Zusammenhang die kognitiven Unterschiede zwischen Entrepreneuren und anderen ökonomischen Akteuren bei der Entdeckung unternehmerischer Gelegenheiten. Obwohl sie häufig auf Grund der Betrachtung des Entscheidungsverhaltens dem Verhaltensansatz zugeordnet werden, erkennt man bei ihnen deutlich die Rückkehr zur Person des Entrepreneurs. Statt persönliche und demographische Unterschiede zwischen Entrepreneuren und anderen ökonomischen Akteuren zu untersuchen, werden von Busenitz und Barney Unterschiede im Entscheidungsverhalten identifiziert. Im Zentrum ihrer Studie stehen Verzerrungen (Biases) und Heuristiken in der strategischen Entscheidungsfindung von Unternehmern beziehungsweise Gründern im Unterschied zu Managern aus dem Mittel- und Top- Management größerer Organisationen. Verzerrungen und Heuristiken beschreiben die Abkehr von rationalem Verhalten in unsicheren und komplexen Entscheidungssituationen. Schließlich wird die Diskussion der Ratio im unternehmerischen Denken und Handeln durch die Diskussion von Emotionen ergänzt (Grichnik, Smeja und Welpe, 2010). So können z. B. Emotionen wie Furcht oder Freude unmittelbar die Bewertung unternehmerischer Gelegenheiten beeinflussen. Grichnik et al. (2010) zeigen, dass Furcht zu besseren, d. h. rationaleren Bewertungen führt.

Persönlichkeitstests

Es kommt also doch irgendwie auf die eigene Persönlichkeit an, deren Eigenschaften aber veränderbar sind? Wenn man dieses Fazit aus bisheriger Forschung zu Unternehmertum zieht, schließt sich die Frage an, wie man Informationen zur Persönlichkeit erhält. Informationen zur eigenen Persönlichkeit sind besonders privat. Objektive Informationen zur eigenen Persönlichkeit sind zudem nicht einfach zu

Abb. 9-6

Insights-Discovery® Präferenz-Profil (Quelle: www.insightsaustria.com)

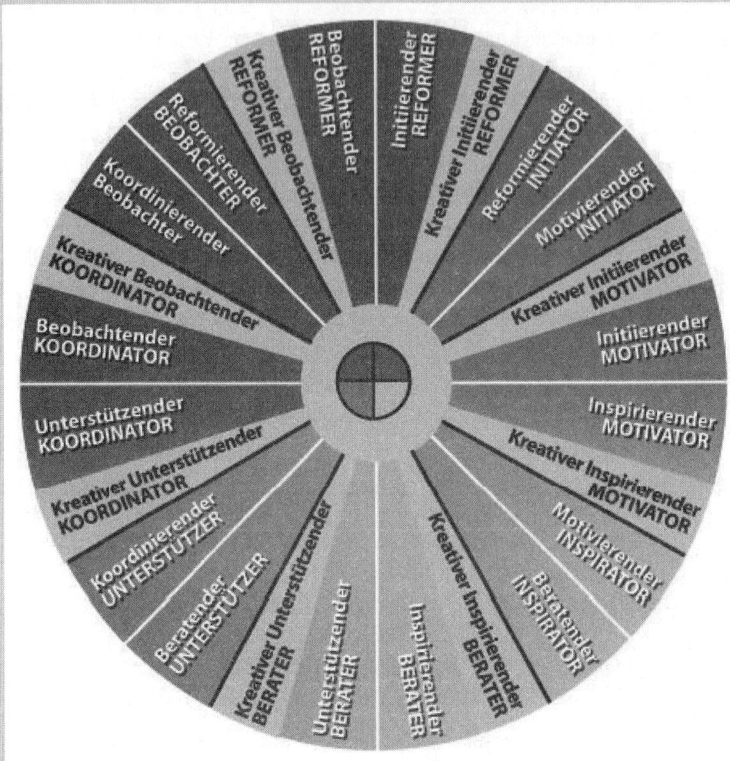

beschaffen. Persönlichkeitstests sollen dabei helfen, auf objektive Weise die Persönlichkeit von Individuen zu beschreiben. Die Bezeichnung »Test« suggeriert dabei eine Wertung, die jedoch nicht vorgenommen wird. Es geht also nicht etwa um einen Test auf moralische Charakterstärke, sondern vielmehr um die Erfassung von Persönlichkeitsmerkmalen, anhand derer dann wiederum die Gruppierung bestimmter Persönlichkeitstypen ermöglicht wird.

Subjektive und objektive Persönlichkeitstests

Objektive Persönlichkeitstests sind standardisiert und beschränken sich in der Regel auf Aussagen des Probanden. Beispiele für Persönlichkeitsstrukturtests sind: EPI (Eysenck-Persönlichkeits-Inventar), Neo-FFI (Neo-Fünf-Faktoren-Inventar), MBTI (Myers-Briggs-Typenindikator), MMPI (Minnesota Multiphasic Personality Inventory), Insights Discovery® Persönlichkeitsprofil, DISG® Persönlichkeitsprofil. Abbildung 9-6 zeigt eine Darstellung aller möglichen Persönlichkeitsprofile in einer 360 °-Darstellung.

Auswertungen von Persönlichkeitstests können einerseits zur Steigerung der Selbsterkenntnis herangezogen werden. Vor allem entfalten sie jedoch im Zusammenhang mit Teams – so auch bei Gründer- und Unternehmerteams – ihre Wirkung.

Selbsterkenntnis und Metakommunikation

Hier können sie zur Metakommunikation herangezogen werden. Bei der Metakommunikation diskutiert eine Gruppe über die Art und Weise, wie in der Gruppe kommuniziert wird – also Kommunikation über Kommunikation. Eine Typenzuordnung der einzelnen Gruppenmitglieder kann das Verständnis für bestimmte Interpretationen und Verhaltensweisen fördern.

Übung zum Thema Persönlichkeitstest

1. Schätzen Sie anhand des Insights-Discovery® Präferenz-Profils Ihre eigene Persönlichkeit ein. Ordnen Sie ebenso Personen aus ihrem Bekanntenkreis den Typen zu und versuchen sie darauf ein Verständnis für Kommunikationserfolge oder -schwierigkeiten abzuleiten.
2. Führen Sie Fremdeinschätzungen mit Kommilitonen durch und vergleichen Sie die Ergebnisse mit den Selbsteinschätzungen. Welche Konstellationen würden vermutlich als Team gut funktionieren, welche zu Schwierigkeiten führen?

9.5 Unternehmerteams

Die Anforderungen, die das Projekt Gründung an den Gründer stellt, sind hoch. Dies gilt vor allem für Gründungsprojekte mit hoher Komplexität. Einfache Konzepte, für die es schon etablierte Modelle gibt, lassen sich allein verwirklichen. Dazu können beispielsweise Franchisekonzepte zählen. Diese einfacheren Konzepte zeichnen sich in der Regel durch bereits bestehende Produkte aus, die für einen bereits definierten Kundenkreis an einem Ort angeboten werden, an dem das Angebot bislang noch wenig bis gar nicht vorhanden war. Technologiebasierte Gründungen sind hier innovativer und damit deutlich komplexer.

Komplexität technologieorientierter Gründungen verlangt Gründerteams

In der Regel besteht weder Markt noch Produkt, sodass das Gründungsprojekt eine umfassende Innovation leisten muss. Damit eine Einzelperson nicht dem Anspruch gerecht werden muss, der beschriebene »Tausendsassa« zu sein, liegt der Gedanke nahe, verschiedene Personen in einem Team zusammenzufassen, die gemeinsam alles notwendige Wissen, Fähigkeiten und Erfahrungen mitbringen. Diese Möglichkeit schafft jedoch gleichzeitig ein Bündel von Herausforderungen, denen es zu begegnen gilt.

Gründerteams bestehen aus zwei oder mehr Personen, die gemeinsam ein Unternehmen gründen, das mit finanziellem Interesse verbunden ist (Carland et al., 1984; Olson, 1987; Kamm et al., 1990). Die Bedeutung von Teams im Gründungsprozess wurde bereits von Cooper und Bruno (1977) erkannt, die herausfanden, dass die meisten erfolgreichen Hochtechnologiegründungen durch eine Gruppe statt durch Individuen gegründet wurden. Seitdem wurde die Bedeutung von Teams für den

Gründungsprozess mit steigender Tendenz diskutiert (z. B. Ruef, Aldrich und Carter, 2003; West, 2007; Timmons und Spinelli, 2008). Auf praktischer Ebene heben Lehrbücher die Bedeutung des Teams für den Gründungsprozess hervor (Timmons und Spinelli, 2008). Diese Sicht deckt sich auch mit der Einschätzung von Risikokapitalgebern (Zacharakis und Meyer, 1998; Cyr, Johnson und Welbourne, 2000).

9.5.1 Heterogenität der Fähigkeiten in Teams

Teams sind Gruppen von Individuen, die auf eine bestimmte Art und Weise funktionieren. Gruppen zeichnen sich dabei zunächst durch drei Faktoren aus: Mitglieder, Interaktion, Zugehörigkeit. Gruppen grenzen sich zum Individuum dadurch ab, dass sie aus mindestens zwei Personen bestehen. Diese naheliegende Eigenschaft wird in Richtung des anderen Extrems – eine Menschenmenge – interessanter. Eine Gruppe grenzt sich von einer Menschenmenge durch die Möglichkeit der Interaktion ab. Die Gruppenmitglieder haben als Teil der Gruppe die Möglichkeit, miteinander zu interagieren. Zudem gilt für eine Gruppe, dass ihre Mitglieder sich dieser Gruppe zugehörig fühlen und auch andere diese Zugehörigkeit wahrnehmen. Ein vierter Faktor macht aus einer Gruppe schließlich ein Team: Kooperation.

Mitglieder, Interaktion, Zugehörigkeit, Kooperation

Wenn eine Gruppe ein gemeinsames Ziel verfolgt und gemeinschaftlich daran arbeitet, entwickelt sich aus der Gruppe ein Team (Brettel et al., 2009). Brettel et al. definieren das Unternehmerteam schließlich als »ein Team aus zwei oder mehr natürlichen Personen, die als Anteilseigner gemeinsam die Geschäftsrisiken tragen und die durch aktive Tätigkeit im Unternehmen den Unternehmensaufbau forcieren sowie ein Gremium bilden, in dem bedeutende unternehmerische Entscheidungen getroffen werden« (Brettel et al., 2009, S. 15). Auch wenn ein Team theoretisch beliebig groß sein kann, ist die Effizienz von Teams, die mehr als fünf oder sechs Personen umfassen, zu bezweifeln.

Werden verschiedene Personen zu einem Team kombiniert, bringt jede einzelne über ihr jeweilig spezifisches Humankapital fachliche Qualifikationen ein. Im Allgemeinen wird davon ausgegangen, dass fachliche Heterogenität im Team sich positiv auf den Teamerfolg auswirkt. Diese Heterogenität führt dazu, dass nicht jeder alles können muss, sondern dass jede Funktion mit dem entsprechenden Spezialwissen besetzt werden kann.

Heterogenität innerhalb des Teams

Die Verwertung einer Technologie erfordert in jedem Fall eine Kombination von technischem und wirtschaftlichem Know-how. Beide Bereiche können in sich aber auch noch unterschiedlich aufgefächert werden. Beispiele für zu besetzende Positionen sind: Technische Leitung, Konstruktion, Produktion, Anwendungsentwicklung, Finanzierung, Marketing/Vertrieb, Organisationsaufbau. Da sowohl die fachliche Qualifikation als auch die Persönlichkeit das jeweilige Teammitglied ausmachen, ist für eine erfolgreiche Teamzusammenstellung eine Analyse notwendig, die beide Komponenten abbildet (s. Abbildung 9-7).

Abb. 9-7

Grundsätzliche Dimensionen der Beschreibung von Unternehmern (in Anlehnung an Brettel et al., 2009, S. 29)

Fachliche Fahigkeiten und Charakteristika des einzelnen Unternehmers im Team	+	Persönliche Fähigkeiten und Charakteristika des einzelnen Unternehmers im Team
• Wissensbasis • Fähigkeit zur Datentransformation • Fähigkeit zur Kooperation		• Demografische Merkmale • Persönlichkeitsinduzierte Verhaltensweisen

9.5.2 Teamrollen

Die heterogene Zusammensetzung von Teams mit Blick auf die fachlichen Fähigkeiten ist eine Aufgabe, die schnell kompliziert werden kann, wenn zudem die bereits beschriebenen unterschiedlichen Persönlichkeiten aufeinandertreffen. An dieser Stelle kommt es auf Kompatibilität der Teammitglieder entlang der aufeinandertreffenden Persönlichkeiten an. Ob die Basispersönlichkeitsstruktur eines Menschen diesen zu seiner Berufswahl bringt, oder aber die Berufswahl eine bestimmte Form von Persönlichkeitseigenschaften befördert beziehungsweise unterdrückt, ist eine interessante Diskussion. Die Wahrheit liegt hier wohl in der Mitte. Allerdings ist es kein Geheimnis, dass in technischen Berufsfeldern »120 Prozent« Genauigkeit eine Tugend darstellen.

120 %-Genauigkeit vs. 80:20-Regel

Ein Konstrukteur muss genaue Berechnungen zur Beschaffenheit von Bauteilen anstellen, ein Bauingenieur die Statik des Hauses genau berechnen. Dies steht beispielsweise im Gegensatz zu dem Ausbildungszweig der Wirtschaftswissenschaften, in denen es vor allem um Entscheidungen unter Zeitdruck und Unsicherheit geht. Hier wird gern die 80:20-Heuristik angewendet, die besagt, dass 80 % einer Lösung ausreichen müssen, weil die letzten 20 % unverhältnismäßig viel Arbeit machen. Um Konflikte im Team zu vermeiden, ist daher eine Einordnung von Persönlichkeiten im Teamzusammenhang von Vorteil. Dies erlaubt das von Meredith Belbin entwickelte Team-Role Self-Perception Inventory (Belbin, 1993). Dieser spezielle Persönlichkeitstest erfasst insgesamt neun Teamrollen in Form von Persönlichkeiten mit bestimmten Eigenschaften in einem Team (s. Tabelle 9-3).

Aktionsorientiert, menschenorientiert und zerebralorientiert

Umsetzer, Perfektionist und Macher sind aktionsorientierte Teammitglieder. Sie packen die Dinge an und führen sie zu Ende. Wegbereiter, Koordinator und Teamarbeiter sind menschenorientiert und eröffnen nach innen wie nach außen Möglichkeiten in der Interaktion mit anderen. Neuerer, Beobachter und Spezialist sind schließlich zerebral-orientiert – Kopfmenschen, die Ideen einbringen und hinterfragen.

Tab. 9-3

Die neun Teamrollen nach Belbin (in Anlehung an Brettel et al., 2009, S. 41-42)

Typ	Typische Eigenschaften	Stärken	Zulässige Schwächen
Umsetzer (Implementer)	konservativ, pflichtbewusst, berechenbar	hart arbeitend, setzt Ideen in die Tat um, selbstdiszipliniert	etwas unflexibel, lehnt unbewiesene Ideen ab
Koordinator (Integrator/Coordinator)	selbstsicher, vertrauensvoll	nutzt Stärken anderer,hat ausgeprägten Sinn für Ziele	kann manipulierend wirken, weniger kreativ
Macher (Shaper)	dynamisch, aufgeschlossen, stark angespannt	hat Mut, Hindernisse zu überwinden	ungeduldig, neigt zu Provokation
Neuerer/Erfinder (Plant)	individualistisch, unorthodox, ernst	bringt neue Ideen ein	oft gedankenverloren
Wegbereiter/Weichensteller (Resource Investigator)	extrovertiert, begeistert, kommunikativ	entwickelt Kontakte	oft zu optimistisch
Beobachter (Monitor Evaluator)	besonnen, strategisch, scharfsinnig	untersucht Vorschläge auf Machbarkeit	mangelnde Fähikeit zur Inspiration
Teamarbeiter/Mitspieler (Teamworker)	umgänglich, sanft, empfindsam	verbessert Kommunikation, baut Reibungsverluste ab	unentschlossen in kritischen Situationen
Perfektionist (Completer)	sorgfältig, ordentlich, gewissenhaft, ängstlich	vermeidet Fehler, stellt optimale Ergebnisse sicher	überängstlich, delegiert ungern
Spezialist (Specialist)	selbstbezogen, engagiert, Fachwissen zählt	liefert Fachwissen und Information	verliert sich oft in technischen Details

Gleichverteilung der Rollen in Unternehmerteams

Brettel et al. finden in ihrer empirischen Untersuchung eine annähernde Gleichverteilung der aktionsorientierten, menschenorientierten und zerebralen Rollentypen nach Belbin (s. Abbildung 9-8). Da jede der drei Gruppen Mehrwert in einem Team schafft, ist bei einer Teamgründung über eine entsprechende Gleichverteilung nachzudenken.

9.5.3 Teamprozesse

»Der Mehrwert eines Teams zeigt sich in der Möglichkeit der Spezialisierung von Teammitgliedern und ihrer Koordination im Hinblick auf das gemeinsame Ziel. Dabei dürfen die Koordinationskosten die Vorteile der Spezialisierung nicht übersteigen.« (Brettel et al., 2009, S. 14). Diese ökonomische Formulierung spiegelt die alltägliche Realität in Gründungsteams wider. Während Teams in Großunternehmen häufig in einem vorgegebenen Rahmen arbeiten, sind Gründerteams in ihrer ungewissen Situation besonders gefordert. Richtiges und Falsches sind selten so klar zu benennen. Daher muss besonderes Augenmerk darauf gelegt werden, dass die Koordinationsprozesse im Team effizient ablaufen.

Koordinationsprozesse

Die Vorteile, die Teamwork in einem komplexen Gründungsprojekt ermöglicht, werden durch Teamprozesse realisiert. Zentrale Teamprozesse sind: Führung, Ko-

Abb. 9-8

Durchschnittliche Rollenbesetzung in Unternehmerteams (in Anlehnung an Brettel et al., 2009)

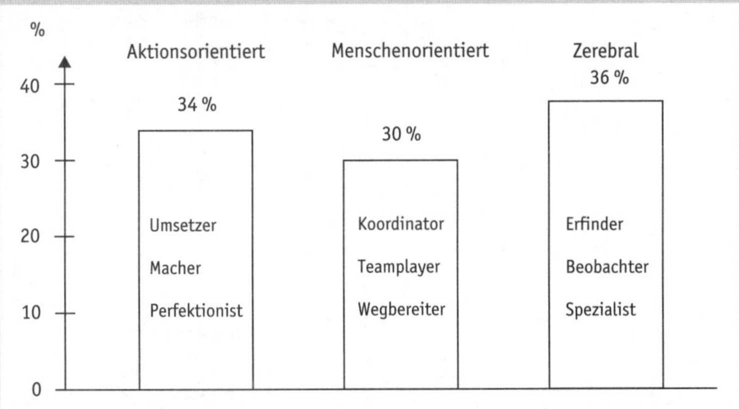

ordination, Zusammenhalt, Kommunikation, Vertrauen, Persönlichkeitskonflikte, Aufgabenkonflikte, Kooperation, Arbeitsverteilung, Anerkennung und Kritik. Abbildung 9-9 setzt Teamprozesse zu den Inputs und Outputs in Beziehung. Die Teammitglieder bilden mit ihrem Wissen und ihren Fähigkeiten sowie ihren Persönlichkeiten den Input. Als Output werden qualitativ hochwertige unternehmerische Entscheidungen angestrebt. Dazwischen sind Konflikte in der Entscheidungsfindung zu überwinden. Diese können affektiv (emotional) oder kognitiv (sachlich) sein. Die affektiven sind dabei zu vermeiden, kognitive sind für den Entscheidungsprozess förderlich.

Affektive und kognitive Konflikte

Zudem muss gewährleistet werden, dass im Team gelernt wird, notwendige Informationen beschafft werden, auf die Intuition einzelner Mitglieder vertraut wird, klare Zuordnung von Aufgaben und das Festhalten von Entscheidungsregeln erfolgen (Formalisierung), und die Details der Entscheidungsumsetzung zentraler Bestandteil der Entscheidungsfindung sind. Zur Koordination dieser Prozesse existiert als zentraler Teamprozess die Kommunikation. Unterscheiden sich die Individuen in Bezug auf ihren fachlichen Hintergrund und ihre Persönlichkeit, wird Kommunikation aufwendig. Gleichzeitig ist sie aber unbedingt nötig, um ein gemeinsames Verständnis der Entscheidungssituation herbeizuführen. In der Praxis stören sich heterogene Teams sowohl an endlosen Meetings als auch an der Schwierigkeit, diametrale Standpunkte in einer Diskussion vereinen zu können. Gerade in heterogenen Teams von technologiebasierten Gründungen ist daher Metakommunikation notwendig – Kommunikation zur Art und Weise der Kommunikation selbst.

Abb. 9-9

Unternehmenserfolg und Entscheidungsqualität als Output der Teamarbeit von Unternehmerteams (Brettel et al., 2009)

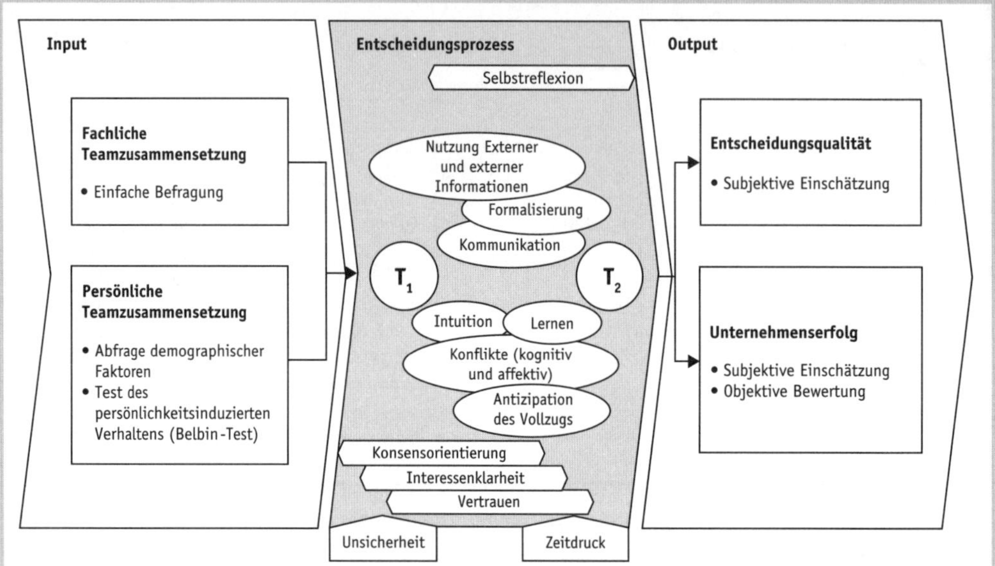

Übung zum Stand der Forschung im Themenfeld »Humankapital«

Suchen Sie in einer Datenbank für wissenschaftliche Artikel mit den Suchbegriffen »human capital« und »entrepreneurship« nach einem aktuellen Forschungsartikel aus einer renommierten Zeitschrift, der auf Basis der Lektüre des Abstracts Ihr Interesse weckt und gleichzeitig nicht Teil der Literaturliste zu diesem Kapitel ist. Erfassen Sie den Inhalt des Artikels in wenigen Folien und diskutieren Sie den Inhalt mit Kommilitonen im Kontext dieses Kapitels.

Exkurs

Forschungsstand zu Gründerteams

Trotz des wachsenden Interesses fokussierte sich der Großteil der Forschung zu Gründerteams bis 1990 auf den Unternehmer als Einzelperson. Das Feld begann sich zu entwickeln, nachdem Kamm et. al (1990) in ihrer Studie zu einer tiefer gehenden Erforschung des Teams im Gründungskontext aufriefen. Eine Studie der RWTH Aachen identifizierte und analysierte 186 Artikel zur Teamforschung in den Bereichen Entrepreneurship, Management, Organisationsverhalten und Angewandte Psychologie zwischen 1990 und 2009. Suchwörter umfassten die folgenden Begriffe: Entrepreneur (Entrepreneurial, Entrepreneurship), Team (Team Formation, Team Evolution), Start-up (New Venture), Group (Group Dynamics, Group Processes).
Die Studien wurden in drei Forschungsströme kategorisiert: Teamzusammensetzung (Charakteristika, Konflikte, Diversität, Heterogenität), Teamprozesse (Aktions- und Verhaltensprozesse, Kognitionsprozesse, Erfolgsabhängige Prozesse) und Teamentwicklung (Hintergrund, Zustandekommen und Verlauf). Es wurden verschiedene Teamtypen einbezogen, darunter Top-Management-Teams, Gründerteams und Arbeitsteams.
Die Ergebnisse zeigen, dass die Forschung zu Teams stark gewachsen ist. 40 % der Artikel entstanden so in den Jahren 2004 bis 2009. Während die USA in den 1990er-Jahren diesen Bereich noch maßgeblich dominierten, kamen zwischen 2004 und 2009 bereits 25 % der Arbeiten aus dem europäischen und asiatischen Raum. Mehr als die Hälfte der untersuchten empirischen Studien befassen sich mit Teamzusammensetzung. Allerdings sind nur 13 % dieser Arbeiten im Kontext von Gründungsteams entstanden. Ein ähnliches Bild entsteht für Teamprozesse. Auch hier sind weniger als 20 % der Artikel im Zusammenhang mit Gründungsteams entstanden. Anders verhält es sich überraschenderweise für den Bereich Teamentwicklung. Obwohl nur 10 % aller betrachteten Artikel in diesen Bereich fallen, befassen sich 75 % davon mit der Entwicklung von Gründungsteams. Dies entspricht dem Aufruf nach longitudinaler Teamforschung in der Entrepreneurshipforschung (z. B. Kamm et al., 1990).
Die Analyse deutet auf verschiedene Schwierigkeiten in der Gründungsteamforschung hin, darunter auf einen Mangel an theoretischen Arbeiten, unterschiedliche Datenverzerrungen, die Schwierigkeit der Datenbeschaffung und uneinheitliche Ergebnisse. Die Forschung zu Gründerteams steckt demnach noch in den Kinderschuhen.

9.6 Zusammenfassung

Die Anforderungen an das Humankapital in Technologiegründungen sind besonders hoch: Wissenschaftliches Wissen soll durch die unternehmerische Aktivität in wertschaffende Innovationen überführt werden. Als Begründer der Entrepreneurshipforschung hat Schumpeter (1934) bereits auf das Potenzial des Innovators in Form kreativer Zerstörung hingewiesen. Das Humankapital muss in diesem speziellen Kontext nach innen die besondere Herausforderung der effektiven Bündelung unterschiedlicher Humankapitalausstattungen bewerkstelligen. Zudem muss die Fülle an Wissen erfasst, kontrolliert und an Mitarbeiter übertragen werden. Nach außen muss das Team als Einheit auftreten, um Investoren und Partner von seinem eigenen Potenzial und dem Potenzial der Idee zu überzeugen. Zudem muss ein hohes Maß von externem Humankapital in den Prozess eingebunden werden. Darunter fallen Mitarbeiter aus Technologietransferbüros an Universitäten, Wissenschaftler, Konstrukteure, Industriepartner und Kapitalgeber, sowie Fördereinrichtungen. Auch wenn in der Praxis häufig Businessplan- und Finanzierungsprozesse im Vordergrund stehen, ist es doch die Schlagkraft eines gut aufgestellten und vor allem reflektierten Gründerteams, die einen deutlichen Unterschied für den Erfolg des Vorhabens macht. Entsprechend sollten Zeit und Energie für ein Verständnis der eigenen Humankapitalsituation investiert werden.

9.7 Fallstudie: Incelltec

Das Mach-Zehnder-Interferometer (MZI) ist keine neue Technologie. Erfunden wurde das Gerät Ende des 19. Jahrhunderts von Ludwig Mach und Ludwig Zehnder. In den 60er-Jahren des 20. Jahrhunderts wurde das Prinzip in ca. 200 hochkomplizierten Geräten umgesetzt. Nach weiteren 40 Jahren hat nun Daniel Mahlmann die Mach-Zehnder-Interferometrie 2006 am Lehrstuhl Technologie Optischer Systeme (TOS) der RWTH Aachen für sich wiederentdeckt. Jetzt sieht er das Potenzial, damit eine technische Lücke in der Lichtmikroskopie zu schließen. Diese setzt seit den 70er-Jahren auf Farbstoffe, um kleinen durchsichtigen Objekte (darunter v. a. Zellen) Kontrast – also Sichtbarkeit – zu verleihen. MZIs ermöglichen den physikalisch stärksten Kontrast von transparenten Objekten ohne einen Eingriff in das Untersuchungsobjekt. Durch die Überlagerung zweier Lichtwellen entsteht die so genannte Interferenz. Diese Information ermöglicht einen starken Bildkontrast und eine punktgenaue Vermessung des Objekts. Um die Technologie fit für die Zukunft zu machen, muss das Gerät so konstruiert werden, dass alle Justierungsmöglichkeiten mit Kleinmotoren automatisiert werden können. Deren Ansteuerung ist zu programmieren. Für die Analyse der erzeugten Bilder muss zudem eine Anwendersoftware geschrieben werden. Anwendungen zeichnen sich in den Bereichen Materialprüfung und Lebenswissenschaften ab. In 2007 überlegt Daniel Mahlmann, wen er zu seinem Projekt hinzuziehen könnte, um die angestrebte Innovation zu realisieren. Die Technologie hat Potenzial, aber Daniel Mahlmann hat erkannt, dass er die Entwicklung und wirtschaftliche Verwertung nicht allein bewerkstelligen kann. In seinem Umkreis finden sich verschiedene Personen mit unterschiedlichen Fähigkeiten, Lebenssituationen und Interessen:

Daniel Mahlmann selbst ist Diplom-Physiker. Er arbeitete als Werkstudent in verschiedenen Bereichen des Fraunhofer ILT und schloss 2005 sein Studium ab. Seit 2006 hat er Drittmittel in Höhe von 450.000 Euro für das Projekt akquiriert. Neben seiner Expertise in Optik und Mikroskopie kennt er sich in Anwendungsgebieten wie Zellbiologie und Festkörperphysik aus. Im Rahmen der Gründungsvorbereitung hat er sich am Gründerzentrum der RWTH Aachen betriebswirtschaftliche Kenntnisse angeeignet.

Prof. Peter L. ist stellvertretender Leiter des Fraunhofer Instituts für Lasertechnik (ILT) und seit 2006 Leiter des Lehrstuhls Technologie Optischer Systeme in der Fakultät für Maschinenwesen der RWTH Aachen. Er studierte Physik an der TU Darmstadt und beendete 1984 seine Promotion im Bereich Hochleistungs-CO2-Laser. Herr Prof. L. freut sich über die unternehmerische Aktivität und unterstützte das Projekt von Beginn an.

Thomas S. ist Berater für Marketingstrategien in den Bereichen Konsumgüter, Telekom, Pharma und High-tech. Nach seiner Promotion in Elektrotechnik absolvierte er einen MBA. Er arbeitete in der Produktentwicklung und bei einer führenden Unternehmensberatung. 2002 gründete er ein Unternehmen im Bereich photonischer Fasertechnologie. Seit 2004 ist Thomas S. Berater für einen Londoner Risikokapitalgeber im Bereich Optoelektronik.

Nico B. ist ein Kollege von Daniel Mahlmann am ILT und hat selbst schon einmal ein Mikroskop gebaut. In verschiedenen Gesprächen haben sich Daniel Mahlmann und er bereits ausgetauscht. Nico B. ist sich nicht sicher, ob Daniel Mahlmann wirklich in der Lage ist, das Mach-Zehnder-Interferometer zu realisieren, kann sich aber gut vorstellen, dass das mit seiner Unterstützung funktioniert.

Jürgen O. (Dipl.-Ing. Elektrotechnik) arbeitet seit seinem Abschluss 1997 im Fraunhofer ILT an der hardwarenahen Programmierung von Steuerungs- und Regelungsaufgaben. Er war für die optimale Auslegung der Mensch-Maschinen-Schnittstelle von Laseranlagen zuständig und verfügt über breite Erfahrung in elektronischer Regelungstechnik. Seit 2004 ist Jürgen O. als Softwareentwickler selbstständig – häufig für das ILT. Er hat zwei Kinder und wohnt in Attendorn.

Günter T. ist freiberuflicher Berater und blickt auf 30 Jahre Berufserfahrung in Vertrieb und Business Development von komplexen Telekommunikations- und Sicherheitssystemen zurück. Er hat das Projekt beim Aachener Businessplanwettbewerb AC Quadrat kennen gelernt und dort schon als Coach betreut.

Matthias M. ist der ältere Bruder von Daniel Mahlmann. Als Maschinenbautechniker (Fachrichtung Fertigungstechnik) und mit mehrjähriger Erfahrung im Qualitätsmanagement stieg er 1996 als stellvertretender Geschäftsführer bei einer Metallbaufirma mit 25 Mitarbeitern ein. Er reorganisierte Produktionsstandorte in Portugal, Deutschland, Tschechien und Indien. Seit 2005 leitet er einen Produktionsstandort eines deutschen Maschinenbauers.

Max D. ist über einen Messekontakt mit Daniel Mahlmann in Kontakt gekommen. Er konfrontierte ihn mit dem Gründungsgedanken und inspirierte ihn nach Technologielücken zu suchen. Seitdem verfolgt er die Entwicklung des Projekts. Er ist promovierter Diplom-Kaufmann und arbeitet als Geschäftsführer in einem größeren Technologiekonzern in Süddeutschland.

René M. ist Diplomkaufmann und Mitarbeiter des Gründerzentrums der RWTH Aachen. Dort hat er das Projekt Incelltec bereits von seinen Anfängen an begleitet. Nach seinem Studium an der WHU Beisheim School of Management wechselte er zur Promotion an die RWTH Aachen. Er arbeitete für 3 M in Start-ups und als Unternehmensberater. Er ist Gesellschafter eines Familienunternehmens im Dienstleistungsbereich und fungiert als Aufsichtsrat.

Sabine M. ist eine Schulfreundin von Daniel Mahlmann, noch Studentin und beendet in Kürze ihr Studium der Wirtschaftswissenschaften an der RWTH Aachen. Sie hat das Projekt im Rahmen einer Lehrveranstaltung unterstützt. Gemeinsam mit Daniel Mahlmann konnte sie an einem internationalen Businessplan-Wettbewerb teilnehmen. In Kürze geht sie auf Jobsuche.

Philipp J. ist ein Kollege von Daniel Mahlmann am Fraunhofer ILT. Als Diplom-Chemiker leitete er interdisziplinäre Forschungsvorhaben aus den Bereichen Biotechnologie, Optik und Materialwissenschaften. Philipp J. ist Experte für die Licht-Materie Wechselwirkung in biologischen Systemen. Seine jüngste Entwicklung ist ein Lasermikroskop für die Perforation von Zellwänden. Philipp J. ist gerade Familienvater geworden und überlegt, wie er sich beruflich weiterentwickeln kann. Das Projekt von Daniel Mahlmann kennt er bereits aus mehreren Gesprächen mit ihm.

Daniel Mahlmann freut sich über die große Anzahl an Kontakten. Doch wen soll er in das Gründungsteam aufnehmen?

Aufgaben

1. *Welche Personen könnten wie in das Projekt eingebunden werden? Welche Funktionen sollten sie bekleiden? Wie würden Sie Unternehmensanteile verteilen? Welche Konflikte halten Sie für denkbar?*

2. *Erstellen Sie ein Organisationschart, in dem Sie darstellen, welche Personen welche Funktionen bekleiden und wie sie zueinander in Verbindung stehen. Wie wird sich die Organisation entwickeln? Wie wird das Unternehmen personell vermutlich wachsen? Was bedeutet dies für die Organisation?*

3. *Für welche Funktionen sind Sie selbst in einem Technologiegründungsprojekt geeignet? Diskutieren Sie auf Basis Ihres eigenen Humankapitalprofils.*

Weiterführende Literatur

Brettel, M., Heinemann, F., Sander, T., Spieker, M., Strigel, M. und Weiß, K. (2009). Erfolgreiche Unternehmerteams. Wiesbaden.

Gartner, W. B. (1989). »Who Is an Entrepreneur?« Is the Wrong Question. In: Entrepreneurship: Theory & Practice, 13 (4), S. 47-68.

Grichnik, D. und Hisrich, R. D. (2005). Entrepreneurial Profiles: Competencies and Educational Needs in East and West Germany. In: International Journal of Entrepreneurship Education, 3 (3), S. 207-228.

Mauer, R., Neergaard, H. und Kirketerp Linstad, A. (2009). Self-Efficacy: Conditioning the Entrepreneurial Mindset. In: Carsrud, A. L. und Brännback, M. (Hrsg.), Understanding the Entrepreneurial Mind. New York, NY.

Moog, P. (2004). Humankapital des Gründers und Erfolg der Unternehmensgründung. Wiesbaden.

Shaver, K. G. und Scott, L. R. (1991). Person, Process, Choice: The Psychology of New Venture Creation. In: Entrepreneurship: Theory & Practice, 16 (2), S. 23-45.

Entrepreneurship Theory & Practice hat im November 2007 eine Sonderausgabe zum Thema »Humankapital und technologieorientiertes Unternehmertum« herausgebracht.

10 Social Capital als intangible Ressource

Lernziele

Das Social Capital eines Entrepreneurs ist für den Gründungserfolg von zentraler Bedeutung. In diesem Kapitel lernen Sie Social Capital mit einem besonderen Fokus auf unternehmerische Netzwerke kennen. Diese Form eines sozialen Netzwerks ist für einen Unternehmensgründer ein wesentlicher Bestandteil der Ressourcenbeschaffung, der ihm die Nutzung einer unternehmerischen Gelegenheit oft erst ermöglicht. Social Capital wird hier – neben dem Human Capital, dem Intellectual Capital und dem Financial Capital – als ein wesentliches Element zur erfolgreichen Unternehmensgründung charakterisiert.

Nachdem Sie dieses Kapitel durchgearbeitet haben, werden Sie insbesondere:

- die Bedeutung von Social Capital für den Erfolg von Unternehmensgründungen kennen,
- soziale Netzwerke als Kern von Social Capital erkennen,
- den Aufbau von sozialen Netzwerken charakterisieren und den Nutzen des Netzwerkeffekts für eine Gründung einschätzen können,
- zwischen schwachen Verbindungen und starken Verbindungen sowie zwischen direkten Verbindungen und indirekten Verbindungen unterscheiden können,
- soziale Netzwerke – insbesondere vor dem Hintergrund der Reziprozität von Netzwerkbeziehungen – analysieren können,
- die Zentralität als wesentliches Merkmal erkennen und bewerten können,
- aufbauend auf einer detaillierten Kosten-Wert-Analyse die Frage der optimalen Netzwerkgröße und des Networking beantworten können.

10.1 Bedeutung von Social Capital für den Gründungserfolg

Im Entrepreneurship bezeichnet Social Capital die Gesamtheit der aktuell und zukünftig zur Verfügung stehenden Ressourcen des Unternehmers in seinem sozialen Umfeld (Nahapiet und Ghoshal, 1998). Dabei zielt das Social Capital zunächst auf nicht materielle Ressourcen wie Formen der fachlichen Hilfestellung und emotionalen Unterstützung seiner Bezugspersonen. Jedoch kann Social Capital über diese Kontakte auch den Zugang zu Kapital zur Finanzierung der Unternehmensgründung erleichtern (Westhead, Wright und Ucbasaran, 2004; Witt, Schroeter und Merz, 2008). Dieser direkte oder indirekte Zugang zu Finanzierungsquellen ist insbesondere für technologieorientierte und damit kapitalintensive Gründungen unabdingbar. Hierzu zählt unter anderem das Akquirieren von finanziellen Mitteln von Business Angels oder Venture Capitalists. Diese starke Fokussierung des Entrepreneurship auf die Ressourcenfrage kommt bereits bei der Definition von Stevenson zum Tragen. Er betrachtet Entrepreneurship als das Streben nach unternehmerischen Gelegenheiten auf Grundlage derzeitig kontrollierbarer Ressourcen (Stevenson, 1999). Deutlich werden hierbei zwei Problemdimensionen: zum einen wie Ressourcen akquiriert werden können und zum anderen wie die resultierende Vielfältigkeit der Ressourcen optimal gesteuert und kontrolliert werden kann (Stevenson, 1985; Stevenson und Jarillo, 1991). Obwohl bereits in den 1980er-Jahren die Relevanz sozialer Kontakte und Netzwerke für die Unternehmensgründung erkannt wurde (Cope, Jack und Rose, 2007), wird der Bedeutung des Social Capital für das Entrepreneurship insbesondere in den vergangenen Jahren eine gesteigerte Relevanz beigemessen (Jack, 2010).

Social Capital erfasst somit die Gesamtheit aller nicht-materiellen Ressourcen des Entrepreneurs, d. h. das soziale Netzwerk, in dem der Unternehmer agiert (Burt, 2000; Casson und Giusta, 2007). In dieser relationalen Perspektive wird Social Capital auch als Networking Capital bezeichnet (Cope et al., 2007). Social Capital ist daher nicht mit dem Human Capital gleichzusetzen, da dieses die Fähigkeiten eines einzelnen Individuums charakterisiert (Burt, 1997; Burt, 2000). Ebenso grenzt sich hierdurch Social Capital zum Intellectual Capital ab. Die Fokussierung auf nichtmaterielle Ressourcen unterstreicht schließlich die Abgrenzung zum Financial Capital (Bowey und Easton, 2007). Gleichwohl bestehen zu allen genannten Ressourcenkategorien enge Verbindungen.

Network Approach to Entrepreneurship

Die zentrale Bedeutung des Social Capital für den Gründungserfolg erwächst aus dem Netzwerkansatz zum Entrepreneurship (Network Approach to Entrepreneurship; Aldrich und Zimmer, 1986). Generell lassen sich hier zwei unterschiedliche Dimensionen unterscheiden. Während bei der organisationalen Perspektive (Organizational Network Perspective) die Organisation – also das zu gründende beziehungsweise neu gegründete Unternehmen – im Untersuchungsfokus steht (Warren, 1967; Stuart, Ha und Hybels, 1999), zielt die Individualperspektive (Personal Network Perspective) auf das persönliche Netzwerk des Entrepreneurs (Brüderl und Preisendörfer, 1998). Aufgrund der zentralen Rolle des Entrepreneurs im unternehmerischen Prozess (vgl. hierzu den »Individual-Opportunity Nexus« von Shane, 2004) und der Tatsache, dass die meisten empirischen Arbeiten der letzteren Perspektive folgen (Brüderl und Preisendörfer, 1998), konzentrieren wir uns im Folgenden auf diese personenbezogene Perspektive des Netzwerkansatzes zum Entrepreneurship. Allerdings sei darauf hingewiesen, dass diese persönliche Betrachtung im Gründungsprozess durch die organisationale Perspektive ergänzt werden kann, wenn die Organisation des neu gegründeten Unternehmens an Bedeutung gewinnt (Cope et al., 2007). Auch wird hierdurch deutlich, dass die Bildung eines Netzwerks nicht statisch, sondern vielmehr ein dynamischer Prozess ist (Casson und Giusta, 2007), bei dem soziales Kapital sowohl aufgebaut als auch abgebaut werden kann (Bowey und Easton, 2007).

In der personenbezogenen Perspektive werden Entrepreneure nicht als isolierte und autonom handelnde Entscheider betrachtet, sondern als Akteure in einem speziellen Mikrokontext aufgefasst (Brüderl und Preisendörfer, 1998). Dieser Mikrokontext konzentriert sich auf den sozialen Kontext, in dem sich ein Entrepreneur

Abb. 10-1

Einführendes Beispiel zu direkten Verbindungen

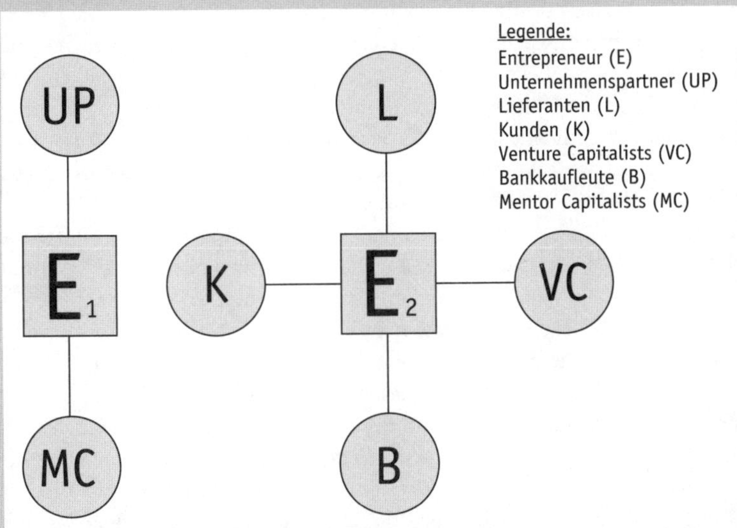

(E in Abbildung 10-1) befindet, und der durch die Position des Entrepreneurs in sozialen Netzwerken begrenzt wird (Aldrich und Zimmer, 1986). Zu den generell infrage kommenden Kontakten eines Entrepreneurs zählen insbesondere Unternehmenspartner (UP), Lieferanten (L), Kunden (K), Venture Capitalists (VC), Bankkaufleute (B), andere Kapitalgeber, Zwischenhändler, Handelsorganisationen und Familienmitglieder (F) (Dubini und Aldrich, 1991). Darüber hinaus sind sogenannte Mentor Capitalists (MC), d. h. Venture Capitalists, die überdurchschnittlich viel Zeit und Engagement in das Start-up investieren, mit dieser intensiven Beratungsleistung von besonderer Bedeutung für einen Unternehmensgründer (Leonard und Swap, 2000). Ausgehend von den zentralen Elementen des Entrepreneurship, dem Erkennen beziehungsweise Kreieren von Marktchancen und dem Aufbau eines Unternehmens zur Nutzung dieser unternehmerischen Gelegenheiten (Venkataraman, 1997), wird vor allem das unternehmerische Verhalten thematisiert. Hier fußt der Netzwerkansatz zum Entrepreneurship auf dem Postulat, dass die benötigten Ressourcen mit geringst möglichem Mitteleinsatz beschafft werden sollen. Um dies zu realisieren, bedient sich der Gründer seiner persönlichen Netzwerkkontakte.

Network Founding Hypothesis

In dieser Ressourcenorientierung zeigt sich in der Perspektive des Netzwerkansatzes zum Entrepreneurship die Konzentration auf die Vorgründungsphase des Gründungsprozesses. In dieser Phase werden Netzwerkressourcen, Aktivitäten innerhalb des Netzwerks und die Unterstützung aus dem Netzwerk intensiv vom Entrepreneur genutzt, um die Unternehmensgründung zu forcieren. Somit wird diese Dimension des Netzwerkansatzes zum Entrepreneurship als Netzwerkhypothese zur Unternehmensgründung (Network Founding Hypothesis) bezeichnet. Dieser Hypothese lässt sich auch die Feststellung zuordnen, dass soziale Netzwerke Unternehmensgründungen stimulieren (Brüderl und Preisendörfer, 1998).

Network Success Hypothesis

Das Pendant zu dieser Hypothese konzentriert sich auf die Nachgründungsphase des Gründungsprozesses. Hier wird argumentiert, dass Entrepreneure, die auf ein diversifiziertes persönliches Netzwerk zurückgreifen können, eine höhere Unterstützungsleistung aus diesem Netzwerk erfahren und somit *erfolgreicher* gründen können. Mit der Berücksichtigung der Bewertungskomponente wird dieser Zusammenhang als Netzwerkhypothese zum Gründungserfolg (Network Success Hypothesis) bezeichnet (Brüderl und Preisendörfer, 1998).

Durch die personengebundenen Verbindungen des Gründers wird die Beschaffung beziehungsweise die Nutzung von Ressourcen – zu denen insbesondere auch Informationen zählen – ermöglicht beziehungsweise vereinfacht (Witt et al., 2008).

Das reine Ermöglichen eines Ressourcenzugangs zielt hierbei auf Ressourcen, die am Markt selbst nicht oder nur zu besonders hohen Kosten zu beschaffen wären (Nahapiet und Ghoshal, 1998). Zu diesen ansonsten unzugänglichen Ressourcen zählen beispielsweise der Aufbau von Reputation und Legitimation durch (prominente) Kontakte im Netzwerk sowie die Vermittlung von Kundenkontakten durch ehemalige Kollegen. Dieser Aufbau eines Erstkundenstamms hat offensichtlich einen positiven Zusammenhang mit dem Gründungserfolg (Brüderl und Preisendörfer, 1998). Darüber hinaus lässt sich hier auch die Nutzung von Technologieinformationen, die z. B. in einem vergangenen Arbeitsverhältnis erworben wurden, zuordnen (Witt, 2004). Ergänzend ist an dieser Stelle auch der generelle Zugang zu Fremdkapital kategorisierbar: Da der Entrepreneur über mehr und andere Informationen als der potenzielle Kapitalgeber verfügt, entsteht eine asymmetrische Verteilung der Informationen, die sich durch soziale Verbindungen (Social Ties) und soziale Verpflichtungen (Social Obligations) reduzieren lassen (Shane und Cable, 2002). Ein Beispiel mag dies verdeutlichen: Während ein Unternehmer durch die schlechter über sein innovatives Gründungsvorhaben informierten Venture Capitalists nur schwer eine Beteiligungsfinanzierung erhält, kann ein Business Angel, der bessere Einblicke in das Gründungsunternehmen hat, einen Kontakt zu potenziellen Venture Capitalists herstellen, der den Venture Capitalist aus früheren gemeinsamen Beteiligungsfinanzierungen kennt und ihm vertraut. Mit der Empfehlung des Business Angels riskiert dieser seine Reputation und geht eine soziale Verpflichtung gegenüber dem Venture Capitalist ein, diesen gut über den Entrepreneur zu informieren, um auch in Zukunft eine gute Geschäftsbeziehung mit dem Venture Capitalist aufrechtzuerhalten. Diese sozialen Interaktionen helfen, die ausgeprägte Informationsasymmetrie zwischen Gründer und Venture Capitalist zu überwinden und ein Marktversagen aufgrund zu hoher Informationskosten zu verhindern.

Die Vereinfachung hingegen zielt auf einen leichteren Zugang zu Ressourcen, der sich in niedrigeren Transaktionskosten niederschlägt. Hierunter fallen beispielsweise vergünstigte Mietkonditionen für geliehene Betriebsmittel bei Technologiegründungen oder die für Entrepreneure kostenlose Mitarbeit eines Familienmitglieds. Hier zeigt sich der kompensatorische Charakter des Social Capital (Brüderl und Preisendörfer, 1998; Cope et al., 2007): Finanzielle Restriktionen können durch die bewusste Nutzung von Social Capital ausgeglichen werden. Darüber hinaus entfallen beispielsweise im Fall der mitarbeitenden Familie die Agency-Kosten, einen Angestellten zu kontrollieren (Brüderl und Preisendörfer, 1998). Ebenso erleichtert die Einbindung in familiäre Netzwerke die Beschaffung von Finanzmitteln – beispielsweise als Substitut zur Bankfinanzierung – oder die Sicherstellung einer für die Unternehmensgründung notwendigen flexiblen Kinderbetreuung (Casson und Giusta, 2007).

Bootstrapping

In der Summe schlagen sich diese Aktivitäten in geringeren Kosten der Ressourcenbeschaffung und -nutzung nieder. Da Entrepreneure die Unternehmensgründung mit (teilweise stark) begrenzten finanziellen Mitteln bestreiten, gelingt es dem Entrepreneur somit, mehr Ressourcen mit gleichem Mitteleinsatz für seine Unternehmensgründung zu gewinnen. Dieses Phänomen der stetigen Suche für den Gründer nach Ressourcen zu geringsten Kosten wird als »Bootstrapping« bezeichnet (Winborg und Landström, 2001; Ebben und Johnson, 2006).

Ergänzt werden diese beiden Dimensionen der Netzwerkhypothese zum Gründungserfolg zum einen durch den Effekt, dass Netzwerke opportunistisches Verhalten reduzieren (Nahapiet und Ghoshal, 1998). Entrepreneure, die intensiv ihr Netzwerk nutzen, erzielen somit einen Vorteil gegenüber Entrepreneuren, die nicht über ein entsprechendes Netzwerk verfügen. Zum anderen werden die beiden Hauptdimensionen durch ideelle und damit immaterielle Unterstützung ergänzt. Hierzu zählt insbesondere der emotionale Halt durch Freunde und Familie. Die hierdurch steigende emotionale Stabilität des Entrepreneurs erhöht dessen Erfolgswahrscheinlichkeit (Brüderl und Preisendörfer, 1998). Aber auch die direkte Unterstützung bei der Geschäftsplanung während der Erstellung des Businessplans durch erfahrene Unternehmer kann elementar für den Gründungserfolg sein. Diese können sowohl aus dem direkten Bekanntenkreis des Gründers stammen oder aber auch »weiter entfernt« zum sozialen Netzwerk (Social Network) des Gründers gehören. Zur letzteren Gruppe zählen beispielsweise Business Angels aus dem beruflichen Netzwerk des Entrepreneurs. Die hier kurz eingeführte Unterscheidung zwischen »nahen« und »weiter entfernten« Kontakten im sozialen Netzwerk des Gründers wird im folgenden Kapitel genauer beleuchtet.

10.2 Charakteristika sozialer Verbindungen

Soziale Verbindungen lassen sich nach ihrer Erreichbarkeit in sozialen Netzen, nach ihrer Beziehungsstärke und nach der Beziehungsrichtung charakterisieren.

Erreichbarkeit in sozialen Netzen

Direct Ties versus Indirect Ties

Unter einer direkten Verbindung (Direct Tie) wird im Allgemeinen eine interpersonale Beziehung von Angesicht zu Angesicht (Face-to-Face-Contacts) verstanden (Dubini und Aldrich, 1991; Casson und Giusta, 2007). Hierzu zählen beispielsweise Business Angels oder Venture Capitalists, die der Entrepreneur persönlich kennt. Die weiteren, auf direkten Beziehungen aufbauenden Kontakte des Entrepreneurs stellen indirekte Verbindungen (Indirect Ties) für diesen dar (Casson und Giusta, 2007). Hier zeigen sich die großen Hebelwirkungen der direkten Kontakte und damit der Kern der Social-Capital-Theorie: Hat ein Entrepreneur beispielsweise 100 direkte Kontakte, von denen jeder erneut 100 direkte Kontakte pflegt, steht dem Entrepreneur bereits ein potenzielles Netzwerk von (100 · 100 =) 10.000 Kontakten zur Verfügung. Ergänzt man diese Rechnung um weitere angenommene 100 Kontakte der indirekten Kontakte erster Ordnung, erreicht das gesamte Netzwerk bereits eine Größe von (10.000 · 100 =) 1.000.000 Kontakten (Kim und Aldrich, 2005). Dieser auf einer geometrischen Progression aufbauende Effekt führt dazu, dass ein Entrepreneur potenziell sehr schnell über ein äußerst umfangreiches Netzwerk verfügt. Hier ist jedoch davon auszugehen, dass eine Vielzahl der indirekten Kontakte mannigfaltige Überschneidungen aufweist. So gleichen sich in der Regel die Kontakte bezüglich ihrer sozialen Herkunft, Alter und Geschlecht (Kim und Aldrich, 2005).

Homopholy

Unter Homopholy versteht man das Phänomen, dass sich Menschen mit ähnlichen Charaktermerkmalen anziehen. Diese Merkmale können sowohl prädisponiert als auch angeeignet sein. Zur ersten Gruppe gehören Merkmale wie Alter, ethnische Herkunft und das Geschlecht; der zweiten Gruppe werden Merkmale wie Ausbildung, (Arbeits-)Erfahrung sowie der derzeitig ausgeübte Beruf zugeordnet. Um beide Grenzen zu überwinden, bedarf es eines proaktiven strategischen Handelns des Entrepreneurs. Andererseits entstehen – aufgrund dieser Homopholy – häufig dichte Cluster innerhalb eines Netzwerks, indem nahezu jeder jeden kennt (Kim und Aldrich, 2005). Mit anderen Worten: Den Kontakten mangelt es an Diversität, die insbesondere vor dem Hintergrund divergenter Informationen erwünscht ist (Dubini und Aldrich, 1991; Witt et al., 2008).

Soziale Grenzen

Hinzu kommt der Effekt der sozialen Grenzen (Social Boundaries). Dieser begründet sich in der berechtigten Annahme, dass das soziale Leben eines Individuums schnell an soziale Grenzen stößt. Zu diesen Grenzen gehören sowohl familiäre Einschränkungen, religiöse beziehungsweise ethnische Grenzen als auch sprachliche Hürden (Kim und Aldrich, 2005).

Zwar zeigt dieses Gedankenexperiment in der Realität seine Limitierungen, es liefert aber zugleich einen vereinfachten Zugang zum Charakter von sozialen Netzwerken. Empirisch validiert werden die Grundaussagen durch ein Experiment des amerikanischen Psychologen Stanley Milgram: Er verschickte 160 Briefe an zufällig ausgewählte Adressen mit der Bitte, den Brief an einen Aktienhändler – dessen Adresse ihm unbekannt sei – weiterzuleiten. Die Empfänger wurden gebeten, die Post an den Aktienhändler weiterzuleiten oder sie an eine Person zu versenden, von der der Empfänger ausging, dass diese den Aktienhändler kennen könnte. Das Ergebnis dieses Experiments war in zweierlei Hinsicht hilfreich für das Verständnis von sozialen Netzwerken: Zum einen passierten die Briefe im Durchschnitt nur fünf Zwischenstationen, wobei die jeweiligen Kettenlängen von zwei bis zehn Zwischenstationen schwankten. Hierin begründet sich auch der Terminus »Kleine-Welt-Phänomen« (Small World Phenomenon), der diesem wenig intuitiven Ergebnis zugesprochen wird. Zum anderen wurde jedoch auch deutlich, dass knapp die Hälfte (48 %) aller Briefe über drei Personen an die Zielperson weitergegeben wurde – ein

Abb. 10-2

Einführendes Beispiel zu indirekten Verbindungen

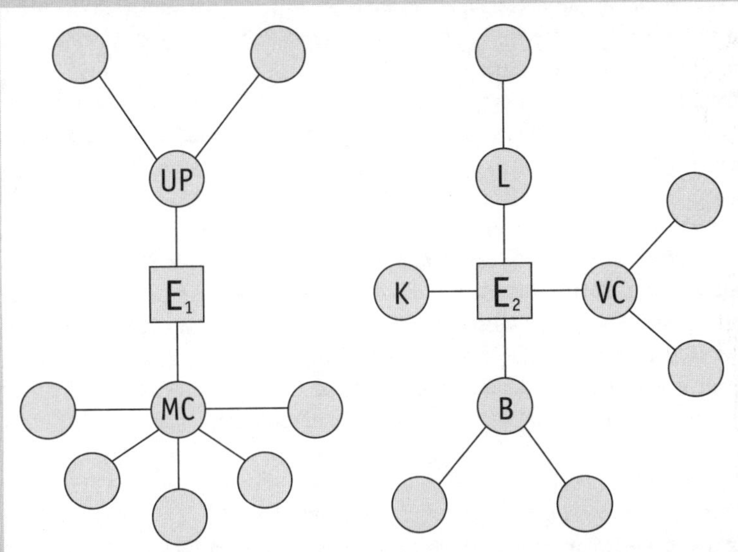

Phänomen, dem wir uns im weiteren Fortgang dieses Kapitels nochmals nähern werden (Milgram, 1967).

Die einleitende Abbildung 10-1 illustriert zwei Entrepreneure: Offensichtlich verfügt der erste Entrepreneur E_1 über zwei direkte Verbindungen, E_2 hingegen über die doppelte Anzahl der Verbindungen. Wie bereits erläutert, liegt der Kerngedanke von Social Capital eben nicht in der absoluten Anzahl der direkten Kontakte. Vielmehr sind indirekte Verbindungen elementar für die Güte eines sozialen Netzwerks (Granovetter, 1973). Abbildung 10-2 ergänzt daher die direkten Kontakte von E_1 und E_2 um deren indirekte Kontakte erster Ordnung. Deutlich ist zu erkennen, dass hier E_1 über sieben solcher indirekten Kontakte verfügt, während E_2 lediglich fünf indirekte Kontakte aufweisen kann. In unserem Beispiel begründet sich dies zum einen darin, dass der Mentor Capitalist (MC) von E_1 über eine – für unser Beispiel – überproportional große Anzahl direkter Kontakte verfügt. Zum anderen wird auch deutlich, dass der Kunde (K) von E_2 gar nicht zur Anzahl der indirekten Kontakte von E_2 beiträgt, sondern isoliert im Netzwerk von E_2 dasteht.

Damit man die Probleme bei der Aufstellung und Bewertung von Netzwerken kennenlernen und verstehen kann, ist es hilfreich, sich exemplarisch ein solches reales Netzwerk basierend auf vorhandenen eigenen Kontakten zu verdeutlichen.

Übung zu Direct Ties
Illustrieren Sie Ihr persönliches Netzwerk. Zeichnen Sie hierfür alle Kontakte, die Ihnen bei einer Unternehmensgründung hilfreich sein könnten, ein. Gehen Sie dabei von Ihnen als Mittelpunkt in Ihrem persönlichen Netzwerk aus. Um nicht die Übersicht zu verlieren, empfiehlt es sich, zunächst zehn Kontakte willkürlich aus Ihrem Adressbuch auszuwählen. Verzichten Sie hierbei nicht auf Personen, die Sie zwar kennen, zu denen Sie aber schon lange nicht mehr in Kontakt getreten sind. Möglicherweise benötigen Sie diese noch bei der Fortsetzung dieser Übung.

Erweitert man dieses Beispiel um indirekte Kontakte zweiter Ordnung, also um die direkten Kontakte der indirekten Kontakte von E_1 und E_2, erhöht sich die Komplexität weiter. So wird deutlich, dass die Anzahl direkter Kontakte eines Entrepreneurs zwar einen guten Ansatzpunkt zur quantitativen Bewertung des Netzwerks bietet (Witt, 2004), für die Qualitätsbeurteilung des Netzwerks indessen aber nur bedingt geeignet ist. Vielmehr entscheidet die Güte der direkten und indirekten Kontakte über den Gesamtwert des Netzwerks eines Entrepreneurs.

Übung zu Indirect Ties
Erweitern Sie nun Ihr Netzwerk, das aktuell ausschließlich aus direkten Kontakten besteht, um die Kontakte Ihrer Kontakte, d. h. um Ihre indirekten Kontakte. Erkundigen Sie sich hierbei bei Ihren Kontakten über Personen, die Ihnen bei einer Unternehmensgründung (in welcher Form auch immer) behilflich sein könnten.

Starke Verbindungen versus schwache Verbindungen

Beziehungsstärke sozialer Verbindungen

Diese Bewertung der Güte einer Verbindung schlägt sich in der Unterscheidung zwischen starken Verbindungen (Strong Ties) und schwachen Verbindungen (Weak Ties) nieder. Erfahrungsgemäß verfügen Individuen über ca. 5 bis 20 starke Verbindungen (Kim und Aldrich, 2005) – eine alleinige Konzentration auf diese engen Bindungen ist allerdings wenig zielführend. Vielmehr entscheiden die schwachen Verbindungen über das gesamte Social Capital eines Entrepreneurs (Granovetter, 1973). Das Management dieser Verbindungen ist jedoch erheblich schwieriger. Hier können Internet-basierte Dienste im Web-2.0-Umfeld wesentlich zur verbesserten und einfachen Kommunikation beitragen. Aber auch reale Veranstaltungen, wie beispielsweise berufsbezogene Vereinigungen, Gründerseminare oder Businessplanwettbewerbe, sollten von Unternehmern intensiv zum Aufbau und zur Pflege des eigenen Netzwerks genutzt werden. Ebenso ist das sogenannte Everyday Networking – also die tägliche Beziehungspflege beispielsweise von Arbeitskollegen und Freunden – von Bedeutung.

Nicht alle Kontakte sind von gleicher Intensität. Kommen wir zurück auf unser einführendes Beispiel: Von den 100 direkten Kontakten eines Entrepreneurs gibt es einerseits sehr enge und damit besonders starke Kontakte (Strong Ties). Auf der anderen Seite werden einige der direkten Kontakte eher losen Charakter haben.

Letztere werden daher auch als schwache Verbindungen (Weak Ties) bezeichnet. Zu dieser Einordnung kann unter Umständen auch die Frage der geographischen Verteilung der Kontakte beitragen (Casson und Giusta, 2007). Auch im Zeitalter multimedialer Vernetzung leben einige Kontakte - insbesondere im Fokus sensibler Informationen - vom direkten Face-to-Face-Kontakt (Thornton und Flynn, 2003; Kim und Aldrich, 2005). Auch sollte hier die Einflussstärke regelmäßiger persönlicher Gespräche auf die Qualität der Verbindung nicht unterschätzt werden (Casson und Giusta, 2007). Während zu den starken Verbindungen eines Entrepreneurs insbesondere Familienmitglieder und Freunde zählen, werden Kollegen, Vorgesetzte und Geschäftspartner primär - aufgrund geringer emotionaler Bindung und stärkerer Rationalität - den schwachen Verbindungen zugeordnet (Witt, 2004).

Die detaillierte Beurteilung der Stärke solcher Verbindungen ist jedoch nicht trivial; vielmehr kann sie in mehreren Dimensionen erfolgen. Eine Möglichkeit besteht darin, die Zeit, die in die Beziehung investiert wird, zu messen (Witt, 2004). Die Intention hinter dieser Approximation besteht darin, dass zeitlich aufwändige Beziehungen auf eine starke Verbindung hinweisen, während schwache Verbindungen nur in geringem zeitlichen Umfang gepflegt werden. Eine weitere Möglichkeit bietet die Messung der emotionalen Intensität der Beziehung, um hierauf aufbauend Rückschlüsse auf die Verbindungsintensität zu ziehen (Dubini und Aldrich, 1991). Den dritten Ansatzpunkt zur Operationalisierung bietet das Ausmaß, in dem gegenseitig vertrauensvolle Informationen ausgetauscht werden. Je mehr vertrauensvolle Informationen fließen, desto stärker ist die Verbindung zwischen den beiden Kontakten. Letztlich mündet dies in der vierten Möglichkeit, die Stärke von Verbindungen zu operationalisieren. Durch Messen der Reziprozität, dem wechselseitigen Informationsaustausch zwischen zwei Individuen, wird die Stärke der Verbindung zwischen den Parteien determiniert (Granovetter, 1973; Kim und Aldrich, 2005).

Da in der Realität die Operationalisierung dieser vier Dimensionen schwierig durchzuführen ist, bedient man sich vielfach vereinfachend der Kontakthäufigkeit als Indikator für die Güte einer Beziehung. Hierdurch entsteht - je nach gewählter Skalenform - ein ordinales oder metrisches Datenniveau (vgl. folgender Exkurs). Da jedoch auch dies in der Praxis nur bedingt so deterministisch durchführbar ist, hat sich ein Konsens gebildet, der die Beziehungsstärke in starke und schwache Verbindungen - und somit nochmals vereinfachend auf einer Ordinalskala mit lediglich zwei Ausprägungen - kategorisiert.

Übung zu Weak Ties und Strong Ties
Bewerten Sie die von Ihnen aufgezeichneten Kontakte, indem Sie starke Verbindungen durch eine dickere Verbindungslinie kennzeichnen. Verfolgen Sie hierbei die Frage, mit welchen Kontakten Sie häufig (häufiger als einmal im Monat) in Kontakt stehen.

Abschließend sollte keinesfalls der Fehler begangen werden, sich alleinig auf starke Verbindungen zu konzentrieren. Vielmehr empfiehlt sich aus strategischer Sicht eines Entrepreneurs, ein Portfolio aus mehreren verschiedenen Verbindungsstärken

Exkurs

Datenniveau

Bei Datenniveaus unterscheidet man zwischen nicht-metrischen und metrischen Daten:

- Zur ersten Gruppierung gehören *nominal-skalierte Daten*, wie beispielsweise Telefonnummern oder Klassifikationen, die ausschließlich eine Aussage bezüglich der Gleichheit beziehungsweise Verschiedenheit zulassen. Ebenso werden hier *ordinal-skalierte Daten*, wie beispielsweise Schulnoten oder Windstärken, eingruppiert. Auf diesem Datenniveau sind zusätzlich Aussagen zum relationalen Verhältnis (größer, kleiner) möglich.
- Metrische Daten können in Form von *intervall-skalierten Daten*, beispielsweise bei der Temperaturmessung, vorliegen. Hier ist ergänzend zu nicht-metrischen Datenniveaus auch eine Aussage zur Gleichheit von Differenzen möglich. Das größtmögliche Datenniveau erreicht man auf einer *Verhältnisskala*. Hier sind, wie beispielsweise bei der Länge- oder Gewichtsmessung, zusätzlich Aussagen zur Gleichheit von Verhältnissen möglich.

aufzubauen. Dies kann beispielsweise ein sehr dichtes lokales Netzwerk sein, bestehend aus vielen starken Verbindungen in Kombination mit mannigfaltigen schwachen Verbindungen, die ein globales Netzwerk determinieren (Kim und Aldrich, 2005). Durch diese ausgewogene Kombination von starken und schwachen Verbindungen gelingt es dem Entrepreneur, die »Strength Of Weak Ties« (dt. »die Stärken der schwachen Verbindungen«) (Granovetter, 1973) für sich nutzbar zu machen. Letztlich zeigt sich hier auch, dass starke Verbindungen nicht per se wichtiger sind als schwache; vielmehr entscheiden die jeweiligen relevanten Umfeldfaktoren, welche Verbindungsstärke aktuell zu präferieren ist. Darüber hinaus sind schwache Verbindungen zwar weniger verlässlich, ermöglichen jedoch einen besseren Zugang zu für den Entrepreneur neuen Informationen und Ressourcen innerhalb des Netzwerks (Witt, 2004) und tragen somit zu der eingangs angesprochenen gewünschten Diversität bei. Somit sollten Entrepreneure eine Erfolg versprechende, ausgewogene Kombination aus starken und schwachen Verbindungen anstreben (Uzzi, 1997; Uzzi, 1999). Ausgewogen heißt, dass wichtige schwache Verbindungen (z. B. zu potenziellen Venture Capitalists) durch wichtige starke Verbindungen (z. B. Business Angels) erschlossen werden können. Nicht zuletzt zeigt sich hier auch ein grundlegender Effizienzgedanke, der im weiteren Fortgang dieses Kapitels nochmals aufgegriffen wird.

Die bereits angesprochene Reziprozität (Gouldner, 1960; Coleman, 1988) wird – aufgrund ihres elementaren Charakters für den Aufbau sozialer Netzwerke – im folgenden Kapitel detaillierter beleuchtet.

Beziehungsrichtung sozialer Verbindungen

Ein- versus zweiseitige Verbindung

Bei der Frage der Verbindungsrichtung lassen sich prinzipiell zwei Perspektiven unterscheiden:

- Wen kenne ich?
- Wer kennt mich?

Directional Ties versus Non-Directional Ties

Diese beiden Dimensionen kommen bereits im auf die persönlichen Ressourcen des Entrepreneurs zielenden Effectuation-Ansatz von Saras Sarasvathy zum Tragen (Sarasvathy, 2001). Ebenso zielt man in der Netzwerktheorie vor allem auf reziproke, d. h. wechselseitige Verbindungen in Form von Informations- und Kommunikationsbeziehungen. Dies begründet sich zum einen damit, dass eine einseitige Beziehung (der Unternehmer hat einen Kontakt zu einer Person, die ihn selbst jedoch nicht kennt) keinen direkten Nutzen erbringt. Ebenso ist der Nutzen einer Person, die zwar den Unternehmer kennt, der Unternehmer aber von der Beziehung nicht weiß, für Letzteren nicht einschätzbar. Darüber hinaus sei darauf hingewiesen, dass diese Verbindungen auch als gerichtete Verbindungen (Directional Ties) beziehungsweise ungerichtete Verbindungen (Non-Directional Ties) bezeichnet werden (Kim und Aldrich, 2005).

Übung zu reziproken Verbindungen

Kennzeichnen Sie die Beziehungsrichtung der von Ihnen aufgezeichneten Kontakte, indem Sie die Verbindungslinien mit einem Pfeil in die entsprechende Richtung markieren. Verfolgen Sie hierbei die Frage, welcher der drei folgenden Kategorien die Verbindung mit dem Kontakt zuzuordnen ist: eine aus Ihrer Sicht primär gebende Verbindung, eine nehmende Verbindung oder eine auf Reziprozität – gegenseitiges Geben und Nehmen – beruhende Verbindung.

Reziprozität

In dieser durch Reziprozität gekennzeichneten wechselseitigen Verbindung liegt ein Lösungspotenzial zur Überwindung der eingangs erörterten Informationsasymmetrien bei der Finanzierung von unternehmerischen Gelegenheiten (Grichnik, 2006). So verstärken direkte und indirekte Verbindungen durch den Transfer privater Informationen und sozialer Verpflichtungen (Social Obligations) die erfolgreiche Einwerbung externer finanzieller Ressourcen insbesondere in der Frühphasenfinanzierung (Shane und Cable, 2002). Reziprozität ist hierbei einer der wichtigsten sozialen Mechanismen, der in sozialen Netzwerken Verpflichtungen gegenüber anderen Netzwerkteilnehmern erzeugt (Gouldner, 1960). Diese Verpflichtungen führen letztlich dazu, dass der zentrale Netzwerkgedanke – also das gezielte Nutzen von indirekten Kontakten – überhaupt realisiert werden kann. Wird das Ausmaß der Reziprozität als Proxy für die Einstufung der Verbindungsstärke verwendet, lässt sich daraus schließen, dass starke Verbindungen – also Verbindungen, die auf einem intensiven wechselseitigen Informationsaustausch beruhen – im Sinne von Shane und Cable die Wahrscheinlichkeit für eine erfolgreiche Kapitaleinwerbung und damit letztlich die Wahrscheinlichkeit einer erfolgreichen Unternehmensgründung erhöhen. Im Umkehrschluss beeinflusst auch die Position von Kapitalgebern in deren Netzwerken die Investitionsentscheidung in Gründungsunternehmen (Sorenson und Stuart, 2001).

Die bis hier dargestellten Mechanismen treffen auf alle Arten von sozialen Verbindungen zu. Abbildung 10-3 veranschaulicht verschiedene generelle Verbindungsoptionen, jeweils ergänzt um infrage kommende Kontakte eines Entrepreneurs. Die einfachste und grundlegendste Verbindungsart besteht in einer bilateralen Bezie-

Abb. 10-3

Arten sozialer Verbindungen (in Anlehnung an Friese, 1998)

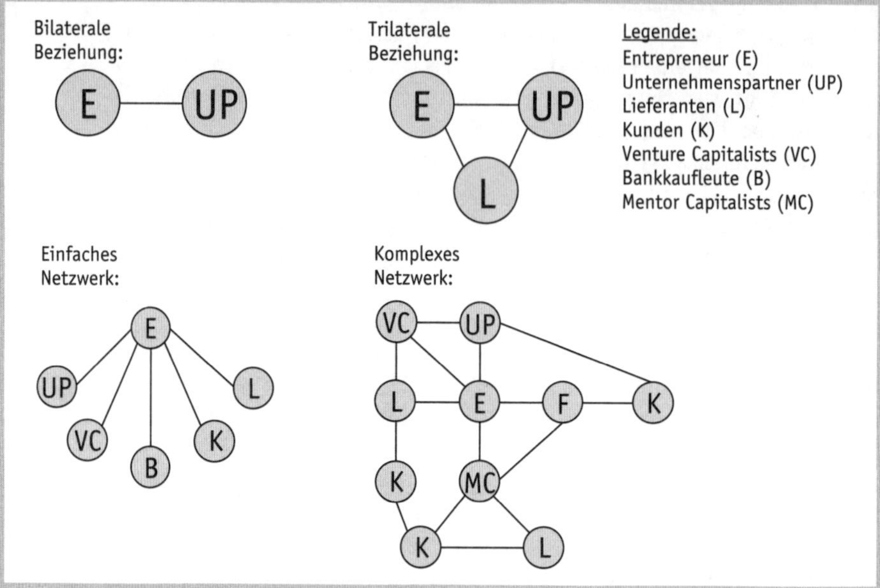

hung – also einer Beziehung, die zwei Individuen miteinander eingehen. Eine Steigerung erfährt diese Verbindungsart durch Integration eines weiteren Kontakts – eine trilaterale Beziehung entsteht. Durch Hinzufügen weiterer Individuen entsteht schließlich ein einfaches Netzwerk. Der Übergang dieses einfachen zu einem komplexen unternehmerischen Netzwerk begründet sich in der Anzahl vielfältiger Verbindungen der Kontakte untereinander.

Ein komplexes Netzwerk bildet die Realität näher ab, da die drei vorgenannten Verbindungsarten nur Ausschnitte dieses realen Netzwerks darstellen. Zum anderen bietet ein solch komplexes Gebilde eine Vielzahl von Möglichkeiten, dieses genauer zu untersuchen.

10.3 Analyse sozialer Netzwerke

Zur besseren Nachvollziehbarkeit der weiteren Ausführungen finden Sie in Abbildung 10-4 ein prägnantes Beispiel für unternehmerische Netzwerke.

Betrachtungsebenen

Zur Analyse eines Netzwerks werden drei Betrachtungsebenen benötigt (Witt, 2004):

- Die erste Betrachtungsebene sind die Punkte des Netzwerks. Die Analyse dieser Punkte zielt auf die Frage, wer die einzelnen handelnden Einheiten sind. In unserem Fall stehen der Entrepreneur beziehungsweise das Gründungsteam und seine Kontakte im Fokus aller weiteren Betrachtungen. Zu diesen Kontakten gehören – wie eingangs bereits erwähnt – beispielsweise Unternehmenspartner (UP), Lieferanten (L), Kunden (K), Venture Capitalists (VC), Bankkaufleute (B), Familienmitglieder (F) und Mentor Capitalists (MC).
- Die zweite Betrachtungsebene umfasst die Darstellung der Linien. Hier wird die Frage gestellt, welche Art von Verbindung betrachtet wird. Auf dieser Ebene spielen vor allem die Fragen nach starke Verbindungen versus schwache Verbindungen sowie nach gerichtete Verbindungen versus ungerichtete Verbindungen die entscheidenden Rollen.
- Auf der letzten Betrachtungsebene wird das Netzwerk an sich beleuchtet. Hierunter lässt sich die Netzwerkanalyse im engeren Sinne subsumieren. Diese geht der Frage nach, welche Eigenschaften das gesamte Netzwerk – also die Summe aller Punkte und Linien – aufweist.

Abb. 10-4

Beispielhafte Illustration eines Unternehmensnetzwerks

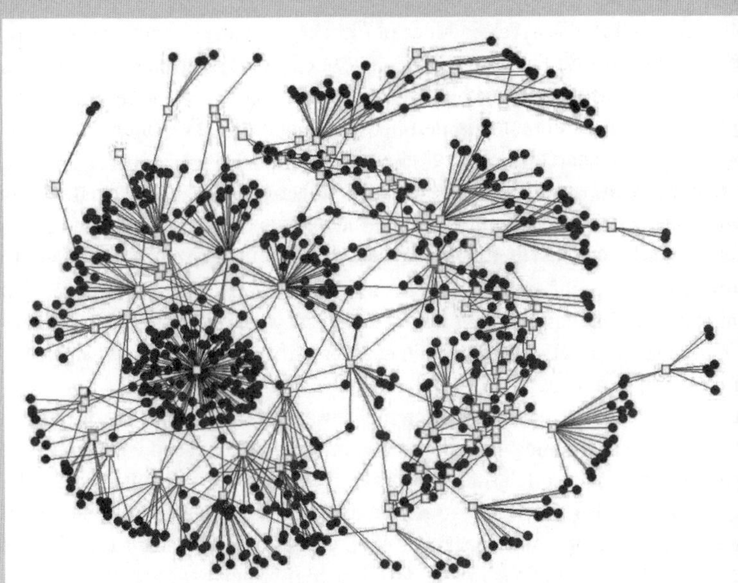

Exkurs

Netzwerkcluster – das Münchner Biotech Cluster

Das Biotech Cluster in München gehört nicht nur zu den vier führenden Branchenclustern in Europa; vielmehr repräsentiert es das erfolgreichste Zentrum in der Entwicklung neuer Medikamente in Deutschland. Die in dem Cluster ansässigen über 350 Unternehmen der Life-Science-Branche beschäftigen insgesamt über 20 000 Mitarbeiter und konnten bereits vielfältige Markterfolge erzielen. Darüber hinaus bietet das Münchner Biotech Cluster Gründerzentren, die auf die speziellen Bedürfnisse der Biotechnologiebranche abgestimmt sind und somit direkt und indirekt zum Erfolg der ansässigen Unternehmen beitragen. Die Bündelung der Kompetenzen Einzelner erhöht letztlich das Ansehen des gesamten Standorts; eine ausreichende Versorgung der Gründungsunternehmen mit Kapital stellt deren Erstfinanzierung sicher. Neben diesen direkten Effekten der Clusterbildung werden indirekte Effekte durch die räumliche Nähe zu wissenschaftlichen Forschungsinstituten, eine auf die ansässigen Unternehmen abgestimmte Infrastruktur, die Verfügbarkeit erfolgreicher Unternehmen mit Vorbildcharakter sowie Zugang zu qualifizierten Mitarbeitern hervorgerufen.
Quelle: www.bio-m.org

Operationalisierungsmöglichkeiten

Bei der Bewertung der Netzwerkqualität stehen mehrere Möglichkeiten zur Verfügung. Zu ihnen gehören – als wichtigste Verfahren – die Dichtebestimmung des Netzwerks sowie die Identifizierung von Clustern. Unter der Dichte des Netzwerks versteht man die Anzahl der tatsächlichen Verbindungen im Verhältnis zur Anzahl aller möglichen Verbindungen (Niemeijer, 1973). Je dichter ein solches Netzwerk ist, desto besser bietet es Zugang zu Ressourcen. Mathematisch ausgedrückt, berechnet sich somit die Dichte D des Netzwerks als Quotient aus der Anzahl der realen Verbindungen V_{tat} und der Anzahl aller generell möglichen Verbindungen V_{all}:

$$D = \frac{V_{tat}}{V_{all}}$$

Da $V_{tat} \leq V_{all}$ und V_{tat}, V_{all} 0 gilt, kann die so berechnete Dichte Werte im geschlossenen Intervall von [0;1] annehmen. Je größer dieser Koeffizient ist, desto dichter ist das betrachtete Netzwerk. Durch die große Anzahl von Verbindungen wird dem Entrepreneur der Zugang zu Ressourcen vereinfacht, was – zurückgeführt auf die Hypothese zum Gründungserfolg – die Wahrscheinlichkeit eines Gründungserfolgs erhöht. Im Idealfall entspricht die Anzahl der tatsächlichen Verbindungen der Anzahl aller potenziellen Verbindungen. D nimmt in diesem Fall den Wert 1 an. Je größer nun die Differenz zwischen der Anzahl potenzieller und tatsächlicher Verbindungen wird, desto kleiner wird D und desto weniger dicht wird das Netzwerk bis – im Falle eines isolierten Entrepreneur, der keinerlei Verbindungen aufweist – D den Wert Null annimmt.

Die Identifizierung von sogenannten Netzwerkclustern – also Subgruppen, die sich deutlich von den anderen Gruppen abgrenzen – ist hingegen komplizierter. Bei dieser Clusterbildung verfolgt man das Ziel, solche Gruppen zu identifizieren, die in sich homogen – also gleichartig –, zu den anderen Clustern aber möglichst heterogen – also andersartig – sind (Backhaus et al., 2003). Hierfür werden zum einen eine entsprechende Kenngröße sowie ein Abbruchkriterium benötigt (Nahapiet und Ghoshal, 1998). Die Berechnung erfolgt anschließend mithilfe eines Statistikprogramms und kann grafisch nachvollzogen werden (z. B. Borgatti, Everett und Freeman, 2002). So zeigen sich in der einleitenden Abbildung 10-4 deutlich verschiedene Cluster. Das prägnanteste von ihnen ist sicherlich das auf Häufung direkter Verbindungen beruhende im unteren linken Bildteil.

Zur Frage der Zentralität

Die Zentralität ist im Rahmen der Netzwerkanalyse von besonderer Bedeutung. Dies gilt im Besonderen für unternehmerische Netzwerke, da dem Entrepreneur im Sinne des Individual-Opportunity Nexus im Entrepreneurship neben der unternehmerischen Gelegenheit, der Opportunität, die Schlüsselrolle zukommt. Gründer sollten eine zentrale Position in ihrem Netzwerk einnehmen, um dem Kerngedenken der Netzwerkhypothese zum Gründungserfolg Rechnung zu tragen.

Unternehmer als Netzwerker besetzen zentrale Positionen, die ihnen viele Vorteile verschaffen: Sie nehmen einen größeren Teil des Netzwerks wahr und können somit schneller auf potenzielle unternehmerische Gelegenheiten reagieren. Durch ihre vielfältigen Verknüpfungen haben sie Zugang zu komplementären Informationen und Ressourcen und können daher als Vermittler zwischen anderen dienen. Darüber hinaus ermöglicht ihnen ihre zentrale Position, Ressourcen des Netzwerks schnell und effektiv zu mobilisieren, um beispielsweise unternehmerische Teams zu gründen. Außerdem können zentrale Personen andere bewusst mit für diese Individuen wichtigen Informationen und Ressourcen versorgen und somit den bereits aufgezeigten Faktor der Reziprozität nutzen (Kim und Aldrich, 2005).

Non-Directional Measures

Zur Operationalisierung dieser Zentralität stehen unterschiedliche Ansätze zur Verfügung. Widmen wir uns zunächst den ungerichteten Kennzahlen (Non-Directional Measures), die nicht auf die Richtung der Beziehung schließen lassen (Wasserman und Faust, 1994):

- Degree Centrality,
- Closeness Centrality,
- Betweenness Centrality,
- Information Centrality.

Degree Centrality

Der sog. Degree Centrality (DC) kennzeichnet die Summe T aller direkten Verbindungen, über die ein Gründer i verfügt:

$$DC_i = f\left(\sum ties_{direct}\right) = f(T)$$

Der Kerngedanke hinter dieser einfachen Messung der Zentralität begründet sich darin, dass ein Unternehmer, der über eine hohe Degree Centrality verfügt, unternehmerische Gelegenheiten aufgrund seiner vielen direkten Kontakte aus unterschiedlichsten Richtungen wahrnimmt, vielfältige Informationen beschafft und als Berater – beispielsweise als Business Angel – für andere tätig werden kann (Kim und Aldrich, 2005). Darüber hinaus könnte dieser intuitive hypothetische Zusammenhang auch empirisch validiert werden (Hansen, 1995). Wie eingangs bereits anhand der Abbildungen 10-1 und 10-2 illustriert, stellt dieses Zentralitätsmaß jedoch nur eine verhältnismäßig grobe Operationalisierungsmöglichkeit dar. Dennoch erlaubt ein Vergleich der DC verschiedener Entrepreneure Aussagen über das Gesamtnetzwerk, beispielsweise in der Gestalt, ob einzelne Entrepreneure das Netzwerk dominieren oder ob die Verbindungen (zumindest annähernd) gleich verteilt sind (Kim und Aldrich, 2005). Personen, die über eine große DC verfügen, werden aufgrund ihrer Position im Netzwerk häufig als Bindeglied (Connector) oder Mittelpunkt beziehungsweise Zentrum (Hub) bezeichnet (Casson und Giusta, 2007).

Closeness Centrality

Die sog. Closeness Centrality (CC) berücksichtigt neben der Anzahl der direkten Verbindungen auch die Erreichbarkeit der Kontakte (Reachability) R für den Gründer i.

$$CC_i = f(R, T)$$

Der Grundgedanke besteht darin, dass die wahrgenommene Nähe der Kontakte einen positiven Einfluss auf die Closeness Centrality hat. Der Einbezug der Erreichbarkeit stellt schließlich eine Bewertung der Verbindungsqualität dar und entspricht letztlich dem eingeführten Ansatz, zwischen starken und schwachen Verbindungen zu unterscheiden. Dementsprechend kann die Erreichbarkeit R des Entrepreneurs in verschiedenen Dimensionen operationalisiert werden. Der Argumentation im vorigen Kapitel folgend, konzentrieren wir uns an dieser Stelle auf die dichotomen Ausprägungen starker und schwacher Verbindungen. Betrachten wir hierzu ergänzend die in der Abbildung 10-5 dargestellten sternförmigen Netzwerke, in denen der Entrepreneur zu jedem Individuum in Kontakt steht, die anderen hingegen untereinander keine Verbindungen aufweisen. Die Darstellung der starken Verbindungen erfolgt hier durch dickere Linien und einen geringeren Abstand – um der hier diskutierten Erreichbarkeit Rechnung zu tragen. Deutlich ist zu erkennen, dass in beiden Netzwerken der Entrepreneur E jeden Kontakt direkt erreichen kann, also in beiden Fällen über eine große Closeness Centrality verfügt. Die Erreichbarkeit der Kontakte im rechten Teil der Abbildung 10-5 ist jedoch wesentlich höher. Folglich verfügt dieser Entrepreneur über eine größere Closeness Centrality als der Entre-

Abb. 10-5

Sternförmiges Netzwerk mit schwachen und starken Verbindungen

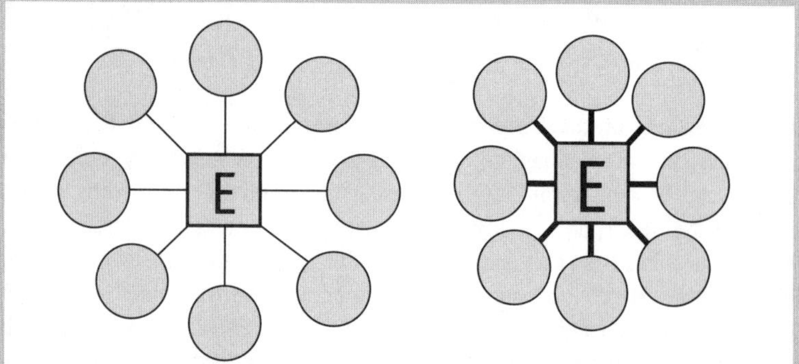

preneur im linken Teil und ist somit im Umkehrschluss auch für andere Kontakte des Netzwerks besser erreichbar (Kim und Aldrich, 2005).

Diese erhöhte Erreichbarkeit des Entrepreneurs führt – unter Zuhilfenahme der eingangs erläuterten Reziprozität und der Hypothese zum Gründungserfolg – zu einem potenziell besseren Gründungserfolg. Somit sollten Entrepreneure neben den Aufwendungen für Netzwerkpflege und -aufbau eine möglichst hohe Closeness Centrality anstreben. Eine Möglichkeit, die Closeness Centrality zu operationalisieren, besteht darin, die Inverse der Summe aller operationalisierten Erreichbarkeiten zwischen dem Gründer i und allen anderen Netzwerkpartnern zu bilden. Durch das Invertieren entsteht ein Index, der im geschlossenen Intervall von [0;1] liegt und somit gut mit anderen Gründern verglichen werden kann (Kim und Aldrich, 2005).

Betweenness Centrality

Die sog. Betweenness Centrality (BC) fußt auf der Wahrscheinlichkeit (Probability) P, dass eine Verbindung zwischen den direkten Kontakten eines Entrepreneurs E ausschließlich über diesen selbst zustande kommt:

$$BC_i = f(P, R, T)$$

Betrachten wir wieder das im linken Teil der Abbildung 10-6 dargestellte sternförmige Netzwerk: Hier muss zwangsläufig jede Verbindung zwischen den Kontakten des Entrepreneurs E über diesen selbst verlaufen. E verfügt somit über eine große Betweenness Centrality. Im Gegensatz hierzu sind Verbindungen im rechten Teil dieser Abbildung auch unter den Kontakten selbst vorhanden und führen somit zu einer geringen Betweenness Centrality von E, da jeder der Kontakte von E einen Kontakt zu einem anderen Netzwerkmitglied ohne die Beteiligung von E (spätestens als indirekter Kontakt dritter Ordnung) herstellen könnte (Kim und Aldrich, 2005). Personen, die über eine große Betweenness Centrality verfügen, werden aufgrund ihrer Position im Netzwerk häufig als Vermittler (Broker) bezeichnet (Dubini und Aldrich, 1991). Der Vorteil, den Entrepreneure mit einer hohen Betweenness Cent-

Abb. 10-6

Sternförmiges Netzwerk ohne und mit indirekten Verbindungen

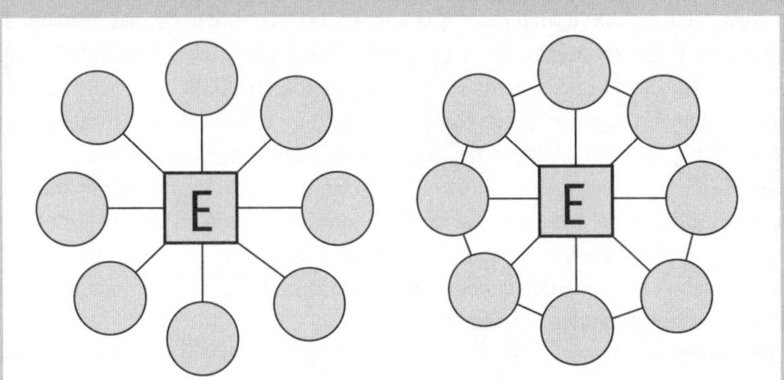

rality aus dieser Netzwerkposition ziehen, begründet sich darauf, dass sie unterschiedliche Cluster – oder in unserem Beispiel Akteure – miteinander verbinden. Ohne diese Personen würden beide Cluster im Extremfall vollkommen autonom – also ohne jegliche Verbindung zueinander – koexistieren; das Netzwerk würde über ein strukturelles Loch (Structural Hole) verfügen (Burt, 1997; Burt, 2000). Somit besitzt ein Entrepreneur mit großer Betweenness Centrality die Fähigkeit steuern zu können, welche Informationen von einem Cluster zum anderen fließen und welche nicht. Daher ist es für Entrepreneure besonders effektiv, solche strukturellen Löcher zu füllen, hierdurch einen Informationsfluss zwischen beiden Clustern herzustellen und aus diesem heraus Möglichkeiten für eine eigene Ausschöpfung der unternehmerischen Gelegenheit zu erkennen (Burt, 1997; Burt, 2000).

Information Centrality

Der Grundgedanke hinter sog. Information Centrality (IC) ähnelt stark dem der Betweenness Centrality. Zusätzlich wird hier die Wahrscheinlichkeit (Probability) P_{DC} integriert, dass Netzwerkteilnehmer mit einer großen Degree Centrality mit höherer Wahrscheinlichkeit Positionen zwischen anderen einnehmen.

$$IC_i = f(P_{DC}, P, R, T)$$

Somit kombiniert die Information Centrality letztlich die Argumentation der Degree Centrality und der Betweenness Centrality (Kim und Aldrich, 2005).

Um der besonderen Bedeutung der Zentralität gerecht zu werden, sollten somit Entrepreneure alle hier vorgestellten Operationalisierungsmöglichkeiten und deren zugrunde liegende Kerngedanken beachten. Nur so kann es dem Unternehmer gelingen, langfristig eine zentrale Rolle im Netzwerk einzunehmen und von den Vorteilen der Netzwerkhypothese zum Gründungserfolg zu profitieren. Insbesondere ist es ratsam, zunächst die Degree Centrality durch bewussten Ausbau der Anzahl direkter Kontakte zu erhöhen. Zentrale Netzwerkteilnehmer werden so zu einem Bindeglied zwischen anderen Akteuren und können hieraus Vorteile für die eigene Unternehmensgründung schöpfen. Insbesondere gelingt dies, wenn die anderen Netzwerkteilnehmer untereinander keine Verbindungen aufweisen, das Netzwerk somit divers ist und der Entrepreneur über eine große Betweenness Centrality verfügt. Hierdurch gelangt der Entrepreneur in die für ihn vorteilhafte Position, als Vermittler zwischen anderweitig isolierten Parteien auftreten zu können. Eine gesteigerte Closeness Centrality – eine starke Verbindung zwischen dem Entrepreneur und den Netzwerkteilnehmern – verstärkt diesen Effekt abermals. Somit gelingt es dem Entrepreneur, letztlich eine größere Information Centrality aufzubauen, d. h., er verfügt über eine ansehnliche Anzahl direkter Verbindungen, die er bei Bedarf gut erreichen kann, die stark mit ihm verbunden sind und selbst wiederum über viele ausgewogene direkte Kontakte verfügen. Des Weiteren überbrückt er strukturelle Löcher, indem er Netzwerkkontakte unterhält, die zu unterschiedlichen Subnetzwerken gehören, und positioniert sich somit zusammenfassend an exponierter Stelle des Netzwerks.

Directional Measures

Neben diesen ungerichteten Kennzahlen existieren in der allgemeinen Netzwerkanalyse ebenfalls gerichtete Kennzahlen (Directional Measures). Diese fokussieren nun zusätzlich die Richtung der Beziehung (Wasserman und Faust, 1994). Eine ausschließlich nehmende Position des Entrepreneurs liegt beispielsweise bei institutionellen Beratungsstellen vor. Hierbei wirkt die Institution dahingehend auf den Entrepreneur ein, dass dieser sein Gründungsvorhaben realisiert. Eine Gegenleistung des Entrepreneurs wird hingegen nicht und nur indirekt und zumeist politisch motiviert erwartet. Da jedoch – wie eingangs erläutert und vor allem im Konstrukt der Reziprozität (Gouldner, 1960; Coleman, 1988) verankert – für die Netzwerke von Unternehmensgründern primär auf Gegenseitigkeit beruhende Verbindungen von Interesse sind, sind diese Operationalisierungsmöglichkeiten hier von untergeordneter Bedeutung und werden nicht weiter thematisiert.

10.4 Kosten-Wert-Relation der Netzwerkbildung

Die Netzwerkanalyse leitet direkt zur Kosten-Wert-Relation der Netzwerkbildung über. Bedingt durch den Perspektivenwechsel vom Menschenbild des Homo Sociologicus zum Homo Oeconomicus und den damit einhergehenden Rational-Choice-Ansatz, veränderte sich die Interpretation menschlichen Verhaltens. So werden individuelle Handlungen nicht mehr allein auf gesellschaftlich erlernte und sozialisationsbedingte Verhaltensweisen zurückgeführt; vielmehr lassen sich Entscheidungen nunmehr auf ein ökonomisches, d. h. rationales Kalkül mit zugrunde liegenden Effizienzkriterien zurückführen: »Economics is all about how people make choices; sociology is all about how they don't have any choices to make.« (Duesenberry, 1960, S. 233). Dieser Perspektive folgend ist der Umfang des Networking und damit des individuellen Netzwerks eine rationale Entscheidung, die sich aus dem Gegenüberstellen von Nutzen und Wert sowie Kosten ergibt (Hardin, 1993; Zimmer, 2002).

Kosten der Netzwerkbildung

Aufbau und Pflege des Networkings verursachen sowohl direkt ermittelbare Kosten als auch Kosten in Form von entgangenen Erlösen, da vorhandene Ressourcen anderweitig eingesetzt werden. Insbesondere diese Opportunitätskosten können mitunter in erheblicher Höhe auftreten, da beispielsweise der kalkulatorische Lohn des Entrepreneurs für die in die Netzwerkpflege investierte Arbeitszeit beträchtliche Ausmaße annehmen kann.

Exkurs

Das Menschenbild des Homo Sociologicus

Das Menschenbild des Homo Sociologicus repräsentiert das Gegenstück zum Homo Oeconomicus und ist auf die Sozialwissenschaften zurückzuführen. Hierbei wird der Entscheidungsträger als gesellschaftliches Wesen charakterisiert. Dementsprechend orientiert der Homo Sociologicus seine Entscheidungen an sozialen Rollen, Normen und positiven als auch negativen Sanktionen sowie an Erwartungen. Somit ist der Entscheidungsprozess nicht zwangsläufig an objektiven und vollständigen Informationen ausgerichtet und damit auch nicht zwingend intersubjektiv nachvollziehbar (Dahrendorf, 2006).

Abb. 10-7

Illustration der optimalen Netzwerkgröße

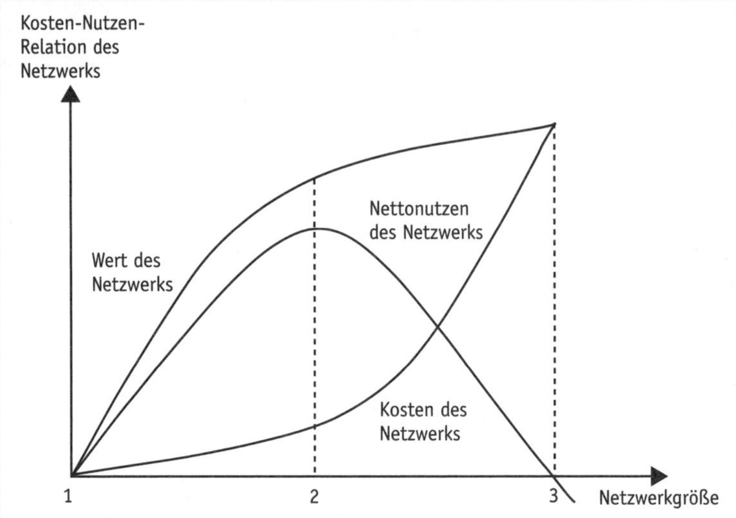

Darüber hinaus beruhen die sozialen Verbindungen des Entrepreneurs auf Gegenseitigkeit: Die anfängliche Vorteilhaftigkeit der Reziprozität reduziert sich spätestens bei der hier intendierten Ermittlung der Kostenkomponente. Jeder nicht institutionalisierte Netzwerkpartner erwartet (wenn auch gegebenenfalls unbewusst) zu einem späteren Zeitpunkt eine Gegenleistung für die Unterstützung bei der Unternehmensgründung. Für diese Leistung fallen zu dem jeweiligen Zeitpunkt notwendigerweise Kosten für den Entrepreneur an, die erneut direkter Natur sein können oder Opportunitätskosten darstellen und in ihrer Höhe unsicher sind.

Diese unterschiedlichen Kosten aggregieren sich zu den Gesamtkosten für das soziale Netzwerk. Sie sind dadurch gekennzeichnet, dass die Gesamtkosten überproportional zur Netzwerkgröße ansteigen. Somit hat der stilisierte Kurvenverlauf der Gesamtkosten in Abbildung 10-7 einen aufsteigenden Verlauf (Witt et al., 2008).

Wert der Netzwerkbildung

Der Wert des Netzwerks lässt sich a priori nur schwer einschätzen. Dies begründet sich zum einen darin, dass nicht jede Netzwerkverbindung den gleichen Nutzen bringt. Man kann also nur schwer von der Quantität auf die Qualität schließen. Abhilfe schafft hier eine intensive Analyse der Netzwerkverbindungen, wie sie bei der Diskussion von starke Verbindungen versus schwache Verbindungen vorgenommen wurde. Zum anderen ist der (erwartete) Wert eines Netzwerkkontakts stark mit Unsicherheit behaftet: Der zukünftige Wert persönlicher Verbindungen für die eigene Unternehmensgründung ist zum Zeitpunkt der Kontaktanbahnung unsicher.

Wert einzelner Kontakte

Dennoch ist es wichtig, den Wert einzelner Kontakte zu schätzen (Casson und Giusta, 2007). Dieser Wert eines einzelnen Kontakts j für den Gründer i (WK_j^i) bildet sich über eine Funktion, in die die Relevanz des Kontakts j für den Gründer i (r_{ij}) sowie die Zugänglichkeit dieses Kontakts j für den Gründer i (z_{ij}) einfließen:

$$WK_j^i = f(r_{ij}, z_{ij})$$

Die Gesamtrelevanz R aller Kontakte ergibt sich durch die Summe aller r_{ij}:

$$R_j = \sum_i r_{ij}$$

In dieser Relevanz findet sich der eingangs eingeführte Unterschied zwischen starken und schwachen Verbindungen wieder.

Die Gesamtzugänglichkeit Z aller Kontakte ergibt sich durch die Summe aller z_{ij}:

$$Z_j = \sum_i z_{ij}$$

und repräsentiert die ebenfalls eingangs dargestellte Unterscheidung zwischen gerichteten und ungerichteten Verbindungen.

Wert des Netzwerks

Der Wert des gesamten Netzwerks eines Gründers i (WN^i) resultiert aus der Summe aller Werte der einzelnen Kontakte (WK_j^i):

$$WN^i = \sum_j WK_j^i$$

Dieser Gesamtwert ist somit eine weitere Funktion, die von der Relevanz der Kontakte von Gründer i (R_j) sowie deren Zugänglichkeit für den Gründer i (Z_j) abhängt.

$$WN^i = \sum_j WK_j^i = f(R_j, Z_j)$$

Diese beiden Kenngrößen des Netzwerks – Relevanz und Zugänglichkeit – determinieren letztlich auch die Größe des Gesamtnetzwerks G, die Dichte des Netzwerks D sowie die Verschiedenheit (Diversität) der Netzwerkpartner V, sodass sich der Gesamtwert als eine weitere Funktion darstellen lässt:

$$WN^i = \sum_j WK_j^i = f\left(R_j, Z_j\right) = f(G, D, V)$$

Die Größe des Netzwerks G wird hierbei über die Anzahl der direkt und indirekt verbundenen Kontakte determiniert. Die Dichte des Netzwerks D ergibt sich – wie eingangs bereits dargestellt – aus der Anzahl der direkten Beziehungen geteilt durch die Anzahl der theoretisch maximal möglichen Verbindungen (Niemeijer, 1973). Die Verschiedenheit V misst das Verhältnis zwischen starken und schwachen Verbindungen (Granovetter, 1973). Somit lassen sich sowohl D als auch V über weitere Funktionen von R und Z determinieren. Der Kurvenverlauf dieses Gesamtwerts ist mit steigender Netzwerkgröße positiv ansteigend, aber mit einem abnehmenden Grenznutzen verbunden (Witt et al., 2008), wie in Abbildung 10-7 illustriert.

Kosten-Wert-Relation des Netzwerks

Somit ergibt sich die optimale Netzwerkgröße für den Entrepreneur bei gleichbleibenden Bedingungen (ceteris paribus) als Differenz zwischen den hergeleiteten Kosten- und Wertfunktionen. Ein solcher Kurvenverlauf ist typisch für betriebswirtschaftliche Entscheidungsmodelle. Deutlich ist in Abbildung 10-7 erkennbar, dass eingangs (Punkt 1) weder Kosten noch ein Wert des Netzwerks und somit kein Nettonutzen bestehen. Durch kontinuierlichen Netzwerkaufbau vergrößert sich der Nettonutzen des Netzwerks stetig, bis schließlich ein Optimalpunkt (Punkt 2) erreicht wird. Nach diesem Optimum steigen die Kosten des Netzwerks überproportional zu dessen Wertzuwachs, wodurch der Nettonutzen des Netzwerks abnimmt, bis in Punkt 3 die Kosten dem Wert entsprechen und somit kein Nettonutzen des Netzwerks verbleibt. Nach diesem Punkt übersteigen die Kosten deutlich den Nutzen und führen somit zu einem negativen Nettonutzen des Netzwerks.

Da aufgrund der aufgezeigten Operationalisierungsschwierigkeiten ein deterministisches Berechnen der exakten optimalen Netzwerkgröße für den Entrepreneur schwierig beziehungsweise unmöglich erscheint, ist der Entrepreneur – wie in anderen Entscheidungssituationen auch – auf heuristische Lösungsvarianten angewiesen (Bowey und Easton, 2007). Diese Heuristiken ermöglichen es dem Entrepreneur, nur so viele Kontakte in sein Netzwerk zu integrieren, dass die Kosten der Netzwerkpflege geringer sind als der durch das Netzwerk verursachte Wert und zugleich die Differenz beider Terme einen möglichst großen Nettonutzen des Netzwerks erzeugt – der Entrepreneur befindet sich somit zumindest annähernd im Punkt 2 der Abbildung 10-7.

Übung zur Kosten-Wert-Relation
Approximieren Sie vor dem von Ihnen aufgezeigten Netzwerk die Kosten und Werte Ihrer Kontakte! Schließen Sie daraus, ob Sie sich zwischen den Punkten 1 und 2, zwischen den Punkten 2 und 3 oder gar im Bereich eines negativen Nettonutzens befinden!

Praxisleitfaden

Networking

Bauen Sie Ihr Netzwerk bewusst aus und nutzen Sie die damit verbundenen Vorteile. Folgende zehn Tipps können Ihnen hierbei behilflich sein:

- Treten Sie motiviert und begeistert mit Menschen in Kontakt. Seien Sie offen für die Meinung anderer und bleiben Sie authentisch.
- Nehmen Sie auch an Veranstaltungen teil, die nicht primär Ihrem Themengebiet entsprechen.
- Betrachten Sie Networking als Basis für weitere gute Kontakte.
- Besuchen Sie unternehmerische Arbeitskreise. Dort erhalten Sie wertvolle Informationen.
- Networking ist keine Einbahnstraße. Auch Sie müssen geben und nicht nur nehmen.
- Werden Sie Mitglied in Interessen- und Branchenverbänden.
- Zwischen Ihnen und Ihren Kontaktpersonen muss die Chemie stimmen: Achten Sie auf Ihre Ausstrahlung und die Ihres Gegenübers.
- Seien Sie präsent und verbindlich. Das steigert Ihren Wiedererkennungswert.
- Stellen Sie beim Kennenlernen nicht Ihr Gründungsvorhaben in den Vordergrund – das ergibt sich später von selbst.
- Beherrschen Sie Smalltalk. Dieser ist wichtig für die Generierung weiterer Kontakte.

(in Anlehnung an www.mittelstanddirekt.de.)

10.5 Fallstudie: Sedo

Tim Schumacher, Gründer und Geschäftsführer der Sedo GmbH, dem führenden Marktplatz für den Handel von gebrauchten Internetdomains, saß Ende November 2008 an seinem Schreibtisch und ging seine Kontakte durch. Bisher kannte das Unternehmen nur eine Entwicklungsrichtung – steigender Umsatz und Mitarbeiterwachstum. Doch nun, wo die Wirtschaftskrise auch vor den Internetunternehmen nicht Halt machte und Sedos Umsätze dramatisch einbrachen, wurde er mit einem bisher unbekannten Problem konfrontiert: Er musste heute noch zwölf Mitarbeiter entlassen, damit die Kostenstruktur an die Umsatzentwicklung angepasst werden konnte. »Es muss doch andere Internet-Unternehmer aus meinem Netzwerk geben, die unsere Mitarbeiter einstellen würden,« denkt Tim, als er weiter durch seine Kontaktliste scrollt.

Begonnen hat die Geschichte von Sedo – einem Akronym für »Search Engine for Domain Offers« – mit der Internetdomain offensiv.de, die die drei Schulfreunde Tim Schumacher, Ulrich Priesner und Marius Würzner zunächst für die Vermarktung eines gleichnamigen Computerspiels verwendet hatten und aufgrund der Einstellung der Geschäftsaktivitäten nicht mehr benötigten. Einfach hergeben oder löschen wollten sie die Domain allerdings nicht und versuchten daher, die Adresse gewinnbringend zu veräußern. Dieses Vorhaben stellte sich jedoch schnell als äußerst schwierig heraus, da – zumindest in Deutschland – kein wirklicher Markt für den Handel von gebrauchten Internetdomains existierte. Die grundlegende Idee für Sedo war geboren. Zu der Zeit studierten die drei zukünftigen Gründer noch an verschiedenen Universitäten in Deutschland: Tim studierte Betriebswirtschaftslehre in Köln, Ulrich Informatik in Mannheim und Marius Geschichte und Philosophie in Freiburg. Zusammen mit Ulrich Essman, der in den USA Medizin studiert hatte und zurück in Deutschland einen der ersten Marktplätze zum Handel mit gebrauchten Domains entwickelte, beschlossen sie 1999, mehr Zeit und auch ein wenig Geld in die Umsetzung ihrer Geschäftsidee zu stecken.

Getrieben durch Marketing- und Pressearbeit verzeichneten sie bereits nach kurzer Zeit die ersten unternehmerischen Erfolge, was ihnen ein wenig – teilweise belächelnde – Aufmerksamkeit in der Internetbranche bescherte. Hatten sie zunächst noch bewusst allein gehandelt und insbesondere auf die typische Unterstützung durch Familie und Freunde verzichtet, erschien es für den weiteren Aufbau des Unternehmens doch notwendig, soziale Netzwerke zu nutzen sowie weiter auf- und auszubauen. Einen wesentlichen Meilenstein in der Entwicklung von Sedo stellte dabei das Engagement von United Internet und ihrem Tochterunternehmen 1&1 dar, die ab Anfang 2000 neben einer Eigenkapitalbeteiligung von 400.000 Euro auch ihre Unternehmensressourcen und Kontakte bereitstellten. Darüber hinaus brachte jeder der Gründer sein persönliches Netzwerk in das Unternehmen ein. Um das individuelle Netzwerk auf eine gemeinsame, unternehmensbezogene Basis zu stellen, wurden die persönlichen Kontakte jedem der Mitgründer vorgestellt. Für eine effektive Kommunikation mit den Netzwerkpartnern wurde dann jedem Netzwerkkontakt entsprechend der Aufgabenverteilung im Gründungsteam ein Gründer als Hauptansprechpartner zugeteilt. Auch aufgrund seiner Aufgabe als CEO wurde

Tim dabei die zentrale und aktivste Rolle beim Networking zuteil. Schnell wurde ihm aber klar, dass er als Neugründer zwar aktiv an der Netzwerkgestaltung arbeiten, aber gleichzeitig den Zeitaufwand hierfür in vertretbaren Grenzen halten musste: Messeauftritte, Konferenzteilnahmen und soziale Netzwerke im Internet boten ihm eine breite Palette an Netzworking-Optionen an, die allerdings allesamt auch die ihm zur Verfügung stehenden Zeitressourcen stark beanspruchten.

In der Folgezeit setzte die Entwicklung von Sedo zu einem andauernden Höhenflug für das Unternehmen und seine Gründer an: Nur neun Monate nach der Gründung der Sedo GmbH wurde kostendeckend gearbeitet, 2002 begann die Internationalisierung des Geschäftsmodells, 2004 folgte die Eröffnung einer zweiten Geschäftsstelle in Boston, MA und 2006 erwarb United Internet weitere 24 Prozent der Anteile von den Gründern. Über einen Zeitraum von nur fünf Jahren wurde Sedo zum Marktführer für die Vermarktung von gebrauchten Internet-Domains, zunächst in Deutschland und später auch weltweit. Dass Sedo trotz eines starken und volatilen Wettbewerbsumfelds diesen Erfolg verzeichnen konnte und weiterhin aufrechterhält, ist maßgeblich auf das Netzwerk der vier Gründer zurückzuführen.

Zu Beginn ihrer unternehmerischen Tätigkeit nutzten alle Gründer vor allem informelle Informationsaustausche, insbesondere mit anderen Entrepreneuren aus der Internetbranche, die mit ihren Unternehmen vor ähnlichen Problemen wie Sedo standen. Zwar sind solche Aktivitäten in der Regel langfristig positiv zu bewerten und auch mit netten Annehmlichkeiten für die Gründer (z. B. Geschäftsessen, Abendveranstaltungen etc.) verbunden, allerdings benötigen sie doch einen erheblichen Anteil der wichtigsten Ressource eines Entrepreneurs: der Arbeitszeit. Im Zuge der positiven Entwicklung von Sedo zum Marktführer wurde gerade diese Ressource immer knapper. Während die aktiven Networking-Bemühungen nun zunehmend litten, erhielten die Gründer immer häufiger Kontaktanfragen wichtiger Stakeholder aus der Domainhandels-Branche, die, angezogen von Sedos Erfolg, Interesse an einem aktiven Austausch äußerten. Um das eigene Unternehmen weiterzuentwickeln, ist es allerdings notwendig, auch Kontakte zu Personen und Unternehmen außerhalb der eigenen Industrie herzustellen. Da die Sedo-Gründer hier noch keine große Reputation vorweisen konnten, war es für sie nicht ganz so einfach, mit den wichtigen Entscheidungsträgern Kontakt herzustellen. Statt auf Kontaktanfragen zu warten, musste nun wiederum proaktiv gehandelt werden. Aber wie sollte man ohne direkten Bezug einen Zugang zu Entscheidungsträgern in Großunternehmen wie Microsoft erhalten? Tim entschied sich, solche Aktivitäten vor allem über soziale Online-Netzwerke herzustellen. Statt einer direkten Ansprache nutzte er hierbei seine eigenen direkten Kontakte, die ihn dann bei den gewünschten Kontaktpartnern vorstellten.

Ein weiterer Meilenstein in der Entwicklung von Sedo ist die Aufnahme der Geschäftstätigkeit in den USA. Um einen schnellen und erfolgreichen Markteinstieg zu gewährleisten, sind Geschäftskontakte und -partnerschaften unumgänglich. Allerdings verfügten weder die vier Gründer noch die bisher eingestellten Mitarbeiter – allesamt junge Hochschulabsolventen ohne nennenswerte Praxiserfahrung – über solche Kontakte. Gerade in den USA ist für den Aufbau eines Netzwerks das Socializing sehr wichtig. Gemeinsamkeiten beim Small Talk zwischen Gesprächspartnern, zum Beispiel das Interesse für einen bestimmten American Football Club, helfen dabei ungemein, Vertrauen aufzubauen. Tim Schumacher war sich dessen durchaus bewusst und suchte deshalb gezielt nach einem gebürtigen Amerikaner als Mitarbeiter für die Geschäftsstelle in den USA, der über bereits bestehende Kontakte in die amerikanische Internet-Branche verfügt. Nach intensiver Suche wurde ein passender Mitarbeiter als Repräsentant für das Amerikageschäft gefunden, der durch seine Kontakte und Expertise maßgeblich zum Erfolg Sedos in den USA beigetragen hat.

Innerhalb der vergangenen zehn Jahre unternehmerischer Tätigkeit wurden für Tim Schumacher immer wieder zwei Aspekte deutlich:

1. Nicht nur das persönliche, sondern vielmehr das organisationale Netzwerk des Unternehmens ist für dessen Erfolg von großer Bedeutung. Nach drei Jahren als CEO des Amerika-Geschäfts hat Tim Schumacher viele Kontakte in den USA entwickeln können. Als Ulrich Essmann die Verantwortung für diesen Bereich von Sedo übernimmt, überträgt Tim die Kontakte auf Ulrich und führt ihn in das Netzwerk ein.
2. Die Intensität und die Richtung der Netzwerkinteraktionen sind oftmals zweckgebunden. Als Tim sich beispielsweise mit dem Problem der Bewertung verschiedener Finanzierungsalternativen konfrontiert sieht, erinnert er sich an einen alten Studienfreund, mit dem er seit Jahren nicht mehr gesprochen hatte und der heute bei einer Investmentbank arbeitet, und ruft diesen an, um ihn um Unterstützung bei seinem Problem zu bitten.

In Zeiten der Wirtschaftskrise hatte sich die Situation von Sedo nun etwas verändert. Wie jeden Freitag trifft sich Tim mit seinem besten Freund in einem italienischen Restaurant am Kölner Medienhafen. Diesmal sprechen sie über Tims Problem, dass er erstmalig Mitarbeiter entlassen muss. Sein Freund schlägt vor, dass Tim sich an andere ehemalige Kommilitonen aus der Internet-Branche wendet, die sich in einem »Unternehmernetzwerk Köln« zusammengeschlossen haben. Mit einigen dieser Unternehmen hat Sedo bereits eine enge geschäftliche Beziehung und zu anderen nur sporadischen Kontakt. »Ehemalige eigene Mitarbeiter in anderen Unternehmen können durchaus von Vorteil für das eigene Netzwerk sein, nicht nur, weil die Kontaktaufnahme einfacher ist, sondern weil auch die eigene Reputation verbessert werden könnte. Eine aktive Vermittlung von nicht mehr gebrauchten Mitarbeitern könnte zudem als positives Signal die Bindung der verbleibenden 161 Mitarbeiter an Sedo trotz der Krise erhalten«, denkt Tim. Während er sich auf die anstehenden unangenehmen Kündigungsgespräche mit den zu entlassenden Mitarbeitern vorbereitet, poppt eine E-Mail bei ihm auf. Redhouse Ventures äußert darin das Interesse, zwei der zu kündigenden Mitarbeiter einzustellen. Davon ermutigt, greift Tim zum Telefonhörer und ruft weitere seiner Netzwerkkontakte an.

Aufgaben

1. *Charakterisieren Sie das Netzwerk von Sedo. Gehen Sie hierbei insbesondere auf die in diesem Kapitel beschriebenen Unterschiede zwischen direkten und indirekten, starken und schwachen sowie gerichteten und ungerichteten Verbindungen ein.*

2. *Inwieweit beeinflussen die Faktoren Informationen, Reziprozität, Reputation und Vertrauen die Aktivitäten zum Netzwerkaufbau?*

3. *Inwiefern hat sich die Wahrnehmung des Netzwerkwerts im Laufe der Zeit aus Sicht der Gründer verändert?*

Weiterführende Literatur

Brüderl, J. und Preisendörfer, P. (1998). Network support and the success of newly founded businesses. In: Small Business Economics 10 (3), S. 213-225.

Burt, R. S. (1997). The Contingent Value of Social Capital. In: Administrative Science Quarterly 42 (2), S. 339-365.

Casson, M. und Giusta, M. D. (2007). Entrepreneurship and Social Capital: Analysing the Impact of Social Networks on Entrepreneurial Activity from a Rational Action Perspective. In: International Small Business Journal 25 (3), S. 220-244.

Dubini, P. und Aldrich, H. (1991). Personal and Extended Networks Are Central to the Entrepreneurial Process. In: Journal of Business Venturing 6 (5), S. 305-313.

Granovetter, M. S. (1973). The strength of weak ties. In: American Journal of Sociology 78, S. 1360–1380.

Kim, P. H. und Aldrich, H. E. (2005). Social Capital and Entrepreneurship. In: Foundations and Trends in Entrepreneurship 1 (2), S. 55-104.

Shane, S. und Cable, D. (2002). Network Ties, Reputation, and the Financing of New Ventures. In: Management Science 48 (3), S. 364-381.

Uzzi, B. (1997). Social Structure and Competition in Interfirm Networks: The Paradox of Embeddedness. In: Administrative Science Quarterly 42 (1), S. 35-67.

Witt, P. (2004). Entrepreneurs' networks and the success of start-ups. In: Entrepreneurship & Regional Development 16 (5), S. 391-412.

Witt, P., Schroeter, A. und Merz, C. (2008). Entrepreneurial resource acquisition via personal networks: an empirical study of German start-ups. In: Service Industries Journal 28 (7/8), S. 953-971.

11 Financial Capital als tangible Ressource

Lernziele

Financial Capital ist als grundlegende Ressource notwendig, um Investitionen vornehmen zu können. Der Bedarf an Kapital richtet sich dabei an der Unternehmensidee, ihrer strategischen Umsetzung und der darauf basierenden Finanzierungsplanung aus. Darauf aufbauend können unterschiedliche Quellen des Financial Capital in Betracht gezogen werden. Da eine Finanzierung durch eigene Mittel insbesondere für Technologiegründungen mit hohem Wachstumspotenzial schnell an ihre Grenzen stößt, müssen sich Unternehmer um eine Außenfinanzierung entweder durch Eigen- oder durch Fremdkapital bemühen. Fremdkapital wird in der Regel von Banken bereitgestellt, bei der Eigenkapitalfinanzierung ist in informelles Eigenkapital, vor allem durch Business Angels, und formelles Eigenkapital, bereitgestellt durch Venture Capitalists, zu unterscheiden. Je innovativer und damit unsicherer eine unternehmerische Gelegenheit ist, desto bedeutender wird die Finanzierung durch diese Eigenkapitalgeber, ggf. flankiert durch öffentliche Förderung in der Frühphase. Eine besondere Finanzierungsform für Technologiegründungen stellt das Corporate Venture Capital dar, das neben der reinen Finanzierung auch strategische Ziele verfolgt.

Nachdem Sie dieses Kapitel durchgearbeitet haben, werden Sie insbesondere:

- das grundlegende Vorgehen bei der Finanzierungsplanung junger Unternehmen kennen,
- die Rolle der Eigenfinanzierung für eine Unternehmensgründung kennen,
- einzuschätzen wissen, wie Business Angels von Venture Capitalists und Corporate Venture Capitalists als Finanzierstypen abzugrenzen sind,
- die Rolle der Fremdfinanzierung und der öffentlichen Förderung für junge Unternehmen verstehen.

11.1 Zur Rolle der Finanzierung für junge Unternehmen

Die Frage der Finanzierung von jungen Unternehmen ist eng verbunden mit der Diskussion um eine potenzielle Finanzierungslücke – den sogenannten Equity Gap – für Gründungsunternehmen. Gerade für junge Technologieunternehmen, also Unternehmen, die ihre unternehmerische Idee auf einer noch zu entwickelnden Technologie aufbauen, spielt die Finanzierung der F&E-Aktivitäten eine wichtige Rolle. Denn gerade mit einer Technologieentwicklung ist verbunden, dass potenzielle Einnahmen erst lange nach den ersten mit Kosten verbundenen Technologieentwicklungsschritten fließen. Das bedeutet, dass eine Außenfinanzierung für

Abb. 11-1

Möglichkeiten der Kapitalaufnahme (in Anlehnung an Timmons und Spinelli (2008))

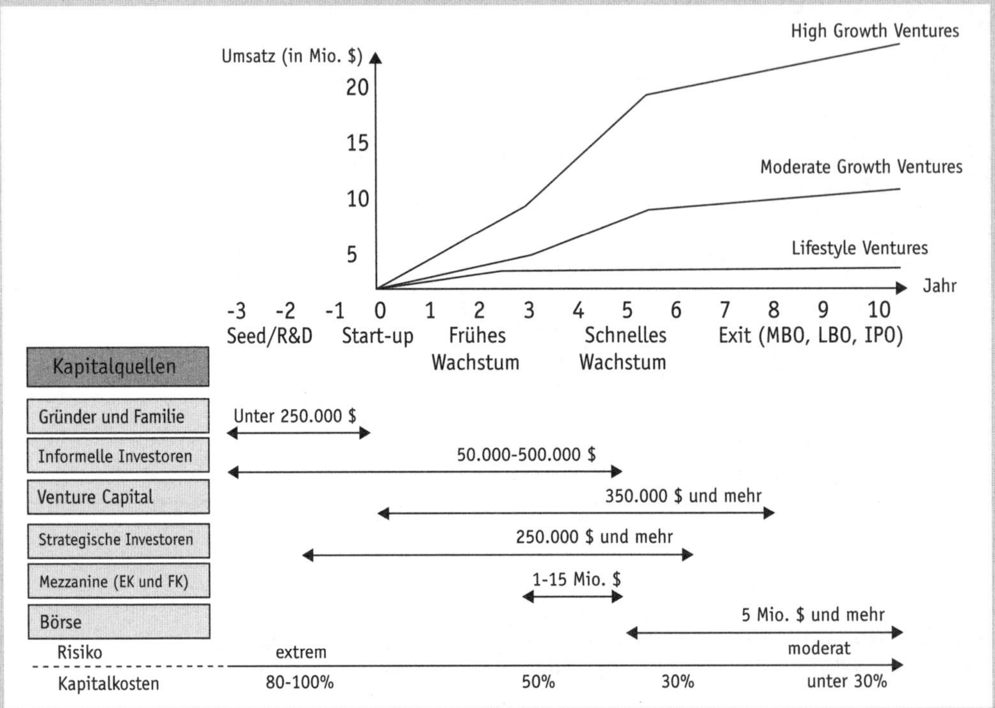

diese Entwicklungsschritte in der Seedphase und in der Start-up-Phase rund um den Markteintritt wesentlich ist.

Dabei stellt sich für Unternehmer die entscheidende Frage, in welchem Umfang diese Außenfinanzierung notwendig wird. Das hängt nicht nur von der unternehmerischen Idee und der zugrunde liegenden Technologie, sondern auch von dem potenziellen Geschäftsmodell und dem Entwicklungsplan ab. Abbildung 11-1 zeigt den Kapitalbedarf unterschiedlich ambitionierter Unternehmungen – vom Lifestyleunternehmern mit stagnierendem Wachstumspotenzial über das Gründungsunternehmen mit mittlerem Wachstumspotenzial bis zum High-tech-Unternehmen mit großem Wachstumspotenzial – in den einzelnen Entwicklungsphasen auf. Der R&D-/Seed-, Start-up-, Early-Growth-, Rapid-Growth- und Exitphase lassen sich dann die dominierenden Kapitalquellen mit den typischen Kapitalangebotsspannen, den damit verbundenen Risikoeinschätzungen und durchschnittlichen Kapitalkosten zuordnen. Mithin erhält die der Finanzierung vorausgehende Finanzierungsplanung eine entscheidende Bedeutung.

11.2 Finanzierungsplanung

Die Finanzierungsplanung basiert auf der zugrunde liegenden Geschäftsidee, dem zugehörigen Geschäftsmodell, der allgemeinen Unternehmensstrategie, dem daraus abzuleitenden Kapitalbedarf und den Möglichkeiten der Kapitalaufnahme. Dabei gilt es, durch die Kapitalaufnahme beziehungsweise -freisetzung das Kapital für die notwendigen Investitionen bereitzustellen und gleichzeitig die Insolvenz zu vermeiden - alles bei möglichst geringen Kapitalkosten. Diese Aufgabe ist mit beträchtlicher Unsicherheit verbunden, wobei diese größer wird, je innovativer die zugrunde liegende Idee ist. Finanziert werden müssen in der Frühphase der Unternehmensgründung (Seed- und Start-up-Phase) die zum Geschäftsbetrieb notwendigen Aktiva (Assets) mit dem Working Capital als den Überschuss der kurzfristig - innerhalb eines Jahres - liquidierbaren Aktiva eines Unternehmens über die kurzfristigen Passiva (Liabilities) nach Abzug der kurzfristigen Verbindlichkeiten. Als Teil der Aktiva, der nicht zur Deckung der kurzfristigen Verbindlichkeiten gebunden ist, kann es in der Wertschöpfungskette des Unternehmens von der Beschaffung über die Produktion bis zum Vertrieb »arbeiten« und diese Prozesse finanzieren. Die Unsicherheit dieser Finanzierungsphase bei Technologiegründungen zeigte sich in der Dotcom-Blase Ende der 90er-Jahre als Cash-Burn-Rate, die die Geschwindigkeit oder den Zeitraum bezeichnet, in dem ein Unternehmen seine liquiden Mittel vollständig verbraucht. Die besondere Relevanz dieser »Verbrennungsrate« für Start-ups ist offensichtlich, stehen oft hohen Fixkostenanteilen zunächst nur geringe Umsätze gegenüber, sodass die finanziellen Ressourcen des Unternehmens schmelzen. So wies beispielsweise Amazon.com als Ikone der New Economy über drei Jahre in der Startphase des Unternehmens eine »Liquiditätsverbrennung« in Höhe von 1,4 Mrd. US-Dollar auf (Smith und Smith, 2003), schaffte es aber letztlich doch - wenn auch mit hohem Risiko -, den Konkurs zu vermeiden und das schnelle Wachstum zu einem etablierten Unternehmen zu finanzieren.

Für die Insolvenzvermeidung ist es notwendig, dass das Unternehmen liquide bleibt und grundsätzlich auch nicht überschuldet ist. Dieser Anspruch führt zu den einzelnen Planungen, die im Rahmen der gesamten Finanzierungsplanung durchzuführen sind. Sie gliedern sich in eine Liquiditätsplanung, in eine Planbilanz und eine Plan-GuV. Mithilfe der Liquiditätsplanung soll die Zahlungsunfähigkeit vermieden werden, die beiden anderen Planungen zeigen auf, wie die Überschuldung vermieden wird. Dabei hängen alle drei Rechnungen zusammen und werden folglich auch gemeinsam aufgestellt. Zudem ist für die einzelnen Planungen wichtig, dass sie auch mit den weiteren Teilplanungen des Geschäftsmodells im Businessplan einen inhärenten Zusammenhang bilden. So sollten beispielsweise die Umsätze in der Finanzplanung auf der Absatzplanung basieren.

Entwicklungsstrategie entscheidend für Finanzplanung

Zentral für die Finanzplanung sind mithin die unternehmerische Gelegenheit und die Strategie im Geschäftsmodell zur Umsetzung der Geschäftsidee. Entscheidend bei der Strategie ist die Frage, wie früh in der Entwicklung des Unternehmens ein skalierbares Geschäftsmodell verfolgt werden soll, falls die Gründungsidee wie im Fall Amazon.com dies zulässt. So kann man die Entwicklung von Software beispielsweise entweder als eine Art von Contract-R&D mit Kunden und gleichzeitiger Entlohnung durch den Kunden durchführen oder diese komplett vorfinanzieren. Die unterschiedlichen Strategien – bei derselben Gründungsidee – erfordern einen ganz unterschiedlichen Kapitalbedarf.

Im nächsten Schritt gilt es, den gesamten Kapitalbedarf mit den einzelnen Quellen in Übereinstimmung zu bringen und dabei eine Abschätzung über die Kosten der Finanzierung zu erhalten. Die Quellen der möglichen Kapitalaufnahme sind in der Abbildung 11-1 nach den einzelnen Entwicklungsphasen abgetragen.

Die Abbildung 11-1 spiegelt zwei wesentliche Aspekte wider:

- Die unterschiedlichen Kapitalquellen stellen nur in begrenztem Maß Kapital zur Verfügung: Entsteht also im Zuge der Unternehmensentwicklung ein zunehmender Kapitalbedarf, erschöpfen sich die ersten Kapitalquellen und neue Kapitalgeber mit einem höheren Investitionspotenzial und anderen Risikopräferenzen kommen ins Spiel.
- Bei hohem Risiko für den Kapitalgeber entstehen hohe Kapitalkostensätze. Dieser kann durchaus bis zu 100 % bei einem innovativen Unternehmen in der Start-up-Phase betragen und reduziert sich dann bei positiver Entwicklung der Unternehmung mit abnehmendem Risiko aus Informationsdefiziten des Kapitalgebers über das Venture.

Stage-Finanzierung und Meilensteine

Letzteres bedingt, dass Gründungsunternehmen in frühen Phasen selten den gesamten Kapitalbedarf in einer Kapitalrunde decken. Im Gegenteil, es bietet sich an, in Abhängigkeit von der Reduktion des Risikos und den damit verbundenen Kapitalkosten mehrere Finanzierungsrunden über die einzelnen Entwicklungsphasen (Stage Financing) einzuplanen.

Die beiden dominanten Risiken von Gründungsunternehmen sind das Technologie- und das Marktrisiko. Im Hinblick auf die Finanzierungsplanung ist es daher sinnvoll, die unternehmerischen Meilensteine an diesen Risiken zu orientieren und daran die Kapitalrunden auszurichten. Wird beispielsweise das Technologierisiko durch einen funktionierenden Prototyp reduziert, sinken auch gleichzeitig die Kosten der Kapitalaufnahme nach Erreichen dieses Meilensteins. Ein Meilenstein sollte aus Sicht des Gründers nicht zu ambitioniert formuliert sein, um diesen eher erreichen oder ggf. übererfüllen zu können und die nachfolgende Finanzierung für die weiteren Entwicklungsphasen zu sichern. Meilensteine bezeichnen dabei vertraglich vereinbarte Ziele des Unternehmens, von deren Erreichen die Finanzierung in einer folgenden Runde abhängt. Finanzierungsrunden beinhalten mithin ein Bündel vertraglicher Vereinbarungen mit Zahlungsbedingungen des Investors für die Kapitalbereitstellung.

Frühphasenfinanzierung besteht aus Kapital und informeller Hilfe

Darüber hinaus ist zu beachten, dass eine Frühphasenfinanzierung selten ausschließlich eine Frage des Kapitals ist, sondern auch von den weiteren Leistungen des Kapitalgebers beeinflusst wird. So bringen beispielsweise Business Angels neben ihrem Kapital auch umfangreiche (informelle) Hilfeleistungen durch ihr Intellectual, Human und Social Capital ein. Unterschiedliche Leistungen der Kapitalgeber sind exemplarisch in der Abbildung 11-2 dargestellt.

Da die Frühphasenfinanzierung mit hohen Risiken verbunden sein kann, empfiehlt es sich, im Rahmen der Finanzplanung im Businessplan unterschiedliche Szenarien

Abb. 11-2

Leistungen von Frühphasenkapitalgebern zusätzlich zur Kapitalbereitstellung

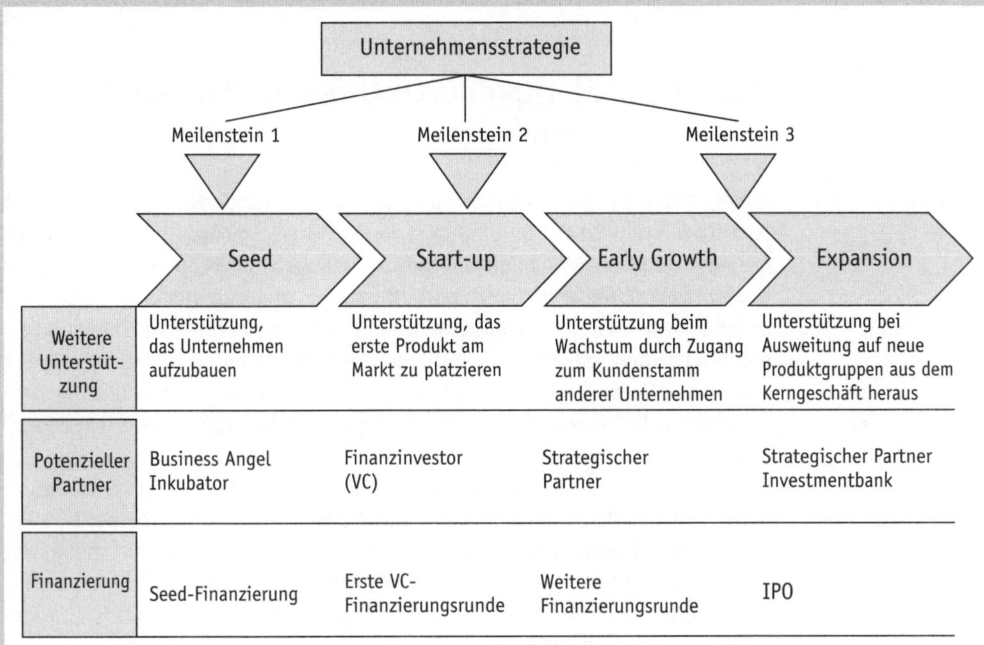

zu kalkulieren. Diese Szenarien sollten an die wesentlichen Kosten- und Erlöstreiber des Geschäfts beziehungsweise des Geschäftsmodells geknüpft sein. Zudem ist es wichtig, sich im Rahmen der Planung in Szenarien auch Gedanken um die Auswirkung potenzieller Risiken zu machen.

Das hohe Risiko insbesondere von technologieintensiven Gründungsmodellen hat zur Folge, dass in der Praxis die Eigenkapitalfinanzierung in frühen Phasen dominiert. Fremdkapital ist, auch wenn es im Sinne des Leverage interessant sein mag, kaum zu erhalten. Unter dem Leverage versteht man die Hebelwirkung, die dann entsteht, wenn man die Eigenkapitalverzinsung durch weiteres Fremdkapital erhöhen kann. Voraussetzung dafür ist, dass die Gesamtkapitalrentabilität beziehungsweise Investitionsrendite höher ist als die zu leistende Fremdkapitalverzinsung. Bei erfolgreichen Gründungsunternehmen ist das zwar oft der Fall, gleichzeitig ist aber auch das Insolvenzrisiko hoch. Dieses schränkt die Möglichkeiten zur Aufnahme von Fremdkapital ein.

Dabei sollte bei der Diskussion unterschiedlicher externer Finanzierungsquellen nicht unerwähnt bleiben, dass eine wesentliche Form der Finanzierung grundsätzlich die über Umsatzerlöse und daraus resultierende Gewinne darstellen kann. Aufgrund hoher Anfangsinvestitionen, z. B. in F&E bei jungen Technologieunternehmen, sind Gewinne bei diesen Unternehmen in frühen Phasen jedoch selten zu verzeichnen, sodass statt auf die Innenfinanzierung auf externe Finanzierungsquellen zurückgegriffen werden muss.

11.3 Finanzierung durch Gründer, Verwandte und Freunde

Oft stellt die Finanzierung durch die Gründer die erste und mitunter auch die einzige Finanzierungsquelle dar. Bei dieser Art von Finanzierung handelt es sich in der Regel um die erste Finanzierung, die ein Unternehmen erhält. Neben den Gründern selbst werden auch Freunde und Verwandte im selben Atemzug genannt. In der angloamerikanischen Literatur wird diese Gruppe mit 3Fs umschrieben: Founder, Family und Friends und teilweise um die Fools zu den 4Fs erweitert. Letztere bringen ein irrationales Moment zum Ausdruck, in dieser frühen Phase größter Unsicherheit zu investieren. In der Abbildung 11-3 sind Typen dieser informellen Investoren im Rahmen der Finanzierung abgebildet.

Gründer sind in der Regel die erste Finanzierungsquelle

Nach einer Studie von Bygrave et al. (2002) sind fast die Hälfte der Investoren Verwandte und nahe Familienangehörige und weniger als 10 % Unbekannte. Weitere knapp 40 % Freunde, Nachbarn und Arbeitskollegen untermauern die starke Bedeutung der »family and friends« bei den informellen Investoren.

In der Regel nutzen die Gründer zunächst die eigenen Mittel. »It is no surprise that the vast majority of entrepreneurs have to start their businesses on a shoestring and leverage their savings and labor.« (Bygrave, 2000, S. 97). So erlaubte Jeff Bezos die Methode des Bootstrapping, die frühen Meilensteine von Amazon.com zunächst durch Lieferantenkredite bei den Buchlieferungen oder Kreditkartenüberziehungen und eigene Mittel zur Plattformentwicklung zu erreichen. Gründer leben meist lange vor der formalen Gründung von ihren ersparten Ressourcen und beteiligen sich typischerweise zum Gründungszeitpunkt mit einem großen Teil ihres Privatvermögens, nicht zuletzt um auch gegenüber potenziellen externen Kapitalgebern das

Abb. 11-3

Informelle Investoren in 29 Ländern (Bygrave et al., 2002)

Informelle Investoren in 29 Ländern	
• Nahe Familienangehörige	40,3%
• Andere Verwandte	7,6%
• Freunde und Nachbarn	28,9%
• Arbeitskollegen	19,9%
• Fremde	8,4%
• Sonstige	4,2%

Vertrauen in das eigene Gründungsvorhaben glaubhaft zu signalisieren. Gleichwohl ist das zur Verfügung stehende Kapital beschränkt. Insbesondere bei Gründung einer Kapitalgesellschaft überfordert z. B. die Stammeinlage bei der GmbH oft schon die finanziellen Möglichkeiten vieler Unternehmensgründer.

Family, Friends and Fools

Neben den Gründern selbst finanzieren in frühen Phasen daher zusätzlich Verwandte das entstehende Unternehmen. Dabei kann es sich wie bei den Gründern um eine Finanzierung durch Kapital oder Sachleistungen handeln. Grundsätzlich könnte eine solche Finanzierung im Austausch gegen Unternehmensanteile geschehen, dann handelte es sich um echtes Eigenkapital. In der Regel jedoch wird keine formale Vereinbarung geschlossen oder Beteiligung vorgenommen; für den Gründer entsteht lediglich eine (moralische) Pflicht zur Rückzahlung unabhängig von den rechtlichen Verhältnissen im Unternehmen. Oft ist die letztendlich rechtliche Handhabung auch im Verhältnis zwischen Verwandten und Gründern nicht geregelt beziehungsweise lediglich mündlich vereinbart. Eine solche Finanzierung hat den Vorteil, dass der Einfluss, den die Gründer im Unternehmen haben, kaum beeinträchtigt wird. Allerdings erhöht sich das Risiko der Gründer im Falle eines Scheiterns um eine weitere Dimension: Sie verlieren im negativen Fall nicht nur ihre persönlichen Ersparnisse und den momentanen Lebensunterhalt, sie stehen bei ihren Verwandten darüber hinaus in (moralischer) Schuld. Zudem sind die Grenzen der Kapitalverfügbarkeit auch hier schnell erreicht, es bedarf weiterer Finanzierungsquellen.

Die Finanzierung durch Freunde ist eine weitere Möglichkeit, passive Privatinvestoren für das Unternehmen zu gewinnen. Das ist insofern von Vorteil, da es einen verhältnismäßig einfachen Zugang zu dieser Kapitalquelle gibt und das Informationsdefizit über die Person des Gründers durch die langjährige persönliche Beziehung nicht so ausgeprägt ist wie bei fremden Investoren. Allerdings ist die Kapitalverfügbarkeit in der Regel auch beschränkt und für Technologiegründungen selten ausreichend. Zudem erhöht sich das soziale Risiko der Gründer weiter: Sie riskieren nun auch, im Falle eines Scheiterns, Beziehungen zu Freunden. Das gilt insbesondere deshalb, weil die rechtliche Handhabung des Kapitals oft nicht genau geregelt ist und daraus zusätzliche Konflikte resultieren können. Darüber hinaus gilt für Freunde wie auch für Verwandte und Familienmitglieder, dass sie in der Regel zwar Kapital geben können, aber selten weitere Leistungen in Form des Human Capital oder Social Capital als Mehrwert für die Unternehmensgründung einbringen. So konnte Jeff Bezos bei Amazon.com zwar finanzwirksame Unterstützungsleistungen für Amazon.com in der Frühphase in Form von Darlehen und Bürgschaften von seinen Eltern gewinnen, aber keine Managementberatungsleistung von seinen Verwandten in Anspruch nehmen.

11.4 Business Angels

Bei Business Angels handelt es sich um Privatpersonen, die sich im Austausch mit Anteilen an Unternehmen direkt und ohne formellen Mittler beteiligen – hieraus resultiert auch ihre Bezeichnung als informelle Investoren. Die Leistung von Business Angels besteht dabei in zwei Bereichen: Bereitstellung von Kapital und in der informellen Unterstützungsleistung durch Beratung, Netzwerkkontakte und Reputationstransfer. Die Beteiligung durch Privatinvestoren hat eine lange Tradition. Bereits Henry Ford hat sein Unternehmen mithilfe solcher Investoren aufgebaut. Die Bezeichnung Business Angels ist hingegen neueren Ursprungs. Heute bezeichnet man mit Business Angels die Privatinvestoren, die nicht nur Kapital geben, sondern auch durch unterschiedliche Hilfeleistungen den Wert des Beteiligungsunternehmens steigern. Um die potenzielle Rolle von Business Angels besser einschätzen zu können, ist es wichtig, ihr Profil zu kennen.

Business Angels können durch ihre unternehmerische Erfahrung deutlichen Mehrwert leisten.

Business Angels gibt es beinahe jeden Alters: Es existieren Business Angels, die unter 30 Jahre alt sind, genauso wie solche, die älter als 70 sind. Des Weiteren findet man unter den Business Angels sowohl solche, die bereits früh beispielsweise ein New-Economy-Unternehmen an die Börse gebracht haben, als auch solche, die ihre berufliche Karriere nach dem Ausscheiden aus ihrem Unternehmen nun mit der Unterstützung junger Unternehmer zur Realisierung weiterer Geschäftsideen fortführen.

Business Angels haben in der Regel mindestens ein oder mehrere Unternehmen selbst gegründet und sind mit diesen auch noch verbunden. Bei dieser Verbindung kann es sich um eine reine Beteiligung, aber auch um eine operative Mitarbeit meist in der obersten Führungseben handeln. Von den Business Angels, die noch kein Unternehmen gegründet haben, verfügt ein weiterer Teil über Erfahrungen in kleinen und mittleren Unternehmen. Im Ergebnis verfügen deshalb die meisten Business Angels über Gründungs- oder Arbeitserfahrung in kleinen und mittleren Unternehmen (Brettel, Rudolf und Witt, 2005).

Betrachtet man die Erfahrung, über die Business Angels verfügen, näher, so ist diese zu differenzieren in Branchen- und funktionale Erfahrung. Bei der Branchenerfahrung zeigt sich in unterschiedlichen Studien (z. B. Brettel, 2004), dass ein großer Teil der Business Angels Erfahrung in wissensintensiven Branchen hat. Das ist auch darauf zurückzuführen, dass es dort in den vergangenen Jahren noch am besten gelingen konnte, neben dem Aufbau an unternehmerischer Erfahrung auch eigenes Vermögen, insbesondere durch Exits eigener Unternehmen und Beteiligungen zu bilden (Brettel, Rudolf und Witt, 2005). Funktional hat ein großer Teil aktiver Business Angels Erfahrung im Bereich der Unternehmensführung vorzuweisen. Oft ist die Unternehmensführungsaufgabe gepaart mit einer weiteren funktionalen Aufgabe, beispielsweise im Bereich Finanzen als CFO oder im Bereich Marketing und Vertrieb (Brettel, 2004). Bei der genaueren Analyse der funktionalen Erfahrung von Business Angels ist darüber hinaus festzustellen, dass die Hilfeleistung im Bereich der allgemeinen Unternehmensführung einen positiven Einfluss auf den Erfolg des Beteiligungsunternehmens hat (Brettel, 2004). In Bezug auf den beruflichen Status zeigt sich, dass die meisten der Business Angels noch im Berufsleben aktiv sind, insbesondere in der Geschäftsleitung eigener und fremder Unternehmen. Allerdings bezeichnet sich auch immer ein Teil der Business Angels als Rentner beziehungsweise Frührentner. Im Vergleich mit anderen Ländern zeigt sich für deutsche Business Angels ein hohes Maß an Selbstständigkeit (Brettel, 2002).

Business Angels haben in der Regel gute Möglichkeiten für Beteiligungen. So liegt die Anzahl der Beteiligungsgelegenheiten, die Business Angels insgesamt erhalten, zwischen einer und 200 pro Jahr. Im Durchschnitt nehmen Business Angels davon zwischen 6 % und 16 % der Gelegenheiten an (Stedler und Peters, 2002; Brettel, 2004). Interessant ist dabei, dass Geschäftsfreunde nicht nur die wichtigste Quelle darstellen, sondern die Beteiligungen, die über Geschäftsfreunde vermittelt wurden, sich tendenziell erfolgreicher entwickeln – so das Ergebnis aus der Untersuchung von 123 deutschen Beteiligungsunternehmen (Brettel, 2004). Die Motive für Business Angels, sich an Wachstumsunternehmen zu beteiligen, sind dabei vielfältig. Wichtig sind hohe Kapitalzuwächse, aber auch nicht ökonomische Motive, wie der Spaß an der Beteiligung, spielen für Business Angels eine große Rolle.

Die Beteiligungshöhe deutscher Business Angels reicht von etwa 10.000 Euro bis über eine Mio. Euro. Im Durchschnitt liegt die Beteiligung eines Angels bei gut 200.000 Euro (vgl. z. B. Brettel, Jaugey und Rost, 2000). Die Frage, welches Kapitalangebot für informelle Beteiligungen bereitsteht, haben in der Studie von Brettel 57 Angels beantwortet (vgl. Brettel, 2004). Das insgesamt von den Business Angels zur Verfügung stehende Kapital ist durchschnittlich zu 60 % in Beteiligungen eingesetzt, wodurch sich die Business Angels theoretisch die Möglichkeit erhalten, in nachfolgenden Finanzierungsrunden weiter zu investieren. Der Anteil des für informelle Beteiligungen bereitgestellten Kapitals am Gesamtvermögen einzelner Angels beträgt zwischen 5 % und 60 %. Ist für ein Unternehmen eine Finanzierung in einem höheren Umfang als die durchschnittliche Beteiligungshöhe von Business Angels gefragt, kann der Unternehmer mehrere Business Angels poolen, wie dies für die Finanzierung von Skype geschehen ist, und für diese in einem 350-fachen Return on Investment nach dem Verkauf an eBay mündete (vgl. Abbildung 11-4).

Abb. 11-4

Venture-Finanzierungsbeispiel Skype S.A.

- 2001: ca. 2 Mio. Euro Seed Capital von mehreren Business Angels
- 20 Venture Capitalists lehnen ein Investment zuvor ab.
- 2003: Erste Software Einführung am Markt
- Venture Capitalists sichern die folgenden Finanzierungsrunden.
- 2005: Verkauf per Trade Sale an EBay zu 2,1 Mrd. Euro => 350 facher Return on Investment für die Business Angels
- 2009: Anteilsmehrheit geht für 1,9 Mrd. Dollar an eine Investorengruppe um den Internet Pionier und Netscape Gründer Marc Andreessen
- Geplanter Gang an die New Yorker Technologiebörse Nasdaq, um in einem ersten Schritt 100 Mio. Dollar frisches Kapital zu erhalten

Beteiligungsprozess von Business Angels

Alternativ kann der Entrepreneur eine Finanzierung bei institutionellen Eigenkapitalgebern, den Venture Capitalists, für die frühe Phasen suchen. Grundsätzlich weist der Beteiligungsprozess durch einen Business Angel Ähnlichkeiten zur Beteiligung von Venture Capitalists auf. Allerdings verwenden Business Angels deutlich weniger Zeit auf die Prüfung der Beteiligung, in der Regel nur zwei bis drei Tage. Dabei wird vor allem keine ausführliche Beteiligungsprüfung im Sinne einer Due Diligence durchgeführt. Unter den Kriterien, die über eine Beteiligung entscheiden, spielt der Unternehmer beziehungsweise das Managementteam neben der unternehmerischen Gelegenheit und dem Geschäftsmodell eine entscheidende Rolle (Brettel, Rudolf und Witt, 2005). Ein weiterer wichtiger Faktor ist die Branchenorientierung des Business Angels. So erhielt im ersten Quartal 2009 ein Business Angel aus dem VDI Business Angel Panel ca. zehn Beteiligungsanfragen, von denen – wie Abbildung 11-5 zeigt – nur etwa jede Dritte einer genaueren Prüfung des Businessplans unterzogen wurde. Zu einer persönlichen Vorstellung des Geschäftsmodells und den damit verbundenen Investment-Verhandlungen kam es in 25 % der Fälle. Insgesamt lag die Chance auf eine BA-Beteiligung aus Sicht des Entrepreneurs bei 3,8 %. Die BA investieren dabei vor allem nur in solche Branchen, für die sie über eigenes Wissen verfügen und daher die präsentierte Geschäftsidee und das Geschäftsmodell ausreichend durchdringen können. Ihr Investment halten die Business Angels aus dem VDI-Business-Angel-Panel in der Regel zwischen fünf oder sechs Jahren (Grichnik und Koropp, 2010).

Abb. 11-5

Prozess der Beteiligungsprüfung von Business Angels (Grichnik und Koropp, 2010)

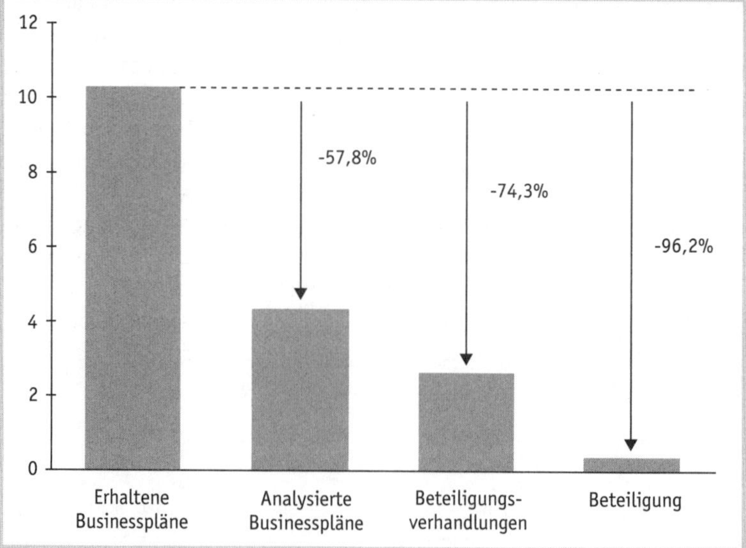

Abb. 11-6

Klassifikation von Privatinvestoren

Privatinvestoren

Aktive **Business Angels**	Potentielle **Business Angels**	Passive **Privatinvestoren**
• Können Mehrwert im Unternehmen erbringen • Gegenwärtig beteiligt • Engagieren sich über Kapital hinaus	• Können Mehrwert im Unternehmen erbringen • Gegenwärtig nicht beteiligt • Virgin Angels: Möchten, konnten aber noch nicht investieren • Latent Angels: Waren in der Vergangenheit schon aktiv	• Können oder wollen keinen Mehrwert im Unternehmen erbringen • Rein renditeorientiert • Kein zusätzlicher Beitrag

Aktive Business Angels versus passive Privatinvestoren

Ist eine Beteiligung und damit die Kapitalzufuhr erfolgt, beginnt die Phase der Generierung eines Mehrwerts durch den Business Angel für das Gründungsunternehmen. Dieser Mehrwert kann in Form der Beratungsleistung mit dem branchenspezifischen Know-how, Netzwerkkontakten und Reputation des Kapitalgebers bestehen, die er auf das neue Venture im Zuge seines Investments transferiert. Dieser Teil der Leistung wird als konstituierend für die Rolle des Business Angels angesehen. In der Literatur finden sich zahlreiche Ansätze, Business Angels zu klassifizieren (vgl. beispielsweise Mason und Harrison, 1996; Osnabrugge und Robinson, 2000; Sohl, 2003). Die Typenbildung erfolgt dabei vorrangig nach dem Grad der Beteiligung und Managementeinbindung. Entsprechend werden einerseits potenzielle und bereits tätige Angels und andererseits aktive und passive Angels unterschieden (vgl. Abbildung 11-6). Davon abzugrenzen sind alle anderen passiven Privatinvestoren, die wie die passiven Business Angels keinen Mehrwert über die reine Kapitalgeberfunktion hinaus für das Gründungsunternehmen erzeugen. Vorherrschend und für den Unternehmer zu bevorzugen, ist der oben vornehmlich charakterisierte aktive Business Angels.

11.5 Venture Capital

Für die Finanzierung in der frühen, vor allem aber in der Wachstumsphase eines neuen Ventures eignet sich der Einbezug von Venture Capital. Venture Capital bezeichnet eine Beteiligungsfinanzierung, Lessat et al. (1999) Eigenkapital oder eigenkapitalähnliche Mittel zuordnen, die als direkte oder stille Beteiligungen beziehungsweise eigenkapitalähnliche Darlehen (z. B. patriarchische Darlehen oder Darlehen mit Wandlungsrecht) außerhalb des organisierten Kapitalmarkts in Unternehmen eingebracht werden. Dabei sei die Kapitaleinlage mit Kontroll-, Informations- und Mitentscheidungsrechten sowie zum Teil mit einer Managementunterstützung durch den Investor verbunden. Als Form von Beteiligungskapital wird Venture Capital für den deutschen Sprachgebrauch als Wagniskapital oder als Risikokapital übersetzt. So definiert Albach (1983, S. 6). Risikokapital als Kapital, »für das keine Rückzahlungsverpflichtung besteht, kein Kündigungsrecht des Gläubigers besteht, kein fester Zinsanspruch vereinbart wird und das im Konkursfall verloren ist«. Andere Autoren stellen das Risiko als ausschließliches Kriterium in den Vordergrund und definieren deshalb Risikokapital als dasjenige Kapital, das in irgendeiner Weise risikotragend ist. Ein solches Verständnis ginge über das reine Beteiligungskapital nach der obigen Begriffsbestimmung hinaus und ist Kennzeichen von jeder Form des Eigenkapitals, weshalb auch eine eigenständige Begriffsbestimmung für Venture Capital gesucht wird. Nach Albach, Hunsdiek und Kokalj (1986) zeichnet sich Venture-Capital-Finanzierungen durch die folgenden drei Merkmale aus:

- Venture-Capital-Gesellschaften stellen Beteiligungskapital oder beteiligungswürdiges Kapital für wachstumsträchtige junge sowie kleinere und mittlere Unternehmen zur Verfügung.
- Venture-Capital-Finanzierungen bestehen nicht nur in der Bereitstellung von Finanzmitteln; mit ihnen untrennbar verbunden ist die Bereitstellung von Managementleistungen für die Beteiligungsunternehmen.
- Venture-Capital-Unternehmen sind Investoren mit langfristiger Perspektive, die ihre Rendite durch Kapitalgewinne erzielen.

Als wichtig wird dabei vor allem angesehen, dass die Finanzierung durch Venture Capital nicht nur einen Kapitalfluss, sondern auch weitere Leistungen beinhaltet. Die weiteren wesentlichen angebotenen Leistungen sind unterstützende Managementleistungen, Netzwerkkontakte, Image, moralische Unterstützung und allgemeines Wissen über das Geschäft und die Branche (Fried und Hisrich, 1995).

Venture Capital als formelles Beteiligungskapital

Im Fall von Venture Capital durch entsprechende Beteiligungsgesellschaften spricht man von formellem Beteiligungskapital, das vom informellen Teil, der vor allem durch Business Angels bereitgestellt wird, unterschiedlich abgegrenzt werden kann. Eines der wichtigsten Differenzierungskriterien betrifft dabei das Finanzierungsvolumen: Im formellen Beteiligungskapitalmarkt werden Finanzierungsvolumina unter einer halben Mio. Euro, wie bei Business Angels üblich, in der Regel als zu gering betrachtet (Engelmann, 2000). Darüber hinaus sind die Berichtspflichten für Unternehmer bei der Beteiligung durch einen Venture Capitalist in der Regel deutlich höher als bei Business Angels. Das ist auch der Tatsache geschuldet, dass ein

Abb. 11-7

Grundsätzlicher Aufbau einer Venture-Capital-Gesellschaft (Geigenberger, 1999)

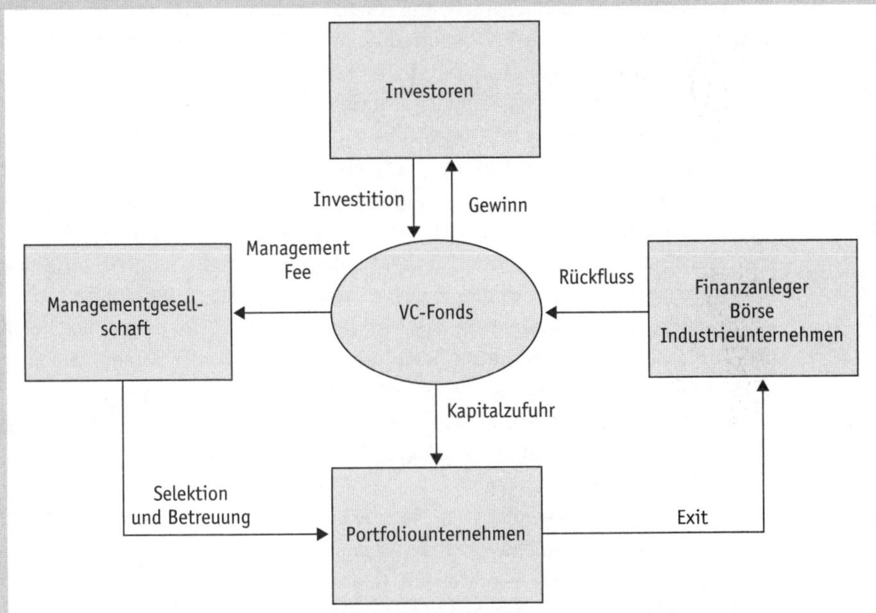

Venture Capitalist als ein formal organisierter Kapitalgeber seinerseits seinen Investoren regelmäßig zu berichten hat und dazu eine Grundlage benötigt.

Die formale Organisation eines Venture Capitalist besteht aus einer als Intermediär in Erscheinung tretenden Managementgesellschaft, die mit dem in einem Fonds gebündelten Kapital institutioneller Anleger Beteiligungen vornehmen kann. Der grundlegende Aufbau ist in der Abbildung 11-7 gezeigt.

Venture-Capital-Gesellschaften als Finanzintermediäre

In der Regel startet ein Venture Capitalist als Managementgesellschaft, die als erste Aufgabe das Fund Raising hat. Unter Fund Raising versteht man die Phase, in der Kapital anhand eines verbindlichen Verkaufsprospekts von den Investoren eingeworben wird. Kapitalzusagen, sogenannte Capital Commitments, werden so lange entgegengenommen, bis der Fonds die geplante Größe erreicht hat und geschlossen wird.

Damit beginnt die Investitionsphase, in Abbildung 11-7 als Auswahl von Portfoliounternehmen dargestellt. Ist eine solche potenzielle Beteiligung ausgewählt, werden von den Fondsinvestoren Capital Commitments in Höhe der zu tätigenden Investments abgerufen. Dieser Vorgang wird auch als Capital Call bezeichnet. Die abgerufenen Mittel werden Take-Downs- oder Paid-In-Capital genannt. Mit den von den Investoren abgerufenen Geldern werden nun die Investments, auch Venture-Capital-Disbursements genannt, in Form eines Kapitalflusses an die Portfoliounternehmen realisiert, in der Abbildung 11-7 als Kapitalzufuhr bezeichnet (Brettel, Rudolf und Witt, 2005). Das Investitionsziel sind nicht laufende Kapitalerträge in Form von Dividenden, sondern der durch eine erfolgreiche Veräußerung der Beteiligung an der Börse oder in Form eines Verkaufs an ein anderes Unternehmen erzielte Gewinn. In der Abbildung 11-7 ist das durch den als Exit bezeichneten Pfeil zu den verschiedenen Investorengruppen erfasst. Erfolgt ein solcher Exit, kann auch der Rückfluss des investierten Kapitals realisiert werden. Dieses wird dann an die Investoren als Return wieder ausgeschüttet (Brettel, Rudolf und Witt, 2005).

Die Managementgesellschaft wird in zweierlei Weise entlohnt: Erstens erhält sie eine sogenannte Management Fee als Prozentsatz am gesamten Fondvolumen. Diese Fee beträgt zwischen 1 % und 2,5 % pro Jahr. Zudem erhält sie einen Teil der vom Fonds erwirtschafteten Rendite. Für diese Entlohnung ist die Aufgabe der Managementgesellschaft, nicht nur den Fonds zu verwalten und zu investieren, sondern auch weitere Hilfeleistungen zu erbringen. Die Leistungen, die junge Unternehmen dadurch erhalten, ordnen Brettel, Rudolf und Witt (2005) vier Kategorien zu:

- *Kapital:* Dies konstituiert die Beteiligungsbeziehung und wird mitunter als wichtigstes Element angesehen. Aus Finanzierungssicht mag das richtig sein, aus unternehmerischer Sicht werden die weiteren Leistungen als mindestens ebenso bedeutsam angesehen.
- *Operative Dienste:* Der Anteil von Venture Capitalists im operativen Geschäft ihrer finanzierten Unternehmen geht teilweise so weit, dass sich manche dieser Gesellschaften selbst als »Berater mit finanziellem Interesse« bezeichnen. Allerdings scheint aufgrund sehr unterschiedlicher Auffassungen von »operativen Diensten« das Angebot nicht immer vorteilhaft zu sein.
- *Persönliches Netzwerk:* Durch das persönliche Netzwerk kann ein Venture Capitalist dem jungen Unternehmen Zugang zu Ressourcen verschiedener Art (Intellectual Capital, Human Capital, Social Capital, weiteres Financial Capital) eröffnen, die alternativ verschlossen geblieben wären.
- *Formelle Macht:* In der Regel existiert zwischen der Venture-Capital-Gesellschaft und dem Beteiligungsnehmer eine vergleichsweise detailliert ausformulierte vertragliche Beziehung, die dem Investor zum Teil weitreichende Rechte einräumt. Wenn Venture Capitalists diese zum Nutzen des Unternehmens ausschöpfen, kann sich dies positiv auswirken, selbst in dem Fall, in dem Unternehmer vielleicht eine andere Auffassung haben. Allerdings versuchen Venture Capitalists im Hinblick auf die persönliche Beziehung zum Management, diese stark in das Selbstverständnis des Managements eingreifenden Rechte möglichst nicht auszunutzen.

Zyklisches Investitionsverhalten von Venture-Capitalists

Der Aufbau von Venture Capitalist-Gesellschaften als Fondsgesellschaft, die auch ihren Investoren regelmäßig zu berichten hat, führt zu einer gewissen Zyklizität im Investitionsverhalten der Venture Capitalists. Geprägt wird diese Zyklizität durch die Eigenschaft des Kapitals, stets zum Ort mit dem besten Rendite-Risiko-Verhältnis zu fließen (Black und Gilson, 1998). Verzeichnen Venture Capitalists eine abnormal hohe Rendite, steigt die Kapitalallokation zu diesen Gesellschaften. Dies zieht vermehrt Neugründungen von Venture-Capital-Gesellschaften und die Neuauflage von Venture-Capital-Fonds nach sich. Um die Renditeforderungen der Investoren zu befriedigen, muss das Kapital in Beteiligungen mit hohem Renditepotenzial investiert werden. Daher beginnt ein Wettbewerb unter den Venture Capitalists um diese aussichtsreiche Portfoliounternehmen. Erfolg versprechende Beteiligungen werden rar und teuer, steigende Kapitalzuflüsse verursachen steigende Bewertungen. Die hohe Kapitalallokation zwingt dazu, auch unterdurchschnittliche Beteiligungen einzugehen, begünstigt durch schneller und oberflächlicher durchgeführte Due-Diligence-Prüfungen. Dies führt zu steigenden Ausfallraten und hohen Abschreibungen und lässt die Renditen der Venture Capitalists sinken. Dadurch erscheint das Rendite-Risiko-Verhältnis nicht mehr optimal und die Investoren verändern die Kapitalallokation. Die Venture Capitalists haben eine deutlich restriktivere Haltung und gehen weniger Beteiligungen ein. Es werden nur noch überdurchschnittlich Erfolg versprechende Ideen finanziert, was langfristig zu einer Steigerung der Renditen führt (Geigenberger, 1999).

Hinzu kommt zu den beschriebenen Phänomenen, dass Kapitalmarktschwankungen auf die Venture-Capital-Branche direkt einen starken Einfluss ausüben und der Gang an die Börse mit dem höchsten Return on Investment die attraktivste Exit-Möglichkeit darstellt (Sahlman und Stevenson, 1985). Auch im Falle einer anderweitigen Desinvestition als auf dem öffentlichen Kapitalmarkt wird die Höhe der Rendite indirekt beeinflusst, nämlich durch die Funktion als Vergleichsmaßstab für die Preisbestimmung, z. B. beim Trade Sales (Brettel, Rudolf und Witt, 2005).

Phasen des Kapitalaufnahmeprozesses

Trotz dieses auch kritisch zu beurteilenden Verhaltens von Venture Capitalists stellen diese Kapitalgeber für junge Technologieunternehmen eine wichtige Kapitalquelle dar. Hat sich ein Unternehmen für Venture Capital entschieden, muss es einen Kapitalaufnahmeprozess durchlaufen, der in der Regel in vier Phasen verläuft. Die in Abbildung 11-8 angegebenen Zeitspannen markieren lediglich Durchschnittswerte, im jeweiligen Einzelfall können sie deutlich abweichen.

Die erste Phase, die Kontaktphase, wird durch die Gründer in der Regel durch Zusendung der Executive Summary an den Venture Capitalist initiiert. Dieser unterschreibt zum Schutz des geistigen Eigentums an der Geschäftsidee eine Vertraulichkeitserklärung (NDA – Non-Disclosure Agreement) und prüft das Gründungsvorhaben. Je nach Qualität und eigenem Investmentfokus sowie Zustand und Zusammensetzung seines Portfolios entscheidet er sich dann, ob er weiteres Interesse am gesamten Businessplan hat. Dabei wird in dieser ersten Phase bereits ein Großteil der Anfragen von Gründern aussortiert. Bei weiterem Interesse bittet der Venture Capitalist um die Zusendung des gesamten Businessplans.

Kriterien für die Investitionsentscheidung von Venture Capitalists

In der Phase der Grobanalyse wird der Businessplan geprüft und in der Regel auch ein Gespräch mit den Gründern vereinbart. Hierin haben die Gründer die Chance, ihre Idee auch persönlich darzustellen und vor allem als Managementteam zu überzeugen. Idealerweise erhalten sie daraufhin den sogenannten Letter of Intent (LoI) vom Venture Capitalist. Dieser ist die Absichtserklärung, in das Unternehmen zu investieren, falls in den nachfolgenden Phasen keine außergewöhnlichen Umstände auftreten, die eine Investition verhindern. Maßgebend für eine positive Investitionsentscheidung von Venture Capitalists haben sich drei Faktoren erwiesen, wie sie in der Abbildung 11-9 dargestellt sind.

Abb. 11-8

Kapitalaufnahmeprozess

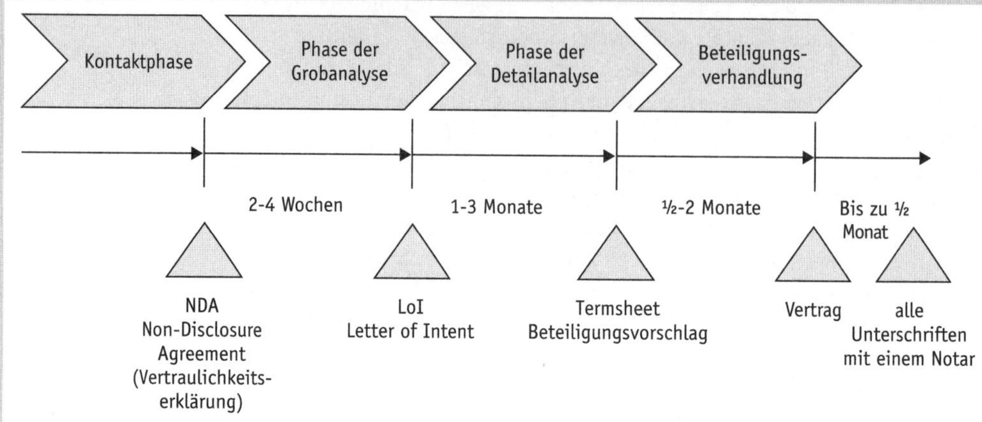

Abb. 11-9

Entscheidungskriterien von Venture Capitalists (vgl. Brettel, 2002)

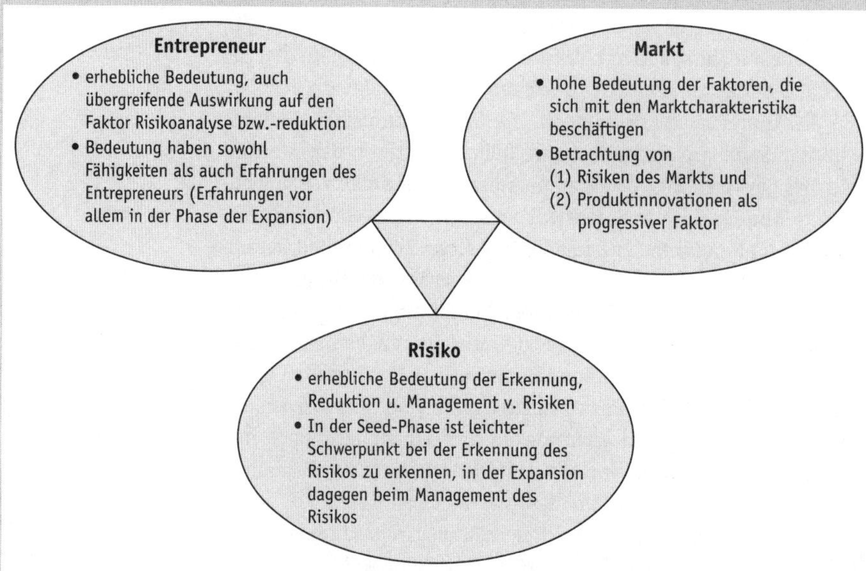

Abb. 11-10

Diskussionspunkte mit Venture Capitalists

Diskussionspunkt	Inhalt der Diskussion
• Unternehmensbewertung	• Welchen Wert hat das Unternehmen bei Beteiligung?
• Form und Ausgestaltung der Beteiligung	• Welche Art von Anteilen erhält der VC, was sind weitere Vereinbarungen?
• Zahlung der Kapitaleinlage	• Wird der Anteil sofort gezahlt?
• Veräußerung von Kapitaleinlagen	• Wer kann Anteile wann und unter welchen Bedingungen veräußern?
• Kontrollmechanismen	• Welche Kontrollmöglichkeiten erhält der VC?
• Bindung des Managements	• Wie lange ist das Management an das Unternehmen gebunden?
• Arbeitsverträge	• Wie sind die Arbeitsverträge des Managements (insbesondere Gehalt) ausgestaltet?
• Vertraulichkeitsklauseln	• Welche weiteren Vertraulichkeiten müssen über den Vertrag gewahrt werden?
• Sonstiges (z. B. Garantien)	• Sind weitere Sicherheiten oder Garantien zu geben?

Due Diligence

In der Phase der Detailanalyse führt der Venture Capitalist die sogenannte Due Diligence durch. Das bedeutet, er prüft im Detail, ob das potenzielle Investment dem entspricht, was im Businessplan beschrieben und prognostiziert wird. Die Due Diligence unterteilt sich in eine Management Due Diligence, eine Legal Due Diligence, eine Market Due Diligence und eine Technological Due Diligence. Bei Hightech-Unternehmungen wir die Technical Due Diligence wie auch die Legal Due Diligence zu den gewerblichen Schutzrechen in der Regel von externen Gutachtern erstell. Bei der Zusammenschau dieser Teil-Due-Diligences suchen die Venture Capitalists insbesondere nach Aspekten, die einer Investition im Wege stehen können, z. B. unerkannte vertragliche Risiken. Diese Aspekte werden auch als Dealbreaker bezeichnet. Werden solche Aspekte nicht gefunden, so bereitet der Venture Capitalist das sogenannte Termsheet, also einen Vertragsentwurf vor, in dem er die Bedingungen zum Ausdruck bringt, unter denen er sich an dem Unternehmen beteiligen würde. Im Rahmen der Beteiligungsverhandlung wird das Termsheet dann diskutiert. Aus Sicht eines Gründungsunternehmens müssen dabei verschiedene Punkte zur Sprache kommen, wie sie in der Abbildung 11-10 aufgezeigt sind.

Diskussionspunkte bei den Vertragsverhandlungen

Der wichtigste Aspekt ist die Unternehmensbewertung, also die Frage, welchen Unternehmensanteil ein Venture Capitalist für seine Kapitaleinlage erhält. Grundlage dafür ist eine Unternehmensbewertung, die mithilfe von verschiedenen Methoden ermittelt werden kann. Zur Anwendung und den Verhandlungen zugrunde

Bestimmung des Unternehmenswertes und der Unternehmensbeteiligung gelegt werden seitens der Investoren in der Regel mehrere Verfahren, die der Gründer kennen sollte:

- *Discounted-Cashflow-Methode:* Die Cashflows werden über eine Detailprognoseperiode berechnet und auf den heutigen Tag abgezinst. Zudem wird ein Terminal Value, der Wert zum Exitzeitpunkt, bestimmt, der ebenfalls abgezinst wird.
- *Bewertung über Multiples:* Bei vergleichbaren Unternehmen werden Verhältniskennzahlen zum Marktwert berechnet, also z. B. das Kurs-Gewinn-Verhältnis (KGV) bei börsennotierten Unternehmen. Die so entstehenden Multiples werden auf das eigene Unternehmen angewendet.
- *Die Venture-Capital-Methode:* In einem Dreischritt wird zunächst der Terminal Value aus der Multiplikation eines Referenzwerts (z. B. Umsätze oder Gewinne) mit einem Multiple bestimmt. Dieser wird im zweiten Schritt mit der vom Kapitalgeber erwarteten Rendite auf den Barwert abgezinst. Mit diesem Terminal Value lässt sich dann im dritten Schritt der Unternehmensanteil des Venture Capitalist durch den Quotienten aus dem geplanten Investment und dem Present Value bestimmten.

Weitere Bewertungsmethoden wie das Ertragswertverfahren, das Substanzwertverfahren, die Stuttgarter Methode oder bei Technologiegründungen die IP-Bewertung können zur Anwendung kommen. Ausführlich werden die relevanten Verfahren in Kapitel 5 vorgestellt.

Klauseln im Beteiligungsvertrag

Neben der Unternehmensbewertung gibt es eine Reihe von vertraglichen Klauseln, die von Venture Capitalists genutzt werden. Dabei handelt es sich unter anderem um folgende Klauseln, die in der Abbildung 11-10 unter Form und Ausgestaltung der Beteiligung subsumiert wurden (Brettel, Meier und Reissig-Thust, 2004):

- *Liquidationspräferenz (Liquidation Preference):* Im Falle eines Verkaufs des Unternehmens wird zuerst das Investment rückgezahlt und dann der übrige Erlös nach Anteilen verteilt.
- *Verwässerungsschutz (Antidilution Rights):* Dem Investor wird in einer Klausel eingeräumt, dass seine Beteiligung in zukünftigen Kapitalrunden nicht verwässert wird, d. h., er behält seinen nominalen Kapitalanteil bei. Wesentlich ist hierbei zu vereinbaren, zu welchen Konditionen der Investor den Kapitalanteil beibehalten kann.
- *Bonus- oder Malusvereinbarung*, bei der abhängig von der vereinbarten Zielerreichung des Unternehmens Eigenkapitalanteile zu Vorzugskonditionen erworben werden können.
- *Verkaufsrechte*: Geben den Investoren das Recht, zu gleichen Konditionen mit zu verkaufen (take along) oder die Gründer zu einem Verkauf zu zwingen (drag along).

Darüber hinaus wird ein Investor versuchen, das Management eine Zeit lang zu binden, um ausreichende Kontrolle über wesentliche Entscheidungen zu erlangen und regelmäßige Informationen zu erhalten.

Die Beteiligungsverhandlung mündet bei einem positiven Ausgang in den Beteiligungsvertrag, der in der Regel dann notariell beurkundet werden muss.

Beteiligungsphase

Nun beginnt die eigentliche Beteiligungsphase des Venture Capitalist, in der er nun versuchen wird, gemeinsam mit den Unternehmensgründern den Wert des Gründungsunternehmens zu erhöhen, um letztlich den Wertzuwachs im Rahmen eines Exit realisieren zu können. Das bedeutet, nach einer bestimmten Zeit, die sich in der Regel an der Fondslaufzeit des Venture-Capital-Fonds orientiert, kann der Beteiligungsgeber seine Rendite nur dadurch realisieren, indem er seine Unternehmensanteile weiterverkauft. Das gilt grundsätzlich für alle Eigenkapitalgeber, auch wenn beispielsweise Business Angels nicht durch Fondslaufzeiten eingeschränkt sind. Ein Portfoliokalkül des Venture Capitalist nimmt prinzipiell bei zehn angenommenen Portfoliounternehmen mindestens zwei Stars mit weit überdurchschnittlicher Rendite, vier Living Deaths mit nicht befriedigender Rendite und vier Liquidationen an.

11.6 Corporate Venture Capital

Eine weitere Möglichkeit der Finanzierung durch Eigenkapital stellt das Corporate Venture Capital dar. Als Corporate Venture Capital (CVC) wird Beteiligungskapital (Venture Capital) bezeichnet, das von etablierten Industrieunternehmen (Corporates) vorgehalten wird, um in junge Unternehmen zu investieren. Die ausführende Einheit, die sogenannte Corporate-Venture-Capital-Gesellschaft, ist meist eine Tochtergesellschaft eines Großunternehmens. Ausgestattet mit einem Kapitalvolumen von mehreren Mio. Euro, tätigt sie eigenverantwortlich strategische Investments für den Mutterkonzern, wobei es sich dabei zunächst üblicherweise um Minderheitsbeteiligungen handelt.

Corporate Venture Capital hat finanzielle und strategische Aspekte

Der Ansatz des Corporate Venturing wird in den USA seit fast 50 Jahren strategisch genutzt. In diesem Zeitraum erlebte er sowohl Höhen als auch Tiefen. So sind viele Corporate-Venture-Programme der 60er-Jahre in Zeiten der Ölkrise verschwunden, um in den 90er-Jahren erneut aufzuerstehen (Rind, 1981). In Deutschland war die Telekom das erste Unternehmen, das in den 90ern systematisch eine Corporate-Venture-Capital-Gesellschaft aufbaute. DaimlerChrysler und eine Reihe weiterer Unternehmen wie Siemens, BASF und Bertelsmann schlossen sich bald an.

Im Gegensatz zu anderen Venture-Capital-Gesellschaften zielen CVC-Gesellschaften sowohl auf die Verzinsung der eingesetzten Mittel ab als auch auf den strategischen Mehrwert, der sich zwischen dem Mutterkonzern und dem finanzierten Partnerunternehmen generieren lässt. Der Mehrwert kann sich dabei auf unterschiedliche Weise darstellen. Beteiligungen an jungen Unternehmen mittels CVC ermöglichen es etablierten Unternehmen, von den Entwicklungen und innovativen Erfolgen junger Unternehmen zu profitieren. Zudem lässt sich damit der Zugang zu neuen Technologien beziehungsweise Geschäftsfeldern und dementsprechend zu neuen Märkten offenhalten. Weiterhin kann ein strategischer Anreiz, in junge Unternehmen zu investieren, darin bestehen, durch den Aufbau eines neuen Geschäftszweigs die Nachfrage nach den eigenen, komplementären Produkten zu erhöhen und sich stärker gegenüber dem Wettbewerb zu positionieren. Teilweise kann die Förderung von Start-ups aber auch Selbstzweck sein und im Sinne von Corporate Social Responsibility darauf abzielen, einen Beitrag zur Regionalentwicklung zu leisten und wirtschaftlich-strukturbildende Maßnahmen zu stützen.

Umgekehrt erhoffen sich Start-ups neben der Finanzierung durch CVC unter anderem den Zugang zu Vertriebskanälen und die Steigerung ihres Bekanntheitsgrads über das Renommee des etablierten Unternehmens. Der konkrete Investmentfokus nach Technologien, Regionen und Entwicklungsphasen, die Zielsetzung (Erwirtschaftung finanzieller Renditen und/oder strategischen Mehrwerts), die organisatorische Aufbau- und Ablauforganisation sowie die Spielregeln der Zusammenarbeit mit dem Mutterunternehmen einer CVC-Gesellschaft werden entsprechend der individuellen Unternehmensstrategie ausgestaltet und können in der Praxis recht unterschiedlich sein.

Hauptziele von CVC-Gesellschaften

In der Literatur werden drei Hauptziele von CVC-Gesellschaften genannt, die je nach Unternehmen allein oder in Kombination verfolgt werden (Brunner, Fahlbusch und Hundertmark, 2000 a). Wie in Abbildung 11-11 dargestellt, handelt es sich um strategische, finanzielle und soziale beziehungsweise imagewirksame Ziele. Strategische Ziele können dabei die vier Bereiche Technologiebeobachtung, Wachstumsförderung, Effizienzsteigerung und Stärkung des Unternehmertums betreffen.

Window on Technology

Die Möglichkeit, mittels CVC-Investitionen Märkte und Technologien beobachten zu können, wird auch als »Window on Technology« bezeichnet. Das mittels CVC eröffnete »Fenster« gestattet es großen Unternehmen über den Zugang zu Trägern neuen technologischen Wissens, Innovationen und Trends frühzeitig zu erkennen und die eigene Strategie danach auszurichten. Der sogenannte Deal Flow, die Auswertung der eingereichten Beteiligungsangebote, kann bereits wertvolle Signale geben.

Durch weitere Investitionen wird das junge Unternehmen stärker an den Mutterkonzern gebunden, wodurch die Nutzung der dort entwickelten Technologien als Produktkomponenten oder Erweiterung des eigenen Produktsortiments möglich ist. Strategisch effektiv ist dieses Vorgehen, wenn es die Nachfrage nach den eigenen Kernprodukten erhöht und damit wachstumsfördernde Wirkung zeigt.

Ein weiteres strategisches Ziel, das durch CVC-Investitionen in junge Unternehmen angestrebt wird, ist die Effizienzsteigerung. Durch die Beteiligung an hochspezialisierten Start-ups erweitern etablierte Unternehmen ihre eigenen Innovationsbemühungen und minimieren gleichzeitig das Entwicklungsrisiko. Die Kombination von Fähigkeiten und Potenzialen des jungen und des etablierten Unternehmens kann Synergien bewirken.

Schließlich sehen etablierte Unternehmen in CVC-Investitionen auch eine Möglichkeit, stimulierende Wirkung auf den Unternehmergeist im Mutterkonzern zu erzeugen. Dieser Zusammenhang ist jedoch in der Literatur umstritten.

Die Ziele von CVC werden in empirischen Untersuchungen unterschiedlich bewertet. Wissenschaftler stellen insbesondere häufig fest, dass Unternehmen bei ihrer Entscheidung, in junge Unternehmen zu investieren, keine eindeutige Trennung hinsichtlich der finanziellen und strategischen Ziele vornehmen. Dies kann zur

Abb. 11-11

Überblick über die mithilfe von CVC verfolgten Ziele (Brunner, Fahlbusch und Hundertmark, 2000b)

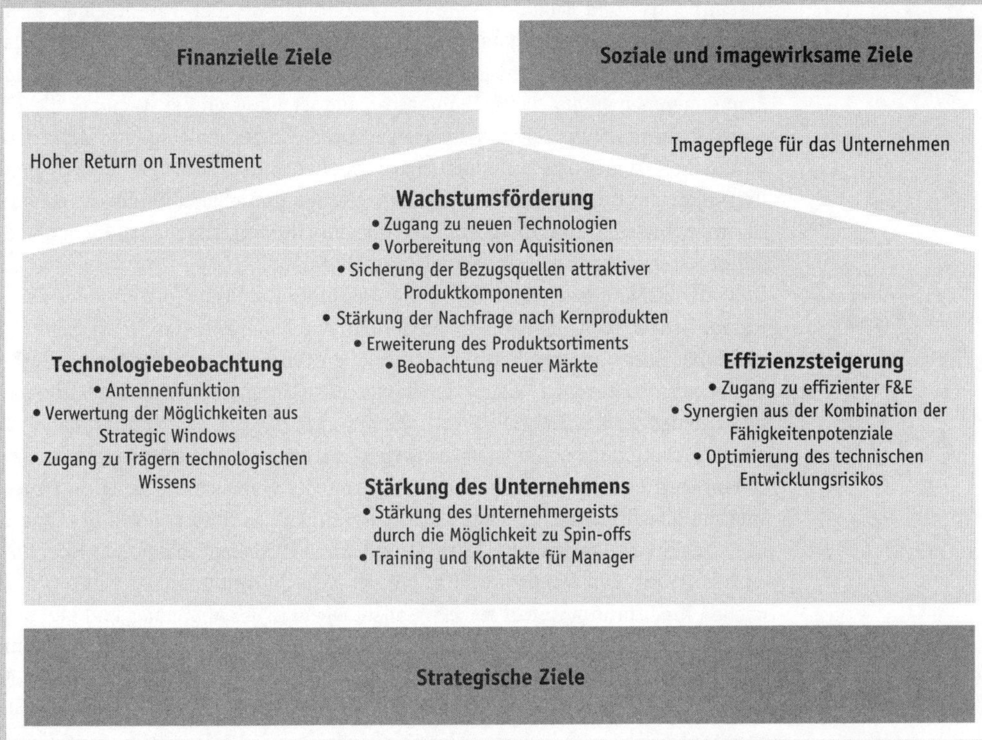

Folge haben, dass die Beendigung eines Beteiligungsverhältnisses für den Investor nicht zufriedenstellend ausfällt. Empirisch belegt werden konnte, dass der Nutzen von CVC-Investitionen am höchsten ist, wenn deren Hauptziel der Zugang zu neuen Technologien und nicht finanzieller Profit ist (Dushnitsky und Lenox, 2006).

Risiken von CVC-Investitionen

Neben den vielfältigen positiven Aspekten von CVC-Investitionen sind die Risiken nicht zu missachten. Stellt sich das Start-up beispielsweise als wenig erfolgreich heraus oder wird es in Rechtsstreitigkeiten verwickelt, kann sich dies auch rufschädigend auf das investierende Unternehmen auswirken. Umgekehrt bedeutet das Engagement eines CVC-Gebers für das Start-up meist, dass das Interesse anderer CVC-Geber abnimmt. Der unmittelbaren Gefahr eines ungewollten Abflusses von Know-how an den CVC-Geber setzt sich ein Start-up in jedem Fall aus.

11.7 Fremdkapital von Banken

Eine Finanzierung durch Banken entspricht einer Finanzierung durch Fremdkapital, die mit Zins- und Tilgungszahlungen verbunden ist. Der Vorteil einer solchen Finanzierung ist die gute Planbarkeit ohne den Kontrollverlust durch Anteilsabgabe. Allerdings stehen den planbaren Zins- und Tilgungszahlungen oft wenig planbare Einnahmen gegenüber. Dieses Einnahmerisiko ist umso größer, je höher die Unsicherheit der positiven Zahlungsströme aufgrund von Technologie- und Marktrisiken im Geschäftsmodell ist. Das führt dazu, dass Banken oft nicht bereit sind, jungen Unternehmen, insbesondere jungen Technologieunternehmen Kredite zu geben, da sie einen Ausfall des Kapitaldiensts in Form von Zins- und Tilgungszahlungen und im schlimmsten Fall des gesamten Kredits fürchten.

Fremdkapital ist vor allem in späteren Phasen relevant

So bleibt die bei der Kontoführung vereinbarte Kreditlinie oft für lange Zeit die einzige Möglichkeit der Fremdfinanzierung durch Banken. Erst in späteren Entwicklungsphasen erlangen Banken dann eine größere Bedeutung. Das gilt interessanterweise auch schon, wenn die Umsätze der Unternehmen noch relativ gering sind (Achleitner und Fingerle, 2004). Die Attraktivität von Banken rührt daher, dass mit der Kreditfinanzierung relativ geringe Finanzierungskosten verbunden sind. Zudem macht die steuerliche Abzugsfähigkeit der Fremdkapitalzinsen in Deutschland die Fremdfinanzierung interessant, wenn man als Unternehmen Gewinne verbucht. Falls eine Fremdkapitalfinanzierung durch Banken in späteren Entwicklungsphasen in Betracht kommen sollte, müssen sich die Unternehmer einem umfangreichen Kreditprüfungsprozess unterziehen, wie er in der Abbildung 11-12 illustriert ist.

Der Prozess der Kreditvergabe startet für ein Unternehmen in der Regel bei seinem festen Ansprechpartner in der Bank, dem eigenen Kundenberater. Falls es zu einer Kreditanfrage kommt, sammelt der Kundenberater die Informationen vom Unternehmen und gibt sie der Kreditabteilung weiter. Diese prüft daraufhin vier Kriterien:

- Finanzielle Lage des Unternehmens,
- Bisherige Kundenbeziehung und Umgang mit den Konten,
- Markt und Wettbewerb des Unternehmens,
- Managementfähigkeiten innerhalb des Unternehmens.

Aus dem Ergebnis bildet sich der Risikofaktor des Unternehmens, der grundsätzlich ein Rating darstellt und ausschlaggebend für die Kreditvergabe ist. Dabei kann der Faktor prinzipiell durch Sicherheiten verändert werden, das aber auch nur in einem bestimmten Rahmen. Für Banken ist es nicht wünschenswert, dass Kredite ausfallen, daran ändern auch Sicherheiten nichts – im Gegenteil, der nachfolgend notwendige Umgang mit Sicherheiten erfordert weitere nicht gewünschte Arbeit.

Diese Situation für junge und im Rating schlecht eingeschätzte Unternehmen hat sich durch die Veränderung der Eigenkapitalrichtlinie für Banken (Basel II) verschlechtert: Durch die neue Richtlinie müssen Banken für Kredite, die an Kreditnehmer mit schlechteren Ratings fließen, nun deutlich mehr Eigenkapital hinterlegen als für solche mit guten Ratings. Da das hinterlegte Eigenkapital nicht weiter gewinnbringend investiert werden kann, sinkt die Attraktivität der Kredite an junge

Abb. 11-12

Kreditvergabeprozess durch Banken

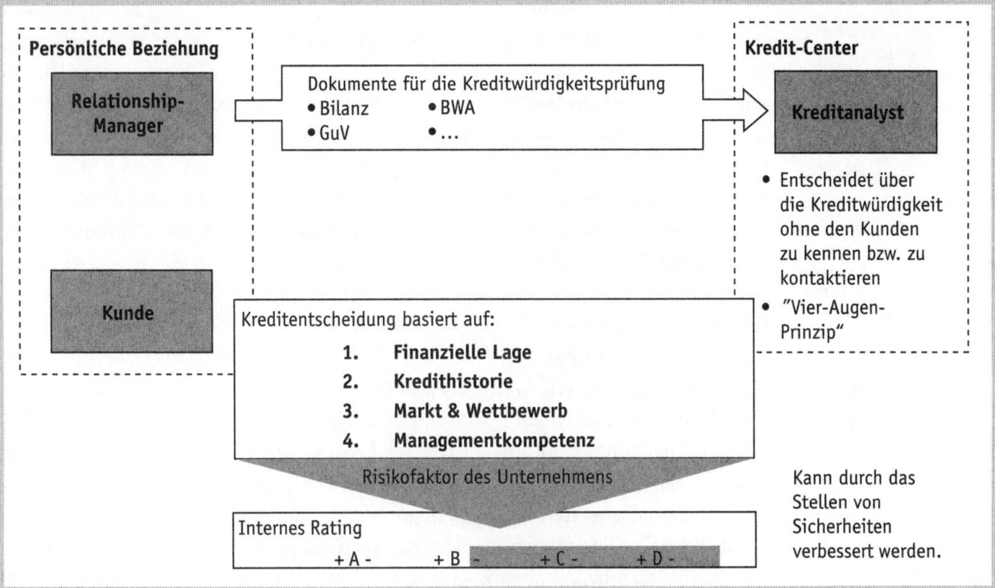

Unternehmen. Darüber hinaus werden die höheren Kosten für die Banken in Form von höheren Zinsen an die Unternehmen weitergegeben. Das macht diese Finanzierungsform unattraktiver.

Dies hat zur Folge, dass selbst bei guten Sicherheiten ein Kredit für einen Kreditnehmer mit einem schlechten Rating relativ unattraktiv ist. Darüber hinaus ist es für ein junges Unternehmen zudem nicht immer einfach, entsprechende Sicherheiten zu stellen. Das liegt auch daran, dass Güter nur in Ausnahmefällen bis zu 100 % besichert werden können, meist liegt der Anteil deutlich unter 100 %. So bleibt als dominante Sicherheit die persönliche Bürgschaft der Gründer oder Dritter. Eine Bürgschaft sind Unternehmer aber nur bedingt bereit einzugehen: Es ist zwar als gutes Signal zu interpretieren, wenn Unternehmer neben ihrer Zeit auch einen (großen) Teil ihres Vermögens in ihre Idee investieren, das sollte aber auch nicht deutlich darüber hinausgehen. Andernfalls droht risikoaverses Verhalten bei den Entscheidungen und das kann der Unternehmensentwicklung auch schaden.

Als Fazit ist zu erkennen, dass Bankkredite in jungen Phasen eines Unternehmens nur eine untergeordnete Bedeutung haben und erst in späteren Phasen wichtig werden. Das ist auf die beschriebenen Regeln der Kreditvergabe und dem erst mit zunehmender Entwicklung am Markt reduzierten Risiken zurückzuführen, die letztlich nur ein bereits einige Zeit am Markt operierendes und sich beweisendes Unternehmen genügen kann.

11.8 Öffentliche Fördermittel als Finanzierungsinstrument

Formen öffentlicher Fördermittel

Da Kredite zwar eine für junge innovative Unternehmen wichtige komplementäre Finanzierungsform zur Eigenkapitalfinanzierung in späteren Phasen sind, allerdings auch nur bedingt zur Verfügung stehen, wurde in Deutschland 1971 das Instrument des Förderkredits eingeführt. Durch diese Fördermaßnahmen sollten junge Unternehmen die Möglichkeit auf eine Fremdfinanzierung zu attraktiven Konditionen erhalten. Im Laufe der Jahre wurden Förderprogramme für junge Unternehmen umfangreich ausgeweitet, sodass sie heute folgende Möglichkeiten der Unterstützung umfassen:

- Zuschüsse, die nicht zurückgezahlt werden müssen,
- Eigenkapitalhilfen,
- Förderkredite und
- indirekte Hilfen, wie beispielsweise Bürgschaften.

Gesamtwirtschaftlich erhofft man sich dadurch ein regeres Gründungsgeschehen und die Schaffung von mehr Arbeitsplätzen durch junge Unternehmen. Dabei hat sich ein Set an Kriterien herausgebildet, das für alle Fördermittel Gültigkeit hat und durch den Unternehmer jeweils geprüft werden sollte. Diese Kriterien sind:

- Umfang der Förderung: Mitunter wird mit Förderkrediten oder Eigenkapitalhilfen nicht der volle Umfang der Maßnahme finanziert, sondern nur ein Teil.
- Antragszeitpunkt: Förderungen unterscheiden sich darin, von wann bis wann sie beantragt werden dürfen. So gibt es Programme, die nur vor der Gründung beantragt werden können, aber nicht mehr danach.
- Maximaler Förderbetrag: Die einzelnen Programme weisen in der Regel Höchstsummen der Förderung auf.
- Konditionen: Hierunter fallen mögliche Zinszahlungen, tilgungsfreie Zeiten oder die Regelung, dass es sich um eine nicht rückzahlbare Maßnahme handelt.
- Unterstützte Maßnahmen: Nicht jede Investition wird auch mit einer Förderung unterstützt, manche Programme sind auf einzelne Investitionsarten beschränkt.

Zur Wirkung der Förderprogramme existiert eine Reihe von Studien. Brüderl, Preisendörfer und Ziegler (1992) zeigen auf, dass die Gründungsförderung den Erfolg von Unternehmen positiv beeinflussen kann. Struck (1998) ergänzt in seiner Untersuchung, dass die mit einer bestimmten Maßnahme geförderten Unternehmen eine deutlich höhere Überlebenswahrscheinlichkeit haben als die nicht geförderten Unternehmen. Almus und Prantl (2001) ergänzen in ihrer Studie, dass die Fördermaßnahmen auch positive Auswirkungen auf die geschaffenen Arbeitsplätze haben. Zusammenfassend zeigt sich also die durchaus positive Wirkung der unterschiedlichen Fördermaßnahmen auf junge Unternehmen zur Schließung des eingangs genannten Equity Gaps in der frühen Phase (Grichnik, 2009).

11.9 Zusammenfassung

Dem Financial Capital kommt für Gründungsunternehmen eine sehr hohe Bedeutung zu. Beinahe jedes Unternehmen ist auf der Suche nach einer initialen Finanzierung, sei es nur für das Aufbringen des Stammkapitals bei einer GmbH. Dabei sind zuallererst strategische Überlegungen wichtig, bevor die eigentlichen Kapitalgeber angesprochen werden. Die einfachste und nahe liegendste Form der Finanzierung ist die durch die Gründer, ihre Familien und Freunde. Allerdings ist sie auch vom Umfang schnell begrenzt, sodass sie sich nur bedingt als ausschließliche Finanzierung eignet.

Im weiteren Schritt ist der Rückgriff auf Privatinvestoren eine gute Möglichkeit der Finanzierung. Dabei ist vor allem wichtig, welche Leistungen diese Investoren neben dem Kapital noch zu erbringen in der Lage sind. Sind diese Leistungen für den Aufbau des neuen Unternehmens wesentlich und hilfreich, spricht man von einer Finanzierung durch Business Angels. Diese bringen neben ihrem Kapital auch umfangreiche unternehmerische Erfahrung zur Entwicklung des finanzierten Unternehmens ein.

In der Regel ist auch die Finanzierung durch Privatinvestoren Grenzen ausgesetzt, die vor allem im Umfang zu sehen sind. Benötigt ein Unternehmen deutlich mehr als 500.000 Euro, bietet sich die weitere Finanzierung durch Venture Capital an. Bei Venture Capitalists handelt es sich um Finanzintermediäre mit formalen Fondsstrukturen, die sich an jungen risikoreichen Unternehmen beteiligen. In der Regel leisten Venture Capitalists auch weitere Hilfe neben ihrem Kapital und entwickeln ihre Beteiligungsunternehmen weiter. Eine Sonderform des Venture Capital ist das Corporate Venture Capital. Letzteres wird von etablierten großen Unternehmen zur Verfügung gestellt und ist für diese Unternehmen eine Mischform aus finanzieller und strategischer Beteiligung.

Schließlich kann sich ein junges Unternehmen neben der Eigenkapitalfinanzierung auch um Fremdkapital bemühen. Obwohl Banken dieses für sehr risikoreiches Geschäft kaum zur Verfügung stellen, erlangt es für etabliertere (Jung-)Unternehmen mit stabiler werdenden Cashflows erhebliche Bedeutung. Die Bedeutung rührt daher, dass es sich um eine durchaus attraktive (günstige) Finanzierungsform handelt, die nicht mit einer Anteilsabgabe verbunden ist. In Ergänzung zu diesen Finanzierungsformen gibt es seit fast 40 Jahren in Deutschland das Instrument der Finanzierung durch öffentliche Förderung. Diese Form der Finanzierung unterliegt erheblichen Veränderungen über die Zeit und muss deshalb zeitnah individuell recherchiert werden. Begleitende Untersuchungen zeigen, dass mit der öffentlichen Förderung positive Effekte für die Entwicklung von jungen Unternehmen und ihren Arbeitsplätzen verbunden sind.

11.10 Fallstudie: Policen Direct

Im Spätsommer 2007 saßen Simon Nörtersheuser, Max Ahlers und Sebastian Siebert gemeinsam in einem Büroturm hoch über Frankfurt am Main. Statt mit dem Panoramablick waren sie vielmehr mit der Zukunft ihres Unternehmens Policen Direkt beschäftigt: Quer über dem Tisch liegt eine aktuelle Wirtschaftszeitung, die über die positive Aktienkursentwicklung ihres Hauptkonkurrenten berichtet, der erst kurz zuvor an die Börse gegangen ist.

Die Policen Direkt Versicherungsvermittlung GmbH wurde im Jahr 2004 von Simon, Max und Sebastian direkt im Anschluss an ihr Studium an der WHU – Otto Beisheim School of Management gegründet. Kern des Geschäftsmodells ist der Aufbau eines Sekundärmarkts für Kapitallebensversicherungen. Die Geschäftsidee war den drei Freunden eher zufällig während ihres Studiums bekannt geworden, als sie eine Unternehmenspräsentation an der Hochschule besucht hatten. Der Idee eines Sekundärmarkts für Kapitallebensversicherung haftete allerdings keine Neuartigkeit an, da ein solcher Markt in Großbritannien bereits seit mehr als 150 Jahren existiert. In Deutschland war dieses Konzept noch weitgehend unbekannt und der Markt wurde von nur einem einzigen Wettbewerber adressiert.

Die Grundidee hinter dem Geschäftsmodell ist die Ausnutzung einer Arbitragemöglichkeit, die durch die übliche Vorfälligkeitsentschädigung besteht, die dem Versicherungsnehmer im Falle einer vorzeitigen Kündigung seiner Kapitallebensversicherung belastet wird. Das allgemeine Funktionsprinzip einer Kapitallebensversicherung ist, dass der Versicherungsnehmer über einen längerfristigen Zeitraum (üblicherweise bis zur Pensionierung) regelmäßige Beträge als Spareinlage in die Versicherung einzahlt und am Ende der Laufzeit die Summe der einbezahlten Beträge und der angefallenen Zinsen ausbezahlt bekommt. Kann der Versicherungsnehmer den laufenden Zahlungsverpflichtungen nicht mehr nachkommen und muss die Versicherung vor Fälligkeit kündigen, bekommt er den Wert der Versicherung (Summe aller geleisteten Zahlungen) nur unter Abzug einer erheblichen Vorfälligkeitsentschädigung ausbezahlt, wie Abbildung 11-13 illustriert. Diesen Unterschiedsbetrag nutzt Policen Direkt mit seinem Geschäftsmodell aus, indem es dem kündigungswilligen Versicherungsnehmer ein Angebot auf Übernahme des Versicherungsvertrags macht, das zwischen dem Wert der Versicherung und dem Auszahlungsbetrag der Versicherungsgesellschaft liegt. Die erworbenen Versicherungspolicen werden in der Regel an im Ausland ansässige Fondsgesellschaften veräußert, die die Prämienzahlungen bis zum Laufzeitende der Versicherung übernehmen und bei Fälligkeit die gesamte Auszahlung durch die Versicherungsgesellschaft vereinnahmen. Da etwa 50 % aller Kapitallebensversicherungen in Deutschland vor Fälligkeit gekündigt werden, schätzten die Gründer das Marktpotenzial als ausreichend groß ein.

Trotz der 2004 vorherrschenden schlechten Lage auf dem Markt für Beteiligungskapital gelang es den Gründern, mit der Westdeutschen Landesbank (WestLB) und einem britischen Hedge Fonds zwei Eigenkapitalgeber zu gewinnen. Die WestLB stellte zudem einen Kredit in Höhe von 50 Mio. Euro zur Verfügung. Die drei Freunde gründeten zunächst die European Policy Exchange Limited (EPEX) mit Sitz in

Abb. 11-13

Arbitragemöglichkeiten während der Laufzeit einer Kapitallebensversicherung

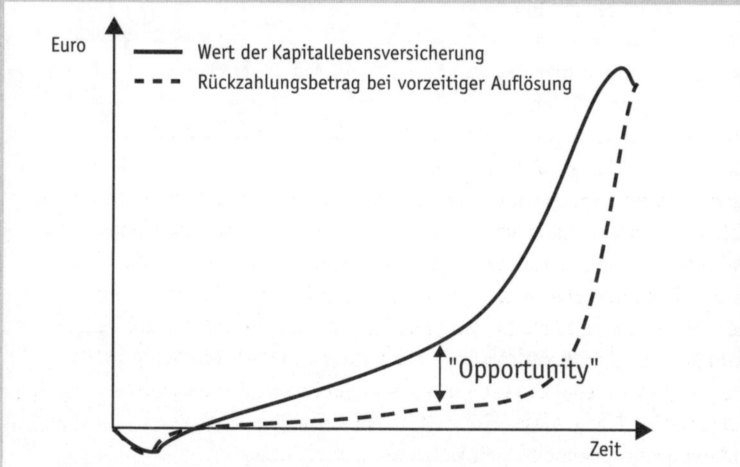

London. Um auf dem deutschen Markt allerdings nicht als ausländischer Investor aufzutreten, wurde beinahe zeitgleich auch die Policen Direkt Versicherungsvermittlungs GmbH als 100 %iges Tochterunternehmen gegründet (s. Abbildung 11-14). Ausgestattet mit hinreichendem Kapital wurde 2005 der erste geschlossene Fonds zum Ankauf von Kapitallebensversicherungen ins Leben gerufen. Dabei beließen es die Gründer allerdings nicht, sondern erweiterten das Produktangebot stetig: 2006 wurde Policenkredit gegründet, bei dem Kredite gegen Beleihung einer Kapitallebensversicherung angeboten werden. 2007 startete mit Fondsdirekt der nächste Produktableger, der Beteiligungen an geschlossenen Fonds ankauft beziehungsweise an Investoren weitervermittelt. Das Unternehmen entwickelte sich nicht zuletzt durch die Schöpfung von Synergiepotenzialen zwischen den einzelnen Geschäftsmodellen sehr gut: 2007 arbeiteten 50 Mitarbeiter für Policen Direkt beziehungsweise EPEX, das jährliche Ankaufsvolumen stieg von 35 Mio. Euro auf 450 Mio. Euro und der Wert der verwalteten Versicherungspolicen überstieg die eine Mrd.-Euro-Grenze. Das Partnernetzwerk von Policen Direkt war zudem auf fünf Banken und sieben Fonds angewachsen, die bei den angebotenen Produkten als Investor oder Kreditgeber auftreten.

Der Börsengang ihres größten Wettbewerbers und die von diesem dabei erzielte Bewertung machen die drei Gründer nachdenklich. *Sollten wir auch einen Börsengang für unser Unternehmen durchführen? Reichen unsere Erfahrung und die bisher erzielten Erfolge für einen Börsengang? Wenn ja, welche Veränderungen wird dies mit sich bringen?* Fragen, die sie sich nun des Öfteren stellen. In der Folgezeit verbringen sie daher viel Zeit damit, die verschiedenen Anforderungen an die Börsenreife eines Unternehmens zu analysieren und ihr Unternehmen hierauf auszurichten. Langsam

Abb. 11-14

Beteiligungsstruktur von Policen Direkt

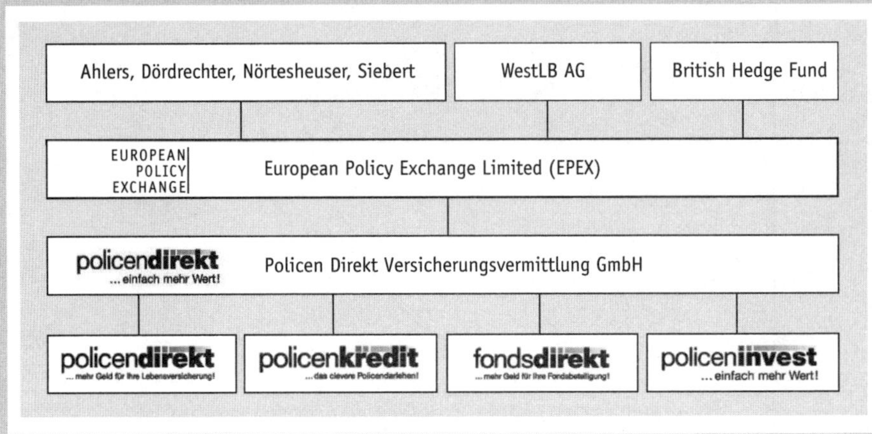

beschleicht sie allerdings das Gefühl, dass die Herausforderung Börsengang für ihr junges Unternehmen, aber auch für sie als junge Entrepreneure etwas zu groß sein könnte: Sie verfügen weder über ausreichende Erfahrungen im Management eines börsennotierten Unternehmens, noch besitzen sie ausreichende Kenntnisse im Bereich der Finanz-, Rechnungslegungs- und Controlling-Systeme. Die ganzen administrativen Prozesse, die für einen Börsengang notwendig sind, scheinen ihnen auch das letzte bisschen ihrer kreativen Energie und ihres Entrepreneurial Spirit zu rauben. Daher diskutieren sie nun intensiv über ihr weiteres Vorgehen. Sollen sie den Plan von einem Börsengang aufgeben und sich wieder auf das unternehmerische Tagesgeschäft konzentrieren? Andererseits scheint der Kapitalmarkt offen für einen Börsengang eines Versicherungsvermittlers zu sein, wie der Börsengang ihres Wettbewerber zeigte. Als Alternative diskutieren sie daher über die Erweiterung der Geschäftsführung um eine im Finanzbereich erfahrene Person. Sofort kommt ihnen Dr. Nikolai Dördrechter in den Sinn, der bei einer Private-Equity-Beratungsgesellschaft für die Prozessplanung und -analyse von Börsengängen zuständig ist und den drei Gründern gelegentlich schon als Berater zur Seite gestanden hat. Auch wenn Nikolai die geeignete Person zu sein scheint, gehen Simon, Max und Sebastian einige grundlegenden Fragen nicht aus dem Kopf: Wie wird sich ein Börsengang auf das Unternehmen und den Entrepreneurial Spirit aus? Was ändert sich durch den neuen Mann an Bord der Geschäftsleitung?

Aufgaben

1. *Wie würde eine Umwandlung von Policen Direkt in eine börsennotierte Gesellschaft Einfluss auf das aktuelle Entscheidungsverhalten der Gründer nehmen?*

2. *Bis jetzt hat Policen Direkt alle Wachstumserwartungen übertroffen. Welche Argumente haben die Gründer genutzt, um ihre Kunden, Banken und Investoren mit ihrem Geschäftsmodell zu überzeugen?*

3. *Welche Methoden könnten angewendet werden, um den Wert des Unternehmens für einen Börsengang des Unternehmens zu beurteilen?*

Weiterführende Literatur

Börner, D. und Grichnik, D. (Hrsg.) (2005). Entrepreneurial Finance, Kompendium der Gründungs- und Wachstumsfinanzierung, Heidelberg.

Brettel, M., Rudolf, M. und Witt, P. (2005). Finanzierung von Wachstumsunternehmen, Wiesbaden.

Smith, R. L. und Smith, J. K. (2003). Entrepreneurial Finance. 2. Aufl. Hoboken, NJ.

Teil D
Grundformen unternehmerischen Handelns

12 Markteintritt, Marketing und Positionierung

Lernziele

Ist die Opportunity erkannt und die Geschäftsidee in der Phase der Ausarbeitung, muss sich der Entrepreneur dem Markteintritt zuwenden. Um erfolgreich in einen Markt einzutreten, bedarf es einiger Vorarbeit. Der Entrepreneur muss erstens die Abgrenzung des neuen Produkts von bereits vorhandenen Produkten am Markt vornehmen und sich dann selbst gegenüber den Wettbewerbern im Markt positionieren. Dies geschieht über die Wahl einer Strategie. Aufbauend darauf sollte das neue Produkt aus den Perspektiven der vier Elemente des Marketing-Mix definiert werden. Dieses Kapitel zeigt, dass es verschiedene Positionierungsmöglichkeiten gibt, die durch geeignete Wahl von Produkt-, Preis-, Kommunikations- und Vertriebspolitik zu einer gelungenen Kombination am Markt werden können. Daher dient dieses Kapitel nicht nur dazu, den Markeintritt prozesstheoretisch vorzustellen, sondern vor allem anschaulich auf die Positionierung und die Möglichkeiten der Marketing-Mix-Elemente einzugehen.

Nachdem Sie dieses Kapitel durchgearbeitet haben, werden Sie insbesondere:

- Die wichtigsten Strategien zur Positionierung im Wettbewerb unterscheiden und nachvollziehen können,
- die Bestandteile und Entscheidungen des Markteintritts und deren Zusammenspiel kennen sowie
- Bestandteile und Methoden des Marketings kennen und anwenden können.

12.1 Markteintritt als Realisierung der Unternehmensgründung

Markteintritt im unternehmerischen Handlungsprozess

Die Realisierung einer Idee beinhaltet die Phasen der Leistungsangebotsentwicklung, die Absatzvorbereitung und die Markteinführung (Michel, 1987). Die beiden letzten Phasen entsprechen der konzeptionellen Gestaltung und Umsetzung der Markteintrittsstrategie und stellen den Beginn der Verwertungsphase dar, in welcher der Markteintritt – als wichtiger Meilenstein der frühen Unternehmensentwicklung – erfolgt. Wenn ein Unternehmen erstmalig in einen Markt eintritt, die ersten Erlöse der geplanten Geschäftstätigkeit erzielt und sich damit einen Wettbewerbsvorteil erarbeitet hat, wird idealtypisch die Gründungsphase als beendet angesehen (Schoonhoven, Eisenhardt und Lyman, 1990). Die Art und Weise des Markteintritts ist entscheidend für den langfristigen Erfolg eines Unternehmens.

Bedeutung und Charakteristika der Realisierung einer Geschäftsidee

Eine fundierte, durchdachte und zielorientierte Markteintrittsstrategie ist für den Erfolg einer Geschäftsidee am Markt meist von grundlegender Bedeutung. Für den Markteintritt werden häufig systematische Marktein- beziehungsweise Marktzu-

Abb. 12-1

Systematische Darstellung der Elemente des Markteintritts

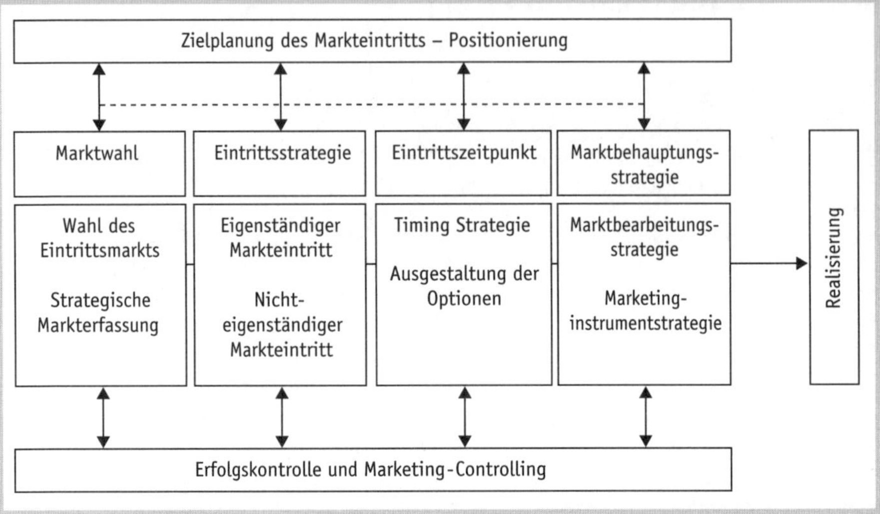

trittsstrategien entwickelt, mit deren Hilfe möglichst sichergestellt werden soll, dass der geplante Markteintritt auch erfolgreich umgesetzt werden kann. Zu den Voraussetzungen, die vor dem Versuch eines Markteintritts geklärt werden müssen, gehört die Zielsetzung des Markteintritts. Während Markteintrittsziele wie Rendite (Return on Investment) und Sicherheit (Liquidität, Kapital- und Substanzerhaltung) bei etablierten Unternehmen in Vergleich zu den bestehenden Märkten und deren Entwicklung zu setzen sind, wird für den Entrepreneur vor allem die erfolgreiche und profitable Vermarktung des neuen Produkts im Vordergrund stehen. Vor der Detailplanung des Markteintritts steht die Bestimmung der angestrebten Positionierung des Unternehmens im Wettbewerb, da diese Auswirkungen hat auf die anderen Themen, die bei einem Markteintritt zu analysieren und festzulegen sind. Basierend auf den Zielen des Markteintritts und der Positionierung werden Entscheidungen zu Marktwahl, Eintrittsstrategie, Eintrittszeitpunkt sowie der Strategie zur Behauptung im Markt und den dazu notwendigen Marketinginstrumenten getroffen, die die erfolgreiche Realisierung des Markteintritts unterstützen sollen (Meffert und Remmerbach, 1999). Diese Elemente lassen sich entsprechend der Darstellung in Abbildung 12-1 zueinander in Beziehung setzen.

12.2 Markteintrittsstrategien

12.2.1 Marketingstrategieprozess

Marketingstrategien legen das Markteintrittsverhalten eines Unternehmens fest. In Anlehnung an Stokes (2000) können zwei grundsätzliche Vorgehensweisen bei der Erstellung einer Marketingstrategie unterschieden werden, die in Abbildung 12-2 als Top-Down- und Bottom-Up-Ansatz dargestellt werden. In den klassischen Marketinglehrbüchern wird der Top-Down-Ansatz als maßgeblicher Prozess der Marketingstrategie vorgestellt. Dieser Prozess beginnt mit der Einteilung des zu bearbeitenden Markts in einzelne Segmente. Zweiter Schritt ist die Bestimmung des Segments, welches für das Unternehmen am attraktivsten erscheint (z. B. aufgrund des Umsatzpotenzials). Hieraus ergibt sich sogleich auch der Zielkunde des Unternehmens. Durch die Auswahl und Kommunikation der gewählten Positionierung im Zielmarkt sollte sich das Unternehmen abschließend von den am Markt konkurrierenden Unternehmen absetzen. Alle Stufen des Prozesses beinhalten für gewöhnlich umfängliche Marktforschungsaktivitäten unter Hinzuziehung von Marketingspezialisten. Diese Form der Strategiebildung spiegelt die typische Vorgehensweise von etablierten Unternehmen wider. Sie kann aber von einem Entrepreneur auch dann

Abb. 12-2

Marketingstrategien in etablierten Unternehmen und Gründungsunternehmen

Top-Down-Ansatz	Bottom-Up-Ansatz
Marketingstrategieprozess in etablierten Unternehmen	**Marketingstrategieprozess in Gründungsunternehmen**
1. Marktsegmentierung: Marktsegmente werden auf Basis von demografischen, psychologischen oder Variablen des Käuferverhaltens gebildet.	**1. Identifikation marktlicher Gelegenheiten:** a. Identifiziere mögliche Opportunities b. Test mittels Trial-and-Error-Verfahren am Markt (basierend auf Intuition)
2. Zielkundenbestimmung: Bewertung der Attraktivität eines jeden Segments und Auswahl eines Zielsegments	**2. Aufbau einer ersten Kundenbasis:** a. Erste Kunden (nicht unbedingt die vorher erwarteten) werden gewonnen b. Lerne von ihren Präferenzen/Bedürfnisse
3. Positionierung: Auswahl und Kommunikation der Marktposition zur Abgrenzung des Produkts von Angeboten der Wettbewerber	**3. Ausweitung der Kundenbasis:** Initiale Kundenbasis wird durch Neukunden mit dem gleichen Profil erweitert, insbesondere durch Mund-zu-Mund-Propaganda

angewendet werden, sofern es sich um eine entdeckte unternehmerische Gelegenheit handelt, bei der der Markt bereits bekannt ist und der Entrepreneur nach der Causal-Logik agieren kann. Gerade für Gründungsunternehmen aus dem High-tech-Bereich ist der Markt allerdings in der Regel zunächst nicht genau definiert. Vielmehr schaffen die Entrepreneure durch ihre Handlungen und Entscheidungen erst den Markt und damit ihre unternehmerische Gelegenheit. In diesem Kontext ist die Marketingstrategie im Sinne eines Bottom-Up-Ansatzes zu formulieren. Bei diesem Vorgehen wird der Entrepreneur seine unternehmerische Idee zunächst im Trial-and-Error-Verfahren an einigen potenziellen Kunden am – noch nicht genau definierten – Markt testen. Aus den Kundenreaktionen zieht er dann Rückschlüsse für seine unternehmerische Idee beziehungsweise das von ihm angebotene Produkt und entwickelt dieses anhand der Kundenpräferenzen und -bedürfnisse weiter. Die Kundenbasis wird auf Basis der vorhandenen Ressourcen und Erfahrungen allmählich ausgeweitet, ohne jedoch dafür aufwendige Marketingmaßnahmen einzusetzen.

12.2.2 Zielkundenbestimmung bei jungen Unternehmen

Die Zielkundenbestimmung bezeichnet einen strategischen Prozess, der (1) die Erklärung des Kaufverhaltens (potenzieller) Kunden, (2) die Informationsgewinnung und -verarbeitung sowie (3) die Auswahl attraktiver (potenzieller) Kunden, die mithilfe der Marketinginstrumente primär erreicht werden sollen, beinhaltet. Junge Unternehmen stehen dabei vor folgendem Marketing-Dilemma (Luzak, 2010): Auf der einen Seite sind sie darauf angewiesen, ihre knappen Ressourcen effektiv und effizient einzusetzen, d. h. in attraktive Kunden zu investieren, auf der anderen Seite wissen sie aber auf Grund ihrer geringen Erfahrung, der Neuartigkeit und Unbekanntheit des Produkts und/oder des Markts nicht, wer diese Kunden sind. Allerdings ist es gerade für junge Unternehmen wichtig für den Erfolg, die unternehmerischen Aktivitäten konsequent und kontinuierlich auf die Bedürfnisse der (Ziel-)Kunden auszurichten.

Marketingphasen junger Unternehmen

Die Ausgestaltung der Zielkundenbestimmung beziehungsweise der Entscheidungsregeln hängt von dem Entwicklungsfortschritt des jungen Unternehmens und der damit einhergehenden Schwerpunkte des Marketings ab. Es lassen sich folgende drei – in Abbildung 12-3 aufgezeigten – Marketingphasen junger Unternehmen unterscheiden: Entrepreneurial, Opportunistic und Responsive Marketing. In der Phase des Enterpreneurial Marketings liegt der Fokus auf der Akquisition möglichst vieler Kunden. Hierbei werden unterschiedliche Maßnahmen im Marketing ausprobiert und das Produkt Verbesserungen unterzogen. In der zweiten Phase, dem Opportunistic Marketing, wird die Kundenbasis weiter ausgeweitet, es wird jedoch zunehmend versucht, den Umsatz pro Kunden zu erhöhen. Marketingmaßnahmen werden nach ihrem Erfolgsbeitrag ausgewählt und eingesetzt. Das Leistungsangebot des Unternehmens wird erweitert. In der dritten Marketingphase, dem Responsive Marketing, rücken Kundenzufriedenheit und -bindung in den Mittelpunkt. Ziel ist dabei die Erhöhung des Marktanteils. Die Marketinginstrumente werden gezielt nach Kunden und/oder Produkten eingesetzt. Weitere Wachstums-

Abb. 12-3

Mögliche Zielkundenbestimmungsansätze entlang der Marketingphasen junger Unternehmen nach Luzak (2010)

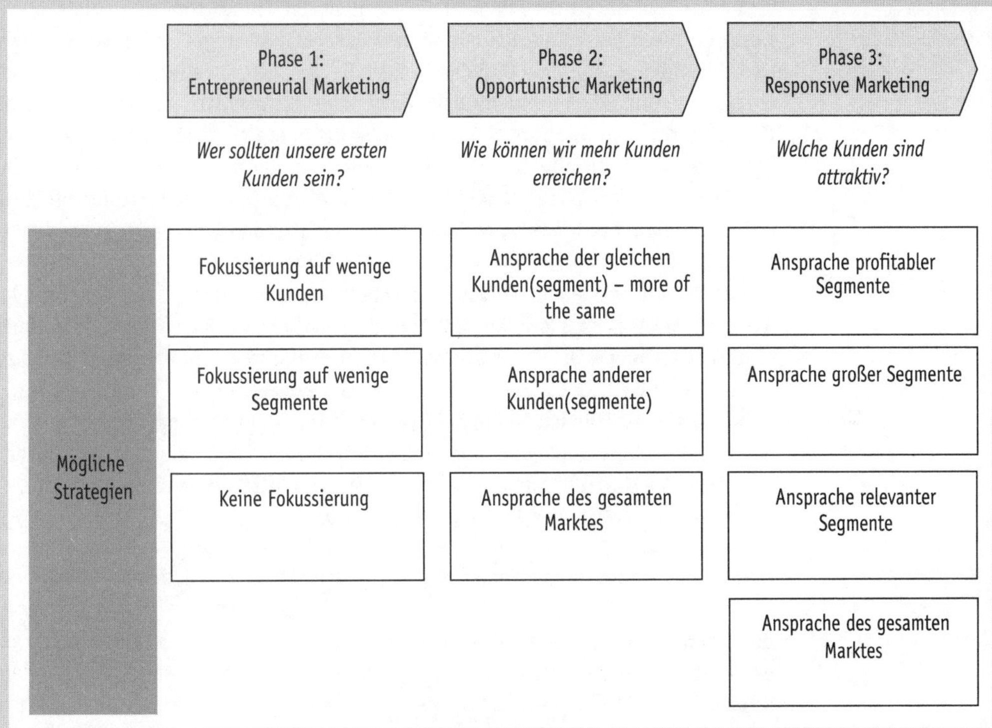

optionen, auch außerhalb des Kerngeschäfts, werden gesucht und ggf. andere geografische Märkte angesprochen.

Massenmarktansatz und Marktsegmentierungsstrategie

Grundsätzlich stehen einem jungen Unternehmen bei der Zielkundenbestimmung in jeder der drei Marketingphasen zwei gegensätzliche Ansätze zur Verfügung: Massenmarkt oder Marktsegmentierungsstrategie. Der Massenmarktansatz ist dabei eine bewusste Entscheidung gegen die Anwendung der Marktsegmentierung. Die beiden Strategieoptionen des Massenmarktansatzes sowie der Marktsegmentierung sind dabei als zwei grundsätzliche Optionen entlang eines kontinuierlichen Spektrums zu sehen.

Aus der Kombination der Marketingphasen mit dem Spektrum der möglichen Marktsegmentierungsansätze lassen sich mögliche Zielkundenbestimmungsstrategien in Abhängigkeit der Entwicklung eines jungen Unternehmens darstellen. Die Abbildung 12-3 bietet eine Übersicht auf deren Grundlage die Optionen analysiert werden können.

12.2.3 Marktanalyse und Identifikation der Markteintrittsbarrieren

Fünf wesentliche Einflussfaktoren auf den Markt

Wie im vorangegangenen Kapitel bereits andiskutiert, wird der Prozess der Umsetzung einer unternehmerischen Gelegenheit im Markt von einer Vielzahl von Faktoren beeinflusst. Um sich mit der gewünschten Strategie erfolgreich am Markt zu positionieren, muss die Branche in dem die Geschäftsidee realisiert werden soll, detailliert verstanden werden. Neben der allgemeinen Attraktivität müssen alle Faktoren, die diese Branche beeinflussen, sowie deren Markteintrittsbarrieren analysiert werden. Mithilfe des Fünf-Kräfte-Modells kann man die Spezifika einer Branche analysieren und Erkenntnisse über Attraktivität und Schlüsselfaktoren gewinnen. Damit unterstützt es Entscheidungen über den Eintritt in ein bestimmtes Marktsegment.

Das Modell entstammt dem industrieökonomischen Ansatz, der den Grundgedanken verfolgt, dass die Attraktivität des Marktes vor allem durch die Marktstruktur bestimmt ist. Die Marktstruktur beeinflusst das strategische Verhalten der Unternehmen, d. h. ihre Wettbewerbsstrategie, welche wiederum ihren Markterfolg bestimmt. Folglich ist der Erfolg einer Unternehmung zumindest indirekt von der Marktstruktur abhängig. Das Fünf-Kräfte-Modell beschreibt die Attraktivität einer Branche durch die Ausprägung der fünf wesentlichen Wettbewerbskräfte, die in Abbildung 12-4 dargestellt sind (Porter, 2008).

Abb. 12-4

Systematische Darstellung der Fünf Marktkräfte (nach Porter, 2008)

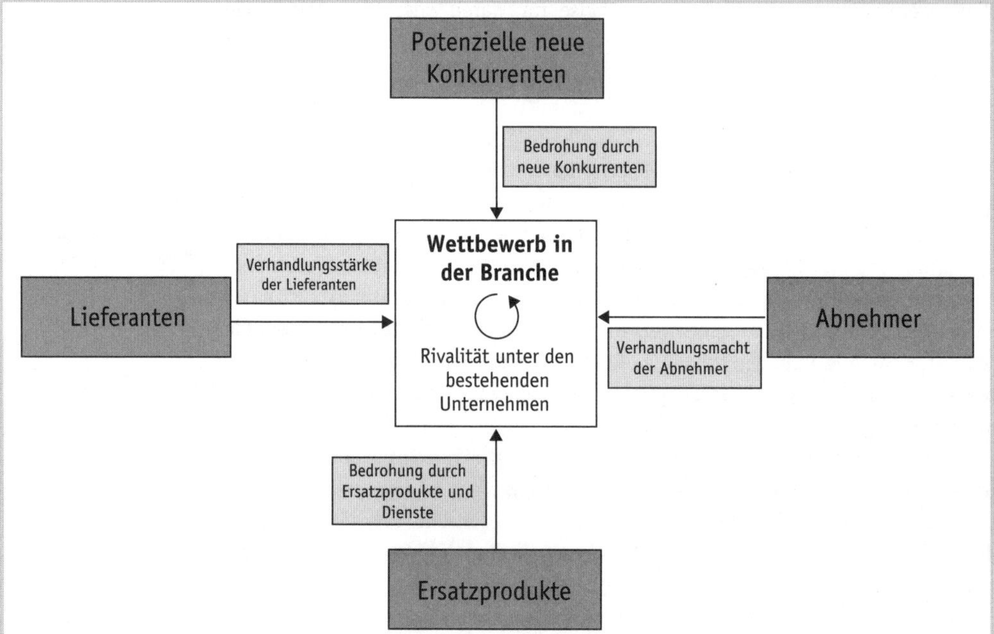

Die Rivalität unter den bestehenden Wettbewerbern in der Branche stellt oft eine zentrale Triebkraft des Wettbewerbs innerhalb einer Branche dar. Die Intensität des Wettbewerbs zwischen den im Markt agierenden Unternehmen nimmt meist zu, wenn viele ähnliche Konkurrenten aktiv sind, die Branche nur langsam wächst oder schrumpft, Kapazitäten nur in großen Volumina erhöht werden können, viele ähnliche Produkte existieren und hohe Marktaustrittsbarrieren bestehen.

Das Vorhandensein von Markteintritts- und Zugangsbarrieren begrenzt die Anzahl von Unternehmen auf einem Markt und beeinflusst somit die 'Rivalität unter bestehenden Mitbewerbern'. Betreten neue Konkurrenten den Markt, so werden Wettbewerbsvorteile verändert. Die neuen Anbieter gehen mit zusätzlichen Kapazitäten auf die bestehende Marktnachfrage ein, an der sie partizipieren wollen. Dieses zusätzliche Angebot bei gleicher Nachfrage drückt die Rendite der Marktteilnehmer. Die Bedrohung durch neue Konkurrenten ist besonders groß, wenn die Markteintritts- und Zugangsbarrieren niedrig sind.

Abnehmer (Kunden) sind insofern eine bedeutende Kraft in einer Branche, da sie Preise drücken, bessere Qualitäten durchsetzen oder erweiterte Dienstleistungen bewirken können, wenn sie eine hohe Marktmacht haben. Dadurch sinkt die Profitabilität innerhalb der Branche. Die Verhandlungsmacht der Abnehmer kann unter anderem dadurch hoch sein, dass eine Kundengruppe stark konzentriert ist und im Vergleich zum Gesamtumsatz der Branche große Mengen abnimmt, die angebotenen Produkte oder Dienstleistungen standardisiert oder undifferenziert sind, ein Wechsel des Lieferanten nur geringe Umstellungskosten zur Folge hat oder die Branche sehr kostentransparent ist.

Die Verhandlungsmacht der Lieferanten kann für eine Branche eine Gefahr darstellen, wenn diese damit drohen, die Preise für Waren oder Dienstleistungen anzuheben. Durch Preiserhöhungen von Zulieferungen, die nicht auf die Abnehmer übertragen werden können, wird die Profitabilität einer Branche reduziert. Die Ursachen, warum einzelne Lieferanten mächtig sind oder werden, sind gegensätzlich zu den Ursachen für mächtige Abnehmer. Lieferanten erlangen beispielsweise eine hohe Verhandlungsmacht, weil die liefernde Branche im Vergleich zur abnehmenden Branche nur von wenigen Unternehmen dominiert wird. Zudem ist die Lieferantenmacht hoch, wenn für die gelieferten Produkte oder Dienstleistungen eine geringe Substitutionsgefahr besteht oder die gelieferten Produkte insgesamt einen wesentlichen Beitrag für die Kundenbranche darstellen.

Alle Mitbewerber einer Branche stehen auch im Wettbewerb mit Industrien, die Ersatzprodukte (Substitute) herstellen. Ersatzprodukte begrenzen die potenzielle Profitabilität einer Branche, da sie eine absolute Grenze für die Preise setzen, die die Branche für ihre Produkte/Dienstleistungen erzielen kann. Ersatzprodukte sind Produkte oder Dienstleistungen, die die gleiche Funktion wie das Produkt der betrachteten Branche erfüllen können. Die Bedrohung durch Ersatzprodukte ist groß, wenn nur geringe Loyalität zu dem bestehenden Produkt auf dem Markt besteht, die Kosten einer Umstellung von Original auf ein Ersatzprodukt nur gering sind, Lizenzen oder Patente auslaufen, das Originalprodukt relativ teuer ist und bei einem Ersatzprodukt zu deutlich niedrigeren Preisen Leistungsabstriche akzeptiert werden.

Je stärker die Bedrohung durch diese fünf Wettbewerbskräfte ist, desto unattraktiver ist die betrachtete Branche und desto schwieriger ist es, einen nachhaltigen Wettbewerbsvorteil zu erzielen. Entrepreneure sollten daher alle Kräfte des Marktes kennen und verstehen, wie sich diese auf den eigenen Markteintritt auswirken. Strategien und Taktiken zum Umgang mit den verschiedenen Kräften müssen vor dem Eintritt in den Markt formuliert werden und eine verteidigungsfähige Position in der Branche sollte aufgebaut sein. Unternehmen können auch durch eine entsprechend strategische Ausrichtung die fünf Kräfte beeinflussen. Dies kann die Attraktivität einer Branche erhöhen.

Beim Markteintritt müssen Barrieren überwunden werden

Unter den Begriffen Markteintritts- und -zugangsbarrieren können eine Vielzahl von Faktoren zusammengefasst werden, die es einem Entrepreneure erschweren, in einen Markt einzutreten und ihn zu bearbeiten. Die Barrieren können unterteilt werden in institutionelle und verhaltensbedingte Markteintrittsbarrieren (Meffert und Bolz, 1994). Zu den institutionellen Marktzugangsbarrieren zählen vor allem die tarifären und die nicht-tarifären Handelshemmnisse. Auch bestehende Strukturen, z. B. bestehende Distributionskanäle, die von konkurrierenden Herstellern dominiert sind, können diesen Barrieren zugerechnet werden. Verhaltensbedingte Marktzugangsbarrieren entstehen nicht aus bestehenden Einrichtungen oder staatlichen Vorschriften, sondern aus dem faktischen Verhalten von Geschäftsleuten oder Verbrauchern im Markt. Diese Markteintrittsbarrieren beruhen vor allem auf Präferenzen, Wahrnehmungen und Gewohnheiten der Kunden.

Auch im eigenen Unternehmen können Markteintrittsbarrieren vorhanden sein. Hierzu zählen folgende Faktoren, die besonders für den erstmaligen Markteintritt junger Unternehmen relevant sind (Porter, 2008):

- Sind in der Branche wesentliche Betriebsgrößenersparnisse erreichbar, dann haben bereits etablierte Wettbewerber einen Wettbewerbsvorteil, da potenzielle neue Konkurrenten entweder höhere Kosten in Kauf nehmen müssen oder sofort mit sehr hohen Produktionsmengen arbeiten müssen, was das Risiko eines Markteintritts erhöht.
- Wenn die bestehenden Anbieter im Markt auf Grund von Produktdifferenzierung bereits eine hohe Käuferloyalität aufgebaut haben, wird der Markteintritt für neue Anbieter erschwert.
- Je höher der anfängliche Bedarf an Kapital für Produktionsanlagen, Forschung und Entwicklung, Design usw. ist, desto höher ist die Barriere als neuer Konkurrent in den Markt einzutreten.
- Wenn die Abnehmer eines Produkts hohe Kosten aufwenden müssen, um auf die Systeme neuer Anbieter umstellen, z. B. durch Schulungen der Mitarbeiter oder weitere technische Umstellungen, erschwert dies ebenfalls ein Eintritt neuer Anbieter.

Die Höhe und Intensität der Eintrittsbarrieren bestimmen, wie aufwendig es für ein neues Unternehmen ist, sich am Markt zu platzieren. Sie schützen allerdings auch Unternehmen in einem Markt vor dem Einfluss eines neues Konkurrenten. Bei der Planung des Marktes, in den ein neues Unternehmen eintreten möchte, sind alle

Eintrittsbarrieren zu verstehen und Strategien zum Umgang und Überwinden dieser Barrieren festzulegen.

12.2.4 Optionen und Zeitpunkt des Markteintritts

Die Formen des Markteintritts können - wie Abbildung 12-5 zeigt - nach der unternehmerischen Beteiligung unterschieden werden. Ein Markteintritt kann durch eigene Ressourcen als eigenständiger Markteintritt oder durch die Beteiligung Unternehmensfremder in einem nichtselbstständigen Markteintritt erfolgen (Remmerbach, 1988).

»Dem selbstständigen Eintritt liegt stets die unternehmerische Innovationstätigkeit zugrunde, wodurch sich sowohl beim Start-up als auch bei der internen Diversifikation der Markteintritt in der Neuprodukteinführungsstrategie (aus Unternehmenssicht) realisiert« (Remmerbach, 1988). Der eigenständige Markteintritt ist mit dem Aufbau einer neuen Geschäftseinheit verbunden, wodurch neue Produktionskapazitäten sowie Vertriebsbeziehungen in einer Branche entstehen. Remmerbach (1988) definiert den eigenständigen Markteintritt von Start-ups oder die

Abb. 12-5

Schematische Darstellung der Eintrittsoptionen nach Remmerbach (1988)

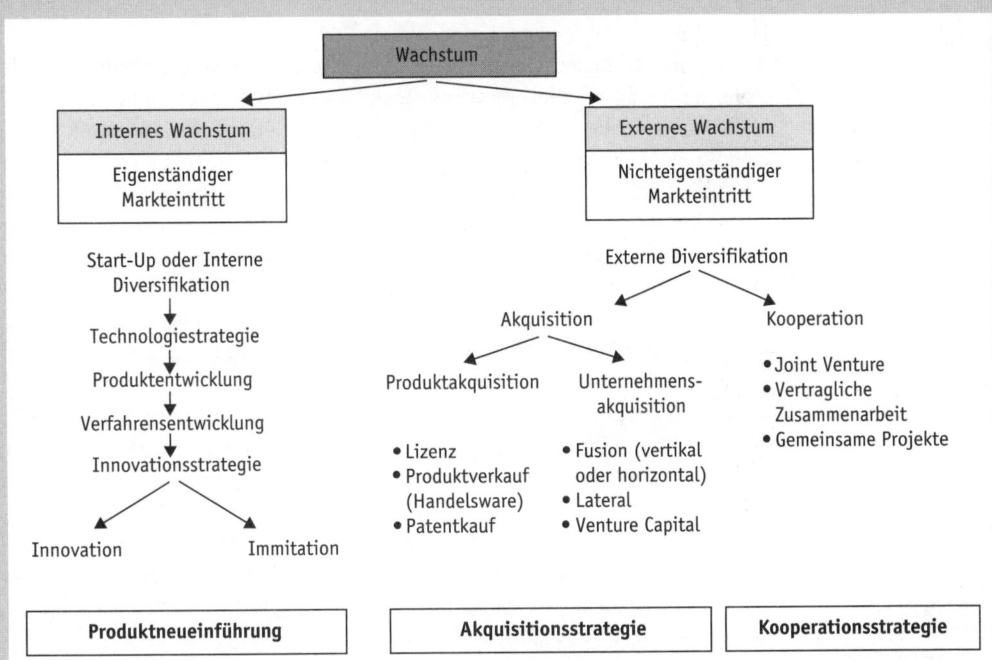

Abb. 12-6

Markteintrittszeitpunkt im Marktlebenszyklus (nach Buchholz, 1998 und Remmerbach, 1988)

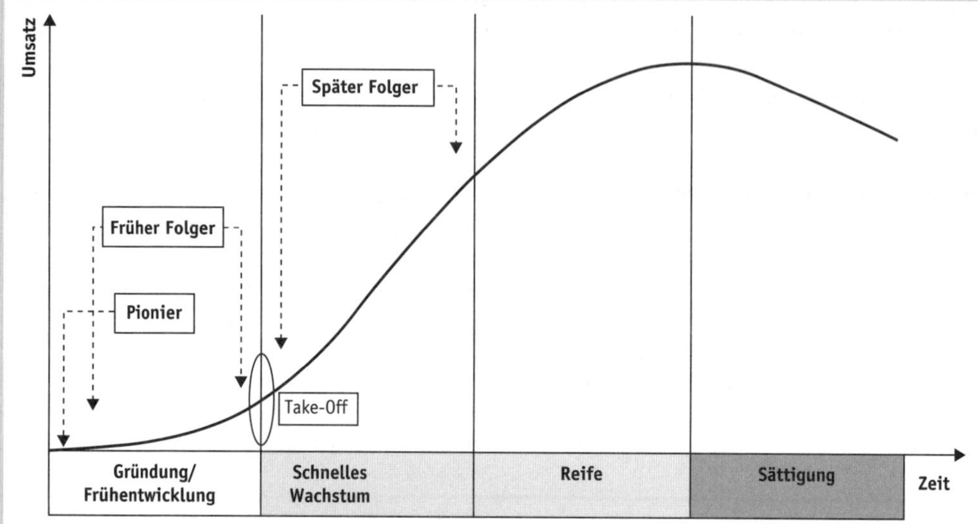

interne Diversifikation bestehender Unternehmen als Neuprodukteinführungsstrategie, welche durch Innovation oder Imitation umgesetzt werden kann.

In Märkten, die durch hohe Markteintrittsbarrieren gekennzeichnet sind, bei Produkten, die kosten- oder technologieintensiv in der Herstellung sind, oder wenn ein technologischer Standard durchgesetzt werden soll, kann sich auch für ein junges Unternehmen eine Akquisitions- oder Kooperationsstrategie anbieten (Meffert und Remmerbach, 1999). Microsoft ging beispielsweise für den Markteintritt ihres ersten Betriebssystems DOS eine Kooperation mit IBM ein, bei der auf den IBM-Rechnern DOS bereits vorinstalliert wurde. Durch die Dominanz von IBM in den Anfangszeiten des Computermarkts wurde auch Microsoft mit ihrem Betriebssystem zum Standard.

Window of Opportunity

Für den Erfolg und die Profitabilität einer Markteintrittsstrategie sind der Zeitpunkt des Markteintritts und die zeitliche Reihenfolge des Eintritts in dem Zielmarkt bedeutend. Besonders in schnell wachsenden, technologieintensiven Märkten kann der richtige Zeitpunkt des Markteintritts von hoher Bedeutung für den Markterfolg eines jungen Unternehmens sein. Dabei können die Unternehmen zwischen Pionierstrategie oder Folgerstrategie wählen (s. Abbildung 12-6). Bei der Folgerstrategie kann man außerdem zwischen frühen und späten Folgern unterscheiden (Remmerbach, 1988; Buchholz, 1998).

Als Pionier kann ein Unternehmen ein temporäres Monopol nutzen, trägt aber auch die hohen Kosten der Markterschließung.

Bei der Pionierstrategie betritt ein Unternehmen als erstes einen entstehenden Markt oder führt als erstes eine neue Technologie ein und versucht, sich damit gegenüber potenziellen Konkurrenten einen Wettbewerbsvorteil (First-Mover Advantage) zu sichern. Der Wettbewerbsvorteil des Pioniers kann sowohl angebots- als auch nachfrageseitig bestehen. Durch temporäre Monopolstellung auf dem Markt können Pioniere bei frühen Nachfragern relativ hohe Verkaufspreise erzielen, Reputationsvorteile aufbauen, sich exklusive Schutz- und Verwertungsrechte sichern und/oder sich unter Umständen auch Zugriff zu knappen Ressourcen sichern. Außerdem kann ein erfolgreicher Pionier bei schneller Marktdurchdringung den Standard einer Technologie prägen und damit längerfristige Wettbewerbsvorteile aufbauen (Meffert, 1994).

Gleichzeitig hat ein Pionierunternehmen den Nachteil, als erstes im Markt diesen erst erschließen zu müssen, z. B. indem es hohe Kommunikationsressourcen aufwenden muss, um potenzielle Kunden zu informieren. Nachfolgende Unternehmen können auf den vom Pionier geschaffenen Markt drängen und von dessen Vorarbeiten profitieren. Außerdem trägt der Pionier immer das Risiko, dass sich die Entwicklung des anvisierten Marktes aufgrund der Neuheit noch nicht gut vorhersagen lässt und sich ein Markt auch nicht entwickeln kann (Volkmann und Tokarski, 2006).

Folger können von den Investitionen und Fehlern der Pioniere profitieren.

Bei einer Folgerstrategie tritt man in den Markt erst ein, wenn ein anderes Unternehmen diesen schon eröffnet hat. Abhängig davon, wie weit nach dem Pionier ein Unternehmen den Markt betritt und davon, ob das Produkt oder die Technologie sich schon als marktfähig bewiesen hat, unterscheidet man zwischen frühen und späten Folgern (Volkmann und Tokarski, 2006).

Die Strategie von frühen Folgern ähnelt denen von Pionieren, da noch Unsicherheit über die künftige Marktentwicklung existiert und der Markt erschlossen werden muss. Allerdings sind schon erste Vorarbeiten durch den Pionier erfolgt und der frühe Folger kann aus den Fehlern des Pioniers lernen. Frühe Folger versuchen oft den Pionier abzulösen und seine Quasi-Monopolstellung zu übernehmen, besonders wenn größere Unternehmen mit signifikanten Ressourcenvorteilen als Folger eines neuen oder kleinen Unternehmens in einen Markt eintreten.

Späte Folger betreten den Markt meist erst nachdem der Markt erschlossen ist und sich als profitabel herausgestellt hat (Meffert, 1994). Sie profitieren von den Investitionen des Pioniers und der frühen Folgern, die beispielsweise bereits erforderliche Infrastrukturen aufgebaut oder Skepsis von Kunden abgebaut haben. Zunächst erfolgreiche Pioniere können träge werden und damit zögern, erste erfolgreiche Produktgenerationen rechtzeitig abzulösen. Dies gibt (modifizierenden) Folgern die Chance, frühe Marktführer zu überholen.

Allerdings müssen späte Folger die geschaffenen Markteintrittsbarrieren, Größen- und/oder Imagevorteile von Pionieren und frühen Folgern überwinden. Zusätzlich laufen späte Folger Gefahr, den Markt zu spät zu betreten und in einen bereits stagnierenden Markt zu investieren.

Studien zur Vorteilhaftigkeit der verschiedenen Timing-Strategien kommen bisher nicht zu eindeutig Ergebnissen (Emes und Gruber, 2007). Während die Pioniervorteile zur nachhaltigen Sicherung von Marktanteilen führen können, werden oft die Pioniere von Folgern überholt, die aus den Fehlern der Pioniere lernen oder durch bessere Ressourcenausstattung den Markt übernehmen. Jungen Unternehmern wird von Gruber empfohlen, sich ihres Timing und den daraus resultierenden Vor- und Nachteilen bewusst zu sein, damit sie die Kapazitäten und Fähigkeiten des neuen Unternehmens optimal auf den Markteintritt ausrichten können (Gruber, 2004).

Beispiel

Abb. 12-7

Erfolgreiche und nicht erfolgreiche Timingstrategien

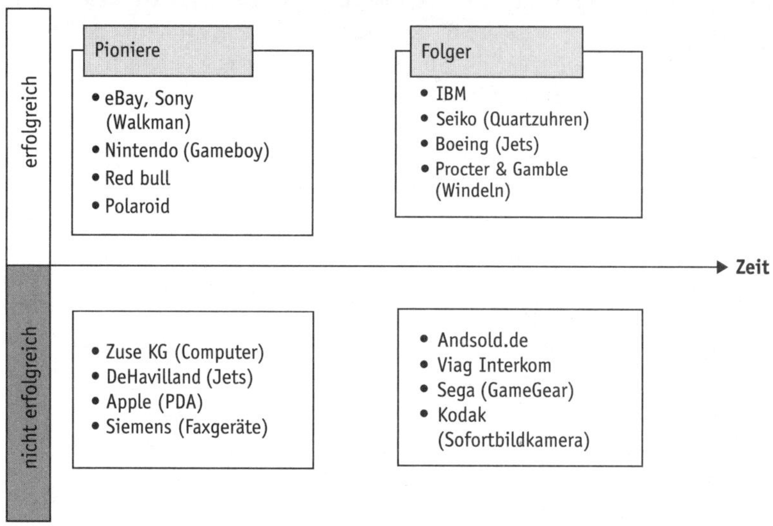

12.3 Marketing-Mix

Aufbauend auf die Konzepte der Zielplanung und der Markteintrittsstrategien fokussiert der Abschnitt 12.3 nun die Strategie und die Kernaspekte des Marketings. Hierbei wird deutlich, dass der Prozess der Marketingstrategie zwischen etablierten und jungen Unternehmen ein völlig verschiedener ist. Im Markt bereits etablierte Unternehmen haben eine präzise Vorstellung über Ihre Zielkunden, kennen ihren Markt, wissen um ihre Kernkompetenzen und leiten daraus neue Strategien für die Zukunft ab. Junge, technologieorientierte Unternehmen hingegen sehen sich mit einer anderen Ausgangslage konfrontiert. Sie sind neu im Markt, ihr Unternehmen ist klein und unbekannt und alle zukunftsweisenden Entscheidungen sind geprägt von Unsicherheit. Daher ist die Strategie von jungen Wachstumsunternehmen stark von der Dynamik des Marktes geprägt.

Um folglich im Markt überleben zu können müssen junge Wachstumsunternehmen zwei Hürden nehmen, um zu einem sich aus eigenen Mitteln finanzierten und stetig wachsenden Unternehmen zu werden (vgl. hierzu auch Abbildung 12-8). Die

Abb. 12-8

Entwicklungsphasen von jungen Unternehmen am Markt

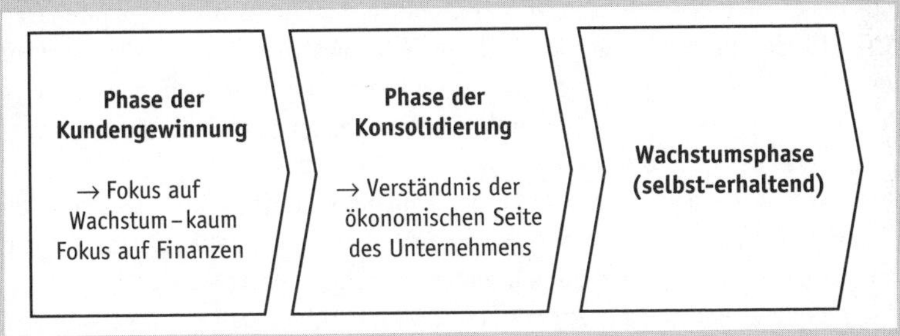

erste Hürde ist die Phase der Kundengewinnung, die zweite Hürde ist die Phase der Konsolidierung.

Die erste Phase fokussiert die Kundengewinnung. Kunden sind für junge Wachstumsunternehmen nicht nur notwendig, um erste Einnahmen zu generieren, sondern vor allem, um stetig zu lernen und Produktverbesserungen vorzunehmen. Junge Unternehmen müssen am Anfang die Chance ergreifen mit ersten Kunden zusammenzuarbeiten, um herauszufiltern, welche Kriterien die Produkte für den Nutzer interessant machen und ihn zum Kauf anregen. Diese Phase geht über in die Phase der Konsolidierung. Ziel der Konsolidierungsphase ist es, die eigene Position am Markt zu festigen. Hier lernt das Unternehmen seine wirtschaftlichen Interessen durchzusetzen, sodass im positiven Fall die finale Phase, die Existenz sichernde Wachstumsphase erreicht werden kann (Rüggeberg, 2003). In beiden Phasen sind Marketing unterstützende Maßnahmen notwendig. Aufgrund dessen wird im Folgenden auf die wichtigsten Elemente des Marketings eingegangen, die jungen Unternehmen dabei helfen, Kunden zu gewinnen und sich dann erfolgreich am Markt zu positionieren.

Exkurs

Marktorientierung

Dass Marktorientierungen einen positiven Einfluss auf die Performanz von jungen Unternehmen hat, kann unter anderem in der Studie von *Brettel et al.* (2010) nachgewiesen werden. Die Studie zeigt, dass eine klare Marktorientierung jungen Unternehmen hilft, ihren Wettbewerbsvorteil eindeutig herauszuarbeiten. Junge Unternehmen tendieren oftmals dazu, ausschließlich den Fokus auf das eigene Produkt zu richten und vergessen dabei wichtige Marktaspekte, wie z. B. den Kundennutzen zu berücksichtigen. Darüber hinaus unterstützt die Marktorientierung die Institutionalisierung einer Marketingfunktion im jungen Unternehmen und fördert das Entwickeln eines ersten Marketingplans. Insbesondere der Aspekt des Marktverständnisses hilft neue Initiativen im Rahmen der Produktentwicklung zu starten. Schließlich ist es eine große Chance für junge Unternehmen, den unumkehrbaren Trial-and-Error-Prozess dahingehend zu nutzen, verschiedene Produkt-Markt-Kombinationen zu testen. Etablierte Unternehmen verlassen ihren gefestigten Markt nur selten, junge Unternehmen hingegen sind flexibel in der Wahl des Marktes und können Produkte einfacher an neue Zielgruppen anpassen.

12.3.1 Produktpolitik

Wesentlich für ein zielgruppengerechtes Marketing sind die vier Elemente des Marketing-Mix, d. h. Produktpolitik, Preispolitik, Vertriebs- und Kommunikationspolitik. In der Fachsprache wird hier auch oftmals der Begriff 4P's verwendet (product, price, place, promotion). Basierend auf der gegenseitigen Abhängigkeit der einzelnen Marketing-Mix-Elemente voneinander, ist es wichtig, diese immer auf die zugrunde liegende Unternehmensstrategie anzupassen und alle Elemente aufeinander abzustimmen (Kuß, 2001). Im Folgenden werden die konzeptionellen Grundlagen für jedes Element der 4P's herausgearbeitet. Darauf aufbauend werden Handlungsanweisungen und Empfehlungen für junge Unternehmen abgeleitet.

Produktbegriff

Die Produktpolitik basiert auf dem Produktbegriff, der sich aus drei Sichtweisen definieren lässt (Homburg und Krohmer, 2006):

- *Substantielle Definition:* Demnach ist ein Produkt determiniert durch seine physischen und technischen Produktmerkmale, d. h. die haptischen Eigenschaften stehen für die Produktbezeichnung im Vordergrund.
- *Erweiterte Definition*: Diese Definition geht über die objektiv sichtbaren Elemente des Produkts hinaus und inkludiert auch immaterielle Leistungen. Das Produkt wird hier als Paket aller materiellen und immateriellen Leistungen betrachtet.
- *Generische Definition*: Diese legt den Produktbegriff am breitesten aus und beschreibt neben physischen und immateriellen Merkmalen eines Produkts auch noch den Kundennutzen, der sich hinter dem Produkt verbirgt. Oftmals sind es emotionale oder soziale Komponenten, die den Kundennutzen prägen.

Insbesondere die generische Definition verdeutlicht, dass die objektiv sichtbaren Elemente nicht einzig das Entscheidungskriterium für einen Kauf darstellen. So unrealistisch es erscheinen mag, so sind es insbesondere die nicht sichtbaren, nutzenversprechenden Elemente, die einen Kunden stimulieren und ihn zum Kauf antreiben. Daher ist es sinnvoll bei der Konzeption eines neuen Produkts nicht nur auf das Produkt per se, sondern auch auf die folgenden drei Aspekte einzugehen.

1. *Nutzenversprechen*: Das Nutzenversprechen wird auch bezeichnet als »Unique Selling Proposition«. Der USP eines Produkts ist sein Alleinstellungsmerkmal, d. h. die Eigenschaft, die es von anderen Produkten im Markt abgrenzt (Bruhn, 1999).
2. *Positionierung*: Jedes Unternehmen sollte vor einem Markteintritt das neue Produkt gegenüber möglichen Wettbewerbsprodukten im Markt positionieren, um die Abgrenzungsmerkmale herauszufiltern (Homburg und Krohmer, 2006).
3. *Zielgruppen*: Vor dem Markteinritt muss die Zielgruppe definiert werden. Der Zielkunde sollte am besten nach den folgenden fünf Kriterien definiert werden: Demographischen Kriterien, z. B. Geschlecht und Alter (für B2C) oder Firmensitz (für B2B), sozioökonomischen Kriterien, wie Einkommen, Bildung (für B2C) oder Umsatz und Branche (für B2B), kaufverhaltensbezogenen Kriterien wie Einkaufsstättenwahl (für B2C) oder Vertriebswegewahl (für B2B). Um die Zielgruppe besser zu verstehen, kann es auch hilfreich sein, sich die Referenzgruppen der Konsumenten anzuschauen. Eine Referenzgruppe kann eine Gruppe sein, zu der

Abb. 12-9

Gegenüberstellung des Produktentwicklungsprozesses bei etablierten und jungen Unternehmen

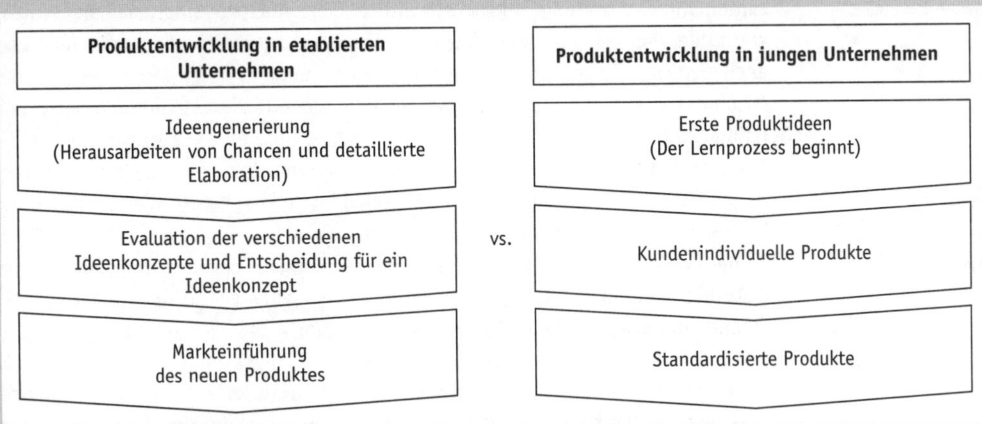

die Konsumenten bereits dazugehören (z. B. Tennisclique) oder eine solche, die die Konsumenten bewundern (z. B. Musikgruppe) oder eine Gruppe sein, deren Einstellungen und Verhaltensweisen befürwortet beziehungsweise abgelehnt werden (z. B. politische Gruppen) (Bearden und Etzel, 1982).

Produktentwicklung

Diese drei Kriterien sind in etablierten Unternehmen die Grundlage für die Ideengenerierung. Auch junge Unternehmen müssen diese Kriterien bei der Ideengenerierung berücksichtigen, dennoch müssen sie gleichzeitig eine große Flexibilität zeigen, um spontan auf neue Erkenntnisse und Marktveränderungen zu reagieren (Carson et al., 1995). Junge Unternehmen sind beim Markteintritt noch nicht soweit, dass sie direkt ein standardisiertes Produkte in den Markt einführen können. Ihnen sind noch zwei Stufen vorgelagert.

Als erstes müssen junge Unternehmen ein Gefühl für den Markt bekommen. Sie erfahren durch erste Produktverkäufe mehr über die Zielgruppe und das Nutzenversprechen ihres Produkts. Zeigt sich das junge Unternehmen offen gegenüber diesem Lernprozess, kann es systematisch seine Produkte dem Kundennutzen anpassen. Damit geht es auf die zweite Stufe über, in der erste kundenspezifische Produkte konzipiert werden.

Erst über die Jahre hinweg besteht dann die Möglichkeit, die kundenspezifischen Produkte mehr und mehr zu standardisieren. Die folgende Abbildung 12-9 verdeutlicht noch einmal die ersten Schritte im Produktentwicklungsprozess und stellt das Vorgehen etablierter Unternehmen dem Vorgehen junger Unternehmen gegenüber.

12.3.2 Preispolitik

Elemente des Preises

Grundlegend für die Preispolitik ist die Frage, welches Entgelt das Unternehmen von seinen Kunden verlangen kann. Natürlich liegt hier zuerst einmal die Annahme zugrunde, dass Angebot und Nachfrage übereinstimmen müssen und sich demnach auch der Preis für ein Produkt bestimmen lässt. Im engeren Sinne ist es also die Mischung aus Nachfrage, Wettbewerber und Kosten, die die Höhe des Preises bestimmt. Darüber hinaus gibt es noch allgemeine Größen, die Einfluss auf die Preisbildung nehmen. Dazu gehören z. B. die Strategie des Unternehmens, die rechtlichen Rahmenbedingungen und die Entscheidungen bzgl. der anderen Elemente des Marketing-Mix, wie Abbildung 12-10 zeigt.

Preisbestimmung

Die Preisbestimmung ist dabei das wohl wichtigste Entscheidungsfeld für junge Unternehmen. In der Literatur finden sich hier vorwiegend drei Ansätze, die im Folgenden auch kurz erläutert werden:

Kostenorientierte Preisbestimmung. Die kostenorientierte Preisbestimmung orientiert sich an Preisuntergrenzen. Eine Preisuntergrenze ist der Preis, bei dem alle Kosten für das Produkt gedeckt sind. Üblicherweise wird auf die Preisuntergrenze ein Aufschlag addiert, der dem Unternehmen den Gewinn einbringt. Bei den Preisuntergrenzen unterscheidet man wiederum zwischen langfristigen und kurzfristigen Preisuntergrenzen. Erstere wird auf Basis der Vollkosten berechnet. Das bedeutet, dass sowohl die variablen als auch die fixen Kosten in voller Höhe einkalkuliert werden. Bei den kurzfristigen Preisuntergrenzen werden häufig Preisuntergrenzen angesetzt, die zwischen variablen und vollen (gesamten) Stückkosten liegen. Da auf die ermittelten Stückkosten als Preisuntergrenze dann nochmals ein Aufschlag darauf gerechnet wird, wird die kostenorientierte Preisbestimmung auch oftmals

Abb. 12-10

Einflussfaktoren der Preisfestsetzung (in Anlehnung an Homburg und Krohmer, 2006)

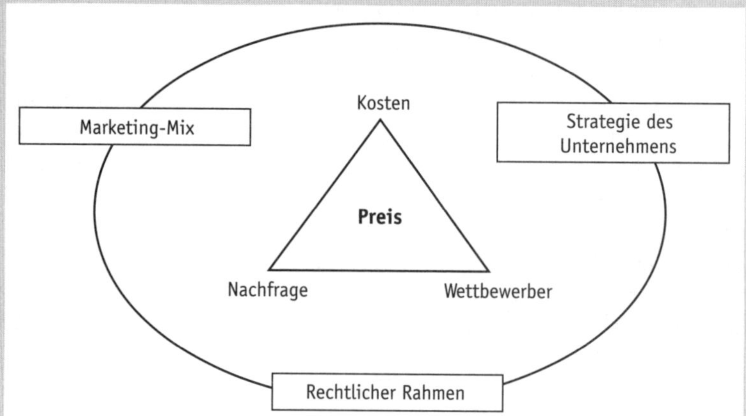

als »cost-plus pricing« bezeichnet (Nieschlag, Dichtl und Hörschgen, 1997). Die Höhe des Aufschlagsatzes variiert je nach Branche.

Wettbewerbsorientierte Preisbestimmung. In der wettbewerbsorientierten Preisbestimmung wird das Augenmerk auf den Markt gerichtet. Unter Berücksichtigung der anderen Marktteilnehmer, insbesondere der Wettbewerber muss hier die Preisfestsetzung erfolgen. Da ein Monopol in fast keinem Markt vorhanden ist, ist man häufig mit einem Oligopol konfrontiert. Hier bieten sich zwei Möglichkeiten zur wettbewerbsorientierten Preisbestimmung an: Entweder man passt sich an den Marktpreis an oder man versucht mit einer Preisunter- beziehungsweise Preisüberbietung die Kunden zu überzeugen. Eine Preisunterbietung eignet sich vor allem, wenn man die Kostenführerschaft im Markt übernehmen möchte. Den Marktpreis zu überbieten ist sinnvoll für Qualitätsanbieter, die äußerst exklusive Produkte in den Markt einführen möchten. Eine Orientierung am Marktpreis, in der Literatur auch als Leitpreis bezeichnet, findet sich vorwiegend auf Märkten, in denen die Produkte ein ähnliches Preisniveau haben (Diller, 1999).

Nachfrageorientierte Preisbestimmung. Ausgangspunkt für die nachfrageorientierte Preisbestimmung ist die Preis-Absatz-Funktion. Mithilfe dieser lässt sich unter Vorgabe der Kostenfunktion der gewinnmaximale Preis bestimmen. Auf diesem Weg erhält man eine erste Einschätzung für die Preisfestsetzung. Für junge Unternehmen ist es jedoch besonders wichtig über den gewinnmaximalen Preis hinaus, den nutzenorientierten Preis zu suchen. Die Schwierigkeit besteht hierbei in der Quantifizierung des Nutzens. Im Wesentlichen gibt es in der Literatur zwei Ansätze zur Nutzenberechnung. Zum einen die Kundennutzenrechnung und zum anderen die Conjoint-Analyse. Bei Ersterem vergleicht man im Kundengespräch die Kosten des Produkts vor dem Kauf und stellt diese den Kosten nach dem Kauf gegenüber. Bei der Conjoint-Analyse hingegen versucht man über Teilnutzenwerte der einzelnen Produkteigenschaften (z. B. Design, Größe, Preis etc.) herauszufiltern, welche Eigenschaften den Kunden am wichtigsten sind. Da der Preis ein Teilnutzenbereich ist, kann man mithilfe der Conjoint-Analyse heraus kristallisieren, wie stark eine Veränderung des Gesamtnutzens durch eine Preisveränderung am Produkt bedingt wird (Diller, 1999).

Grundsätzlich finden alle drei Ansätze Anwendung in der Praxis. Der dritte Ansatz, die nachfrageorientierte Preisbestimmung wird jedoch vorwiegend von jungen Unternehmen genutzt. Wie bereits in der Einleitung zum Kapitel angedeutet, so müssen junge Unternehmen den Markt zuerst einmal abtasten und ein Gefühl dafür bekommen, welchen Nutzen das neue Produkte dem Kunden bringt. Da die wenigsten Gründer mit einem Preiskampf in den Markt einsteigen können – da das Produkte und die Marke einfach zu unbekannt sind – müssen junge Unternehmen das Produkte so positionieren, dass der Preis nicht das Hauptargument für den Kauf des Produkts ist. Dafür bedarf es einer intensiven Zusammenarbeit mit ersten Kunden.

Abb. 12-11

Bereiche der akquisitorischen Distribution

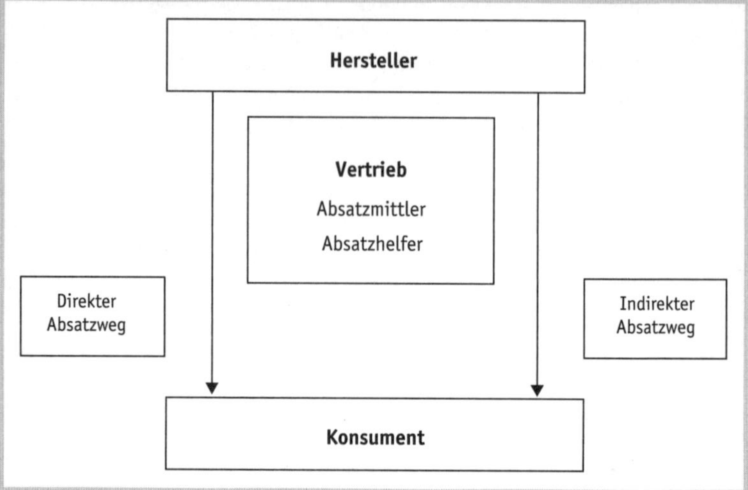

12.3.3 Vertriebspolitik

Vertriebswege

Die Vertriebspolitik – oder auch Distributionspolitik genannt – lässt sich in zwei große Teilbereiche untergliedern: Die physische Distribution, die sich mit der Gestaltung der Logistiksysteme wie z. B. Transport und Lagerung der Waren beschäftigt und die akquisitorische Distribution, die sich nicht nur mit dem Verkauf der Ware, also den Absatzwegen, sondern auch mit den damit verbunden Personalfragen beschäftigt.

Auf die physische Distribution wird im Folgenden nicht eingegangen. Im Rahmen der akquisitorischen Distribution stehen die Wahl der Absatzwege und das Management des Vertriebs im Vordergrund (Specht, 1997). Die für diesen Bereich relevanten Begrifflichkeiten werden in der Abbildung 12-11 veranschaulicht.

Wie die Abbildung 12-11 zeigt, gibt es zwei große Absatzwege, auf denen das Produkt den Konsumenten erreichen kann. Auf dem direkten Absatzweg wird das Produkt durch eigene Vertriebskanäle an die Kunden verkauft, d. h. mithilfe einer eigenen Absatzorganisation oder Mitteln des Direktmarketings. Mögliche Vertriebskanäle wären hier z. B. das Internet, Kataloge, Werbebriefe oder gar die Kundenakquise am Telefon. Wählt man den indirekten Absatzweg als Vertriebsinstrument, so kommen Absatzmittler und Absatzhelfer zum Einsatz. Unter Absatzmittlern versteht man Einzelhändler beziehungsweise Großhändler, die die Produkte in ihr Verkaufssortiment aufnehmen. Absatzhelfer sind auch in den Verkaufsprozess eines Produkts eingebunden, erwerben jedoch kein Eigentum an der Ware. Absatzhelfer

Exkurs

Persönlicher Verkauf

Der persönliche Verkauf von Gebrauchs- und Konsumgütern wird häufig als Vertreterverkauf oder »door to door selling« bezeichnet. Außendienstmitarbeiter oder Handelsvertreter stellen die Produkte den Kunden zu Hause beziehungsweise vor der Haustüre vor und versuchen, durch den persönlichen Kontakt eine Kundenbeziehung aufzubauen. Beispiel hierfür ist Vorwerk, die den Kunden zu Hause demonstrieren, wie saugfähig und vielfältig ihre Staubsauger im Vergleich zu herkömmlichen Anbietern sind (Weiß, 1995).

Intensiver als der Vertreterverkauf wird der persönliche Verkauf zwischen Unternehmen betrieben. Hier sind es insbesondere Investitionsgüter, bei denen fachkundiges und gut geschultes Personal eingesetzt wird, die den Unternehmen die Produkte vorführen. In diesem Bereich sind oftmals auch Ingenieurfirmen gefragt, so genannte Consulting Engineers, die als zusätzliche beratende Instanz fungieren.

Für junge Unternehmen stellt der persönliche Verkauf zwar eine Chance dar, den großen Partner zu finden, birgt aber auch Risiken.

Die meisten etablierten Unternehmen verfügen über Einkaufszentren (Buying Center), die die Entscheidung treffen, welche Güter von welchen Anbietern das Unternehmen kaufen wird. Ziel der Buying Center – als einer kleinen Einheit eines großen Unternehmens – ist es, das Risiko zu minimieren und glaubwürdige Entscheidungen zu treffen. Daher ist die Wahrscheinlichkeit, dass der Buying Center sich für ein Produkt eines unbekannten Unternehmens entscheidet, das völlig neu am Markt ist, sehr gering. Trotzdem sollte ein junges Unternehmen, welches im Investitionsgüterbereiche tätig sein möchte, die Chance nutzen und seine Produkte großen etablierten Unternehmen vorstellen. Es empfiehlt sich hier, die technischen Entwickler des neuen Produkts für erste Gespräche zum Kunden zu schicken, da sie bestens über Funktionalität und den Aufbau des Produkts informiert sind und sachverständig mit Rat und Tat zu Seite stehen können. Außerdem sollten die Entwickler in ersten Gesprächen versuchen, die Kundenwünsche bis ins kleinste Detail zu verstehen, sodass die Produkte dahingehend optimiert werden, dass sie dem Kunden eine problemspezifische Lösung bieten.

sind alle Institutionen, die den Absatz unterstützen, wie z. B. Makler, Kommissionäre oder aber Logistikdienstleister (Kotler, 1997; Bruhn, 1999).

Für junge Unternehmen empfiehlt sich der direkte Absatzweg insbesondere für Produkte mit hohen Transaktionskosten. Die Transaktionskosten von Konsumenten bestehen überwiegend aus Suchkosten. Um diese Suchkosten zu umgehen, sind Kunden bereit, mehr für das gewünschte Gut zu bezahlen. Beispielprodukte hierfür sind Computer von Dell. Dell-Produkte gehen auf individuelle Kundenwünsche ein und bieten dem Kunden einen exzellenten Service. Kunden, die sich für ein solches Produkt interessieren, werden sich auf die Suche nach dem Hersteller und nicht nach einem Absatzmittler begeben. Folglich liegt Dell in seiner Entscheidung richtig, die Produkte ausschließlich online oder per Telefon zu verkaufen, um direkt mit den Kunden in Kontakt zu treten. Der indirekte Absatzweg empfiehlt sich für junge Unternehmen, die ein komplementäres Produkt zu einem bereits existierenden Produkt im Markt entwickelt haben. Hier bietet sich eine Zusammenarbeit mit dem etablierten Unternehmen an. Darüber hinaus sind für junge Unternehmen auch Kooperationen mit Vertriebsdienstleistern interessant, wie z. B. Kataloge oder Verkaufssendungen im Fernsehen.

12.3.4 Kommunikationspolitik

Kommunikationsbegriff

Die Kommunikationspolitik beschäftigt sich mit dem Austausch von Informationen. Grundsätzliches Prinzip hierbei ist, dass eine Kommunikationsbotschaft eines Senders über einen entsprechenden Kommunikationskanal an einen Empfänger gerichtet wird. Die nachfolgende Abbildung 12-12 verdeutlicht die drei Ebenen auf denen Kommunikation stattfinden kann.

Die interne Kommunikation bezeichnet den Austausch von Informationen zwischen Mitarbeiter und Führungsebenen, die Kommunikation zwischen Mitarbeiter und Kunde ist die interaktive Kommunikation und die externe Kommunikation erfolgt auf Kunde-Unternehmensebene. Die interaktive Kommunikation wurde bereits im Rahmen der Distributionspolitik als Exkurs »persönlicher Verkauf« vorgestellt. Die interne Kommunikation beschreibt die Darstellung der hauseigenen Marken gegenüber den Mitarbeitern im Unternehmen. Auch diese Positionierung ist nicht zu vernachlässigen, da auch die Mitarbeiter des Unternehmens die Marke klar am Markt positionieren müssen. Schließlich gibt es noch die externe Kommunikation, d. h. die Kommunikationsbotschaften zwischen dem Unternehmen als Institution und dem Kunden (Bruhn, 1997). Auf diese Kommunikationsebene wird im Folgenden näher eingegangen.

Auch für die Kommunikationspolitik sind die Zielgruppe und der Kundennutzen des Produkts relevant. Sind hier klare Zielvorstellungen definiert, so kann der operationale Weg eingeleitet werden: Dieser beginnt für junge Unternehmen damit, die Corporate Identity zu definieren. Die Corporate Identity dient vorwiegend zur externen Kommunikation, ist aber auch intern von Bedeutung. Ist die Corporate Identity gut ausgearbeitet, fällt es nicht nur den Kunden sondern auch den Mit-

Abb. 12-12

Kommunikationsebenen (in Anlehnung an Bruhn, 1999)

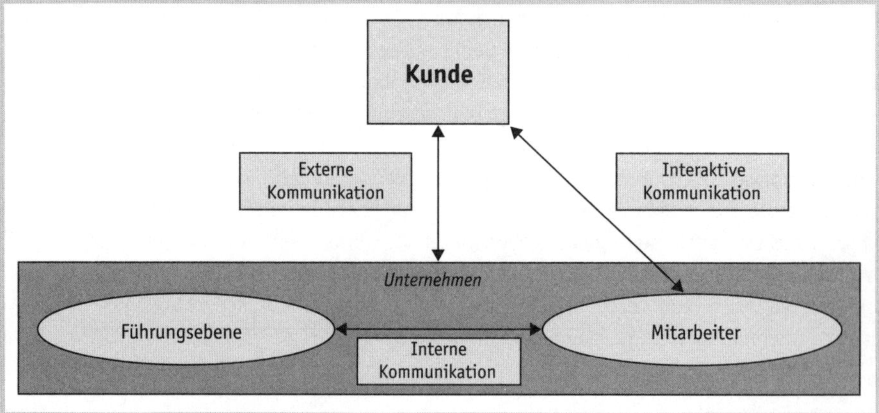

Tab. 12-1

Kommunikationsinstrumente und -mittel

Kommunikationsinstrument	Kommunikationsmittel
Klassische Mediawerbung	Zeitungen Zeitschriften Außenwerbung (Plakate, Poster) Fernsehwerbung Radiowerbung Kinowerbung
Werbung mit neuen Medien	Online: Websites, Banner, Pop-Ups, Emails Offline: CD-Roms, USB-Sticks
Verkaufsförderung	Handzettel Gewinnspiele Gutscheine Proben
Direktmarketing	Adressierte Werbesendung SMS, MMS
Sponsoring	Sportsponsoring Kultursponsoring Umweltsponsoring Programmsponsoring
Messewerbung	Regional vs. International Händler vs. Konsumenten Information vs. Verkauf

arbeitern leichter, sich mit dem Unternehmen und seinen Produkten zu identifizieren. Die Corporate Identity umfasst die folgenden drei Teilbereiche (Berndt, 1995):

- Das Corporate Design bezeichnet die optische Gestaltung des Unternehmensnamens und der Zeichen. Farbwahl, Schriftart und -größe, Logos, Maskottchen etc. sollten immer gleich gehalten werden.
- Corporate Communications bedeutet, dass die Slogans des Unternehmens aufeinander abgestimmt sein sollten. Beide Teilbereiche Corporate Design und Corporate Communication sind notwendig, um ein Unternehmensimage aufzubauen.
- Das Corporate Behavior bezieht sich auf das Verhalten der Mitarbeiter den Kunden gegenüber und kommt damit vorwiegenden bei der internen wie auch in der interaktiven Kommunikation zum Einsatz.

Kommunikationsinstrumente und -mittel

Ist die Corporate Identity eindeutig festgelegt, so kann in einem zweiten Schritt die Werbebotschaft des neuen Produkts ausgearbeitet und kommuniziert werden. Für die Kommunikation der Werbebotschaft stehen folgende Instrumente zur Verfügung: Mediawerbung (klassische wie auch mit neuen Medien), Verkaufsförderung (Sales Promotion), Direktwerbung, Sponsoring und Messewerbung sowie Öffentlichkeitsarbeit (Public Relations). Tabelle 12-1 gibt eine Übersicht, welche Werbemittel hierbei zur Verfügung stehen. Auf die Öffentlichkeitsarbeit (Public Relations) wird am Ende dieses Abschnitts im Exkurs näher eingegangen.

Bei der Wahl der Kommunikationsinstrumente und insbesondere der -mittel müssen junge Unternehmen sich sehr gut überlegen, mit welchen Instrumenten sie einen Großteil ihrer Zielgruppe erreichen. Zum Beispiel Fernsehwerbung und die Verteilung von Gratisproben sind für junge Unternehmen meist zu kostspielig und nicht zielgruppenadäquat.

Aufgrund des Mangels an Ressourcen und Bekanntheit, kann es für Entrepreneure lohnend sein, über Messen und Ausstellungen zuerst auf regionaler Ebene erste Kunden zu überzeugen. An persönliche Gespräche wird man sich grundsätzlich besser wieder erinnern als an Anzeigen. Auch Fachzeitschriften bieten eine gute Möglichkeit, Kunden zu akquirieren, da man durch ein Inserat in einer Fachzeitschrift eine große Leserschaft mit ähnlichen Interessen anspricht. Sind erste Kunden mit dem neuen Produkt zufrieden, ist die von diesen Personen ausgehende Mund-zu-Mund-Propaganda (positive word-of-mouth) förderlich für die Bekanntheit des Unternehmens und seiner Produkte. Abbildung 12-13 ordnet die einem Entrepreneur prinzipiell zur Verfügung stehenden Kommunikationskanäle – unterteilt nach Online- und Offline-Kanälen – in Abhängigkeit der Reichweite und der Reichhaltigkeit (Evans und Wurster, 1999). Unter der Reichweite wird die Anzahl an Personen, z. B. zu Hause oder im Büro, verstanden, die von dem jeweiligen Kommunikationskanal erreicht werden können. Die Reichhaltigkeit von Kommunikationskanälen wird durch die Kombination verschiedene Dimensionen gebildet, von denen

Abb. 12-13

Klassifikation möglicher Kommunikationskanäle

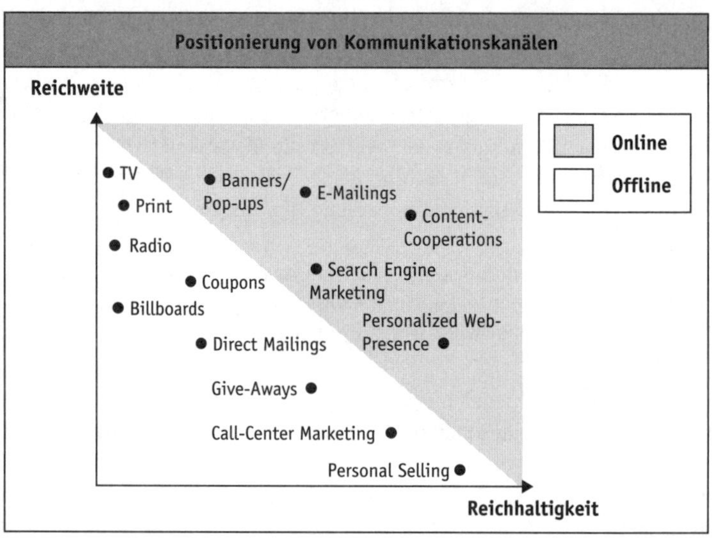

Exkurs

Marketing für Web2.0 Start-ups

Web2.0 Geschäftsmodellen binden die Internetnutzer aktiv in die Wertschaffung mit ein, indem diese als Kunden Inhalte aus dem Internet-Angebot abrufen und gleichzeitig als Mitanbieter selbst bereitstellen und pflegen und somit das Internet-Angebot von Web2.0 Ventures wie bei den bekannten Netzwerken Facebook, YouTube oder StudiVZ mitgestalten. Um sich als Web2.0 Start-up am Markt durchsetzen zu können, muss es daher gelingen, die Kunden als aktive Nutzer auf die jeweilige Internet-Plattform zu bringen, sie als Anwender zu aktivieren und zu binden (Maass und Pietsch, 2010). Hierfür sind spezielle Marketing-Tools einzusetzen, die Maass und Pietsch (2010) als Kosten- und Werttreiber in der Einführungs- und frühen Wachstumsphase eines Unternehmens charakterisieren. Die Marketingkosten für ein Start-up steigen dabei im Zuge der zunehmenden Zahl von Webseiten, um den Kunden im unüberschaubaren Internet-Angebot für sich gewinnen zu können. Der Kostentreiber der spezifischen Marketingaktivitäten wie Suchmaschinenoptimierung (Search Engine Optimization – SEO), Suchmaschinenmarketing (Search Engine Marketing – SEM), Partnervertrieb (Affiliate Marketing), Banner- und E-Mail-Marketing lässt sich durch deren Online-Charakter präzise ermitteln und einzelnen Kampagnen zur Kundengewinnung in der Einführungsphase zuordnen. Entsprechend kann als Werttreiber in dieser Phase die Nutzungsintensität mit der Anzahl der Seitenaufrufe (Page Impressions) und der durchschnittlichen Verweildauer (Mean Residence Time) auf dem jeweiligen Angebot gemessen werden. Der Anwender selbst stellt einen weiteren zentralen Werttreiber dar, der durch die Anzahl der Unique Visitors als so genannte installierte Basis, der Anzahl der registrierten Anwender und der Conversion Rate als Umwandlungsrate der anonymen in registrierte Anwender erfassbar ist. Neben den B2C-Kunden sind bei Web2.0 Geschäftsmodellen auch B2B-Kunden von Bedeutung, die wie die Händler bei Mobile.de oder AutoScout24 als Partner für die Plattform gewonnen und gebunden werden müssen. Dieses akquirierte Partnernetzwerk stellt einen weiteren wichtigen Werttreiber dar.

In der Wachstumsphase kommen bei höheren Umsätzen und stark steigenden Wachstumsraten weitere Marketingaktivitäten und entsprechende Kosten für die Kundengewinnung und -bindung, z. B. durch den Betrieb eines Callcenters und zusätzliche Werbekampagnen, hinzu. Messen lässt sich der Kostentreiber auf der Anwenderseite als Akquisitionskosten je Kunde oder mit der Kundenabwanderungsrate, der sogenannten Churn Rate. Diesbezüglich ist die erhebliche Konsequenz für den Unternehmenswert zu beachten, da die Kosten der Kundengewinnung gut das Sechsfache der Betreuungskosten für die Bestandskunden betragen können (Kalakota und Robinson, 2001). Die Marketingaktivitäten in der Wachstumsphase haben oft viralen Charakter. Wie bei der Mund-zu-Mund-Propaganda (Word of Mouth) oder der kostenlosen Berichterstattung in den Medien, z. B. über die neue Marke des aufkommenden Sozialen Netzwerkes, breitet sich die Marketingwirkung einem Virus ähnlich über so genannte Virals – wie Einträge in Blogs und Internetforen – oder über die eigenständige Suche der Internetnutzer (Natural Search) aus. Dies bildet sich vor allem auf der Seite der Werttreiber und hier bei der Anzahl der Anwender und beim Umsatz ab: Neben den bereits genannten Kennzahlen bei der Einführungsphase treten als Bezugsgröße in der Wachstumsphase der Umsatz je Kunde, die Word-of-Mouth-Rate, das Transaktionsvolumen und die Werbeeinnahmen. Letztere können mit dem Tausenderkontaktpreis (TKP) und der Coverage gemessen werden. Während der TKP den Preis bezeichnet, der für eine Werbemaßnahme entrichtet werden muss, um 1.000 Personen mit dem jeweiligen Medium anzusprechen, misst die Coverage den prozentualen Anteil der Webseiten mit Werbeelemente an der Gesamtheit der angebotenen Webseiten. In der weiteren Wachstumsphase, wenn sich das Start-up im Wettbewerb etabliert hat, kommen klassische Treiber für den Unternehmenswert wie die betriebliche Gewinnmarge zur Messung des Marketingerfolgs hinzu (Maass, 2008; Wirtz, 2001).

Nach Identifikation der Kosten- und Werttreiber im Geschäftsmodell kann das Online Marketing mit den Entscheidungen über die Zielgrößen, die Marketingkanäle und die Finanzierung der Marketingmaßnahmen geplant werden. Innerhalb des festgelegten finanziellen Rahmens, der anders als ein Budget je nach Nutzung der Akquisitionskanäle in Anspruch genommen wird, können die genannten Marketing-Operations wie SEM, SMO, TKP-basierte Kampagnen und die Webseite als Kanäle zum Einsatz kommen. Flankiert werden sie vom Support-System, das Informationen zu den Marketing-Operations, den Rahmengrößen und für Incentive-Systeme liefern. Brettel und Heinemann (2008) fassen die Komponenten des Online-Marketing-Systems entsprechend der Darstellung in Abbildung 12-14 zusammen.

Abb. 12-14

Komponenten des Online-Marketing-Systems (Brettel und Heinemann, 2008)

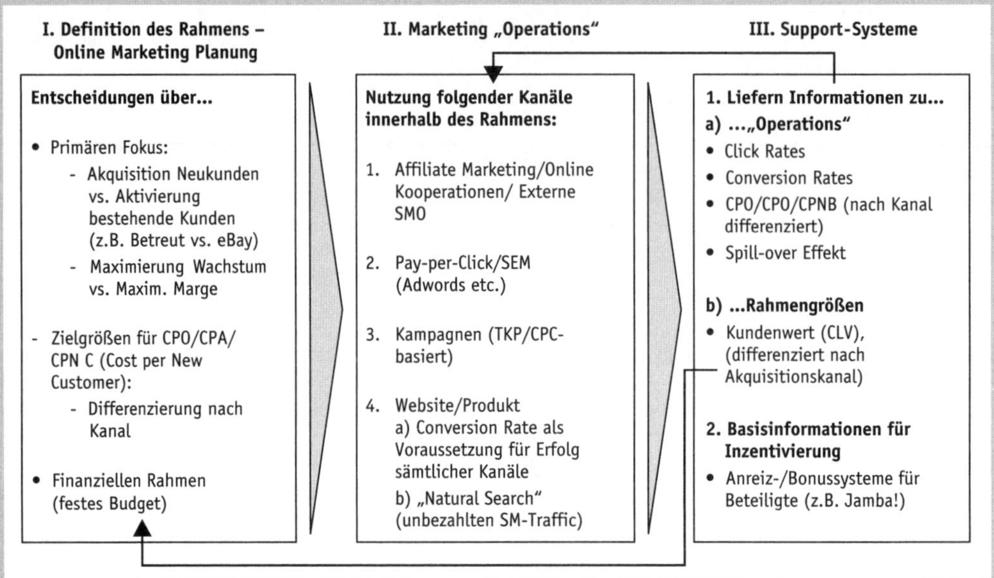

insbesondere die Möglichkeit der Individualisierung, die Bandbreite an übertragbaren Informationen und die Interaktivität zählen.

In einem weiteren Schritt können dann die einzelnen Kanäle (Affiliate Marketing, Pay-per-Click, TKP-Kampagnen, Natural Search) nach den Kriterien Reaktionsgeschwindigkeit bei Änderungen, Skalierbarkeit, Ressourcenintensität, »Spill-over« Traffic Potential, »natürliche Nähe« zur Conversion Rate und Kosten-Nutzen-Verhältnis bewertet werden. Der Vergleich (s. Abbildung 12-15) ermöglicht den kombinierten oder substitutiven Einsatz der verschiedenen Kanäle für das jeweilige Web2.0 Start-up.

Abb. 12-15

Bewertung verschiedener Online-Marketing-Kanäle (Brettel und Heinemann, 2008)

	Kanal			
Bewertungskriterien	**Affiliate Marketing**	**Pay-per-Click/ Sponsored List.**	**Kampagnen (TKP-basiert)**	**Natural Search**
Reaktionsgeschwind. bei Änderungen (Zeitverzögerung)	◑	●	●	◔
Skalierbarkeit	◕	◕	●	◑
Ressourcen-intensität (pro Budgeteinheit)	◕	◕	◑	◔
„Spill-over“ Traffic Potential	◕	◑	●	◑
„Natürliche Nähe“ zur Conversion	◑	◕	◔	◑
Kosten/Nutzen - Verhältnis	◕	◑	◔	●

● **Hoch**
○ **Gering**

12.4 Zusammenfassung

Um ein Produkt wirklich erfolgreich zu verkaufen, bedarf es einer guten Planung und Ausarbeitung des Marketings. Dass neben der Ausgestaltung des Marketing durch die vier Elemente Produkt, Preis, Distribution und Kommunikation auch die Planung des Markteintritts und die Positionierung des eigenen Unternehmens im Wettbewerb notwendig ist, wurde in diesem Kapitel verdeutlicht.

Eine gute Positionierung lässt sich am besten anhand des Konzepts von Porter (1980) klassifizieren, dass auf drei grundlegende Strategie-Typen (Differenzierung, Kostenführerschaft und Fokussierung) basiert. Darauf aufbauend sollten junge Unternehmen den Markt analysieren und mögliche Markteintrittsbarrieren identifizieren. Für die erste Marktanalyse liefert das Fünf-Kräfte-Modell von Porter (2008) eine gute Herangehensweise. Die fünf Kräfte, die hier diskutiert werden sind Abnehmer, Lieferanten, Ersatzprodukte, neue Konkurrenten und der allgemeine Wettbewerb in der Branche. Im Bezug auf den Markteintritt muss überlegt werden, ob ein eigenständiger Markteintritt, d. h., eine Gründung erfolgen soll oder ob durch Kooperation beziehungsweise Akquisition der Eintritt in den Markt erfolgt. Schließlich ist auch noch der Eintrittszeitpunkt zu bedenken. Sind diese grundlegenden Fragen geklärt, kann der Entrepreneur sich Gedanken um die Ausarbeitung der vier Elemente des Marketing-Mix machen. Im Bereich der Produktpolitik sollte geklärt werden, wie sich genau der Produktentwicklungsprozess gestaltet, die Preispolitik verlangt eine Herleitung der Preisfestsetzung. Im Vertriebsbereich muss entschieden werden, ob der direkte und/oder der indirekte Absatzweg gewählt wird. Darüber hinaus muss die Frage beantwortet werden, ob Absatzhelfer beziehungsweise Absatzmittler im Prozess notwendig sind. Im letzten Element des Marketing-Mix, der Kommunikationspoliltik, sollte geklärt werden, wie die Kommunikation intern und extern erfolgt beziehungsweise welche Kommunikationsinstrumente und -mittel ihren Einsatz finden.

Weiterführende Literatur

Emes, J. und Gruber, M. (2007). Die Ideenumsetzung im Rahmen von Markteintrittsstrategien. In: Freiling, J. (Hrsg.). Entrepreneurial Marketing. Wiesbaden, S. 303-322.

Herrmann, A., Wricke, M. und Huber, F. (2000). Kundenzufriedenheit durch Preisfairneß. In: Marketing. Zeitschrift für Forschung und Praxis 22 (2), S. 131-143.

Henard, D. und Szymanski, D. (2001). Why some New Products Are More Successful Than Others. In: Journal of Marketing Research 38 (3), S. 362-375.

Homburg, C., Workman, J. und Krohmer, H. (1999). Marketing's influence Within the Firm. In: Journal of Marketing 63 (2), S. 1-18.

Homburg, C., Schäfer, H. und Scholl, M. (2002). Wieviele Absatzkanäle kann sich ein Unternehmen leisten? In: Absatzwirtschaft 44 (3), S. 38-41.

Remmerbach, K. (1988). Markteintrittsentscheidungen, Wiesbaden.

Stokes, D. (2000). Entrepreneurial Marketing: a conceptualisation from qualitative research. In: Qualitative Market Research: An International Journal 9 (1), S. 47-54.

Vakratsas, D. und Ambler, T. (1999). How Advertising Works: What Do We Really Know? In: Journal of Marketing 63 (1), S. 26-43.

13 Wachstumsplanung und Wachstumsmanagement

Lernziele

Nach der Gründung eines Unternehmens und ersten erfolgreichen Schritten am Markt sieht sich der Entrepreneur mit der Frage des Unternehmenswachstums konfrontiert. Der Übergang von der Gründungs- in die Wachstumsphase eines Unternehmens ist dabei eine besondere Herausforderung für den Entrepreneur, die keinen Automatismus darstellt, sondern einer hinreichenden Planung und Strategieformulierung bedarf. Ob ein Unternehmen schnell oder langsam wächst, hängt dabei von einer Vielzahl unternehmerbezogener und externer Faktoren ab; die Mehrzahl aller Unternehmen wird allerdings nur kurz und/oder in geringem Ausmaß wachsen. In diesem Kapitel stehen neben theoretischen Erklärungsmodellen vor allem die wesentlichen Einflussfaktoren auf das Wachstum eines Unternehmens im Vordergrund. Zudem zeigt das Kapitel Verfahren zur Analyse von Wachstumspotenzialen und mögliche Wachstumsstrategien auf.

Nachdem Sie dieses Kapitel durchgearbeitet haben, werden Sie insbesondere:

- den Begriff des Unternehmenswachstums kennen und zwischen qualitativem und quantitativem Wachstum unterscheiden können,
- Kenntnis über die wesentlichen wachstumstheoretischen Erklärungsmodelle erlangen,
- die Gründe für unterschiedliche Wachstumsraten von Unternehmen sowie
- Verfahren zur Wachstumsanalyse und Wachstumsstrategien kennen und hinsichtlich ihrer Anwendbarkeit für junge Unternehmen bewerten können.

13.1 Wachstumsunternehmen: Von Mäusen und Gazellen

Wachstum als erstrebenswertes Unternehmensziel

Sofern ein Unternehmen die Gründungsphase erfolgreich überstanden hat, tritt es idealtypisch in die Phase des Unternehmenswachstums ein. Dieser Übergang ist sowohl aus einzelwirtschaftlicher wie auch gesamtwirtschaftlicher Sicht bedeutend: Wachstumsunternehmen schaffen neue Produkte (Waren und Dienstleistungen), Märkte und Arbeitsplätze und tragen damit zum gesamtwirtschaftlichen Wachstum einer Volkswirtschaft bei. Gleichzeitig steigern wachsende Unternehmen regelmäßig ihre Marktanteile, Umsätze, Aktienkurse oder Gewinne. Der Übertritt in die Wachstumsphase ist für viele, gerade technologieorientierte junge Unternehmen notwendig, um die während der Gründungsphase aufgelaufenen Anfangsverluste zu kompensieren. Darüber hinaus hat das Wachstum eines jungen Unternehmens Auswirkungen auf dessen Bewertung, wie folgende vereinfachte Formel zur Ertragswertberechnung zeigt. Je höher die Wachstumsrate, desto höher ist ceteris paribus die Bewertung eines Unternehmens.

$$V_0 = \frac{E}{r - g}$$

mit
V_0 = Gegenwartswert des Unternehmens
E = Periodenertrag, z. B. Gewinn
r = Kalkulationszinssatz, auch Diskontierungssatz genannt
g = Wachstumsrate, zumeist approximiert mit dem Wachstum der vergangenen Perioden

Wachstum ist kein Automatismus

Wachstum ist somit aus ökonomisch-rationaler Sicht ein prinzipiell erstrebenswertes, weil werterhöhendes Unternehmensziel. Nahezu jedes der heute »großen« Unternehmen – wie Daimler Benz, Microsoft, Google oder Wal Mart – hat als kleines Unternehmen begonnen und ist über die Zeit zu ihrer heutigen Größe angewachsen. Anders als von den in der wissenschaftlichen Diskussion dominierenden Lebenszyklusmodellen modelliert, ist der Übergang von der Gründungs- in die Wachstumsphase allerdings kein Automatismus. Vielmehr sind die einzelnen Phasen der Unternehmensentwicklung mit unterschiedlichen betriebswirtschaftlichen Problemfeldern verbunden, die den Entrepreneur und sein Unternehmen vor jeweils einzigartige Herausforderungen stellen.

Während in der Gründungsphase vornehmlich Produktentwicklungs-, Marketing- und Finanzierungsfragen den unternehmerischen Alltag des Entrepreneurs dominieren, sieht dieser sich in der Wachstumsphase mit für ihn bisher unbekannten, vor allem strategischen, administrativen und organisatorischen Problemen konfrontiert (Kuratko und Hodgetts, 2008). Anstelle einer für die Gründungsphase typischen handlungsgetriebenen Unternehmensführung erfordert die Phase des Unternehmenswachstums eine eher strategische und managementorientierte Herangehensweise, die insbesondere eine entsprechende Wachstumsplanung beinhaltet (Delmar und Shane, 2003). Den Übergang aus der Gründungs- in die Wachstumsphase schaffen indes nur die wenigsten Unternehmen: Lediglich jedes siebte Unternehmen generiert ein nachhaltiges, profitables Wachstum (Zook und Allen, 1999). Die restlichen Unternehmen verbleiben als Klein- und Kleinstunternehmen am Markt oder scheiden über die Zeit aus diesem aus.*

Begriff des Unternehmenswachstums

Ausgehend von der frühen Arbeit Gutenbergs (Gutenberg, 1942) haben sich eine große Anzahl theoretischer und empirischer Arbeiten zum Themengebiet des Unternehmenswachstums entwickelt. Dennoch hat sich bisher keine allgemeingültige Definition des Begriffs Unternehmenswachstum herauskristallisiert (Brockhoff, 2008). Grundsätzlich wird unter dem Wachstum eines Unternehmens die sich über einen bestimmten Zeitraum hinweg ergebene positive Veränderung (= Zunahme) der

*Es sei angemerkt, dass, wie später noch gezeigt wird, neben den personalen auch umweltbezogene Faktoren ein Wachstum des Unternehmens verhindern können.

Abb. 13-1

Beispiele für Maßzahlen des quantitativen Unternehmenswachstums

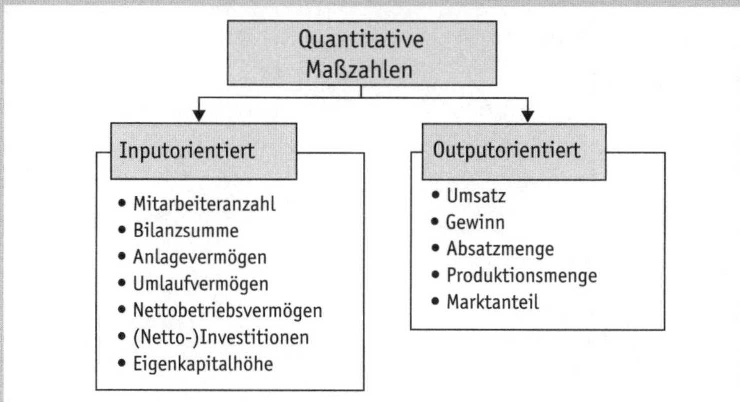

Größe eines Unternehmens verstanden. Kontrastierend wird die negative Veränderung (= Abnahme) der Unternehmensgröße als Schrumpfung bezeichnet.

Quantitatives Wachstum

Ausgehend von diesem grundlegenden Begriffsverständnis werden in der Literatur unterschiedliche Ausprägungen des Unternehmenswachstums diskutiert. Hierbei wird vor allem zwischen quantitativem und qualitativem Wachstum differenziert. Von quantitativem Wachstum spricht man, wenn die Zunahme der Unternehmensgröße über eine messbare Variable erfasst wird. Abbildung 13-1 stellt grundsätzliche Möglichkeiten zur Quantifizierung des Wachstums eines Unternehmens beispielhaft dar. Die zeitpunktbezogene Differenz solch statistischer Größenmaße determiniert dann das Wachstum beziehungsweise die Wachstumsrate des Unternehmens. Trotz der Vielzahl möglicher Maßzahlen wird das Unternehmenswachstum zumeist vereinfachend über eine Veränderung der Mitarbeiteranzahl oder des Umsatzes ermittelt. Die Verwendung dieser Variablen ist allerdings problematisch, da eine Erhöhung des Umsatzes beziehungsweise der Mitarbeiterzahl nicht zwingend mit einer Erhöhung des Gewinns und damit einem Wertzuwachs für das Unternehmen einhergeht. So wird eine Steigerung der Mitarbeiterzahl ohne gleichzeitige Umsatzsteigerung ceteris paribus infolge der Kostensteigerung zu einer Verringerung des Unternehmensgewinns führen. Der gegenwärtige Wert des Unternehmens für die Anteilseigner verringert sich entsprechend.

Qualitatives Wachstum

Demgegenüber wird von einem qualitativen Wachstum gesprochen, wenn sich die Leistungsfähigkeit eines Unternehmens im Bezug auf nicht unmittelbar quantifizierbare Kriterien über einen Zeitraum hinweg positiv verändert (Kürpick, 1981). Die erschwerte Messbarkeit des qualitativen Wachstums resultiert daraus, dass dieser Wachstumsbegriff auf die Zunahme der intangiblen Ressourcen eines Unternehmens gerichtet ist. Qualitatives Wachstum ist daher aufgrund ihrer starken F&E-Ausrichtung und des hohen Innovationsgrads ihrer Produkte insbesondere für technolo-

Abb. 13-2

Mögliche Wachstumspfade von Gründungsunternehmen

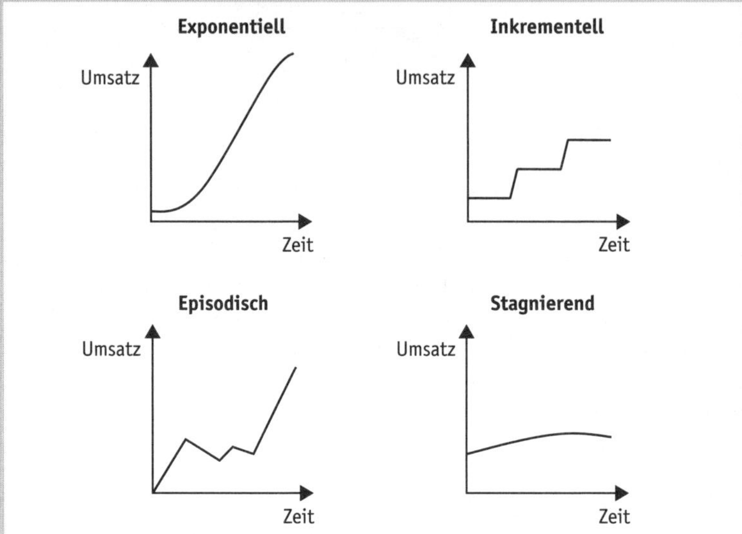

gieorientierte Unternehmen relevant. Beispiele für solches Wachstum sind eine Verbesserung der Qualität der Produkte, der Kundenbeziehungen, der Fähigkeiten und Kenntnisse der Mitarbeiter oder des Innovationsgrads der Neuproduktentwicklung. Zwischen qualitativem und quantitativem Wachstum besteht in Bezug auf die outputorientierten Maßzahlen oftmals eine direkte und kausale Beziehung: Qualitatives Wachstum ist eine Voraussetzung dafür, dass quantitatives Wachstum erreicht werden kann. Beispielsweise wird eine Erhöhung der Produktqualität eine wichtige Bedingung dafür sein, dass ein Unternehmen in Zukunft einen höheren Umsatz erzielt und damit quantitativ messbar wächst.

Wachstumsverläufe

Das Wachstum eines Unternehmens verläuft nicht unbedingt idealtypisch, d. h. nur exponentiell ansteigend; auch ein zwischenzeitlicher Rückgang der Wachstumsrate oder eine Schrumpfung (= negatives Wachstum) ist in der Realität beobachtbar. Entsprechend lassen sich die in Abbildung 13-2 dargestellten, häufig auftretenden Wachstumspfade junger Unternehmen unterscheiden (Brush, Ceru und Blackburn, 2009). Viele Unternehmensgründer streben nach einem Wachstum, das entsprechend einem »Hockey-Stick« verläuft: Nach im Gründungsjahr geringen Unternehmensumsätzen steigen diese im Folgenden exponentiell an. Solche Wachstumsverläufe sind allerdings nur bei den wenigsten, insbesondere bei sehr innovativen und technologieorientierten Unternehmensgründungen zu beobachten. Vielmehr verlaufen die Wachstumspfade vieler Gründungsunternehmen inkrementell und treppenartig ansteigend (z. B. durch die Expansion in neue Märkte), unstetig und daher episodisch oder zunehmend stagnierend (z. B. aufgrund eines steigenden Wettbewerbs am Markt).

Mäuse und Gazellen

Birch und Medoff (1994) differenzieren junge und kleine Unternehmen anhand ihres Wachstums in Mäuse (Mice) und Gazellen (Gazelles).* Als Mäuse bezeichnen sie diejenigen Unternehmen, die ein sehr geringes Unternehmenswachstum aufweisen und lediglich eine oder zwei weitere Personen beschäftigen. Typische Beispiele hierfür sind die weltweit weitverbreiteten Hausmeister-Services, die in Deutschland oftmals als »Ich-AG« geführt werden. Gazellen sind dagegen schnell wachsende Unternehmen, die in einem kurzen Zeitraum viele neue Arbeitsplätze schaffen. Für gewöhnlich differenzieren gängige Definitionen schnell wachsende und sonstige Unternehmen anhand des Umsatz- oder Mitarbeiterwachstums. So definieren Barringer et al. (2005) Unternehmen mit einem jährlichen Umsatzwachstum von mindestens 80 % über drei aufeinanderfolgende Jahre als schnell wachsende Unternehmen. Anders die amerikanische National Commission on Entrepreneurship (2001), die die Mitarbeiterzahl als differenzierendes Kriterium heranzieht: Demnach sind schnell wachsende Unternehmen ebensolche, deren Mitarbeiteranzahl über fünf Jahre mindestens um 15 % pro Jahr oder insgesamt um 100 % in fünf Jahren wächst.

Ein derart starkes und andauerndes Wachstum führt zu entsprechenden Veränderungsprozessen und einer steigenden Komplexität in allen Bereichen des Unternehmens, die, wie oben angedeutet, einer aktiven Wachstumsplanung und eines aktiven Change-Managements vonseiten des Entrepreneurs bedürfen. Eine Vernachlässigung von Wachstumsplanung und -management kann zu erheblichen Beeinträchtigungen im regulären Geschäftsablauf, den sogenannten Wachstumsschmerzen (Witt, 2002) führen, die von einem Verlust von Effizienz und Effektivität bis hin zu einer Gefährdung der Existenz des Unternehmens reichen.

13.2 Wachstumstheorien und -modelle

Im Rahmen der wissenschaftlichen Diskussion haben sich zahlreiche theoretische Erklärungsmodelle herausgebildet, um die relevanten Einflussfaktoren des Unternehmenswachstums wie auch die Unterschiede zwischen wachsenden und nicht wachsenden Unternehmen zu identifizieren. Diesen Theorien ist zunächst gemein, dass sie zumeist den Einfluss einer einzelnen Faktorenkategorie auf das Phänomen Unternehmenswachstum zum Gegenstand haben. Im Vergleich zu anderen Unternehmensprozessen weist der Wachstumsprozess allerdings einen erhöhten Komplexitätsgrad auf, der durch eine Vielzahl verschiedener Einflussfaktoren und deren Interaktionen untereinander hervorgerufen wird. Ein einzelnes theoretisches Erklärungsmodell wird daher das Wachstum junger Unternehmen nicht in adäquater Weise abbilden können (Gibb und Davies, 1992). Die in der Literatur existierenden

*Als weitere Gruppe bezeichnen die Autoren große, im Fortune 500 vertretende Unternehmen als Elefanten (elephants), die zwar viele Arbeitnehmer haben, aber nur noch wenig neue Arbeitsplätze (= geringes Wachstum) schaffen.

Erklärungsmodelle können den vier nachfolgend aufgezeigten Theoriekategorien subsummiert werden (O'Farrell und Hitchens, 1988).

Stochastische Erklärungsmodelle

Gibratsches Gesetz: Wachstum als Zufallspfad

Die stochastischen Erklärungsmodelle des Unternehmenswachstums haben ihren Ursprung in der volkswirtschaftlichen Forschung und analysieren daher vor allem den Zusammenhang zwischen Marktstrukturen, Größe und Wachstum von Unternehmen. Diese Modelle gehen davon aus, dass eine Vielzahl unterschiedlicher Faktoren existiert, die jeweils zufällig eine Veränderung des Unternehmenswachstums bedingen. Die Entwicklungen in diesem Theoriebereich gehen auf die Arbeit von Robert Gibrat (1931) und das von ihm postulierte Gesetz des proportionalen Effekts zurück, welches auch als Gibratsches Gesetz bekannt ist. Vereinfacht lässt sich aus diesem Gesetz ableiten, dass das Wachstum eines Unternehmens unabhängig von dessen Größe einem Zufallspfad folgt. Formal-analytisch ergibt sich folgender Zusammenhang (Sutton, 1997):

$$S_t = \beta \times S_{t-1} + \varepsilon$$

mit

S_t = Größe des Unternehmens (z. B. Mitarbeiteranzahl, Umsatz) in der Periode t
β = Einflussstärke der Unternehmensgröße
ε = Zufallsverteilte Störgrößen

Empirisch wird die Gültigkeit des Gibratschen Gesetzes – unter Berücksichtigung weiterer Einflussfaktoren – häufig mit einem Wachstumsmodell folgender Art überprüft (Bürgel et al., 2000):

$$\ln\left(\frac{S_t}{S_{t-1}}\right) = \sum_{i=1}^{n} \theta_i \times \ln(\mu_{i,t-1}) + (\beta - 1) \times \ln(S_{t-1}) + \varepsilon$$

mit

S_t = Größe des Unternehmens (z. B. Mitarbeiteranzahl, Umsatz) in der Periode t
μ_i = Sonstiger Einflussfaktor auf das Unternehmenswachstum (z. B. Alter, Profitabilität)
θ_i = Einflussstärke des Faktors μ_i
β = Einflussstärke der Unternehmensgröße
ε = Zufallsverteilte Störgrößen

Sofern das Gibratsche Gesetz gilt, muss die Wachstumsrate unabhängig von der Größe eines Unternehmens sein. Dies ist dann der Fall, wenn $\beta = 1$ ist, das Wachstum also proportional erfolgt. Dagegen bedeutet $\beta < 1$, dass das Wachstum unterproportional ist und kleinere Unternehmen mit einer systematisch höheren Geschwindigkeit wachsen würden als große Unternehmen. Ein $\beta > 1$ würde den umgekehrten Fall kennzeichnen. Zwar konnte die Gültigkeit des Gesetzes des proportionalen Wachstums in vereinzelten Studien nachgewiesen werden, die Mehrzahl der empirischen Ergebnisse zeigen jedoch, dass das Gibratsche Gesetz insbesondere dann nicht bestätigt werden kann, wenn das Wachstum von Unternehmen aus unterschiedlichen

Altersklassen untersucht wird (Audretsch, Santarelli und Vivarelli, 1999). Heutzutage kann wissenschaftlich fundiert davon ausgegangen werden, dass sowohl die Größe als auch das Alter einen Einfluss auf das Wachstum eines Unternehmens haben: Junge, kleine Unternehmen weisen dabei regelmäßig höhere Wachstumsraten als ältere beziehungsweise größere Unternehmen auf (Almus und Nerlinger, 2000).

Industrieökonomische Erklärungsmodelle

Statische Gleichgewichtsmodelle

Die industrieökonomischen Erklärungsmodelle erweitern die auf Zufallseinflüsse abstellenden stochastischen Modelle durch den Einbezug ökonomischer Faktoren. In dem obigen Wachstumsmodell wurden diese Faktoren vorgreifend durch den Term μ_i miteinbezogen. Bei den Ansätzen der Industrieökonomik handelt es sich zumeist um statische Gleichgewichtsmodelle, die das Unternehmenswachstum unter Effizienzgesichtspunkten, wie beispielsweise der Minimierung langfristiger Stückkosten oder einer Fixkostendegression (Economies of Scale), betrachten. Ein effizienzmaximierendes Gleichgewicht wird erst bei einer entsprechenden Größe des Unternehmens erreicht, weshalb die industrieökonomischen Erklärungsmodelle das klassische Großunternehmen als anzustrebendes Wachstumsergebnis implizieren (O'Farrell und Hitchens, 1988).

Lerntheoretische Modelle

Von besonderer Bedeutung in der modelltheoretischen Entwicklung ist das lerntheoretische Modell von Jovanovic (1982), welches als konzeptionelle Grundlage für die meisten der industrieökonomischen Erklärungsmodelle dient. Im Rahmen des lerntheoretischen Modells wird grundsätzlich davon ausgegangen, dass die Unternehmen in einer Branche sich anhand ihrer Kostenfunktionen unterscheiden. Die Unternehmen stehen allerdings vor einem Informationsproblem, da sie ihre Kostenfunktion und ihre daraus abgeleitet Effizienz vor einem Markteintritt (a priori) nicht kennen. Hierdurch ist dieser Ansatz konform zu der Situation des Entrepreneurs, der seine Entscheidungen unter Ungewissheit treffen muss. Die jeweils gewinnmaximierende Produktionsmenge muss daher auf Basis von unsicheren Erwartungen über die eigene Effizienz gebildet werden.

Die Unternehmen werden allerdings als lernfähige Organisation betrachtet: Mit zunehmender Dauer der Geschäftstätigkeit erhalten die Entrepreneure zusätzliche Informationen über die tatsächliche Produktions- beziehungsweise Kosteneffizienz, an die sie ihre Zukunftserwartungen in jeder Periode anpassen werden. Sofern die tatsächliche Produktionseffizienz höher ausfällt als zuvor erwartet, wird die Produktionsmenge in der kommenden Periode gesteigert. Liegt die realisierte Produktionseffizienz unterhalb der Erwartungen, so wird die Produktionsmenge gedrosselt. Werden die Erwartungen eines Entrepreneurs fortdauernd untererfüllt, scheidet er aus dem Markt aus. Bei den erfolgreichen Unternehmen wird der Anpassungsbedarf zwischen Erwartungen und Realität mit zunehmender Dauer und steigendem Informationsstand immer geringer ausfallen, weshalb auch die Wachstumsraten der Produktionsmengen immer weniger steigen werden. Daraus wird sodann gefolgert, dass die Wachstumsrate eines Unternehmens mit zunehmendem Unternehmensalter immer weiter abnimmt.

Aktives und passives Lernen

Kritik erntet dieses Modell dafür, dass es lediglich einen passiven Lernprozess des Entrepreneurs abbildet. So sind z. B. die tatsächliche Produktionseffizienz, die

Faktor- und Absatzpreise sowie die Marktnachfrage im Modell exogen und daher für den Entrepreneur unveränderlich vorgegeben. Eine entscheidende Weiterentwicklung der lerntheoretischen Modelle erfolgt durch Ericson und Pakes (1995), die das organisationale Lernen als aktiven Prozess modellieren, bei dem die Unternehmen Einfluss auf ihre Effizienz nehmen können. Die Produktionseffizienz und damit das Wachstum eines Unternehmens ist dann, neben dem Alter, von verschiedenen weiteren Faktoren, wie der Innovationsfähigkeit, des Humankapitals der Gründer und Mitarbeiter, des Unternehmensstandorts oder der Marktstruktur abhängig (Almus und Nerlinger, 1999).

Marktstrukturelle Modelle

Einen weiteren wichtigen Zweig der industrieökonomischen Ansätze bilden die marktstrukturellen Erklärungsmodelle, die die Entwicklung der Unternehmen nicht anhand spezifischer Unternehmenscharakteristika sondern durch Strukturmerkmale der jeweiligen Unternehmensbranche beziehungsweise Industrie erklären. Nach dem Five-Forces-Konzept von Porter (1980) wird die Struktur einer Branche beziehungsweise eines Marktes von den existierenden Markteintrittsbarrieren, der Rivalität innerhalb der Branche, der Gefahr durch Substitutionsprodukte sowie der Macht von Lieferanten und Abnehmern definiert. Trotz der Vielfalt an strukturbestimmenden Faktoren beschäftigen sich die marktstrukturellen Erklärungsmodelle für gewöhnlich einzig mit den Eintrittsbarrieren eines Marktes und dessen Einflüssen auf die Wachstumsraten der Unternehmen (Caves und Porter, 1977; Mata und Portugal, 1994). Kernaussage dieser Ansätze ist, dass hohe Markteintrittsbarrieren die Wettbewerbsintensität innerhalb einer Branche reduzieren, wodurch die etablierten Unternehmen in diesem Markt höhere Renditen und Wachstumsraten erzielen können (Woywode, 1998). Die Wachstumsraten von Unternehmen aus unterschiedlichen Branchen variieren demnach infolge unterschiedlich hoher Markteintrittsbarrieren. Daher sollten innovative Gründungsunternehmen, die durch ihre gestaltende unternehmerische Tätigkeit ihren Markt erst selbst schaffen, darauf achten, rechtzeitig Markteintrittsbarrieren zu errichten, um ihr zukünftiges Marktwachstum abzusichern.

Managementorientierte Erklärungsmodelle

Die managementorientierten Erklärungsmodelle fokussieren sich bei der Erklärung der Unternehmensentwicklung vor allem auf die Kapazitäten, Motivationen, Fähigkeiten und das daraus resultierende Verhalten des Managements beziehungsweise des Entrepreneurs als entscheidende Einflussgrößen. Viele dieser Ansätze haben ihren konzeptionellen Ursprung in der Literatur des strategischen Managements.

Wachstumstheorie nach Penrose

Unter den managementorientierten Ansätzen hat die Wachstumstheorie von Penrose (1995) besondere Bekanntheit erlangt. Penrose stellt in ihrem Ansatz die planerischen Kapazitäten des Managements und der Entrepreneure (verfügbare Zeit und Expertise) und deren Einfluss auf das Unternehmenswachstum in den Mittelpunkt der Betrachtung. Grundannahme des Erklärungsmodells ist, dass im Laufe der Unternehmensentwicklung ständig Ungleichgewichte in der Ressourcenausnutzung in Form von Kapazitätsengpässen oder Überkapazitäten entstehen. Die Existenz von Kapazitätsengpässen führt zu einer Ausweitung der Produktionskapazitäten. Aufgrund von Unteilbarkeiten der eingesetzten Ressourcen, z. B. Produktionsmaschinen oder Mitarbeitern, entsteht durch die Kapazitätserweiterung ein erneutes Ungleichgewicht, nun allerdings in Form einer Überkapazität. Die fortlaufend entstehenden Ungleichgewichte stellen laut Penrose einen ständigen Wachstumsanreiz für die Unternehmen dar. Dem unendlichen Wachstum stehen allerdings sogenannte Wachstumshemmnisse entgegen, die sich vor allem durch die mangelnde unternehmerische Expertise und fehlende frei Zeitkapazitäten der Manager beziehungsweise Entrepreneure sowie ein überproportionales Ansteigen der Koordinations- und Kontrollkosten im Unternehmen ergeben.

Wachstum als persönliche Zielorientierung

Eine weitere wesentliche Erkenntnis der managementorientierten Erklärungsansätze ist, dass neben den Fähigkeiten und Zeitkapazitäten auch die Zielsetzung der Manager und Entrepreneure das Wachstum eines Unternehmens beeinflussen. Statt ein möglichst großes Unternehmenswachstum anzustreben, geben sich viele Entrepreneure mit einer zum Überleben gerade ausreichenden Unternehmensgröße und Profitabilität zufrieden. Die Beweggründe hierfür reichen von persönlichen Life-Style-Präferenzen, z. B. einer entsprechenden Balance zwischen Arbeit und Freizeit, bis hin zum Erhalt von Kontrolle und Verantwortung, die bei steigender Unternehmensgröße zunehmend delegiert werden müssten (McMahon und Stanger, 1995). Umgekehrt ist es allerdings auch möglich, dass Manager und Entrepreneure aus persönlichen Gründen ein ökonomisch nicht begründetes Wachstum verfolgen. Dies äußert sich beispielsweise im sogenannten »Empire Building« (Jensen und Meckling, 1976): Statt freie Cashflows an die Anteilseigner (z. B. Venture Capitalists) auszuschütten, werden diese kontinuierlich in das Unternehmen reinvestiert, und zwar auch dann, wenn die dadurch erzielbare Rendite unterhalb der von den Anteilseignern geforderten Eigenkapitalverzinsung liegt. Ein solches Verhalten wird durch die Vermutung begründet, dass eine Vergrößerung des Unternehmens die eigene Position festigt und die monetäre Vergütung erhöht (wachstumsabhängige Entlohnung). Ein solches Verhalten wird umso eher zu erwarten sein, je höher ein Eigentumsanteil anderer Kapitelgeber ist, da der Entrepreneur mit sinkendem Eigentumsanteil einem angestellten Manager immer ähnlicher wird.

Beispiel **Auswirkungen des Empire Building auf die Rendite der Anteilseigner**

▸▸▸ Zur Verdeutlichung der Auswirkungen nicht-ökonomisch begründbaren Wachstums auf die Rendite der Anteilseigner sei hier angenommen, dass ein Unternehmen einen Periodengewinn von 50 Mio. Euro erzielt, der entweder an die Anteilseigner ausgeschüttet oder in das Unternehmen reinvestiert werden kann, wodurch sich die Unternehmensgröße erhöht. Die Anteilseigner erwarten eine Eigenkapitalrendite von 10 %. Mit der Reinvestition in ein einjähriges Investitionsprojekt kann das Unternehmen eine Rendite von 7 % erzielen. Im Falle der Reinvestition wird im kommenden Jahr der diesjährige Periodengewinn zuzüglich des Investitionsertrags von 3,5 Mio. Euro ausgeschüttet. Der Gegenwartswert des Investitionsprojekts aus Sicht der Anteilseigner beträgt daher:

$$\frac{53{,}5}{1{,}1} = 48{,}6$$

Aus Sicht der Anteilseigner ist es daher zu bevorzugen, dass der Periodengewinn sofort ausgeschüttet wird, da eine Reinvestition und die damit um ein Jahr verspätete Auszahlung einen Wert von weniger als 50 Mio. Euro aufweisen. ◂◂◂

Organisationsökonomische Modelle

Lebenszyklus orientierte Modelle

Die organisationsökonomischen Erklärungsmodelle beschäftigen sich mit der idealtypischen Entwicklung eines Unternehmens und fokussieren die in den einzelnen Entwicklungsphasen auftretenden betriebswirtschaftlichen Probleme. Als dominierendes Erklärungsmodell zur Analyse des Wachstums kleiner und mittlerer Unternehmen hat sich das aus der Biologie übernommene Lebenszykluskonzept herausgebildet. Im Allgemeinen beschreiben Lebenszyklusmodelle den Prozess des Entstehens, Wachsens, Veränderns und Sterbens eines lebenden Systems. Dieses Konzept wurde bereits früh in die Betriebswirtschaftslehre, z. B. als Produkt-, Technologie- oder Branchenlebenszyklus übernommen. Übertragen auf das System »Unternehmen«, bilden die Lebenszyklusmodelle die Entwicklungsphasen eines Unternehmens von der Gründung bis hin zum - insolvenzbedingten oder freiwilligen - Ausscheiden aus dem Markt ab.

Die häufige Verwendung des Lebenszykluskonzeptes in der Entrepreneurship-Literatur hat zu einer Vielfalt an unterschiedlichen Grundtypen der Lebenszykluskonzepte junger Unternehmen geführt. Diese Modelle unterscheiden sich vor allem durch die von den Autoren eingenommene Perspektive auf die Unternehmensentwicklung und die gewählte Maßzahl mit der diese abgebildet wird (z. B. Umsatz, Gewinn, Mitarbeiterzahl, Diversifikationsgrad).

Vier-Phasen-Modell der Unternehmensentwicklung

Des Weiteren unterscheiden sich die Lebenszyklusmodelle durch die Anzahl der betrachteten Entwicklungsphasen. Üblicherweise wird hierbei die Unternehmensentwicklung in vier bis sechs verschiedene Phasen unterteilt. Abbildung 13-3 zeigt in Anlehnung an Timmons und Spinelli (2008) das Beispiel eines idealisierten Vier-Phasenmodells, welches den Entwicklungsverlauf eines jungen Unternehmens von der Gründung bis zur Wendephase skizziert. Modelle mit fünf oder sechs Phasen erweitern diese Modellabbildung in der Regel dadurch, dass sie die Gründungs- und/ oder Wachstumsphase tiefer untergliedern. An den Grundaussagen des Lebenszyk-

Exkurs

Grundtypen der Lebenszykluskonzepte

Anhand des gewählten Betrachtungsperspektive lassen sich fünf Grundtypen der Lebenszykluskonzepte differenzieren (Nathusius, 1979):

- Marktentwicklungsmodelle: Das Unternehmenswachstum ergibt sich infolge des fokussierten Zielmarktes und dessen Charakteristika. Daher stehen unternehmensexterne Einflussfaktoren im Zentrum der Betrachtung.
- Strukturänderungsmodelle: Das Unternehmenswachstum wird als Ergebnis von Änderungen der Organisationsstruktur eines Unternehmens angesehen.
- Verhaltensänderungsmodelle: Das Unternehmenswachstum wird durch den Führungsstil und das Innovationsverhalten eines Unternehmens bestimmt.
- Metamorphosemodelle: Das Unternehmenswachstum wird als zwingende Fortentwicklung von typischen Unternehmenszuständen und Systemänderungen erklärt.
- Krisenmodelle: Das Unternehmenswachstum wird anhand der Existenz von Entwicklungskrisen und Alters- beziehungsweise Größenschwellen betrachtet.

Abb. 13-3

Beispielhafter Lebenszyklus

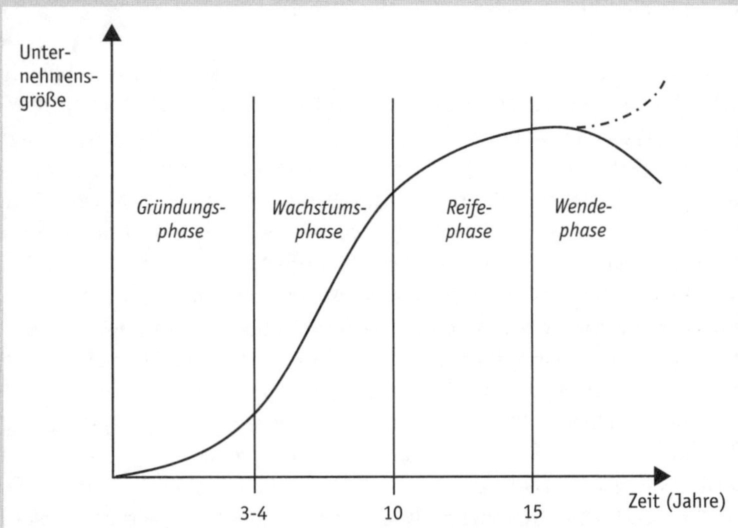

lusmodells ändern diese detaillierteren Betrachtungen indes nichts. Auch der charakteristische S-Kurven-Verlauf ist bei allen Modellen vorzufinden, wenngleich diesbezüglich festzuhalten ist, dass ein gleichmäßiger Verlauf der Unternehmensentwicklung in der Realität nur selten vorzufinden sein wird.

Gründungsphase. Die erste Phase im »Leben« eines Unternehmens ist gleichzeitig auch die für dessen Entwicklung grundlegende Phase, die vor allem von der Entwicklung und Markteinführung des Produkts dominiert wird. Daher stehen insbesondere Aspekte der operationalen Planung im Vordergrund der unternehmerischen Tätigkeit, wobei konkret die gezielte Suche nach Kapital und Investoren, erste Marketingaktivitäten und die Einstellung erster Mitarbeiter von besonderer Bedeutung sind. Das noch junge Unternehmen wird durch eine geringe funktionale Spezialisierung und eine flache Hierarchie gekennzeichnet. Alle Entscheidungen laufen beim Entrepreneur beziehungsweise dem Gründungsteam zusammen. Dementsprechend ist die Entwicklung des Unternehmens vor allem vom Unternehmergeist (unternehmerischer Antrieb und Energie) und den unternehmerischen Fähigkeiten des Entrepreneurs beziehungsweise des Gründerteams abhängig. Die Gründungsphase beansprucht normalerweise zwei oder drei Jahre; in manchen Branchen kann diese Phase zeitlich kürzer aber auch länger – teilweise über sieben Jahre – dauern (Hisrich, Peters und Shepherd, 2009). Beispielweise werden bei Unternehmen, die das Internet als Kommunikations- und Vertriebsmedium nutzen, bereits nach einigen Monaten hohe Umsatzwachstumsraten und damit ein Übertritt von der

Gründungs- in die Wachstumsphase beobachtet. Auch die Suche nach externen Eigenkapitalgebern, die die Länge der Gründungsphase entscheidend beeinflusst, ist für Unternehmen aus High-tech-Branchen in der Regel einfacher und schneller als für Gründungsunternehmen in traditionellen Branchen.

Wachstumsphase. Der Fokus der Wachstumsphase liegt auf einer multiplikativen Ausschöpfung der entdeckten unternehmerischen Gelegenheit, die beispielsweise durch Expansion des Unternehmens in neue Produkte und/oder neue Märkte erreicht werden kann. Dies führt zu einschneidenden Veränderungsprozessen im Unternehmen. Ein starkes Unternehmenswachstum verlangt zunächst eine Professionalisierung aller Bereiche, Strukturen und Prozesse des Unternehmens. Neben der in der Gründungsphase zentralen Innovationsorientierung ist nun eine stärkere Kunden- und Produktivitätsorientierung notwendig. Ein schnelles Wachstum führt zudem zu einem steigenden Ressourcenbedarf des Unternehmens, insbesondere im Hinblick auf das Human- und Finanzkapital. Zur Professionalisierung der Unternehmensführung ist ferner eine Erweiterung des Führungsteams sowie die Umstellung auf einen indirekten Führungsstil notwendig, wodurch der Entrepreneur einen Teil seiner Macht und Kontrolle abgeben beziehungsweise delegieren muss. Die Phase des starken Unternehmenswachstums dauert für gewöhnlich sechs bis sieben Jahre. Ein zu schnelles Unternehmenswachstum ist allerdings nicht problemlos für das noch junge Unternehmen; oftmals wird die Ressourcenausstattung des Unternehmens nicht mit der Wachstumsgeschwindigkeit Schritt halten können. Um dies zu vermeiden, sollten die Phasen linearen beziehungsweise exponentiellen Wachstums von entsprechenden Konsolidierungsphasen begleitet werden, damit sich das Unternehmen an die neuen Gegebenheiten anpassen kann.

Reifephase. Mit Eintritt in die Reifephase kommt es zu einer Abschwächung und Verstetigung des Unternehmenswachstums. Mitunter kann es allerdings auch zu ersten Wachstumsstagnationen kommen. Gründe hierfür sind insbesondere ein abnehmendes Kundeninteresse und ein steigender Wettbewerbsdruck, der mit einer zunehmenden Marktsättigung durch Nachahmerprodukte (»Me-too-Produkte«) einhergeht. Um in Zukunft weiter erfolgreich zu sein und somit weiterzuwachsen, kommt es darauf an, verstärkt Innovationen – ähnlich wie in der Gründungsphase – voranzutreiben. Die Reifephase dauert für gewöhnlich drei bis fünf Jahre (Kuratko und Hodgetts, 2008).

Wendephase. Das typische Lebenszyklusmodell schließt mit der Wendephase, die international auch als »Swing«-Phase bezeichnet wird. In dieser Phase entscheidet sich, ob das Unternehmen am Markt verbleibt oder aus diesem ausscheidet und liquidiert wird. Damit ein Unternehmen dauerhaft erfolgreich ist, muss es spätestens bei Eintritt in die kritische Reife- beziehungsweise Wendephase in der Lage sein, rechtzeitig durch Produktinnovationen zumindest partiell in die Gründungs- und Wachstumsphase zurückzuspringen und neue wachstumsversprechende unternehmerische Gelegenheiten zu entdecken und auszunutzen.

Wenngleich das Lebenszykluskonzept in der Entrepreneurship-Literatur am häufigsten zur Erklärung des Phänomens Unternehmenswachstum herangezogen wird, ist es nicht ohne Kritik geblieben. In der Hauptsache werden dabei folgende Kritikpunkte angeführt (O'Farrell und Hitchens, 1988):

Kritik am Lebenszykluskonzept

- Die Modelle beschäftigen sich nicht mit dem Wachstumsprozess als solchem, sondern fokussieren sich auf die Ursachen von Unternehmenswachstum.
- Die empirische Validierung der verschiedenen Lebenszyklusmodelle erfolgt weitestgehend auf Basis kleiner Stichproben und Querschnittserhebungen.
- Die Phasenmodelle vernachlässigen in der Regel die wichtige Vorgründungsphase.
- Grundannahme der Modelle ist, dass alle Unternehmen – quasi deterministisch – jede einzelne Phase durchlaufen oder aber scheitern. Ein freiwilliger Verzicht auf ein starkes Unternehmenswachstum, beispielsweise aufgrund der Zielsetzung des Entrepreneurs, wird nicht abgebildet.
- Das Unternehmenswachstum wird meist über leicht quantifizierbare Maßzahlen, wie den Umsatz oder die Mitarbeiteranzahl, gemessen.
- Zumeist werden unternehmensinterne Ursachen für das Wachstum eines Unternehmens analysiert, während Einflüsse aus der Unternehmensumwelt ausgespart bleiben.

13.3 Wachstumsprozesse junger Unternehmen

Der aktiv gesteuerte Wachstumsprozess

Das Wachstum eines jungen Unternehmens ist kein automatisierter und grenzenloser Prozess. Die Mehrzahl aller Unternehmen wächst nur über einen kurzen Zeitraum und/oder in einem geringen Maße: 90 % aller Unternehmen in Deutschland sind der Gruppe der Kleinstunternehmen mit einem Umsatz bis 1 Mio. Euro zuzurechnen und nur die wenigsten (1,5 %) wachsen auf eine Umsatzgröße von über 10 Mio. Euro an (IfM Bonn, 2010). Wesentliche Schritte hin zu einem aktiv gesteuerten Wachstumsprozess sind die Wachstumsplanung und das Wachstumsmanagement. In Anlehnung an das zuvor skizzierte Lebenszykluskonzept ist dieser Prozess allerdings als revolvierend zu interpretieren, da das Erreichen von Unternehmenswachstum lediglich den Ausgangspunkt für eine fortlaufende Wachstumsplanung beziehungsweise dessen Management darstellt. Wie Abbildung 13-4 verdeutlicht, werden die einzelnen Prozessschritte wie auch das Prozessergebnis selbst durch verschiedene Einflussfaktoren begünstigt oder gehemmt.

Abb. 13-4

Einflussfaktoren des Wachstums junger Unternehmen

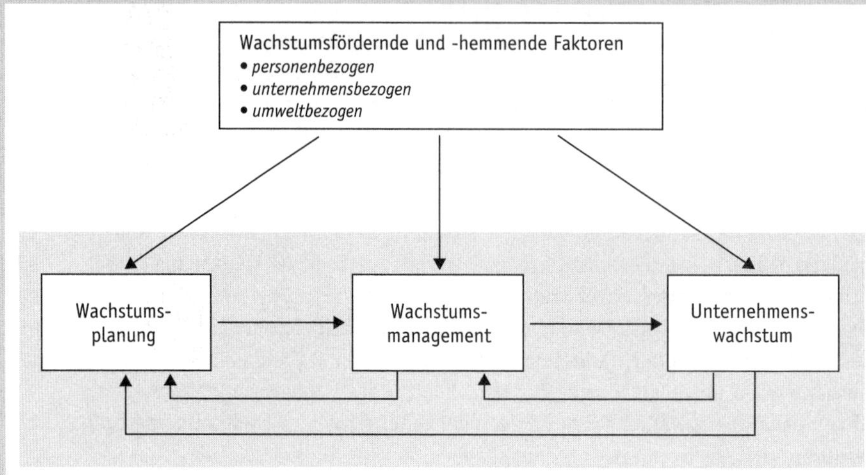

13.3.1 Wachstumsfördernde und -hemmende Faktoren

Trotz einer umfänglichen Forschung ist bisher nicht eindeutig geklärt, welche Einflussfaktoren das Wachstum eines Unternehmens beziehungsweise Unterschiede in den Wachstumsraten zwischen Unternehmen maßgeblich bestimmen (Barringer et al., 2005). In Anlehnung an Storey (1994) lassen sich die wachstumsbeeinflussenden Faktoren in personenbezogene, unternehmensbezogene und umweltbezogene Faktoren kategorisieren, von denen im Folgenden einige, in der Entrepreneurship-Literatur besonders relevante Einflussfaktoren beschrieben werden.

Personenbezogene Einflussfaktoren

Gerade in jungen Unternehmen sind die organisationalen Strukturen von einem hohen Zentralisierungsgrad geprägt, der dazu führt, dass Entscheidungen stark vom Handeln seiner Führungspersonen, also dem Entrepreneur oder dem Entrepreneurial Team, beeinflusst werden. Folglich sind Entscheidungen über das künftige Unternehmenswachstum von den Eigenschaften und Motivationen des Entrepreneurs beziehungsweise der Entrepreneure abhängig (Delmar und Wiklund, 2008). Wesentlich sind hierbei:

Wachstumsintention und -motivation. Unternehmerische Entscheidungen in jungen Unternehmen werden besonders durch die individuellen Motivationen des oder der Gründer bestimmt. Sofern der Entrepreneur nicht die Absicht hat, sein Unternehmen in Zukunft wachsen zu lassen, wird er wahrscheinlich keine Anstrengungen unternehmen, durch die das Unternehmenswachstum gesteigert wird. Die Entscheidung, nicht zu wachsen, wird beispielsweise dadurch motiviert sein, dass der Entrepreneur den Verlust seiner Unabhängigkeit oder alleinigen Entscheidungskompetenz fürchtet (Kuratko und Hodgetts, 2008). Umgekehrt führt das Vorhandensein einer starken Wachstumsintention beziehungsweise -motivation des Entrepreneurs nicht zwangsläufig zu einem Wachstum des Unternehmens (Delmar und Wiklund, 2008). Der Wachstumsprozess ist sehr komplex und wird von vielen Einflüssen außerhalb der personalen Ebene bedingt. Die persönliche Wachstumsmotivation des Entrepreneurs ist daher zwar als einer der wichtigsten Faktoren, aber dennoch nur als Hygienefaktor für das zukünftige Unternehmenswachstum zu sehen.

Human und Social Capital. Als komplexer Prozess verlangt das Unternehmenswachstum vom Entrepreneur spezifische unternehmerischen Fähigkeiten, bei denen zwischen allgemeinen und funktionalen Fähigkeiten unterschieden wird (Anokhin, Grichnik und Hisrich, 2008). Zu den relevanten allgemeinen Fähigkeiten zählen insbesondere die Führungs-, Motivations-, Problemlösungs- und Kommunikationsfähigkeit. Sind in der Gründungsphase noch vornehmlich Problemlösungskompetenzen gefragt, so sind in der Wachstumsphase aufgrund der sich verbreiternden Mitarbeiterbasis hinreichende Führungs-, Motivations- und Kommunikationsfähigkeiten des Entrepreneurs für ein funktionierendes Wachstum besonders wichtig. Die funktionalen Fähigkeiten beziehen sich auf Kompetenzen in spezifischen Unternehmensbereichen, wie beispielsweise Marketing, Finanzen oder Produktentwicklung. Im Rahmen des Wachstumsprozesses ist vor allem eine hinreichende Marketingkompetenz hilfreich. Hierbei bedarf es konkret der Fähigkeit, die Bedürfnisse der Kunden in neuen Märkten oder für neue Produkte zu erkennen und mittels professioneller Marketingstrategie zielgerichtet zu adressieren, um Absatz- und damit meist auch Umsatzsteigerungen zu erzielen. In High-tech-Unternehmen sind zudem technische Kenntnisse und Fähigkeiten im Technologie- und Innovationsmanagement relevant. Vorangegangene berufliche oder unternehmerische Erfahrungen in relevanten Industrien des Entrepreneurs können hier von großem Nutzen sein und technologische Wachstumshemmnisse abbauen. Branchenerfahrene Entrepreneure verfügen zudem über ein tendenziell größeres soziales Netzwerk, welches im Rahmen des Wachstumsprozesses einen vereinfachten Zugang zu knappen Ressourcen wie Wissen, Finanzmittel oder Personal ermöglichen kann (Barringer et al., 2005). Als Netzwerkpartner kommt dem Finanzier, z. B. dem Venture Capitalist oder Business Angel, eine besondere Rolle zu, da dieser neben dem Kapital auch Managementunterstützung und -beratung, das sogenannte Brain Capital, bereitstellt, welches – zumindest teilweise – bestehende Defizite im Humankapital des Entrepreneurs auszugleichen vermag.

Gründungsteam. Im Unterschied zu einem einzelnen Entrepreneur besitzen Gründerteams oftmals eine größere Bandbreite an unternehmerischen Fähigkeiten, höhere finanzielle Ressourcen und mehr Netzwerkkontakte. Die unterschiedlichen Sichtweisen und Ideen sind zudem hilfreich bei der Identifikation neuer Wachstumsmöglichkeiten (Weinzimmer, 2000). Aufgrund steigender Koordinations- und Kontrollkosten ist die Teamgröße allerdings mit einem abnehmenden Grenznutzen behaftet, weshalb das Kernteam nicht mehr als drei bis vier Entrepreneure umfassen sollte, die möglichst heterogen in ihren Fähigkeiten sind. Zum erweiterten Gründungsteam zählen zudem Mitarbeiter in Schlüsselpositionen, z. B. in Marketing, Vertrieb oder Produktentwicklung, deren Wissen und Kontakte ebenfalls das Unternehmenswachstum beeinflussen kann. Daher ist ebenfalls eine selektive Mitarbeiterauswahl wie auch leistungsorientierte Vertragsgestaltungen für die Wachstumsmöglichkeiten des Unternehmens wichtig (Barringer et al., 2005).

Unternehmensbezogene Faktoren

Unternehmerische Gelegenheit. Um ein vergleichsweise schnelles und starkes Wachstum des Unternehmens erzielen zu können, kommt es vor allem darauf an, dass die unternehmerische Gelegenheit einen einzigartigen, von anderen am Markt angebotenen Produkten differenzierbaren Wert für die Kunden schafft. Wesentliche Faktoren zur Erlangung eines solchen Wettbewerbsvorteils sind der Innovationsgrad der unternehmerischen Gelegenheit (Kim und Mauborgne, 2004) sowie die Qualität der daraus resultierenden Produkte. Für ein nachhaltiges Wachstum ist ferner eine gute Skalierbarkeit des Produkts, also die Möglichkeit, einen großen Kundenkreis erreichen zu können, notwendig. Wenig innovative Produkte, die bereits in großer Anzahl an einem begrenzten Markt angeboten werden (»Me too«-Produkte), beispielsweise das 100. Fast-Food-Restaurant in einer Kleinstadt, versprechen nur ein geringes Unternehmenswachstum im Vergleich zu unternehmerischen Gelegenheiten mit hohem Neuartigkeitswert, die eine Breitenwirkung erzielen können (wie ein Heilmittel gegen Demenz).

Unternehmensrechtsform. Unternehmen mit einer haftungsbeschränkenden Rechtsform – GmbH, AG und damit kombinierte Rechtsformen – erzielen regelmäßig ein höheres Unternehmenswachstum. Die Literatur begründet dies mit einer höheren Risikobereitschaft der Entrepreneure, da im Fall eines Scheiterns ihre Haftung sich nur auf einen kleinen Teil ihres eigenen Kapitals beschränkt (Almus und Nerlinger, 1999). Einschränkend sei angemerkt, dass private Banken bei der Kreditvergabe vielfach persönliche Sicherheiten vom Entrepreneur, z. B. in Form einer Grundschuld, Bürgschaft oder Garantie verlangen.

Finanzierungsstruktur. Auch die gezielte Wahl einer bestimmten Finanzierungsquelle kann zu einem erhöhten Unternehmenswachstum führen. Gerade professionelle Eigenkapitalgeber wie Venture-Capital-Gesellschaften können über die von ihnen angebotenen Zusatzdienstleistungen, wie Management-Unterstützung, Know-how-Transfer, Restrukturierung der Unternehmensorganisation oder Strategieimplementierung, das Wachstumstempo eines jungen Unternehmens erhöhen (Inderst und Mueller, 2009). Gleichzeitig ist es möglich, dass Eigenkapitalgeber den Entrepreneur zu einer Wachstumsstrategie drängen, insbesondere um eine hoch gesteckte Zielrendite zu erreichen.

Unternehmensstandort. Auch der Standort des Unternehmens kann die Entwicklung eines Unternehmens positiv beeinflussen. Die Ansiedlung in einem sogenannten Branchencluster – prominentestes Beispiel ist hier das Silicon Valley als Cluster für Unternehmen aus der Internetindustrie – kann zu einem Transfer von externem Wissen in das junge Unternehmen, sogenannten »Knowledge Spillovers«, führen: Die räumliche Nähe zu Unternehmen aus der gleichen Branche vereinfacht den Aufbau von Netzwerkkontakten zwischen den Mitarbeitern der verschiedenen Unternehmen und erleichtert den Zugang zu spezialisierten Zulieferern und neuem Wissen (Barringer et al., 2005).

Unternehmenspartnerschaften. Partnerschaften mit anderen Unternehmen, beispielsweise im Rahmen von Joint Ventures, Netzwerken oder Allianzen, stellen eine Möglichkeit für das junge Unternehmen dar, über den Zugang zu Ressourcen anderer Unternehmen – wie Management- oder Vertriebskapazitäten – das eigene Wachstum zu beschleunigen. Die gemeinsame Nutzung von Ressourcen kann beispielsweise zu einer Reduktion von Produktionskosten (Economies of Scale) führen oder den Zugang zu neuen Märkten erleichtern (Almus und Nerlinger, 1999).

Umweltbezogene Faktoren

Ressourcenverfügbarkeit. Eine Steigerung der Output-Seite eines Unternehmens (z. B. Umsatz oder Absatz) verursacht in der Regel einen erhöhten Bedarf des Unternehmens an Ressourcen auf der Input-Seite. Lässt man Produktivitätssteigerungen außer Acht, ist für das Erreichen von quantitativem Unternehmenswachstum eine Erhöhung der Produktionskapazität notwendig. Hierfür sind neue Maschinen und/oder Arbeitsgeräte zu beschaffen. Ferner kommt es zumeist zu einer Ausweitung des Personalbestands. Der Faktor Personal ist insbesondere bei innovativen Unternehmensgründungen z. B. im IT-Bereich für das zukünftige Wachstum von Bedeutung.

Sind diese beiden wesentlichen Produktionsfaktoren nicht ausreichend und in hinreichender Güte am Markt verfügbar, so wird es kurzfristig zu Wachstumsstockungen beziehungsweise bei langfristigen Beschaffungsproblemen zu einer Stagnation des Unternehmenswachstums kommen. Darüber hinaus resultiert die (geplante) Ressourcenbeschaffung oftmals in einem erhöhten Finanzierungsbedarf aufseiten des jungen Unternehmens. Fehlende Finanzmittel oder gar Liquiditätsengpässe verhindern von vornherein ein Wachsen des Unternehmens, da notwendige materielle Ressourcen nicht beschafft werden können.

Externe Rahmenbedingungen. Die Entwicklung eines Unternehmens ist letztlich auch von den jeweiligen rechtlichen, politischen und volkswirtschaftlichen Rahmenbedingungen abhängig. Diese Faktoren wiegen daher besonders schwer, da das junge Unternehmen diese zumeist nicht aus eigener Kraft verändern kann. Eine unsichere politische Lage erschwert das Erreichen der Wachstumsziele eines Unternehmens, da z. B. willkürliche Änderungen rechtlicher Rahmenbedingungen eine langfristige Wachstumsplanung beeinträchtigen. Die rechtlichen Rahmenbedingungen eines Landes behindern das Wachstum von Unternehmen immer dann, wenn der Staat regulierend in Märkte eingreift und beispielsweise den Wettbewerb durch

Zulassungsvorschriften einschränkt. Gerade in Deutschland werden die Regulierungen und bürokratischen Hürden für Unternehmensgründer im internationalen Vergleich als besonders hoch angesehen (Brixy, Hundt und Sternberg, 2010).

Wesentlich sind auch die volkswirtschaftlichen Rahmenbedingungen: Lohn-, Finanz- oder Wirtschaftskrisen beeinträchtigen das Konsumklima und daher die Marktnachfrage, welches sich tendenziell negativ auf die Wachstumschancen junger Unternehmen auswirkt. Ebenso beeinflussend sind starke Wechselkursschwankungen, die die Attraktivität einer Internationalisierung des Unternehmens beeinträchtigen. Zudem wird der Wettbewerb auf einem Markt sich auf das Wachstum junger Unternehmen auswirken: Etablierte Anbieter tendieren dazu, Markteintrittsbarrieren zu errichten, deren Überwindung für das junge Unternehmen nicht möglich ist oder einen erhöhten Ressourceneinsatz erfordert, der dann für Investitionen in die Wachstumsstrategie nicht geleistet werden kann (Perren, 1999).

13.3.2 Methoden der Wachstumsplanung

Die meisten Entrepreneure entwickeln vor und während der Unternehmensgründung Pläne über die zukünftige Entwicklung ihres Unternehmens, die allerdings in der Regel unsystematisch und formlos sind (Gruber, 2007). Der Bedarf und Nutzen einer systematischen Unternehmensplanung ist von der jeweiligen Entwicklungsphase des Unternehmens abhängig. Zu Beginn der Unternehmenstätigkeit ist eine zu deterministische und formalistische Planung aufgrund des noch geringen Komplexitätsgrads vielfach unnötig und nimmt dem Entrepreneur wertvolle Zeitressourcen. Der geringe Nutzen ergibt sich zudem aus der inhärenten Unsicherheit, mit der sich der Entrepreneur zunächst konfrontiert sieht (Brinckmann, Grichnik und Kapsa, 2010). In der Phase des Unternehmenswachstums steigt der Nutzen einer systematischen Planung, da mehr Marktinformationen zur Verfügung stehen wodurch die Unsicherheit bei der Entscheidungsfindung abnimmt. Die Planung ermöglicht es dem Entrepreneur Entscheidungen schneller zu treffen, Kapazitätsengpässen vorherzusehen und die abstrakten Unternehmensziele effizienter in konkrete operative Tätigkeiten umzusetzen (Delmar und Shane, 2003). Die strategische Wachstumsplanung ist dabei ganzheitlich durchzuführen: Ausgehend von dem formulierten Wachstumsziel, sind dessen Auswirkungen auf die Organisationsstruktur, die Produktion, den Vertrieb, das Marketing, das Personal sowie die daraus sich ergebenden Konsequenzen für den Finanzierungsbedarf des Unternehmens zu planen. Die strategische Planung in einem Unternehmen sollte dabei folgende fünf Schritte umfassen (Hitt, Ireland und Hoskisson, 2009):

Fünf Schritte der strategischen Planung

1. Analyse des eigenen Unternehmens und der Unternehmensumwelt,
2. Formulierung der kurzfristigen und langfristigen Unternehmensziele, Unternehmensstrategie und Implementierungsmaßnahmen,
3. Umsetzung des strategischen Plans,
4. Kontinuierliche Bewertung der erzielten Ergebnisse,
5. Feedback-Schleifen, die zu Veränderungen der Ziele, Strategie und Maßnahmen führen können.

Ein wesentlicher Teil der Wachstumsplanung besteht daher in der Analyse des eigenen Unternehmens und dessen Umwelt. Hierfür stehen dem Entrepreneur mit der SWOT- und der BCG-Analyse zwei Tools zur Verfügung, mit deren Hilfe die Wachstumsmöglichkeiten und -potenziale des Unternehmens identifiziert werden können.

SWOT-Analyse

Die Analyse der Unternehmensin- und umwelt wird häufig mit der sogenannten SWOT-Methode vorgenommen. SWOT ist ein Akronym für die internen Stärken (*S*trength) und Schwächen (*W*eaknesses) eines Unternehmens und die Chancen (*O*pportunities) und Gefahren (*T*hreats), die von der Unternehmensumwelt ausgehen. Im Rahmen der SWOT-Analyse sollen die vier Bereiche transparent gegenübergestellt werden, um hieraus entsprechende strategische Handlungen abzuleiten. Im Hinblick auf die Analyse der Stärken und Schwächen des eigenen Unternehmens ist es sinnvoll, dies aus der Perspektive Dritter, z. B. der Kunden, durchzuführen. Die Analyse der Chancen und Risiken sollte sowohl die Makroumwelt (mögliche politische, volkswirtschaftliche und technologische Veränderungen) als auch die Mikroumwelt (Lieferanten, Kunden, Wettbewerber) des Unternehmens umfassen. Aus der SWOT-Analyse lassen sich zwei wesentliche Strategietypen ableiten, deren Wirkungsrichtung in Abbildung 13-5 dargestellt wird (Homburg, 2000):

Normstrategien der SWOT-Analyse

- *Matching-Strategie*: Bei diesem Strategietyp steht die Frage im Vordergrund, wie identifizierte Unternehmensstärken im Zusammenspiel mit gegebenen Chancen ausgenutzt werden können. Hieraus lassen sich dann Wachstumschancen für das Unternehmen ableiten.
- *Neutralisations- oder Umwandlungsstrategie*: Diese Strategietypen beschäftigen sich damit, wie bestehende Umweltrisiken und Schwächen des Unternehmens entweder vorzugsweise in Chancen und Stärken umgewandelt beziehungsweise zumindest neutralisiert werden können.

Der große Vorteil der SWOT-Analyse für den Entrepreneur liegt in ihrer Einfachheit und Strukturiertheit begründet. Die Analyse der einzelnen Dimensionen kann dabei unter Zuhilfenahme von Checklisten erfolgen. Konkret zeigt die Analyse, in welche Entwicklungsrichtung das junge Unternehmen durch ein Wachstum streben sollte. Im Hinblick auf die Formulierung einer konkreten Wachstumsstrategie ist die SWOT-Analyse allerdings nur beschränkt von Nutzen, da keine strategischen Stoßrichtungen aufgezeigt werden.

Portfolioanalyse mittels BCG-Matrix

Marktanteils-Marktwachstums-Matrix

Die BCG-Matrix (Hedley, 1977) analysiert die Geschäftsfelder (Produkte) eines Unternehmens anhand der beiden strategischen Erfolgsfaktoren »relativer Marktanteil« (Quotient aus eigenem Marktanteil und dem Marktanteil der größten Wettbewerber) und »Marktwachstum«, weshalb sie auch als Marktanteils-Marktwachstums-Matrix bezeichnet wird. Die Bedeutung des relativen Marktanteils als strategischer Erfolgsfaktor basiert auf dem Erfahrungskurvenkonzept, nach dem ein hoher relativer Marktanteil aufgrund der Fixkostendegression mit Kostenvorteilen gegen-

Abb. 13-5

SWOT-Analyse und Unternehmensstrategien

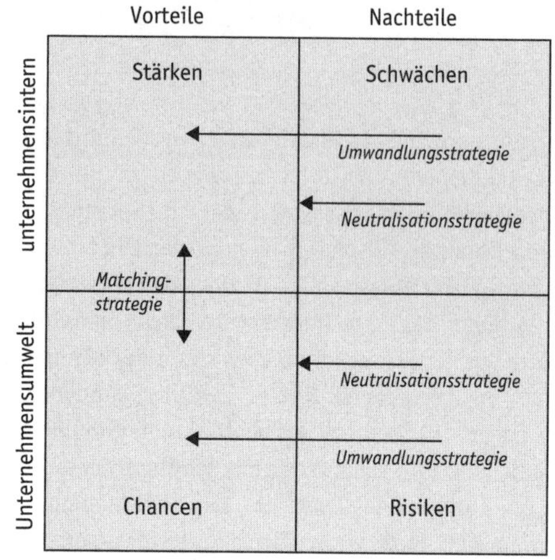

über der Konkurrenz verbunden ist. Die Dimension des Marktwachstums basiert auf dem Produktlebenszykluskonzept und spiegelt die Attraktivität eines Geschäftsfelds wider: Zunächst steigt das Marktwachstum in der Einführungs- und Wachstumsphase stark an und wird in den späteren Phasen der Marktreife und -sättigung nur noch relativ niedrig auszufallen. Die einzelnen Produkte eines Unternehmens werden dann folgenden vier, in Abbildung 13-6 dargestellten Kategorien zugeordnet, für die sich jeweils Normstrategien ableiten lassen (Welge und Al-Laham, 2008):

Normstrategien der BCG-Matrix

- *Nachwuchsprodukte (Question Marks):* Diese Produkte sind durch einen niedrigen relativen Marktanteil bei gleichzeitig hohen Marktwachstumsraten gekennzeichnet. Aufgrund des hohen Marktwachstums wird die Förderung der Nachwuchsprodukte durch Strategien der Marktanteilssteigerung empfohlen. Verfügt ein Unternehmen über mehrere Nachwuchsprodukte, ist aufgrund der Ressourcenintensität eine selektive Förderung der Produkte zu verfolgen, die den größten Erfolg versprechen.
- *Wachstumsprodukte (Stars):* Diese Geschäftsfelder haben durch eine vorangegangene Förderung einen hohen relativen Marktanteil erzielt. Zum Erhalt der relativen Marktposition wird eine Wachstumsstrategie empfohlen, welche einen Ausbau der Produktionskapazitäten mindestens in Höhe der Marktwachstumsrate impliziert.
- *Melkprodukte (Cash Cows):* Diese Produkte sind durch einen hohen relativen Marktanteil bei geringen weiteren Marktwachstumsraten gekennzeichnet. Für diese Produkte wird eine Abschöpfungsstrategie der positiven Cashflows befür-

Abb. 13-6

Beispielhafte BCG-Matrix

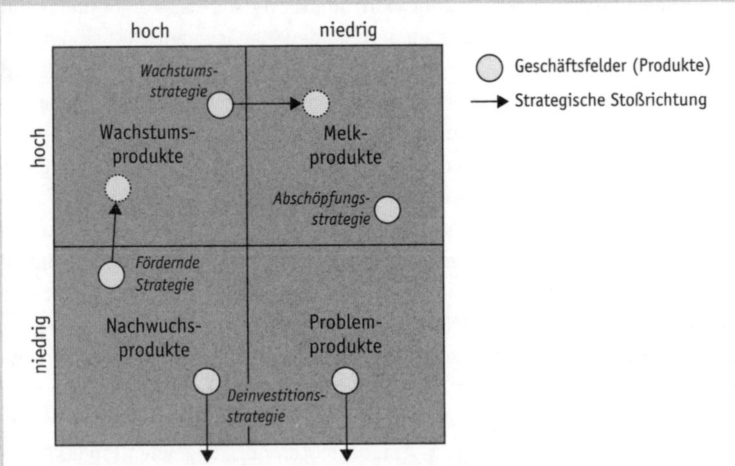

wortet, da mit keinem nennenswerten Marktwachstum mehr zu rechnen ist. Statt Erweiterungs- sind lediglich Erhaltungs- und Rationalisierungsinvestitionen vorzunehmen.

- *Problemprodukte (Dogs):* Die Problemprodukte zeichnen sich durch eine schlechte Stellung in Märkten mit wenig Wachstumspotenzial aus. Diese Geschäftsfelder befinden sich in der Degenerationsphase und erbringen keine nennenswerten Cashflows mehr, weshalb eine Desinvestitionsstrategie empfohlen wird.

Hinsichtlich der Verwendung der BCG-Matrix bei Gründungsunternehmen ist problematisch, dass diese in der Regel nur in einem einzelnen Geschäftsfeld tätig sind, ihre Produkte bisher nur niedrige relative Marktanteile gewinnen konnten oder sie auf bisher unbearbeiteten Märkten tätig sind, weshalb keine Daten zu Marktwachstum oder Wettbewerbern verfügbar sind. Für die strategische Wachstumsplanung erscheint dieses Tool allerdings dennoch als geeignet, da hierdurch die Attraktivität zukünftig geplanter Produkt-Markt-Kombinationen strukturiert bewertet werden können. Insbesondere kann der Entrepreneur feststellen, welche der in Betracht gezogenen Nachwuchsprodukte sich als besonders förderungswürdig erweisen würden und daher hierauf basierend eine selektive Wachstumsstrategie festlegen.

13.3.3 Wachstumsstrategien

Das Bindeglied zwischen der Wachstumsplanung und dem Wachstumsmanagement stellt die Wachstumsstrategie dar. Diese beinhaltet die auf Basis einer umfassenden Analyse der Unternehmenspotenziale beruhenden Managementmaßnahmen (sogenannte Maßnahmenbündel), die für die Erreichung des konkreten quantitativen oder qualitativen Wachstumsziels notwendig sind. Für gewöhnlich enthält eine Strategie Angaben zu (1) dem Ziel, welches erreicht werden soll, (2) dem Zeitraum, innerhalb dessen das Ziel realisiert werden sollte, (3) dem Bereich beziehungsweise dem Geschäftsfeld, in dem die Strategie umgesetzt werden sollte und (4) der Maßnahme, durch die das Wachstum erreicht werden soll. Da für die Erreichung von Wachstum in der Regel neue Ressourcen akquiriert werden müssen, beinhalten Wachstumsstrategien insbesondere Vorgaben über die Verwendung dieser neuen Ressourcen (Hutzschenreuter, 2006).

Unternehmerische Gelegenheit als Ansatzpunkt für Wachstumsstrategien

Erfasst man die unternehmerische Gelegenheit als eine Produkt-Markt-Kombination, wird sogleich evident, dass die Wachstumsstrategie eines Start-ups auf der Angebots- und/oder Nachfrageseite ansetzen kann. In Anlehnung an Ansoff (1965) lassen sich die vier in Abbildung 13-7 aufgezeigten grundlegenden Produkt-Markt-Strategien unterscheiden, die allerdings für Gründungsunternehmen von unterschiedlicher Relevanz sind.

Marktentwicklung als Hauptstoßrichtungen für High-tech Entrepreneure

High-tech Start-ups zeichnen sich durch eine große Abhängigkeit von wissensintensiven Prozessen aus, die sich insbesondere in der starken Forschungs- und Entwicklungsausrichtung dieser Unternehmen niederschlagen. Es ist daher aus Sicht des Entrepreneurs zunächst sinnvoll, die bisher erreichten F&E-Leistungen durch ein Wachstum des Unternehmens zu kapitalisieren, weshalb die Strategie der Marktentwicklung als besonders relevant anzusehen ist. Marktentwicklungsstrategien umfassen all jene Maßnahmen, bei denen ein existierendes Produkt auf einen neuen, bisher nicht bearbeiteten Markt eingeführt wird. Das Start-up erreicht ein Wachstum

Abb. 13-7

Wachstumsstrategien nach Ansoff

Markt \ Produkt	gegenwärtig	neu
gegenwärtig	Marktdurchdringung	Produktentwicklung
neu	Marktentwicklung	Diversifikation

somit durch eine Steigerung der Kundenbasis, die durch Ausweitung auf neue demografische Märkte – z. B. eine andere Alterszielgruppe – oder neue geographische Märkte – regional, national oder international – erfolgen kann. Ein Beispiel hierfür ist die Sedo GmbH, die ihr Geschäftsmodell sehr frühzeitig auch auf andere europäische Märkte, wie Frankreich, Italien, Großbritannien oder Spanien ausgeweitet hat. Neben der Kapitalisierung der bei Gründung entwickelten Technologie ist ein wesentlicher Vorteil, dass auch die bestehenden Wissensressourcen in Produktion, Marketing und Vertrieb für diese Strategie genutzt werden können. Um diese Vorteile nutzen zu können, bedarf es allerdings eines hinreichend skalierbaren Geschäftsmodells. Bei internationalen Markterweiterungen sind ferner kulturelle Unterschiede, die z. B. eine veränderte Kundenansprache erfordern, zu beachten.

Produktentwicklung und Diversifikation

Als weitere gängige Wachstumsstrategien von Gründungsunternehmen sind die Produktentwicklung und die Diversifikation zu nennen, da der High-tech-Entrepreneur hierbei die aufgebauten F&E-Kompetenzen nutzen kann. Die Entwicklung neuer Produkte für einen bestehenden Markt ist zwar aufwendig, allerdings sieht sich der Entrepreneur bei seinen Vertriebs- und Marketingaktivitäten geringeren Informationsasymmetrien gegenüber, da relevante Informationen über das Verhalten der Kunden auf einem Markt vorhanden sind. Beispiele hierfür sind Zubehör- oder Zusatzprodukte, die mit der Funktionalität des ursprünglichen Produkts in engem Zusammenhang stehen. Eng verbunden, aber nicht zu verwechseln mit der Produktentwicklung ist die horizontale Diversifikation, bei der das Start-up neue unternehmerische Gelegenheiten auf derselben Wertschöpfungsstufe erschließt, die in einem sachlichen Zusammenhang mit dem bisherigen Produktangebot stehen. Ein Beispiel hierfür ist die Vorgehensweise von Amazon.com, das ausgehend von dem Verkauf von Büchern sein Angebot kontinuierlich auf weitere Produkte wie DVDs, CDs oder Elektronikartikel ausgeweitet hat. Laterale und vertikale Diversifikation sind aufgrund des damit verbundenen Aufwands und der nur geringen Nutzbarkeit der eigenen Ressourcen weniger als Wachstumsstrategie für High-tech Start-ups geeignet.

Marktdurchdringung als traditionelle Wachstumsstrategie

Eine eher traditionelle – weil wenig innovationsgetriebene – Form der Wachstumsstrategie ist die Marktdurchdringung, bei der der Entrepreneur Maßnahmen ergreift, mit denen der Absatz des bestehenden Produkts auf einem gegenwärtig bearbeiteten Markt gesteigert werden soll. Ein Wachstum wird hierbei dadurch erreicht, dass neue Kunden hinzugewonnen und/oder bestehende Kunden zu einem höheren Konsum animiert werden können. Hierfür werden insbesondere gesteigerte Marketing- und Vertriebsaktivitäten von Bedeutung sein. Zwar ist diese Strategie relativ einfach umzusetzen, allerdings birgt sie insbesondere in gesättigten Märkten die Gefahr, dass es zu Gegenmaßnahmen etablierter Wettbewerber, wie einem für das noch kleine Gründungsunternehmen existenzbedrohenden Preiskampf kommt.

Umsetzung der Wachstumsstrategie

Für die Umsetzung einer Wachstumsstrategie bedarf es in der Regel einer Erhöhung der Ressourcenbasis des Unternehmens, z. B. in Form von Kapital, Arbeitskräften oder Produktionsmaschinen (Hutzschenreuter, 2006). Sofern das Gründungsunternehmen das Wachstum aus eigener Kraft, d. h., mit den eigenen ihm zur Verfügung stehenden Ressourcen realisiert, spricht man von internem beziehungsweise organischem Unternehmenswachstum. Traditionellerweise wird unterstellt, dass dies die präferierte Art des Unternehmenswachstums für Start-ups ist, da die Autonomie des Entrepreneurs weitestgehend gewahrt bleibt. Vielen Entrepreneuren bleibt zudem keine andere Wahl, als ihre internen Ressourcen zu nutzen. Infolge der Ressourcenbegrenztheit wird diese Form des Wachstums insbesondere für technologieorientierte Gründungsunternehmen nur zu Anfang ihrer Entwicklung eine reliable Option sein. Beispielsweise Amazon, Starbucks, Microsoft, Dell oder SAP haben ihre Entwicklung durch internes Wachstum begonnen, bevor sie auf andere Wachstumsarten umgeschwenkt sind.

Heutzutage setzen gerade Gründer in High-tech-Bereichen immer häufiger auf Formen des kooperativen Wachstums, welches unter Beteiligung externer Partnerunternehmen erreicht wird. Für ein Start-up besteht der Vorteil hierbei darin, dass es ein höheres Wachstum bei geringerem Einsatz eigener Ressourcen erzielen kann. Zudem erhalten die Entrepreneure Zugang zu Ressourcen, Management- und Produktionskapazitäten sowie Absatzmärkten, die diesen sonst verwehrt blieben. Hierzu stehen dem Entrepreneur verschiedene Kooperationsformen zur Verfügung (Welge und Al-Laham, 2008). Gerade die Nutzung von Unternehmensnetzwerken oder strategischen Allianzen erscheint aus Sicht eines High-tech Start-ups geeignet, um durch Zusammenarbeit für andere Unternehmen in bestimmten Teilbereichen, z. B. der F&E-Aktivitäten, ein beschleunigtes Wachstum zu erzielen. Die Kooperationsform des Joint Ventures ist wegen des starken Institutionalisierungsgrads eher weniger für Gründungsunternehmen geeignet, da sie ansonsten ihre unternehmerische Entscheidungsfreiheit maßgeblich einschränken. Eine Möglichkeit, das Wachstum eines Unternehmens ohne große Belastungen der eigenen Ressourcen zu erzielen, ist die Lizenzierung beziehungsweise das Franchising, bei denen der Entrepreneur einem kooperierenden Unternehmen per Vertrag zeitlich begrenzt das Recht zur Nutzung eines Markennamens, zum Vertrieb oder zur Herstellung eines Produkts überträgt und im Gegenzug dafür vertraglich festgelegte Zahlungen (Lizenz- oder Franchisinggebühren) erhält. Prominente Beispiele hierfür sind McDonalds oder BabyOne.

13.3.4 Wachstumsmanagement

Wenngleich Wachstum aus objektivem Blickwinkel betrachtet als positive Zustandsveränderung für ein Gründungsunternehmen einzuschätzen ist, da beispielsweise Größendegressionseffekte genutzt werden können, wurde in den Ausführungen an verschiedenen Stellen in diesem Kapitel deutlich, dass Wachstumsprozesse zu Veränderungen führen, die den Entrepreneur, das Unternehmen wie auch die Mitarbeiter vor neue Herausforderungen stellen. Dabei sollte sich der Entrepreneur bewusst sein, dass das Wachstumsmanagement anders ist als die Gründung eines Unternehmens (Kuratko und Hodgetts, 2008). Werden die Veränderungsprozesse vom Unternehmen und den Beteiligten nicht angenommen, verharrt das Unternehmen also organisatorisch im Gründungsstadium, wird ein zu schnelles Wachstum häufig zunächst zu Problemen führen, die sich ohne aktives Change Management zu einer Krise steigern können. Die gesteigerte Komplexität führt zu folgenden typischen Problemfeldern:

Problemfelder durch Unternehmenswachstum

- *Fehlende Delegation:* Ohne eine Delegation von Entscheidungskompetenz auf Mitarbeiter mit spezifischen Fachkompetenzen kommt es aufgrund der gesteigerten Anforderungen an den Entrepreneur vermehrt zu Fehlentscheidungen und Entscheidungsverzögerungen, die die weitere Unternehmensentwicklung beeinträchtigen.
- *Verlust des Entrepreneurial Spirit:* Die Handlungen der Entrepreneure werden in der Gründungsphase von einem besonderen Unternehmergeist getrieben, der beispielsweise mit ursächlich für das Erkennen unternehmerischer Gelegenheiten ist und motivierend auf die Mitarbeiter des Gründungsunternehmens wirkt. Diese Motivation ist auch zur Umsetzung des Wachstumsprozesses nötig, da sonst das Wachstumsmanagement nur halbherzig und/oder abwehrend umgesetzt wird.
- *Fehlende Fokussierung:* In der Gründungsphase ist der Entrepreneur auf die Ausschöpfung einer unternehmerischen Gelegenheit, die in der Regel in der Einführung eines Produkts auf einem Markt besteht, fokussiert. Beim Wachstum sieht er sich mit weiteren unternehmerischen Gelegenheiten und einer Vielzahl von Managementproblemen konfrontiert, die eine Fokussierung auf die wesentlichen Aspekte verhindern können.
- *Finanzierungsprobleme:* Wachstum ist in der Regel gleichbedeutend mit einem gesteigerten Ressourcenbedarf, den das Unternehmen zunächst vorfinanzieren muss. Werden die zusätzlichen Investitionen nicht in der Finanzplanung berücksichtigt, kann dies zu einer Liquiditätskrise im Unternehmen führen.

Managementpraktiken in schnell wachsenden Unternehmen

Die genannten Problemfelder lassen sich allerdings durch die Einführung wachstumsspezifischer Planungs-, Führungs- und Finanzierungspraktiken vermeiden beziehungsweise abmildern. Im Einzelnen sollte der Entrepreneur folgende Managementpraktiken für den Wachstumsprozess berücksichtigen.

1. Planungspraktiken:
   - Erstellung detaillierter Monatspläne für das kommende Geschäftsjahr, insbesondere Umsatz- und Kostenplan,
   - Erstellung eines groben strategischen Plans für die nächsten fünf Jahre,
   - Aufbau eines funktionalen Planungs- und Kontrollsystems,
   - Definition von Aufgabenprofilen und erwarteter Arbeitsleistung,
   - Berechnung und Verwendung von Industriebenchmarks.
2. Führungspraktiken:
   - Anwendung eines kooperativen Führungs- und Entscheidungsstils,
   - Fortentwicklung der organisatorischen Fähigkeiten der Führungskräfte,
   - Aufbau eines Top-Management-Teams, das den Entrepreneur ersetzen könnte,
   - Aufbau von Managementkompetenzen im Finanz-, Marketing- und Planungsbereich,
   - Aufbau eines unabhängigen Beratungs- und Kontrollgremiums, das bei der Entscheidungsfindung unterstützend einwirkt.

3. Finanzierungspraktiken:
   - Parallel mit mehreren Finanzierungsrunden planen,
   - Acht geben, ob die Unternehmensgewinne beginnen abzunehmen,
   - Aufbau eines Rechnungs- und Berichtswesens,
   - Acht geben, dass der Cashflow langfristig positiv ausfällt,
   - Formulierung einer langfristigen Austrittsstrategie.

13.4 Zusammenfassung

In der wissenschaftlichen Diskussion wird die Entwicklung eines Unternehmens zumeist mithilfe des aus der Biologie entlehnten Lebenszyklusmodells diskutiert, weshalb das Unternehmenswachstum als – idealtypischerweise – auf die Unternehmensgründung folgende Phase im Leben eines Unternehmens dargestellt wird. Wenngleich das Wachstum eines Unternehmens aus volkswirtschaftlicher und einzelwirtschaftlicher Sicht erstrebenswert erscheint, ist der Übergang vom Gründungs- in die Wachstumsphase kein Automatismus: nur die wenigsten Unternehmen wachsen über einen längeren Zeitraum überdurchschnittlich schnell. Art und Ausmaß des Wachstums hängt zunächst von der bewussten Entscheidung des Entrepreneurs für oder gegen eine Vergrößerung des Unternehmens ab. Aufgrund der Komplexität des Wachstumsprozesses bedarf es zudem einer hinreichenden strategischen Planung und Ausrichtung des Unternehmens auf das Wachstumsziel, damit die mit dem Wachstum einhergehenden Veränderungsprozesse nicht zu negativen Auswirkungen auf den Unternehmenserfolg, den sogenannten Wachstumsschmerzen, führen. Grundvoraussetzung ist dabei, dass der Entrepreneur für die Entwicklung des Unternehmens ausreichend Managementkapazitäten und den erhöhten Bedarf an Ressourcen einplant. Zur Analyse der Wachstumspotenziale kann der Entrepreneur auf die SWOT- und die Portfolioanalyse zurückgreifen. Ausgehend von der Unternehmensanalyse sollte der Entrepreneur dann seine Wachstumsstrategie formulieren, wobei ihm hierfür vier Grundstrategien zur Verfügung stehen, von denen zunächst vor allem die Produkt- oder Marktentwicklungsstrategien relevant sind. Mit zunehmender Ressourcenausstattung und längerfristiger Marktzugehörigkeit ist zudem eine Marktdurchdringung oder eine Diversifikation in neue Produkt-Markt-Kombinationen möglich. Stehen dem Unternehmen nicht in ausreichendem Maße eigene Ressourcen zur Verfügung, so hat sich in jüngerer Zeit das Eingehen von Unternehmenskooperationen als probates Mittel zur Wachstumssteigerung erwiesen: Das Eintreten in ein Unternehmensnetzwerk oder eine strategische Allianz verschafft dem jungen Unternehmen Zugang zu ansonsten nicht erreichbaren Ressourcen und Märkten.

Weiterführende Literatur

Brush, C. G., Ceru, D. J. und Blackburn, R. (2009). Pathways to entrepreneurial growth: The influence of management, marketing, and money. In: Business Horizons 52 (5), S. 481-491.

Bürgel, O., Fier, A., Licht, G. und Murray, G. (2000). Internationalisation of High-tech Start-Ups and Fast Growth – Evidence for UK and Germany. ZEW Discussion Paper No. 00-35. Mannheim.

Delmar, F. und Wiklund, J. (2008). The Effect of Small Business Managers' Growth Motivation on Firm Growth: A Longitudinal Study. In: Entrepreneurship: Theory & Practice 32 (3), S. 437-457.

Hutzschenreuter, T. (2006). Wachstumsstrategien: Einsatz von Managementkapazitäten zur Wertsteigerung. 2. Aufl. Wiesbaden.

Penrose, E. T. (1995). Theory of the Growth of the Firm. 3. Aufl. Oxford.

14 Ernte und Unternehmensaustritt

Lernziele

Der Austritt des Entrepreneurs aus seinem Unternehmen ist die letzte Phase des unternehmerischen Handlungsprozesses. Ihre Relevanz erfährt sie dadurch, dass der Entrepreneur hierbei regelmäßig die im Unternehmen gebundenen Werte durch Veräußerung seiner Unternehmensanteile realisiert (»erntet«). Aber auch für etwaige Investoren ist diese Phase von besonderer Bedeutung, da hierdurch die für sie erzielbare Rendite maßgeblich bestimmt wird. Welche der zur Verfügung stehenden Möglichkeiten einer Unternehmensveräußerung genutzt wird, ist daher sowohl von den Zielen und Vorstellungen des Entrepreneurs wie auch nicht minder von den Interessen der Investoren, dem Unternehmenskontext und volkswirtschaftlichen Faktoren abhängig. In diesem Kapitel werden zunächst die möglichen Ausprägungsformen eines Unternehmensaustritts diskutiert. Zudem zeigt dieses Kapitel die wesentlichen entscheidungsbeeinflussenden Faktoren und die vielfältigen Auswirkungen dieser Entscheidung auf.

Nachdem Sie dieses Kapitel durchgearbeitet haben, werden Sie insbesondere:

- den Austritt des Entrepreneurs und die Ernte des Unternehmenswerts definieren und in den Kontext des unternehmerischen Handlungsprozesses einordnen können,
- die verschiedenen Möglichkeiten der Wertrealisierung kennen, unterscheiden und hinsichtlich ihrer Umsetzbarkeit bewerten können,
- die wesentlichen Einflussfaktoren auf den Entscheidungsprozess kennen sowie
- die Auswirkungen der Austrittsentscheidung auf den Entrepreneur, das Unternehmen, die Branche sowie die Volkswirtschaft verstehen.

14.1 Unternehmensaustritt als Element des unternehmerischen Handlungsprozesses

Bedeutung des Unternehmensaustritts für den Entrepreneur

In der Entrepreneurship-Forschung wird regelmäßig darauf hingewiesen, dass Entrepreneure aus unterschiedlichen Motiven ein Unternehmen gründen. Nichtsdestotrotz wird die Vermögens- beziehungsweise Wohlstandsbildung als wesentliches Element des Entrepreneurship gesehen (Certo et al., 2001). Der Entrepreneur wird bei seinen Handlungen vor allem durch das Ziel angetrieben, einen Nutzen für sich zu erzielen, der darin zu verorten ist, dass er den Wert der von ihm entdeckten unternehmerischen Gelegenheit für sich realisieren kann. Dieser Wert wird in einer marktwirtschaftlichen Volkswirtschaft durch den Entrepreneur zumeist mit Geldeinheiten angesetzt. Der durch das Ausnutzen der unternehmerischen Gelegenheit generierte Wert kann dem Entrepreneur dabei auf zweierlei Wegen zufließen. Ein Teil des durch unternehmerische Erfolge in der Vergangenheit gebildeten Vermögens wird der Entrepreneur in Form von laufenden Zahlungen, z. B. durch Zahlung eines Unternehmerlohns oder Gewinnentnahmen, erhalten. Den größten Teil wird der Entrepreneur allerdings in der Regel erst mit Austritt aus dem Unternehmen realisieren können, da er neben dem vergangenheitsbezogenen Erfolg vor allem auch den zukünftig noch erzielbaren Erfolg – gerechnet an zukünftig erzielbaren Cashflows – vergütet bekommt.

Im Allgemeinen wird unter dem Unternehmensaustritt des Entrepreneurs, der im Englischen auch als Exit bezeichnet wird, der Prozess verstanden, bei dem sich der Entrepreneur aus dem von ihm gegründeten Unternehmen durch teilweise oder vollständige Abgabe der von ihm gehaltenen Eigentumsanteile und Aufgabe seiner Entscheidungsmacht zurückzieht (DeTienne, 2010). Während der Rückzug aus dem Management für den Entrepreneur mit einem immateriellen Wert, z. B. einem Mehr an Freizeit, verbunden ist, ist der monetärer Wert in erster Linie durch die Veräußerung seiner Eigentumsanteile zu realisieren. Diese Wertrealisierung wird auch als Ernte (»Harvesting«) bezeichnet. Ob sich ein Veräußerungserlös erzielen lässt und wie hoch dieser ist, hängt vor allen Dingen von der Art und Weise des Unternehmensaustritts und dem Freiheitsgrad der Austrittsentscheidung ab.

Besonderheit des Austrittsprozesses

Im Unterschied zu anderen unternehmerischen Handlungs- und Entscheidungsprozessen liegt die Besonderheit des Austrittsprozesses darin begründet, dass ohne Ausnahme jeder Entrepreneur mit diesem Prozess unweigerlich konfrontiert wird, sei es freiwillig im Rahmen der Unternehmensveräußerung und geregelten Nachfolge oder unfreiwillig infolge einer Insolvenz, Krankheit oder Tod (Engel, 1999). Im Rahmen der Insolvenz ist der Unternehmensaustritt gleichbedeutend mit einem Marktaustritt des Unternehmens.

Der Unternehmensaustritt ist daher elementarer Bestandteil des unternehmerischen Handlungsprozesses. In der Literatur wird der Rückzug des Entrepreneurs häufig als letzte Phase des unternehmerischen Handlungsprozesses interpretiert, die sich an ein erfolgreiches Wachstum und das Erreichen der Reifephase durch das Unternehmen anschließt (Petty, Martin und Kensinger, 1999). Allerdings kann die Austrittsentscheidung vom Entrepreneur – wie Abbildung 14-1 verdeutlicht – prinzipiell auch vor, während oder nach jeder einzelnen Lebenszyklusphase des Unternehmens getroffen werden. Folglich sollte die Entscheidung des Entrepreneurs, sich aus einem Unternehmen zurückzuziehen, nicht mit einer spezifischen Lebenszyklusphase oder gar dem Ende des Unternehmens gleichgesetzt werden.

Phasenspezifische Exitstrategien

Im Allgemeinen stehen dem Entrepreneur drei Möglichkeiten zur Verfügung, durch die er den im Unternehmen gebundenen Vermögenswert für sich und andere Stakeholder realisieren beziehungsweise »ernten« kann (Leach und Melicher, 2008). Wie Abbildung 14-1 zeigt, sind einzelne Möglichkeiten in Abhängigkeit von der jeweiligen Lebenszyklusphase als dominant zu bezeichnen:

- *Vorgründungsphase*: In dieser Phase dominieren die Wahrnehmung und die Bewertung der unternehmerischen Gelegenheit. Zudem werden schon erste Maßnahmen zur Gründung des Unternehmens ergriffen, z. B. werden der Businessplan oder erste Prototypen erstellt. Die Austrittsentscheidung wird zumeist durch eine negative Bewertung der entdeckten unternehmerischen Gelegenheit erfolgen. Da in der Regel noch keine Vermögenswerte entstanden sind, erfolgt der

Abb. 14-1

Dominante Exitstrategien im unternehmerischen Lebenszyklus

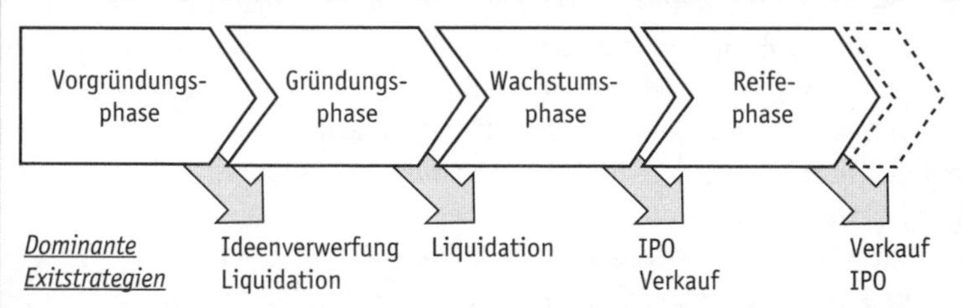

Austritt aus dem unternehmerischen Handlungsprozess für gewöhnlich durch Verwerfung der Geschäftsidee. Sind Vermögenswerte, z. B. ein Patent, bereits vorhanden, werden diese über den Markt durch Veräußerung oder Lizensierung liquidiert.

- *Gründungsphase*: Während dieser Phase wird das Unternehmen mit den zur Ausnutzung der unternehmerischen Gelegenheit notwendigen Ressourcen, z. B. Finanzmittel, ausgestattet. Ferner erzielt das Unternehmen bereits erste Umsätze am Markt. Mangels positiver Unternehmenshistorie und zumeist nur geringer Vermögenswerte besteht in dieser Phase regelmäßig nur wenig Interesse vonseiten Externer an einer Übernahme beziehungsweise Fortführung des Unternehmens, weshalb der Entrepreneur das Unternehmen in den meisten Fällen mit seinem Austritt liquidieren wird.
- *Wachstumsphase*: In dieser Phase erzielt das Unternehmen regelmäßig hohe Zuwachsraten bei Umsatz und Mitarbeiterzahl. Das Unternehmen verfügt bereits über eine erste Erfolgshistorie, die die Bildung von Erwartungen über die zukünftige Entwicklung und einer für den Kapitalmarkt interessanten Equity Story zulässt. Der mögliche Börsengang (IPO) kann zudem zur Aufnahme von neuem Kapital zur Wachstumsfinanzierung genutzt werden. Da der Börsengang an viele Bedingungen geknüpft ist, ist ebenfalls der Unternehmensverkauf, insbesondere an einen strategischen Investor, eine in dieser Phase dominante Austrittsalternative.
- *Reifephase*: Während dieser Phase ist der Verkauf des Unternehmens die dominante Form des Unternehmensaustritts. Das Unternehmen verfügt über eine hinreichende Markthistorie, zudem nimmt in gesättigten Märkten die Wahrscheinlichkeit für Unternehmenszusammenschlüsse tendenziell zu. Unter der Voraussetzung von hinreichenden Wachstumschancen wird das Unternehmen zudem infolge seiner Größe die Kriterien der Börsenreife erfüllen, weshalb auch ein Börsengang als Austrittsstrategie möglich sein kann.

Gründe des Unternehmensaustritts

Der Austritt eines Entrepreneurs aus seinem Unternehmen kann durch unterschiedliche Gründe ausgelöst werden. Hierbei ist zwischen einem freiwilligen und einem unfreiwilligen Rückzug zu unterscheiden (Wennberg et al., 2010). Die Gründe für ein unfreiwilliges Ausscheiden des Entrepreneurs sind im normativen Bereich zu verorten, wie die Insolvenz des Unternehmens, Druck von Investoren, die ihr Investment liquidieren wollen, oder der Notwendigkeit, die im Unternehmen gebundenen Werte aufgrund von Krankheit oder Scheidung zu realisieren. Als Gründe für einen freiwilligen Austritt aus dem Unternehmen sind z. B. alternative Beschäftigungsmöglichkeiten oder Änderungen in der Lebensplanung zu nennen, welche die Opportunitätskosten beziehungsweise Nutzenkalkulation des Entrepreneurs beeinflussen und eine unternehmerische Tätigkeit weniger attraktiv erscheinen lassen.

Auswirkungen des Unternehmensaustritts

Der Unternehmensaustritt und die damit verbundene Ernte der im Unternehmen gebundenen Werte ist ein sehr komplexer Prozess. Die Komplexität ergibt sich nicht nur aus der Vielzahl an Möglichkeiten und Beweggründen eines Unternehmensaustritts, sondern auch dadurch, dass die Ausgestaltung und das Ergebnis dieses Prozesses Auswirkungen sowohl auf den Entrepreneur, das Unternehmen, seine Stakeholder sowie ggfs. auf die Branche und auf die Gesamtwirtschaft haben kann (DeTienne, 2010). Weiterhin wird die Komplexität durch den Umstand erhöht, dass der Entrepreneur über die Zeit eine enge psychologische Verbundenheit mit dem Unternehmen aufbaut – im Englischen als »Psychological Ownership« bezeichnet (Pierce, Kostova und Dirks, 2001). Diese Verbundenheit führt dazu, dass innerhalb des Austrittsprozesses neben ökonomisch-rationalen auch persönlich-emotionale Entscheidungsaspekte beeinflussend sind.

Damit der Unternehmensaustritt erfolgreich verläuft, bedarf es daher der gezielten Entwicklung einer Austrittsstrategie sowie eines hinreichenden Planungszeitraums. Der Erfolg definiert sich durch die persönlichen und ökonomischen Ziele des Entrepreneurs. Die Austrittsstrategie ist somit keine Unternehmensstrategie, sondern wird auf der Individualebene durch den Entrepreneur, gegebenenfalls unter Beeinflussung durch andere Unternehmensinvestoren, entwickelt (Kensinger, Martin und Petty, 2000). Die Strategieformulierung kann dabei formell wie auch informell erfolgen. In Anlehnung an Petty (1994) sollte eine solche Strategie die folgenden drei Kernfragen beantworten können:

Komponenten der Austrittsstrategie

1. *Warum?* – Zunächst sollte der Entrepreneur festlegen, warum er das Unternehmen verlassen will und welche Ziele damit erreicht werden sollen. Diese Festlegung hat unmittelbare Auswirkungen auf die beiden nachgelagert zu beantwortenden Fragestellungen. Ist es beispielweise das Ziel des Entrepreneurs, einen möglichst hohen Erlös mit seinem Ausstieg zu erzielen, so sollte er als Alternativen vor allen Dingen den IPO oder einen Verkauf an einen Wettbewerber in Erwägung ziehen. Dagegen ist für einen Entrepreneur, der das Unternehmen in Familienhand belassen will, nur eine Übergabe an ein Familienmitglied denkbar.
2. *Wann?* – Des Weiteren sollte der Entrepreneur den Zeithorizont abstecken und zumindest grob festlegen, wann er aus dem Unternehmen aussteigen will. Dies hat vor allem die Bewandtnis, dass eine Umsetzung der zur Verfügung stehenden Austrittsalternativen jeweils eines spezifischen zeitlichen Vorlaufs bedarf und nicht ad hoc stattfinden kann. Ebenfalls sind bestimmte Austrittsalternativen

nur in begrenzten Zeitfenstern (»Window of Opportunity«) umsetzbar beziehungsweise aus Sicht des Entrepreneurs zielführend; z. B. werden in Phasen des allgemeinen Wachstums höhere Veräußerungserlöse zu erzielen sein, als wenn das Unternehmen in Zeiten der Stagnation, gegebenenfalls sogar ohne Planung ad hoc veräußert werden muss.
3. *Wie?* – Die Frage nach Art des Unternehmensaustritts ist von Bedeutung, da die vorherige Festlegung der präferierten Austrittsart eine effektive Vorbereitung des Unternehmens auf diesen Prozess erlaubt und daher den Zeitbedarf für den eigentlichen Veräußerungsprozess zu reduzieren vermag. Beispielsweise kann der Entrepreneur durch die Einrichtung eines Mitarbeiterbeteiligungsprogramms die Übergabe des Unternehmens an Manager oder Angestellte des Unternehmens vorbereiten und steueroptimal gestalten. Soll das Unternehmen an einen externen Investor veräußert werden, kann der Wert des Unternehmens – und damit der Veräußerungserlös – durch gezielte Cashflow-Optimierung im Vorfeld gesteigert werden.

Der Erfolg des Austrittsprozesses kann vom Entrepreneur durch ein ausreichendes Maß an Vorbereitungszeit, eine realistische Vorstellung über die Bewertung des Unternehmens und die Zuhilfenahme externer Berater positiv beeinflusst werden (Timmons und Spinelli, 2008). Dennoch setzt sich nur die Hälfte aller Entrepreneure frühzeitig und im Vorhinein mit der strategischen Planung des eigenen Unternehmensaustritts auseinander (PricewaterhouseCoopers, 2005).

14.2 Möglichkeiten zur Realisierung des Unternehmenswerts

Hat der Entrepreneur sich dazu entschieden, aus dem Unternehmen auszuscheiden und den Wert des Unternehmens für sich zu realisieren, stehen ihm hierfür grundsätzlich die in Abbildung 14-2 aufgezeigten Handlungsalternativen zur Verfügung (Leach und Melicher, 2008). Die Darstellung in diesem Kapitel beschränkt sich dabei auf diejenigen Handlungsalternativen, bei denen der Entrepreneur einen Veräußerungserlös und damit einen privaten Wertzufluss erzielen kann. Die insbesondere im Familienbereich oftmals vollzogene Schenkung oder Vererbung von Unternehmensanteilen wird daher im Folgenden nicht betrachtet.

14.2.1 Börsengang

Als Börsengang wird im Allgemeinen die erstmalige Platzierung von Unternehmensanteilen (Aktien) an einem Wertpapierhandelsplatz, z. B. der Deutschen Börse in Frankfurt am Main, bezeichnet. Es handelt sich bei der Platzierung um eine sogenannte Primärmarkttransaktion, während der spätere Handel mit den Aktien des Unternehmens an der Börse als Sekundärmarkttransaktionen bezeichnet wird.

Abb. 14-2

Handlungsalternativen zu Realisierung des im Unternehmen gebundenen Vermögens

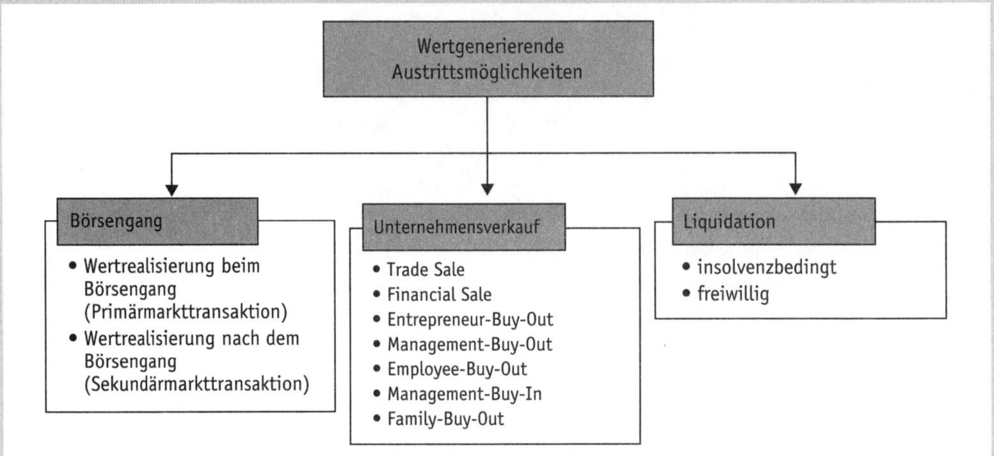

International werden für den Börsengang üblicherweise die Begriffe Initial Public Offering oder Going Public verwendet. Im Vergleich zu den anderen in diesem Kapitel vorgestellten Austrit tsmöglichkeiten des Entrepreneurs ist der Börsengang diejenige Alternative, deren Umsetzung die höchsten Anforderungen an das Unternehmen stellt und dementsprechend die zeitintensivste Planung erfordert. Der Gesamtprozess des Börsengangs besteht dabei für gewöhnlich aus den in Abbildung 14-3 dargestellten Phasen (Smith und Smith, 2003).

Planungsphase

In der Planungsphase hat der Entrepreneur zunächst die Aufgabe, das Unternehmen auf den Börsengang hinreichend vorzubereiten. Hierzu gehört insbesondere, das Unternehmen in eine börsenfähige Rechtsform wie der Aktiengesellschaft umzuwandeln und ein börsenakzeptiertes Rechnungslegungsverfahren wie IFRS oder US-GAAP einzuführen. Auch sollte der Entrepreneur bereits im Vorfeld prüfen, ob das Unternehmen eine hinreichende Börsenreife aufweist, ohne die ein Börsengang nur wenig erfolgreich sein wird. Die konkreten Anforderungen an die Börsenreife eines Unternehmens sind von dem jeweiligen Börsensegment abhängig, in dem das Unternehmen platziert werden soll. In der Regel werden allerdings quantitative und qualitative Anforderungen gestellt, die sich z. B. auf die Wachstumschancen, Wettbewerbsposition, Höhe des Grund- beziehungsweise Eigenkapitals, Umsatzgröße, Rentabilität, Gewinnhistorie oder Qualität der Rechnungslegung des Unternehmens beziehen. Fällt die Einschätzung positiv aus, stellt der Entrepreneur das Emissionskonsortium zusammen, welches sich aus der den Börsengang operativ umsetzenden Investmentbank sowie weiteren Beratern, insbesondere Rechtsanwälten, Wirtschaftsprüfern und PR-Agenturen, zusammensetzt. Hierbei wird auch das Emissionskonzept inklusive dem Zeitplan für die Umsetzung des Börsengangs festgelegt.

Abb. 14-3

Idealtypische Phasen des Börsengangs

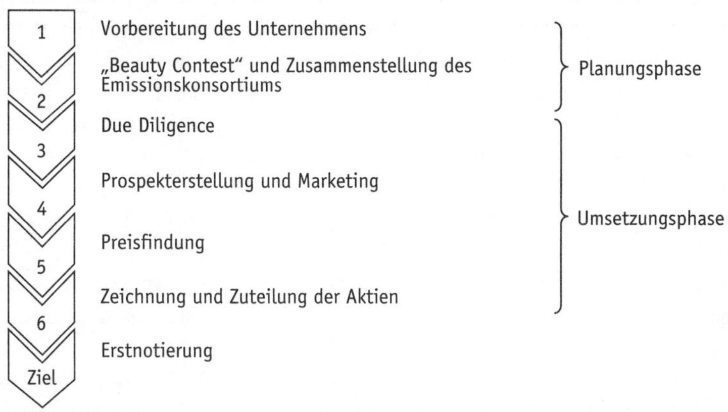

Umsetzungsphase

Dem Emissionskonsortium obliegt die gesamte operative Umsetzung des Börsengangs, angefangen bei der Analyse und Bewertung des Unternehmens über die Prospekterstellung und den Antrag auf Börsenaufnahme bis hin zur Preisfindung und der Zuteilung der Aktien an die Investoren. Der Entrepreneur unterstützt das Emissionskonsortium bei der Due Diligence durch Bereitstellung der notwendigen Informationen. Ferner kommt ihm eine entscheidende Rolle im Rahmen des Marketingkonzepts zu, da er insbesondere bei den Roadshows das Unternehmen und »seine« Vision den potenziellen institutionellen Investoren, die durch ihre tendenziell große Nachfragemacht einen wesentlichen Einfluss auf die Preisfindung ausüben können, persönlich präsentieren sollte.

Während die Umsetzungsphase eines Börsengangs, also der Zeitraum zwischen Beauftragung des Emissionskonsortiums bis zur Erstnotierung, in der Regel weniger als vier Monate beansprucht, entsteht der größte Zeitbedarf zumeist durch die Vorbereitung des Unternehmens auf die Börseneinführung (Kuratko und Hodgetts, 2008): Mitunter wird es mehrere Jahre in Anspruch nehmen, bis das Unternehmen die an die Börsenreife gestellten Anforderungen hinreichend erfüllt.

Börsengang als Königsweg

Für viele Entrepreneure ist ein Börsengang der Königsweg des Unternehmensaustritts, da sich hierbei regelmäßig die höchsten Unternehmensbewertungen und damit Veräußerungserlöse erzielen lassen (Tajnikar, Bonča und Zajec, 2007). Diesbezüglich ist allerdings die Feststellung wichtig, dass der Börsengang in erster Linie als Instrument der Akquise von neuem Kapital zur Wachstumsfinanzierung und nicht als eigentliche Form eines Unternehmensaustritts des Entrepreneurs gesehen werden sollte (Petty et al., 1999). Zu Zeiten des Internetbooms Anfang des 20. Jahrhunderts haben gerade Start-ups den Gang an die Börsen genutzt, um über eine Kapitalerhöhung ihre Expansionsvorhaben zu finanzieren. Der Zusammenhang zwischen der Wahrscheinlichkeit, einen Börsengang durchführen zu können, und dem Unternehmensalter entspricht dabei einer invertierten U-Kurve (Giot und Schwienbacher, 2007): Junge Unternehmen erreichen in der Regel nicht die für eine Börsenreife geforderte Unternehmensgröße und weisen zudem eine zu geringe Erfolgshistorie auf. Demgegenüber wird in etablierten Unternehmen der Börsengang zumeist dazu genutzt, die Anteile des Entrepreneurs zu liquidieren (Mikkelson, Partch und Shah, 1997). Die Börsennotierung eines Unternehmens hat für den Entrepreneur den Vorteil, dass sich die Fungibilität seiner Unternehmensanteile erhöht, wodurch er in der Regel einen höheren Veräußerungserlös im Vergleich zu den anderen Austrittsalternativen erzielen wird.

Nachteile des Börsengangs: Zeitbedarf und Kosten

Ein wesentlicher Nachteil des Börsengangs ist, dass dieser aus ökonomischen Überlegungen oder aufgrund von Börsenvorschriften nicht zum gleichzeitigen Rückzug des Entrepreneurs aus dem Unternehmen genutzt werden kann beziehungsweise werden sollte. Zu diesen Gründen zählen insbesondere (Smith und Smith, 2003):

- *Signalling:* Ein im Vorfeld angekündigter Ausstieg des Entrepreneurs im Rahmen des Börsengangs wird von den Investoren am Kapitalmarkt sehr wahrscheinlich als negatives Signal über die Qualität des Unternehmens interpretiert werden.
- *Underpricing:* Als Underpricing bezeichnet man den oftmals beobachtbaren Umstand, dass die Erstnotierung einer Aktie am ersten Handelstag höher ist als der Emissionspreis der Aktie. Das Unternehmen wurde daher unter dem maximal erzielbaren Wert veräußert.
- *Lock-up-Periode:* Oftmals verlangen die Standards eines Börsensegments, dass die Alteigentümer ihre Anteile erst nach einer Sperrfrist von 6-18 Monaten veräußern.

Folglich sollte der Entrepreneur zum Zeitpunkt des Börsengangs wenn überhaupt nur einen Teil seiner Unternehmensanteile veräußern und den Börsengang als vorbereitenden Schritt für seinen Unternehmensaustritt interpretieren. Der Börsengang bietet dem Entrepreneur dennoch für einen späteren Rückzug den großen Vorteil, dass die an den öffentlichen Kapitalmärkten bestehende höhere Liquidität und Fungibilität seinen Unternehmensaustritt nahezu jederzeit und relativ zeitnah ermöglichen (Zingales, 1995).

Neben der zeitlichen Dimension sind die mit einem Börsengang entstehenden Kosten ein zweiter wesentlicher Nachteil. Die Kosten für einen Börsengang liegen je nach Komplexität und Aufgabenumfang des Emissionskonsortiums für gewöhnlich zwischen 4-10 % des Emissionsvolumens, die insbesondere durch Gebühren der mit der Emission beauftragten Investmentbank, Berater, Anwälte und Wirtschaftsprüfer entstehen (Bösl, 2007). Darüberhinaus fallen zumeist fixe Kosten an, welche die Kosten eines Börsengangs gerade für kleinere Unternehmen mit geringeren Emissionsvolumina unvorteilhaft hoch werden lassen. Zu diesen Kosten ist außerdem der durch das Underpricing entstehende Wertverlust des Entrepreneurs hinzuzurechnen, der nochmals zwischen 7-10 % des Emissionsvolumens ausmacht (Hisrich, Peters und Shepherd, 2009). Die Kosten sind dabei – wie Abbildung 14-4 zeigt – maßgeblich von den Anforderungen, die die einzelnen Börsensegmente an eine Platzierung von

Abb. 14-4

Börsensegmente in Deutschland

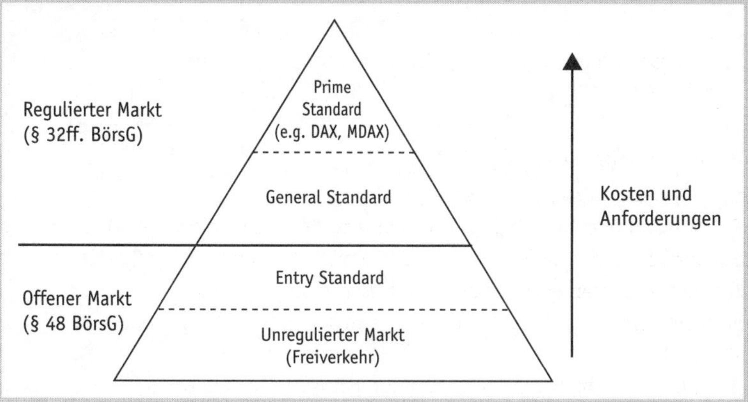

Unternehmensanteilen stellen, beeinflusst. Bis zu seiner Schließung im Jahr 2002 war der Neue Markt das Börsensegment für einen Börsengang von jungen, insbesondere technologieorientierten Unternehmen in Deutschland gewesen. Als Ersatz hat die Deutsche Börse 2005 den sogenannten Entry Standard ins Leben gerufen. Dieses Börsensegment richtet sich an junge Unternehmen sowie Unternehmen kleinerer und mittlerer Größe, für die eine Aufnahme in den General oder Prime Standard aufgrund der damit verbundenen Kosten und Anforderungen, die an die Transparenz und die Segmentaufnahme gestellt werden, nicht infrage kommt. Dennoch sind Börsengänge in Deutschland – auch infolge der Finanz- und Wirtschaftskrise – die Ausnahme: 2009 wurde in Deutschland nur der Börsengang der chinesischen VTION Wireless Technology AG mit einem Emissionsvolumen von 55,6 Mio. Euro durchgeführt. Für 2010 sind insgesamt neun Börsengänge geplant.

14.2.2 Unternehmensverkauf

Da ein erfolgreicher Börsengang an viele endogene und exogene Voraussetzungen geknüpft ist, kommt er nur für eine kleine Gruppe von Unternehmen in Betracht. Für die meisten Entrepreneure ist daher der Verkauf des Unternehmens beziehungsweise eines Unternehmensanteils die wahrscheinlichere Art des Unternehmensaustritts. Die Herausforderung hierbei besteht zunächst darin, dass ein Unternehmen weder ein Recht noch eine Sache, sondern eine Gesamtheit von Sachen, Rechten, Beziehungen zu Kunden und Lieferanten, Vertragspositionen, Marktanteilen, Ressourcen, Arbeitsverhältnissen, dem Firmenwert (»good will«) und Ähnlichem mehr ist, die bei einem Unternehmensverkauf insgesamt erfasst werden

Abb. 14-5

Idealtypische Phasen des Unternehmensverkaufs

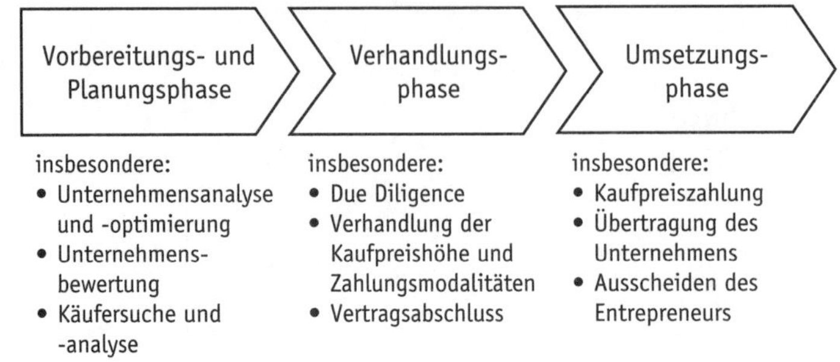

muss. Hinsichtlich der rechtlichen Gestaltung des Unternehmensverkaufs haben sich folgende zwei Grundtypen herausgebildet (Holzapfel und Pöllath, 2008):

Asset Deal als Verkauf einzelner Vermögensgegenstände

- *Asset Deal*: Beim Asset Deal handelt es sich um einen Sachkauf (§ 433 BGB) in dessen Rahmen die Vermögensgegenstände und Rechtsverhältnisse eines Unternehmens einzeln an den Käufer veräußert werden. Diese Form des Unternehmensverkaufs ist besonders aufwendig, da umfangreiche Anlagen über die zu veräußernden Vermögensgegenstände zu erstellen sind. Zudem sind für die Übertragung der verschiedenen Vermögensgegenstände jeweils unterschiedliche Rechtsnormen zu beachten. Beispielsweise sind Grundstücke per notariellen Kaufvertrag (§ 311 b BGB) zu veräußern, während für Patente oder Marken zivilrechtliche Spezialnormen (§ 15 PatG beziehungsweise § 27 MarkenG) gelten. Da das Unternehmen bei einem Asset Deal zumeist ohne bestehende Verbindlichkeiten übernommen wird, wird der Entrepreneur gegebenenfalls einen Teil des Veräußerungserlöses zur Befriedigung der Fremdkapitalgeber einsetzen müssen.

Share Deal als Verkauf der Unternehmensanteile

- *Share Deal*: Im Rahmen eines Share Deals wird das Unternehmen auf der Gesellschafterebene durch Übertragung der Anteilsrechte an einer Personengesellschaft (Gesellschafteranteile) oder Kapitalgesellschaft (Aktien) veräußert. Der Share Deal ist daher ein Rechtskauf (§ 453 BGB). Das Unternehmen wird dabei durch den Käufer in seiner Gesamtheit inklusive aller Verbindlichkeiten übernommen.

Unabhängig davon, ob der Unternehmensverkauf mittels Asset oder Share Deal vollzogen wird und wer als Käufer des Unternehmens auftritt, läuft der Verkaufsprozess typsicherweise in den in Abbildung 14-5 dargestellten Phasen ab.

Vorbereitungs- und Planungsphase

Wie schon bei dem Börsengang, kommt der Vorbereitungs- und Planungsphase für den Erfolg einer späteren Veräußerung des Unternehmens eine besondere Bedeutung zu. In dieser Phase stehen zunächst die Analyse und Bewertung des Unternehmens im Vordergrund. Der Wert des Unternehmens wird dabei zumeist mithilfe des

Discounted-Cashflow-Verfahrens ermittelt. Alternativ wird die Bewertung des Unternehmens auch anhand der Venture-Capital-Methode oder durch die Verwendung von Multiples erfolgen.

Die Wertermittlung im Vorfeld dient insbesondere dazu, dass der Entrepreneur mit einer belastbaren und realistischen Vorstellung in die späteren Verhandlungen gehen kann. Zudem ermöglicht die Analyse des Unternehmens dem Entrepreneur, das Unternehmen mit Blick auf die Maximierung eines Verkaufserlöses zu optimieren. Hierzu sind vor allem Maßnahmen zu ergreifen, die den gegenwärtigen und zukünftig zu erwartenden Cashflow erhöhen. Beispiele hierfür sind eine Steigerung der Produktionseffizienz oder die Stilllegung von Unternehmensteilen mit negativen Deckungsbeiträgen. Ferner kann auch eine Verbesserung des äußeren Erscheinungsbildes des Unternehmens dazu beitragen, dass sich die Bewertung des Unternehmens durch einen Käufer verbessert. Umgangssprachlich wird diesbezüglich in Anlehnung an eine Braut auch vom »Schmücken« des Unternehmens gesprochen. In einem letzten Schritt sind dann potenzielle Käufer zu identifizieren beziehungsweise anzusprechen. Der Entrepreneur kann sein Verkaufsinteresse hierbei entweder über Branchen- und Fachpublikationen oder durch das Einschalten von Unternehmensmaklern einer breiten Öffentlichkeit signalisieren (öffentliche Auktion). Alternativ kann das Verkaufsinteresse auch nur gezielt an eine beschränkte Gruppe von vorselektierten Kaufinteressenten adressiert werden (kontrollierte Auktion), die beispielweise durch eine M&A-Abteilung einer Investmentbank nach Vorgaben des Entrepreneurs ausgewählt worden ist.

Verhandlungsphase

Die sich daran anschließende Phase der Verhandlung dreht sich im Kern um die für den Veräußerungserlös des Entrepreneurs zentralen Größen »Wert des Unternehmens beziehungsweise Kaufpreis« und »Zahlungsmodalitäten« (Longenecker et al., 2009). Die Verhandlungen können dabei entweder exklusiv mit einem einzelnen Kaufinteressenten oder kompetitiv mit mehreren Kaufinteressenten gleichzeitig geführt werden. Die Zahlungsmodalitäten legen dabei die Art (Geld, Aktien oder Sachwerte) und Weise (vollständige Zahlung zu einem Zeitpunkt oder Raten- beziehungsweise Rentenzahlung über einen Zeitraum) der Gegenleistung für die Unternehmensveräußerung fest. Die Höhe der Zahlungsbereitschaft der Kaufinteressenten (Kaufpreis) wird maßgeblich von dem Ergebnis der Unternehmensbewertung abhängen, die von dem Entrepreneur durch eine gezielte Vorbereitung beeinflusst werden kann. Um das Unternehmen hinreichend bewerten zu können, werden der oder die Kaufinteressenten eine sorgfältige Prüfung, auch als Due Diligence bezeichnet, vornehmen. Dabei werden die Stärken und Schwächen des Unternehmens, beispielsweise hinsichtlich des Managements (Management Due Diligence) aber auch in Bezug auf die rechtliche (Legal Due Diligence), steuerliche (Tax Due Diligence), technische (Technical Due Diligence) und marktliche (Market Due Diligence) Situation analysiert.

Umsetzungsphase

In der den Verkaufsprozess abschließenden Phase der Umsetzung hat der Entrepreneur seine Unternehmensanteile (Share Deal) beziehungsweise die Vermögensgegenstände des Unternehmens (Asset Deal) an den Käufer zu übergeben und erhält dafür die vereinbarte Kaufpreiszahlung. Diese Phase wird im Englischen auch als Closing bezeichnet. Gegebenenfalls wird der Entrepreneur dem neuen Käufer noch in beratender Funktion zur Seite stehen. In einigen Fällen ist sogar eine zeitlich begrenzte Anstellung des Entrepreneurs als Geschäftsführungsmitglied vorgesehen.

In der Entrepreneurship-Forschung werden die unterschiedlichen Formen des Unternehmensverkaufs anhand der Charakteristika der möglichen Käufer differenziert. Für gewöhnlich wird dabei zwischen einem Verkauf an strategischen Käufern (Trade Sale), Finanzinvestoren (Financial Sale), unternehmensinternen Entrepreneuren, Managern und Angestellten (Entrepreneur-, Management- oder Employee-Buy-Out), unternehmensexternen Managern (Management-Buy-In) und Familienmitgliedern (Family-Buy-Out) unterschieden (DeTienne, 2010).

Trade Sale

Als Trade Sale wird der Verkauf des Unternehmens an einen Käufer mit strategischem Interesse bezeichnet. Hierzu gehören in erster Linie direkte Wettbewerber, aber auch Lieferanten und Abnehmer des Unternehmens sowie – wenn auch in abgeschwächter Form – größere Unternehmen aus anderen Branchen. Die strategischen Interessen der potenziellen Käufer sind vielfältiger Natur und umfassen ein anorganisches Wachstum, die Realisierung von Synergieeffekten, den Erhalt des eigenen Lieferanten beziehungsweise Abnehmers, den Zugang zu neuen Ideen und Technologien oder eine Diversifikation in neue Märkte (Gladstone und Gladstone, 2004).

Als Folge ihres strategischen Interesses werden die Käufer bei der Unternehmensbewertung bestimmte Prämien einrechnen, z. B. für potenziell erzielbare Synergieeffekte, weshalb diese zumeist bereit sind, einen höheren Preis für das Unternehmen zu zahlen. Aus Sicht der Entrepreneure und Venture Capital-Geber in Europa und den USA ist der Trade Sale deshalb die nach dem Börsengang präferierte Alternative des Unternehmensaustritts. Im Unterschied zum Börsengang steht der Trade Sale aber nicht nur Unternehmen mit überdurchschnittlicher Performance, sondern auch den weniger erfolgreichen Start-ups, z. B. mit eingeschränkten Wachstumschancen offen (Giot und Schwienbacher, 2007). Zudem ist ein Trade Sale in der Regel schneller und einfacher umzusetzen als ein Börsengang. Dies gilt insbesondere für ältere und größere Unternehmen, die wegen der tendenziell größeren Anzahl an Geschäftskontakten zügig eine Vielzahl potenzieller Käufer identifizieren können. Aufgrund bestehender Informationsasymmetrien wird der größte Zeitbedarf beim Trade Sale durch eine ausgeprägte Due Diligence und die nachgelagerten Vertragsverhandlungen entstehen. Da die Kaufinteressenten in der Regel solvente Unternehmen sind, wird der Kaufpreis zumeist als Gesamtbetrag geleistet; gegebenenfalls erhält der Entrepreneur aber neben Barmitteln auch Anteilsrechte am Käuferunternehmen. Tabelle 14-1 zeigt beispielhaft erfolgreiche Trade Sales aus dem IT-Bereich.

Beispiel

▸▸▸ Tab. 14-1

Erfolgreiche IT-Trade Sales in Deutschland

Jahr	Käufer	Zielunternehmen	Preis *(zumeist Näherungswerte)*
1999	Ebay	Alando	$ 43 Mio.
2003	Novell	Suse Linux	$ 210 Mio.
2004	Internet Security Systems	Cobion	€ 26 Mio.
2004	Avid Technology	NXN Software	€ 35 Mio.
2004	Yahoo	Kelkoo	€ 475 Mio.
2004	VeriSign	Jamba	€ 223 Mio.
2007	Holtzbrinck	Studivz	€ 80 Mio.
2010	Groupon	CityDeal	unbekannt

◂◂◂

Financial Sale

Als Financial Sale wird im Rahmen dieses Kapitels der Verkauf des Unternehmens an einen Finanzinvestor, z. B. eine Investmentbank oder ein Private Equity-Unternehmen, verstanden. Ziel der Finanzinvestoren ist es, das Unternehmen durch Restrukturierungsmaßnahmen nach einer gewissen Haltedauer zu einem höheren Preis über die Börse oder einen Trade Sale wieder zu veräußern (Tajnikar et al., 2007). Im Vergleich zum Trade Sale wird der Entrepreneur mangels strategischer Motive des Käufers nur selten einen Prämienaufschlag auf den objektiven Unternehmenswert verlangen können, weshalb der Veräußerungserlös tendenziell niedriger ausfallen wird. Ein Financial Sale wird daher oft als Second-Best-Lösung gesehen, die mangels IPO- oder Trade-Sale-Möglichkeit verfolgt wird. Der Entrepreneur erhält die Kaufpreiszahlung zumeist als Gesamtbetrag und in Form liquider Mittel. Veräußern Venture Capital-Geber ihre Beteiligung an einen anderen Finanzinvestor, spricht man auch von einem »Secondary Purchase«.

Entrepreneur-Buy-Out/Management-Buy-Out/Employee-Buy-Out

Der Entrepreneur kann seine Unternehmensanteile auch an (eine begrenzte Anzahl von) im Unternehmen mitwirkende natürliche Personen veräußern. Prinzipiell unterscheidet man hierbei zwischen folgenden drei als Käufer infrage kommenden Personengruppen:

- *Entrepreneur-Buy-Out*: Die Unternehmensanteile werden an die restlichen Mitglieder des Entrepreneurial Teams, typischerweise die Mitgründer des Unternehmens, übertragen.
- *Management-Buy-Out*: Das Unternehmen wird an leitende Angestellte des Unternehmens (Manager) veräußert.

- *Employee-Buy-Out*: Das Unternehmen wird an Angestellte des Unternehmens übertragen.

Der wesentliche Vorteil einer solchen Veräußerung liegt in der schnelleren Umsetzbarkeit begründet: Die vergleichsweise geringen Informationsasymmetrien zwischen dem Entrepreneur und den Käufer werden insbesondere die Phase der Bewertung und Due Diligence verkürzen (Howorth, Westhead und Wright, 2004). Mit der verringerten Informationsasymmetrie ist allerdings auch der Nachteil verbunden, dass die Käufer den Wert des Unternehmens besser einschätzen können, was tendenziell zu einem niedrigeren Veräußerungserlös für den Entrepreneur führt. Der Druck auf den Veräußerungserlös wird zudem durch die oftmals auftretende Finanzierungsproblematik aufseiten der Manager und Angestellten erhöht. Insbesondere bei stark wachsenden oder bereits sehr großen Unternehmen, die eine entsprechend hohe Discounted-Cashflow-Bewertung erzielen, reicht das private Vermögen der Manager und Angestellten nicht aus, um die Übergabe zu finanzieren, weshalb sie in den Verhandlungen zunächst auf einen niedrigen Verkaufspreis drängen werden. Geht der Entrepreneur hierauf nicht ein, ist die Transaktion alternativ nur unter Hinzuziehen externer Finanzierungspartner möglich, wobei hier insbesondere eine Aufnahme von Fremdkapital in Höhe von bis zu 90 % des Kaufpreises üblich ist (Smith und Smith, 2003). Diese als Leverage-Buy-Out (LBO) bezeichnete Durchführungsform bedarf allerdings eines profitablen Unternehmens mit guten Wachstumsaussichten, damit die zukünftig zu leistenden Zins- und Tilgungsverpflichtungen erfüllt werden können.

Das Auftreten einer Finanzierungsproblematik kann der Entrepreneur durch eine zielgerichtete und frühzeitige Planung seines Unternehmensaustritts vermeiden. Eine Möglichkeit hierfür sind sogenannte Mitarbeiterbeteiligungsprogramme (Employee Stock Ownership Plan), wodurch fortlaufend Anteile am Unternehmen an alle oder nur einen bestimmten Kreis der Mitarbeiter, z. B. als Gehaltsbestandteil übertragen werden (Smith und Smith, 2003). Der Entrepreneur kann als Gegenleistung für die Abgabe oder Verwässerung seiner Unternehmensanteile Zahlungen aus dem Unternehmensvermögen erhalten. Ein weiterer Vorteil einer tranchierten und langfristig angelegten Unternehmensübertragung ist, da sie für den Entrepreneur wie auch für die Mitarbeiter steueroptimierend, z. B. über die mehrfache Ausnutzung von Steuerfreibeträgen, gestaltet werden kann.

Management-Buy-In

Im Rahmen eines Management-Buy-In wird das Unternehmen an unternehmensexterne Manager veräußert (Howorth et al., 2004). Zwischen dem Entrepreneur und den Kaufinteressenten bestehen folglich ähnlich hohe Informationsasymmetrien wie bei einem Trade oder Financial Sale, wodurch es zu einer zeitintensiven Due Diligence und tendenziell längerfristigen Vertragsverhandlungen kommen wird. Infolge des fehlenden strategischen Interesses der potenziellen Käufer kann der Entrepreneur hier ebenfalls keinen Prämienaufschlag auf den Unternehmenswert erwarten und wird daher wiederum einen geringeren Veräußerungserlös erzielen. Dieser wird aber aufgrund der Unkenntnis aller Unternehmensinterna über dem Erlös eines Management- oder Employee-Buy-Out liegen. Um das Problem der Informationsasymmetrie zu umgehen, wird in der Praxis eine Unternehmensübernahme teilweise auch durch eine Investorengemeinschaft aus unternehmensinternen und -externen Managern in Form eines kombinierten Management-Buy-Out und -Buy-In, kurz BIMBO genannt, vollzogen (King, 2002). Da auch bei diesen Transaktionsformen die privaten finanziellen Mittel der Kaufinteressenten in der Regel nicht hinreichend sein werden, wird meistens ein signifikanter Betrag des Kaufpreises mithilfe von Investoren oder Kreditgebern als Leverage-Buy-Out fremdfinanziert.

Family-Buy-Out

Von einem Family-Buy-Out spricht man, wenn das Unternehmen an ein oder mehrere Familienmitglieder des Entrepreneurs gegen Entgelt übertragen wird. Anstelle einer unentgeltlichen Übergabe mittels Schenkung ist diese Übergabeform immer dann sinnvoll, wenn der Enrepreneur zwar das Unternehmen in Familienhand belassen möchte, in Ermangelung anderweitiger Einkommensquellen aber zumindest einen Teil des im Unternehmen gebundenen Wertes zur Bestreitung seines zukünftigen Lebens, z. B. als Rentner oder Privatier, benötigt. Im Unterschied zu einer Veräußerung an familienexterne Dritte wird der Veräußerungsprozess aufgrund zumeist nur minimaler Informationsasymmetrien vergleichsweise kurzfristig abzuwickeln sein.

Dafür ist der erzielbare Veräußerungserlös regelmäßig sehr viel niedriger als der tatsächliche Unternehmenswert, da der Entrepreneur bei einem Family-Buy-Out nach einer Erlösmaximierung streben wird. Zudem werden meistens keine Einmalzahlungen, sondern Ratenzahlungen als Zahlungsweise vereinbart, weshalb der tatsächliche Veräußerungserlös vom zukünftigen Unternehmenserfolg abhängt und somit mit Unsicherheit behaftet ist. Des Weiteren ist zu beachten, dass diese Form der Unternehmensübertragung infolge der Überlagerung von Familien- und Unternehmensebene ein erhöhtes Konfliktpotenzial birgt, welches den Übergabeprozess nicht nur verlängern, sondern auch infrage stellen beziehungsweise scheitern lassen kann. Gerade bei einem Family-Buy-Out muss der Entrepreneur daher einen hinreichenden Zeitbedarf für die Planungs- und Vorbereitungsphase der Übergabe einplanen, um auch den Problematiken auf der persönlichen und familiären Ebene zu begegnen (Koropp und Grichnik, 2007).

14.2.3 Liquidation

Als Liquidation eines Unternehmens bezeichnet man im Allgemeinen einen Prozess, bei dem die Vermögensgegenstände eines Unternehmens – z. B. Maschinen, Gebäude, Grundstücke, Firmenwagen, aber auch Patente oder Markennamen – einzeln über den Markt veräußert und somit in liquide Mittel umgewandelt werden (Leach und Melicher, 2008). Der nach Abzug der Liquidationskosten und Bedienung der Ansprüche der Fremdkapitalgeber verbleibende Veräußerungserlös wird sodann unter den Anteilseignern entsprechend ihrer Beteiligungsquote aufgeteilt. Im Unterschied zu den anderen in diesem Kapitel aufgezeigten Veräußerungsalternativen

Exkurs

Insolvenztatbestände nach deutschem Recht

Die Liquidation eines Unternehmens als Folge eines Insolvenzverfahrens wird in Deutschland durch die Insolvenzordnung (InsO) geregelt. Das deutsche Recht unterscheidet dabei drei wesentliche Tatbestände, die zur Einleitung eines Insolvenzverfahrens führen:

- Zahlungsunfähigkeit (§ 17 InsO): Das Unternehmen gilt dann als zahlungsunfähig, wenn es seinen Zahlungsverpflichtungen nicht pünktlich und/oder in voller Höhe nachkommen kann.
- Drohende Zahlungsunfähigkeit (§ 18 InsO): Eine drohende Zahlungsunfähigkeit des Unternehmens liegt vor, wenn es voraussichtlich nicht in der Lage sein wird, die bestehenden Zahlungsverpflichtungen zum Fälligkeitszeitpunkt zu erfüllen.
- Überschuldung (§ 19 InsO): Die Überschuldung eines Unternehmens liegt dann vor, wenn das Vermögen des Unternehmens die bestehenden Verbindlichkeiten nicht mehr deckt. Dieser Tatbestand gilt allerdings nur, falls die Haftung der Gesellschafter auf das Vermögen des Unternehmens beschränkt ist.

wird das Unternehmen nach Abschluss des Liquidationsprozesses zwingend aufgelöst und besteht nicht weiter am Markt fort.

Die Art und Weise der Durchführung einer Liquidation hängt maßgeblich davon ab, ob es sich um eine freiwillige Entscheidung des Entrepreneurs oder einen zwangsweise herbeigeführten Prozess handelt. Eine zwangsweise herbeigeführte Liquidation ist regelmäßig das Ergebnis einer vorangegangenen Insolvenz des Unternehmens. Es handelt sich hierbei insofern um eine unfreiwillige Austrittsentscheidung des Entrepreneurs, als dass

- der Entrepreneur gesetzlich verpflichtet ist, bei Vorliegen eines Insolvenztatbestands unverzüglich ein Insolvenzverfahren zu beantragen,
- ein Insolvenzverfahren auch von jedem Gläubiger des Unternehmens bei Vorliegen eines Insolvenztatbestandes beantragt werden kann,
- die Liquidation des Unternehmens bei einer Insolvenz für gewöhnlich von einem Liquidator durchgeführt wird.

Die meisten Liquidationen in Deutschland erfolgen allerdings nicht insolvenzbedingt: Den 358.600 in Deutschland 2009 erfolgten Unternehmensliquidationen standen nur 32.700 Insolvenzen gegenüber (IfM Bonn, 2010). Der Entrepreneur wird sich ebenfalls zu einer Liquidation gezwungen sehen, falls andere Möglichkeiten der Wertrealisierung aufgrund fehlender Kaufinteressenten oder einer mangelnden Börsenfähigkeit des Unternehmens nicht zur Verfügung stehen. Diese Fälle sind umso wahrscheinlicher, je kleiner und jünger ein Unternehmen ist (Pompe und Bilderbeek, 2005) und je geringer dessen Wachstum ist (Köke, 2002). Daher wird es vor allem in der Vorgründungs- und Gründungsphase zu einer Liquidation als Form des Unternehmensaustritts kommen: 50 % der Entrepreneure in Deutschland beenden ihr Gründungsprojekt innerhalb der ersten drei Jahre nach der Gründung (Kohn und Spengler, 2009).

Gründe für freiwillige Liquidationen des Unternehmens

Eine freiwillige, ungezwungene Liquidation ist aus ökonomischer Sicht immer nur dann sinnvoll, wenn der Fortführungswert des Unternehmens geringer als der Veräußerungswert aller Vermögensgegenstände des Unternehmens ist. Allerdings wird häufig auch ein profitables Unternehmen, für welches diese ökonomische Grundbedingung nicht gilt, liquidiert. Auslöser hierfür sind insbesondere Umbrüche im Leben des Entrepreneurs, wie beispielsweise eine Scheidung, gesundheitliche Probleme oder der Wunsch nach einem Berufswechsel. Hier bietet eine Liquidation im Vergleich zum Unternehmensverkauf und einem Börsengang den Vorteil, dass der Unternehmenswert relativ schnell realisiert werden kann und dem Entrepreneur unmittelbar sowie in Form liquider Geldmittel zufließt. Als weitere Gründe für eine Liquidation eines profitables Unternehmens werden in der Literatur eine antiquierte Technologie des Unternehmens, die mangelnde Fähigkeit des Entrepreneurs, potenzielle Käufer zu identifizieren oder dass das Unternehmenskapital zum größten Teil aus materiellen Vermögensgegenständen besteht, genannt (Wennberg et al., 2010).

Nachteile einer Liquidation

Dem Zeit- und Liquiditätsvorteil stehen allerdings einige, mitunter erhebliche Nachteile gegenüber, die mit einer Liquidation einhergehen können. Zunächst einmal wird der Entrepreneur im Vergleich zu den anderen hier diskutierten Handlungsalternativen einen geringeren Veräußerungserlös erzielen: die Vermögensgegenstände werden bei der Liquidation einzeln veräußert, weshalb keinerlei Zahlungen für einen etwaigen Firmenwert (»Good Will«) oder mögliche Synergien erfolgen werden. Zudem wird die Unternehmensliquidation gerade im kontinentaleuropäischen Raum vielfach mit einem Scheitern des Entrepreneurs gleichgesetzt, was häufig ein Stigma für die weiteren beruflichen, unternehmerischen oder gesellschaftlichen Tätigkeiten des Entrepreneurs darstellt. Beispielsweise kann es für den Entrepreneur problematisch werden, für eine erneute Unternehmensgründung Kapitalgeber zu finden. Auch wird ein mit der Liquidation einhergehender Verlust von Arbeitsplätzen möglicherweise das Ansehen des Entrepreneurs in der Gesellschaft beeinträchtigen.

14.3 Einflussfaktoren auf die Entscheidung des Unternehmensaustritts

Die Entscheidung darüber, wie und wann ein Entrepreneur aus dem Unternehmen ausscheidet und den Wert des Unternehmens für sich erntet, kann zunächst als persönliche Entscheidung des Entrepreneurs interpretiert werden: Die Motivation und Zielsetzung des Entrepreneurs determinieren dessen Grundhaltung gegenüber den vorhandenen Handlungsalternativen. Die Umsetzung der Alternativen ist allerdings von einer Vielzahl von unternehmensinternen und -externen Faktoren bestimmt, die der Entrepreneur bei seiner Entscheidungsfindung zwingend berücksichtigen muss. Zu den wesentlichen Einflussfaktoren der Austrittsentscheidung gehören daher die Motivation des Entrepreneurs, die Präferenzen anderer Eigentümer, die Charakteristika des Unternehmens, das Timing und der Zeitbedarf sowie die Steuerbelastung (Smith und Smith, 2003).

Zielsetzung des Entrepreneurs

Der Entrepreneur gehört zu den wichtigsten Entscheidungsträgern im Rahmen des Unternehmensaustritts, da von ihm die wesentlichen Aktivitäten der Planung, Koordination und Umsetzung ausgehen müssen (Sharma, Chrisman und Chua, 2003). In der Entrepreneurship-Forschung werden daher zur Analyse von Austrittsentscheidungen mit der Humankapitaltheorie oder der Erwartungstheorie (Prospect Theorie) vor allem personenbezogene Theoriekonzepte herangezogen (Wennberg et al., 2010). Die Zielsetzung beziehungsweise Motivation des Entrepreneurs hat dabei einen wesentlichen Einfluss auf sein Entscheidungsverhalten. Die bewusste Festlegung von Zielen ist Voraussetzung dafür, dass die zur Verfügung stehenden Handlungsoptionen bewertet und diejenigen Alternativen identifiziert werden können, die zu einer bestmöglichen Zielerreichung führen (Bandura, 1986).

Lifestyle versus Growth Entrepreneurs

Anhand der mit der Unternehmensgründung verfolgten Zielsetzung werden zwischen den Lifestyle- und den Growth-Entrepreneuren unterschieden (Stewart et al., 1999). Lifestyle-Entrepreneure fassen das Unternehmen als Teil ihrer Persönlichkeit auf und gründen diese primär als Einkommensquelle für sich und ihre Familie. Sie zeichnen sich durch eine starke psychologische Bindung zum Unternehmen und den Wunsch aus, das Unternehmen als eigenständige Wirtschaftseinheit - vorzugsweise ganz oder teilweise in Familienhand - zu erhalten. Die Übergabe des Unternehmens an ein Familienmitglied sowie der Verkauf an Mitarbeiter oder Manager des Unternehmens sind daher die präferierten Austrittsalternativen. Als Growth-Entrepreneure werden wachstumsorientierte Entrepreneure bezeichnet, die vor allen Dingen bei Gründungen technologieorientierter Unternehmen anzutreffen sind. Sie sind primär an einem schnellen Wachstum und an einer maximalen Wertsteigerung des Unternehmens interessiert. Für diese Entrepreneure kommen vor allem ein IPO sowie ein Verkauf an einen Wettbewerber in Betracht, da sich hierdurch die höchsten privaten Vermögenszuwächse erzielen lassen.

Eigentümerstruktur

Des Weiteren wird die Entscheidungsfreiheit des Entrepreneurs durch die jeweilige Eigentümerstruktur des Unternehmens determiniert. Solange er der alleinige Eigentümer des Unternehmens ist, ist der Entrepreneur in seiner Austrittsentscheidung relativ frei. Sind allerdings noch weitere natürliche oder juristische Personen an dem Unternehmen beteiligt, wird er die Interessen und Präferenzen dieser weiteren Anteilseigner bei seiner Entscheidungsfindung berücksichtigen müssen. Gerade Unternehmen im High-tech-Bereich werden häufiger von mehreren Entrepreneuren und/oder unter Beteiligung externer Investoren (Business Angels oder Venture-Capital-Geber) gegründet. Externe Investoren werden in den meisten Fällen nur für einen begrenzten Zeitraum - zwischen fünf und zehn Jahren - an dem Unternehmen beteiligt bleiben. Dabei verfolgen diese primär das Ziel, den Erlös einer Beteiligungsveräußerung zu maximieren. Zu diesem Zweck werden insbesondere in Beteiligungsverträgen von Venture-Capital-Gebern für gewöhnlich spezielle Klauseln aufgenommen, die die Entscheidungsfreiheit des Entrepreneurs hinsichtlich eines Unternehmensaustritts stark einschränken. Solche Vertragsklauseln gehen beispielsweise im Fall der Mitveräußerungspflicht (Drag Along-Klausel) so weit, dass

Abb. 14-6

Verwendete Austrittsalternativen europäischer Venture Capital-Geber 2009 (ohne stille Beteiligungen, Fremdkapitalrückzahlungen und Abschreibungen)

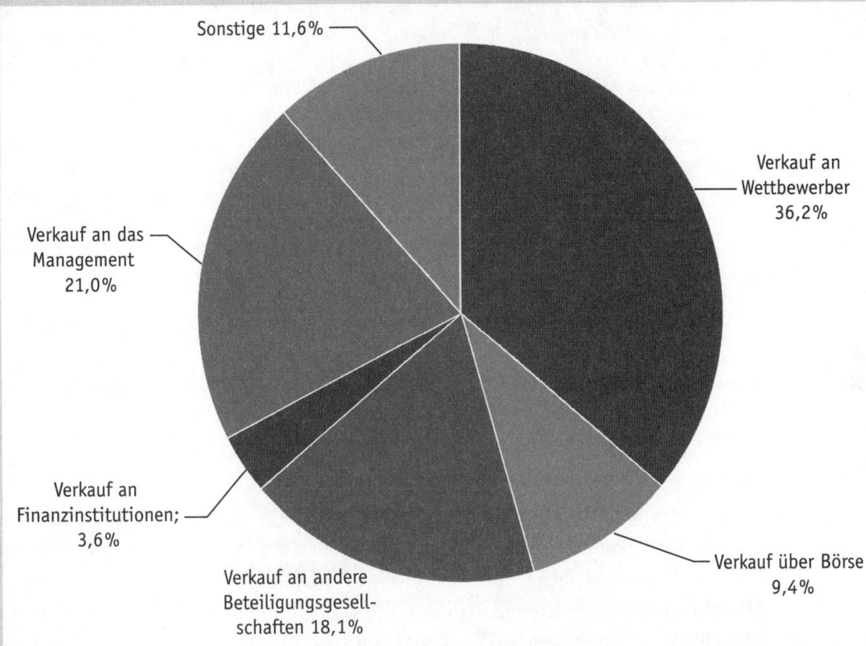

der Kapitalgeber den Entrepreneur jederzeit dazu zwingen kann, seine Anteile an einen vom Kapitalgeber bestimmten Investor zu veräußern. Typischerweise werden Venture-Capital-Geber als Austrittsalternative einen Verkauf ihrer Anteile im Rahmen eines Börsengangs oder an einen strategischen Investor (Trade Sale) anstreben, da sich hierdurch regelmäßig die höchsten Renditen erzielen lassen. Im Jahr 2009 konnten, wie Abbildung 14-6 zeigt, die europäischen Venture-Capital-Geber knapp die Hälfte aller erfolgreichen Exits entweder als Trade Sale oder IPO gestalten (Datenquelle: EVCA, 2010).

Unternehmenscharakteristika

Weitere Grenzen der Entscheidungsfreiheit eines Entrepreneurs werden durch die spezifischen Charakteristika des Unternehmens gesetzt. Diesbezüglich sind insbesondere die Unternehmensgröße und das (damit oftmals korrelierende) Unternehmensalter als relevante Einflussgrößen zu nennen. Gerade für junge und kleinere Unternehmen werden in der Regel nur wenige der oben diskutierten Austrittsalternativen zur Verfügung stehen, die zudem lediglich relativ geringe Veräußerungserlöse versprechen. Oftmals wird dem Entrepreneur in den ersten Lebenszyk-

Exkurs

Vertragsklauseln zum Unternehmensaustritt

Beteiligungsverträge beinhalten typischerweise folgende Vertragsklauseln, die die Handlungsfreiheit des Entrepreneurs hinsichtlich der Veräußerung seiner Anteile einschränken (Chemla, Habib und Ljungqvist, 2007):

- Zustimmungspflicht: Der Entrepreneur verpflichtet sich, seine Anteile nur nach vorheriger schriftlicher Zustimmung des Kapitalgebers zu veräußern, zu beleihen oder zu verpfänden.
- Vorkaufsrecht: Sofern der Entrepreneur seine Anteile an einen Dritten zu einem festgelegten Preis veräußern will, so hat der Kapitalgeber das Recht, die angebotenen Anteile zu denselben Konditionen zu erwerben. Nur wenn der Kapitalgeber nicht von diesem Recht Gebrauch macht, kann der Entrepreneur seine Anteile an den Dritten veräußern.
- Drag Along-Recht: Der Kapitalgeber kann von dem Entrepreneur zu jederzeit verlangen, dass dieser seine Anteile oder Teile davon durch Verkauf und Übertragung oder Umwandlung (z. B. Verschmelzung) zu mit einem Dritten vereinbarten Konditionen veräußert.
- Tag Along-Recht: Sofern der Entrepreneur seine Anteile an einen Dritten veräußern will, ist er verpflichtet sicherzustellen, dass der Kapitalgeber seine Anteile zu den gleichen Konditionen an den Dritten veräußern kann. Sofern sich dieses Recht auch auf die Platzierung von Aktien bei einem Börsengang bezieht, spricht man hier von einem Piggyback-Recht.

lusphasen nur die Liquidation des Unternehmens übrig bleiben. Für kleine und junge Unternehmen ist ein Börsengang vielfach keine realistische Austrittsalternative (Pagano, Panetta und Zingales, 1998), da diese die Kriterien der Börsenreife nicht erfüllen und ferner die Kosten eines Börsengangs im Vergleich zu anderen Austrittsalternativen unverhältnismäßig hoch sind. Ein zu geringes Alter der Unternehmen kann außerdem bei den Alternativen der Unternehmensveräußerung zu Problemen führen: Aufgrund der nur kurzen Unternehmenshistorie, die gerade bei High-tech-Gründungen vornehmlich negative Erfolgskennzahlen beinhaltet, fällt es externen Investoren schwer, den Wert des Unternehmens adäquat einzuschätzen. Insbesondere Trade Sales werden daher erst in späteren Entwicklungsphasen des Unternehmens möglich sein (Giot und Schwienbacher, 2007).

Daneben sind als weitere Charakteristika auch das Unternehmenswachstum, die Profitabilität, die Branchenzugehörigkeit und das Vorhandensein von Synergiepotenzialen und Wachstumschancen für die Anzahl der zur Verfügung stehenden Handlungsalternativen zu nennen.* Unternehmen mit hohen Wachstumschancen werden auch bei geringer Größe und bereits in jungen Jahren das Interesse von strategischen Investoren oder Finanzinvestoren wecken (Gladstone und Gladstone, 2004). Ein starkes Wachstum beziehungsweise Wachstumschancen bilden zudem das Fundament einer für den Kapitalmarkt interessanten Equity Story, wodurch ein Börsengang als weitere Austrittsmöglichkeit möglich wird (Timmons und Spinelli, 2008). Eng verbunden hiermit ist die Branchenzugehörigkeit: Unternehmen aus Wachstumsbranchen steht oftmals schon in jungen Jahren trotz fehlender Unternehmenshistorie ein breites Spektrum an Austrittsalternativen offen. Heutzutage

*Es sei allerdings angemerkt, dass diese Faktoren häufig stark mit der Größe beziehungsweise dem Alter eines Unternehmens korrelieren.

führt die Zugehörigkeit zur Green-tech-Branche dazu, dass sich strategische Investoren und Finanzinvestoren für solche Unternehmen vermehrt interessieren. Infolgedessen stehen die sonst eher älteren Unternehmen vorbehaltenen Austrittsmöglichkeiten Financial Sale und Trade Sale auch den kleineren und jüngeren Unternehmen aus dieser Branche zur Verfügung. Auch das Vorhandensein von Synergiepotenzialen erhöht das Interesse strategischer Investoren an einem Unternehmen; signifikante Synergiepotenziale, wie beispielsweise Kostendegressionseffekte, werden allerdings zumeist erst mit zunehmendem Unternehmensalter entstehen.

Timing und Zeitbedarf

Ferner sollten Entrepreneure sich bewusst sein, dass der von ihnen avisierte Zeitpunkt des Unternehmensaustritts sowohl die Verfügbarkeit einzelner Austrittsalternativen als auch die Höhe eines Veräußerungserlöses beeinflusst (Timmons und Spinelli, 2008). Beim Faktor Zeit zeigt sich insbesondere der Einfluss gesamtwirtschaftlicher Faktoren auf den Unternehmensaustritt. Beispielsweise ist für einen erfolgreichen Börsengang mit hoher Unternehmensbewertung eine Hausse an den Kapitalmärkten – auch als Boomphase bezeichnet – sehr förderlich (Pagano et al., 1998), da insbesondere eine gesteigerte Nachfrage nach der Aktie in der Bookbuildingphase (Quasi-Standard zur Emmissionspreisbildung) aufgrund der fixen Aktienanzahl erhöhend auf den Emmissionspreis wirkt. Zeichnet sich eine Wirtschafts- oder Finanzkrise ab, reagiert der Kapitalmarkt umgehend mit sinkenden Marktbewertungen und Aktienkursen bis hin zu einem Börsencrash, wodurch ein negatives Umfeld für neue Börsengänge geschaffen wird. Ferner werden auch strategische Investoren in Zeiten einer Wirtschaftskrise sich z. B. infolge sinkender Konsumentennachfrage vermehrt mit der eigenen Unternehmenssituation denn mit der Akquisition anderer Unternehmen beschäftigen. Darüberhinaus besteht ein besonderes Interesse von Finanzinvestoren oder Wettbewerbern an einer Übernahme (Trade Sale beziehungsweise Financial Sale) von Unternehmen, die über besondere Wettbewerbsvorteile, wie eine innovative Technologie, verfügen. Dies Interesse ist allerdings stark an Technologiezyklen gekoppelt und wird mit dem Aufkommen von zunehmendem Wettbewerb oder neuen Technologien kontinuierlich abnehmen.

Eng mit dem optimalen Zeitpunkt ist die Zeitdauer der Umsetzung eines Unternehmensaustritts verbunden. Der Entrepreneur muss hinsichtlich des Timings berücksichtigen, dass nur die wenigsten Handlungsalternativen ad hoc beziehungsweise binnen kurzer Frist umsetzbar sind (Smith und Smith, 2003). Sowohl die Umsetzung eines Börsengangs als auch ein Verkauf an private Investoren wird mehrere Monate in Anspruch nehmen. Zudem sind für jede Form der Unternehmensveräußerung im Vorfeld vorbereitende Maßnahmen notwendig, die den Zeitbedarf weiter erhöhen. Das Zusammenspiel zwischen Timing, Zeit- und Vorbereitungsbedarf macht die Notwendigkeit einer hinreichenden Planung und Strategieformulierung evident. Dennoch verweigern sich die meisten Entrepreneure einer frühzeitigen Auseinandersetzung mit ihrem späteren Unternehmensaustritt, wodurch zum Zeitpunkt ihres Rückzugs möglicherweise nicht alle Handlungsalternativen zur Verfügung stehen (Timmons und Spinelli, 2008).

Steuern
Ein weiterer wichtiger Kontextfaktor bei einer Veräußerung von Unternehmensanteilen ist die für den Entrepreneur entstehende Steuerbelastung, durch die sich der ihm zufließende Veräußerungserlös reduziert (Smith und Smith, 2003). Da die genauen Auswirkungen der Steuerbelastungen vom Einzelfall abhängig sind und deren dezidierte Darstellung über das Ziel dieses Kapitels hinausgeht, sei an dieser Stelle auf die umfassende Arbeit von Sudhoff (2005) verwiesen. Das deutsche Steuerrecht bietet bestimmte Freibeträge und Sonderregelungen für eine Unternehmensübertragung in Abhängigkeit von Rechtsform, Unternehmensgröße und persönlicher Situation des Entrepreneurs. So wird beispielsweise für einen mindestens 55 Jahre alten Entrepreneur bei Veräußerung einer Personengesellschaft und einem Veräußerungsgewinn von unter 5 Mio. Euro gemäß § 34 EStG lediglich ein ermäßigter Steuersatz von 56 % seines durchschnittlichen Einkommensteuersatzes angewendet. Neben seiner eigenen steuerlichen Belastung sollte der Entrepreneur zudem die steuerliche Belastung des Käufers in seine Überlegungen mit einfließen lassen, da eine Reduzierung dessen Steuerbelastung dazu führen kann, dass der Käufer zu einer höheren Kaufpreiszahlung bereit ist.

14.4 Auswirkungen des Unternehmensaustritts

Der Austritt des Entrepreneurs als zentraler Persönlichkeit im Unternehmen führt zu verschiedentlichen Auswirkungen, die über seine Person hinausgehen und Einfluss auf das Unternehmen, aber auch gegebenenfalls auf die Branche und die Volkswirtschaft haben (DeTienne, 2010).

Auswirkungen für den Entrepreneur

Der Unternehmensaustritt bedingt beim Entrepreneur sowohl ökonomische als auch persönliche Veränderungen. Durch die Veräußerung des Unternehmens realisiert der Entrepreneur einen Großteil der im Unternehmen gebundenen Werte (Certo et al., 2001), wodurch sich seine private Vermögensposition verändert. Gleichzeitig kann er eine Veränderung seines Vermögensrisikos herbeiführen: Während seiner unternehmerischen Tätigkeit war das Vermögen des Entrepreneurs im Unternehmen und damit in einem einzigen risikobehafteten Anlageobjekt gebunden. Nach der Veräußerung seiner Unternehmensanteile besteht für ihn die Möglichkeit, sein Vermögen in Anlageobjekte verschiedener Risikoklassen zu investieren. Eine solche Diversifikation ermöglicht es, das unsystematische – d. h. anlagespezifische – Risiko einer Investition zu minimieren und daher ein risikooptimiertes Anlageportfolio zu schaffen (Markowitz, 1952).

Daneben hat der Rückzug aus dem Unternehmen auch Auswirkungen auf der persönlichen Ebene. Der Entrepreneur schafft durch seine Geschäftsidee die Grundlage für das Unternehmen und investiert seine Zeit, Kraft und Geld, um das Unternehmen von Grund auf aufzubauen und es wachsen zu sehen. Hierdurch entsteht vielfach eine starke emotionale Bindung zum Unternehmen: Viele Entrepreneure betrachten das Unternehmen als ihr Baby (Cardon et al., 2005) oder als Teil ihrer eigenen Persönlichkeit (Pierce et al., 2001). Diese Bindung – die umso stärker sein wird, je länger er in seinem Unternehmen involviert gewesen ist – führt regelmäßig zu Problemen und Verzögerungen bei der Planung Umsetzung des Unternehmensaustritts.

Auswirkungen auf das Unternehmen

Der Austritt des Entrepreneurs kann zudem positive, aber auch negative Auswirkungen auf das Unternehmen haben. Neue Investoren stellen dem Unternehmen regelmäßig zusätzliche oder bisher nicht zur Verfügung stehende Ressourcen, wie z. B. Finanzmittel, zur Verfügung, die zu einer Verjüngung und Neuausrichtung und damit zu einer Verbesserung der Wettbewerbsposition des Unternehmens eingesetzt werden können (Haveman und Khaire, 2004). Die Ablösung des Entrepreneurs durch ein professionelles Managementteam kann ebenfalls positive Auswirkungen auf die Unternehmensentwicklung haben, da dieses zumeist über bessere Managementfähigkeiten und tiefergehende Kenntnisse in Fragen der Finanzierung und des Marketings verfügt (Boeker und Wiltbank, 2005). Demgegenüber ist davon auszugehen, dass sich die Übergabe des Unternehmens negativ auf den Unternehmenserfolg auswirkt, da bewährte Arbeitsroutinen im Unternehmen gestört werden, Umstellungsprobleme in der Unternehmensführung auftreten und die Unsicherheit unter den Mitarbeitern verstärkt wird (Haveman und Khaire, 2004). Spezielle Unternehmensstrukturen, wie ein stark zentralisiertes Entscheidungssystem, machen den Übergang von der Gründer- auf die Nachfolgergeneration zu einer besonderen Herausforderung. Zudem besitzt in der Regel der Entrepreneur das meiste Wissen über das Unternehmen, welches durch seinen Austritt – insbesondere wenn dieser nicht freiwillig erfolgte – weitestgehend verloren geht (Wasserman, 2003). Daher wird in der Praxis vielfach versucht, den Gründer für eine Übergangszeit an das Unternehmen, z. B. durch Beratungsverträge oder aber auch durch Anstellung als bezahlte Führungskraft, wie z. B. bei Sedo oder Studivz, zu binden.

Auswirkungen auf die Branche

Aus Unternehmensübergaben können sich zudem Konsequenzen für die Branche ergeben, in der das Unternehmen tätig ist. So kann der Verkauf des Unternehmens an einen Wettbewerber (strategischer Investor), die Wettbewerbsintensität innerhalb einer Branche erhöhen (Akhigbe, Madura und Martin, 2003), da hierbei oftmals organisationale Ineffizienzen reduziert und Kostenstrukturen optimiert werden, wodurch sich die Wettbewerbsfähigkeit des neu entstehenden Unternehmensverbundes erhöht. Andererseits kann ein Unternehmenszusammenschluss auch wettbewerbshemmend wirken, wenn es zu einer marktbeherrschenden Stellung oder gar Monopolstellung des neuen Unternehmens kommt. Zusätzlich wirken sich Unternehmensakquisitionen positiv auf die Bewertung von anderen Unternehmen derselben Branche durch den Kapitalmarkt aus (Otchere und Ip, 2006). Dies ist einerseits durch mit der Unternehmensakquisition einhergehende positive Informationseffekte zu begründen. Auch lässt sich eine positive Wirkung mit der Erwartung des Marktes, dass es in der Folge zu weiteren Unternehmenszusammenschlüssen kommt, erklären.

Auswirkungen auf die Volkswirtschaft

Zumindest im begrenzten Maße wird der Rückzug eines Entrepreneurs auch Effekte auf die Volkswirtschaft haben, in der sich der Entrepreneur bewegt. Einerseits werden regelmäßig positive Auswirkungen auf regionaler Ebene sichtbar (DeTienne, 2010), die sich aus dem Prozess des »Entrepreneurial Recycling« ergeben (Mason und Harrison, 2006): Viele Entrepreneure investieren nach einem Rückzug aus der unternehmerischen Verantwortung einen Teil ihres Vermögens, ihrer zur Verfügung stehenden Zeit und ihre Erfahrung in andere Aktivitäten, die vielfach einen gesamtwirtschaftlichen Nutzen nach sich ziehen. Zu diesen Aktivitäten zählen unter anderem das Engagement als Business Angel, als Business Coach, als Serial Entrepreneur aber auch das Gründen von Stiftungen und Projekten für kulturelle oder soziale Zwecke. Beispiele hierfür sich Bill Gates als Stifter, Oliver Samwer als Investor oder Stephan Schubert als Mehrfachgründer und Investor.

Zudem verändern Unternehmensaustritte regelmäßig die Vermögensverteilung in einer Volkswirtschaft (DeTienne, 2010). Beispielsweise führt ein Börsengang des Unternehmens dazu, dass aufgrund der größeren Breite an Investoren tendenziell mehr Personen am gegenwärtigen und zukünftigen Unternehmenswert partizipieren werden. Aber auch die Weitergabe des Unternehmens an Mitarbeiter oder Familienmitglieder wird zu ähnlichen Umverteilungseffekten führen. Ferner schafft die Masse an Unternehmensübergaben zusätzliche Werte in einer Volkswirtschaft. In der Europäischen Union stehen pro Jahr etwa 690.000 Unternehmen mit 2,8 Mio. Arbeitnehmern vor einer Übergabe, wobei auf Deutschland etwa ein Anteil von 71.000 Unternehmen entfällt (Europäische Kommission, 2006). Diese Masse an Unternehmensübertragungen hat dazu geführt, dass sich neue Geschäftsmodelle, neue Unternehmen und sogar neue Branchen – z. B. Nachfolgeberatungen, Business Broker oder Private Equity Firmen – gebildet haben, die ihrerseits das Vermögen einer Volkswirtschaft mehren beziehungsweise umverteilen.

14.5 Unternehmensaustritt und Neuanfang: Serial Entrepreneurship

Der Rückzug eines Entrepreneurs aus einem Unternehmen ist nicht zwangsläufig gleichbedeutend mit dem Ende seiner unternehmerischen Tätigkeit. Vermehrt nutzen Entrepreneure ihre erlangte unternehmerische Erfahrung sowie ihr Privatvermögen, um erneut eine unternehmerische Gelegenheit durch Gründung eines Unternehmens auszuschöpfen. In der Literatur werden daher grundsätzlich zwei Arten von Entrepreneuren unterschieden (Ucbasaran et al., 2008):

Arten von Entrepreneurs

- *Novice Entrepreneurs:* Als Novice Entrepreneurs werden Personen bezeichnet, die erstmalig als Eigentümer ein Unternehmen gründen beziehungsweise übernehmen. Dies impliziert, dass sie vor ihrer unternehmerischen Tätigkeit keinerlei Erfahrung als Entrepreneur gesammelt haben.
- *Habitual Entrepreneurs:* Im Unterschied dazu sind Habitual Entrepreneurs sogenannte Mehrfachgründer, die vor ihrer gegenwärtigen unternehmerischen Tätigkeit mindestens ein weiteres Unternehmen gegründet oder übernommen haben.

Die Mehrfachgründer werden anhand der zeitlichen Abfolge ihrer Gründungen beziehungsweise Unternehmensübernahmen des Weiteren in zwei Gruppen unterteilt:

- *Serial Entrepreneurs:* Serial Entrepreneurs sind Personen, die ihre Unternehmensgründungen jeweils nacheinander durchführen. Dies bedeutet, dass sie zunächst aus einem Unternehmen austreten und im Anschluss daran ein neues Unternehmen gründen oder übernehmen.
- *Portfolio Entrepreneurs:* Demgegenüber gründen oder übernehmen Portfolio Entrepreneurs mehrere Unternehmen, ohne dass sie vorher ihre unternehmerische Tätigkeit durch Unternehmensaustritt beenden. In der Folge halten sie ein Portfolio aus mehreren Unternehmen.

Serial versus Portfolio Entrepreneurs

Besonderheiten von Serial Entrepreneurs

Die Serial Entrepreneurs unterscheiden sich von den Novice Entrepreneurs im Wesentlichen durch das Ausmaß ihrer unternehmerischen Erfahrung, weshalb sie auch zu den Expert Entrepreneurs gezählt werden (Dew et al., 2009). Expert Entrepreneurs entwickeln spezielle Denkschemata, die ihnen insbesondere bei der Identifikation neuer unternehmerischer Gelegenheiten helfen. Sie nehmen neue Informationen, z. B. über Marktveränderungen, schneller wahr und können diese effizienter mit ihrem bestehenden Wissen zu neuen Geschäftsideen verknüpfen. Zudem folgt das unternehmerische Handeln dieser Entrepreneure vornehmlich den Prinzipien des Effectuation-Ansatzes (Dew et al., 2009). Dies äußert sich insbesondere dadurch, dass sie kreative Problemlösungen verfolgen, auf ein funktionierendes soziales Netzwerk setzen und versuchen, Änderungen in der Unternehmensumwelt als Chancen für ihr Unternehmen zu nutzen. Auch verfügen die Serial Entrepreneurs zumeist über ein umfassendes soziales Netzwerk, welches ihnen den Zugang zu notwendigen Ressourcen erleichtert. Aus entscheidungstheoretischer Sicht ist es daher sinnvoll, wenn der ausscheidende Entrepreneur seine unternehmerische Erfahrung und sein Wissen in der Zukunft weiterhin im Rahmen unternehmerischer Tätigkeiten einsetzt. Weltweit nimmt die Anzahl an Unternehmensgründungen durch Serial Entrepreneurs stetig zu: In Deutschland erfolgen bereits etwa 18 % aller Unternehmensgründungen durch oder unter Beteiligung von Serial Entrepreneurs (Wagner, 2003).

Es ist allerdings festzuhalten, dass eine zunehmende unternehmerische Erfahrung auch negative Auswirkungen auf den Erfolg unternehmerischer Aktivtäten haben kann. Insbesondere neigen erfahrene Serial Entrepreneurs dazu, bei ihren Entscheidungen auf Heuristiken zu vertrauen (Ucbasaran et al., 2008). Die Verwendung von Heuristiken führt dazu, dass Informationssuchprozesse tendenziell früh abgebrochen werden und etablierte und erlernte Entscheidungsstrukturen auch bei neuartigen Situationen angewendet werden, obschon diese auf eine neue Technologie oder einen neuen Markt nicht optimal übertragbar sind, wodurch es zu Fehlentscheidungen kommen kann. In der Entrepreneurship-Forschung wird daher heutzutage davon ausgegangen, dass die Beziehung zwischen der Erfahrung und dem Erfolg unternehmerischen Handelns einer inversen U-Kurve folgt: Serial Entrepreneurs identifizieren mehr unternehmerische Gelegenheiten und nutzen insbesondere innovative unternehmerische Gelegenheiten häufiger aus als wenig erfahrene Entrepreneure. Allerdings werden die Vorteile der unternehmerischen Erfahrung mit zunehmender Anzahl an Unternehmensgründungen von den damit einhergehenden Nachteilen überkompensiert: Serial Entrepreneurs, die mehr als vier

Unternehmen gegründet haben, identifizieren wieder weniger unternehmerische Gelegenheiten und scheitern auch häufiger mit ihren Gründungsvorhaben (Ucbasaran, Westhead und Wright, 2009).

Serial Entrepreneurs haben bereits umfangreiche Erfahrung mit Gründungsprozessen gemacht (Anokhin, Grichnik und Hisrich, 2008). Durch ihre Erfahrungen und bereits entwickelten Netzwerke sind Serial Entrepreneurs in der Lage, einfacher und gezielter relevante Netzwerkverbindungen für das nächste Gründungsprojekt aufzubauen. Bei Neugründern besteht das soziale Netzwerk noch zu einem großen Teil aus den bisherigen Tätigkeitsbereichen. Technologiegründer mit Hochschulhintergrund verfügen so z. B. über starke wissenschaftliche Netzwerke, die jedoch strukturelle Schwächen in Bezug auf die Opportunity Recognition aufweisen. Hier gibt es allerdings noch weitere Unterschiede, die mit dem Grad der Praxisnähe von Disziplinen verbunden sind. Gründer aus den Ingenieurs- oder Materialwissenschaften sehen sich so geringeren Problemen im Netzwerkaufbau gegenüber als Gründer aus den Naturwissenschaften. Kritisch ist das Humankapital für den Netzwerkaufbau v. a. im Zusammenhang mit den Kontakten zu erfahrenen Managern und Investoren, die ein professionelles Auftreten im Geschäftsleben erwarten. Eine Studie unter Neugründern ergab so, dass die Humankapitalausstattung zwar ein Einflussfaktor auf den Beginn unternehmerischer Aktivität ist, aber im Gegensatz zu Sozialkapital kaum den Erfolg im weiteren Gründungsprozess beeinflusst (Davidsson und Honig, 2003).

14.6 Zusammenfassung

Der Austritt des Entrepreneurs ist ein wichtiges Element im unternehmerischen Handlungsprozess, da er hierdurch einen Großteil der Kompensation für seine unternehmerische Tätigkeit und die Übernahme des unternehmerischen Risikos erhalten wird. Zudem ist die Möglichkeit eines erfolgreichen Unternehmensaustritts für die Investition eines nicht öffentlichen Kapitalgebers (Private Equity) ein relevanter Entscheidungsfaktor, da sich hieraus seine erzielbare Rendite ableitet. Entrepreneure und Investoren werden daher regelmäßig einen Börsengang als Austrittsalternative präferieren, da dieser als »Königsweg« den höchsten Veräußerungserlös verspricht. Allerdings wird nur den wenigsten Entrepreneuren ein Börsengang als Handlungsoption zur Verfügung stehen. Die meisten Austritte werden daher von einem Unternehmensverkauf, z. B. an einen strategischen Investor, begleitet sein. Die Entscheidung über den Austritt und die sich ergebenden Handlungsalternativen wird durch eine Vielzahl von Faktoren beeinflusst, wobei die Zielsetzung des Entrepreneurs und die Präferenzen etwaiger Investoren zunächst als dominierend anzusehen sind. Ferner hat der Entrepreneur bei der Entscheidung die gesamtwirtschaftliche Lage und die Charakteristika des Unternehmens zu beachten, da sich hierdurch Implikationen auf die Sinnhaftigkeit einzelner Austrittsmöglichkeiten ergeben. Der Austritt des Entrepreneurs ist dabei nicht gleichbedeutend mit einer Beendigung seiner unternehmerischen Karriere: Immer mehr Entrepreneure nutzen ihre Erfahrung und das realisierte Vermögen nach einem Unternehmensaustritt dazu, um als Serial Entrepreneurs ein neues Unternehmen zu gründen oder als Business Angels, Venture Capital-Geber oder Business Coaches andere Unternehmensgründer zu unterstützen.

14.7 Fallbeispiel: Sedo

Wie immer, wenn es wichtige Entscheidungen im Hinblick auf ihr Unternehmen zu treffen galt, sitzen Tim Schumacher, Ulrich Priesner, Ulrich Essmann und Marius Würzner im Frühling 2006 in einem Restaurant in der Nähe von Boston, dem Sitz von Sedos Auslandstochtergesellschaft Sedo.com LLC. Statt strategischer Unternehmensentscheidungen geht es diesmal aber um eine Entscheidung, die die vier Gründer persönlich betrifft. Nach der Gründung 1999 gab es für Sedo bisher nur Erfolge zu verzeichnen: Der Umsatz stieg von 100.000 Euro in 2000 auf 41 Mio. Euro in 2006, mittlerweile arbeiteten 120 Mitarbeiter in Köln und Boston; Sedo war zum Marktführer für Services rund um gebrauchte Domain-Namen auf allen wichtigen Märkten aufgestiegen. Wesentliche Erfolgsfaktoren von Sedo sind die hinter der Online-Plattform stehende Datenbank mit ungenutzten Domain-Namen – Ende 2006 waren es bereits mehr als 6 Mio. – und die dazugehörige Meta-Suchmaschine, die das Internet automatisiert nach ungenutzten Domain-Namen durchforstet. Trotz der erzielten Erfolge stellte Tim immer wieder mal seinen Mitgründern die Frage, ob sie nicht allesamt einen Teil ihrer verbliebenen Anteile am Unternehmen verkaufen sollten. So ist es auch an diesem Abend, als Tim nach einem kurzen Dinner die Vor- und Nachteile einer Veräußerung diskutieren möchte. Anders als sonst scheinen die drei Mitgründer diesmal allerdings ernsthaft darüber nachzudenken.

Die Eigentümerstruktur von Sedo hat im Laufe der kurzen Unternehmensgeschichte bereits einen regen Wandel vollzogen. Waren anfangs nur die Gründer an dem Unternehmen beteiligt, so änderte sich dies, als Sedo neues Kapital benötigte, um sein Geschäftsmodell weiter auszubauen. Die vier Gründer verhandelten mit verschiedenen Investoren: Banken, Venture Capitalists und Corporate Venture Capitalists. Wegen der anhaltenden Dotcom-Krise zogen sich die Verhandlungen über mehrere Monate hin und endeten erst Anfang 2001 mit einem Erfolg: Die United Internet AG – vertreten durch ihr Tochterunternehmen 1&1 – erwarb 41 % der Anteile an Sedo für 400.000 Euro und stellte zudem einen Kredit (zu marktüblichen Konditionen) zur Verfügung. 2004 übte United Internet eine Call Option auf weitere Anteile von Sedo aus und erwarb weitere 10 % für eine Investition von 575.000 Euro, wodurch die vier Gründer zu Minderheitsgesellschaftern in ihrem eigenen Unternehmen wurden. Der letzte Verkauf von Unternehmensanteilen fand im April 2005 statt, als einer der Gründer aus privatem Anlass ein weiteres Prozent von Sedo an die AdLink Internet Media AG – einer Tochtergesellschaft von United Internet, die dessen Anteile nun verwaltete – für etwa 280.000 Euro veräußerte.

Die vier Gründer diskutieren lebhaft an diesem Abend über persönliche Präferenzen, Vermögensrisiken und die Zukunft. Spät am Abend ist die Entscheidung gefallen: Die Hälfte der verbliebenen Anteile würden sie verkaufen wollen, was einer 24-Prozent-Beteiligung an Sedo entspricht. Doch an wen sollen sie die Anteile verkaufen und welche Konsequenzen hätte dies für Sedo, aber auch für sie selbst?

AdLink, der Mehrheitseigner, hatte immer wieder sein Interesse an einer vollständigen Übernahme von Sedo geäußert. Aber auch andere strategische Investoren und Finanzinvestoren, insbesondere Private Equity-Gesellschaften, waren aufgrund der Erfolgsgeschichte an Sedo interessiert. Da die Sachlage diesmal komplizierter ist als 2001, vereinbaren die vier Gründer, ihre Entscheidung nicht zu überstürzen. Weitere sechs Monate vergehen, die von einer Vielzahl an Beratungs- und Verhandlungsgesprächen geprägt sind. Im November 2006 fällen Tim Schumacher, Ulrich Priessner, Ulrich Essmann und Marius Würzner endgültig ihre Entscheidung: Trotz höherer Angebote anderer externer Investoren entscheiden sich die vier Gründer – auch wegen ihres Bauchgefühls und ihrer Erfahrungen aus der Vergangenheit – dazu, 24 % ihrer Anteile für 35 Mio. Euro an AdLink zu verkaufen.

Weiterführende Literatur

DeTienne, D. R. (2010). Entrepreneurial exit as a critical component of the entrepreneurial process: Theoretical development. In: Journal of Business Venturing 25 (2), S. 203-215.

Kensinger, J. W., Martin, J. D. und Petty, J. W. (2000). Harvesting Value from Entrepreneurial Success. In: Journal of Applied Corporate Finance 12 (4), S. 81-93.

Petty, J. W., Martin, J. D. und Kensinger, J. W. (1999). Harvesting Investments in Private Companies. Morristown, NJ.

Tajnikar, M., Bonča, P. D. und Zajec, L. (2007). Harvesting in High Growth Firms. In: Parker, S. (Hrsg.). The Life Cycle of Entrepreneurial Ventures. New York, NY, S. 535-582.

Wennberg, K., Wiklund, J., DeTienne, D. R. und Cardon, M. S. (2010). Reconceptualizing entrepreneurial exit: Divergent exit routes and their drivers. In: Journal of Business Venturing 25 (4), S. 361-375.

Teil E
Sonderformen unternehmerischen Handelns

15 Corporate Entrepreneurship

Lernziele

Unternehmerisches Handeln beschränkt sich in seiner Relevanz nicht allein auf junge Unternehmen. Auch etablierte Unternehmen, die bereits seit Jahrzehnten auf dem Markt präsent sind und sich eine scheinbar sichere Position erarbeitet haben, müssen unablässig unternehmerisch denken und handeln, um langfristig auf dem Markt zu bestehen. Dies bedeutet, eingespielte Prozesse regelmäßig zu überdenken und zu optimieren, kontinuierlich innovative Produkte zu entwickeln beziehungsweise bestehende zu verbessern und Marktchancen konsequent wahrzunehmen. Corporate Entrepreneurship ist ein Weg, dieses Ziel zu erreichen. Dieses Kapitel bietet eine Einführung in den Begriff des Corporate Entrepreneurship, erläutert die Maßnahmen, die das Management zur Etablierung von Corporate Entrepreneurship ergreifen kann, und stellt mit Open Innovation ein Innovationskonzept besonderer Relevanz vor.

Nachdem Sie dieses Kapitel durchgearbeitet haben, werden Sie insbesondere:

- erläutern können, wodurch sich Corporate Entrepreneurship kennzeichnet,
- wissen, welche Ausprägungsformen und Dimensionen Corporate Entrepreneurship haben kann,
- die Einflussmöglichkeiten des Managements zur Förderung von Corporate Entrepreneurship kennen,
- das Open Innovation Paradigma und den Stellenwert von Innovation im Rahmen des Corporate Entrepreneurship kennen.

15.1 Der Gedanke des Corporate Entrepreneurship

Das Ziel, langfristig erfolgreich am Markt zu bestehen, fordert Unternehmen in einer zunehmend globalisierten Welt mehr und mehr heraus. Insbesondere Einflüsse wie eine erhöhte Marktdynamik, abnehmende Technologie- und Produktlebenszyklen sowie eine gestiegene Wettbewerbsintensität erschweren es Unternehmen, sich am Markt zu behaupten. Allein »groß« und »ressourcenstark« zu sein, reicht längst nicht mehr aus, um dem externen Druck standzuhalten. Erkenntnisse aus der Forschung zeigen, dass vielmehr die Fähigkeit etablierter Unternehmen, dauerhaft und über alle Abteilungen hinweg unternehmerisch zu denken und zu handeln, eine immer größere Rolle spielt. Die Einsicht, dass unternehmerisches Handeln auch für etablierte Unternehmen relevant ist, wird durch den Begriff des Corporate Entrepreneurship erfasst. Die folgenden Abschnitte gehen auf die theoretische Entwicklung der Definition ein und bieten dem Leser einen Einblick in die Dimensionen, Modelle und Ausprägungsformen von Corporate Entrepreneurship.

Begriff und Definitionen

Die zu Beginn eingeführte Definition des Begriffs Entrepreneurship zeigt, dass Unternehmertum in einer Vielzahl von organisationalen Kontexten auftreten kann. Erfolgreiches unternehmerisches Handeln ist dabei grundsätzlich unabhängig von der Größe, der Reife und dem Tätigkeitsfeld des Unternehmens. Dies wird bereits in frühen Arbeiten zu Corporate Entrepreneurship deutlich (Drucker, 1985):

»Entrepreneurship is based upon the same principles, whether the entrepreneur is an existing large institution or an individual starting his or her new venture single-handed. It makes little or no difference whether the entrepreneur is a business or a non-business public-service organization, nor even whether the entrepreneur is a governmental or nongovernmental institution. The rules are pretty much the same, the things that work and those that don't are pretty much the same, and so are the kinds of innovations and where to look for them. In every case there is a discipline we might call Entrepreneurial Management.«

Der Begriff des Corporate Entrepreneurship wird in der Literatur insbesondere dazu verwendet, um unternehmerisches Verhalten innerhalb von etablierten mittelständischen und großen Unternehmen zu beschreiben. Verwandte Begriffe sind »Organizational Entrepreneurship«, »Intrapreneurship« und »Corporate Venturing«. Im Laufe der Zeit sind zahlreiche Definitionen des Corporate Entrepreneurship in der Literatur entstanden. Die folgende Tabelle 15-1 fasst einige von diesen zusammen:

Die Zielsetzung des Corporate Entrepreneurship ist folglich die Schaffung einer unternehmerisch agierenden Organisation. Damit handelt es sich um ein verhaltenswissenschaftliches Phänomen, das die Literatur meist durch prozessspezifische Merkmale charakterisiert. Es gilt, die Kompetenzerweiterung und kreative Neukombination von Ressourcen in etablierten Unternehmen zu stimulieren, um Marktchancen frühzeitig zu erkennen und zu nutzen (Haid, 2001). Proaktives, innovatives und risikobereites Denken und Handeln sind hierbei die wesentlichen Treiber (Miller und Friesen, 1982). Neu angestrebte Geschäftsfelder können mit den bereits vorhandenen verwandt, aber auch völlig unabhängig von diesen sein (Diversifizierung). Zudem können durch Corporate Entrepreneurship neben Produkt- ebenso Prozessinnovationen oder administrative Neuerungen im Unternehmen angestoßen werden (Covin und Miles, 1999).

Tab. 15-1

Definitionen von Corporate Entrepreneurship

Autor	Definition
Burgelman (1983)	»Corporate entrepreneurship refers to the process whereby the firms engage in diversification through internal development. Such diversification requires new resource combination to extend the firm's activities in areas unrelated, or marginally related, to its current domain of competence and corresponding opportunity set.«
Jennings & Lumpkin (1989)	»Corporate entrepreneurship is defined as the extent to which new products and/or new markets are developed. An organization is entrepreneurial if it develops a higher than average number of new products and/or new markets.«
Guth & Ginsberg (1990)	»Corporate entrepreneurship encompasses two types of phenomena and the processes surrounding them: (1) the birth of new businesses within existing organizations, i. e. internal innovation or venturing, and (2) the transformation of organizations through renewal of the key ideas on which they are built, i. e. strategic renewal.«
Covin & Slevin (1991)	»Corporate entrepreneurship involves extending the firm's domain of competence and corresponding opportunity set through internally generated new resource combinations.«
Zahra (1991)	»Corporate entrepreneurship may be formal or informal activities aimed at creating new business in established companies through product and process innovations and market developments. These activities may take place at the corporate, division (business), functional, or project levels, with the unifying objective of improving a company's competitive position and financial performance.«
Sharma & Chrisman (1999)	»the process whereby an individual or a group of individuals, in association with an existing organization, create a new organization, or instigate renewal or innovation within that organization«

15.2 Dimensionen, Modelle, Ausprägungsformen

15.2.1 Dimensionen

Corporate Entrepreneurship als Verhalten des gesamten Unternehmens

Corporate Entrepreneurship wurde wissenschaftlich zunächst anhand des unternehmerischen Handelns von einzelnen Individuen, dem unternehmerisch handelnden Manager untersucht. Miller war einer der Ersten, der Corporate Entrepreneurship im gesamten Verhalten von Unternehmen sah, und formulierte hierfür drei Dimensionen, um Corporate Entrepreneurship empirisch zu messen: *Innovativität*, *Proaktivität* und *Risikobereitschaft* (Miller und Friesen, 1982; Miller, 1983). In späteren empirischen Untersuchungen wurden teilweise weitere Dimensionen hinzugefügt. Lumpkin und Dess (1996) ergänzten *Aggressivität gegenüber Wettbewerbern* und *Autonomie*. Zudem führten sie den Begriff der »Entrepreneurial Orientation« ein, der sich auf Prozesse, Praktiken und Entscheidungsmechanismen beim Eintritt in ein neues Geschäftsfeld bezieht und sich mit einem verhaltensbasierten Verständnis von Corporate Entrepreneurship deckt. Die Evaluierung der verschiedenen in der Literatur vorkommenden Dimensionen zeigt, dass neben Millers drei Dimensionen *Innovation, Proaktivität, Risikobereitschaft* die beiden Dimensionen *Selbsterneuerung* und *Erschließung von Neugeschäft* besondere Relevanz besitzen (Antoncic und Hisrich, 2001).

15.2.2 Modelle

Verbindung mit der Strategie wichtig

Mit der Ausweitung der Perspektive auf das Gesamtunternehmen und seine unternehmerische Ausrichtung ist allerdings auch eine Eingliederung in das strategische Gesamtbild des Unternehmens wichtig. Guth und Ginsberg (1990) entwickelten hierzu das in Abbildung 15-1 dargestellte Modell, welches vier Bereiche identifiziert, die Einfluss auf die Entwicklung von Corporate Entrepreneurship haben.

Corporate Entrepreneurship gewinnt demnach in einer turbulenten *Umwelt* an Bedeutung. Die unternehmerische Ausrichtung hilft, mit den kürzer werdenden Zyklen technologischer Neuerungen Schritt zu halten, sich in starkem Wettbewerb gegen seine Marktteilnehmer durchzusetzen, sozialen Anforderungen von außen gerecht zu werden und besser auf die politischen Rahmenbedingungen zu reagieren.

Die Ausprägung von Corporate Entrepreneurship wird zudem stark durch die *strategischen Führungspersonen* beeinflusst, die sowohl durch ihre Entscheidungen als auch durch ihre Vorbildfunktion auf die Mitarbeiter wirken. Charakterzüge wie Veränderungsbereitschaft und chancenorientiertes Denken sind ebenso prägend wie ein Wertstreben in Form von Leistungsbereitschaft und Durchsetzungsvermögen. Im Verhalten unternehmerisch orientierter Manager lassen sich unter anderem größere Risikobereitschaft und ein kontinuierlicher Innovationsfokus beobachten.

Eine unternehmerische Ausrichtung schlägt sich auch in der Ausgestaltung der *Organisationsführung* nieder. Eine klare unternehmerische Strategie ist ebenso wichtig wie Strukturen und Prozesse, die flexibel genug sind, um Unternehmergeist nicht durch allzu hierarchische Regelungen im Keim zu ersticken. Eine Kultur der kontinuierlichen Veränderungsbereitschaft stellt die wesentliche Voraussetzung dafür dar, Ideen im Unternehmen zu nutzen und Markttrends zu erkennen.

Die Wechselwirkung zwischen *Unternehmensleistung* und der unternehmerischen Ausrichtung auf Innovativität bildet das vierte Element im Modell von Guth und Ginsberg. Unternehmerische Organisationen zeichnen sich durch hohe Effektivität und Effizienz aus, Innovationen werden schneller genutzt und wirken sich damit wieder auf Effektivität, Effizienz und letztlich die Zufriedenheit der Shareholder aus.

Abb. 15-1

Corporate Entrepreneurshipmodell (Guth und Ginsberg, 1990)

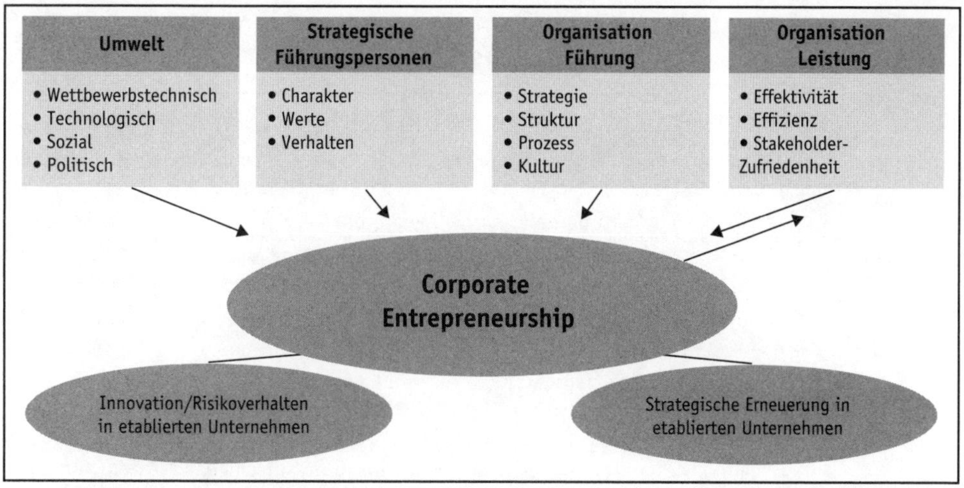

15.2.3 Ausprägungsformen

Es gibt verschiedene Ausprägungsformen des CE

Neben den Dimensionen, welche sich als Charakteristika einer unternehmerischen Organisation auffassen lassen, und der Einordnung in ein strategisches Gesamtmodell des Unternehmens ist auch die Klassifizierung verschiedener Ausprägungsformen von Corporate Entrepreneurship möglich. Man unterscheidet zwischen Corporate Venturing und Strategic Entrepreneurship, wie Abbildung 15-2 zeigt.

Corporate Venturing bezieht sich dabei auf die typische Assoziation von Unternehmertum mit dem Aufbau von neuen Geschäftsaktivitäten. Abhängig davon, ob das Unternehmen diese Aktivitäten eigenständig oder im Rahmen von Kooperationen vorantreibt, spricht man von *internem* oder *kooperativem* Corporate Venturing. Zur Minimierung des Risikos erfolgt allerdings auch häufig nur eine finanzielle Beteiligung an neuen Geschäftsaktivitäten, die Dritte außerhalb des Unternehmens vorantreiben, das *externe* Corporate Venturing. Es lassen sich drei wesentliche Zielsetzungen von Corporate Venturing identifizieren: die Entwicklung einer innovativen Organisation und Aufbau einer dynamischen *Unternehmenskultur*, die *Erschließung neuer Geschäftsfelder* mit möglicher strategischer Bedeutung und die Aussicht auf *schnelle finanzielle Gewinne* (Miles und Covin, 2002). Für rein finanzielle Zielsetzungen eignet sich das externe Corporate Venturing.

Die zweite Ausprägungsform von Corporate Entrepreneurship stellt *Strategic Entrepreneurship* dar. Unternehmerisches Handeln bedeutet nämlich auch, durch Innovativität innerhalb der bestehenden Organisation strategische Vorteile gegen-

Abb. 15-2

Ausprägungsformen von Corporate Entrepreneurship

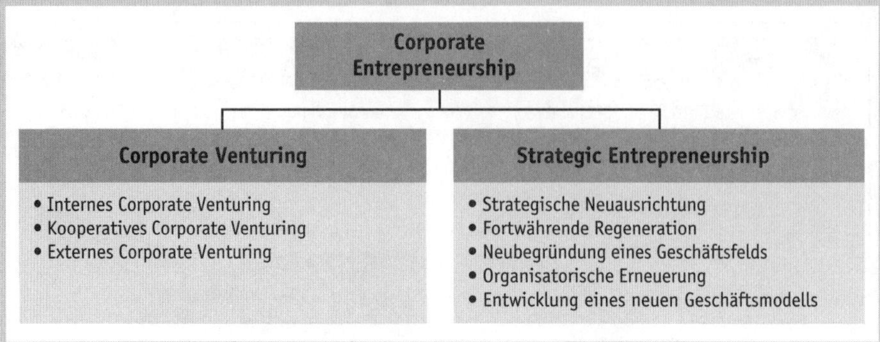

über den Wettbewerbern zu realisieren. Dabei lassen sich entsprechend dem Ansatzpunkt des unternehmerischen Handelns fünf verschiedene Arten von Strategic Entrepreneurship unterscheiden. Die ursprünglich definierten Ansatzpunkte, strategische Neuausrichtung, fortwährende Regeneration, Neubegründung eines Geschäftsfelds und organisatorische Erneuerung (Covin und Miles, 1999), lassen sich um einen fünften Aspekt ergänzen, die Entwicklung eines neuen Geschäftsmodells (Morris, Kuratko und Covin, 2008). Alle fünf strategischen Ansatzpunkte für die unternehmerische Initiative haben zwar einen unterschiedlichen Fokus, werden aber häufig gleichzeitig adressiert.

Die *strategische Neuausrichtung* bezeichnet die fundamentale Neupositionierung im Markt beziehungsweise gegenüber den Mitbewerbern. Insbesondere unter Wettbewerbsdruck geratene Unternehmen in einer Turnaround-Situation sehen sich gezwungen, nicht nur ihre operativen Prozesse zu optimieren, sondern ihre ganze Geschäftsstrategie anzupassen. Anfang der 80er-Jahre stand der amerikanische Motorradhersteller Harley Davidson vor dem Bankrott. Nischenanbieter für traditionelle amerikanische Motorräder zu sein, stellte sich als unzureichende Differenzierung heraus, um gegen die großen japanischen Anbieter Honda, Kawasaki und Suzuki zu konkurrieren. Erst mit einer strategischen Neuausrichtung durch eine umfassende Marktorientierung in Form exzellenter Produkt- und Servicequalität sowie einem Fokus auf die Produktwünsche der Kunden wurde das Unternehmen wieder profitabel.

Häufiger als die fundamentale Neupositionierung ist die *fortwährende Regeneration*, d. h. die unternehmerische Initiative, neue Produkte in bestehenden Produktkategorien beziehungsweise bestehende Produkte in für das Unternehmen neuen Märkten einzuführen. Dies ist keine einmalige Handlung, sondern die kontinuierlich stattfindende Wahrnehmung unternehmerischer Gelegenheiten. Immer kürzer werdende Produktlebenszyklen, schneller technologischer Wandel und stark segmentierte Produktkategorien machen diese Fähigkeit künftig unverzichtbar. Sie bringt Unternehmen wie 3 M und Procter & Gamble den Ruf ein, innovativ zu sein.

Durch die *Neubegründung eines Geschäftsfelds* sichert sich das Unternehmen als First-mover in der Regel einen nachhaltigen Wettbewerbsvorteil. Hierfür wurde der anschauliche Begriff der »Blue-Ocean«-Strategie geprägt (Kim und Mauborgne, 2005). Im Gegensatz zu den »Red Oceans«, den existierenden Märkten, lässt sich in solchen Märkten ohne etablierte Wettbewerber eine deutlich höhere Umsatzrentabilität erzielen. Ein populäres Beispiel für eine »Blue Ocean«-Strategie ist eBay, das den Markt der Online-Auktionshäuser etabliert hat. Als Marktpionier hat sich eBay eine nachhaltige, dominante Marktposition gesichert mit über 60 Mrd. US $ versteigertem Warenwert in 2009 und mehr als 80 Mio. aktiven Nutzern.

Organisatorische Erneuerung bezieht sich auf die unternehmerische Initiative, interne Prozesse, Strukturen und Fähigkeiten so zu verbessern, dass sich daraus ein Wettbewerbsvorteil ergibt. So wie das Phänomen der fortwährenden Regeneration in gewisser Weise den Grad der Produktinnovativität eines Unternehmens misst, lässt sich in der organisatorischen Erneuerung eine Art der Prozessinnovation sehen. Dabei kann es sich sowohl um kleine Maßnahmen wie verbesserte Kommunikation zwischen den verschiedenen Geschäftsbereichen handeln oder aber große Restrukturierungsprojekte. Erzielte Effizienz- und Effektivitätsgewinne, die den Kunden über niedrigere Preise oder einen besseren Service weitergegeben werden, führen zu einem (zumindest zeitweisen) Wettbewerbsvorteil.

Die *Entwicklung eines neuen Geschäftsmodells* erfordert neben der Neubegründung eines Geschäftsfelds sicherlich den größten Unternehmergeist. Eine einzelne Firma wie Dell mit ihrer Direktvermarktungsstrategie kann durch eine radikale Innovation die traditionellen Strukturen aufbrechen. Dabei erfolgt die Implementierung eines neuartigen Geschäftsmodells mit der Unternehmensgründung oder bei etablierten Unternehmen im Rahmen einer Restrukturierung. Gängige Änderungen des Geschäftsmodells betreffen dabei den Integrationsgrad entlang der Wertschöpfungskette, wobei eine vertikale Integration deutlich seltener zu beobachten ist als die Konzentration auf das Kerngeschäft durch Outsourcing.

15.3 Corporate Entrepreneurship und Management

Nachdem in Kapitel 15.1 der Begriff des Corporate Entrepreneurship und verschiedene Ausprägungsformen erläutert wurden, wird nun dargestellt, dass es sich bei Corporate Entrepreneurship nicht nur um eine Bezeichnung handelt, in die man Unternehmensentscheidungen ex post klassifizieren kann. Vielmehr lässt sich die Entwicklung von Corporate Entrepreneurship aktiv durch das Management beeinflussen. Im Folgenden wird erläutert, welchen Aufgaben sich das Management widmen muss, um die Entstehung einer unternehmerischen Organisation zu fördern. Das Kapitel schließt mit einer Darstellung der Maßnahmen, die das Management ergreifen sollte, um die unternehmerische Kultur nachhaltig zu verankern.

15.3.1 Entwicklung einer unternehmerischen Organisation

Es bedarf mehrerer Elemente, um eine unternehmerische Organisation zu bilden

Welche Eigenschaften befähigen ein etabliertes Unternehmen, sich immer wieder selbst neu zu erfinden, kontinuierlich Innovationen auf den Markt zu bringen oder neue Unternehmungen zu starten? Sind die kreativen Fähigkeiten eines Steve Jobs und seiner Mitarbeiter der Schlüssel für den unternehmerischen Erfolg von Apple? Muss die Firmenstrategie so klar auf Innovativität ausgelegt sein, wie es bei Google der Fall ist? Hilft eine auf Neuentwicklungen ausgelegte Organisation, wie bei 3 M das Unternehmertum zu stärken? Und wie bedeutend ist eine dynamische Unternehmenskultur, wie man sie bei Procter & Gamble beobachten kann? Morris et al. (2008) sehen eben diese vier – in Abbildung 15-3 aufgezeigten – Bereiche als wesentliche Handlungsfelder, um eine unternehmerische Organisation aufzubauen: die Mitarbeiterfähigkeiten, die Unternehmensstrategie, die Organisationsstruktur und die Unternehmenskultur.

Mitarbeiterfähigkeiten

Wesentlich sind kreative Mitarbeiter

Die sicherlich unumstrittenste Voraussetzung für eine unternehmerische Organisation sind kreative Mitarbeiter, die die entscheidende Idee haben und die Beharrlichkeit aufbringen, diese entgegen allen Widrigkeiten und Widerständen voranzutreiben. Allerdings ist Kreativität allein nicht ausreichend für eine unternehmerische Persönlichkeit. In der Literatur werden viele verschiedene Charakteristika beschrieben, die eine Unternehmerpersönlichkeit ausmachen (Kuratko und Hodgetts, 2008). Wesentlich ist ein hoher Gestaltungsehrgeiz gepaart mit einer internen Kontrollüberzeugung, dem Glauben, Dinge maßgeblich selbst zu beeinflussen. Im Gegensatz zu den meisten anderen Menschen ist der Unternehmertyp nicht übermäßig risikoavers, sondern geht bewusst kalkulierte Risiken ein. Seine Flexibilität

Abb. 15-3

Einflussfaktoren zur Entwicklung einer unternehmerischen Organisation (Morris et al. 2008)

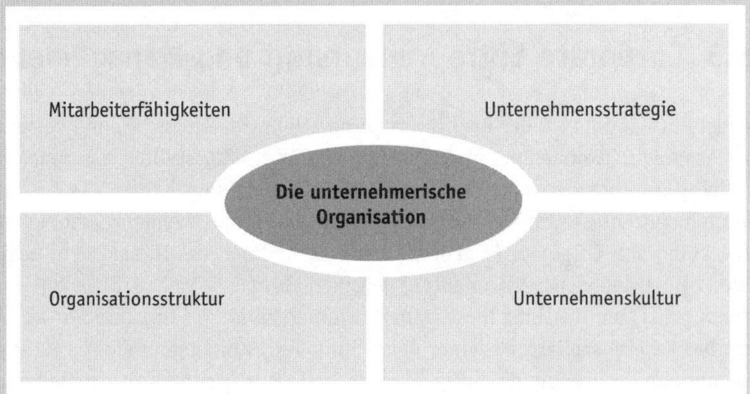

Abb. 15-4

Die Eigenschaften von Manager, Unternehmer und unternehmerischem Manager (Morris et al., 2008)

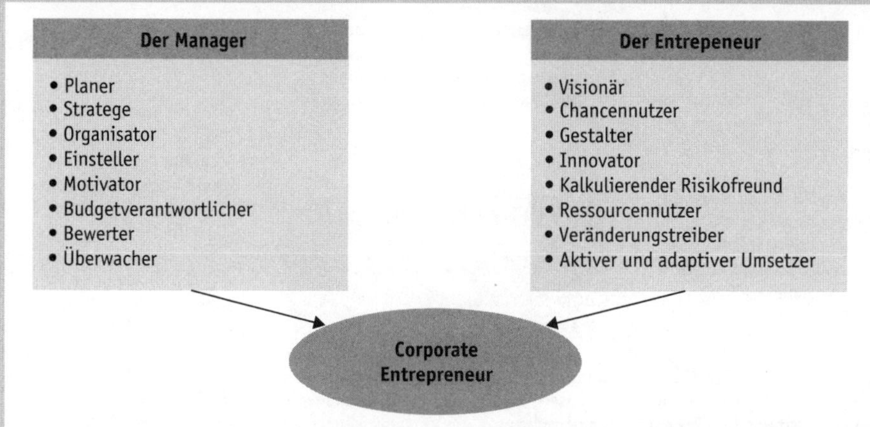

hilft ihm, Möglichkeiten zu erkennen und wahrzunehmen. Der Unternehmertyp unterscheidet sich damit vom klassischen Manager, der versucht, in den gegebenen Strukturen zu optimieren. In etablierten Organisationen, die sich ihren Unternehmergeist bewahrt haben, trifft man daher typischerweise Führungskräfte an, die beide Eigenschaften verkörpern (vgl. auch Abbildung 15-4).

Der Corporate Entrepreneur zieht seine Motivation weniger aus Karriereperspektiven und zusätzlichen Vergünstigungen wie ein traditioneller Manager, sondern sieht den Zugewinn weiterer Freiheiten und Ressourcen als besonderen Ansporn. Im Vergleich mit dem klassischen Start-up-Unternehmer findet sich der Corporate Entrepreneur aber auch mit den Einschränkungen und Standardprozessen des Systems zurecht. Dies liegt nicht daran, dass er diese als Sicherheit empfindet wie der traditionelle Manager, sondern beruht darauf, dass er Probleme aktiv aufgreift oder es schafft, Restriktionen zu umgehen (Pinchot, 1986).

Mitarbeiter müssen aktiv gefördert werden

Allerdings bildet sich Unternehmergeist in einer Organisation nicht allein durch die Fähigkeiten eines einzelnen Corporate Entrepreneurs heraus. In der Zusammenarbeit müssen einige kritische Rollen wahrgenommen werden, die in der Regel nicht eine einzelne Person ausfüllen kann. Ähnlich den Empfehlungen für die Teambildung sind von den Mitarbeitern regelmäßig sechs Rollen wahrzunehmen, um ein erfolgreiches unternehmerisches Umfeld zu bilden (Morris et al., 2008): *Initiator* (Identifikation von Chancen/Gefahren), *Sponsor/Wegbereiter* (Unterstützer aus oberem Management, Bereitsteller von Ressourcen), *Champion* (Projektführung), *Innovationshebamme* (Promoter gegenüber der Organisation, Vermittler zwischen Sponsor/Champion), *Supporter* (Fachspezialist und Umsetzer) und der *Überwacher* (Kritiker mit Marktwissen). Neben dem Sponsor wird vor allem der Champion als

Abb. 15-5

Kernelemente zur Schaffung eines unternehmerischen Arbeitsumfelds (Morris et al., 2008)

besonders wichtig angesehen. Er weist die typischen Charakterzüge des Corporate Entrepreneurs auf.

Um ein unternehmerisches Arbeitsumfeld zu schaffen, hilft ein modernes HRM-System, das über die Grenzen der klassischen Personalfunktion hinausgeht. So geht es nicht mehr nur um die Einstellung, Beförderung und Entlassung von Mitarbeitern sowie die Definition entsprechender Regeln, sondern um die Schaffung von Strukturen, welche die unternehmerische Initiative der Mitarbeiter fördern. Dafür können fünf Kernelemente formuliert werden (s. Abbildung 15-5): Arbeitsplanung und -ausgestaltung, Einstellung und Auswahl, Training und Mitarbeiterentwicklung, Leistungsbeurteilung sowie Vergütung und Boni.

Bei der *Arbeitsplanung* gilt es, langfristige Zielvorgaben zu machen und diese in einem formalen Prozess mit dem Mitarbeiter zu besprechen. Um die unternehmerische Initiative zu fördern, ist es bei der *Ausgestaltung* wichtig, mit dem Mitarbeiter ausschließlich die Ziele zu definieren und ihm selbst die Wahl der entsprechenden Schritte und Maßnahmen zu überlassen.

Bei unternehmerischen Organisationen, die durch ihre Venturing-Aktivitäten neue Geschäftsfelder erschließen, können die intern verfügbaren Ressourcen häufig die geforderten Fähigkeiten nicht vollends abdecken. Um bei der *Einstellung* den neuen Mitarbeitern den Unternehmergeist der Firma möglichst frühzeitig zu vermitteln, eignen sich extensive soziale Gemeinschaftsveranstaltungen. Wie in den meisten anderen Bereichen einer sich schnell in den Anforderungen wandelnden unternehmerischen Organisation sollten auch bei der *Auswahl* von Mitarbeitern keine allzu fixen formellen Kriterien definiert werden. Den Mitarbeitern sollte vielmehr ein weites Spektrum an Karriereperspektiven offen stehen und die Möglichkeit geboten werden, viele Bereiche der Organisation kennenzulernen. Erfahrungen aus verschiedenen Bereichen ermöglichen es, Dinge aus verschiedenen Blickwinkeln wahrzunehmen und kreative, unternehmerische Ansätze zu entwickeln.

Da in unternehmerischen Organisationen nichts so stetig ist wie der Wandel, müssen *Training und Mitarbeiterentwicklung* besonders flexibel auf neue Anforderungen reagieren. Neben einer individuelleren fachlichen Förderung stellt die Entwicklung unternehmerischer Eigenschaften wie Veränderungs-, Risiko- und Verantwortungsbereitschaft ein wesentliches Element dar.

Die *Leistungsbeurteilung* und *Vergütung/Boni* sollten im Gegensatz zu der häufig zu beobachtenden quartalsweisen Evaluierung in längeren Intervallen und nach entsprechenden Meilensteinen anstelle von fixen Zeitpunkten stattfinden. Bei der Gestaltung effizienter Anreize muss eine hinreichende Basissicherheit gewährleistet sein, damit die Mitarbeiter bereit sind, ein gesundes Maß an Risiko bei ihren unternehmerischen Initiativen einzugehen. Ebenso empfiehlt es sich, die Einbringung innovativer Ideen zusätzlich qualitativ zu berücksichtigen. Boni sollten sich nicht nur an der individuellen Leistung, sondern auch an der Gruppenleistung bemessen. Selbst wenn die kreative Initiative des Einzelnen zentrale Grundlage für eine unternehmerische Organisation ist, muss für die Umsetzung eine kooperative Zusammenarbeit gefördert werden.

Unternehmensstrategie

Unternehmerische Ausrichtung muss sich in der Unternehmensstrategie widerspiegeln

Neben der für eine unternehmerische Organisation unverzichtbaren Ressource des kreativen, aktiven Mitarbeiters muss sich die unternehmerische Ausrichtung auch in der Unternehmensstrategie widerspiegeln. Kontinuierliche Weiterentwicklung ist im dynamischen Umfeld des globalen Wettbewerbs eine Grundvoraussetzung. In einem komplexen Marktumfeld, das die Auswirkungen unternehmerischer Entscheidungen immer weniger vorhersehen lässt und in dem der Spagat zwischen geringeren Kosten bei besserer Qualität durch innovative Verbesserungen zur Normalität wird, ist unternehmerisches Handeln überlebenswichtig. Die *dominante Logik,* nach der sich ein Unternehmen ausrichtet, kann sich nicht mehr allein auf gegenwärtigen Wettbewerbsvorteilen ausruhen, sondern muss sich auf die *dynamischen Fähigkeiten* der Organisation beziehen: strategische Agilität, Flexibilität, Kreativität und kontinuierliche Innovation sind der Schlüssel zum Erfolg. Das strategische Management muss die Unternehmensvision, Ziele, Grundsätze und insbesondere die zu verfolgende Strategie definieren. Da diese auf die kontinuierliche Erneuerung des Unternehmens und das Wachstum des Geschäfts ausgelegt sein muss, ist es unumgänglich, eine *nach außen gerichtete Perspektive* einzunehmen und über alle operativen Herausforderungen hinweg ein Zielbild zu definieren, in dessen Richtung sich das Unternehmen in den kommenden Jahren entwickeln soll. Bei der Formulierung der Strategie, die eine Organisation verfolgen möchte, spielt die unternehmerische Ausrichtung in zweierlei Hinsicht eine Rolle: Zum einen kann das Management eine unternehmerische Strategie verfolgen, zum anderen kann es eine Strategie für das Unternehmertum festlegen (Morris et al., 2008).

Von einer *unternehmerischen Strategie* spricht man, wenn die Kernelemente der Strategie Kreativität und Unternehmergeist sind. Im Zentrum steht das umfassende Vertrauen auf das unternehmerische Handeln, das als zielbewusstes und kontinuierliches Verhalten zur organisatorischen Erneuerung beiträgt und das Unternehmensprofil in dem Maße prägt, in dem unternehmerische Gelegenheiten wahrgenommen werden. In der *Strategie für das Unternehmertum* wird definiert, wie stark die Organisation unternehmerisch aktiv sein möchte und in welcher Art und Weise dies geschieht. So kann ein Unternehmen einen Fokus auf Corporate Venturing und die Entwicklung neuer Geschäftsaktivitäten legen, während eine andere Firma im Sinne des Strategic Entrepreneurship auf die organisatorische Erneuerung des bestehenden Geschäfts setzt. In dieser Strategie ist grob festzulegen, in welchen Geschäftsfeldern Innovation angestrebt wird und welche Rolle den Bereichen Produkt-, Service- und Prozessinnovationen zukommt.

Ob unternehmerische Strategie oder Strategie für das Unternehmertum, die zentrale Frage im Zusammenspiel zwischen Strategie und Unternehmertum ist, wie die Organisation sich auf Innovation ausrichtet. Da dieser Frage ein besonderer Stellenwert zukommt, werden in Kapitel 15.3 mit Open Innovation und Corporate Venture Capital zwei strategische Innovationskonzepte des Managements aufgezeigt. Grundsätzlich ist zu erwähnen, dass sich eine Innovationsstrategie insbesondere in einer dynamischen und komplexen Umwelt damit beschäftigen muss, wie mit möglichst geringem Risiko innovative Ideen generiert werden können, die zu einem nachhaltigen Wettbewerbsvorteil führen. Um das Risiko neuer Geschäftsaktivitäten zu minimieren, versuchen viele Unternehmen, Unsicherheiten durch aufwendige Marktanalysen besser zu beleuchten und Trends zunächst zu beobachten. Mit dieser Strategie vergeben sie allerdings die Chance, sich eine attraktive Marktposition zu sichern und den Markt aktiv zu gestalten. Im Sinne einer unternehmerischen Ausrichtung gilt es Chancen zu ergreifen und besser früh unter Unsicherheit zu agieren als zu spät zu reagieren. Der richtige Zeitpunkt lässt sich ex ante zumeist nicht bestimmen wie Grove (1996) formuliert: »You don't ... but you can't wait until you do know ... timing is everything.«

Exkurs

Exploration und Exploitation

Exploration und Exploitation sind zwei von March (1991) geprägte Begriffe, die sich seit geraumer Zeit in der wissenschaftlichen Literatur im Zusammenhang mit dem Thema Innovation etabliert haben. Dabei beschreibt der Ausdruck *Exploitation* den strategischen Ansatz eines Unternehmens, Innovationen zu generieren, indem es vorhandenes Wissen bestmöglich ausschöpft und erweitert. Ziel ist es, die Effizienz aktueller Prozesse zu verbessern, (inkrementelle) Optimierungsmaßnahmen an vorhandenen Produkten vorzunehmen (design- oder auch funktionsspezifisch), vorhandene Fähigkeiten zu vertiefen und zu untermauern und damit den Bedarf aktueller Kunden und Märkte bestmöglich zu befriedigen.

Exploration hingegen drückt das strategische Ziel eines Unternehmens aus, unablässig nach vollkommen neuartigem Wissen zu suchen, um mit diesem Wissen anschließend Innovationen zu generieren. Um Letzteres zu erreichen, suchen Unternehmen sehr breitflächig sowohl innerhalb als auch außerhalb der Unternehmensgrenzen (z. B. über Kooperationen und Netzwerke) nach kreativen Ideen. Dabei verhalten sie sich sehr risikobereit und experimentierfreudig.

Weitere Begriffe, die in diesem Zusammenhang verwendet werden, sind unter anderem exploitative vs. explorative Suchstrategien, exploitative vs. explorative Netzwerke, exploitative vs. explorative Innovationen.

Organisationsstruktur

Drittes Element einer unternehmerischen Organisation ist eine adäquate Organisationsstruktur mit geeigneten Kommunikationswegen und Kontrollsystemen. Grundsätzliche Frage ist dabei der angestrebte Grad der Differenzierung und der Integration (Macharzina und Wolf, 2008). Unter *Differenzierung* versteht man die Spezialisierung einer Organisation, die durch die Zerlegung von Aufgabenkomplexen und die Verteilung der resultierenden Teilaufgaben an einzelne Mitarbeiter erfolgt. Dabei sollte eine Kongruenz von Aufgabenverteilung und Entscheidungsbefugnis gegeben sein. Im Rahmen der *Integration* werden im Gegenzug Teilaufgaben zu Aufgabenkomplexen zusammengelegt, damit die Koordination interdependenter Aufgaben gewährleistet ist. Dabei kann die Bündelung und Zuweisung der Aufgaben entweder rein an sachlichen Anforderungen orientiert sein (*Organisation ad rem*) oder auf Basis besonderer persönlicher Fähigkeiten des Aufgabenträgers erfolgen (*Organisation ad personam*). Sind Aufgaben und Prozesse gut zu standardisieren, bietet sich eine »Organisation ad rem« an, im unternehmerischen Umfeld dagegen wird häufig »ad personam« auf die zentralen, initiativen Mitarbeiter hin organisiert.

Die Organisationsstruktur muss die unternehmerische Ausrichtung fördern

Bei der Ausgestaltung der Organisation ist zu beantworten, wie hierarchisch die Organisation aufgebaut ist, d. h., wie viele Ebenen angelegt sind, wie viele Mitarbeiter ein Vorgesetzter führt. Je hierarchischer desto weniger flexibel ist eine Organisation in der Regel für die Initiativen unternehmerischer Mitarbeiter, da ihnen nur geringer Freiraum zum autonomen Handeln zur Verfügung steht. Formale Strukturen und eine zentralisierte Ausrichtung bringen in einem stabilen Umfeld Effizienzgewinne mit sich, beschränken in einem dynamischen Umfeld aber unternehmerische Aktivitäten in hohem Maße. Diese finden nicht nur seltener statt, sondern nehmen auch geringen Umfang an. Slevin und Covin (1990) sehen einen klaren Zusammenhang zwischen Unternehmensumfeld und zu präferierendem Managementstil, der wiederum eine bestimmte Organisationsstruktur nahelegt. Sie unterscheiden die grundsätzlichen Managementstile »unternehmerisch« und »konservativ« sowie die Organisationsstrukturen »mechanistisch« und »organisch« (vgl. hierzu Abbildung 15-6).

In einem dynamischen Umfeld, in dem ständige Anpassung erforderlich ist, muss eine Organisation auf einen eher unternehmerischen Managementstil setzen, um erfolgreich zu sein. Um den unternehmerischen Managementstil effektiv umzusetzen, muss wiederum die Organisationsstruktur entsprechend flexibel sein und sich »organisch« anpassen können. Diese zeichnet *effektive, unternehmerische Firmen* aus. Unter einer allzu mechanistischen Organisationsstruktur verpuffen die Initiativen zum Teil in der Hierarchie oder müssen sich langwierigen Prozessen unterwerfen. Man spricht von *pseudo-unternehmerischen Firmen*. Ist das Umfeld der Organisation stabil und kontrollierbar, bedarf es keiner besonderen Anpassungsfähigkeit; ein konservativer Managementstil in einer mechanistischen Organisationsstruktur mit klarer Hierarchie und formellen, standardisierten Prozessen bietet Effizienzvorteile. Nach diesem Modell arbeiten *effiziente, bürokratische Firmen*. Handelt das Management in einem stabilen Umfeld konservativ, legt aber geringen Wert auf unternehmerische Initiative, bringt eine organische Struktur ohne standardisierte, transparente Zuständigkeiten keinen Flexibilitätsvorteil. Das Resultat

Abb. 15-6

Unternehmerische Führung, Organisation und das Zyklenkonzept (Slevin und Covin, 1990)

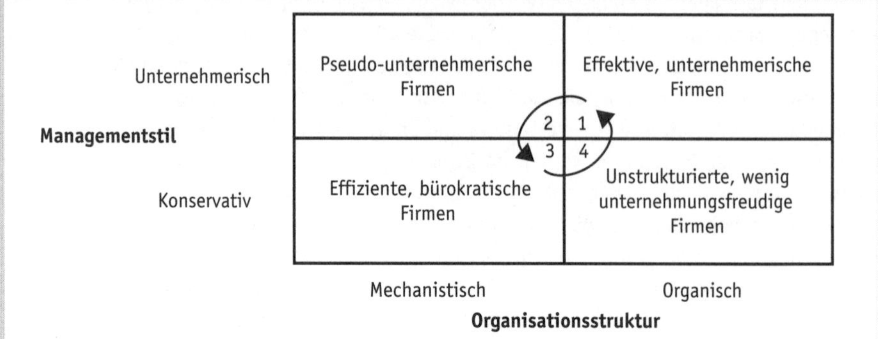

sind *unstrukturierte, wenig unternehmensfreudige Firmen* mit Abstimmungsproblemen.

Allerdings wird sich das Unternehmensumfeld in aller Regel mit der Zeit verändern. Auf eine Phase technologischen Wandels können stabile Rahmenbedingungen folgen, in der die Fähigkeit, sich anpassen zu können, an Bedeutung verliert. Dauerhaft erfolgreiche Unternehmen müssen sich daher den Zyklen ihres Umfelds anpassen, und zwar gleichzeitig in ihrem Managementstil und ihrer Organisationsstruktur. Oft geschieht ein solcher Wechsel nicht reibungslos, und Firmen befinden sich für eine gewisse Zeit in einer suboptimalen Kombination von Managementstil und Organisationsstruktur.

Unternehmenskultur

Auch die Kultur sollte die unternehmerische Ausrichtung fördern

Das vierte Element einer unternehmerischen Organisation ist eine Kultur, die Innovation und Initiative fördert. Im Gegensatz zu Mitarbeitern, die man einstellen und entwickeln kann, einer Unternehmensstrategie, die sich neu ausrichten lässt und einer Organisationsstruktur, deren Aufbau änderbar ist, lässt sich die Kultur nur langfristig beeinflussen. Eine Unternehmenskultur ist durch die Orientierungs- und Verhaltensmuster der Vergangenheit und Gegenwart geprägt. Unternehmenskultur wird als Muster gemeinsam geteilter Annahmen definiert, die eine Organisation bei der Lösung von Problemen bei der Anpassung an die Umwelt und bei der Integration von Mitgliedern als erfolgreich wahrgenommen hat und an neue Mitglieder als die richtige Art und Weise weitergibt (Schein, 1988). Typischerweise unterscheidet man drei, in Abbildung 15-7 dargestellte, Kulturebenen.

Artefakte und Schöpfungen sind nach außen hin wahrnehmbare Elemente der Unternehmenskultur wie beispielsweise besondere Technologien, eine besondere Architektur der Gebäude, ein bestimmtes Kommunikationsverhalten oder das Firmenlogo. Diese sind selbst für Außenstehende sichtbar, der Hintergrund ihrer Bedeutung erschließt sich aber häufig bereits nicht mehr.

Abb. 15-7

Drei-Ebenen-Modell der Unternehmenskultur (Schein, 1988)

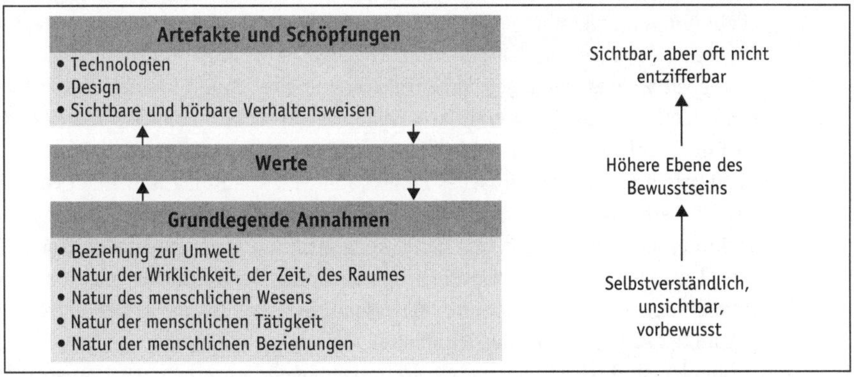

Als *Werte* des Unternehmens werden bestimmte anzustrebende Verhaltensweisen bezeichnet. Dieser Werte wie beispielsweise Ehrlichkeit, Freundlichkeit oder aber auch Kreativität und Initiative als Werte unternehmerischen Handelns sind sich die Mitarbeiter in der Regel sehr bewusst.

Grundlegend Annahmen, die dritte Ebene der Unternehmenskultur, sind innere Einstellungen, die zunächst bewusst als Werte wahrgenommen wurden, aber so tief in der Denkweise verwurzelt sind, dass sie jedes Handeln fortan unbewusst mitbestimmen. Hat ein Unternehmen in seinem Markt jahrelang erfolgreich Produkte mittlerer Qualität zu mittleren Preisen verkauft, verankert sich unbewusst die Wahrnehmung, dass nur eine solche Handlungsweise Erfolg verspricht.

Die Herausforderung an Organisationen mit der Ambition einer unternehmerischen Kultur ist es, innerhalb der vorbewussten, grundlegenden Annahmen diejenigen aufzubrechen, die dieser Neuorientierung entgegenstehen. Dies lässt sich an einem Beispiel verdeutlichen. Hat ein Unternehmen über Jahre hinweg bei seinen Mitarbeitern die grundlegende Annahme geweckt, dass in allen Bereichen extensiv gespart wird, werden die Mitarbeiter in einem neuen, offenen Bürolayout keine kulturfördernde Maßnahme sehen. Mit der Maßnahme war vom Management beabsichtigt, die Kommunikation zu verbessern, die Informationsflüsse zu beschleunigen und engere Kooperation bei innovativen Vorhaben zu vereinfachen. Bei den Mitarbeitern hingegen wird durch die entgegenstehenden grundlegenden Annahmen der Eindruck hervorgerufen, dass aus Sparzwängen heraus offene Strukturen geschaffen und ihre persönliche Effizienz kontrolliert werden soll.

Organisationen mit einer unternehmerisch geprägten Kultur müssen einen Fokus darauf legen, ihre Mitarbeiter zu motivieren und sie ermuntern, Initiative zu ergreifen. Die *Verankerung des Gedankens »Wertschöpfung durch Innovation«* als Unternehmenswert ist hierbei essentiell. Den Mitarbeitern muss bewusst sein, was von ihnen gefordert ist: Konzentration auf das Wesentliche, Einsatz und persönliche Verantwortung, vorausschauendes Handeln und Priorisierungsvermögen. Das Management solcher Unternehmen arbeitet umsetzungsorientiert und schafft den Rahmen, in dem Mitarbeiter genügend Freiraum finden, kreative Ideen zu entwickeln und wagen können, diese auch bei unsicheren Erfolgsaussichten weiterzuentwickeln (Morris et al., 2008). Unternehmerische Mitarbeiterinitiative wird durch eine positive *Einstellung gegenüber Fehlern* und einer fairen Evaluation von Projekten erzielt, die nicht die erhofften Ergebnisse erreichen konnten. Die Bewertung darf nicht auf einer Skala erfolgen, an deren Enden Erfolg und Fehlschlag stehen. Ein nicht erfolgreich abgeschlossenes Projekt stellt nicht automatisch einen Fehlschlag dar. Wie erfolgreich ein Projekt für die Lernkurve des Unternehmens oder die Entwicklung seiner Mitarbeiter war, hängt keineswegs nur vom finanziellen Ergebnis ab. Viele Unternehmen haben allerdings den Gedanken der Nullfehler-Toleranz aus dem Umfeld der »Lean Production« umfassend in ihre Kultur aufgenommen. Dies schränkt die Kreativität der Mitarbeiter ein, da sie alles daran setzen, Fehler zu vermeiden und keinerlei kreative Initiativen mehr unternehmen. Ein markantes Beispiel für ein Unternehmen, das den Schritt in die andere Richtung versucht hat, ist BMW. Unter dem damaligen Leiter des Bereichs Personal- und Sozialwesen Gerhard Bihl wurde dreieinhalb Jahre lang im Werk Regensburg der »Kreative Fehler des Monats« ausgezeichnet. Damit wurde gegenüber den Mitarbeitern ein Zeichen gesetzt, dass das Ergreifen von Initiative an sich bereits vom Management gewürdigt wird (Kriegesmann, Kley und Schwering, 2007).

Bei etablierten Unternehmen handelt es sich in der Regel um Organisationen mit mehreren Abteilungen und Einheiten. Hier lässt sich beobachten, dass sich Subkulturen in dem Bereich bilden, der unterschiedliche unternehmerische Orientierungen aufweist. Selbst wenn die einzelnen Bereiche Innovationen offen gegenüberstehen, kann es zu unterschiedlichen Ansichten kommen. So kann die Produktionsabteilung Prozessinnovationen anstreben, die es mit den Plänen zu Serviceinnovationen des Marketings abzustimmen gilt. Hier wird eine starke Unternehmenskultur auf übergeordneter Ebene zum positiven Austausch beitragen und häufig auch zu einer jeweiligen Verbesserung der ursprünglichen Konzepte anregen. Zudem trägt nicht nur die Ausprägung der Unternehmenskultur, sondern auch deren Orientierung dazu bei, in einem dynamischen Umfeld notwendige Anpassungen schnell zu erkennen und umzusetzen (Arnold, Capella und Sumrall, 1987; Sporn, 1992). Der Öffnung der Organisation nach außen zur Steigerung der Innovationsfähigkeit widmet sich Abschnitt 15.4.2.

15.3.2 Nachhaltige Verankerung einer unternehmerischen Kultur

Im vorangegangen Abschnitt wurde erläutert, wie das Management die Entstehung einer unternehmerisch orientierten Organisation fördern kann, indem es auf kreative Mitarbeiter setzt und diesen Freiräumen für Initiative lässt. Die unternehmerische Strategie stellt weniger eine besondere Positionierung im Markt in den Vordergrund als die Entwicklung dynamischer Fähigkeiten in der Organisation, und hierbei insbesondere die Fähigkeit, sich einer dynamischen Umwelt schnell anpassen zu können. Daher zeichnet sich eine unternehmerische Organisationsstruktur dadurch aus, dass sie organisch »atmen« kann. Keine streng hierarchischen Strukturen und formelle Prozesse ersticken die Initiativen der kreativen Mitarbeiter. Eine starke, nach außen geöffnete Unternehmenskultur, die den Mitarbeitern umfassend den Gedanken »Wertschöpfung durch Innovation« vermittelt und die die Mitarbeiterinitiative auch im Fall weniger erfolgreich abgeschlossener Projekte würdigt, bietet den Rückhalt, der unternehmerisches Verhalten auch bei weniger risikofreudigen Mitarbeitern fördert.

Bei der nachhaltigen Ausgestaltung ist vor allem das mittlere Management wesentlich

Dass die Dynamik im Marktumfeld weiter zunehmen wird, haben etliche Firmen bereits erkannt und versuchen, sich unternehmerisch auszurichten. Allerdings wird ein nachhaltige unternehmerische Kultur nicht einfach dadurch geschaffen, dass man die Organisation flexibler und weniger hierarchisch strukturiert und versucht, die Mitarbeiter auf die formell neudefinierten Unternehmenswerte einzuschwören. Eine dauerhaft beständige Neuausrichtung erfordert Zeit und kontinuierliche Bekräftigung des Innovationsanspruchs. Eine Schlüsselrolle bei der nachhaltigen unternehmerischen Ausrichtung kommt dabei dem mittleren Management zu. Es stellt das Bindeglied in der Organisation dar und muss zwischen den strategischen Vorgaben des Top-Managements und den Herausforderungen der Implementierung auf der operativen Managementebene vermitteln. Das obere Management kann zwar das Leitbild einer unternehmerischen Organisation formulieren, die Umsetzung dieses Anspruchs erfolgt aber auf den darunterliegenden Ebenen. In aller Regel nimmt das mittlere Management dabei die im vorhergehenden Kapitel beschriebene erfolgskritische Rolle des Champions ein. Basierend auf den Informationen des operativen Managements, trifft es die Entscheidung, welche Initiativen Erfolg versprechen und weiterzuverfolgen sind. Es lassen sich fünf Einflussgrößen auf das unternehmerische Verhalten des mittleren Managements identifizieren: tatsächliche Managementunterstützung, umfassende Gestaltungsfreiheit/Autonomie, faire Belohnung/Bestärkung, zeitliche Freiräume und eine klare organisatorische Grenzsetzung. Dabei ist nicht nur die Existenz dieser Bedingungen von Bedeutung, sondern auch die Deutlichkeit, in der sie kommuniziert und gelebt werden. Das Management muss die unternehmerischen Konditionen wahrnehmen können.

Erste Voraussetzung für das unternehmerische Handeln des mittleren Managements ist die *Managementunterstützung* des oberen Managements (s. Abbildung 15-8). Wenn Manager der mittleren Ebene sicher sein können, dass unternehmerische Initiative von der Unternehmensführung nicht nur toleriert, sondern ausdrücklich erwünscht ist, werden sie sich dafür einsetzen. Dabei darf es sich nicht nur um Lippenbekenntnisse handeln, vielmehr muss der mittleren Managementebene auch Zugang zu zusätzlichen Ressourcen gewährt werden. Damit das mittlere Management zu Initiativen angeregt wird, muss es sich mit ihnen identifizieren können und sie als die eigenen Projekte betrachten. Um dies zu fördern, ist auf eine ausreichende *Gestaltungsfreiheit* bei dem Projektfokus und die *Autonomie* beim Mitteleinsatz zu achten.

Zwar gehört zum Wesen eines Unternehmers ein bestimmtes Maß an intrinsischer Motivation, ein eigenes Projekt zum Erfolg zu führen, aber ebenso wichtig ist die

Abb. 15-8

Model zum unternehmerischen Verhalten des mittleren Managements (Kuratko et al., 2005)

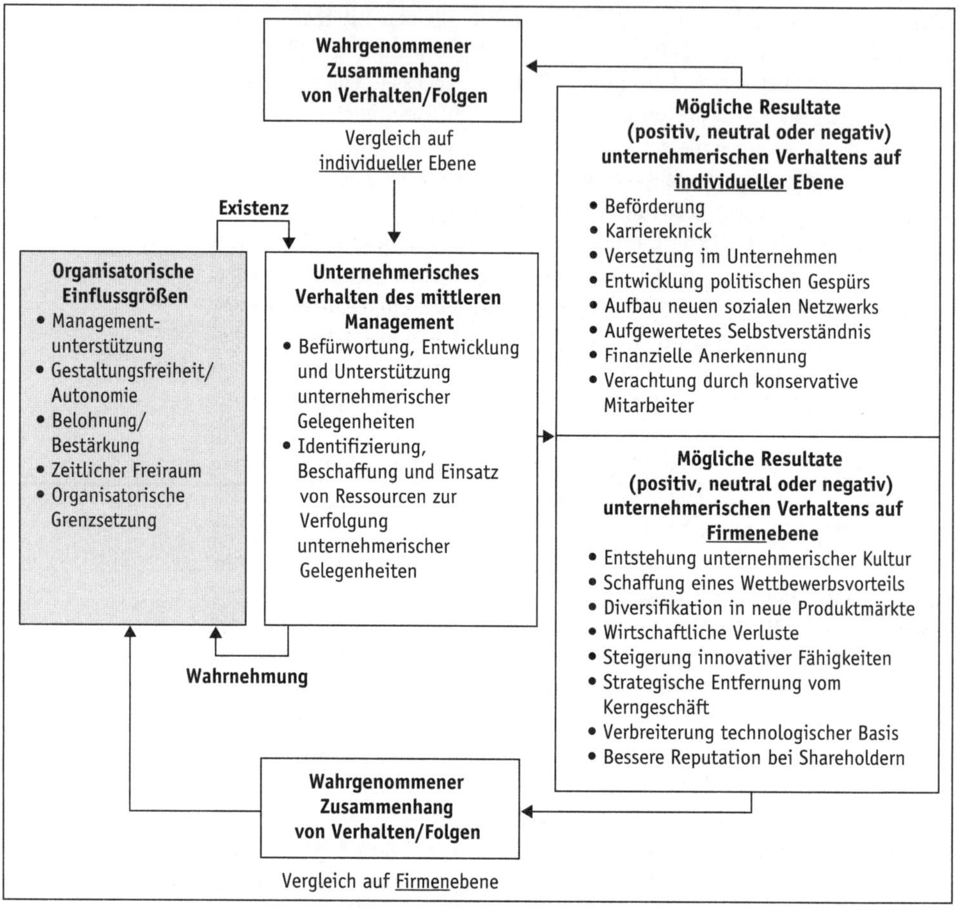

extrinsische Motivation durch zu erwartende finanzielle Gewinne. Auf etablierte Unternehmen übertragen –, bedeutet dies, dass den Mitarbeitern über ein finanzielles Anreizsystem eine finanzielle *Belohnung* für ihre Initiative in Aussicht steht. Neben der monetären Belohnung spielt aber auch die Anerkennung des Managements in Form regelmäßiger *Bestärkung* durch die Vorgesetzten eine wichtige Rolle.

Zeitlicher Freiraum hilft, den kurzfristigen Ergebnisdruck von den Mitarbeitern zu nehmen. Die operative Arbeitslast der Mitarbeiter muss so bemessen sein, dass diese innovative Initiativen verfolgen und so zur Erreichung der längerfristigen Ziele der Organisation beitragen können. Schließlich ist eine *organisatorische Grenzsetzung* des Managements in Form klar definierter Anforderungen an den Mitarbeiter erforderlich. Was wird von den Mitarbeitern erwartet, wie werden ihre Leistungen und Innovationsbeiträge evaluiert und ausgewählt?

Um die organisatorischen Rahmenbedingungen für unternehmerisches Verhalten zu schaffen, bietet es sich an, ein *formelles Förderprogramm* ins Leben zu rufen. Dies steigert die Wahrnehmung bei den Mitarbeitern und stellt im Sinne der Unternehmenskultur ein wahrnehmbares Artefakt dar. Zur Sicherung eines gesunden Innovationsportfolios muss ein Förderprogramm sowohl Initiativen mit inkrementellem als auch mit radikalem Innovationsanspruch fördern. Neben der Bereitstellung von Ressourcen muss das Programm auch auf eine Balance bei der Leistungsbeurteilung achten. So muss zwar insbesondere der für eine Initiative Verantwortliche belohnt werden, aber eine Auszeichnung der in der Gruppe beteiligten und unterstützenden Mitarbeiter darf nicht vernachlässigt werden. Es gilt, Trittbrettfahrer zu vermeiden und gleichzeitig eine Gemeinschaftskultur zu schaffen, bei der jeder für seinen Beitrag gewürdigt wird und sich keiner mit den Federn anderer schmückt.

15.4 Corporate Entrepreneurship und Open Innovation

Das zentrale Element des Entrepreneurship ist die Innovation. Es gibt verschiedene strategische Ansätze, die Innovationskraft eines Unternehmens zu steigern, ein wesentlicher ist die Idee der »Open Innovation«. Das »Open Innovation«-Paradigma ist ein Innovationsansatz, der insbesondere deshalb in das Umfeld des Corporate Entrepreneurship passt, weil er ebenfalls die traditionelle Herangehensweise des Managements aufbricht. »Open Innovation« beschäftigt sich zum einen damit, wie innovative Ideen aus unternehmensexternen Quellen vom Unternehmen genutzt werden können, und zum anderen, wie Innovationen, die im Unternehmen entwickelt, jedoch außerhalb seines Kernbereichs liegen, wirtschaftlich genutzt und durch Dritte zum Vorteil des Unternehmens eingesetzt werden können (Chesbrough, 2003). Zum besseren Verständnis wird dem »Open Innovation«-Ansatz zunächst der »Closed Innovation«-Ansatz gegenübergestellt.

15.4.1 Closed Innovation

Im Rahmen der Closed Innovation entwickeln Unternehmen allein

Im Rahmen des »Closed Innovation«-Ansatzes generieren, entwickeln und kommerzialisieren Unternehmen Innovationen allein mithilfe unternehmenseigener Ressourcen und unternehmenseigenen Wissens ohne das Einbeziehen externer Partner. Der Grundgedanke bei diesem Vorgehen ist, dass Innovationsprozesse intensive Kontrollen, Integrität und Vertrauen erfordern. Das »Closed Innovation«-Paradigma rät folglich, das Bindeglied zwischen Forschung und Entwicklung eng zu koppeln und innerhalb des Unternehmens zu bündeln. Unternehmen, die diesen Ansatz

Exkurs

Not-Invented-Here syndrome (NIH)

Ein typisches Merkmal des »Closed Innovation«-Ansatzes ist das »Not-Invented-Here (NIH)«-Syndrom, welches die Tendenz einer Projektgruppe (mit einer stabilen Zusammensetzung) ausdrückt, der Überzeugung zu sein, ein Monopol auf Wissen auf einem speziellen Gebiet zu besitzen. Dies hat zur Folge, dass die Projektgruppe neue, von außen herangetragene Ideen und extern vorhandenes Wissen meist ablehnt und eine hohe Präferenz auf Eigenentwicklungen legt. Das Resultat können Kostenerhöhungen, Zeitverzögerungen und damit ein geringerer Projekterfolg sein (Katz und Allen, 1982).

Die Logik des »Closed Innovation«-Paradigmas wurde lange Zeit als die augenscheinlich einzig richtige angesehen und von der Großzahl aller Unternehmen angewendet. Mit der zunehmenden Mobilität von Arbeitskräften zu Beginn des 21. Jahrhunderts und den Herausforderungen der Globalisierung verliert der »Closed Innovation«-Ansatz jedoch mehr und mehr an Wirksamkeit. Die abnehmende Halbwertszeit von Wissen und damit von Technologien und Produkten setzt viele Unternehmen unter einen hohen Druck. Zudem stellt die Zunahme an verfügbarem »Venture Capital« eine große Veränderung dar. Es ermöglicht die Finanzierung jüngerer Firmen sowie Spin-Offs, die aufgrund ihrer Flexibilität und Dynamik die F&E-Abteilungen großer Unternehmen häufig überholen. Um weiterhin innovativ und wettbewerbsfähig zu bleiben, sind zahlreiche Unternehmen folglich gezwungen, neue Wege zu gehen.

verfolgen, entwickeln und vertreiben Innovationen mit einem starken Vertrauen in die eigenen Fähigkeiten und Kompetenzen sowie einem erhöhten Misstrauen gegenüber anderen Marktteilnehmern (Leitsatz: »If you want something done right, do it yourself.«). Der »Closed Innovation«-Ansatz wird daher insbesondere von Unternehmen praktiziert, die intensiv in die eigene Forschungs- und Entwicklungsabteilung investieren mit dem Ziel, anderen Marktteilnehmern stets voraus zu sein. Weiterhin spielt die Sorge um den Verlust geistigen Eigentums an Dritte eine große Rolle. Unternehmen, die den »Closed Innovation«-Ansatz verfolgen, schützen ihr geistiges Eigentum aus diesem Grund weitgreifend vor Missbrauch.

15.4.2 Open Innovation

Bei der Open Innovation machen sie sich Hilfe von außen zu Nutze

»Open Innovation is the use of purposive inflows and outflows of knowledge to accelerate internal innovation, and expand the markets for external use of innovation, respectively.« (Chesbrough, Vanhaverbeke und West, 2006).

Das Objekt des »Open Innovation«-Paradigmas ist der Austausch von Wissen über Unternehmensgrenzen hinweg. Die quantitative Innovationsforschung belegt, dass Unternehmen in neuerer Zeit verstärkt die Gelegenheit wahrnehmen, außerhalb ihrer Firmengrenzen nach Wissen und innovativen Ideen zu suchen, indem sie mit Kunden, Zulieferern, Universitäten und Forschungsinstituten im Rahmen von Produktentwicklungsprozessen kooperieren. Dieses Vorgehen bietet die Möglichkeit, innovative Impulse zu generieren, an komplementäres Wissen zu gelangen, Risiken zu minimieren und folglich die eigene Innovationskraft zu steigern. Während die Einbindung von Kunden in den Innovationsprozess (z. B. durch User-Toolkits) Unternehmen dabei hilft, die Bedürfnisse ihrer Kunden besser zu verstehen und anwendungsgerecht zu gestalten, ermöglicht ihnen die Zusammenarbeit mit Zulie-

Abb. 15-9

Closed vs. Open Innovation (Chesbrough, 2003)

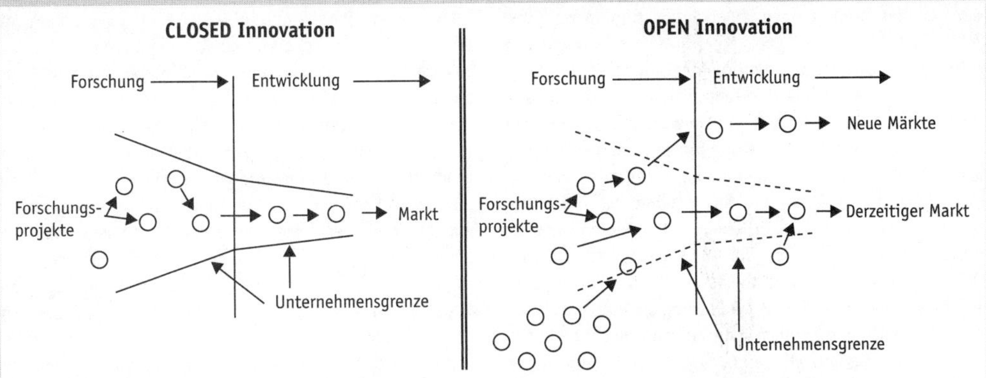

ferern und Universitäten, die Kosten der Forschung und Entwicklung zu reduzieren, sich auf ihre Kernkompetenzen zu konzentrieren und technologisch auf dem neusten Stand zu bleiben (Hagedoorn und Duysters, 2002). Kooperationen mit externen Partnern können formell (z. B. über F&E-Verträge) aber auch informell gestaltet sein und sich über kurze oder lange Zeiträume erstrecken. Der Einbezug externen Wissens in den Innovationsprozess wird in der Literatur als *Inbound-Prozess* bezeichnet (Chesbrough, 2003).

Umgekehrt versuchen Unternehmen aber auch, das im Rahmen der eigenen Innovationsbemühungen entstandene Wissen wirtschaftlich zu nutzen, das nicht in den Bereich der Kernkompetenzen des Unternehmens fällt. Dadurch soll dem »Verfall« von geistigem Eigentum durch Nichtnutzung entgegengewirkt werden. Ansätze in diesem Zusammenhang sind die Vergabe von Lizenzen, der Verkauf von Technologien oder auch die Beratung. Die Literatur bezeichnet die Vergabe von Wissen an andere Marktteilnehmer als *Outbound-Prozesse* (Chesbrough, 2003). Abbildung 15-9 zeigt die graphische Darstellung des »Closed« und des »Open Innovation«-Paradigmas.

Exkurs

Procter & Gamble

Procter & Gamble (P&G) ist eines der bekanntesten Unternehmen, das intensiv einen »Open Innovation«-Ansatz verfolgt. Obwohl der Konsumgüterproduzent eine lange und sehr erfolgreiche Tradition unternehmensinterner Forschung und Entwicklung mit vielen erfolgreichen Markenprodukten aufwies, veränderte P&G zu Beginn des 21. Jahrhunderts mit dem Konzept »Connect & Develop« seine bisherige Strategie. Anfängliches Ziel war es, innerhalb eines Zeitraums von fünf Jahren die Hälfte aller auf den Markt gebrachten Innovationen extern zu beziehen. Im Gegensatz zu vielen Outsourcing-Strategien, bei denen üblicherweise spezifische Aufgabenstellungen an Low-Cost-Anbieter übergeben werden, ist es der Ansatz von »Connect & Develop«, kreative Produktideen zu finden und mit dem Unternehmen Zugriff darauf zu erlangen, um sie mit internen Fähigkeiten und Kapazitäten weiterzuentwickeln (Huston und Sakkab, 2006). Um dieses Ziel zu erreichen, arbeitet P&G weltweit mit Organisationen und Einzelpersonen zusammen und sucht systematisch nach Technologien, Produkten und Verpackungen, um diese (allein oder in Partnerschaft mit anderen Firmen) aufzugreifen, zu verbessern, zu skalieren und zu vermarkten. Die im Unternehmen neu etablierte Position des »Director of External Innovation« unterstreicht die Gewichtung des Vorhabens. Weiterhin versucht P&G, eigene, aber außerhalb des Kerngeschäfts liegende Innovationen zu verkaufen, damit diese nicht aufgrund niedriger, interner Priorisierung dauerhaft ungenutzt bleiben. Nachdem das Unternehmen P&G nun einige Jahre Erfahrung mit dem Konzept »Connect & Develop« vorweisen kann, kommt es zu dem Schluss, dass »Open Innovation« eines der dominanten Innovationsmodelle der Zukunft sein wird und dass das alte »Closed Innovation«-Modell eine Einbahnstraße hin zu abnehmender Rentabilität darstellt.

15.5 Zusammenfassung

Unternehmen, die dauerhaft auf dynamischen Märkten bestehen wollen, sind gezwungen, kontinuierlich neue Produkte und Dienstleistungen zu entwickeln, das bestehende Portfolio zu verbessern sowie unternehmensinterne Prozesse und Vorgänge hinsichtlich ihrer Optimierungsbedarfs infrage zu stellen. Aufgabe des Corporate Entrepreneurship ist es, dieses Ziel in etablierten Unternehmen zu installieren und dessen Umsetzung zu unterstützen. Typische Dimensionen zur Messung des unternehmerischen Grads einer Organisation sind *Innovativität, Proaktivität, Risikobereitschaft, Aggressivität gegenüber Wettbewerbern, Autonomie, Selbsterneuerung und Erschließung von Neugeschäft*. Dabei lassen sich zwei unterschiedliche Ausprägungsformen unterscheiden, das *Corporate Venturing* und das *Strategic Entrepreneurship*. Ersteres beschäftigt sich damit, in welcher Form (intern, kooperativ, extern) das Neugeschäft betrieben wird, während hingegen sich Letzteres mit der Art und Weise beschäftigt, in der unternehmerisch gehandelt wird.

Der Begriff des Corporate Entrepreneurship ist keine Klassifizierung ex post, sondern eine Orientierung des Unternehmens, die sich durch das Management aktiv beeinflussen lässt. Es gilt, kreative *Mitarbeiter* einzustellen, deren Gestaltungsehrgeiz es durch angemessene Strukturen und Fördermaßnahmen zu wecken gilt. Die *Strategie* darf nicht allein auf eine besondere Marktpositionierung hinauslaufen, sondern muss explizit auf die Entwicklung dynamischer Fähigkeiten in der Organisation ausgelegt sein. Die *Organisationsstruktur* muss von flachen Hierarchien geprägt sein, die flexibel »atmen« können und den Mitarbeitern Freiraum für Initiativen lassen. Über längere Zeit muss kontinuierlich eine *Kultur* der Wertschöpfung durch Innovation ausgebildet werden, die mehr als ein Lippenbekenntnis ist, sich in wahrnehmbaren Artefakten und Werten äußert und schließlich die grundlegende Einstellung der Mitarbeiter prägt.

Die entscheidende Rolle in der nachhaltigen Verankerung einer unternehmerischen Kultur kommt der Schaffung von Rahmenbedingungen zu, die das *unternehmerische Verhalten des mittleren Managements* fördern. Die Unterstützung durch das obere Management z. B. in Form von Freigabe zusätzlicher Ressourcen, die Gewährung von Gestaltungsfreiheit, eine wirksames und faires Anreizsystem, ausreichende Zeitspannen zur Weiterentwicklung innovativer Ideen und eine klare Definition der erwarteten Leistungen sind dabei die wesentlichen Voraussetzungen. Um die Innovativität einer Organisation ressourcenschonend zu steigern, besteht die Möglichkeit, externes Wissen hinzuzuziehen und dieses für die unternehmenseigenen Belange zu nutzen. Das *»Open Innovation«-Paradigma* plädiert in diesem Zusammenhang dafür, externe Partner wie Kunden, Zulieferer, Universitäten und Forschungsinstitute im Rahmen von F&E-Kooperationen mit einzubeziehen (Inbound). Gleichzeitig kann intern generiertes Wissen, das aufgrund seiner Entfernung zum Kerngeschäft keine interne Verwendung findet, wirtschaftlich extern genutzt werden wie z. B. durch die Vergabe von Lizenzen (Outbound).

Weiterführende Literatur

Morris, M. H., Kuratko, D. F. und Covin, J. G. (2008). Corporate Entrepreneurship and Innovation: Entrepreneurial Development within Organizations. 2. Aufl. Mason, OH.

Pinchot, G. (1986). Intrapreneuring: Why You Don't Have to Leave the Corporation to Become an Entrepreneur. New York, NY.

16 Academic Entrepreneurship

Lernziele

Eine weitere Spezialform von Unternehmertum stellen Gründungen aus Forschungseinrichtungen – insbesondere aus Hochschulen – dar. Ähnlich wie bei Corporate Entrepreneurship entsteht die Gründungsaktivität im Rahmen einer etablierten Organisation. Allerdings hat diese Organisation im Academic Entrepreneurship (Akademisches Unternehmertum) keinen wirtschaftlichen, sondern zunächst einen wissenschaftlichen Fokus. Diese besonderen Umstände haben dazu geführt, dass sich die Forschung zunehmend mit dem Feld des akademischen Unternehmertums befasst. Hier kommen spezielle Anspruchsgruppen zusammen, die Gründungsaktivität muss sich in bestimmte Prozesse einordnen, und es gibt eine spezielle Form von Unternehmern, nämlich Wissenschaftler. In diesem Kapitel wird das Phänomen des akademischen Unternehmertums beschrieben und durch seine zentralen Diskussionspunkte charakterisiert.

Nachdem Sie dieses Kapitel durchgearbeitet haben, werden Sie insbesondere:

- ein Verständnis für den Begriff des akademischen Unternehmertums und seine Ausprägungen entwickelt haben,
- Mechanismen des Technologietransfers kennen,
- Ausgründungen als Spezialform akademischen Unternehmertums kennengelernt haben,
- Unterstützungsformen kennen, die im Zusammenhang mit Academic Entrepreneurship wichtige Hilfe leisten können.

16.1 Definition und Ausprägungen

Akademisches Unternehmertum ist eine prominente Ausgangsbasis für technologiebasierte Unternehmensgründungen. Analog zu Unternehmertum in Großunternehmen (Corporate Entrepreneurship) unterscheidet sich diese Form des Unternehmertums in der Quelle der unternehmerischen Gelegenheit. Die Gelegenheit erwächst in diesem Fall aus Forschungsergebnissen, die in Forschungseinrichtungen entstehen. Unter Rückbezug auf Kapitel 15 lässt sich Akademisches Unternehmertum auch als Spezialform von Unternehmertum in Großunternehmen verstehen.

Eine Spezialform von Unternehmertum im Großunternehmen?

In diesem Fall handelt es sich um Großunternehmen des öffentlichen Wissenschaftsbetriebs. Eine erste Abgrenzung soll daher bezüglich der Ursprungsorganisation getroffen werden. Akademisches Unternehmertum umfasst sämtliche wirtschaftliche Verwertungsaktivitäten aus öffentlichen Forschungseinrichtungen heraus. Öffentliche Forschungseinrichtungen umfassen auf der einen Seite Hochschulen, auf der anderen Seite aber auch andere staatliche und gleichzeitig außeruniversitäre Forschungseinrichtungen (BMBF, 2002). In der Literatur werden die Begriffe »Academic Entrepreneurship« und »University Entrepreneurship« häufig synonym verwendet. Beide beziehen sich auf die unternehmerische Verwertungsaktivität (Technologietransfer) von oder aus Hochschulen heraus.

Hochschulen und außeruniversitäre Forschungseinrichtungen

Hochschulen (Universitäten, Pädagogische Hochschulen, Kunsthochschulen, Fachhochschulen und sonstige Einrichtungen des Bildungswesens) stellen laut Bundesministerium für Bildung und Forschung (BMBF) das »Rückgrat des deutschen Forschungssystems« dar und sind »Träger des größten und zugleich umfassendsten Potenzials der öffentlich finanzierten Forschung in Deutschland« (BMBF, 2004). Die Bandbreite der Forschung an Hochschulen reicht von der Grundlagenforschung über anwendungsorientierte Forschung bis hin zu Entwicklungsarbeiten. Bei den relevanten außeruniversitären Forschungseinrichtungen handelt es sich um die Forschungseinrichtungen der Helmholtz-Gemeinschaft deutscher Forschungszentren (15 Großforschungseinrichtungen), der Leibniz-Gemeinschaft (80 Einrichtungen), der Max-Planck-Gesellschaft (77 Einrichtungen) und der Fraunhofer-Gesellschaft (58 Einrichtungen) (BMBF, 2004). Im weiteren Verlauf dieses Kapitels konzentriert sich die Diskussion zumeist auf Hochschulen.

Peters und Roberts (1969) finden bereits im Jahr 1969 eine Situation, in der potenzialstarke Technologien in Universitätslaboren ungenutzt bleiben und keiner Verwertung zugeführt werden, weil die Forscher den Verwertungsmöglichkeiten keine Beachtung schenken oder über nicht ausreichend Erfahrung mit möglichen Märkten verfügen.

Fünf Ausprägungsformen in Ergänzung zu den Grundaufgaben der Universität

Louis et al. (1989) sprechen schließlich von fünf Ausprägungsformen akademischen Unternehmertums durch Individuen innerhalb der Forschungseinrichtungen. Dabei ist ihr Verständnis von Unternehmertum so breit angelegt, dass sie darunter auch jene Aktivitäten fassen, die einen unternehmerischen Ansatz in Bezug auf die Grundaufgaben der Universität darstellen – Lehre und Forschung. Die folgende Auflistung ordnet diese Ausprägungsformen nach ihrer Kompatibilität mit diesen traditionellen Aufgaben der Universitäten:

- Beteiligung an extern finanzierten Verbundforschungsprojekten,
- Generierung von Einkünften aus Nebentätigkeit,
- Einwerbung industrieller Drittmittel,
- Patentierung,
- direkte wirtschaftliche Verwertung (Unternehmensgründung).

Übung zum Akademischen Unternehmertum

Vergleichen Sie akademisches Unternehmertum mit Unternehmertum in etablierten Unternehmen. Welche Unterschiede gibt es, welche Gemeinsamkeiten?

16.2 Hochschulgesetze und Arbeitnehmererfindungsgesetz

Die gesetzliche Grundlage für die wirtschaftliche Verwertung von Forschungsergebnissen bilden die Hochschulgesetze und das Arbeitnehmererfindungsgesetz (vgl. Kapitel 8). Die Hochschulgesetze weisen die Verwertung von Forschungsergebnissen unter dem Begriff des Technologietransfers als Aufgabe der Hochschulen aus. Die Aufgaben der Hochschule sind in den jeweiligen Hochschulgesetzen formuliert.

Technologietransfer als Aufgabe der Hochschulen

Das bundeseinheitliche deutsche Hochschulrahmengesetz wird im Rahmen der Föderalismusreform abgeschafft. Auch wenn die Hochschulgesetze von Bundesland zu Bundesland unterschiedlich sind, sind verschiedene Gemeinsamkeiten zu erkennen. Generell stehen bei den Hochschulen die Pflege und Entwicklung der Wissenschaften und der Künste durch Forschung, Lehre, Studium und Weiterbildung an erster Stelle. Weitere Aufgaben beziehen sich etwa auf die Förderung des Personals, die soziale Förderung der Studierenden sowie internationale und nationale Zusammenarbeit. Ebenso ist der Wissens- und Technologietransfer als Aufgabe gesetzlich verankert. Die Hochschule hat demnach den Wissenstransfer im Allgemeinen und die Ausgründungsaktivität als Mechanismus des Technologietransfers zu fördern. Diese Aufgabe hat durch die Novellierung des Arbeitnehmererfindungsgesetzes eine neue Bedeutung erhalten. Mit der Novellierung wurde ein Durchgriffsrecht in Bezug auf die Verwertung von Forschungsergebnissen durch die Hochschulen festgelegt.

Die Möglichkeiten der Verwertung von Erfindungen werden durch das Arbeitnehmererfindungsgesetz (ArbnErfG) geregelt. Arrow beschrieb bereits 1962, dass Organisationen genau dann einen wirtschaftlichen Anreiz haben, in technologisches Wissen zu investieren, wenn sie selbst die wirtschaftlichen Erträge aus diesem Wissen ziehen können (Arrow, 1962). Die rechtliche Situation in Bezug auf das Eigentum an dem in Hochschulen produzierten geistigen Eigentum und damit verbundenen Technologietransferaktivitäten ließ dies in Deutschland bis 2002 jedoch nicht zu. Die Verwertung durch die Hochschule war bis zu diesem Zeitpunkt nur unter Einschränkungen möglich, da das Forschungsergebnis als Eigentum des Wissenschaftlers galt (»Hochschullehrerprivileg«). Damit verbunden war das Recht, diese Ergebnisse zu veröffentlichen und/oder wirtschaftlich nutzbar zu machen.

Hochschullehrerprivileg

Diesbezüglich ist in letzter Zeit ein deutlicher Umkehrtrend hin zu einer Forcierung des Verwertungsgedankens seitens der Hochschulen zu beobachten. Von besonderer Bedeutung ist hier die Novelle des Arbeitnehmererfindungsgesetzes von 2002, die das Hochschullehrerprivileg in Teilen aufgehoben hat. Bis zu diesem Zeitpunkt hatten Erfindungen von Professoren, Dozenten und wissenschaftlichen Mitarbeitern anders als die Erfindungen von anderen Arbeitnehmern den Status von freien Erfindungen. Den betreffenden Personen war es freigestellt, ihre Erfindung zu schützen und zu verwerten. Da dies vielfach nicht erfolgte und somit wirtschaftliches Potenzial ungenutzt blieb, beschloss die Bundesregierung die Änderung. Seit 2002 haben die Erfinder nun die Pflicht, alle Erfindungen ihrem Dienstherrn (der Hochschule) zu melden. Dieser wiederum hat die gesetzliche Pflicht, entweder eine

Exkurs

Spitzenforschung in den USA und der Bayh-Dole-Act von 1980

Das Massachussetts Institute of Technology (MIT) in Boston ist als erfolgreiche Forschungseinrichtung grenzüberschreitend bekannt. Seine Entwicklung steht beispielhaft für eine Entwicklung, die 1980 im Bayh-Dole-Act mündete. Die Bekanntheit des MIT rührt einerseits von Spitzenforschungsergebnissen aber auch von Verwertungserfolgen her. Die wahrscheinlich ausschlaggebende Phase für den Erfolg des MIT und das Wirtschaftswachstum der gesamten Region um Boston (Route 128) war jedoch die erste Hälfte des 20. Jahrhunderts. Insbesondere während der beiden Weltkriege profitierte das MIT von staatlichen Zuwendungen für die Forschung im Bereich kriegsrelevanter Technologien und wurde dadurch zu einer auch im Vergleich zu anderen amerikanischen Universitäten bedeutsamen Forschungseinrichtung. Während dieser Zeit wurden die Grundlagen für die bis heute andauernde enge Kooperation mit dem Militär gelegt. Die staatlichen Zuwendungen stärkten dabei das Wirtschaftswachstum der gesamten Region: »The federal government spurred the growth of new industries and regions by channeling resources to university labs to develop war-related technologies. Researchers at the Massachusetts Institute of Technology (MIT) and Stanford University, as leading beneficiaries of defense and aerospace contracts, spearheaded the economic transformation of Eastern Massachusetts and Northern California.« (Saxenian, 1994, S. 11).

Während des Wettrüstens der 50er- und 60er-Jahre des 20. Jahrhunderts zeigte sich das MIT im Gegensatz zu vielen anderen akademischen Einrichtungen gewillt, militärische Forschungsaufträge anzunehmen und gewann hierdurch weiterhin an Bedeutung. Auch heute noch ist das US Department of Defense einer der größten Geldgeber für die Forschung des MIT in verschiedenen Bereichen der Spitzentechnologie, insbesondere im Bereich Elektronik. So wird das mit einem Forschungsetat von jährlich über 500 Mio. US-Dollar ausgestattete Lincoln Laboratory des MIT zu über 90 % durch das US-Verteidigungsministerium finanziert. Aber auch neue Forschungsfelder werden mithilfe des Militärs erschlossen. So wurde beispielsweise im Jahre 2002 das Institute for Soldier Nanotechnologies eingerichtet, welches militärische Anwendungen im Bereich der Nanotechnologie erforschen soll. Das Verteidigungsministerium der USA hat die Einrichtung des Instituts durch eine Zuwendung in Höhe von 50 Mio. US-Dollar ermöglicht.

Um die Forschung wieder unabhängiger werden zu lassen, wurde 1980 in den USA der Bayh-Dole Act verabschiedet. Dieses Gesetz hatte hauptsächlich zum Ziel, das Wachstum von technologiebasierten Kleinunternehmen zu beschleunigen, indem es ihnen ermöglichte, durch staatlich finanzierte Forschung entstandene Technologie selbst zu patentieren. Darüber hinaus schloss es aber auch Hochschulen und andere Empfänger staatlicher Förderung in die Definition der Zielgruppe des Gesetzes ein und ermöglichte so auch diesen Organisationen, mithilfe staatlicher Förderung erzielte Forschungsergebnisse zu patentieren. Aufgrund der Tatsache, dass der Bayh-Dole-Act Hochschulen in den USA ermöglichte, Erfindungen selbst zu kontrollieren und von ihnen zu profitieren, bezeichnet Feldman den Bayh-Dole-Act als »landmark in the history of university entrepreneurship« (Feldman, 2003). Der Bayh-Dole-Act machte eine engere Kooperation mit der Industrie für die amerikanischen Hochschulen attraktiver. Dies geschah zu einer Zeit, in der das Ende des Kalten Krieges einen geringeren Bedarf militärischer Forschung mit sich brachte und die Hochschulen verstärkt auf der Suche nach neuen Förderungsmöglichkeiten waren. Auch das MIT, obwohl weiterhin einer der größten Empfänger staatlicher Forschungsförderung insbesondere im Militärbereich, verstärkte die Suche nach Kooperationspartnern in der Industrie und erweiterte 1981 die Kapazität des Technology Licensing Office in Reaktion auf den Bayh-Dole-Act.

Inanspruchnahme in die Tat umzusetzen oder aber eine Freigabe gegenüber dem Erfinder auszusprechen. Grundsätzlich ist ein Erfinder laut Gesetz an dem Verwertungserfolg zu beteiligen. In Bezug auf die Hochschule ist dieser Anteil sogar gesetzlich mit 30 % der Bruttoverwertungseinnahmen geregelt (§ 42 ArbnErfG). Seit 2002 besteht nun ein Anreiz für die Hochschule, ihre Finanzierung mithilfe von Transferaktivitäten zu unterstützen (Bornemann und Mauer, 2004).

16.3 Technologietransfer

Wirtschaftliche vs. ideelle/reputative Verwertung

Mit Technologietransfer werden jene Aktivitäten beschreiben, die unternommen werden, um technologische Entwicklungen auf den privaten Sektor zu übertragen (Mowery und Shane, 2002). Dabei lassen sich zwei große Stoßrichtungen von Technologietransfer unterscheiden. Die eine ist wirtschaftlich orientiert und zielt auf eine Erfolgsbeteiligung der Mutterorganisation beziehungsweise des Technologieerfinders ab. Die andere umfasst Transfermechanismen, denen nicht wirtschaftliche Ziele, sondern eher reputative und ideelle Ziele zugrunde liegen. Hierzu zählen beispielsweise der Transfer über Forschungspublikationen oder durch Personalmobilität (Forscher, die aus der Forschungseinrichtung in die Industrie gehen) (Agrawal und Henderson, 2002).

In der Forschung zu Technologietransfer haben sich zunächst zwei Strömungen herausgebildet (Wood, 2009). Der eine Teil der Studien fokussierte sich auf unternehmerische Aktivität in Form von Verwertungs- beziehungsweise Transferaktivitäten der Hochschule selbst. Hier dominiert in den USA das Modell der Lizenzierung (Agrawal, 2006). Der andere Teil befasste sich mit unternehmerischer Aktivität von Hochschulangehörigen über das Modell der Ausgründung (DiGregorio und Shane, 2003).

Nicht alle Erfindungen eignen sich zur Ausgründung

Beide Stränge werden schließlich unter anderem von Wood integriert, der ein Modell zur Entscheidung über die adäquate Organisationsform von Technologieverwertung entwirft. Für eine Verwertung über Ausgründung eignen sich demnach Erfindungen, die komplex sind, dadurch nur schwer kodifizierbar und vermittelbar, und die darüber hinaus noch auf einem spezifischen System von Fähigkeiten beruhen. Eine Verwertung über Lizenzierung ist hingegen ratsam, wenn die Erfindung aufgrund geringerer Komplexität einfach zu erfassen und zu vermitteln ist und zugleich auf wenigen Basisfähigkeiten beruht (Wood, 2009). Obwohl vor allem Drittmittelprojekte, aber auch Lizenzierungsabkommen durchaus Teil der Hochschulpraxis sind, stehen in diesem Kapitel die Ausgründungsaktivitäten als Spezialform technologiebasierten Unternehmertums im Vordergrund. Abbildung 16-1 zeigt verschiedene Formen des Technologietransfers im Überblick.

Technologietransfer muss durch entsprechende Strukturen gefördert werden. Die deutschen Hochschulen haben durch die Änderungen des ArbnErfG einen Anreiz erhalten, diese Strukturen aufzubauen. Zur Unterstützung wurden deutschlandweit hochschulübergreifende Patentverwertungsagenturen eingerichtet, die den Hochschulen Teilprozesse bei der Verwertung ihrer Erfindungen abnehmen sollen.

Patentverwertungsagenturen

Hochschulintern gehört zu den Technologietransferstrukturen zum einen die strategische Selbstverpflichtung der Hochschule. Mithilfe einer solchen Selbstverpflichtung verankert eine Hochschule die Transferaktivitäten als Teil ihrer Strategie. Zum anderen existieren an vielen Hochschulen operative Einheiten in Form von Technologietransferstellen (Technology Transfer Offices – TTOs). Während die Technologietransferstelle der Fraunhofer-Gesellschaft bereits seit 1952 existiert und die University of California sogar schon 1926 entsprechende Strukturen aufbaute, hat weltweit vor allem seit Anfang der 1990er-Jahre ein Trend zum Aufbau dieser Stellen speziell an Hochschulen eingesetzt (OECD, 2003).

Abb. 16-1

Verwertungsmöglichkeiten von Forschungsergebnissen (in Anlehnung an Bornemann und Mauer, 2004)

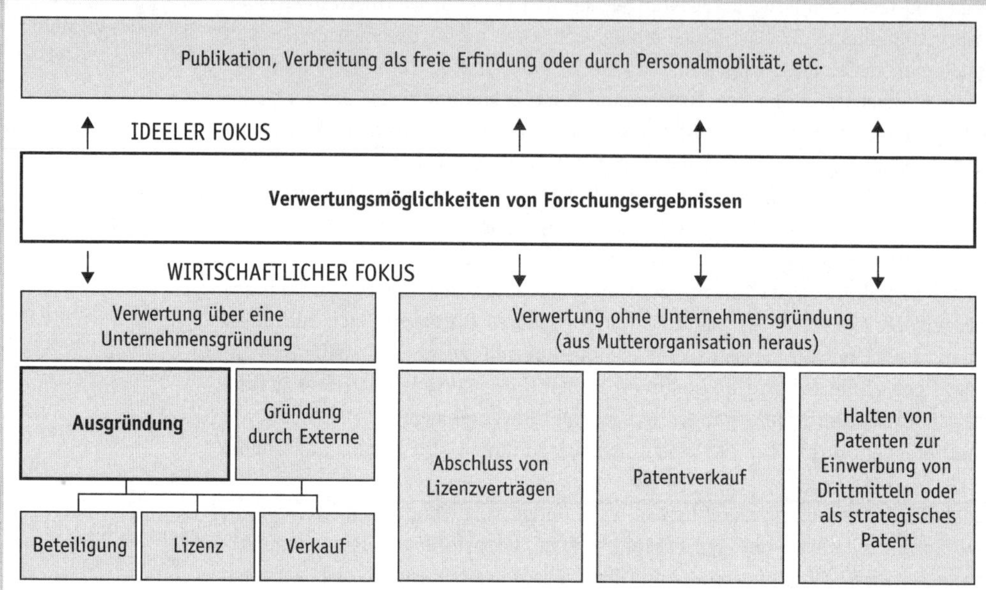

Technologietransferstellen

Aufgrund der kurzen Historie sind die TTOs noch überwiegend kleine Organisationen, häufig mit weniger als fünf Vollzeitkräften. Die OECD klassifiziert zudem Technologietransferstellen in drei Typen:

1. Zweckspezifische Technologietransferstellen,
2. Verwaltungseinheiten (Technologietransfer ist nur eine von vielen Aufgaben),
3. Externe Anbieter von Managementdienstleistungen rund um geistiges Eigentum.

16.3.1 Lizenzierung, Patentverkauf und Drittmittelprojekte

Bevor im Folgenden auf die Ausgründung als Kern von akademischem Unternehmertum eingegangen wird, soll an dieser Stelle eine Einordnung weiterer gängiger Technologietransfermechanismen stattfinden. Lizenzierung und Patentverkauf stellen dabei die eigentlichen Mechanismen dar. Bei einer Lizenzierung werden Nutzungsrechte an einer Erfindung an den Lizenznehmer abgetreten.

Temporäres Abtreten der Nutzungsrechte vs. Verkauf

Diese Nutzungsrechte können unterschiedlich beschaffen sein (Bsp.: Exklusivlizenz). Ihr Anteil an der Finanzierung von Hochschulen ist noch sehr gering. Beim Patentverkauf werden alle Rechte an einer Erfindung auf den Käufer übertragen. Hierzu ist eine Patentbewertung erforderlich, die als Basis für die Kaufpreisermittlung dient. Bei der Käufersuche ergeben sich in der Praxis häufig Schwierigkeiten, da Technologien aus der Universität häufig noch nicht weit genug entwickelt sind. Dadurch sind – wenn überhaupt – nur geringe Preise für Patente durchsetzbar. Dies erhöht die Bedeutung von Ausgründungen als sinnvollem Transfermechanismus. Im Hochschulkontext werden Lizenzierungs- und Patentverkaufsvereinbarungen aktuell vielfach über die Patentverwertungsagenturen (vgl. Kapitel 8) geregelt. Nimmt die Hochschule eine Erfindung in Anspruch, kann die Situation entstehen, dass eine Lizenzvereinbarung mit dem Gründer/Erfinder geschlossen werden muss. Gründungen, die Patente einer Forschungseinrichtung verwerten wollen, können diese durch Kauf übernehmen oder einlizenzieren. Aus Sicht der Ausgründung muss bei einem Lizenzmodell beachtet werden, dass die Zahlungen das junge Unternehmen nicht schon frühzeitig übermäßig stark belasten.

Drittmittel dominieren neben Landesmitteln die Hochschulfinanzierung

Drittmittelprojekte dominieren die Finanzierung von Universitäten. Im Wesentlichen handelt es sich um Mittel, die nicht aus dem Landesetat zur Finanzierung der Hochschulen stammen, sondern von den Universitäten bei der Industrie und Forschungsfördereinrichtungen eingeworben werden. Im Rahmen der Drittmittelabkommen mit der Industrie ist es in Deutschland noch die Regel, dass das geistige Eigentum direkt an den Industriepartner übertragen wird. Das Bundesministerium für Wirtschaft und Technologie (BMWi) hat 2007 auf diese Situation reagiert und Mustervereinbarungen für Forschungs- und Entwicklungskooperationen herausgegeben, die zumindest die Möglichkeit eröffnen, dass die Hochschulen über das Drittmittelprojekt hinaus an der Verwertung des geistigen Eigentums partizipieren können (http://www.bmwi.de/BMWi/Navigation/Service/publikationen,did=342954.html).

16.3.2 Ausgründungen

Spin-offs

Ausgründungen (Spin-offs) werden als die höchste Eskalationsform von akademischem Unternehmertum bezeichnet (Fueglistaller, 2009). Der Begriff Spin-off stammt vom englischen Verb »to spin«, was übersetzt so viel bedeutet wie »schleudern« oder »drehen«. Im wirtschaftlichen Kontext bezeichnete der Begriff (technologischer) Spin-off in den 50er-Jahren des 20. Jahrhunderts zunächst »technologische Neben- beziehungsweise Abfallergebnisse und deren Verwertung außerhalb der Anwendungsgebiete, für die die Technologien ursprünglich entwickelt wurden« (Maselli, 1997). In den 60er-Jahren wurde der Begriff Spin-off in den USA zunehmend im Zusammenhang mit technologieorientierten Unternehmensgründungen als Bezeichnung für die Unternehmen selbst verwendet, die sich aus staatlichen Forschungseinrichtungen ausgründeten. Der Begriff blieb aber nicht lange beschränkt auf Ausgründungen von staatlichen Forschungseinrichtungen. Sein Gebrauch dehnte sich schnell auf Ausgründungen von anderen Organisationen aller Art aus. Mahar und Coddington (1965) definieren Ausgründungen daher bereits 1965 als »research firms or scientifically oriented manufacturing companies formed by individuals who draw heavily on knowledge gained as employees of a university, government agency, or industrial firm«.

Forschungsbasierte Ausgründung

In ähnlicher Weise empfehlen Clarysse und Moray (2004) als Oberbegriff die Bezeichnung der forschungsbasierten Ausgründung (research-based spin-off): »a research-based spin-off is a new company that is formed (1) by a faculty member, staff member or student who left university to found the company or started the company while still affiliated with the university, and/or (2) a core technology (or idea) that is transferred from the parent organization«. Somit sind diese als Ausgründungen aus Großunternehmen anzusehen, die in Kapitel 15 ausführlich behandelt werden.

University Spin-off

Clarysse und Moray (2004) schränken mit dem Begriff University Spin-off (USO) das Feld weiterhin auf Ausgründungen aus Hochschulen ein und grenzen damit diese gegen Ausgründungen aus anderen Forschungseinrichtungen ab. Der Begriff ist in der englischsprachigen Literatur mittlerweile weitverbreitet. Allerdings wird der Begriff des USOs nicht immer einheitlich nur auf Hochschulen bezogen. Abhängig vom Grad der Verzahnung staatlicher Forschungseinrichtungen mit den Universitäten im Herkunftsland der jeweiligen Autoren bestehen Überschneidungen zwischen dem Begriff USO und Ausgründungen aus anderen öffentlichen Forschungseinrichtungen (Pirnay, Surlemont und Nlemvo, 2003). Pirnay et al. (2003) definieren University Spin-offs als »new firms created to exploit commercially some knowledge, technology or research results developed within a university«.

Charakteristika von Ausgründungen

Maselli (1997) grenzt Ausgründungen von anderen Formen der Ausgliederung ab. Ausgründungen lassen sich demnach anhand von drei Charakteristika identifizieren:

- selbstständig,
- originär,
- innovativ.

Erstes Abgrenzungskriterium ist die rechtliche und wirtschaftliche Selbstständigkeit der Ausgründungen. Ausgründungen unterscheiden sich dadurch von unselbstständigen Ausgliederungen (Maselli, 1997). Zweites Abgrenzungskriterium ist die Tatsache, dass es sich bei einem Spin-off um originäre Unternehmensgründungen handelt, »bei denen es zum Aufbau vollkommen neuer, zuvor nicht bestehender Strukturen kommt« (Maselli, 1997, S. 33). Als drittes Merkmal für Ausgründungen nennt Maselli deren innovativen Charakter. Dieser sei gekennzeichnet »durch den Transfer von innovativem Know-how, auf dem die Idee zu einer Erfindung beruht, oder durch die Übergabe anwendungsreifer Inventionen« (Maselli, 1997, S. 31).

Zu den ersten beiden Punkten besteht weitgehende Einigkeit in der Literatur. Als Ausgründungen werden von fast allen Autoren nur rechtlich und wirtschaftlich selbstständige Neugründungen betrachtet. In Bezug auf den Know-how-Transfer ist zu klären, inwieweit Wissens- beziehungsweise Personentransfers vorliegen.

Wissenstransfer

Bei der Art des transferierten Wissens unterscheidet das BMBF zwischen Verwertungs-Ausgründungen auf der einen und Kompetenz-Ausgründungen auf der anderen Seite (BMBF, 2002). Verwertungs-Ausgründungen basieren auf Forschungsergebnissen, die ein Gründer selbst geschaffen hat. Für Kompetenz-Ausgründungen gilt hingegen, dass der Gründer lediglich Fähigkeiten anwendet, die er während der Ausbildung erworben hat. Unter Forschungsergebnissen werden in der Regel technologische Entwicklungen im weiteren Sinne verstanden. Shane (2004 c) argumentiert, dass sich nicht alle Technologien für eine Ausgründung eignen. Grundsätzlich müsste die Verwertung über etablierte Unternehmen als Alternative geprüft werden. Eine Technologie eignet sich unter folgenden Gesichtspunkten zur Ausgründung:

- Sie ist in ihrer Frühphase radikal und »leise« (im Sinne von »unbeachtet«).
- Sie existiert noch nicht als kodifiziertes, sondern als tazites Wissen des Erfinders.
- Sie hat viele Anwendungsbereiche.
- Sie hat einen hohen Wert für den Konsumenten.
- Sie ist durch Mittel des gewerblichen Rechtsschutzes geschützt.

Personentransfer

Zur Bedeutung eines Personentransfers für die Ausgründungsdefinition gibt es stark unterschiedliche Ansichten. Garvin (1983) sieht den Transfer von Personen zum neu gegründeten Unternehmen sogar als hinreichenden Indikator, um ein Spin-off zu identifizieren. Maselli (1997) setzt hingegen den »Transfer von Personen und Erfindungen« voraus, damit ein Unternehmen als Spin-off gilt.

Damit ergibt sich eine Typologisierung von Ausgründungen. Nach Ansicht von Knecht (1998) wiederum genügt das Vorhandensein eines der beiden Transfermerkmale, um zumindest als sog. adoptives Spin-off zu gelten, allerdings seien nur Ausgründungen mit Personen- und Technologietransfer innovative Ausgründungen. Clarysse und Moray (2004) schlagen für Ausgründungen, bei denen nur eine Art von Transfer vorliegt, die Bezeichnungen »Technology Spin-off« (nur Technologietransfer) beziehungsweise »Founder Spin-off« (nur Personentransfer) vor. Eine technologiebasierte Ausgründung aus einer Hochschule ist schließlich ein Unternehmen, das als Ausgründung aus einer Hochschule eine an dieser Hochschule entwickelte Technologie kommerziell verwertet (unmittelbarer Technologietransfer). Zudem ist mindestens einer der beteiligten Gründer Mitglied der Hochschule und hat zwischen seiner Tätigkeit an der Hochschule und der Funktion als Gründer keine anderweitige berufliche Vollzeit-Tätigkeit ausgeübt (unmittelbarer Personentransfer). Abbildung 16-2 veranschaulicht die Typologie von Ausgründungen in Bezug auf Technologie- und Personentransfer.

Die Komponente des Personentransfers wirft die Frage auf, wer als akademischer Unternehmer auftreten kann. Im Allgemeinen handelt es sich dabei um Wissenschaftler aus Forschungseinrichtungen. Diese Personengruppe kann aus Studierenden, wissenschaftlichen Mitarbeitern und Professoren bestehen.

Studierende, wissenschaftliches Mitarbeiter und Professoren als Ausgründer

Studierende sind in der Regel vor allem Konsumenten des Lehrbetriebs und produzieren nur zu geringen Teilen eigene Forschungsergebnisse. Professoren wiederum sind fest an der Hochschule verankert und haben üblicherweise nur über Nebentätigkeiten die Möglichkeit zur Beteiligung an Ausgründungsaktivitäten. Letztlich sind es die wissenschaftlichen Mitarbeiter, deren Forschungsaktivität und potenzielle Mobilität diese Gruppe zu den wahrscheinlichsten Protagonisten akademischen Unternehmertums in Form von Ausgründungen macht.

Abb. 16-2

Typologisierung von Ausgründungen (in Anlehnung an Knecht, 1998, S. 24; Bornemann und Mauer, 2004; Clarysse und Moray, 2004, S. 359)

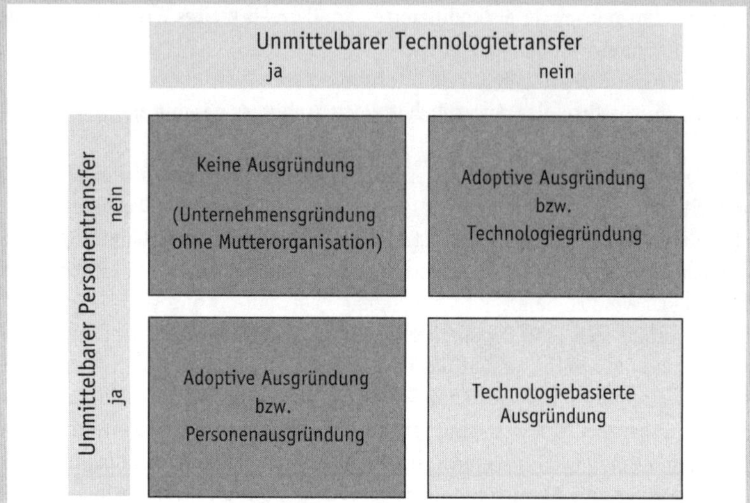

16.4 Prozesse im Rahmen einer Ausgründung

Verschiedene Teilprozesse sind im Rahmen einer Ausgründung relevant.

Erfindungsmeldungsprozess

Der Erfindungsmeldungsprozess beginnt mit Realisierung der eigentlichen Erfindung. Dadurch entsteht gesetzlich die Notwendigkeit der Erfindungsmeldung an den Arbeitgeber. Dieser folgen Evaluierungsschritte bei der Patentverwertungsagentur. Endpunkt des Erfindungsmeldungsprozesses ist die Entscheidung der Hochschule über Inanspruchnahme beziehungsweise Freigabe der Erfindung. Es schließt sich der Schutzrechtsprozess an, in dem eigenständig oder über die Hochschule die Erfindung in einem Schutzrechtsverfahren geschützt wird. Endpunkt des Schutzrechtsprozesses ist die Erteilung eines Schutzrechts (z. B. Patent oder Gebrauchsmuster; vgl. dazu zusätzlich Kapitel 8).

Schutzrechtsprozess

Den ersten Schritten des Schutzrechtsprozesses nachgelagert, ansonsten aber in Teilen parallel kann der Verwertungsprozess angestoßen werden. Fällt hier die Entscheidung auf eine Verwertung über Ausgründung, wird der eigentliche Ausgründungsprozess aus der Hochschule heraus angestoßen. Dieser kann bei Inanspruchnahme der Erfindung durch die Hochschule einen Lizenzierungsprozess bedingen. Außerdem werden Hochschulen zunehmend in die rechtliche Lage versetzt, in einem Beteiligungsprozess Anteile an Ausgründungen zu erwerben (Bsp.: Hochschulfreiheitsgesetz in NRW).

Ausgründungsprozess

Der Ausgründungsprozess kann auch aus Sicht der Universität betrachtet werden. Van Burg et al. stellen die Gestaltung eines optimalen Ausgründungsprozesses in fünf Schritten dar (van Burg et al., 2008):

1. Förderung eines universitätsweiten Bewusstseins für unternehmerische Gelegenheiten und Aufsetzen von Programmen für Studenten und Forscher,
2. Unterstützung von Gründungsteams durch Beratung, Coaching und Training im Aufbau gründungsrelevanter Fähigkeiten,
3. Unterstützung von Gründungsteams im Hinblick auf Ressourcenzugang und beim Aufbau von relevanten Netzwerken,
4. Aufsetzen klarer Regeln und Prozesse zur Strukturierung eines fairen universitären Ausgründungsprozesses,
5. Entwicklung einer Universitätskultur zur Förderung akademischen Unternehmertums durch Normen und Rollenvorbilder.

16.5 Ausgründungsförderung

Die politisch gewollte Verwertung von Technologie hat in Deutschland zu einer umfangreichen Förderlandschaft für technologiebasierte Gründungen geführt.

Umfangreiche Förderlandschaft in Deutschland

Diese Förderumgebung erhöht die Attraktivität zur Durchführung einer Technologiegründung. Die Unterstützung nimmt dabei unterschiedliche Formen an. Zunächst entstehen an den Hochschulen verstärkt Infrastrukturen, die die Technologieverwertung im Allgemeinen und die Verwertung über Ausgründungen im Besonderen fördern (vgl. dazu die Fallstudie am Ende des Kapitels; Grichnik, von Kortzfleisch und Magin, 2009). Gründungsideen treffen hier auf fruchtbaren Boden. In der frühen Phase können hier Möglichkeiten aufgezeigt, Hindernisse aus dem Weg geräumt und relevantes Wissen auf die Gründungsinteressierten transferiert werden. Die Strukturen an der Hochschule fördern in der Regel das Verfassen von Geschäftsplänen, die eine erste Auseinandersetzung mit allen notwendigen Arbeitsbereichen dokumentieren. Die Ernsthaftigkeit von Gründungsprojekten steigt jedoch erst durch externes Feedback an.

Hochschulstrukturen, Businessplanwettbewerbe und Förderprogramme als Ausgangsbasis

An dieser Stelle spielen Businessplanwettbewerbe (vgl. Kapitel 7) eine wichtige Rolle. Hier müssen die Geschäftsideen einer ersten Feuerprobe standhalten. Die Teilnehmer haben darüber hinaus die Gelegenheit, Verbesserungsvorschläge, Kontakte, Publicity und sogar Preisgelder zu erhalten. Eigenständigkeit innerhalb der Hochschulstrukturen erlangt ein Ausgründungsprojekt durch eine eigene Finanzierung. Hier unterstützen regionale sowie Landes- und Bundesförderprogramme mit Basisfinanzierungen sowie umfangreicheren Finanzierungen für viel versprechende Innovationsprojekte (vgl. Exkurs zum EXIST-Programm). Beispiele für Landesprogramme sind FLÜGGE in Bayern oder Science-to-Business PreSeed in Nordrhein-Westfalen. Im Rahmen der Projektfinanzierungen ist die Technologieentwicklung so weit vorzubereiten, dass im Anschluss Beteiligungskapital akquiriert werden kann. Hier hat sich in Deutschland in den vergangenen Jahren eine spezielle Form von Frühphasenfinanzierern (Seed-Capital Investor) entwickelt.

Exkurs

EXIST – Ausgründungen aus Hochschulen

EXIST (Existenzgründungen aus der Wissenschaft) ist ein Programm des Bundesministeriums für Wirtschaft und Technologie (www.exist.de) und wird mit Mitteln des Europäischen Sozialfonds kofinanziert. Mit dem Ziel, die Zahl und Qualität von Ausgründungen aus Hochschulen und außeruniversitären Forschungseinrichtungen zu fördern, ist es ein zentrales Förderprogramm für technologiebasierte Gründungen mit akademischem Hintergrund. Dabei greift EXIST an zwei unterschiedlichen Stellen an, um dieses Ziel zu erreichen:

- EXIST fördert zum einen Strukturen und Prozesse an Forschungseinrichtungen, um die Infrastruktur für Ausgründungsaktivität zu verbessern (EXIST-Gründungskultur). In diesem Bereich sind bereits drei Förderphasen durchlaufen worden. Der EXIST-Ideenwettbewerb (EXIST I) förderte ab 1998 fünf Modellregionen, in denen regionale Netzwerke zu Gründungsförderungen aus Hochschulen entwickelt wurden. 2002 wurden im Rahmen von EXIST-Transfer (EXIST II) zehn weitere Netzwerke ausgewählt, um Erkenntnisse aus der ersten Runde zu übernehmen und umzusetzen. Gleichzeitig wurde der Kreis um 20 EXIST-Partnerregionen erweitert. In 2006 startete das EXIST-Programm zur Förderung der unternehmerischen Selbstständigkeit an Hochschulen und Forschungseinrichtungen (EXIST III), welches Lücken im Qualifizierungs- und Unterstützungsangebot für Gründer aus Hochschulen schloss. Die vierte Förderrunde wurde 2010 ausgeschrieben und trägt den Titel »Die Gründerhochschule«. Ziel von EXIST IV ist es, dass die Hochschulen Gesamtstrategien entwickeln und umzusetzen, die hochschulweit eine Gründungskultur verankern und den Unternehmergeist an den Hochschulen etablieren.
- EXIST fördert darüber hinaus konkrete Ausgründungseinzelprojekte. Für die Vorbereitung technologieorientierter Ausgründungsvorhaben aus Hochschulen wird das EXIST-Gründerstipendium vergeben (früher: EXIST-SEED). Hier werden vor allem Projekte in Vorgründungsphasen für eine Dauer von zwölf Monaten gefördert. In Ergänzung fördert das Programm EXIST-Forschungstransfer herausragende Gründungsvorhaben über zwei Förderphasen hinweg. Die erste Phase dient zum Nachweis der technischen Machbarkeit der Produktidee und umfasst eine Dauer von 18 Monaten. Gefördert werden in dieser ersten Phase Forscherteams an Hochschulen, zu denen nach sechs Monaten ein Kaufmann hinzustoßen kann. In der zweiten Phase wechselt die Förderung ihren Charakter. Hier handelt es sich um eine Unternehmensförderung, die noch einmal auf einen Zeitraum von maximal 18 Monaten ausgelegt ist. Dies bedeutet, dass spätestens nach Ablauf der Förderphase I ein Unternehmen gegründet werden muss. Das Fördervolumen von EXIST-Forschungstransfer liegt in der Größenordnung von 350.000 Euro.

Seed-Fonds und High-tech Gründerfonds

Auf regionaler Ebene ist so eine Reihe von Seed-Fonds entstanden, die in der Frühphase von Technologieunternehmen Beträge zwischen einer halben und einer Million Euro investieren. Auf Bundesebene entstand 2005 der High-tech Gründerfonds (www.htgf.de), der Erstrundenfinanzierungen bis zu einer halben Mio. Euro realisiert und bis 2010 mehr als 180 Beteiligungen geschlossen hat.

16.6 Forschung zu akademischem Unternehmertum

Die Forschung zu akademischem Unternehmertum hat laut einer Metastudie über 173 Artikel (Rothaermel, Agung und Jiang, 2007) vier Hauptforschungsrichtungen hervorgebracht (vgl. Abbildung 16-3).

Die unternehmerische Universität

Der erste Forschungsstrang befasst sich mit der unternehmerischen Universität. Diese erfährt als Mutterorganisation universitären Unternehmertums eine Aufgabenerweiterung über die traditionellen Aufgaben von Lehre und Forschung hinweg.

Abb. 16-3

Konzeptionelles Bezugssystem zu universitärem Unternehmertum (Rothaermel et al., 2007, S. 17)

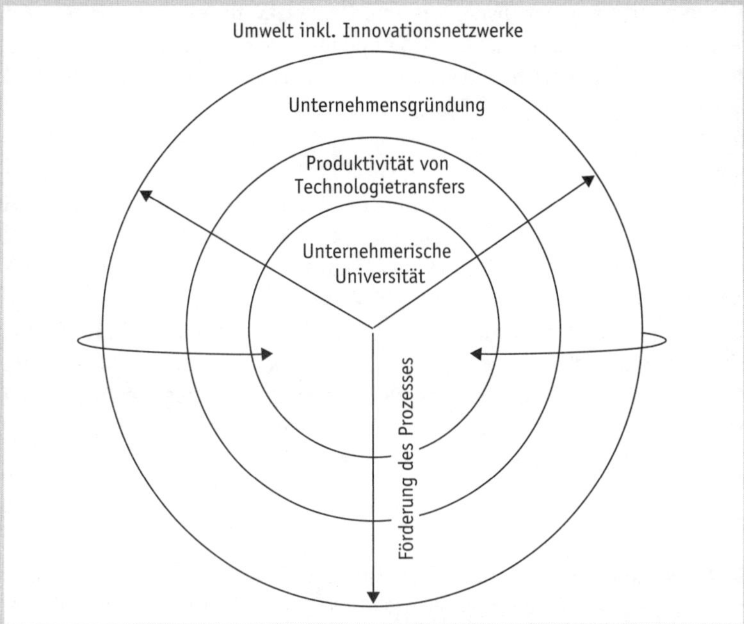

Es handelt sich um Organisationsforschung, die verschiedene Organisationsformen von Universitäten darauf hin untersucht, ob sie Verwertungsaktivitäten fördern oder behindern. Neben der Organisation werden zudem die Akteure innerhalb der Organisation als auch die zur Verwertung zu bringenden Technologien untersucht. Dieser Forschungsstrang untersucht vor allem, warum sich Universitäten im Hinblick auf unternehmerische Aktivität und deren Erfolg unterscheiden (Etzkowitz, 2004; Powers und McDougall, 2005).

Produktivität von Technologietransferbüros

Ein zweiter Forschungsstrang erklärt die Produktivität von Technologietransferbüros. Hier wird in der Struktur des Technologietransferbüros ein maßgeblicher Treiber für unternehmerische Aktivität gesehen, v. a. in Bezug auf die Einbettung innerhalb der Universität. Zudem spielt die personelle Besetzung eine große Rolle, sowie unterschiedliche Transfermechanismen und der Entwicklungsgrad der Technologie. In den Erkenntnissen zum Technologietransfer spiegelt sich häufig der Konflikt wider, demzufolge Forschung und Lehre zwar als eigentliche Hauptaufgaben im Vordergrund stehen sollen, gleichzeitig aber zunehmend wirtschaftliche Verwertung vorangetrieben werden soll (z. B. Feldman et al., 2002; Markman et al., 2005).

Ausgründungsunternehmern

Der dritte Forschungsstrang verlässt die Sicht auf die Mutterorganisation und betrachtet Ausgründungsunternehmen. Ihre Entstehung wird beeinflusst von Richtlinien, der Einstellung des Lehr- und Forschungspersonals, den Aktivitäten der Transfereinrichtungen, der zugrunde liegenden Technologie, der Verfügbarkeit von Investoren sowie von Teamprozessen, Netzwerkverbindungen und relevanten Umweltbedingungen. Studien über Ausgründungen aus Hochschulen betrachten im Wesentlichen die Situation in den USA und stammen zum Großteil von amerikanischen Autoren (Rogers, 1986; Smilor, Gibson und Dietrich, 1990; Carayannis et al., 1998; Steffensen, Rogers und Speakman, 1999). In Australien gab es in den vergangenen Jahren ebenfalls eine Reihe von Untersuchungen, vornehmlich in Form von Fallstudien (Yencken, Cole und Gillin, 2002; Zhao, 2004). In Europa findet sich vor allem in Schweden und Großbritannien eine Reihe von Untersuchungen über Spin-off- Unternehmen aus Hochschulen (Dahlstrand, 1997; Jacob, Lundqvist und Hellsmark, 2003; Nicolaou und Birley, 2003).

Umgebungsfaktoren

Der vierte Strang konzentriert sich auf Umgebungsfaktoren. Demzufolge ist universitäres Unternehmertum das Ergebnis des Einflusses von Innovationsnetzwerken, in die die Universität eingebettet ist. Die untersuchten Einflussfaktoren umfassen neben den Innovationsnetzwerken Technologiezentren, Inkubatoren und die geografische Lage (Mian, 1996; Mowery und Sampat, 2001).

16.7 Ausgründungen als gesamtwirtschaftliches Innovationselement

Hinter der Förderung von Ausgründungen steht häufig politisches Interesse, das in Ausgründungen die Quelle von Innovationen und das Potenzial zur Generierung von Arbeitsplätzen und volkswirtschaftlichem Wachstum sieht (vgl. Kapitel 2). Ausgründungen erfüllen aber eine viel zentralere und allgemeinere Funktion im gesamtwirtschaftlichen Innovationsprozess. Üblicherweise böten etablierte Unternehmen ausreichend professionelle Strukturen, um in der Forschung entwickelte Technologien zu verwerten. Allerdings bleibt dabei unberücksichtigt, dass Technologien unterschiedliche Entwicklungsstände aufweisen können. So existieren neben weit entwickelten anwendungsnahen Technologien auch solche, die aus der Grundlagenforschung stammen oder im Übergang von Grundlagenforschung zu angewandter Forschung entstehen. Diese Technologien sind häufig so unsicherheitsbehaftet, dass sich die bereits fokussierten und tendenziell risikoaversen Großunternehmen nicht für sie interessieren.

Ausgründungsprozesse zur Schließung der Technologieentwicklungslücke

Es klafft eine Technologieentwicklungslücke, die durch den Mechanismus von Ausgründungsunternehmen und die darin entstehende unternehmerische Energie geschlossen werden kann. Gesamtwirtschaftlich betrachtet, ist damit jedoch das langfristige Überleben einer Ausgründungsinitiative nicht unbedingt notwendig oder sinnvoll. Natürlich kann ein Ausgründungsprojekt zu einem florierenden etablierten Unternehmen heranwachsen, das langfristig die erhofften Arbeitsplatz- und Wachstumseffekte realisiert. Genauso kann es aber auch sein, dass das Aus-

Exkurs

Das Triple-Helix-Modell

Technologietransfer gilt als Mittel zur Steigerung von Wirtschaftswachstum und Wohlstand. Er entsteht durch die Zusammenarbeit von Universitäten, Industrie und Regierung. Auf diese Weise ist Technologietransfer die Basis des Triple-Helix-Modells. Dies basiert auf dem Konzept, den Nutzungsgrad von Technologie durch die Zusammenarbeit von Hochschulen, Wirtschaft und der Politik zu steigern. Seine Ursprünge fand das Modell in Studien zu Universität-Industrie-Beziehungen, die zeigten, dass die Regierung in diesem Bild eine dritte und wichtige Rolle spielt. Etzkowitz (2002) beschreibt in diesem Zusammenhang alle Länder der Welt als Entwicklungsländer – allerdings in unterschiedlichen Entwicklungsphasen und mit unterschiedlichen Historien. Er beobachtet, dass die jeweiligen Konfigurationen von Universitäten, Industrie und Regierung in einer bestimmten Weise in Innovationsnetzwerke konvergieren, und zwar unabhängig vom jeweiligen Entwicklungshintergrund. Etzkowitz' Triple-Helix-Modell sagt aus, dass Innovation in einem Land maßgeblich von der Konstellation der drei Kräfte Universitäten, Industrie und Regierung abhängig ist (Etzkowitz und Leydesdorff, 1997). Diese Netzwerke funktionieren unter anderem dadurch, dass der jeweilige Akteur in Teilen Aufgaben der anderen übernimmt. So übernimmt die Universität die Rolle der Industrie, wenn sie Gründungsunternehmen in ihren Strukturen inkubiert. Die Regierung übernimmt die Rolle der Industrie durch die Bereitstellung von Frühphasenfinanzierung. Und die Industrie übernimmt die Rolle der Universität, indem sie interne Ausbildung und Forschung auf hohem Niveau gewährleistet (Etzkowitz, 2002, S. 8). Neben der Konvergenz zur Triple-Helix sieht Etzkowitz zwei weitere Entwicklungen für die Zukunft: (1) Grundlagenforschung, angewandte Forschung und Produktentwicklung werden nicht länger getrennte Forschungssphären sein. Vielmehr wird die Iterativität des Forschungs- und Entwicklungsprozesses eine Integration verlangen. (2) Interdisziplinäre Zusammenarbeit wird verstärkt an Bedeutung gewinnen. Dadurch entstehen neue Felder wie Bioinformatik oder Verhaltensökonomik. Für die Universitäten bedeutet dies eine »zweite akademische Revolution« (Second Academic Revolution – Etzkowitz, 2004). Die Kombination von Lehre und Forschung hatte bereits einen ersten Wandel der Rolle der Universitäten bedeutet. Nun kommen verstärkt Anforderungen im Hinblick auf wirtschaftliche und gesellschaftliche Entwicklung hinzu. Die zweite Revolution ist jedoch noch im Gange. Sie basiert einerseits auf einer Einstellungsveränderung von Studenten und Hochschullehrern in Bezug auf die Verwertung ihrer Forschungsergebnisse. Andererseits fußt sie auf der Entwicklung organisationaler Mechanismen, um Wissen und Technologie weit über eine Publikation hinaus zu transferieren (Etzkowitz, 2002, S. 13). Am Ende könnte sie stehen: die unternehmerische Universität.

gründungsunternehmen diese initiiert und sich Großunternehmen nach einer Weiterentwicklungsphase doch für die Technologie interessieren und diese übernehmen, um sie in ihren etablierten Strukturen zu verwerten. Auch in diesem Fall ist von Beschäftigungseffekten auszugehen, allerdings innerhalb der Strukturen des Großunternehmens.

16.8 Zusammenfassung

Akademisches Unternehmertum bezeichnet eine Fülle von Aktivitäten, die auf die Verwertung von Forschungsergebnissen abzielen. Prominenter Verwertungsmechanismus ist dabei die Ausgründung. Ein solcher Ausgründungsprozess ist aus verschiedenen Gründen komplex. Zum einen sind die Anforderungen einer technologiebasierten Ausgründung in Bezug auf die Ressourcenausstattung relativ hoch. Zum anderen sind die Akteure und Prozesse für den Bereich Technologieverwertung innerhalb der Mutterorganisation Universität relativ vielschichtig. Eine erfolgreiche Ausgründungsaktivität bedingt eine schnelle Lernkurve in Bezug auf die sinnvolle Gestaltung des Ausgründungsprozesses unter Berücksichtigung aller Interessen und Rahmenbedingungen. Die Aktivitäten des individuellen Forschers müssen mit denen eines zu bildenden Teams, des Instituts, der Fakultät sowie der Hochschule in Einklang gebracht werden. Mit Blick auf die zur Verfügung stehenden Unterstützungsnetzwerke für akademisches Unternehmertum stellt die Unternehmensgründung aus der Hochschule eine attraktive und herausfordernde berufliche Entwicklungsoption mit steiler Lernkurve dar.

16.9 Fallstudie: RWTH Aachen

Die RWTH Aachen weist ein überdurchschnittlich hohes Potenzial für technologieorientierte Gründungen auf. 65,1 % der Studierenden gehören zu den Bereichen Ingenieur-, Naturwissenschaften und Mathematik. Dieses Potenzial wird durch verschiedene in den letzten Jahren aufgebaute Elemente der Gründungsförderung adressiert. Die Verwertung von Technologien in Form von Innovationen hat an der RWTH Aachen eine lange Tradition. Einen besonderen Stellenwert nehmen dabei Ausgründungen ein.

Die zentralen administrativen Strukturen zur Gründungsförderung an der RWTH Aachen bilden die Abteilung Technologie- und Innovationstransfer mit ihren Patentscouts sowie das Gründerzentrum der Hochschule. Die Strukturen werden durch den Service des Patentinformationszentrums ergänzt. Die beteiligten Stellen arbeiten dabei eng verzahnt mit klaren Verantwortlichkeiten und einem hohen Maß an Interaktion. Die Abteilung Technologie- und Innovationstransfer unterstützt Gründer und Gründungsinteressierte bei Erfindungsmeldungen, Patentierung und Technologieverwertung im Allgemeinen. Bei Fragen der Patentanmeldung können Gründer das Patentinformationszentrum zur Patentrecherche nutzen. Das Gründerzentrum existiert seit 2000. Es kanalisiert die gründungsrelevanten Angebote der RWTH Aachen und ist erster Ansprechpartner für Gründungsinteressierte an der Hochschule. Der Lehrstuhl Wirtschaftswissenschaften für Ingenieure und Naturwissenschaftler (WIN) engagiert sich seit 2000 für die wirtschaftswissenschaftliche Ausbildung von Ingenieuren und Naturwissenschaftlern und für die praktische Unterstützung von Gründern. Im Bereich der Forschung beschäftigt sich der Lehrstuhl vornehmlich mit der Entstehung und der Entwicklung neuer Unternehmen. Das Lehrangebot besteht aus drei aufeinander aufbauenden Ebenen. Einer allgemeinen Einführung in die Betriebswirtschaftslehre folgen vertiefende Veranstaltungen zum Themenfeld Unternehmensgründung. Zuletzt werden vertiefende Veranstaltung zu Gründungsfinanzierung und Gründungsmarketing angeboten.

Die RWTH Aachen ist in verschiedene regionale Netzwerke eingebunden und ist fester Bestandteil der »GründerRegion Aachen«. Diese umfasst seit 1999 rund 40 regionale Einrichtungen und bietet im Bereich der Existenzgründungsförderung ein umfassendes Angebot. Die RWTH Aachen arbeitet darüber hinaus eng mit der FH

Abb. 16-4

Prozessablauf – der Weg einer Erfindung an der RWTH Aachen (Quelle: Dezernat Technologietransfer und Forschungsförderung, RWTH Aachen)

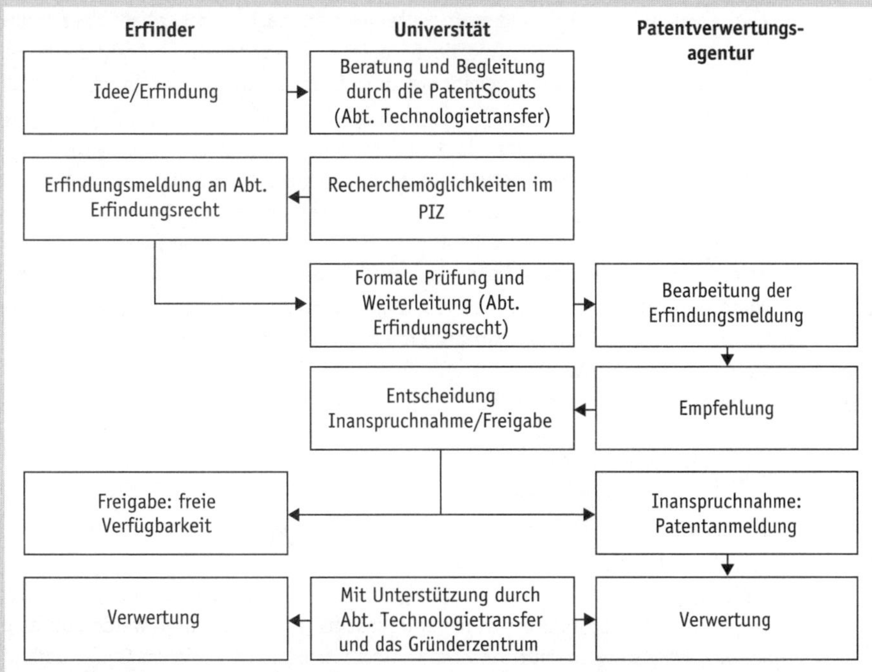

Aachen und dem Forschungszentrum Jülich sowie der Fraunhofer-Gesellschaft zu Themen der Gründungsförderung zusammen und ist in weitere nationale (z. B. TU9, Innovationsallianz der NRW-Hochschulen) und internationale Netzwerke (z. B. IDEA League, ELAT Eindhoven-Leuven-Aachen Triangle) im Bereich des Technologietransfers eingebunden. Darüber hinaus wird der Austausch mit anderen Hochschulen und Partnern aus der Wirtschaft gepflegt.

Die Einrichtungen der RWTH Aachen ergänzen sich in ihren Aktivitäten und formen in Zusammenarbeit mit der Patentverwertungsagentur einen integrierten Verwertungsprozess. Der Ablauf eines Verwertungsprozesses an der RWTH kann in Abbildung 16-4 nachvollzogen werden. Die Verwertungsoptionen schließen die Ausgründung als Verwertungsmechanismus mit ein.

Erfinder können bereits im Vorfeld ihrer Erfindungsmeldung Kontakt mit den Patentscouts der RWTH Aachen aufnehmen, um Fehler im Prozess zu vermeiden. Die Patentscouts unterstützen mit umfangreichem Know-how zum Schutz geistigen Eigentums und helfen in Zusammenarbeit mit dem Patentinformationszentrum bei der Recherche zu Schutzrechten im relevanten Bereich. Auf diese Weise kann die

Erfindungsmeldung auf fundierter Informationsbasis erfolgen. In der Erfindungsmeldung gibt der Erfinder bereits an, ob er die Erfindung im Rahmen einer Ausgründung verwerten möchte.

Die Erfindungsmeldung wird an der Universität formal geprüft und im Anschluss an die Patentverwertungsagentur weitergeleitet. Nach deren inhaltlicher Prüfung ergeht eine Empfehlung an die Hochschule, die daraufhin eine Inanspruchnahme beziehungsweise Freigabe gegenüber dem Erfinder ausspricht. In beiden Fällen können daraufhin mit Unterstützung der Hochschuleinrichtungen Schutz und Verwertung angestoßen werden. Eine Inanspruchnahme durch die Universität trägt dabei den Vorteil, dass Patentierungskosten zunächst von der Universität übernommen werden. Im Gegenzug wird ein Lizenzvertrag mit der Hochschule geschlossen. Das Gründerzentrum vermittelt den im natur- oder ingenieurwissenschaftlichen Bereich beheimateten Erfindern das zur Gründung nötige betriebswirtschaftliche Wissen im Rahmen eines Gründertrainings. Im Einzelcoaching wird auf individuelle Fragen und Herausforderungen des Projekts eingegangen, darunter v. a. Geschäftsplanentwicklung, Teambildung, Geschäftsmodelldesign, Fördermittelakquise und weiterführende Finanzierung.

Aufgaben

1. *Skizzieren Sie die Verwertungsinfrastruktur an der RWTH Aachen. Diskutieren Sie diese Infrastruktur aus Sicht eines Erfinders.*

2. *Erfassen Sie die Verwertungsförderungsstrukturen an Ihrer Hochschule und in Ihrer Region. Welche Teilprozesse können Sie als Erfinder/Verwerter hier durchlaufen?*

3. *Recherchieren Sie den Ausgründungsprozess an einem Ausgründungsbeispiel aus ihrer Hochschule. Welche Erfahrungen haben die Gründer im Rahmen des Prozesses gemacht?*

Weiterführende Literatur

OECD (2003). Turning Science Into Business: Patenting and Licensing at Public Research Institutions. Paris.

Rothaermel, F. T., Agung, S. D. und Jiang, L. (2007). University entrepreneurship: a taxonomy of the literature. In: Industrial & Corporate Change, 16 (4), S. 691–791.

Shane, S. (2004 c). Academic Entrepreneurship: University Spin-Offs and Wealth Creation. Cheltenham.

Walter, A. und Auer, M. (Hrsg.) (2009). Academic Entrepreneurship: Unternehmertum in der Forschung. Wiesbaden.

Wright, M. (2007). Academic Entrepreneurship in Europe. Cheltenham.

Management Science hat 2002 eine Sonderausgabe zum Thema »University Entrepreneurship and Technology Transfer« herausgebracht.

17 Social Entrepreneurship

Lernziele

Das Unternehmertum und das Sozialwesen stellen in Theorie und Praxis noch weitgehend unverbundene Bereiche dar. Während Unternehmer Gewinne erwirtschaften, sammeln soziale Einrichtungen Spenden für wohltätige Zwecke. Diese getrennten Assoziationen erfahren in den letzten Jahren jedoch einen tiefgreifenden Wandel. Die Bewegung des Social Entrepreneurship verbindet beide Bereiche und zeigt, dass unternehmerisches Denken nicht im Widerspruch zur Lösung sozialer Missstände steht, sondern diese innovativ und effizient unterstützt oder besser ermöglicht. Social Entrepreneurs streben als kreative Unternehmer nach einem nachhaltigen Systemwandel der Gesellschaft und wollen neben der wirtschaftlichen Unabhängigkeit vor allem einen sozialen und ökologischen Verbesserungsprozess zum Wohl der Gesellschaft oder der Umwelt anstoßen.

In diesem Kapitel finden Sie eine Einführung in das Thema des Social Entrepreneurship.

Nachdem Sie dieses Kapitel durchgearbeitet haben, werden Sie insbesondere:

- die Person des Social Entrepreneur definieren und von einem reinen Business Entrepreneur abgrenzen können,
- ein Social Venture beschreiben und Unterschiede zu verwandten Organisationsformen aufzeigen können,
- die Typologien von Social Entrepreneurs kennen,
- Finanzierungsmöglichkeiten für Social Entrepreneurs bewerten können,
- Zielbereiche des Social Impact kennen und erläutern können.

17.1 Einführung

»Die soziale Verantwortung eines Unternehmens besteht darin, seinen Gewinn zu erhöhen.« (Friedman, 1970) Mit dieser Aussage erfasst Milton Friedman, der Nobelpreisträger und amerikanische Ökonom, im Jahr 1970 den Zeitgeist. In einem freien, funktionierenden Markt führt das Verfolgen von Eigeninteressen auf längere Sicht zu einem positiven Wohlfahrtseffekt bei allen Marktteilnehmern (Achleitner, Pöllath und Stahl, 2007). Nur mit der Erzielung eines monetären Gewinns kann ein Unternehmen nachhaltig wachsen und damit am Markt langfristig agieren. Zudem wird ein Unternehmen ohne eine effiziente Allokation von Ressourcen zum Zwecke der Gewinnerzielung vom Markt verschwinden und kann somit nicht mehr zur Wohlstandsvermehrung in einer freien Marktwirtschaft beitragen.

Das weltweit dominierende Wirtschaftssystem der Marktwirtschaft hat viele, jedoch nicht alle gesellschaftlichen Probleme gelöst sowie einige neue geschaffen.

In diesem Zusammenhang kann man von einem bedingten Marktversagen oft in Verbindung mit einem Staatsversagen sprechen. Beispiele hierfür sind zahlreich: Soziale Wohlfahrtssysteme werden überbeansprucht, Steuersysteme über vielschichtige Unternehmenskonstellationen umgangen und Umweltstandards zum Teil erst unter Strafandrohung eingehalten. Social Entrepreneurship bietet zur Lösung dieser Probleme einen bereichsübergreifenden Ansatz zwischen privatem und öffentlichem Sektor (Nicholls und Pharoah, 2008 b).

Social Entrepreneurship zielt auf die nachhaltige Lösung eines gesellschaftlichen Problems mit unternehmerischen innovativen Mitteln ab

Social Entrepreneurship vereint alle Bereiche unternehmerischen Handelns, die auf die nachhaltige Lösung eines gesellschaftlichen Problems mit innovativen Mitteln abzielen. Eigenschaften, welche im Allgemeinen Social Entrepreneurs zugeschrieben werden, umfassen das innovative unternehmerische Handeln, das Streben nach gesellschaftlichem Wandel, ein wirtschaftlich nachhaltiges Geschäftsmodell sowie die Unterordnung der Gewinnmaximierung.

Definition Social Entrepreneurship

Die folgende Definition zu Social Entrepreneurship basiert auf Zahra et al. (2008), die darunter alle Aktivitäten und Prozesse verstehen, welche das Entdecken, Bewerten und Ausschöpfen von unternehmerischen Gelegenheiten für die Verbesserung des gesellschaftlichen Status verstehen, indem sie neue oder existierende innovative Organisationen schaffen.

Sozialorientierte Persönlichkeiten sind kein neues Phänomen unserer Zeit – Franz von Assisi, der Gründer des Franziskanerordens, Maria Montessori, welche die moderne Pädagogik entscheidend mitprägte, und Henry Dunant, der Gründer des Roten Kreuzes, sind Beispiele für bemerkenswerte historische Figuren, welche aus heutiger Sicht als Social Entrepreneurs bezeichnet werden können. Neu ist jedoch die dynamische Entwicklung der jüngeren Zeit, die sich unter anderem in der stark steigenden Anzahl zivilgesellschaftlicher Organisationen zeigt, den dritten Sektor zunehmend professionalisiert und einen neuen Unternehmertypus, den Social Entrepreneur, hervorgebracht hat. Dabei ist der dritte Sektor nicht mit dem tertiären Sektor (aus der klassischen Unterteilung der Wirtschaft in Agrar-, Produktions- und Dienstleistungssektor) zu verwechseln.

Der gemeinschaftliche, soziale Bereich wird in Abgrenzung zu Staat und Markt als der dritte Sektor bezeichnet

Der dritte Sektor wird neben den idealtypischen Polen von Markt und Staat angesiedelt und zeichnet sich durch eine Vielzahl an ökonomischen, politischen sowie gesellschaftlich-integrativen Funktionen aus. In den USA wird er oft mit Non-Profit-Organisation (NPO) beziehungsweise Non-Governmental-Organisation (NGO) gleichgesetzt. Der aktuelle Rückzug des Staates aus seinem bisherigen sozialen Engagement wird hier nicht als Bedrohung, sondern als Chance verstanden, den dritten Sektor in einen sich selbst nachhaltig tragenden Bereich, welcher für das Gemeinschaftswohl eintritt, zu überführen. Außerdem sei auf den komparativen Vorteil des dritten Sektors gegenüber Staat und Markt verwiesen, welcher die Effizienz der Unternehmen am Markt mit der Gemeinwohlorientierung des Staates verbindet und somit als private Organisation im öffentlichen Interesse tätig ist (Etzioni, 1973). Sozialunternehmer können dabei in Non-Profit-Organisationen oder Non-Governmental-Organisationen wie auch in For-Profit Unternehmen tätig sein. Neben diesem vornehmlich US-amerikanischen Sektorenverständnis tritt die eher europäische Sichtweise, Social Entrepreneurship als sektorenunabhängig respektive -übergreifend zu begreifen. Während in Nordamerika Social Entrepreneurship mit dem Fokus auf innovative Start-ups als Produkt außerordentlicher Individuen (»hero entrepreneurs«) und ihrer persönlichen Eigenschaften und Qualitäten wie Kreativität, Risikoübernahme, Führungskompetenz betrachtet, versteht die europäische Perspektive Social Entrepreneurship eher als kollektive Aktion, die ihren Ursprung in Gemeinschaften hat und oft Innovationen in existierenden Organisationen oder institutionellen Kontexten hervorbringt (Nicholls und Pharoah, 2008 b).

Entsprechend ist die im Entrepreneurship als Social Capital bezeichnete Gesamtheit aller dem Entrepreneur in seinem Netzwerk zur Verfügung stehenden Ressourcen für Sozialunternehmer von besonderer Bedeutung. Social Entrepreneurs stehen noch mehr als Business Entrepreneurs unter Ressourcenrestriktionen und verstehen sich in besonderer Weise als Netzwerker. Viele Unternehmen folgen ausschließlich dem ökonomischen Unternehmenszweck und berücksichtigen unbeabsichtigte Nebenwirkungen, welche sich z. B. bei der Bevölkerung oder Umwelt zeigen, nur bedingt. Betrachtet man beispielsweise die Automobilindustrie, so wird die Beeinträchtigung der Umwelt durch Abgase und die damit einhergehende Verschmutzung (sogenannter externer Effekt) nur bis zu einem gewissen Grad in den Geschäftsplänen der Unternehmen berücksichtigt. Es gibt jedoch, wie auf der UN-Klimakonferenz in Kopenhagen, bereits erste Ansätze, um Abgasbelastung durch CO_2-Zertifikate zu kompensieren. So wird der jeweiligen Umweltbelastung eine finanzielle Größe auf Unternehmensebene gegenübergestellt und der Umwelt ein Wert zugerechnet.

Neben dieser Fokussierung auf den rein ökonomischen Gewinn hat sich in den vergangenen Jahrzehnten das Prinzip der Gewinnerzielung auch auf die gesellschaftliche Dimension ausgeweitet. Unter der neuen Dimension versteht man die Erreichung eines Mehrwerts nicht nur für ein Individuum oder eine Unternehmung, sondern für die Gesellschaft als Ganzes. Manchmal wird diese neue Komponente zudem in soziale und ökologische Ziele aufgeteilt, um diese beiden neuen Gruppen im Besonderen hervorzuheben. Diesen Ansatz bezeichnet man auch als Double- beziehungsweise Triple-Bottom-Line-Ansatz (oder auch Zwei- beziehungsweise Drei-Säulen-Modell).

Exkurs

Öffentliche Güter und externe Effekte

Öffentliche Güter sind von privaten Gütern vor allem durch zwei Merkmale zu unterscheiden:

- Sie sind nicht auf einen bestimmten Personenkreis beschränkbar (Nichtanwendbarkeit des Ausschlussprinzips).
- Der Nutzen für das Individuum nimmt nicht mit einer steigenden Zahl von Nutzern ab, da kein Überfüllungsproblem auftritt (Nichtrivalitätsaxiom).

Öffentliche Güter sind dann von Vorteil, wenn es lange Reifezeiten sowie ein höheres Investitionsrisiko (z. B. bei Forschungsprojekten) gibt oder diese nicht von Individuen getragen werden können. Wesentliches Merkmal externer Effekte ist, dass diese, von individuellen Handlungen ausgehend, Wirkungen auf einen Dritten haben, diese jedoch in keiner (Vertrags-)Beziehung zueinander stehen. Steigt (sinkt) der Nutzen des Betroffenen mit dem Niveau des externen Effekts, so handelt es sich um einen positiven (negativen) externen Effekt.

Tab. 17-1

Der Triple-Bottom-Line-Ansatz

Dimensionen	Ökonomie	Sozio-Ökologie	
		Soziales	Ökologie
Mögliche Kennzahlen	Umsatz	Arbeitsbedingungen	Luft- und Wasserqualität
	Profit	Menschenrechte	Energieverbrauch
	Return-on-Investment	Produktverantwortung	Emissionswerte

Bei diesem Vorgehen geht man von einer integrativen, gleichrangigen Berücksichtigung ökonomischer, sozialer und ökologischer Entwicklungsmöglichkeiten aus. Wirtschaftliche Leistungsfähigkeit, sozialer Zusammenhalt und ökologische Tragfähigkeit sollen im Einklang miteinander stehen und sich gegenseitig ergänzen sowie gleichermaßen entwickeln (Elkington, 1997; Elkington, 2004). Tabelle 17-1 stellt den Triple-Bottom-Line-Ansatz dar und listet Beispiele für messbare Kenngrößen aus den drei Bereichen auf.

Die *unsichtbare Hand des Marktes* führt oft zu einer effizienten Allokation von Ressourcen

Oft scheint es, als ob das Individualinteresse (z. B. finanzielle Gewinnmaximierung) und das Gemeinwohl (z. B. der Umweltschutz) nicht miteinander zu vereinbaren sind. Das Problem der Koordination von Handlungen aus Eigen- und Gemeinschaftsinteresse wird als doppelte Kontingenz bezeichnet. Ein Erklärungsversuch dieses scheinbaren Dilemmas ist die unsichtbare Hand des Marktes von Adam Smith (1974). Wohlhabende werden, ohne sich dessen bewusst zu sein, von einer *unsichtbaren Hand* dazu geleitet, ihren Wohlstand mit den Armen zu teilen. Kein einzelner Marktteilnehmer strebt annahmegemäß direkt danach, den Wohlstand der Gesellschaft zu maximieren; jeder will nur seinen eigenen Güterbedarf optimal decken. Und doch führt der Marktmechanismus zum gesamtvolkswirtschaftlichen Zugewinn. Das eigennützige Streben der wirtschaftenden Menschen trägt im System der natürlichen Freiheit (und unter der Abwesenheit von Monopolstrukturen) zum Wohl der gesamten Gesellschaft bei. Smiths Ansatz der unsichtbaren Hand des Marktes ist einer der Bedeutendsten für ökonomisches Handeln. Sein Ansatz wird als Grundlage für das Konzept der freien Marktwirtschaft betrachtet. Er zeigt damit einen direkten Zusammenhang zwischen dem Eigeninteresse der Einzelnen und den Interessen der Gemeinschaft auf.

Social Venture ist die Bezeichnung der Organisationsform eines Social Entrepreneur

Viele Märkte sind jedoch nicht vollkommen; die unsichtbare Hand kann ihre Wirkung z. B. bei angebotsseitigen Monopolen nicht vollständig entfalten, sodass soziale Missstände entstehen können. Social Entrepreneurs begegnen diesen marktwirtschaftlichen Dilemmata und bedienen sich dabei einer wirtschaftlichen Unternehmungsform, welche als Social Venture bezeichnet wird. Sie zeichnet sich durch eine Kombination von sozialer Zielerreichung und finanzieller Gewinnorientierung aus. Neben der reinen Differenzierung in die ökonomische und sozio-ökologische Zieldimension ist auch die Nachhaltigkeit des sozialen Engagements von großer

Bedeutung. Dabei ist nicht entscheidend, dass der Grad der kurzfristigen Zielerreichung maximiert wird, sondern dass ein nachhaltiger Erfolg des Social Venture sowie eine anhaltende Verbesserung des identifizierten Unternehmensziels erreicht werden.

Die soziale Mission von Social Entrepreneurs ist dabei zu unterscheiden von der Zielsetzung von Wohlfahrtsorganisationen, welche z. B. Hilfsgüter bereitstellen und in Akutsituationen Unterstützungsleistungen anbieten. Das Ziel von Social Entrepreneurs ist vielmehr die nachhaltige Schaffung eines Mehrwerts für die Gesellschaft, indem sie eine Änderung des bestehenden Systems herbeiführen.

If you give a man a fish, you feed him for a day. If you teach a man how to fish, you feed him for a lifetime. (Confucius, 551-479 v. Chr.)

Charakteristisch für das Konzept des Social Entrepreneurship ist ein lösungsorientierter Pragmatismus und keine Scheu, die großen sozialen Probleme unserer Zeit Stück für Stück anzugehen, um auf diese Weise einen Mehrwert für die Gesellschaft zu schaffen. Dabei beschränken sich die Social Entrepreneurs nicht auf lokales Engagement, sondern schaffen mit ihrer Weitsicht und ihrem unternehmerischen Denken echte soziale Innovationen, die nicht selten weltweit skalierbar sind beziehungsweise von anderen aufgegriffen und kopiert werden (Fueglistaller, Müller und Volery, 2008).

Im Folgenden wird die Entstehung der Social Entrepreneurship-Bewegung beschrieben und ein Überblick über das Themengebiet gegeben. Bevor die Person des Social Entrepreneur von seinem rein gewinnorientierten Pendant abgegrenzt wird, wird die Person des Social Entrepreneur näher charakterisiert. Im Anschluss werden die Modelle zur Messung des Social Impact vorgestellt und Möglichkeiten zur Finanzierung von Social Ventures erläutert. Abschließend illustriert eine Case Study ein reales Beispiel zum Social Entrepreneurship.

17.2 Entstehung von Social Entrepreneurship

Wirft man einen Blick auf die historische Entwicklung des Social Entrepreneurship, so fällt auf, dass es erst seit Ende der 1980er-Jahre in die öffentliche Diskussion gerückt ist und entsprechend als Forschungsthema Beachtung findet. Auch gab es in der allgemeinen Wahrnehmung (empirisch valide Daten liegen hierzu global nicht vor) noch nie so viele unterschiedliche Akteure in diesem neuen Feld wie heute (Bornstein, 2004).

Die Stanford University hat im Jahre 2003 mit dem Journal *Stanford Social Innovation Review* der akademischen Diskussion ein Forum gegeben (Fueglistaller et al., 2008), welches z. B. jüngst durch das *Journal of Social Entrepreneurship* erweitert wurde.

Zudem wurde eine Reihe von Wettbewerben für junge Social Entrepreneurs ins Leben gerufen. Auch in Deutschland werden erste Wettbewerbe dazu ausgerichtet. So ist beispielsweise der von der Vodafone Stiftung initiierte *Act-for-Impact (IMPACT³)*-Wettbewerb oder der an den Münchner Hochschulen abgehaltene *4Entrepreneurship* zu erwähnen. Damit einhergehend wurden auch entsprechende Forschungs- und Förderinstitutionen sowie Kursangebote ins Leben gerufen und Kongresse für Social Entrepreneurship initiiert. Führende Business Schools und Universitäten in Europa bieten Studienspezialisierungen an oder haben Lehrstühle zu diesem Thema eingerichtet. Besonders hervorzuheben ist das 2003 geschaffene Skoll Centre for Social Entrepreneurship an der University of Oxford.

Geprägt wurde der Begriff Social Entrepreneur(-ship) durch Bill Drayton, dem Gründer der Organisation Ashoka. Drayton stellte fest, dass der wesentliche Erfolgsfaktor für nachhaltigen, gesellschaftlichen Wandel oft stark mit der Person hinter einem Projekt verbunden ist. Der Name seiner Organisation geht zurück auf den indischen Anführer Ashoka, der sich im dritten Jahrhundert vor Christus nach Jahren kriegerischer Herrschaft auf dem indischen Subkontinent für Versöhnung, Toleranz, Freiheit und ökonomischen Wohlstand eingesetzt hat. Der Name Ashoka bedeutet im Deutschen darüber hinaus so viel wie das aktive Überwinden von Missständen.

Ashoka sucht Menschen, die eine innovative Idee zur Lösung eines gesellschaftlichen Problems haben und diese mit unternehmerischem Denken umsetzen

Ashoka identifiziert solche Menschen überall auf der Welt und fördert sie mit Stipendien zur Existenzsicherung. Dadurch können sich diese sogenannten Ashoka Fellows mit ihrer gesamten Energie ihren Ideen widmen. In Deutschland gibt es 26 Fellows, darunter Norbert Kunz, der arbeitslose Jugendliche zu Unternehmern erzieht, Franz Dullinger, der für Subsidiarität in Europa eintritt und Ramazan Salman, der sich der Lösung von Migrationsproblemen annimmt. Weltweit gibt es über 2.000 von Ashoka identifizierte Social Entrepreneurs in fast 70 Ländern. Ashoka selbst versteht sich als globales Netzwerk für soziale Innovationen und versucht sich als Motor für gesellschaftlichen Wandel, indem die Organisation Social Entrepreneurs zusammenbringt und durch (pro bono-)Leistungen sowie Finanzierung unterstützt. Drayton war überzeugt, dass er mit diesem Ansatz seine eingeschränkten finanziellen Mittel am effizientesten einsetzen kann. Er hat damit auch eine neue Art und Weise etabliert, soziale Projekte zu unterstützen. Bis zu diesem Zeitpunkt wurden hauptsächlich Organisationen und nicht die dahinter stehenden Personen unterstützt. Für die weitere Entwicklung von Social Entrepreneurship entscheidend war weiterhin, dass Drayton einer bis dahin namenlosen Gruppe eine Identität gab.

Neben Ashoka, welche sich selbst als erste und größte internationale Organisation zur Förderung von Social Entrepreneurs versteht, gibt es die von Klaus Schwab gegründete Schwab Foundation for Social Entrepreneurship, welche eng mit dem World Economic Forum verbunden ist. Als dritte große Organisation ist noch die nach Jeff Skoll, dem ersten Angestellten von eBay, benannte Skoll Foundation zu nennen. Alle drei Organisationen haben einen ähnlichen Fokus in ihren Bemühungen. Als deutsche Initiativen hervorzuheben sind das Genisis Institut in Berlin, welches durch den jährlichen Vision Summit auf sich aufmerksam macht, sowie das Grameen Creativity Lab in Wiesbaden als Think Tank für Social Business-Gründungen von mittelständischen und großen Unternehmen in Deutschland.

17.3 Der Social Entrepreneur

Wer verbirgt sich nun hinter der Person eines Social Entrepreneur? Wie bei Non-Profit-Organisationen ist eine Negativabgrenzung einfacher: Ein Social Entrepreneur ist kein Unternehmer, der nach Feierabend in einer Suppenküche steht. Auch ist es keiner, der als ehrenamtlich Engagierter mit großen Transparenten auf soziale Missstände aufmerksam macht. Und zu guter Letzt handelt es sich dabei auch nicht um den reinen Produzenten von Bio-Lebensmitteln. Dees (1998) hält den Social Entrepreneur für vergleichbar mit seinem rein gewinnorientierten Pendant und erweitert seine Definition eines Entrepreneurs vor allem um die soziale Dimension. Ohne eine Definition für den Social Entrepreneur vorzugeben, hat Dees (1998) fünf allgemeine Kriterien zur Beschreibung eines *»change agents in the social sector«* aufgelistet. Dabei betont er, dass sich Social Entrepreneurs von ihren rein gewinnorientierten Pendants hauptsächlich dadurch unterscheiden, dass sie vorrangig auf die Errichtung eines sozialen Mehrwertes hinarbeiten. Die fünf aus der Literatur abgeleiteten Kriterien sind:

- Schaffung eines sozialen Mehrwerts für die Gesellschaft,
- Erkennen und Verfolgen einer unternehmerischen Gelegenheit,
- Prozess der kontinuierlichen Verbesserung, der Anpassung und des Lernens,
- keine Beschränkung auf aktuell verfügbare Ressourcen,
- Übernahme der Verantwortung für das eigene Handeln.

Nicholls (2006) sieht einen Social Entrepreneur ebenfalls als einen »society change agent«, der als Innovationspionier der Menschheit dient. Natürlich ist diese Darstellung idealtypisch, nichtsdestotrotz zeigt sie die Messlatte für sozialorientierte Entrepreneure im Schumpeter'schen Sinne auf. Schumpeter (1912) spricht von einem schöpferischen Zerstörer, welcher neue Kombinationen entdeckt (z. B. neue Güter, Dienstleistung oder Märkte). Schumpeter zufolge glaubt ein Entrepreneur an seine Idee und verfolgt sie selbst auf die Gefahr hin zu scheitern. All dies unterscheidet den kreativen Unternehmer vom Manager, der allem voran darauf achtet, dass jedes Detail geplant und auch so umgesetzt wird.

Die vorherrschenden Definitionsansätze zum Social Entrepreneur versuchen, besonders Erfolg versprechende und prominente Social Entrepreneurs zu beschreiben. Sie können daher als Definition einer *Avantgarde* verstanden werden. Diese sind in dem hier vertretenen Definitionsverständnis keineswegs ausgeschlossen. Es ergibt sich aber vielmehr ein Kontinuum, an dessen Anfang das breite, »Graswurzel-orientierte« Verständnis und an dessen Ende das avantgardistische, oben erwähnte Verständnis des Social Entrepreneur steht. Zahra et al. (2008) sprechen, um verschiedene Ausprägungsarten eines Social Entrepreneurs darstellen zu können, von der Typologie des Social Entrepreneur und unterscheiden im Speziellen drei Arten:

- *Social Bricoleurs* fokussieren sich auf das Erkennen und Lösen eines abgegrenzten, lokalen Missstands.
- *Social Constructionists* wiederum setzen mit ihren Tätigkeiten am Marktversagen oder einem anderen, externen Missstand an und besetzen diese Lücke mit dem Ziel, längerfristig eine Änderung herbeizuführen.

- *Social Engineers* schließlich erkennen Fehler im System innerhalb existierender Sozialstrukturen und lösen diese durch eine revolutionäre Innovation. Als Ergebnis zerstören sie das veraltete System und kreieren ein neues, überlegenes System.

Dies sind vereinfachte Typenformen, welche sich in einem multidimensionalen Kontinuum bewegen. Die wichtigsten Dimensionen sind das Erkennen einer sich bietenden unternehmerischen Gelegenheit im sozio-ökonomischen Umfeld, das Abschätzen des Ergebnisses, das Zusammenbringen von Ressourcen sowie die intrinsische Motivation des Social Entrepreneur. Diese Unterteilungen sind wichtig, um die verschiedenen Ausprägungsformen zu erkennen und zu verstehen (Zahra, 2008).

Hier sei betont, dass die Verbindung eines Individuums mit der jeweiligen unternehmerischen Gelegenheit (»Opportunity«) ausschlaggebend für dessen Handeln ist. Der Individual-Opportunity-Nexus nach Shane (2004) hat ebenso bei Social Entrepreneurs eine besondere Bedeutung. Man kann davon ausgehen, dass ein *change agent* nur zu einem solchen wird, wenn dieser einen bestimmten Umstand selbst miterlebt, ihn z. B. das Leid anderer in besonderer Weise berührt. Basierend auf Venkataraman (1997) versteht Shane (2000).

Entrepreneurship als einen Prozess des Suchens, Entdeckens, Bewertens und Ausschöpfens einer unternehmerischen Gelegenheit, welche bisher so nicht bestanden hat. Ein zentraler Bestandteil im Entrepreneurship ist die Forschung von handelnden Personen und wertvollen, unternehmerischen Gelegenheiten sowie die Erkenntnis, dass es genau diese Verknüpfung ist, unter welcher das Erkennen und Ausschöpfen der Gelegenheit, die Ressourcenbeschaffung, die unternehmerische Strategie sowie der organisatorische Prozess verstanden werden können (Shane, 2004 a). Diese Definition ist allgemein genug gehalten, um diese dem Social Entrepreneurship zu subsumieren (Mair und Marti, 2005). Abweichend wird hier unter einer unternehmerischen Gelegenheit nicht der potenziell finanzielle Mehrwert beurteilt, sondern die Gelegenheit, einen sozialen oder ökologischen Missstand zu verbessern.

17.4 Einordnung in den Kontext der Wirtschaftswissenschaften

Das neue Feld des Social Entrepreneurship weist in vielerlei Hinsicht Überschneidungen mit anderen, bereits etablierten Forschungsgebieten auf. So setzt sich der Begriff Social Entrepreneurship ins Deutsche übertragen aus den beiden Komponenten *sozial* und *Unternehmertum* zusammen. Unternehmertum steht dabei zum einen für das Unternehmen, zum anderen für den *Unternehmer* im Sinne des Entrepreneurs.

Es gibt zwei Schulen zur Social-Entrepreneurship-Forschung: der erste Pol (z. B. Boschee und McClurg, 2003; Dart, 2004), welcher Social Entrepreneurship als Teil der Non-Profit-Theorie sowie als neue, interdisziplinäre Domäne ansieht; als zweiten Pol

Tab. 17-2

Zielprioritäten der Unternehmenstypen

Dimension	Social Venture	Gemeinnützige Organisation	Business Venture	Traditionelles Unternehmen
Gewinnorientierung	++		+	++
Innovation	++		++	+
Social Impact	++	++		

(z. B. Johnson, 2000; Dorado und Haettich, 2004) gibt es Autoren, welche Social Entrepreneurship ebenfalls der Non-Profit-Forschung angliedern und es als Innovationskraft für diesen Bereich verstehen, darüber hinaus aber fundierte Kenntnisse aus der Management- und Entrepreneurshiplehre sowie marktorientierte Einstellungen von Akteuren aus dem Non-Profit-Sektor berücksichtigen (Mair, 2006).

Social Impact

Als sozial verstehen wir im Weiteren das, was das Wohl der Gesellschaft oder Umwelt berücksichtigt. Social Impact ist der Einfluss einer bewussten oder unbewussten Handlung auf einen sozio-ökologischen Zustand. Um Social Entrepreneurship besser zu verstehen, stellen wir diese drei oben genannten Begriffe mit Social Impact sowie den aus der Entrepreneurshipforschung bekannten Dimensionen Gewinnorientierung und Innovation zueinander in Bezug. In diesen drei Dimensionen stellt Tabelle 17-2 die Zielprioritäten der unterschiedlichen Unternehmenstypen dar. Die Tabelle zeigt die grundlegende Ausrichtung des Social Venture, das gewinnorientiert wie ein traditionelles Unternehmen, innovativ wie ein Entrepreneur in einem Business Venture und zugleich sozialorientiert wie eine gemeinnützige Organisation agiert.

Der Begriff der Social Ventures wird oft nicht fokussiert benutzt und steht dabei meist für eine Vielzahl verschiedener Ausprägungsformen. Im Allgemeinen bezeichnet er die Organisationsform, welcher sich ein Social Entrepreneur bedient, um seine Ziele zu erreichen (Mort, Weerawardena und Carnegie, 2003). Im Folgenden werden verschiedene Organisationsformen anhand eines Kontinuums dargestellt. Das eindimensionale Kontinuum in Abbildung 17-1 ist eine schematische Darstellung zur Illustration, welche die Zielgrößen der sozialen und finanziellen Rendite in Bezug setzt.

Gemeinnützige Organisationen werden meist primär über Spenden finanziert, wohingegen Organisationen am freien Markt nur das investieren können, was sie auch selbst durch ihre Geschäftstätigkeit finanzieren können. Der Grad der eigenen Einkommensgenerierung nimmt in der Abbildung 17-1 von links nach rechts zu. Wenn man davon ausgeht, dass es einen Zielkonflikt zwischen sozio-ökologischer und ökonomischer Rendite gibt, bedeutet die Einkommensgenerierung bei Social Ventures bisweilen sogar den Verzicht auf die sozio-ökologische Rendite. Hier wird der Zielkonflikt der Einkommensgenerierung für die Einordnung als Social Impact Business deutlich (Achleitner et al., 2007).

Abb. 17-1

Organisationsformen nach Renditezielen – eigene Darstellung in Anlehnung an GENISIS (2009)

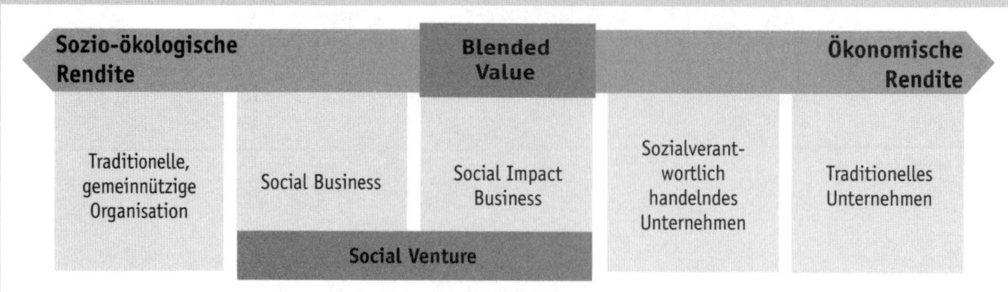

Unter einem Social Venture versteht man eine Unternehmensform mit primär sozio-ökologischen Zielen, die eigenes Einkommen erzielt, aber keine (marktunüblichen hohen) Dividenden an die Anteilseigner ausschüttet, sondern diese wieder in die eigene Organisation reinvestiert. Die Frage nach dem Verhältnis von Einnahmen zu Ausgaben wird dabei nicht näher definiert. Abbildung 17-1 zeigt die idealtypischen Organisationsformen anhand der beiden Extrema des ausschließlich nach sozio-ökologischer Rendite (traditionelle, gemeinnützige Organisation) und des nach ökonomischer Rendite (traditionelles Unternehmen) strebenden Unternehmens. Im Folgenden werden die fünf abgebildeten Unternehmensformen vorgestellt und voneinander abgegrenzt.

Die traditionelle, gemeinnützige Organisation ist die klassische Non-Profit-Organisation, welche kein eigenes Einkommen generiert, sondern sich primär über Spenden finanziert. Die Kernaktivitäten liegen neben dem sozialen Engagement im Fundraising und in der meist kurzfristigen, breit gestreuten Allokation von finanziellen Mitteln oder von sozialen Dienstleistungen (auch Social Services genannt). Der Bundesverband Deutsche Tafel e. V. ist eine Wohlfahrtsorganisation, welche durch Sach-, Finanz- und Zeitspenden von Unternehmen wie Individuen ermöglicht wird. Die Tafel organisiert deutschlandweit das Sammeln für und das Verteilen von nicht verwendeten Lebensmitteln an Bedürftige.

Ein Social Business wie auch ein Social Impact Business sind Unternehmensformen, welcher sich Social Entrepreneurs bedienen. Diese werden allgemein auch als Social Venture bezeichnet und unterscheiden sich vor allem durch die Möglichkeit des Zweitgenannten, Stakeholder an den Gewinnen in marktüblichem Rahmen partizipieren zu lassen. Ein Social Business hat wie eine gemeinnützige Organisation das Ziel, einen Social Impact zu erreichen. Außerdem ist es ebenso wenig gewinnorientiert, kann jedoch z. B. über Tochterunternehmen wirtschaftlichen Gewinn erzielen. Dieser wird aber nicht ausgeschüttet, sondern unmittelbar in die Unternehmung reinvestiert. Einkommenserzielung ist, wenn vorhanden, Mittel zum Zweck, um die Nachhaltigkeit und Eigenständigkeit der Unternehmung zu gewährleisten. Oxfam Deutschland e. V. ist als Non-Profit-Organisation aufgebaut, firmiert rechtlich als eingetragener Verein und generiert Einkommen z. B. durch den Verkauf von Buchspenden in eigenen Oxfam Shops. Ein Social Impact Business ist eine hybride Organisationsform, bei welcher sowohl die sozio-ökologische als auch die ökonomische Rendite gleichermaßen essenziell ist. Dieser von Emerson (2003) als »blended value« entwickelte Ansatz ist nach den beiden Maximen der sozio-ökologischen und ökonomischen Gewinnerzielung ausgerichtet. Social Impact Businesses sind wie For-Profit-Unternehmen angelegt und streben nach einer (marktüblichen) Rendite auf ihr eingesetztes Kapital. Der Gewinn wird nachhaltig in das Unternehmen reinvestiert, um so seine Existenz zu garantieren und Aktivitäten zum Social Impact nachhaltig sicherzustellen.

Um besonders nachhaltig zu sein, ist die Finanzierung nicht direkt auf Social-Impact-gerichtete Projekte beschränkt, sondern schließt explizit auch das aus der Venture Philanthropy bekannte Capacity Building ein. Als Beispiel kann hier die Augenklinik Aravind Eye Care System genannt werden, welche durch Skaleneffekte und eine einkommensabhängige Preisstruktur Zehntausende Operationen zur Behandlung von an grauem Star leidenden Menschen kostenlos ermöglicht. Dabei macht sich Aravind die Erfahrung aus der hohen Anzahl an nicht kostendeckenden Operationen zunutze, um als Kompetenzführer auch hochpreisige Operationen mit einer Vielzahl an Zusatzdiensten am Markt zu platzieren.

Capacity Building bezeichnet den Prozess des Aufbaus und der Stärkung der internen Struktur einer Unternehmung

Ein sozial verantwortlich handelndes Unternehmen versucht, seine ökonomischen Ziele zu erreichen, ohne dabei die Gesellschaft oder Umwelt negativ zu beeinflussen. Oft wird die soziale Mission von einer kleinen, abgegrenzten und eigenständig-agierenden Organisationseinheit innerhalb einer bestehenden Unternehmung erzielt. In diesem Rahmen wir von Corporate Social Responsibility (CSR) oder der Unternehmung als *guter Bürger* der Gesellschaft (Corporate Citizenship) gesprochen. Dieses Konzept dient Unternehmen als Grundlage, auf freiwilliger Basis über gesetzliche Bestimmungen hinausgehend soziale und ökologische Belange in ihre Unternehmenstätigkeit zu integrieren. Ein Beispiel hierfür ist die CSR Abteilung der Deutsche Post AG, welche mit dem Projekt GoGreen für klimaneutrale Logistikdienstleistungen eintritt.

CSR ist ein Konzept, welches den Unternehmen als Grundlage dient, auf freiwilliger Basis soziale Belange und Umweltbelange in ihre Tätigkeit zu integrieren. (KOM-EU, 2001)

Traditionelle Unternehmen sind auf die Erzielung einer möglichst hohen finanziellen Rendite fokussiert und haben als klares Ziel eine Maximierung des eingesetzten Kapitals. Hier lässt sich beobachten, dass dies besonders ausgeprägt ist, wenn Eigentum und Management getrennt sind (Berle und Means, 1991). Solche Unternehmen folgen häufig dem Prinzip der Shareholder-Value-Maximierung. Darüber hinaus können sie am Kapitalmarkt gelistet sein und den in Echtzeit gebildeten Aktienkurs als Erfolgsmessgröße nutzen. Einfach gesprochen gilt hier, dass gut für das Unternehmen ist, was den Aktienkurs erhöht. Beispiele für diese Unternehmen können in DAX-, FTSE- oder NYSE-Indizes gefunden werden.

Ein Blick in die jüngste Vergangenheit zeigt auf eine weiter vielversprechende Entwicklung. So setzt Yunus (2008) neben der Informationstechnologie und der Entwicklung von Grünen Technologien vor allem auf die unternehmerische Emanzipation der Frauen als positiver Werttreiber für die Zukunft einer Gesellschaft. Weiter spricht sich Prahalad (2005) für das Beseitigen der Informationsasymmetrien,

Die Bottom-of-the-Pyramid-Theorie versucht auch in den ärmsten Bevölkerungsteilen funktionierende Märkte zu sehen vor allem im Hinblick auf die von ihm geprägte Bottom-of-the-Pyramid-Theorie, aus. Der Markt von 4 Mrd. Menschen, welche von unter USD 1.500 pro Jahr leben müssen, sei weit geöffnet und warte auf technologische Innovationen von Unternehmen, die ihre Strategie darauf ausrichten wollen. Und genau hier sind innovative Social Entrepreneurs gefragt, welche sich nicht nur der finanziellen, sondern auch der sozio-ökologischen Dimension ihres Handelns bewusst sind. Auch erhalten soziale Bewegungen innerhalb von Unternehmensgrenzen zunehmend Aufmerksamkeit. Corporate Social Entrepreneurship gilt durch den enormen Hebel einer großen, professionellen Organisation als äußerst vielversprechend (Austin, 2009). So gibt es Kooperationen von traditionellen Unternehmen wie z. B. Danone oder BASF mit der Grameen-Gruppe mit dem Ziel, die jeweiligen wirtschaftlichen Kernkompetenzen in einer sozialen Weise nachhaltig und sich selbst tragend auf die Bottom-of-the-Pyramid anzuwenden. Geschäftsmodelle, die eine hohe Skalierbarkeit aufweisen, entwickeln sich mehr und mehr zu einem entscheidenden Werttreiber von sozialen Unternehmungen. Prinzipien aus der New Economy wie der Long Tail von Anderson (2006), welcher den profitablen Handel von Nischenprodukten beleuchtet, Online-Koordinationsdienste oder Franchise-Ansätze halten auch zunehmend Einzug in den sozio-ökologischen Bereich. Ebenso fundamental neue Konstrukte wie der »markets in human hope« von Sarasvathy (2001), welcher die Schaffung eines Marktes für Social Ventures im Weiteren propagiert sowie die Formierung der Social Stock Exchange Association e. V., eines öffentlichen Kapitalmarkts für Social Ventures, zeigen Entwicklungslinien auf.

17.5 Messung des Social Impact

Was nicht gemessen werden kann, kann auch nicht verbessert werden. (Töpfer, 2007)

Social Entrepreneurs schaffen tief greifende Veränderungen in der Gesellschaft. Ihre unterschiedlichen Ziele wie auch Herangehensweisen machen es schwer, einen einheitlichen und damit vergleichbaren Rahmen für die Evaluation ihrer Arbeit zu setzen. Eine Effektivitätsmessung ihres Handels, um diese Veränderungen in der sozio-ökologischen Dimension, den Social Impact, besser zu verstehen und zu beurteilen, ist komplexer und nicht so einfach zu erstellen wie Jahresabschlüsse traditioneller Unternehmen. Eine weitestgehend einheitliche Messung der Organisationseffizienz, wie es sie in der Betriebswirtschaftslehre für traditionelle Unternehmen gibt, hat sich bisher nicht herausgebildet.

Traditionell wird im dritten Sektor nicht die Performance der Organisation selbst gemessen. Wenn Messungen erfolgen, sind diese meist reaktiv und ex post. Zwar kann z. B. die Zahl der betreuten Menschen oder die Anzahl der gepflanzten Bäume quantitativ gemessen werden, eine qualitative Messung wie z. B. die Änderung einer inneren Haltung ist allerdings nur schwer zu erfassen. Auch wenn ein Social Entrepreneur für sich selbst mehr oder weniger gute Messgrößen entwickeln wird, so ist es doch meist nicht möglich, diese untereinander in Bezug zu setzen und für potenzielle Geldgeber zu vergleichen. Auch gibt es kaum bewährte und generalisierte Konzepte zur Messung des Social Impact, noch gibt es Messgrößen, welche sich als

Standard etabliert haben. Gewinnorientierte Unternehmen messen vorrangig in der Dimension der finanziellen Rendite. Bei Social Entrepreneurs kommt zusätzlich die Komponente des Social Impact hinzu, welche wiederum in soziale und ökologische Ziele unterteilt werden kann. Messgrößen können qualitativer oder quantitativer Art sein sowie in objektive und subjektive Kriterien unterteilt werden.

Nicholls (2006) geht in seiner Abhandlung über den neuen sozialen Wandel verstärkt der Frage nach, was genau gemessen werden soll und vor allem was auch gemessen werden kann. Er unterteilt die Messung des Social Impact in drei einfache Fragestellungen:

- Was soll gemessen werden?
- Wie soll gemessen werden?
- Welche Indikatoren können verwendet werden?

Diese drei Leitfragen tauchen im Grundsatz in allen Social-Impact-Messungen auf. Um notwenige Informationen für die Messung des Social Impact zusammenzustellen, kann es hilfreich sein, interne Geschäftszahlen (z. B. Umsatz, Zahl der Angestellten oder Zeit pro Fall) zu nutzen und diese darüber hinaus mit externen Statistiken und Datenbanken zu verknüpfen. Hierfür können beispielsweise Arbeitslosenzahlen oder Analphabetenraten aus öffentlichen Datenbanken genutzt werden. Das Messen an sich bringt bereits zwei wichtige Effekte mit sich: Die Unternehmensprozesse werden genauer betrachtet und so Verbesserungspotenziale identifiziert. Außerdem lässt sich durch die zeitliche Abfolge der Messungen die Veränderung des jeweiligen Indikators beobachten.

Zadek (1998) identifiziert acht Prinzipien der sozialen Rechenschaftspflicht (Social Accountability), welche allgemein genug gehalten sind, um einen Rahmen für die Ausweisung zur Messung des Social Impact aufzuzeigen:

- Einbeziehung: Es ist besonders wichtig, dass nicht nur die Interessen derer, die formalen Einfluss haben (z. B. Vorstand und Geschäftsführer), sondern alle Ansichten und Einflüsse Berücksichtigung finden.
- Vergleichbarkeit: Sowohl über die Zeit als auch gegenüber anderen, externen Benchmarks soll eine Vergleichbarkeit gewährleistet sein.
- Vollständigkeit: Kein Bereich der Unternehmung darf vergessen oder ausgeklammert werden.
- Anpassung: Da sich eine Unternehmung und/oder ihre Umwelt im Laufe der Zeit wandeln, ist es notwendig, die Rechenschaft fortlaufend an die Veränderungen anzupassen.
- Einbettung: Ein kontinuierliche Überwachung der strategischen Herausforderungen und deren Berücksichtigung in der weiteren Planung muss beachtet werden.
- Berichterstattung: Auch wenn der primäre Fokus des Berichtswesens auf den internen Anspruchsgruppen liegt, so ist es im Sinne der eigenen Legitimierung, dass auch die Öffentlichkeit über die Unternehmung informiert wird.
- Externe Verifizierung: Eine Überprüfung und Akkreditierung durch externe Prüfer, Berater oder Zertifizierungsstellen ist insbesondere im Sinne der Glaubwürdigkeit der Öffentlichkeit von großer Bedeutung.

Tab. 17-3

Übersicht der Performance-Messungen bei sozio-ökologischen Unternehmungen (Nicholls und Pharoah, 2008 a)

Modell	Beschreibung
Triple Bottom Line (Elkington, 2001)	Dieses Modell basiert auf einem Abrechnungssystem, welches nicht nur die traditionellen Finanzkennzahlen, sondern auch soziale oder ökologische Ergebnisse verwerten kann.
Family of Measures (Sawhill und Williamson, 2001)	Dieses Modell bringt die drei Messgrößen Social Impact, Aktivitäten und Organizational Capacity in Relation zueinander.
Blended Value (Emerson, 2003)	Der Blended Value repräsentiert die Leistung einer Organisation als eine Maßgröße, welche sowohl die ökonomische als auch die sozio-ökologische Dimension berücksichtigt.
Social Auditing (Zadek, 1998)	Social Audits erfassen subjektive Eindrücke von Anspruchsgruppen und setzen sie mit anderen, quantitativen Verfahren in Zusammenhang.
Balanced Scorecard (Kaplan, 2002)	Der Balanced-Scorecard-Ansatz stellt die Leistung der Unternehmung in Bezug zu einer breiten Palette an Sozial- und Finanzkennzahlen.
Social Return on Investment (SROI) (Emerson, 1999 b)	Der SROI zielt auf die Monetarisierung aller sozialen und ökologischen Ergebnisse und verbindet sie mit der ökonomischen Leistung einer Organisation. Ziel ist die Darstellung einer einzigen Finanzkennzahl, welche diskontiert und mit anderen Organisationen verglichen wird.

- Fortlaufende Verbesserung: Bei der Berichterstattung ist nicht nur die Ex-post-Perspektive wichtig, sondern auch die in die Zukunft blickende, welche auf eine Verbesserung der eigenen internen Leistung abzielt.

Auch wenn diese acht Prinzipien für sich genommen keine Aussagen zur Qualität der Messung haben, so können sie als eine Art Checkliste für die Anforderungen an die Messung des Social Impact dienen. Als Folge für fehlende Konzepte aus der Wissenschaft wurden einige Ansätze in der Praxis entwickelt, welche im Folgenden aufgezeigt werden und in Tabelle 17-3 überblicksweise zusammengefasst sind. Zwei qualitative und ein quantitativer Ansatz werden im Anschluss genauer dargestellt.

Impact Map

Die *Impact Map* (s. Tabelle 17-4) ist ein einfach anzuwendendes Tool, welches die Auswirkung der Aktivitäten der Unternehmung auf deren soziales oder ökologisches Unternehmensziel darstellt. Es zeigt eine Prozesskette von eingesetzten Mitteln bis zu deren Auswirkung (Social Impact) auf.

Social Balanced Scorecard

Ebenso hat die *Balanced Scorecard* (Kaplan und Norton, 1992) eine Übertragung in den Sozialbereich erfahren und wird unter dem Begriff *Social Balanced Scorecard* verwendet. Sie bildet betriebswirtschaftliche Werte und Kenngrößen verschiedener Dimensionen ab. Die Bezeichnungen der Dimensionen können fallweise abwei-

Tab. 17-4

Impact Map

Einsatz	Aktivitäten	Ergebnis	Folge	Auswirkungen
Welches sind die Kern-ressourcen?	Was macht die Organisation?	Welches sind die unmittelbaren Ergebnisse aus den Aktivitäten?	Welche längerfristigen Änderungen als Folge der Ergebnisse gibt es?	Welche Mission, Strategie und Werte werden dargestellt?

chende Formulierungen aufweisen. Meist unterscheidet man, wie in Abbildung 17-2 dargestellt, zwischen den folgenden vier beziehungsweise fünf Dimensionen.

- *Finanzen*: Die finanzielle Dimension eines Unternehmens wird traditionell in Jahres- oder Quartalsabschlüssen dargestellt. Sie beinhaltet Informationen über die Finanzlage eines Unternehmens. Sie scheidet als alleiniger Kumulationspunkt einer Social Balanced Scorecard aus. Die Finanzen sind für die gemeinwohlorientierte Unternehmung eine Ressource zur Sicherung der Zukunftsfähigkeit und nicht das Oberziel, wie sie dies in traditionellen Balanced Scorecards sind.
- *Kunden* beziehungsweise *Anspruchsgruppen*: Eine kundenorientierte Sichtweise liefert Informationen über die Positionierung des Unternehmens in bestimmten Marktsegmenten und über die Zufriedenheit der Anspruchsgruppen (in der Social Balanced Scorecard sind dies z. B. Geldgeber oder Leistungsempfänger). Auch

Abb. 17-2

Social und Traditionelle Scorecard

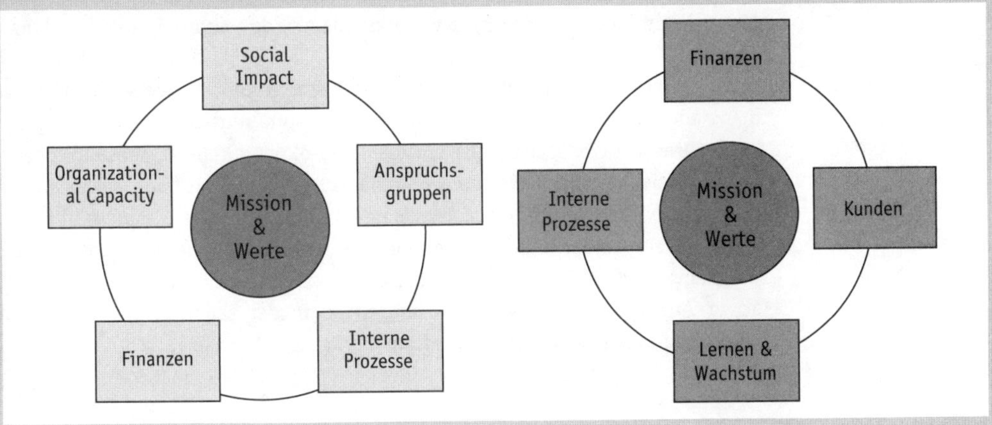

wenn beide Begriffe synonym verwendet werden könnten, trifft wegen der umfassenderen Sichtweise die Bezeichnung Anspruchsgruppen bei der Verwendung im Social Venture besser zu.

- *Interne Prozesse*: Auf der Ebene der Geschäftsprozesse erfolgt die Beschreibung des Unternehmens anhand der zentralen Arbeitsabläufe in der Unternehmung.
- *Lernen und Wachstum* beziehungsweise *Organizational Capacity*: Die vierte Dimension beinhaltet sogenannte weiche Erfolgsfaktoren. Diese umfassen z. B. die Motivation oder den Ausbildungstand der Mitarbeiter. Darüber hinaus zählen dazu aber auch der Grad der Professionalisierung und die potenziellen Möglichkeiten einer Organisation.
- *Social Impact*: Die bei der Social Balanced Scorecard neu hinzugefügte Dimension des Social Impact umfasst das breite Spektrum des sozio-ökologischen Einflusses des Unternehmens, im negativen wie im positiven Sinne, beabsichtigt oder unbeabsichtigt. Soziales und Ökologie sind dabei je nach Organisationsstrategie gleichbedeutend oder auch wichtiger als die Finanzen und stellen so zusammen die Oberziele dar.

Der ursprüngliche Bedarf zur Erstellung der traditionellen Balanced Scorecard war dabei vergleichbar mit der aktuellen Messproblematik im Social Entrepreneurship. Die Balanced Scorecard entstand, um den Goodwill, also den immateriellen Wert einer Unternehmung (z. B. das in einem Unternehmen gebundene Wissen), ebenfalls zu quantifizieren. Dieser Goodwill kann dabei, wie z. B. bei Google, ein Vielfaches des Wertes der physischen Werte einnehmen (Kaplan und Norton, 1992). Darüber hinaus ist die Balanced Scorecard auch in sozio-ökologischen Organisationen nicht nur ein Tool für die Messung der Unternehmensperformance, sondern auch ein strategisches Management- und Kommunikationsinstrument (Niven, 2003). Die Social Balanced Scorecard ist ein in Teilen in der Praxis etabliertes Konzept, welches die Balanced Scorecard vor allem um die Dimension Social Impact erweitert. Es ist kein Tool, was ohne extensive Anpassung an die jeweilige Unternehmung anzuwenden ist und bedarf der durchdachten Adaption. Sie ist weder durch externe Stellen verifiziert noch ist ein externes Audit möglich. Sie fokussiert sich auf die Abbildung der wesentlichen Elemente und hilft vor allem damit, den strategischen Überblick zu behalten.

Social Return on Investment (SROI)

Der Social Return on Investment (SROI) ist eine Methode, welche die klassischen finanziellen Bewertungsmethoden der Gesamtkapitalrentabilität beziehungsweise des Return-on-Investment (ROI) um die sozio-ökonomische Dimension erweitert. Damit ist sie für Social Ventures und Non-Profit-Organisationen sowie auch für Unternehmen interessant, die sich im Bereich Corporate Social Responsibility engagieren. Dieser Ansatz wurde durch Emerson (1999 b) beim Roberts Enterprise Development Fund (REDF) entwickelt. Diese Methode kommt dem Bedarf nach quantitativer Aussagekraft am Nächsten und ist so in der Lage, Investoren über den Zustand eines Social Ventures zu informieren (Nicholls, 2006).

Der rein finanzielle ROI lässt sich in einer einfachen Formel darstellen:

$$ROI = \frac{Gewinn}{Kapitaleinsatz}$$

Der SROI lässt sich in einer ähnlich einfachen Formel abbilden. Der Unterschied ist hier, dass der Gewinn wie auch der Gesamteinsatz nicht nur die ökonomische, sondern im Sinne des Triple-Bottom-Line-Ansatzes auch die soziale und ökologische Dimension berücksichtigen. Der Grundgedanke des SROI ist es, den Wert einer Unternehmung in einer Finanzkennzahl darzustellen, um ihn vergleichbar zu machen, dem sozialen Engagement einen finanziellen Wert beizumessen und so den Erfolg einer Sozialinvestition darzustellen. Dieser soziale Wert lässt sich nun mit den Finanzkennzahlen anderer Organisationen in Beziehung setzen und vergleichen; der *vermischte* Wert wird auch als Blended Value bezeichnet und kann formal wie folgt beschrieben werden:

$$SROI = \frac{Gewinn\ \text{(ökonomisch, sozial, ökologisch)}}{Mitteleinsatz\ \text{(ökonomisch, sozial, ökologisch)}}$$

Die Berechnung und Analyse des SROI basiert auf den bekannten Analysemethoden der Kostenrechnung zu Echtkosten, Kapitalkostenrechnung, diskontierter Cashflows und der Kapitalwertmethode. Der Unternehmenswert einer solchen Organisation setzt sich nach dem SROI aus zwei Komponenten zusammen:

- Der *ökonomische Wert (economic enterprise value)* eines Unternehmens ist der Kapitalwert der erzielten Erträge aus den wirtschaftlichen Aktivitäten eines Unternehmens (ohne die Aufwendungen für die sozialen Unternehmungen).
- Der *sozio-ökologische Wert (social purpose value)* eines Unternehmens ist der Kapitalwert der antizipierten Einsparungen oder Erträge abzüglich der zugehörigen Aufwendungen.

Der Blended Value ist die Summe aus dem ökonomischen und dem sozio-ökologischen Wert und stellt in einfacher Weise die ganzheitliche Rendite dar. Der SROI besteht also aus der Kombination von Kennzahlen, die sowohl wirtschaftliche als auch sozio-ökologische Wertsteigerung erfassen und monetär bewerten. Über eine Indexbildung lassen sich darüber hinaus Unternehmungen verschiedenster Größe und Bereiche in Bezug setzen und vergleichen (Emerson, 2003). Der SROI ist ein für Sozialunternehmen adaptiertes Investitionsrechnungsverfahren, welches in der Praxis bislang allerdings nur begrenzt, wenn auch stark zunehmend Anwendung findet.

Es gibt nicht den einen SROI-Ansatz, sondern verschiedene, welche zwar die Grundidee der Zusammenführung sozialer und wirtschaftlicher Kenngrößen teilen, sich aber in der konkreten Anwendung als auch in ihrem Umfang unterscheiden (vgl. Richmond, 1997; Emerson, 1999 a).

Dies wie auch Weiteres lassen die Vergleichbarkeit verschiedener Projekte untereinander als schwierig, wenn nicht sogar unmöglich erscheinen und stellen eine Herausforderung für die zukünftige Anwendung dar.

Wichtige Informationsquellen bieten Umfragen mit Fragebögen, Interviews, Onlinebefragungen oder verschiedenen Mischformen daraus. Des Weiteren kann die Arbeit mit Fokusgruppen, die Durchführung von Experteninterviews, Beobachtungen oder die Identifizierung von Verhaltensmustern Klarheit verschaffen. Eine weitere Möglichkeit stellt die Case-Study-Forschung dar. Als letztes Instrument haben sich in der jüngeren Entrepreneurshipforschung subjektive Erfolgsmessgrößen (Shane, 2004 a) etabliert, welche gerade für den neuen Bereich des Social Entrepreneurship Erfolg versprechend sind.

17.6 Finanzierungformen für Social Entrepreneurs

Die Finanzierungsmöglichkeiten für Social Entrepreneurs lassen sich grundsätzlich nach der Herkunft der Finanzmittel unterscheiden. Von Innenfinanzierung spricht man, wenn durch das Unternehmen erwirtschaftete Gewinne zur Finanzierung verwendet werden. Eine Außenfinanzierung im Gegensatz dazu führt dem Unternehmen finanzielle Mittel von außen zu. Bei der Außenfinanzierung von Sozialunternehmen lassen sich drei Bereiche unterscheiden. Dabei ist zum ersten die Finanzierung durch Spenden zu nennen, welche die im sozialen, gemeinnützigen Bereich bisher vorherrschende Finanzierungform ist. Als zweites ist die Finanzierung über Fremdkapital sowie drittens über Eigenkapital möglich. Eine hierarchische Übersicht ist in Abbildung 17-3 dargestellt und wird im Folgenden näher erläutert.

Abb. 17-3

Finanzierungsformen für Social Entrepreneurs

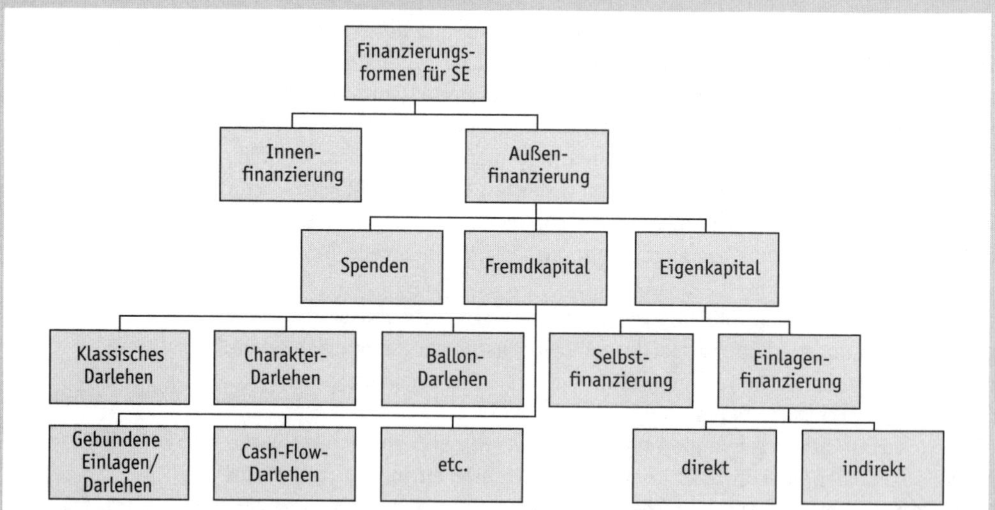

Spenden sind die im gemeinwohlorientierten Bereich vorherrschende Form der Finanzierung. Es sei erwähnt, dass sich bei jeder Finanzierungsrunde vertraglich regeln lässt, was mit den jeweiligen Mitteln geschehen soll (sie können z. B. ausschließlich für ein bestimmtes Investitionsprojekt eingesetzt werden) oder was eben nicht damit geschehen soll (z. B. Änderung des Geschäftsgegenstands). Man spricht hierbei von der Zweckbestimmung der Investition, also der zweckgebundenen Spende.

Zusatzvereinbarungen sind Übereinkünfte zur Überlassung des Kapitals

Die Finanzierung über Spenden kann durch einmalige oder durch regelmäßige Spenden, also z. B. in Form von Mitgliedsbeiträgen, erfolgen. Neben den einmaligen und ohne Verpflichtung gegebenen Spenden gibt es eine ganze Reihe von Zusatzvereinbarungen, welche in Kombination mit Spenden Anwendung finden können. Für den Social Entrepreneur sind solche Spenden von Vorteil, welche nicht durch Steuern belastet werden und ihm wirtschaftlich und rechtlich gesichert zur Verfügung stehen. Weiter ist zu erwähnen, dass Spenden in erster Linie nicht an den Social Entrepreneur selbst, sondern projektgebunden vergeben werden.

Spenden werde ohne Gegenleistung vergeben

Bei der Finanzierung über Spenden gibt es zwei Begrifflichkeiten, welche einer Abgrenzung bedürfen. Beim Fundraising wird Geld von dritten Parteien eingesammelt, ohne wie beim Sponsoring Leistungen jeglicher Art dafür zurückzugeben. Beim Sponsoring hingegen wird eine Gegenleistung erbracht, die sich z. B. im Nennen des Namens des Sponsors niederschlägt. Sponsoring kann also auch dem Marketing subsumiert werden.

Kingston und Bolton (2006) haben das Kontinuum des Einsatzbereichs von Zusatzvereinbarungen für Spenden bis zu Fremdkapital in Abbildung 17-4 überblicksweise dargestellt.

Abb. 17-4

Kontinuum des Einsatzbereiches von Zusatzvereinbarungen (vgl. Kingston und Bolton, 2006)

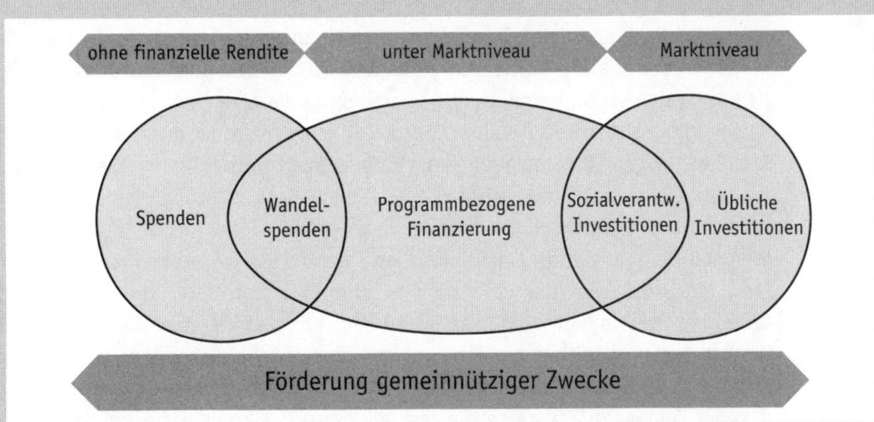

Das Spendenwesen in den Vereinigten Staaten ist weiter entwickelt als z. B. in Deutschland. Aufgrund des hohen Spendenaufkommens hat sich dort ein großer Markt rund um das Thema Spenden gebildet und den dritten Sektor zunehmend professionalisiert. Häufig anzutreffen sind die sechs folgenden Sonderformen der Finanzierung über Formen von Spenden beziehungsweise deren adaptierte Zusatzvereinbarungen, welche sie dann unter Umständen dem Fremdkapital zuordnen:

Es gibt eine Vielzahl von Sonderformen der Finanzierung für Social Entrepreneurs

- Cashflow-Darlehen werden zur Überbrückung von kurzfristigem Liquiditätsbedarf bis zu sechs Monaten vergeben.
- Das Charakter-Darlehen wird an die Social Entrepreneurs selbst ohne weitere Sicherheiten vergeben. Dabei kommt es allein auf das Vertrauen des Investors in die Person des Social Entrepreneur an.
- Gebundene Einlagen/Darlehen sind von einem Stifter zur Verfügung gestellte Gelder, die von Banken zinsgünstig an Social Entrepreneurs vergeben werden.
- Bei Recoverable Grant handelt es sich um eigenkapitalähnliche Mittel, die initial in Form eines Darlehens zur Verfügung gestellt werden. Sofern die Unternehmung erfolgreich ist, werden diese je nach Vereinbarung zurückgezahlt; falls nicht, werden die Mittel wie eine Spende behandelt.
- Ballon-Darlehen werden ohne weitere Sicherheit vergeben und sind mit endfälligen Zinsen belegt, um die Liquidität während der Projektlaufzeit nicht zu belasten.
- Wandelspenden sind wie Ballon-Darlehen angelegt, werden aber mit zuvor definierter Zielerreichung in eine Spende umgewandelt.
- Vorfinanzierungsvereinbarungen können hilfreich sein, um Projekte zu initiieren, ohne die Mittel dafür im Vorfeld zur Verfügung zu haben.
- Sach-, Zeit- und Imagespenden fallen ebenfalls unter Sonderformen, die nichtfinanzieller Art sind. Formeller sind Kooperationsvereinbarungen, welche der sozialen Unternehmung mit professionellen, meist darauf spezialisierten Ressourcen zur Verfügung stehen.
- Förderkredit-Programme gibt es in Deutschland z. B. von der Kreditanstalt für Wiederaufbau (KfW), bei der spezielle Zielgruppen unterstützt werden.

Mikrokredite sind Kredite mit kleinem Betrag und/oder kurzer Laufzeit

Mikrokredite stellen eine Möglichkeit zur Finanzierung von unternehmerischen Projekten dar, die nur einen sehr geringen Kapitalbedarf oder eine kurze Laufzeit haben. Systembedingt sind Kredite über kleinere Beträge nicht leicht zu erhalten, da der administrative Aufwand für den Kreditgeber nicht mit der Höhe des Kredites korreliert und somit kaum geringer ist als bei einem großen Betrag. Die Konsequenz ist, dass viel unternehmerisches Potenzial nicht genutzt werden kann, da Banken solche kleinen Unternehmenskredite kaum anbieten. In diesem Bereich sei die Grameen Bank erwähnt, welche mit dieser Art der Mikrokreditvergabe ein ganzes Land ein Stück weit aus der Armut geführt hat. Fast USD 7 Mrd. sind seit der Gründung 1983 in Bangladesch an über 7 Mio. zuvor als kreditunwürdig eingestufte Kreditnehmer vermittelt worden und mit einer beeindruckenden Rückzahlungsquote von 98 % auch wieder beglichen worden. Wirkungsanalysen haben gezeigt, dass der Zugang zu Mikrokrediten beziehungsweise Mikroersparnissen wichtiger ist als die Zinshöhe selbst. Kleinstunternehmer in Entwicklungsländern erzielen oftmals hohe Gewinnmargen, deshalb können Kredite selbst bei höheren Zinsen bedient werden (Achleitner et al., 2007). Auch wenn die Bereitstellung von Mikrokrediten in Entwicklungsländern (allem voran durch die Grameen Bank in Bangladesch) schon weit vorangeschritten ist, so ist es doch in Deutschland bisher ein kaum verbreitetes Mittel zur Finanzierung von und für (Social) Entrepreneurs. Kiva.org ist eine Onlineplattform, welche die Idee verfolgt, Mikrokredite von Privatpersonen an Einzelunternehmer zu koordinieren. Darüber hinaus gibt es eine Reihe von jungen Banken in Europa, welche durch sozio-ökologische Grundsätze auf sich aufmerksam machen. Die GLS Bank behauptet sich als Beispiel seit über 35 Jahren dauerhaft am Finanzmarkt und hat so bisher in über 6.500 nachhaltige Projekte investieren können.

Für die Finanzierung nicht-kommerzieller Projekte von Social Entrepreneurs kann neben der Fremd- und Eigenkapitalfinanzierung auch eine Mischform beider zur Anwendung kommen. Man fasst diese allgemein unter dem Begriff Mezzanine-Finanzierung zusammen. Je nach Finanzierungsanlass kann sie eher fremdkapitalähnlich oder eigenkapitalnah ausgestaltet werden und ist somit sehr flexibel einsetzbar.

Eigenkapital ist die grundlegendste Form der Finanzierung.

Als Eigenkapital bezeichnet man jene Mittel, die von den Eigentümern einer Unternehmung zu deren Finanzierung aufgebracht oder als erwirtschafteter Gewinn im Unternehmen belassen wurden (Perridon und Steiner, 2007). Es zeichnet sich dadurch aus, dass es unbefristet bereitgestellt wird und die Zahlungsansprüche ergebnisabhängig sind. Eigenkapital ist auch bei Social Entrepreneurs die primäre Finanzierungsform und kann unterteilt werden in Selbstfinanzierung, also z. B. die Finanzierung durch nicht ausgeschüttete Gewinne, und die Einlagenfinanzierung; diese ist direkt (z. B. über Business Angels) oder indirekt (z. B. über Fonds) möglich. Rechtlich lassen sich die Mitspracherechte des Eigenkapitalgebers flexibel regeln, von hoher Einflussnahme (z. B. Kapitalgeber als Mehrheitsgesellschafter) bis zu niedriger Einflussnahme (z. B. Kapitalgeber hält zwar die Mehrheit einer Gesellschaft, jedoch ohne adäquates Stimmrecht). Außerdem lässt sich die Haftung des Eigenkapitals in vollhaftendes und nachrangiges Eigenkapital einteilen.

Stiftungskapital einer Stiftung entspricht dem Stammkapital der gGmbH; der Verein hingegen hat kein anfängliches Vereinsvermögen, sondern finanziert sich laufend durch seine Mitgliedsbeiträge (Achleitner et al., 2007).

Venture Philanthropy

Wie es für einen traditionellen Entrepreneur einen Wagniskapitalgeber (Venture Capitalist) gibt, so gibt es seit Mitte der 90er-Jahre eine kleine Zahl an Kapitalgebern mit sozialem Anspruch, welche eigenkapitalähnliche Mittel in risikoreichere, sozioökologische Unternehmungen investieren (Letts, Ryan und Grossman, 1997). Diese kontrollierte und professionelle Vergabe von finanziellen Mitteln unter Anwendung der aus dem Venture-Capital-Bereich bekannten Methoden wird als Venture Philanthropy bezeichnet. Dabei werden Finanzmittel in die Frühphase eines Sozialunternehmens investiert und aktiv bis zum Rückzug (Exit) begleitet. Während der gesamten Dauer des Engagements sind das soziale Kapital, das Netzwerk, die Beratung und die Kontakte (auch Smart Money genannt) entscheidend für den Erfolg des Social Venture.

Abb. 17-5

Der Venture-Philanthropy-Zyklus

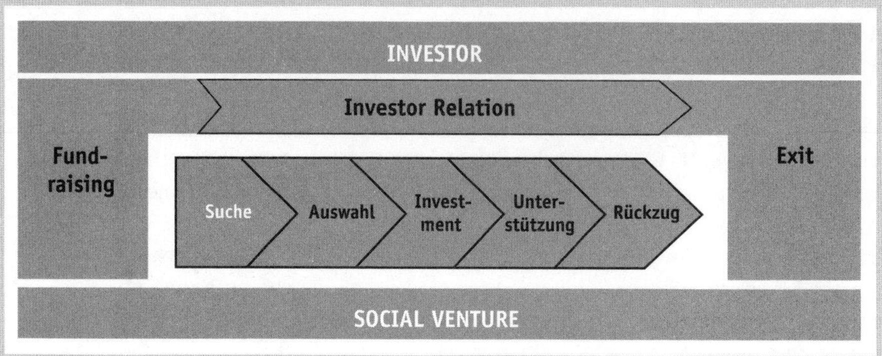

Der Venture-Philanthropy-Zyklus, wie in Abbildung 17-5 in Anlehnung an den Venture-Capital-Zyklus (Thommen und Achleitner, 2006) dargestellt, zeichnet sich durch ein zeitlich begrenztes Engagement aus, das durch ein initiales Investment und einen Rückzug beschränkt wird. Ziel der aktiven Unterstützung während des Investments ist die Erhöhung der Erfolgswahrscheinlichkeit sowie eines erfolgreichen Aufbaus der Organizational Capacity des Sozialunternehmens, um die angestrebten sozio-ökologischen Ziele auch nachhaltig zu erreichen. In Tabelle 17-5 werden Kerneigenschaften von Venture Capital und Venture Philanthropy dargestellt und gegeneinender abgegrenzt.

Im Venture-Philanthropy-Auswahlprozess gibt es folgende Fragestellungen, welche bei der Selektion der zu fördernden Social Ventures im Allgemeinen von besonderer Bedeutung sind (Achleitner et al., 2007):

- Latente Nachfrage: Kann die Idee einen relevanten Bedarf decken?
- Relativer Vorteil: Ist die Idee wirklich besser; wie unterscheidet sie sich von bestehenden Verfahren?
- Testbarkeit: Funktioniert die Idee im Kleinen?
- Messbarkeit: Kann die Wirkung der Idee gemessen werden?
- Managementteam: Wie stark ist das Team?

Die kürzlich entstandenen Venture-Philanthropy-Fonds nehmen diese speziellen Anforderungen auf und haben so nur noch wenig gemeinsam mit der klassischen Stiftungsfinanzierung. Die Folge ist, dass sich die Finanzierung von Social Entrepreneurs in den letzten 10 bis 15 Jahren deutlich geändert hat (Bell-Rose und Lopez, 2003). Die europäische Venture-Philanthropy-Branche ist in der European Venture Philanthropy Association (EVPA) organisiert und hat aktuell 115 Mitglieder aus über

Tab. 17-5

Gegenüberstellung von Venture Capital Venture Philanthropy (vgl. Letts et al., 1997; John, 2006)

	Venture Capital	**Venture Philanthropy**
Risikomanagement	Staging und Portfoliotheorie	Eine kleine Zahl an Beteiligungen mit hohem Engagement
Performancemessung	Kurz- und längerfristig: Fokus auf Finanzkennzahlen, fortlaufendes Überwachen zuvor definierter Zielgrößen	Meilensteine zur Messung der Zielerreichung von Social Impact und Nachhaltigkeit
Enge der Beteiligung	Partnerschaftlich: Nicht-finanzielle, mehrwertstiftende Leistungen (z. B. Sitz im Aufsichtsrat) mit weniger als zehn Beteiligungen	Partnerschaftlich: Hohes Engagement, operationelle Unterstützung, über das Finanzielle hinausgehend
Funding	Einige pro Jahr, typischerweise > 1.000.000 €, gestuft	Langfristiger Investitionsplan, operationale Unterstützung
Dauer der Beteiligung	Meist 5-7 Jahre, wird später bestimmt	Langfristiges Engagement von 3–5 Jahren
Auswahlkriterien	Gestufte Auswahl, Due Diligence	Innovative und skalierbare Modelle für sozialen Wandel, nachhaltig und mit hohen Social Impact
Exit Strategie	Verkauf der Anteile an der Beteiligung	Individuelles Financing, Capacity Building, Unabhängigkeit
Ziele	Exit-orientiert, ROI	Sehr hoher, nachhaltiger Social Impact, SROI (aber auch ROI)

20 Ländern. Laut Achleitner et al. (2007) lassen sich fünf Kriterien für Venture Philanthropy ausmachen:

- Fokussierung auf Früh- und Wachstumsphasen
- Kleine Organisationen mit unter fünf Angestellten
- Bedingte Einflussnahmen durch Übernahme von Aufsichtsgremien
- Weiterhin vor allem traditionelle Finanzierungsinstrumente
- Engagement über die finanzielle Beteiligung hinaus

Organisationen wie Ashoka oder die Schwab Foundation haben Programme aufgelegt, in denen viel versprechende Social Entrepreneurs möglichst früh in ihrem sozialen Handeln Unterstützung finden. Der Unterschied hierbei ist die Investition in eine Person und nicht unmittelbar in die Unternehmung. Dabei wird besonders auf die Skalierbarkeit der Herangehensweise der Stipendiaten geachtet, um aus den lokalen Innovationen nationale oder internationale Problemlösungsansätze zu entwickeln.

17.7 Zusammenfassung

Ein Entrepreneur schafft durch die Neukombination von Ressourcen, durch einen hohen Innovationsgrad und ausgeprägtes Engagement ein erfolgreiches Unternehmen. Ausgehend von diesen Eigenschaften kann unter einem Social Entrepreneur eine besondere Art eines Entrepreneurs verstanden werden, welcher sich vorrangig durch seine *Social Mission* von seinem wirtschaftlichen Counterpart unterscheidet. Um also einen Social Entrepreneur von herkömmlichen Unternehmern abzugrenzen, muss die Lösung eines sozialen oder ökologischen Missstandes im Fokus seines Zielsystems stehen. Eine finanzielle Gewinnerzielungsabsicht muss dabei der Erfüllung seiner sozialen Mission nicht entgegenstehen. Erwirtschaftete Überschüsse können im sozialen Bereich verwendet werden, das Unternehmen unabhängiger machen und die Unternehmung so nachhaltig agieren lassen. Social Entrepreneurship bietet mithin mit dem Social Entrepreneur einen innovativen sozial- und marktorientierten Akteur, der zur Lösung dieser Probleme die Grenzen zwischen privatem, dritten und öffentlichem Sektor überwindet. Die Grenzen zwischen Social und Business Entrepreneur(-ship) sind dabei fließend und kulminieren in einem nachhaltigen Unternehmertum, das als Sustainable Entrepreneurhsip Eingang in die wissenschaftliche und praktische Diskussion findet.

17.8 Fallbeispiel: Our Pride Tours

Mandisa St Clair, eine stolze und engagierte Südafrikanerin, 1953 in Crawford bei Kapstadt geboren und dort aufgewachsen, erzählt im Folgenden ihre Entwicklung zum Social Entrepreneur mit eigenen Worten:

»In 1984 I resigned from nursing to start my own business. I went to the Eastern Cape to visit my family in-law. I realized that people there could not afford to buy new clothes. It was then that I decided to sell second-hand clothing. I would travel twice a month to the Eastern Cape to sell clothes. I found this very interesting because I enjoyed traveling and meeting people. Sometimes I would do door-to-door selling of second-hand clothing in the townships. Today these are the same townships where I lead groups of tourists.

In 1989 I was involved in a car accident on my way back from the Eastern Cape. I had to undergo two major operations. This was the end of long-distance traveling. A year later I started a small convenience shop at home. I did very well with the shop. One day I was on a day off and went to a hairdressing salon, then I met an old friend. While we were waiting a lady came in with her driver. They both had cellular phones. When I looked out the window I noticed that they were driving a mini-bus. By then, cellular phones were not popular. My friend knew her and I asked her if she knew what this lady was doing for a living. She told me that she was working for a travel agent and that she was involved in tourism. The next day I drove to town to find out how could I get involved in tourism. At the tourism bureau I was referred to a lady who advised me to enroll for a tour guiding course and become a registered tourguide. When I completed the course I was told that the industry was loaded with guides and that we cannot be employed by the big companies unless we add one foreign language so that we would differ from the normal guides.

On day, my sister in-law who lived in Johannesburg was coming to Cape Town on holiday with her husband who was Italian. I had to arrange everything for them by the time they arrived. I organized transport and designed their itinerary. When they arrived I suggested that we do Table Mountain first day. Her husband was not excited about the mainstream tours before meeting the black people in the townships. This surprised me as he lived in Johannesburg and his wife was from Soweto Township. I arranged with my family who was very supportive. My uncle had a room in one of the hostels that was for migrant workers, he was more than happy to show them around the hostel and explain his experience and the living conditions. He shared a room with five men and one man was a traditional doctor who was more than willing to explain their culture. My mother was happy to prepare lunch for us – sharing stories about the past, her experiences in life, the forced removals by the Group Areas Act, the uprising in 1976 when the students protested against the Afrikaans language that was being introduced to black schools by force or as one of the compulsory languages. She explained how this system affected people's lives. A few things that I arranged was a visit to a school which I attended in Langa for some singing by the school's main choir. We also visited the informal settlement, meeting people and tasting the home-brewed beer in a shebeen. The second day we went on a Winelands tour and the third day we did the Cape Point and Peninsula tour. The visit to my home was actually the highlight of my sister-in-law and her husband's holiday.

Financing my project was not easy. I did not have funds to purchase the minibus. The banks would not finance me; the car dealers failed to arrange for finance, they reckoned that I was a high risk and would not be able to pay them back. At that time women had to find security for any hire purchase. Some car dealers discouraged me, saying that I won't make it in this industry as a black woman, claiming that there were bigger companies whom I will be competing with. They suggested that the only alternative was to hire vehicles from car rental companies. Nevertheless I told myself I am not giving up. Two weeks later I received a phone call from my lawyer, who informed me that the third party was about to pay for my car accident claim as soon as I signed the documents for accepting the offer. This was a blessing that came at the right time. I bought my first minibus in September 1995 and I started operating in October 1995. I specialized in cultural experience. I enjoyed this because there was no competition and had no problem. The big companies were more into the mainstream tours and I had no idea of the townships, they used to discourage tourists by saying it was not safe to go. I was the pioneer as I founded my own route and my family was very supportive. My husband would drive while I guide and my eldest son would be in the office taking bookings. Later my husband registered as a specialist township tourist guide. In 1997, my husband took a couple from England for a cultural experience and they enjoyed the visit. They told my husband they wished that they could spend a night in the township with a family. My husband phoned me asking if it was possible to arrange for this couple an overnight in the township? Within one hour I managed to organize a home stay with a couple that I knew and trusted would give them an unforgettable experience. I told my husband the good news and after the tour he dropped them with the family to overnight in the township. After that experience, I decided to include offering lunches to my township experience. My daughter, together with my brother's wife, would do the catering. The relationship with the people in these areas is the important element of the concept. We offer first-hand experience and our tours are client driven. We can arrange whatever our clients request. My clients requested to have their infant christened in a township church and then have lunch after church with a black family. I suggested that the bride be flown by helicopter to meet her husband who was waiting for the bride at a big open field where the wedding ceremony was to take place. I then arranged for their honeymoon here in Cape Town. I booked them in at the Radisson hotel. The hotel staff and the owner was informed about the couple well in advance. When they arrived at their hotel they had a very warm traditional welcome. I was proud and felt honored to be part of their wedding arrangements. This was for them an unforgettable experience.

South African Tourism Board appointed me to be a driver-guide for a group of journalists who were writing for different magazines. According to our itinerary we had to attend the Oudtshoorn National Arts Festival. Their tour leader had a vision that one day she would meet our President and shake his hand. She was unaware that Nelson Mandela was going to attend the festival. As the President walked in, she saw him and was so happy, she shouted loud that she wished she could hold his hand. I went up and told the security about her and he refused. I tried to speak to the white policeman explaining to him that the old lady was from Belgium that she would like to greet and hold the President's hand – he just looked and ignored me without answering. The President called me when he looked at her. I went up to him, then he told the guards to let her through and I accompanied her. He invited us to sit next to him. People allow you if you show them respect even if they do not know you. When are we going to start seeing changes? The problem that I have in this industry is to be able to fairly compete with bigger companies on a level playing field. They have the resources and they can afford to offer the hotel concierge high commission rates. I wish the bigger companies would start seeing us as partners, and to understand that we are capable of delivering genuine experiences, which would enhance their business. As people who directly represent African culture and tradition, sharing our experiences of our past, our present and our future will enhance the tourists' experience.

Our experience with clients makes us believe that they want to understand about this new South Africa when we, as people who were involved in the struggle, explain how we feel now after years of democracy. What can a person share and explain when they never experienced this struggle? Or are tourists to come to South Africa and just hear a string of sanitized stories, look at animals and enjoy the views? There is more to South Africa than this! Our stories cry out to be heard and we know that tourists want to hear us, meet us and experience our culture. Big white businesses actively deny us this opportunity.

They should sub-contract the smaller companies and allow us to have the slice of the big cake. If they think that employing us to be guides for their companies is good enough, that means that we will never become owners, instead we will remain being slaves. I ask myself when are we going to be empowered? I gained more confidence and pride, coming from a disadvantaged background with no office experience. I managed to be where I am on my own, struggling to meet the deadline sometimes. I try very hard to manage my business and be a housewife at the same time. Most of the marketing videos show black township experiences. There is a need for researching new ideas and stories about all of the other residential areas and possible attractions across Cape Town rather than for us to duplicate township tours.

The competition is becoming worse. I've tried to do my business differently from the other tour operators, making use of home-based products and by concentrating on niche experiences. My concern at the moment is that I want to make the difference in the community. I hope to have strength to train the unemployed in the community to be involved in tourism related activities. I have already started training people who are affected with HIV and AIDS. The project is called Qabuka this means wake-up. At the moment they are involved in doing bead work, next month we will be starting to train them in sewing. My dream is to purchase at least two 60 seater coaches, but before I achieve this goal, I want my community to benefit also through tourism.«

Weiterführende Literatur

Achleitner, A.-K., Pöllath, R. und Stahl, E. (Hrsg.) (2007). Finanzierung von Sozialunternehmern. Stuttgart.

Bornstein, D. (2004). How to change the world: Social Entrepreneurs and the power of new ideas. Oxford.

Elkington, J. & Hartigan, P. (2008). The Power of Unreasonable People: How Entrepreneurs Creates Markets to Change the World. Cambridge, MA.

Leadbeater, C. (1996). The Rise of the Social Entrepreneur. London.

Mair, J., Robinson, J. und Hockerts, K. (2006). Social Entrepreneurship. New York, NY.

Prahalad, C. K. (2005). The fortune at the bottom of the pyramid. Upper Saddle River, NJ.

Yunus, M. (2008). Creating a World Without Poverty: Social Business and the Furture of Capitalism. New York, NY.

Internetquellen

Ashoka Deutschland gGmbH: www.germany.ashoka.org

Vodafone Stiftung (IMPACT^3): www.vodafone-stiftung.de

Schwab Foundation: www.schwabfound.org

Skoll Foundation: www.skollfoundation.org

betterplace gemeinnützige Stiftungs-GmbH: www.betterplace.org

Genesis Institut for Social Business and Impact Strategies gGmbH: www.genisis-institute.org

Grameen Creative Lab: www.grameencreativelab.com

Literatur

Achleitner, A.-C., Pöllath, R. und Stahl, E. (Hrsg.) (2007). Finanzierung von Sozialunternehmern. Stuttgart.

Achleitner, A.-K. und Nathusius, E. (2004). Venture Valuation – Bewertung von Wachstumsunternehmen. Stuttgart.

Acs, Z. und Audretsch, D. B. (1988). Innovation in Large and Small Firms: An Empirical Analysis. In: The American Economic Review 78, S. 678-690.

Acs, Z. und Audretsch, D. B. (2003). Handbook of Entrepreneurship Research. An Interdisciplinary Survey and Introduction. Boston, MA.

Acs, Z. J. und Armington, C. (2006). Entrepreneurship, Geography, and American Economic Growth. New York, NY.

Afuah, A. (2004). Business Models: A Strategic Management Approach. New York, NY.

Agrawal, A. (2006). Engaging the Inventor: Exploring Licensing Strategies for University Inventions and the Role of Latent Knowledge. In: Strategic Management Journal 27 (1), S. 63-79.

Agrawal, A. und Henderson, R. (2002). Putting Patents in Context: Exploring Knowledge Transfer from Mit. In: Management Science 48 (1), S. 44-60.

Ajzen, I. (1991). The Theory of Planned Behavior. In: Organizational Behavior & Human Decision Processes 50 (2), S. 179-211.

Akhigbe, A., Madura, J. und Martin, A. D. (2003). Are Competitive Industry Signals Greater When Acquiring Privately-Held Firms? In: American Business Review 21 (2), S. 30-40.

Albach, H. (1983). Risikokapital – Zur Versorgung der deutschen Wirtschaft mit Risikokapital. Bonn.

Albach, H., Hunsdiek, D. und Kokalj, L. (1986). Finanzierung mit Risikokapital. Stuttgart.

Aldrich, H. E. (1990). Using an Ecological Perspective to Study Organizational Founding Rates. In: Entrepreneurship Theory and Practice 14 (3), S. 7-24.

Aldrich, H. E. (2000). Learning Together: National Differences in Entrepreneurship Research. In: Sexton, D. und Landstöm, H. (Hrsg.). The Blackwell Handbook of Entrepreneurship. Oxford, S. 5-25.

Aldrich, H. E. und Auster, E. (1986). Even Dwarfs Started Small: Liabilities of Age and Size and Their Strategic Implications. In: Cummings, L. L. und Staw, B. M. (Hrsg.). Research in Organizational Behavior. San Francisco, CA, S. 165-189.

Aldrich, H. E. und Fiol, C. M. (1994). Fools Rush In? The Institutional Context of Industry Creation. In: Academy of Management Review 19 (4), S. 645-670.

Aldrich, H. E. und Zimmer, C. (1986). Entrepreneurship through Social Networks. In: Aldrich, H. E. (Hrsg.). Population Perspectives on Organizations. Uppsala, S. 13-28.

Almus, M. und Nerlinger, E. A. (1999). Growth of New Technology-Based Firms: Which Factors Matter? In: Small Business Economics 13 (2), S. 141-154.

Almus, M. und Nerlinger, E. A. (2000). Testing 'Gibrat's Law' for Young Firms – Empirical Results for West Germany. In: Small Business Economics 15 (1), S. 1-12.

Almus, M. und Prantl, S. (2001). Die Auswirkungen öffentlicher Gründungsförderung auf das Überleben und Wachstum junger Unternehmen. ZEW Discussion Paper 01-03. Mannheim.
Alvarez, S. A. (2005). Theories of Entrepreneurship: Alternative Assumptions and the Study of Entrepreneurial Action. Boston, MA.
Alvarez, S. A. und Barney, J. B. (2005). How Do Entrepreneurs Organize Firms under Conditions of Uncertainty? In: Journal of Management 31 (5), S. 776-793.
Alvarez, S. A. und Barney, J. B. (2007). Discovery and Creation: Alternative Theories of Entrepreneurial Action. In: Strategic Entrepreneurship Journal 1 (1-2), S. 11-26.
Alvarez, S. A. und Busenitz, L. W. (2001). The Entrepreneurship of Resource-Based Theory. In: Journal of Management 27 (6), S. 755–775.
Amburgey, T. L. und Dacin, T. (1994). As the Left Foot Follows the Right? The Dynamics of Strategic and Structural Change. In: Academy of Management Journal 37 (6), S. 1427–1452.
Amit, R., Glosten, L. und Muller, E. (1990). Entrepreneurial Ability, Venture Investments, and Risk Sharing. In: Management Science 36, S. 1232–1245.
Amit, R., Muller, E. und Cockburn, I. (1995). Opportunity Costs and Entrepreneurial Activity. In: Journal of Business Venturing 10 (2), S. 95-106.
Amit, R. und Schoemaker, P. J. H. (1993). Strategic Assets and Organizational Rent. In: Strategic Management Journal 14 (1), S. 33-46.
Amit, R. und Zott, C. (2001). Value Creation in E-Business. In: Strategic Management Journal 22 (6/7), S. 493-520.
Anderson, C. (2006). The Long Tail: Why the Future of Business Is Selling Less of More. New York, NY.
Anokhin, S., Grichnik, D. und Hisrich, R. D. (2008). The Journey from Novice to Serial Entrepreneurship in China and Germany: Are the Drivers the Same? In: Managing Global Transitions 6 (2), S. 117-142.
Ansoff, H. I. (1965). Corporate Strategy: An Analytical Approach to Business Policy for Growth and Expansion. New York, NY.
Antoncic, B. und Hisrich, R. D. (2001). Intrapreneurship: Construct Refinement and Cross-Cultural Validation. In: Journal of Business Venturing 16 (5), S. 495-527.
Ardichvili, A., Cardozo, R. und Ray, S. (2003). A Theory of Entrepreneurial Opportunity Identification and Development. In: Journal of Business Venturing 18 (1), S. 105-123.
Arnold, D. R., Capella, L. M. und Sumrall, D. A. (1987). Organization Culture and the Marketing Concept: Diagnostic Keys for Hospitals. In: Journal of Health Care Marketing 7 (1), S. 18-28.
Arrow, K. (1974). Limited Knowledge and Economic Analysis. In: American Economic Review 64 (1), S. 1-10.
Arrow, K. J. (1962). Economic Welfare and the Allocation of Resources for Inventions. In: Nelson, R. R. (Hrsg.). The Rate and Direction of Inventive Activity. Princeton, NJ, S. 609-625.

Audretsch, D. B., Santarelli, E. und Vivarelli, M. (1999). Start-up Size and Industrial Dynamics: Some Evidence from Italian Manufacturing. In: International Journal of Industrial Organization 17 (7), S. 965-983.

Austin, J., Reficco, E. (2009). Corporate Social Entrepreneurship. Cambridge, MA.

Azoulay, P. und Shane, S. A. (2001). Entrepreneurs, Contracts, and the Failure of Young Firms. In: Management Science 47 (3), S. 337-358.

Backhaus, K., Erichson, B., Plinke, W. und Weiber, R. (2003). Multivariate Analysemethoden – Eine anwendungsorientierte Einführung. Berlin.

Baker, T. und Nelson, R. E. (2005). Creating Something from Nothing: Resource Construction through Entrepreneurial Bricolage. In: Administrative Science Quarterly 50 (3), S. 329-366.

Ballwieser, W. (2002). Verbindungen von Ertragswert- und Dicsounted-Cashflow-Verfahren. In: Peemöller, V. H. (Hrsg.). Praxishandbuch der Unternehmensbewertung. 2. Aufl. Berlin, S. 361-373.

Bandura, A. (1977). Self-Efficacy: Toward a Unifying Theory of Behavioral Change. In: Psychological Review 84 (2), S. 191-215.

Bandura, A. (1986). Social Foundations of Thought and Action: A Social Cognitive Theory. Englewood Cliffs, NJ.

Barney, J. B. (1991). Firm Resources and Sustained Competitive Advantage. In: Journal of Management 17 (1), S. 99-120.

Baron, R. A. (2004). The Cognitive Perspective: A Valuable Tool for Answering Entrepreneurship's Basic »Why« Questions. In: Journal of Business Venturing 19 (2), S. 221-239.

Baron, R. A. (2008). The Role of Affect in the Entrepreneurial Process. In: Academy of Management Review 33 (2), S. 328-340.

Baron, R. A. und Shane, S. A. (2008). Entrepreneurship: A Process Perspective. 2. Aufl. Mason, OH.

Barringer, B. R., Jones, F. F. und Neubaum, D. O. (2005). A Quantitative Content Analysis of the Characteristics of Rapid-Growth Firms and Their Founders. In: Journal of Business Venturing 20 (5), S. 663-687.

Baumol, W. (1990). Entrepreneurship: Productive, Unproductive, and Destructive. In: Journal of Political Economy 98 (5), S. 893-921.

Baumol, W. (1993). Formal Entrepreneurship Theory in Economics: Existence and Bounds. In: Journal of Business Venturing 8 (3), S. 197-210.

Baumol, W., Litan, R. und Schramm, C. (2007). Good Capitalism Bad Capitalism, and the Economics of Growth and Prosperity. New Haven.

Baumol, W. J. (2002). The Free-Market Innovation Machine: Analyzing the Growth Miracle of Capitalism. Princeton, NJ.

Bearden, W. und Etzel, M. (1982). Reference Group Influence on Product and Brand Purchase Decisions. In: Journal of Consumer Research 9 (3), S. 183-194.

Beck, K. (2000). Idee! Patent? Erfolg? Mantel.

Becker, G. S. (1964). Human Capital: A Theoretical and Empirical Analysis, with Special Reference to Education. Chicago, IL.

Belbin, R. M. (1993). Team Roles at Work. Oxford.

Bell-Rose, S. und Lopez, J. (2003). Social Impact Assessment – a Discussion among Grantmakers. New York, NY.

Berle, A. A. und Means, G. C. (1991). The Modern Corporation and Private Property. New Brunswick, NJ.

Berndt, R. (1995). Marketing-Politik. 3. Aufl. Berlin.

Birch, D. und Medoff, J. (1994). Gazelles. In: Solomon, L. C. und Levenson, A. R. (Hrsg.). Labor Markets, Employment Policy, and Job Creation. Boulder, S. 159-167.

Black, B. S. und Gilson, R. J. (1998). Venture Capital and the Structure of Capital Markets: Banks Versus Stock Markets. In: Journal of Financial Economics 47, S. 243-277.

Black, F. und Scholes, M. (1973). The Pricing of Options and Corporate Liabilities. In: Journal of Political Economy 81 (3), S. 637-654.

BMBF (2002). Spinoff-Gründungen aus der öffentlichen Forschung in Deutschland. Bonn.

BMBF (2004). Bundesbericht Forschung 2004. Bonn und Berlin.

Boeker, W. und Wiltbank, R. (2005). New Venture Evolution and Managerial Capabilities. In: Organization Science 16 (2), S. 123-133.

Borgatti, S. P., Everett, M. G. und Freeman, L. C. (2002). Ucinet for Windows: Software for Social Network Analysis. Harvard, MA.

Bornemann, M. und Mauer, R. (2004). Spin-Offs aus öffentlichen Forschungseinrichtungen (Working Paper). Vallendar.

Bornemann, M. (2010). Die Erfolgswirkung der Geschäftsmodellgestaltung: Eine kontextabhängige Betrachtung. Wiesbaden.

Börner, D. und Grichnik, D. (Hrsg.) (2005). Entrepreneurial Finance, Kompendium der Gründungs- und Wachstumsfinanzierung, Heidelberg.

Bornstein, D. (2004). How to Change the World: Social Entrepreneurs and the Power of New Ideas. Oxford.

Boschee, J. und McClurg, J. (2003). Toward a Better Understanding of Social Entrepreneurship: Some Important Distinctions. www.se-alliance.org/better_understanding.pdf, abgerufen am 13 January 2010.

Bösl, K. (2007). Kosten des Börsengangs – Ein Überblick. In: Real Estate Magazin 1 (3), S. 29-32.

Bosma, N., Acs, Z. J., Autio, E., Coduras, A. und Levie, J. (2009). Global Entrepreneurship Monitor. Babson Park, MA.

Bowey, J. L. und Easton, G. (2007). Entrepreneurial Social Capital Unplugged: An Activity-Based Analysis. In: International Small Business Journal 25 (3), S. 273-306.

Brandenburger, A. M. und Nalebuff, B. J. (1996). Co-Opetition. New York, NY.

Brealey, R. A., Myers, S. C. und Allen, F. (2007). Principles of Corporate Finance. 9. Aufl. New York, NY.

Brettel, M. (2002). Entscheidungskriterien von Venture Capitalists – Eine empirische Analyse im internationalen Vergleich. In: Die Betriebswirtschaft 62 (3), S. 305-325.

Brettel, M. (2004). Der informelle Beteiligungskapitalmarkt – Eine empirische Analyse. Wiesbaden.

Brettel, M., Engelen, A., Heinemann, F. und Kessell, A. (2010). Market Orientation in Emerging Firms: Towards a More Rigorous Understanding of Entrepreneurial Marketing. In: Kollmann T., Kuckertz, A. und Stöckmann, C. (Hrsg.). E-Entrepreneurship and Ict Venture: Strategy, Organization and Technology. Hershey, PA, S. 44-67.

Brettel, M. und Heinemann, F. (2008). Herausforderung Markteintritt (Unveröffentlichte Vortragsfolien).

Brettel, M., Heinemann, F., Sander, T., Spieker, M., Strigel, M. und Weiß, K. (2009). Erfolgreiche Unternehmerteams. Wiesbaden.

Brettel, M., Jaugey, C. und Rost, C. (2000). Business Angels – Der informelle Beteiligungskapitalmarkt in Deutschland. Wiesbaden.

Brettel, M., Meier, D. und Reissig-Thust, S. (2004). Vertragsgestaltung Von Venture-Capitalists Und Business Angels Im Vergleich. In: Die Betriebswirtschaft 64 (4), S. 431-447.

Brettel, M., Rudolf, M. und Witt, P. (2005). Finanzierung von Wachstumsunternehmen. Wiesbaden.

Brinckmann, J., Grichnik, D. und Kapsa, D. (2010). Should Entrepreneurs Plan or Just Storm the Castle? A Meta-Analysis on Contextual Factors Impacting the Business Planning-Performance Relationship in Small Firms. In: Journal of Business Venturing 25 (1), S. 24-40.

Brixy, U., Hundt, C., Sternberg, R. und Stüber, H. (2009). Deutschland – eine Gründungswüste? In: IAB-Kurzbericht (15), S. 1–8.

Brixy, U., Hundt, C. und Sternberg, R. (2010). Global Entrepreneurship Monitor – Länderbericht Deutschland 2009. Hannover.

Brockhaus, S. R. H. (1980). Risk Taking Propensity of Entrepreneurs. In: Academy of Management Journal 23 (3), S. 509-520.

Brockhoff, K. (2008). Produktinnovation und internes Unternehmenswachstum. In: Zeitschrift für Betriebswirtschaft 78 (2), S. 225-246.

Brüderl, J. und Preisendörfer, P. (1998). Network Support and the Success of Newly Founded Businesses. In: Small Business Economics 10 (3), S. 213-225.

Brüderl, J., Preisendörfer, P. und Ziegler, R. (1992). Survival Chances of Newly Founded Business Organizations. In: American Sociological Review 57 (2), S. 227-242.

Bruhn, M. (1997). Kommunikationspolitik. Bedeutung – Strategien – Instrumente. München.

Bruhn, M. (1999). Marketing – Grundlagen für Studium und Praxis. 4. Aufl. Wiesbaden.

Brunner, M. F., Fahlbusch, N. und Hundertmark, N. (2000). Corporate Venture Capital-Programme: Die Beziehung zwischen Corporate und Venture (Unveröffentlichte Diplomarbeit). Vallendar.

Brush, C. G., Ceru, D. J. und Blackburn, R. (2009). Pathways to Entrepreneurial Growth: The Influence of Management, Marketing, and Money. In: Business Horizons 52 (5), S. 481-491.

Buchholz, W. (1998). Timingstrategien – Zeitoptimale Ausgestaltung von Produktentwicklungsbeginn und Markteintritt. In: Zeitschrift für betriebswirtschaftliche Forschung 50 (1), S. 21-40.

Bürgel, O., Fier, A., Licht, G. und Murray, G. (2000). Internationalisation of High-Tech Start-Ups and Fast Growth – Evidence for UK and Germany. ZEW Discussion Paper No. 00-35. Mannheim.

Burgelman, R. A. (1983). Corporate Entrepreneurship and Strategic Management – Insights from a Process Study. In: Management Science 29 (12), S. 1349–1364.

Burt, R. S. (1992). Structural Holes: The Social Structure of Competition. Cambridge, MA.

Burt, R. S. (1997). The Contingent Value of Social Capital. In: Administrative Science Quarterly 42 (2), S. 339-365.

Burt, R. S. (2000). The Network Structure of Social Capital. In: Research in Organizational Behavior 22, S. 345-423.

Busenitz, L. W. (1999). Entrepreneurial Risk and Strategic Decision Making. In: Journal of Applied Behavioral Science 35 (3), S. 325-340.

Busenitz, L. W. und Barney, J. B. (1997). Differences between Entrepreneurs and Managers in Large Organizations: Biases and Heuristics In. In: Journal of Business Venturing 12 (1), S. 9-22.

Bygrave, W. D. (2000). Calling on Family and Friends for Start-up Cash. In: Birley, S. und Muzyka, D. F. (Hrsg.). Mastering Entrepreneurship: The Complete MBA Companion in Entrepreneurship. London et al, S. 105-109.

Bygrave, W. D., Hay, M., Ng, E. und Reynolds, P. (2002). A Study of Investing in 29 Nations Composing the Global Entrepreneurship Monitor. Paper präsentiert bei der Babson-Kauffman Entrepreneurship Research Conference, Juni 2002.

Bygrave, W. D. und Minniti, M. (2000). The Social Dynamics of Entrepreneurship. In: Entrepreneurship Theory and Practice 24 (3), S. 25-36.

Cantillon, R. (1931). Abhandlungen über die Natur des Handels im Allgemeinen; Deutsche Übersetzung der französischen Originalausgabe von 1755 von H. Hayek. Jena.

Carayannis, E. G., Rogers, E. M., Kurihara, K. und Allbritton, M. M. (1998). High-Technology Spin-Offs from Government R&D Laboratories and Research Universities. In: Technovation 18 (1), S. 1-11.

Cardon, M. S., Zietsma, C., Saparito, P., Matherne, B. P. und Davis, C. (2005). A Tale of Passion: New Insights into Entrepreneurship from a Parenthood Metaphor. In: Journal of Business Venturing 20 (1), S. 23-45.

Carland, J. W., Hoy, F., Boulton, W. R. und Carland, J. A. C. (1984). Differentiating Entrepreneurs from Small Business Owners: A Conceptualization. In: Academy of Management Review 9 (2), S. 354-359.

Carroll, G. und Mosakowski, E. (1987). The Career Dynamics of Self-Employment. In: Administrative Science Quarterly 32, S. 570-589.

Carson, D., Cromie, S., McGowan, P. und Hill, J. (1995). Marketing and Entrepreneurship in SMEs: An Innovative Approach. London.

Casson, M. (1982). The Entrepreneur. Totawa, NJ.

Casson, M. (1995). Entrepreneurship and Business Culture. Aldershot.

Casson, M. und Giusta, M. D. (2007). Entrepreneurship and Social Capital: Analysing the Impact of Social Networks on Entrepreneurial Activity from a Rational Action Perspective. In: International Small Business Journal 25 (3), S. 220-244.

Caves, R. (1998). Industrial Organization and New Findings on the Turnover and Mobility of Firms. In: Journal of Economic Literature 36 (4), S. 1947–1982.

Caves, R. E. und Porter, M. E. (1977). From Entry Barriers to Mobility Barriers: Conjectural Decisions and Contrived Deterrence to New Competition. In: Quarterly Journal of Economics 91 (2), S. 241-261.

Certo, S. T., Covin, J. G., Daily, C. M. und Dalton, D. R. (2001). Wealth and the Effects of Founder Management among Ipo-Stage New Ventures. In: Strategic Management Journal 22 (6/7), S. 641-658.

Chandler, A. D. (1962). Strategy and Structure: Chapters in the History of the American Industrial Enterprise. Cambridge, MA.

Chandler, G. N., DeTienne, D. R., McKelvie, A. und Mumford, T. V. (2009). Causation and Effectuation Processes: A Validation Study. In: Journal of Business Venturing (im Erscheinen).

Chandler, G. N., DeTienne, D. R., McKelvie, A. und Mumford, T. V. (2009). Causation and Effectuation Processes: A Validation Study. In: Journal of Business Venturing (im Erscheinen).

Chemla, G., Habib, M. A. und Ljungqvist, A. (2007). An Analysis of Shareholder Agreements. In: Journal of the European Economic Association 5 (1), S. 93-121.

Chesbrough, H. W. (2003). Open Innovation: The New Imperative for Creating and Profiting from Technology. Cambridge, MA.

Chesbrough, H. (2006). Open Business Models: How to Thrive in the New Innovation Landscape. Boston, MA.

Chesbrough, H. W., Vanhaverbeke, W. und West, J. (2006). Open Innovation: Researching a New Paradigm. New York, NY.

Christiansen, C. und Bower, J. (1996). Customer Power, Strategic Investment, and the Failure of Leading Firms. In: Strategic Management Journal 17 (3), S. 197-218.

Clarysse, B. und Moray, N. (2004). A Process Study of Entrepreneurial Team Formation: The Case of a Research-Based Spin-Off. In: Journal of Business Venturing 19 (1), S. 55-79.

Coase, R. H. (1937). The Nature of the Firm. In: Economica 4, S. 386-405.

Coleman, J. S. (1988). Social Capital in the Creation of Human Capital. In: The American Journal of Sociology 94, S. 95-120.

Cook, T. D. und Campbell, D. T. (1979). Quasi-Experimentation. Design & Analysis Issues for Field Settings. Dallas, TX.

Cooper, A. C. und Bruno, A. V. (1977). Success among High-Technology Firms. In: Business Horizons 2, S. 16-22.

Cope, J., Jack, S. und Rose, M. B. (2007). Social Capital and Entrepreneurship: An Introduction. In: International Small Business Journal 25 (3), S. 213-219.

Copeland, T., Koller, T. und Murrin, J. (2002). Unternehmenswert – Methoden und Strategien für eine wertorientierte Unternehmensführung. 3. Aufl. Frankfurt.

Covin, J. G. und Miles, M. P. (1999). Corporate Entrepreneurship and the Pursuit of Competitive Advantage. In: Entrepreneurship Theory and Practice 23 (3), S. 47-64.

Covin, J. G. und Slevin, D. P. (1991). A Conceptual Model of Entrepreneurship as Firm Behavior. In: Entrepreneurship Theory and Practice 16 (1), S. 7-25.

Cox, J. C., Ross, S. A. und Rubinstein, M. (1979). Option Pricing: A Simplified Approach. In: Journal of Financial Economics 7 (3), S. 229-263.

Cyr, L. A., Johnson, D. E. und Welbourne, T. M. (2000). Human Resources in Initial Public Offering Firms: Do Venture Capitalists Make a Difference?. In: Entrepreneurship Theory and Practice 25 (1), S. 77-91.

Dahlstrand, A. L. (1997). Entrepreneurial Spin-Off Enterprises in Goteborg, Sweden. In: European Planning Studies 5 (5), S. 659-673.

Dahrendorf, R. (2006). Homo Sociologicus. Ein Versuch zur Geschichte, Bedeutung und Kritik der Kategorie der sozialen Rolle. 16. Aufl. Wiesbaden.

Damodaran, A. (2001). The Dark Side of Valuation – Valuing Old Tech, New Tech and New Economy Companies. New York, NY.

Dart, R. (2004). The Legitimacy of Social Enterprise. In: Nonprofit Management and Leadership 14 (4), S. 411-424.

Davidsson, P. und Honig, B. (2003). The Role of Social and Human Capital among Nascent Entrepreneurs. In: Journal of Business Venturing 18 (3), S. 301-331.

Dees, J. G. (1998). The Meaning of Social Entrepreneurship. Durham.

Delmar, F. und Shane, S. A. (2003). Does Business Planning Facilitate the Development of New Ventures? In: Strategic Management Journal 24 (12), S. 1165–1185.

Delmar, F. und Shane, S. A. (2004). Legitimating First: Organizing Activities and the Survival of New Ventures. In: Journal of Business Venturing 19 (3), S. 385-410.

Delmar, F. und Wiklund, J. (2008). The Effect of Small Business Managers' Growth Motivation on Firm Growth: A Longitudinal Study. In: Entrepreneurship Theory and Practice 32 (3), S. 437-457.

Demsetz, H. (1967). Toward a Theory of Property Rights. In: American Economic Review 57 (2), S. 347-359.

DeTienne, D. R. (2010). Entrepreneurial Exit as a Critical Component of the Entrepreneurial Process: Theoretical Development. In: Journal of Business Venturing 25 (2), S. 203-215.

Dew, N., Read, S., Sarasvathy, S. D. und Wiltbank, R. (2009). Effectual Versus Predictive Logics in Entrepreneurial Decision-Making: Differences between Experts and Novices. In: Journal of Business Venturing 24 (4), S. 287-309.

Dietz, J.-W. (1989). Gründung innovativer Unternehmen. Wiesbaden.

DiGregorio, D. und Shane, S. (2003). Why Do Some Universities Generate More Start Ups Than Others. In: Research Policy 32 (2), S. 209-227.

Diller, H. (1999). Entwicklungslinien in Preistheorie und -management. In: Marketing ZFP 1 (1), S. 39-60.

Dimov, D. (2007). From Opportunity Insight to Opportunity Intention: The Importance of Person-Situation Learning Match. In: Entrepreneurship Theory and Practice 31 (4), S. 561-583.

Dimov, D. (2009). Nascent Entrepreneurs and Venture Emergence: Opportunity Confidence, Human Capital, and Early Planning. In: Journal of Management Studies (im Erscheinen).

Dorado, S. und Haettich, H. (2004). Social Entrepreneurial Ventures: Worth a Careful Look? Boston, MA.

Dowling, M. (2003). Grundlagen und Prozess der Gründung. In: Dowling, M. und Drumm, H. J. (Hrsg.). Gründungsmanagement: Vom erfolgreichen Unternehmensstart zu dauerhaftem Wachstum. Berlin, S. 9-18.

Drucker, P. (1985). Innovation and Entrepreneurship. New York, NY.

Dubini, P. und Aldrich, H. (1991). Personal and Extended Networks Are Central to the Entrepreneurial Process. In: Journal of Business Venturing 6 (5), S. 305-313.

Duesenberry, J. (1960). Comment on »An Economic Analysis of Fertility«. In: University-National Bureau for Enconomic Research (Hrsg.). Demographic and Economic Change in Developing Countries. Princeton, NJ.

Dushnitsky, G. und Lenox, M. J. (2006). When Does Corporate Venture Capital Investment Create Firm Value? In: Journal of Business Venturing 21 (6), S. 753-772.

Dutta, D. K. und Crossan, M. M. (2005). The Nature of Entrepreneurial Opportunities: Understanding the Process Using the 4 i Organizational Learning Framework. In: Entrepreneurship Theory and Practice 29 (4), S. 425-449.

Dyer, J. H. (1997). Effective Interfirm Collaboration: How Firms Minimize Transaction Costs and Maximize Transaction Value. In: Strategic Management Journal 18 (7), S. 535-556.

Ebben, J. und Johnson, A. (2006). Bootstrapping in Small Firms: An Empirical Analysis of Change over Time. In: Journal of Business Venturing 21 (6), S. 851-865.

Eckhard, J. und Shane, S. A. (2003). The Importance of Opportunities to Entrepreneurship. In: Journal of Management 29, S. 352-378.

Edvinsson, L. und Malone, M. S. (1997). Intellectual Capital. London.

Eisenführ, F. und Weber, M. (2003). Rationales Entscheiden. 4. Aufl. Berlin.

Elkington, J. (1997). Cannibals with Forks: The Triple Bottom Line of 21st Century Business. Oxford.

Elkington, J. (2001). The Tripie Bottom Line for 21st Century Business. London.

Elkington, J. (2004). Enter the Triple Bottom Line. In: Henriques, A. und Richardson, J. (Hrsg.). Triple Bottom Line: Does It All Add Up? London, S. 1-16.

Elkington, J. & Hartigan, P. (2008). The Power of Unreasonable People: How Entrepreneurs Creates Markets to Change the World. Cambridge, MA.

Emerson, J. (1999). Sodal Return on Investment: Exploring Aspects of Value Creation. San Francisco, CA.

Emerson, J. (2003). The Blended Value Proposition: Integrating Social and Financial Returns. In: California Management Review 45 (4), S. 35-51.

Emes, J. und Gruber, M. (2007). Die Ideenumsetzung im Rahmen von Markteintrittsstrategien. In: Freiling, J. (Hrsg.). Entrepreneurial Marketing. Wiesbaden, S. 303-322.

Engel, P. (1999). What's Your Exit Strategy? 7 Ways to Maximize the Value of the Business You've Build. Rocklin, CA.

Engelmann, A. (2000). Das Inkubatorprinzip – Ein ganzheitlicher Ansatz zur Unterstützung der Existenzgründung. In: Finanz Betrieb 2 (5), S. 329-335.

Ericson, R. und Pakes, A. (1995). Markov-Perfect Industry Dynamics: A Framework for Empirical Work. In: Review of Economic Studies 62 (1), S. 53-82.

Erlei, M., Leschke, M. und Sauerland, D. (1999). Neue Institutionenökonomik. Stuttgart.

Esty, B. C. (2000). What Determines Comparability When Valuing Firms with Multiples. In: Journal of Financial Education 26 (2), S. 24-33.

Etzioni, A. (1973). The Third Sector and Domestic Missions. In: Public Administration Review 33, S. 314-323.

Etzkowitz, H. (2002). Networks of Innovation: Science, Technology and Development in the Triple Helix Era. In: International Journal of Technology Management & Sustainable Development 1 (1), S. 7-20.

Etzkowitz, H. (2004). The Evolution of the Entrepreneurial University. In: International Journal of Technology & Globalization 1 (1), S. 64-77.

Etzkowitz, H. und Leydesdorff, L. (Hrsg.) (1997). The University in the Global Knowledge Economy. London.

Europäische Kommission (2006). Markets for Business Transfers – Fostering Transparent Marketplaces for the Transfer of Businesses in Europe. Brüssel.

Evans, D. S. und Jovanovic, B. (1989). An Estimated Model of Entrepreneurial Choice under Liquidity Constraints. In: Journal of Political Economy 97, S. 808-827.

Evans, D. S. und Leighton, L. S. (1989). Some Empirical Aspects of Entrepreneurship. In: American Economic Review 79, S. 519-535.

Evans, P. und Wurster, T. S. (1999). Blown to Bits – How the New Economics of Information Transforms Strategy. Boston, MA.

EVCA (2010). EVCA 2010 Yearbook. Brüssel.

Fairlie, R. W. (2002). Drug Dealing and Legitimate Self-Employment. In: Journal of Labor Economics 20, S. 538-567.

Fallgatter, M. J. (2004). Entrepreneurship: Konturen einer jungen Disziplin. In: Zeitschrift für betriebswirtschaftliche Forschung 56 (2), S. 23-44.

Faltin, G., Ripsas, S. und Zimmer, J. (1998). Entrepreneurship – Wie aus Ideen Unternehmen werden. München.

Feldman, M. P. (2003). Entrepreneurship and American Research Universities: Evolution in Technology Transfer. In: Hart, D. M. (Hrsg.). The Emergence of Entrepreneurship Policy: Governance, Start-Ups, and Growth in the U.S. Knowledge Economy. Cambridge, S. 92-112.

Feldman, M. P., Feller, I., Bercovitz, J. und Burton, R. (2002). Equity and the Technology Transfer – Strategies of American Research Universities. In: Management Science 48 (1), S. 105-121.

Fiet, J. O. und Patel, P. C. (2008). Forgiving Business Models for New Ventures. In: Entrepreneurship Theory and Practice 32 (4), S. 749-761.

Finance-Magazin (2010). Finance-Multiples. www.finance-research.de/multiples/index.php, abgerufen am 03.08.2010.

Forgas, J. P. und George, J. M. (2001). Affective Influences on Judgments and Behavior in Organizations: An Information Processing Perspective. In: Organizational Behavior and Human Decision Processes 86 (1), S. 3-34.
Frank, H. (2003). Einige Gründe für eine Wiederbelebung der Wissenschaftstheorie. In: Die Betriebswirtschaft 63 (3), S. 278-292.
Frank, H. und Mitterer, G. (2009). Opportunity Recognition – State of the Art und Forschungsperspektiven. In: Zeitschrift für Betriebswirtschaft 79 (3), S. 367-406.
Frese, M. (2009). Toward a Psychology of Entrepreneurship – An Action Theory Perspective. In: Foundation and Trends in Entrepreneurship 5 (6), S. 435-494.
Fried, V. H. und Hisrich, R. D. (1995). The Venture Capitalist – A Relationship Investor. In: California Management Review 37 (2), S. 101-113.
Friedman, M. (1970). The Social Responsibility of Business Is to Increase Its Profit. New York, NY.
Friese, M. (1998). Kooperation als Wettbewerbsstrategie für Dienstleistungsunternehmen. Wiesbaden.
Fueglistaller, U. (2009). Stärkung universitärer Kernaufgaben durch Unternehmertum. In: Walter, A. und Auer, M. (Hrsg.). Academic Entrepreneurship: Unternehmertum in der Forschung. Wiesbaden.
Fueglistaller, U., Müller, C. und Volery, T. (2008). Entrepreneurship: Modelle – Umsetzung – Perspektiven. Mit Fallbeispielen aus Deutschland, Österreich und der Schweiz. 2. Aufl. Wiesbaden.
Gaglio, C. M. und Katz, J. A. (2001). The Psychological Basis of Opportunity Identification: Entrepreneurial Alertness. In: Small Business Economics 16 (2), S. 95-111.
Gartner, W. B. (1985). A Conceptual Framework for Describing the Phenomenon of New Venture Creation. In: Academy of Management Review Vol. 10 (Nr. 4), S. 696-706.
Gartner, W. B. (1989). »Who Is an Entrepreneur?« Is the Wrong Question. In: Entrepreneurship Theory and Practice 13 (4), S. 47-68.
Gartner, W. B., Carter, N. M. und Hills, G. E. (2003). The Language of Opportunity. In: Steyaert, C. und Hjorth, D. (Hrsg.). New Movements in Entrepreneurship. Northampton, MA, S. 103-124.
Garvin, D. A. (1983). Spin-Offs and the New Firm Formation Process. In: California Management Review 25 (2), S. 3-20.
Geigenberger, I. (1999). Risikokapital für Unternehmensgründer – Der Weg zum Venture Capital. München.
GENISIS (2009). Social Impact Business. Berlin.
Gibb, A. A. und Davies, L. (1992). Methodological Problems in the Development of a Growth Model of Business Enterprise. In: Journal of Entrepreneurship 1 (1), S. 3-36.
Gibrat, R. (1931). Les Inegalités Economiques. Paris.
Giot, P. und Schwienbacher, A. (2007). IPOs, Trade Sales and Liquidations: Modelling Venture Capital Exits Using Survival Analysis. In: Journal of Banking & Finance 31 (3), S. 679-702.

Gladstone, D. und Gladstone, L. (2004). Venture Capital Investing: The Complete Handbook for Investing in Private Businesses for Outstanding Profits. Upper Saddle River, NJ.
Gompers, P. A. (1995). Optimal Investment, Monitoring, and the Staging of Venture Capital. In: Journal of Finance 50 (5), S. 1461–1489.
Gorman, G., Hanlon, D. und King, W. (1997). Some Research Perspectives on Entrepreneurship Education, Enterprise Education and Education for Small Business Management: A Ten-Year Literature Review. In: International Small Business Journal 15 (3), S. 56-78.
Götting, H.-P. und Schwipps, K. (2004). Grundlagen des Patentrechts: Eine Einführung für Ingenieure, Natur- und Wirtschaftswissenschaftler. Wiesbaden.
Gouldner, A. W. (1960). The Norm of Reciprocity: A Preliminary Statement. In: American Sociological Review 25 (2), S. 161-178.
Granovetter, M. S. (1973). The Strength of Weak Ties. In: American Journal of Sociology 78, S. 1360–1380.
Greiner, L. E. (1972). Evolution and Revolution as Organizations Grow. In: Harvard Business Review 50 (4), S. 37-46.
Grichnik, D. (2006 a). Die Opportunity Map der Internationale Entrepreneurshipforschung: Zum Kern des interdisziplinären Forschungsprogramms. In: Zeitschrift für Betriebswirtschaft 76 (12), S. 1-31.
Grichnik, D. (2006 b). International Entrepreneurship. Entscheidungs- und Risikoverhalten von Unternehmensgründern und Venture-Finanziers in kulturellen Kontexten. Theoriebildung und empirische Analysen. Berlin.
Grichnik, D. (2009). Policy Issues in Financing Entrepreneurship. In: OECD Report Strengthening Entrepreneurship and Economic Development in East Germany: Lessons from Local Approaches, S. 109-132.
Grichnik, D. und Hisrich, R. D. (2005). Entrepreneurial Profiles: Competencies and Educational Needs in East and West Germany. In: International Journal of Entrepreneurship Education 3 (3), S. 207-228.
Grichnik, D. und Immerthal, L. (2005). Rationalität und Risiko der Gründungsentscheidung – Erweiterung der Perspektive von der individuellen Handlung zu sozialen Phänomen. In: Die Betriebswirtschaft 65 (6), S. 561-581.
Grichnik, D. und Koropp, C. (2010). Business Angels and Energy Investing: Insights from a German Panel Study. In: Wüstenhagen, R. und Wuebker, R. (Hrsg.). Handbook of Research on Energy Entrepreneurship. Cheltham.
Grichnik, D. und Mauer, R. (2010). Dein Markt, das Unbekannte Wesen: Zum Umgang mit Marktunsicherheit als Kern des Entrepreneurial Marketing (Working Paper).
Grichnik, D., Smeja, A. und Welpe, I. (2010). The Importance of Being Emotional: How Do Emotions Affect Entrepreneurial Opportunity Evaluation and Exploitation? In: Journal of Economic Behavior and Organization 76 (1), S. 15-29.
Grichnik, D., von Kortzfleisch, H. F. O. und Magin, P. (2009). Open Scientific Entrepreneurship Engineering – Ein offener, ganzheitlicher und systematischer Ansatz zur Unterstützung von Existenzgründungen aus Hochschulen. In: Walter, A. und Auer, M. (Hrsg.). Academic Entrepreneurship: Unternehmertum in der Forschung. Wiesbaden, S. 1-23.

Grinyer, P. H. und Yasai-Ardekani, M. (1981). Strategy, Structure, Size and Bureaucracy. In: Academy of Management Journal 24 (3), S. 471-486.

Grove, A. S. (1996). Only the Paranoid Survive: How to Exploit the Crisis Points That Challenge Every Company and Career. New York, NY.

Gruber, M. (2004). Marketing in New Venture: Theory and Empirical Evidence. In: Schmalenbach Business Review 56 (2), S. 164-199.

Gruber, M. (2007). Uncovering the Value of Planning in New Venture Creation: A Process and Contingency Perspective. In: Journal of Business Venturing 22 (6), S. 782-807.

Gruber, M., MacMillan, I. C. und Thompson, J. D. (2008). Look before You Leap: Market Opportunity Identification in Emerging Technology Firms. In: Management Science 54 (9), S. 1652–1665.

Gulati, R. (1999). Network Location and Learning: The Influence of Network Resources and Firm Capabilities on Alliance Formation. In: Strategic Management Journal 20 (5), S. 397-420.

Gutenberg, E. (1942). Zur Frage des Wachstums und der Entwicklung von Unternehmungen. In: Henzel, F. (Hrsg.). Leistungswirtschaft: Festschrift für Fritz Schmidt zum 60. Geburtstag gewidmet von seinen Schülern. Berlin und Wien, S. 148-158.

Guth, W. D. und Ginsberg, A. (1990). Guest Editors' Introduction: Corporate Entrepreneurship. In: Strategic Management Journal 11(Summer Special Issue), S. 5-15.

Haber, S. und Reichel, A. (2007). The Cumulative Nature of the Entrepreneurial Process: The Contribution of Human Capital, Planning and Environment Resources to Small Venture Performance. In: Journal of Business Venturing 22 (1), S. 119-145.

Hagedoorn, J. und Duysters, G. (2002). External Sources of Innovative Capabilities: The Preference for Strategic Alliances or Mergers and Acquisitions. In: Journal of Management Studies 39 (2), S. 167-188.

Haid, D. (2001). Corporate Entrepreneurship im Strategischen Management – Ansatz zur Implementierung des Unternehmertums im Unternehmen. Wiesbaden.

Hamilton, B. (2000). Does Entrepreneurship Pay? An Empirical Analysis of the Returns to Self-Employment. In: Journal of Political Economy 108, S. 604-631.

Hansen, E. L. (1995). Entrepreneurial Networks and New Organization Growth. In: Entrepreneurship Theory and Practice 19 (4), S. 7-19.

Hardin, R. (1993). The Street-Level Epistemology of Trust. In: Politics Society 21 (4), S. 505-529.

Hargadon, A. B. und Douglas, Y. (2001). When Innovations Meet Institutions: Edison and the Design of the Electric Light. In: Administrative Science Quarterly 46 (3), S. 476-501.

Hauschildt, J. (2004). Innovationsmanagement. München.

Haveman, H. A. und Khaire, M. V. (2004). Survival Beyond Succession? The Contingent Impact of Founder Succession on Organizational Failure. In: Journal of Business Venturing 19 (3), S. 437-463.

Hayek, F. A. (1945). The Use of Knowledge in Society. In: American Economic Review 35 (4), S. 519-530.

Haynie, J. M., Shepherd, D. A. und McMullen, J. S. (2009). An Opportunity for Me? The Role of Resources in Opportunity Evaluation Decisions. In: Journal of Management Studies 46 (3), S. 337-361.

Hayward, M. L. A., Shepherd, D. A. und Griffin, D. (2006). A Hubris Theory of Entrepreneurship. In: Management Science 52 (2), S. 160-172.

Hedley, B. (1977). Strategy and The »Business Portfolio«. In: Long Range Planning 10 (1), S. 9-15.

Henard, D. und Szymanski, D. (2001). Why some New Products Are More Successful Than Others. In: Journal of Marketing Research 38 (3), S. 362-375.

Herrmann, A., Wricke, M. und Huber, F. (2000). Kundenzufriedenheit durch Preisfairneß. In: Marketing. Zeitschrift für Forschung und Praxis 22 (2), S. 131-143.

Hills, G. E., Lumpkin, G. T. und Singh, R. P. (1997). Opportunity Recognition: Perceptions and Behaviors of Entrepreneurs. In: Reynolds, P. D. et al. (Hrsg.). Frontiers of Entrepreneurship Research. Wellesley, MA, S. 203-218.

Hisrich, R. D., Peters, M. P. und Shepherd, D. A. (2009). Entrepreneurship. 8. Aufl. New York, NY.

Hitt, M. A., Ireland, D. und Hoskisson, R. E. (2009). Strategic Management: Competitiveness and Globalization. 8. Aufl. Mason, OH.

Hitt, M. A., Ireland, R. D., Camp, S. M. und Sexton, D. L. (2001). Guest Editors' Introduction to the Special Issue. Strategic Entrepreneurship: Entrepreneurial Strategies for Wealth Creation. In: Strategic Management Journal 22 (6/7), S. 479-491.

Hofstede, G. (1991). Cultures and Organizations: Software of the Mind. London.

Holzapfel, H.-J. und Pöllath, R. (2008). Unternehmenskauf in Recht und Praxis: Rechtliche und steuerliche Aspekte. 13. Aufl. Köln.

Homburg, C. (2000). Quantitative Betriebswirtschaftslehre: Entscheidungsunterstützung durch Modelle. 3. Aufl. Wiesbaden.

Homburg, C. und Krohmer, H. (2006). Marketingmanagement – Strategie – Instrumente – Umsetzung – Unternehmensführung. 2. Aufl. Wiesbaden.

Homburg, C., Workman, J. und Krohmer, H. (1999). Marketing's influence Within the Firm. In: Journal of Marketing 63 (2), S. 1-18.

Homburg, C., Schäfer, H. und Scholl, M. (2002). Wieviele Absatzkanäle kann sich ein Unternehmen leisten? In: Absatzwirtschaft 44 (3), S. 38-41.

Honig, B. (2004). Entrepreneurship Education: Toward a Model of Contingency-Based Business Planning. In: Academy of Management Learning & Education, 3 (3), S. 258-273.

Howorth, C., Westhead, P. und Wright, M. (2004). Buyouts, Information Asymmetry and the Family Management Dyad. In: Journal of Business Venturing 19 (4), S. 509-534.

Hsu, D. H. und Ziedonis, R. H. (2008). Patents as Quality Signals for Entrepreneurial Ventures. In: Academy of Management Proceedings, S. 1-6.

Huston, L. und Sakkab, N. (2006). Connect and Develop. In: Harvard Business Review 84 (3), S. 58-66.

Hutzschenreuter, T. (2006). Wachstumsstrategien: Einsatz von Managementkapazitäten zur Wertsteigerung. 2. Aufl. Wiesbaden.

IfM Bonn (2010). Kennzahlen zu Gründungen, Liquidationen und Insolvenzen in Deutschland. http://www.ifm-bonn.org/index.php?id=512, abgerufen am 24. Juni 2010.

IfM Bonn (2010). Unternehmen 2008 in Deutschland nach Umsatzgrößenklassen. http://www.ifm-bonn.org/index.php?id=586, abgerufen am 01. Juni 2010.

Inderst, R. und Mueller, H. M. (2009). Early-Stage Financing and Firm Growth in New Industries. In: Journal of Financial Economics 93 (2), S. 276-291.

Jack, S. L. (2010). Approaches to Studying Networks: Implications and Outcomes. In: Journal of Business Venturing 25 (1), S. 120-137.

Jacob, M., Lundqvist, M. und Hellsmark, H. (2003). Entrepreneurial Transformation in the Swedish University System: The Case of Chalmers University of Technology. In: Research Policy 32 (9), S. 1555–1568.

Jacobides, M. G., Knudsen, T. und Augier, M. (2006). Benefiting from Innovation: Value Creation, Value Appropriation and the Role of Industry Architectures. In: Research Policy 35 (8), S. 1200–1221.

Jaworski, B. J. und Kohli, A. K. (1993). Market Orientation: Antecedents and Consequences. In: Journal of Marketing 57 (3), S. 53-70.

Jennings, D. F. und Lumpkin, J. R. (1989). Functioning Modeling Corporate Entrepreneurship: An Empirical Integrative Analysis. In: Journal of Management 15 (3), S. 485-502.

Jensen, M. C. und Meckling, W. H. (1976). Theory of the Firm: Managerial Behavior, Agency Costs and Ownership Structure. In: Journal of Financial Economics 3 (4), S. 305-360.

Jo, H. und Lee, J. (1996). The Relationship between an Entrepreneur's Background and Performance in a New Venture. In: Technovation 16 (4), S. 161-171.

John, R. (2006). Venture Philanthropy: The Evolution of High Engagement Philanthropy in Europe. Oxford.

Johnson, S. (2000). Literature Review on Sodal Entrepreneurship. University of Alberta: Canadian Center for Social Entrepreneurship. http://www.business.ualberta.ca/Centres/CCSE/Publications.aspx, abgerufen am 13 January 2010.

Jovanovic, B. (1982). Selection and the Evolution of Industry. In: Econometrica 50 (3), S. 649-670.

Kalakota, R. und Robinson, M. (2001). E-business 2.0: Roadmap For Success. 2. Aufl. Upper Saddle River, NJ.

Kamm, J. B., Shuman, J. C., Seeger, J. A. und Nurick, A. J. (1990). Entrepreneurial Teams in New Venture Creation: A Research Agenda. In: Entrepreneurship Theory and Practice 14 (4), S. 7-17.

Kaplan, R. S. (2002). The Balanced Scorecard and Nonprofit Organizations. In: Balanced Scorecard Report, S. 2-6.

Kaplan, R. S. und Norton, D. P. (1992). The Balanced Scorecard: Measures That Drive Performance. In: Harvard Business Review 70, S. 71-79.

Karlsson, T. und Honig, B. (2009). Judging a business by its cover: An institutional perspective on new ventures and the business plan. In: Journal of Business Venturing, 45 (1), S. 27-45.

Katz, J. und Gartner, W. (1988). Properties of Emerging Organizations. In: Academy of Management Review 13 (3), S. 429-441.

Katz, M. L. und Shapiro, C. (1985). Network Externalities, Competition, and Compatibility. In: American Economic Review 75 (3), S. 424-440.

Katz, R. und Allen, T. J. (1982). Investigating the Not Invented Here (NIH) Syndrome – A Look at the Performance, Tenure, and Communication Patterns of 50 R&D Project Groups In: R & D Management 12 (1), S. 7-19.

Kensinger, J. W., Martin, J. D. und Petty, J. W. (2000). Harvesting Value from Entrepreneurial Success. In: Journal of Applied Corporate Finance 12 (4), S. 81-93.

Khilstrom, R. und Laffont, J. (1979). A General Equilibrium Entrepreneurial Theory of Firm Formation Based on Risk Aversion. In: Journal of Political Economy 87 (4), S. 719-748.

Kim, P. H. und Aldrich, H. E. (2005). Social Capital and Entrepreneurship. In: Foundations and Trends in Entrepreneurship 1 (2), S. 55-104.

Kim, W. C. und Mauborgne, R. (2004). Value Innovation: The Strategic Logic of High Growth. In: Harvard Business Review 82 (7/8), S. 172-180.

Kim, W. C. und Mauborgne, R. (2005). Blue Ocean Strategy: From Theory to Practice. In: California Management Review 47, S. 105-121.

King, N. (2002). Exit Strategies. Oxford.

Kingston, J. und Bolton, M. (2006). Approaches to Financing Charitable Work – Tracking Developments. http://www.charitiesaidfoundation.org/PDF%20/VenturesomeApproaches0106.pdf, abgerufen am 23. Januar 2010.

Kirzner, I. (1973). Competition and Entrepreneurship. Chicago, IL.

Kirzner, I. (1979). Perception, Opportunity and Profit. Chicago, IL.

Kirzner, I. (1997). Entrepreneurial Discovery and the Competitive Market Process: An Austrian Approach. In: Journal of Economic Literature 35 (1), S. 60-85.

Knecht, T. C. (1998). Universitäten als Inkubatororganisationen für innovative Spin-off Unternehmen – Ein theoretischer Bezugsrahmen und die Ergebnisse einer empirischen Bestandsaufnahme in Bayern. Köln.

Knight, F. H. (1964). Risk, Uncertainty and Profit. New York, NY.

Kohn, K. und Spengler, H. (2009). KfW-Gründungsmonitor 2009. Frankfurt am Main.

Köke, J. (2002). Determinants of Acquisition and Failure: Evidence from Corporate Germany. In: Structural Change and Economic Dynamics 13 (4), S. 457-484.

Kollmann, T. und Häsel, M. (2006). Cross-Channel Cooperation – the Bundling of Online and Offline Business Models. Wiesbaden.

KOM-EU (2001). Europäische Rahmenbedingungen für die soziale Verantwortung der Unternehmen. http://eur-lex.europa.eu/LexUriServ/LexUriServ.do?uri=-COM:2002:0347:FIN:de:PDF, abgerufen am 23. Januar 2010.

Koropp, C. und Grichnik, D. (2007). Nachfolgeentscheidung im Familienunternehmen. In: Wirtschaftswissenschaftliches Studium 36 (6), S. 295-302.

Kotler, P. (1997). Marketing Management – Analysis, Planning, Implementation, and Control. 9. Aufl. Upper Saddle River, NJ.

Kotler, P. und Bliemel, F. (1992). Marketing-Management. 7. Aufl. Stuttgart.

Kriegesmann, B., Kley, T. und Schwering, M. G. (2007). »Mutige Nachahmer gesucht!« – Mit dem Wettbewerb zum »kreativen Fehler des Monats« zu einer neuen Fehlerkultur. Kriegesmann, B. und Kerka, F. (Hrsg.). Innovationskulturen für den Aufbruch zu Neuem: Missverständnisse – Praktische Erfahrungen – Handlungsfelder des Innovationsmanagements. Wiesbaden, S. 249-272.

Krueger, N. (1993). The Impact of Prior Entrepreneurial Exposure on Perceptions of New Venture Feasibility and Desirability. In: Entrepreneurship Theory and Practice 18 (1), S. 5-21.

Kuratko, Ireland, R. D., Covin, J. G. und Hornsby, J. S. (2005). A Model of Middle-Level Managers' Entrepreneurial Behavior. In: Entrepreneurship Theory and Practice 29, S. 699-716.

Kuratko, D. F. und Hodgetts, R. M. (2008). Entrepreneurship: Theory, Process, Practice. 8. Aufl. Mason, OH.

Kürpick, H. (1981). Das Unternehmenswachstum als betriebswirtschaftliches Problem. Berlin.

Kuß, A. (2001). Marketing – Einführung – Grundlagen – Überblick – Beispiele. Wiesbaden.

Lakatos, I. (1974). Falsifikation und die Methodologie wissenschaftlicher Programme. In: Lakatos, I. und Musgrave, A. (Hrsg.). Kritik und Erkenntnisfortschritt. Braunschweig, S. 89-189.

Landier, A. und Thesmar, D. (2003). Financial Contracting with Optimistic Entrepreneurs: Theory and Evidence (Working Paper).

Langer, E. J. (1975). The Illusion of Control. In: Journal of Personality & Social Psychology 32 (2), S. 311-328.

Lazarus, R. S. (1991). Cognition and Motivation in Emotion. In: American Psychologist 46 (4), S. 352-367.

Leach, J. C. und Melicher, R. W. (2008). Entrepreneurial Finance. 3. Aufl. Mason, OH.

Leadbeater, C. (1996). The Rise of the Social Entrepreneur, London.

Leonard, D. und Swap, W. (2000). Gurus in the Garage. In: Harvard Business Review 78 (6), S. 71-82.

Lessat, V., Hemer, J., Eckerle, T., Kulicke, M., Licht, G., Nerlinger, E., Steiger, M. und Steil, F. (1999). Beteiligungskapital und technologieorientierte Unternehmensgründungen. Wiesbaden.

Letts, W. C., Ryan, W. und Grossman, A. (1997). Virtuous Capital: What Foundations Can Learn from Venture Capitalists. Harvard Business Review 75 (2), S. 36-44.

Lieberman, M. B. und Montgomery, D. B. (1988). First-Mover Advantages. In: Strategic Management Journal 9 (Summer Special Issue), S. 41-58.

Löhnert, P. G. und Böckmann, U. J. (2002). Multiplikatorverfahren und Unternehmensbewertung. In: Peemöller, V. H. (Hrsg.). Praxishandbuch der Unternehmensbewertung. 2. Aufl. Berlin, S. 401-426.

Longenecker, J. G., Petty, J. W., Palich, L. E. und Moore, C. W. (2009). Small Business Management: Launching & Growing Entrepreneurial Ventures. Mason, OH.

Louis, K. S., Blumenthal, D., Gluck, M. E. und Stoto, M. A. (1989). Entrepreneurs in Academe: An Exploration of Behaviors among Life Scientists. In: Administrative Science Quarterly 34 (1), S. 110-131.

Lukas, A. (2004). Unternehmensbewertung und intellektuelles Kapital – Preisfindung im Mergers & Acquisitions-Prozess. Berlin.

Lumpkin, G. T. und Dess, G. G. (1996). Clarifying the Entrepreneurial Orientation Construct and Linking It to Performance. In: Academy of Management Review 21 (1), S. 135-172.

Luzak, P. (2010). Zielkundenbestimmung in jungen Unternehmen – Eine fallstudienbasierte Untersuchung (Unveröffentlichte Dissertation). Aachen.

Maass, C. (2008). E-Business Management. Stuttgart.

Maass, C. und Pietsch, G. (2010). Investitionscontrolling im Web2.0-Business: Eine Fallstudie zur Weiterentwicklung von Wert- und Kostentreibermodellen der Discounted-Cashflow-Methoden. In: Zeitschrift für betriebswirtschaftliche Forschung 62 (8), S. 563-594.

Macharzina, K. und Wolf, J. (2008). Unternehmensführung: Das Internationale Managementwissen – Konzepte – Methoden – Praxis. 6. Aufl. Wiesbaden.

Magee, J. F. (1964). How to Use Decision Trees in Capital Investment. In: Harvard Business Review 42 (5), S. 79-96.

Mahadevan, B. (2000). Business Models for Internet-Based E-Commerce: An Anatomy. In: California Management Review 42 (4), S. 55-69.

Mahar, J. F. und Coddington, D. C. (1965). The Scientific Complex – Proceed with Caution. In: Harvard Business Review 43 (1), S. 140-155.

Mair, J. und Marti, I. (2005). Social Entrepreneurship Research: A Source of Explanation, Prediction, and Delight (Unveröffentlichtes Manuskript).

Mair, J., Robinson, J. und Hockerts, K. (2006). Social Entrepreneurship. New York, NY.

March, J. G. (1991). Exploration and Exploitation in Organizational Learning. In: Organization Science 2 (1), S. 71-87.

Markman, G. D., Phan, P. H., Balkin, D. B. und Gianiodis, P. T. (2005). Entrepreneurship and University-Based Technology Transfer. In: Journal of Business Venturing 20 (2), S. 241-263.

Markowitz, H. (1952). Portfolio Selection. In: Journal of Finance 7 (1), S. 77-91.

Marshall, A. (1920). Principles of Economics. 8. Aufl. London.

Martiensen, J. (2000). Institutionenökonomik. Die Analyse der Bedeutung von Regeln und Organisationen für die Effizienz ökonomischer Tauschbeziehungen. München.

Maselli, A. (1997). Spin-offs zur Durchführung von Innovationen – Eine Analyse aus institutionenökonomischer Sicht. Wiesbaden.

Mason, C. M. und Harrison, R. T. (1996). Informal Venture Capital: A Study of the Investment Process, the Post-Investment Experience and Investment Performance. In: Entrepreneurship & Regional Development 8 (2), S. 105-126.

Mason, C. M. und Harrison, R. T. (2006). After the Exit: Acquisitions, Entrepreneurial Recycling and Regional Economic Development. In: Regional Studies 40 (1), S. 55-73.

Mata, J. und Portugal, P. (1994). Life Duration of New Firms. In: Journal of Industrial Economics 42 (3), S. 227-245.
Mathes, K. (2005). Erfindungen erfolgreich schützen: Leitfaden für kleine und mittlere Unternehmen. Saarbrücken.
Mauer, R., Neergaard, H. und Kirketerp Linstad, A. (2009). Self-Efficacy: Conditioning the Entrepreneurial Mindset. In: Carsrud, A. L. und Brännback, M. (Hrsg.). Understanding the Entrepreneurial Mind. New York, NY.
McMahon, R. G. P. und Stanger, A. M. J. (1995). Understanding the Small Enterprise Financial Objective Function. In: Entrepreneurship Theory and Practice 19 (4), S. 21-39.
McMullen, J. S., Plummer, L. und Acs, Z. (2007). What Is an Entrepreneurial Opportunity? In: Small Business Economics 28 (4), S. 273-283.
McMullen, J. S. und Shepherd, D. A. (2006). Entrepreneurial Action and the Role of Uncertainty in the Theory of the Entrepreneur. In: Academy of Management Review 31 (1), S. 132-152.
Meffert, H. (1994). Marketing-Management. Wiesbaden.
Meffert, H. und Bolz, J. (1994). Internationales Marketing-Management. Stuttgart.
Meffert, H. und Remmerbach, K.-U. (1999). Marketingstrategien in Jungen Märkten. In: Meffert, H. (Hrsg.). Marktorientierte Unternehmensführung im Wandel: Retrospektive und Perspektiven des Marketing, S. 175-203.
Mettler, R. F., Landau, R. und Rosenberg, N. (1986). Innovation, Job Creation, and Competitiveness. In: Landa, R. und Rosenberg, N. (Hrsg.). The Positive Sum Strategy: Harnessing Technology for Economic Growth. Washington, DC, S. 517-525.
Metzger, G., Heger, D., Höwer, D. und Licht, G. (2010). High-Tech-Gründungen in Deutschland – Zum Mythos des jungen High-Tech-Gründers. Mannheim.
Mian, S. A. (1996). The University Business Incubator: A Strategy for Developing New Research/Technology-Based Firms. In: Journal of High Technology Management Research 7 (2), S. 191-208.
Michel, K. (1987). Technologie im Strategischen Management. Berlin.
Mikkelson, W. H., Partch, M. M. und Shah, K. (1997). Ownership and Operating Performance of Companies That Go Public. In: Journal of Financial Economics 44 (3), S. 281-307.
Miles, M. P. und Covin, J. G. (2002). Exploring the Practice of Corporate Venturing: Some Common Forms and Their Organizational Implications. In: Entrepreneurship Theory and Practice 26 (3), S. 21-40.
Miles, R. E. und Snow, C. C. (1978). Organizational Strategy, Structure, and Process. New York, NY.
Milgram, S. (1967). The Small World Problem. In: Psychology Today (5), S. 60-67.
Milgrom, P. und Roberts, J. (1995). Complementarities and Fit: Strategy, Structure, and Organizational Change in Manufacturing. In: Journal of Accounting and Economics 19 (2-3), S. 179-208.
Miller, D. (1983). The Correlates of Entrepreneurship in Three Types of Firms. In: Management Science 29 (7), S. 770-791.

Miller, D. (1996). Configurations Revisited. In: Strategic Management Journal 17 (7), S. 505-512.

Miller, D. und Dröge, C. (1986). Psychological and Traditional Determinants of Structure. In: Administrative Science Quarterly 31 (4), S. 539-560.

Miller, D. und Friesen, P. H. (1982). Innovation in Conservative and Entrepreneurial Firms: Two Models of Strategic Momentum. In: Strategic Management Journal 3 (1), S. 1-25.

Miller, K. D. (2007). Risk and Rationality in Entrepreneurial Processes. In: Strategic Entrepreneurship Journal 1 (1-2), S. 57-74.

Minniti, M. (1999). Social Environment and Alternative Patterns of Entrepreneurial Activity (Working Paper).

Mintzberg, H. (1979). The Structuring of Organizations. Englewood Cliffs, NJ.

Mintzberg, H. (1994). The Rise and Fall of Strategic Planning. Boston, MA.

Mitchell, D. W. und Coles, C. B. (2003). The Ultimate Competitive Advantage of Continuing Business Model Innovation. In: Journal of Business Strategy 24 (5), S. 15-21.

Moog, P. (2004). Humankapital des Gründers und Erfolg der Unternehmensgründung. Wiesbaden.

Morris, M. H., Kuratko, D. F. und Covin, J. G. (2008). Corporate Entrepreneurship and Innovation: Entrepreneurial Development within Organizations. 2. Aufl. Mason, OH.

Morris, M. H., Schindehutte, M. und Allen, J. (2005). The Entrepreneur's Business Model: Toward a Unified Perspective. In: Journal of Business Research 58 (6), S. 726-735.

Mort, G. S., Weerawardena, J. und Carnegie, K. (2003). Social Entrepreneurship: Towards Conceptualisation. In: International Journal of Nonprofit and Voluntary Sector Marketing 8 (1), S. 76-88.

Mowery, D. C. und Sampat, B. N. (2001). Patenting and Licensing University Inventions: Lessons from the History of the Research Corporation. In: Industrial and Corporate Change 10 (2), S. 317-355.

Mowery, D. C. und Shane, S. A. (2002). Introduction to the Special Issue on University Entrepreneurship and Technology Transfer. In: Management Science 48 (1), S. V-IX.

Nahapiet, J. und Ghoshal, S. (1998). Social Capital, Intellectual Capital, and the Organizational Advantage. In: Academy of Management Review 23 (2), S. 242-266.

Nathusius, K. (1979). Venture Management. Ein Instrument zur innovativen Unternehmensentwicklung. Berlin.

National Commission on Entrepreneurship (2001). High-Growth Companies: Mapping America's Entrepreneurial Landscape. Washington, DC.

Nicholls, A. E. und Pharoah, C. (2008). The Landscape of Social Investment. Oxford.

Nicholls, A. E. (2006). Social Entrepreneurship – New Models of Sustainable Social Change. Oxford.

Nicholls, A. E. und Pharoah, C. (2008). The Landscape of Social Investment. Oxford.

Nicholson, L. und Anderson, A. R. (2005). News and Nuances of the Entrepreneurial Myth and Metaphor: Linguistic Games in Entrepreneurial Sense-Making and Sense-Giving. In: Entrepreneurship Theory and Practice 29 (2), S. 153-172.

Nicolaou, N. und Birley, S. (2003). Academic Networks in a Trichotomonus Categorisation of University Spinouts. In: Journal of Business Venturing 18 (3), S. 333-359.

Niemeijer, R. (1973). Some Applications of the Notion of Density to Network Analysis. In: Boissevain, J. und Mitchell, C. (Hrsg.). Network Analysis – Studies in Human Interaction. Paris, S. 45-64.

Nieschlag, R., Dichtl, E. und Hörschgen, H. (1997). Marketing. 18. Aufl. Berlin.

Niven, P. R. (2003). Balanced Scorecard Step-by-Step for Government and Nonprofit Agencies. Hoboken, NJ.

O'Farrell, P. N. und Hitchens, D. M. W. N. (1988). Alternative Theories of Small-Firm Growth: A Critical Review. In: Environment and Planning A 20 (10), S. 1365–1383.

OECD (2003). Turning Science into Business: Patenting and Licensing at Public Research Institutions. Paris.

OECD (2009). Measuring Entrepreneurship: A Collection of Indicators. Paris.

Olson, P. D. (1987). Entrepreneurship and Management. In: Journal of Small Business Management 25 (3), S. 7-13.

Osnabrugge, M. V. und Robinson, R. J. (2000). Angel Investing: Matching Startup Funds with Startup Companies – The Guide for Entrepreneurs and Individual Investors. San Francisco, CA.

Osterwalder, A. und Pigneur, Y. (2009). Business Model Generation. Selbstverlag.

Otchere, I. und Ip, E. (2006). Intra-Industry Effects of Completed and Cancelled Cross Border Acquisitions in Australia: A Test of the Acquisition Probability Hypothesis. In: Pacific-Basin Finance Journal 14 (2), S. 209-230.

Pagano, M., Panetta, F. und Zingales, L. (1998). Why Do Companies Go Public? An Empirical Analysis. In: Journal of Finance 53 (1), S. 27-64.

Peemöller, V. H. (2002). Wert und Werttheorien. In: Peemöller, V. H. (Hrsg.). Praxishandbuch der Unternehmensbewertung. 2. Aufl. Berlin, S. 1-14.

Peemöller, V. H. und Konowski, S. (2002). Ertragswertverfahren nach IDW. In: Peemöller, V. H. (Hrsg.). Praxishandbuch der Unternehmensbewertung. 2. Aufl. Berlin, S. 199-261.

Penrose, E. T. (1995). Theory of the Growth of the Firm. 3. Aufl. Oxford.

Perren, L. (1999). Factors in the Growth of Micro-Enterprises (Part 1): Developing a Framework. In: Journal of Small Business and Enterprise Development 6 (4), S. 366-385.

Perridon, L. und Steiner, M. (2007). Finanzwirtschaft Der Unternehmung. 14. Aufl. München.

Perridon, L., Steiner, M. und Rathgeber, A. W. (2009). Finanzwirtschaft der Unternehmung. 15. Aufl. München.

Peters, D. H. und Roberts, E. B. (1969). Unutilized Ideas in University Laboratories. In: Academy of Management Journal 12 (2), S. 179-191.

Petty, J. W. (1994). Harvesting. In: Bygrave, W. D. (Hrsg.). The Portable MBA in Entrepreneurship. 2. Aufl. New York, NY, S. 414-443.

Petty, J. W., Martin, J. D. und Kensinger, J. W. (1999). Harvesting Investments in Private Companies. Morristown, NJ.

Phan, P. H. (2004). Entrepreneurship Theory: Possibilities and Future Directions. In: Journal of Business Venturing 19 (5), S. 617-620.

Picot, A., Dietl, H. und Franck, E. (2008). Organisation. Stuttgart.

Picot, A., Laub, U.-D. und Schneider, D. (1989). Innovative Unternehmensgründungen: Eine ökonomisch-empirische Analyse. Berlin und Heidelberg.

Pierce, J. L., Kostova, T. und Dirks, K. T. (2001). Toward a Theory of Psychological Ownership in Organizations. In: Academy of Management Review 26 (2), S. 298-310.

Pinchot, G. (1986). Intrapreneuring: Why You Don't Have to Leave the Corporation to Become an Entrepreneur. New York, NY.

Pinkwart, A. (2002). Die Unternehmensgründung als Problem der Risikogestaltung. In: Zeitschrift für Betriebswirtschaft (Ergänzungsheft 5), S. 55-83.

Pirnay, F., Surlemont, B. und Nlemvo, F. (2003). Toward a Typology of University Spin-Offs. In: Small Business Economics 21 (4), S. 355-369.

Pompe, P. P. M. und Bilderbeek, J. (2005). The Prediction of Bankruptcy of Small- and Medium-Sized Industrial Firms. In: Journal of Business Venturing 20 (6), S. 847-868.

Porter, M. E. (1980). Competitive Strategy. Techniques for Analyzing Industries and Competitors. New York, NY.

Porter, M. E. (1996). What Is Strategy? In: Harvard Business Review 74 (6), S. 61-78.

Porter, M. E. (2008). Wettbewerbsstrategie. 11. Aufl. Frankfurt am Main.

Powers, J. B. und McDougall, P. P. (2005). University Start-up Formation and Technology Licensing with Firms That Go Public: A Resource-Based View of Academic Entrepreneurship. In: Journal of Business Venturing 20 (3), S. 291-311.

Prahalad, C. K. (2005). The Fortune at the Bottom of the Pyramid. Upper Saddle River, NJ.

Prahalad, C. K. und Ramaswamy, V. (2000). Co-opting Customer Competence. In: Harvard Business Review 78 (1), S. 79-87.

PricewaterhouseCoopers (2005). Wide Majority of Fast-Growth Ceos Likely to Move on within Ten Years. Trendsetter Barometer. New York, NY.

Read, S., Song, M. und Smit, W. (2009). A Meta-Analytic Review of Effectuation and Venture Performance. In: Journal of Business Venturing 24 (6), S. 573-587.

Read, S., Sarasvathy, S., Wiltbank, R., Dew, N. und Ohlsson, A.-V. (2010). Effectual Entrepreneurship. London.

Rebel, D. (2009). Gewerbliche Schutzrechte: Anmeldung – Strategie – Verwertung. Ein Praxishandbuch. Köln.

Remmerbach, K-U. (1988). Markteintrittsentscheidungen. Wiesbaden.

Richmond, B. J. (1997). New Measures of Social Value: Community-Based Training. In: Professional Conference Proceedings, S. 215-222.

Rind, K. W. (1981). The Role of Venture Capital in Corporate Development. In: Strategic Management Journal 2 (2), S. 169-180.

Ripsas, S. (1998). Der Businessplan – Eine Einführung. In: Faltin, G. et al. (Hrsg.). Entrepreneurship – Wie aus Ideen Unternehmen werden. München.

Rogers, E. M. (1986). The Role of the Research University in the Spin-Off of High-Technology Companies. In: Technovation 4 (3), S. 169-181.

Ronstadt, R. (1987). The Educated Entrepreneurs: A New Era of Entrepreneurial Education Is Beginning. In: American Journal of Small Business 11 (4), S. 37-53.

Rothaermel, F. T., Agung, S. D. und Jiang, L. (2007). University Entrepreneurship: A Taxonomy of the Literature. In: Industrial & Corporate Change 16 (4), S. 691-791.

Rudolf, M. und Witt, P. (2002). Bewertung von Wachstumsunternehmen – Traditionelle und innovative Methoden im Vergleich. Wiesbaden.

Ruef, M., Aldrich, H. E. und Carter, N. M. (2003). The Structure of Founding Teams: Homophily, Strong Ties and Isolation among U.S. Entrepreneurs. In: American Sociological Review 68 (2), S. 195-222.

Rüggeberg, H. (2003). Marketing für Unternehmensgründer. Wiesbaden.

Russo, J. E. und Schoemaker, P. J. H. (1992). Managing Overconfidence. In: Sloan Management Review 33 (2), S. 7-17.

Sahlman, W. A. (1989). A Method for Valuing High-Risk, Long-Term Investments: The »Venture Capital Method«. Boston, MA.

Sahlman, W. A. und Stevenson, H. H. (1985). Capital Market Myopia. In: Journal of Business Venturing 1 (Winter), S. 7-30.

Sarason, Y., Dean, T. und Dillard, J. F. (2006). Entrepreneurship as the Nexus of Individual and Opportunity: A Structuration View. In: Journal of Business Venturing 21 (3), S. 286-305.

Sarasvathy, S. D. (2001). Causation and Effectuation: Toward a Theoretical Shift from Economic Inevitability to Entrepreneurial Contingency. In: Academy of Management Review 26 (2), S. 243-263.

Sarasvathy, S. D. (2004). The Questions We Ask and the Questions We Care About: Reformulating Some Problems in Entrepreneurship Research. In: Journal of Business Venturing 19 (5), S. 707-717.

Sarasvathy, S. D. (2008). Effectuation: Elements of Entrepreneurial Expertise. Cheltenham.

Sarasvathy, S. D., Dew, N., Read, S. und Wiltbank, R. (2008). Designing Organizations That Design Environments: Lessons from Entrepreneurial Expertise. In: Organization Studies 29 (3), S. 331-350.

Sarasvathy, S. D., Dew, N., Velamuri, S. R. und Venkataraman, S. (2003). Three Views of Entrepreneurial Opportunity. In: Acs, Z. J. und Audretsch, D. B. (Hrsg.). Handbook of Entrepreneurship Research. An Interdisciplinary Survey and Introduction. Norwell, MA, S. 141-160.

Sarasvathy, S. D., Simon, H. und Lave, L. (1998). Perceiving and Managing Business Risks: Differences between Entrepreneurs and Bankers. In: Journal of Economic Behavior and Organization 33 (2), S. 207-225.

Sawhill, J. und Williamson, D. (2001). Measuring What Matters in Nonprofits. In: McKinsey Quaterly 2, S. 98-107.

Saxenian, A. (1994). Regional Advantage: Culture and Competition in Silicon Valley and Route 128. Cambridge, MA.

Schein, E. H. (1988). Organizational Culture. Cambridge, MA.
Schoonhoven, C., Eisenhardt, K. und Lyman, K. (1990). Speeding Products to Market: Waiting Time to First Product Introduction in New Firms. In: Administrative Science Quarterly 35 (1), S. 177-207.
Schreyögg, G. (2008). Organisation. Wiesbaden.
Schumpeter, J. A. (1912). The Theory of Economic Development. Cambridge, MA.
Schumpeter, J. A. (1934). The Theory of Economic Development: An Inquiry into Profits, Capital Credit, Interest, and the Business Cycle. Cambridge, MA.
Schumpeter, J. A. (1939). Business Cycles. A Theoretical, Historical, and Statistical Analysis of the Capitalists Process. London.
Schumpeter, J. A. (1942). Capitalism, Socialism, and Democracy. New York, NY.
Schwarz, N. und Clore, G. L. (2003). Mood as Information: 20 Years Later. In: Psychological Inquiry 14 (3/4), S. 296-303.
Shadish, W. R., Cook, T. D. und Campbell, D. T. (2002). Experimental and Quasi-Experimental Designs for Generalized Causal Inference. Boston, New York, NY.
Shane, S. A. (2000). Prior Knowledge and the Discovery of Entrepreneurial Opportunities. In: Organization Science 11 (4), S. 448-469.
Shane, S. A. (2002). Selling University Technology: Patterns from Mit. In: Management Science 48, S. 122-137.
Shane, S. A. (2004 a). A General Theory of Entrepreneurship: The Individual-Opportunity Nexus. Northampton, MA.
Shane, S. A. (2004 c). Academic Entrepreneurship: University Spin-Offs and Wealth Creation. Cheltenham.
Shane, S. A. (2004 b). Theory Building and Empirical Testing in Entrepreneurship Research (unveröffentlichtes Skript des Summer Intensive PhD Seminar in Entrepreneurship an der Case Western Reserve University in Cleveland, OH).
Shane, S. A. und Cable, D. (2002). Network Ties, Reputation, and the Financing of New Ventures. In: Management Science 48 (3), S. 364-381.
Shane, S. A. und Delmar, F. (2004). Planning for the Market: Business Planning before Marketing and the Continuation of Organizing Efforts. In: Journal of Business Venturing 19 (6), S. 767-785.
Shane, S. A. und Venkataraman, S. (2000). The Promise of Entrepreneurship as a Field of Research. In: Academy of Management Review 25 (1), S. 217-226.
Shapero, A. (1982). Social Dimensions of Entrepreneurship. In: Kent, C. et al. (Hrsg.). The Encyclopedia of Entrepreneurship. Englewood Cliffs, NJ., S. 72-90.
Shapiro, C. und Varian, H. R. (1999). Information Rules: A Strategic Guide to the Network Economy. Boston, MA.
Sharma, P., Chrisman, J. J. und Chua, J. H. (2003). Succession Planning as Planned Behavior: Some Empirical Results. In: Family Business Review 16 (1), S. 1-15.
Sharma, P. und Chrisman, S. J. J. (1999). Toward a Reconciliation of the Definitional Issues in the Field of Corporate Entrepreneurship. In: Entrepreneurship Theory and Practice 23 (3), S. 11-27.
Sharpe, W. F. (1964). Capital Asset Prices: A Theory of Market Equilibrium under Conditions of Risk. In: Journal of Finance 19 (3), S. 425-442.

Shaver, K. G. und Scott, L. R. (1991). Person, Process, Choice: The Psychology of New Venture Creation Kelly G. Shaver. In: Entrepreneurship Theory and Practice 16 (2), S. 23-45.

Shepherd, D. A., McMullen, J. S. und Jennings, P. D. (2007). The Formation of Opportunity Beliefs: Overcoming Ignorance and Reducing Doubt. In: Strategic Entrepreneurship Journal 1 (1-2), S. 75-95.

Sieben, G. und Maltry, H. (2002). Der Substanzwert der Unternehmung. In: Peemöller, V. H. (Hrsg.). Praxishandbuch der Unternehmensbewertung. 2. Aufl. Berlin, S. 375-399.

Simon, M., Houghton, S. M. und Aquino, K. (2000). Cognitive Biases, Risk Perception, and Venture Formation: How Individuals Decide to Start Companies. In: Journal of Business Venturing 15 (2), S. 113-134.

Slevin, D. P. und Covin, J.G. (1990). Juggling Entrepreneurial Style and Organizational Structure. In: Sloan Management Review 31 (2), S. 43-53.

Smilor, R. W., Gibson, D. V. und Dietrich, G. B. (1990). University Spin-out Companies: Technology Start-Ups from UT Austin. In: Journal of Business Venturing 5 (1), S. 63-76.

Smith, A. (1776). An Inquiry into the Nature and Causes of the Wealth of Nations; Book 2 of the Nature, Accumulation, and Employment of Stock. London.

Smith, A. (Hrsg.) (1974). Der Wohlstand der Nationen: Eine Untersuchung seiner Natur und seiner Ursachen. München.

Smith, R. L. und Smith, J. K. (2003). Entrepreneurial Finance. 2. Aufl. Hoboken, NJ.

Sohl, J. E. (2003). Angel Investing: A Market Perspective. In: May, J. und O'Haloran, E. (Hrsg.). State of the Art: An Executive Briefing on Cutting Edge Practices in American Angel Investing. Charlottesville, VA, S. 2-14.

Sorenson, O. und Stuart, T. E. (2001). Syndication Networks and the Spatial Distribution of Venture Capital Investments. In: American Journal of Sociology 106 (6), S. 1546–1588.

Specht, G. (1997). Distributionsmanagement. 3. Aufl. Stuttgart.

Sporn, B. (1992). Universitätskultur: Ausgangspunkt für eine strategische Marketingplanung an Universitäten. Heidelberg.

Stähler, P. (2001). Geschäftsmodelle in der digitalen Ökonomie: Merkmale, Strategien und Auswirkungen. Köln und Lohmar.

Statistisches Bundesamt (2009). Statistisches Jahrbuch für die Bundesrepublik Deutschland 2009. Wiesbaden.

Stedler, H. und Peters, H. H. (2002). Business Angels in Deutschland – Empirische Studie der FH Hannover zur Erforschung des Erfolgsbeitrages von Business Angels bei Unternehmensgründungen aus der Hochschule. Bonn.

Steffensen, M., Rogers, E. M. und Speakman, K. (1999). Spin-Offs from Research Centers at a Research University. In: Journal of Business Venturing 15 (1), S. 93-111.

Stevenson, H. H. (1985). The Heart of Entrepreneurship. In: Harvard Business Review 63, S. 85-94.

Stevenson, H. H. (1999). A Perspective on Entrepreneurship. In: Sahlman, W. A. et al. (Hrsg.). The Entrepreneurial Venture. 2. Aufl. Boston, MA, S. 7-23.

Stevenson, H. H. und Jarillo, J. C. (1991). A New Entrepreneurial Paradigm. Armonk, NY, S. 185-208.

Stewart, W. H., Watson, W. E., Carland, J. C. und Carland, J. W. (1999). A Proclivity for Entrepreneurship: A Comparison of Entrepreneurs, Small Business Owners, and Corporate Managers. In: Journal of Business Venturing 14 (2), S. 189-214.

Stieglitz, N. und Heine, K. (2007). Innovations and the Role of Complementarities in a Strategic Theory of the Firm. In: Strategic Management Journal 28 (1), S. 1-15.

Stokes, D. (2000). Entrepreneurial Marketing: A Conceptualisation from Qualitative Research. In: Qualitative Market Research: An International Journal 9 (1), S. 47-54.

Storey, D. J. (1994). Understanding the Small Business Sector. London.

Struck, J. (1998). Gründungsstatistik als Informationsquelle der Wirtschaftspolitik. Bonn.

Stuart, T. E., Ha, H. und Hybels, R. C. (1999). Interorganizational Endorsements and the Performance of Entrepreneurial Ventures. In: Administrative Science Quarterly 44 (2), S. 315-349.

Sudhoff, H. (2005). Unternehmensnachfolge. München.

Sutton, J. (1997). Gibrat's Legacy. In: Journal of Economic Literature 35 (1), S. 40-59.

Szyperski, N. und Nathusius, K. (2002). Probleme der Unternehmungsgründung – Eine betriebswirtschaftliche Analyse unternehmerischer Startbedingungen. Lohmar.

Tajnikar, M., Bonča, P. D. und Zajec, L. (2007). Harvesting in High Growth Firms. In: Parker, S. (Hrsg.). The Life Cycle of Entrepreneurial Ventures. New York, NY, S. 535-582.

Thommen, J.-P. und Achleitner, A.-K. (2006). Allgemeine Betriebswirtschaftslehre. Wiesbaden.

Thornton, P. H. und Flynn, K. H. (2003). Entrepreneurship, Networks, and Geographies. In: Acs, Z. J. und Audretsch, D. B. (Hrsg.). Handbook of Entrepreneurship Research. London, S. 401-433.

Timmons, J. A. (1997). Opportunity Recognition. In: Bygrave, W. D. (Hrsg.). The Portable MBA in Entrepreneurship. 2. Aufl. New York, NY, S. 27-58.

Timmons, J. A. und Spinelli, S. (2008). New Venture Creation: Entrepreneurship for the 21st Century. 8. Aufl, New York, NY.

Töpfer, A. (2007). Betriebswirtschaftslehre – Anwendungs- und prozessorientierte Grundlagen. Berlin.

Tversky, A. und Kahneman, D. (1974). Judgment under Uncertainty: Heuristics and Biases. In: Science 185 (4157), S. 1124–1131.

Ucbasaran, D., Alsos, G. A., Westhead, P. und Wright, M. (2008). Habitual Entrepreneurs. In: Foundations and Trends in Entrepreneurship 4 (4), S. 309-450.

Ucbasaran, D., Westhead, P. und Wright, M. (2009). The Extent and Nature of Opportunity Identification by Experienced Entrepreneurs. In: Journal of Business Venturing 24 (2), S. 99-115.

Unger, J., Rauch, A., Frese, M. und Rosenbusch, N. (2010). Human Capital and Entrepreneurial Success: A Meta-Analytical Review. In: Journal of Business Venturing (im Erscheinen).

Uzzi, B. (1997). Social Structure and Competition in Interfirm Networks: The Paradox of Embeddedness. In: Administrative Science Quarterly 42 (1), S. 35-67.

Uzzi, B. (1999). Embeddedness in the Making of Financial Capital: How Social Relations and Networks Benefit Firms Seeking Financing. In: American Sociological Review 64 (4), S. 481-505.

Vaghely, I. P. und Julien, P.-A. (2010). Are Opportunities Recognized or Constructed? An Information Perspective on Entrepreneurial Opportunity Identification. In: Journal of Business Venturing 25 (1), S. 73-86.

Vakratsas, D. und Ambler, T. (1999). How Advertising Works: What Do We Really Know? In: Journal of Marketing 63 (1), S. 26-43.

van Burg, E., Romme, A. G. L., Gilsing, V. A. und Reymen, I. M. M. J. (2008). Creating University Spin-Offs: A Science-Based Design Perspective. In: Journal of Product Innovation Management 25 (2), S. 114-tfora128.

Venkataraman, S. (1997). The Distinctive Domain of Entrepreneurship Research. In: Katz, J. (Hrsg.). Advances in Entrepreneurship, Firm Emergence and Growth. Greenwich, CT, S. 119-138.

Volkmann, C. K. und Tokarski, O. (2006). Entrepreneurship: Gründung und Wachstum von jungen Unternehmen. Stuttgart.

Wagner, J. (2003). Taking a Second Chance: Entrepreneurial Restarters in Germany. In: Applied Economics Quaterly 49 (3), S. 255-272.

Wagner, M. und Thieler, W. (2007). Wegweiser für den Erfinder: Von der Aufgabe über die Idee zum Patent. Berlin.

Walker, O. C. und Ruekert, R. W. (1987). Marketing's Role in the Implementation of Business Strategies: A Critical Review and Conceptual Framework. In: Journal of Marketing 51 (3), S. 15-33.

Walter, A. und Auer, M. (Hrsg.) (2009). Academic Entrepreneurship: Unternehmertum in der Forschung. Wiesbaden.

Warren, R. L. (1967). The Interorganizational Field as a Focus for Investigation. In: Administrative Science Quarterly 12 (3), S. 396-419.

Wasserman, N. (2003). Founder-Ceo Succession and the Paradox of Entrepreneurial Success. In: Organization Science 14 (2), S. 149-172.

Wasserman, S. und Faust, K. (1994). Social Network Analysis: Methods and Applications. Cambridge, MA.

Weick, K. E. (1995). Sensemaking in Organizations. Thousand Oaks, CA.

Weinzimmer, L. G. (2000). A Replication and Extension of Organizational Growth Determinants. In: Journal of Business Research 48 (1), S. 35-41.

Weiß, H. (1995). Persönlicher Verkauf. In: Tietz, B., Köhler, R. und Zentes, J. (Hrsg.). Handwörterbuch des Marketing. 2 Aufl. Stuttgart, S. 1979–1989.

Welge, M. K. und Al-Laham, A. (2008). Strategisches Management. 5. Aufl. Wiesbaden.

Wennberg, K., Wiklund, J., DeTienne, D. R. und Cardon, M. S. (2010). Reconceptualizing Entrepreneurial Exit: Divergent Exit Routes and Their Drivers. In: Journal of Business Venturing 25 (4), S. 361-375.

Wennekers, S. und Thurik, R. (1999). Linking Entrepreneurship and Economic Growth. In: Small Business Economics 13 (1), S. 27-56.

Wernerfelt, B. (1984). A Resource-Based View of the Firm. In: Strategic Management Journal 5 (2), S. 171-180.

West, G. P. (2007). Collective Cognition: When Entrepreneurial Teams, Not Individuals, Make Decisions. In: Entrepreneurship Theory and Practice 31 (1), S. 77-102.

Westhead, P., Wright, M. und Ucbasaran, D. (2004). Internationalization of Private Firms: Environmental Turbulence and Organizational Strategies and Resources. In: Entrepreneurship & Regional Development 16 (6), S. 501-522.

Williamson, O. E. (1975). Markets and Hierarchies – Analysis and Antitrust Implications. New York, NY.

Williamson, O. E. (1981). The Economics of Organization: The Transaction Cost Approach. In: American Journal of Sociology 87 (3), S. 548-577.

Williamson, O. E. (1985). The Economic Institutions of Capitalism: Firms, Markets, Relational Contracting. New York, NY.

Wiltbank, R., Dew, N., Read, S. und Sarasvathy, S. D. (2006). What to Do Next? The Case for Non-Predictive Strategy. In: Strategic Management Journal 27 (10), S. 981-998.

Winborg, J. und Landström, H. (2001). Financial Bootstrapping in Small Businesses: Examining Small Business Managers' Resource Acquisition Behaviors. In: Journal of Business Venturing 16 (3), S. 235-254.

Wirtz, B. (2001). Electronic Business. 2. Aufl. Wiesbaden.

Witt, C. (2002). Wachstumsschmerzen beim Übergang vom Startup zum professionell geführten Unternehmen: Ursachen und Lösungsansätze. Mantel.

Witt, P. (2004). Entrepreneurs' Networks and the Success of Start-Ups. In: Entrepreneurship & Regional Development 16 (5), S. 391-412.

Witt, P., Schroeter, A. und Merz, C. (2008). Entrepreneurial Resource Acquisition Via Personal Networks: An Empirical Study of German Start-Ups. In: Service Industries Journal 28 (7/8), S. 953-971.

Wöhe, G. (2002). Einführung in die allgemeine Betriebswirtschaftslehre. 21. Aufl. München.

Wood, M. S. (2009). Does One Size Fit All? The Multiple Organizational Forms Leading to Successful Academic Entrepreneurship. In: Entrepreneurship Theory and Practice 33 (4), S. 929-947.

Wood, M. S. und McKinley, W. (2010). The Production of Entrepreneurial Opportunity: A Constructivist Perspective. In: Strategic Entrepreneurship Journal 4 (1), S. 66-84.

Woywode, M. (1998). Determinanten der Überlebenswahrscheinlichkeit von Unternehmen – Eine empirische Überprüfung organisationstheoretischer und industrie-ökonomischer Erklärungsansätze. Baden-Baden.

Wright, P. M., Dunford, B. B. und Snell, S. A. (2001). Human Resources and the Resource Based View of the Firm. In: Journal of Management 27 (6), S. 701-721.
Wright, M. (2007). Academic Entrepreneurship in Europe. Cheltenham.
Yencken, J., Cole, T. und Gillin (2002). Spin-Off Companies from Universities and Other Public Research Agencies in Australia – Findings from Early Stage Case Studies. Hawthorne.
Yunus, M. (2008). Creating a World without Poverty: Social Business and the Furture of Capitalism. New York, NY.
Zacharakis, A. L. und Meyer, G. D. (1998). A Lack of Insight: Do Venture Capitalists Really Understand Their Own Decision Process? In: Journal of Business Venturing 13 (1), S. 57-76.
Zadek, S. (1998). Balancing Performance, Ethics, and Accountability. In: Journal of Business Ethics 17 (13), S. 1421–1441.
Zahra, S. A. (1991). Predictors and Financial Outcomes of Corporate Entrepreneurship – an Exploratory-Study. In: Journal of Business Venturing 6 (4), S. 259-285.
Zahra, S. A., Gedajlovic, E., Neubaum, D. O. und Shulman, J. M. (2009). A Typology of Social Entrepreneurs: Motives, Search Processes and Ethical Challenges. In: Journal of Business Venturing 24 (5), S. 519-532.
Zhao, F. (2004). Academic Entrepreneurship – Case Study of Australian Universities. In: The International Journal of Entrepreneurship and Innovation 5 (2), S. 91-97.
Zimmer, A. (2002). Dritter Sektor und soziales Kapital. Münsteraner Diskussionspapiere zum Nonprofit-Sektor (Nr. 19). Münster.
Zingales, L. (1995). Insider Ownership and the Decision to Go Public. In: Review of Economic Studies 62 (3), S. 425-448.
Zook, C. und Allen, J. (1999). The Facts About Growth. New York, NY.
Zott, C. und Amit, R. (2007). Business Model Design and the Performance of Entrepreneurial Firms. In: Organization Science 18 (2), S. 181-199.
Zott, C. und Amit, R. (2008). The Fit between Product Market Strategy and Business Model: Implications for Firm Performance. In: Strategic Management Journal 29 (1), S. 1-26.
Zott, C. und Amit, R. (2010). Business Model Design: An Activity System Perspective. In: Long Range Planning 43 (2-3), S. 216-226.

Stichwortregister